Security Management Practical Theory
시큐리티실무운용론

경호안전학박사 전용태 저

도서출판 진 영 사

시큐리티실무운용론

전용태

2011년 02월 08일 초판인쇄
2011년 02월 10일 발 행
발행인 박 진 영
발행처 도서출판 진영사
인천광역시 부평구 삼산동 200-2 대림하이츠빌라 301-401호
전화 : 032)505-4207
팩스 : 032)505-4206
E-mail : 0183734207@hanmail.net
등록 : 122-91-77317

ISBN 978-89-6541-020-1 93300
값 25,000원

머리말

우리나라는 그 동안 비약적인 경제발전을 이룩하였다. 그리하여 아브라함 매슬로우가 이야기하는 제1단계 생리적인 기본욕구는 어느 정도 충족된 샘이다. 이제는 제2단계 안전(安全)에 대한 욕구충족을 위해서 시큐리티분야의 발전을 이루어 이제는 정착단계에 와 있다.

시큐리티에 관한 학문도 '속도의 시대'에 부응이라도 하듯 하루가 다르게 변화하고 있다. 우리의 역사를 거슬러 오르면 통일신라시대에 이미 화랑도가 국왕에 대한 호위를 담당하였던 바, 당시 화랑들의 마음가짐과 무예 그리고 의전정신이 오늘날의 시큐리티 책임자들보다 못하다 할 수 없을 것이다. 오늘날 시큐리티에 관한 제반 학문은 이제 첨단의 현대과학으로 거듭나고 있다고들 하지만, 그 근저를 제대로 설정하지 않는다면 단순한 기술자들을 양산하는 하부 도구교과 정도에 머물고 말 것이다. 이 점에서 우리가 주목해야 할 것은 시큐리티의 궁극적 목적이다. 시큐리티와 관련된 모든 업무는 개인의 생명의 안위, 또는 집단이나 사회의 공공 안녕과 직간접적으로 연결되어 있다.

필자가 본서에서 추구하고자 하는 시큐리티에 관한 학문의 방향은 개념서에서 시작하되, 그 끝은 실무응용으로 귀결되는 것이다. 그리하여 본서도 크게 2개의 장(章)으로 구성하여 제1장은 '시큐리티 일반론'으로 시큐리티 전반에 관한 기본개념과 이론을 기술하고, 제2장은 '시큐리티 실무운용론'으로 나누어 후자를 중심으로 집필하였다. 또한 시큐리티요원의 교육을 우선 목표로 하되, 시큐리티업체 관리자의 훈련, 나아가서는 시큐리티사업 자체의 운용에 대해서도 길라잡이가 되고자 한다.

필자는 시큐리티분야에서 다년간 실무를 경험한 바 이를 바탕으로 이제는 학문적 접근을 시도하여 이론과 실무를 겸한 시큐리티분야의 지침을 제공하고자 한다. 물론 본서 한 권으로 시큐리티에 관한 모든 학문을 아우르겠다는 것은 과욕을 넘어서는 우매한 발상이겠으나, 시큐리티 분야의 기본을 바탕으로 최소한 호텔이나 카지노분야를 중심으로 한 시큐리티 관련한 업무에 종사하고자 하는 후학들에게 옹골찬 지침서(指針書)의 역할은 충분히 할 수 있다고 자부하고 싶다.

그 동안 본서의 집필과정에 도움을 준 강민완교수님, 김창호교수님을 비롯한 경기대 경호보안학과 교수께 깊은 고마운 마음을 전하며, 이 책이 나오기까지 여러모로 도와주신 도서출판 진영사 박진영사장님과 관계자 여러분께도 감사드린다.

아무쪼록 이 책을 바탕으로 해서 필자도 더욱 노력하는 자세로 독자 여러분의 아낌없는 조언을 당부 드린다.

辛卯年 元旦

저자

목 차

제1장 시큐리티 일반론

제2장 시큐리티 실무운용론

제1장

시큐리티 일반론

제1장 시큐리티 일반론

제1절 시큐리티의 의의

1. 시큐리티의 필요성

인류의 역사가 그렇듯 인간은 만인에 대한 투쟁의 오랜 역사 속에서 발전해 왔다. 사회와 경제가 발전할수록 삶의 풍요는 오지만 그 이면에는 국가간 계층간 빈부의 격차에 따른 불특정다수와 시설에 대한 무자비한 사보타지와 테러리즘과 범죄의 다양화·흉폭화, 구제역 및 AI(Avian Influenza)와 중증급성호흡기증후군(重症急性呼吸器症候群, Severe Acute Respiratory Syndrome: SARS) 등 전염병의 창궐, 지진이나 지구온난화에 따른 기상이변 등의 자연재해 여러 가지 부작용이 내포되어 있다. 그리하여 이와 같은 인간사회의 불안전한 상태를 여러 가지 위해(危害)로 만연된 위험사회(risk society)로부터 자기의 신체와 생명 및 재산을 지키면서 인간다운 삶을 영위하고자하는 안전(安全)욕구가 강하게 갈망하고 있다.

인간사회의 안정된 질서 유지를 위해 성립되어진 것이 여러 가지 사회규범(社會規範)인데, 이성적인 인간의 본성에 기인한 윤리나 도덕과 같은 자율적인 사회규범이 점차적으로 준수되어지지 않아서 국가의 강제력으로 이행을 강제하는 타율적인 법규범이 만연하게 된 것이다. 그러나 법규범 자체도 그 운용에 있어 여러 가지 부작용이 등장하여 불신을 초래하고 가변적인 법규범만으로도 날로 흉포해지고 지능화·다양화된 범죄, 테러, 암살·납치·협박·폭행 등의 여러 가지 병리현상을 차단하는 등 모든 현상을 규율할 수만은 없는 것이다. 그리하여 일찍이 등장한 것이 시큐리티(security, 경호·경비·보안)이다.

따라서 분쟁이 발생했을 때 객관적이고 공정한 기준을 정해 이를 해결하고, 법을 통하여 인간이 사회생활을 하면서 지켜야 할 행위의 기준을 정함으로써 이를 준수하지 않을 때 적절한 규제를 가함으로써 질서를 유지할 수 있다. 아울러 사회를 구성하는 모든 사람이 인간다운 삶을 누릴 수 있도록 자유와 권리를 보장함으로써 정의와 인권수호는 물론 공익과 공공복리를 추구한다.

더구나 급변하는 현대사회는 급격한 사회변화에 적절히 적응하지 못함으로써 불안감에 빠지거나 좌절하는 적응성의 위기가 오고, 한편에서는 현실세계의 가치를 물질적 우월성에서 구하는 인간성 상실에서 오는 위기에 직면해 있다.

21세기 현대세계는 전자공학, 유전공학 등 눈부신 과학기술의 발달로 '제2의 산업혁명'으로 불리는 지식정보사회로 하나의 지구촌이 되어, 우주시대(Space Age)니, 뉴-미디어(New Media)니, 정보고속도로니 하는 말이 귀에 설지 않을 정도로 급변하고 있다.

그러나 이와 같은 세계화 · 정보화 지식사회의 이면에는 마약, 암살, 테러, 핵확산, 인권유린 등과 같은 또 다른 세계적인 문제가 대두되고 있다. 그리하여 범죄가 지능화 · 국제화 · 고속화 · 기동화되어 가고, 컴퓨터와 전자정보통신기술을 이용한 신종의 범죄환경 · 청소년범죄 · 산업범죄가 증가하게 된다. 그래서 현대사회를 법규범만으로 규율하기는 어렵고 "법은 멀고 주먹은 가깝다"고 해서 시큐리티만으로 인간의 생명 · 신체를 비롯한 재산을 보호할 수만은 없다.

인간은 근원적으로 본능에 의한 자기의 안전(Safety)을 도모하기 위하여 자신에 대한 시큐리티(Security)를 생각하고 그 방법을 고안 · 개발시켜 왔다. 안보(安保)로 지칭되는 집단 · 사회 · 국가도 물론이다. 이러한 과정에서 안전을 희구하는 시큐리티의 방법은 다양각색으로 발전되어 왔고 그 자체는 특정 사회나 국가의 역사적 발전과정을 따라 특징 있는 제도 · 방법을 고안하여 왔다.

안전한 삶을 도모하고자 하는 생활관계에서도 힘의 논리를 앞세워 인간으로서의 사회규범을 자율적으로 지키지 않음으로써 이를 강제적으로 규율할 법이 필요하게 된 것이다.

2. 시큐리티의 개념

시큐리티를 좁게 보면 개인의 생명과 신체, 그리고 재산보호, 질서유지를 위한 범죄예방(방범)활동을 의미하고, 광의로 보면 방범, 방재, 방화 등 인위적·자연적 재난 모두를 포함한 개념이다.

그리고 실질적 의미로는 시큐리티주체가 국민의 생명과 신체, 그리고 재산보호, 질서유지를 위한 일체의 활동을 의미한다. 이러한 민간시큐리티는 경찰·대통령경호처 등의 공공기관이 수행하는 시큐리티활동과 본질적으로는 별 차이가 없다. 다만 주체면에서 민간과 국가[公共]라는 차이만 있을 뿐이다.

형식적 의미의 민간시큐리티는 실정법인 「경비업법」에 규정하는 경비업무를 수행하고, 이 법에 의해 허가된 법인에 의해 수행되는 활동을 말한다. 이때에 경찰과 민간경비는 명확히 구별되며, 실질적 의미의 민간경비활동과 일치되지 않는 면도 있다.

미국의 랜드(Rand)보고서는 민간경비(private security)[1]를 "수사, 경비, 순찰, 경보, 호송 등 모든 종류의 보안서비스를 제공하는 민간조직과 개인"을 의미하는 것으로 보고 있다. 랜드보고서의 정의는 지원성격(sponsorship)에 의해 민간경비와 공공경찰의 치안활동을 구분하는 대표적인 분류법이다. 그리고 미국의 민간경비특별위원회(Private Security Task Force : PSTF)는 랜드보고서에 이의를 제기하면서 민간경비를 "요금을 지불하는 특정의 고객에 대해 혹은 자기를 고용한 개인이나 조직체에 대해 각종 위험으로부터 신체나 재산, 기타 다른 이익을 보호하기 위한 보안서비스를 제공하는 개인 및 민간기업체와 조직의 활동"으로 정의한다. 또한 일부에서는 민간경비를 "영리를 목적으로 고객에게 치안서비스를 제공하는 개인 및 사설조직의 활동"이라고 하여 공권력의 치안활동은 물론 자율방범대 활동과 구별하고 있다.

1) 공적 시큐리티

공적 시큐리티(public security)는 넓게는 법집행과 관련한 국가의 강제권(경찰, 검찰, 법무부, 국가정보원, 보건복지부, 산림청 등)을 갖고 개인의 생명과 재산보호, 사회질서유지, 국가체제유지에 관련된 법집행 업무를 수행하는 제반활동을 말한다.

---

1) 시큐리티(security)를 「경비업법」 등에서 경비(警備)로 번역하고 있으나, security를 경비라는 말로 번역해 온 것은 일본의 영향 때문이라는 점, 남북대치상황에서 경비라는 용어가 보안보다 더 선호되었다는 점, 경비보다는 보안이 좀 더 넓은 개념이라는 점을 들어 보안으로 번역할 것을 제안하는 견해도 있다. 이창무, "민간보안 성장분석을 위한 경찰역량 증대연구"(한국경찰발전연구회 발표논문, 2002.11.9) 참조.

좁은 의미로 파악할 때 주로 경찰경비활동에 국한하여 공적 시큐리티 또는 공(公)경비라고 지칭한다. 즉 "공공의 안녕과 질서를 파괴하는 국가비상사태, 긴급한 주요사태 등이 발생하거나 발생할 우려가 있는 경우, 또는 개인이나 단체가 불법행위를 함으로써 공공의 질서를 파괴하는 경우 이러한 상황이나 범죄를 예방·경계·진압하는 경찰활동"이라 할 수 있다.

「대통령 등의 경호에 관한 법률」(이하 '대통령등경호법') 제2조에서 "경호"라 함은 경호대상자의 생명과 재산을 보호하기 위하여 신체에 가하여지는 위해를 방지 또는 제거하고, 특정한 지역을 경계·순찰 및 방비하는 등의 모든 안전 활동을 말한다. 2005년 「대통령경호실법」 개정전에 신체에 대하여 직접적으로 가해지는 위해를 근접에서 방지 또는 제거하는 행위를 "호위"라고 하고, 생명 또는 재산을 보호하지 위하여 특정한 지역을 경계·순찰·방비하는 행위를 "경비"라고 규정한 것을 포괄하는 개념으로 표현한 것이다.

2) 민간시큐리티

(1) 민간시큐리티의 개념

민간시큐리티는 본질적·실질적인 개념으로는 경찰활동과 유사한 성격과 영역을 갖는다. 그러나 형식적·실정법적인 측면에서는 각 국가마다 상이한 성격과 활동영역을 나타내고 있다. 따라서 경찰 또는 공경비와 구별되는 민간경비는 실정법체계에 의한 형식적 구별이라고 볼 수 있다.

민간시큐리티는 "특정인을 대상으로 하여 강제권을 수반하지 않는 수단과 방법을 통해 각종의 위해(危害)로부터 특정인의 생명·신체·재산 등 관련 이익을 보호하는 제반 활동"으로 정의할 수 있다. 이는 경제가 발전하고 산업이 발달함에 따라 소득수준의 향상 및 경비수요가 증가하고, 경찰력이 한계에 부딪치고 있으며, 첨단기술이 발달함으로써 자구의식의 발로로 민간경비가 필요하게 되었다.

한편 한국 「경비업법」상 민간시큐리티업을 경비업(Security Services Business)이라 하여 이를 소정의 경비업무의 전부 또는 일부를 도급받아 행하는 영업이라고 규정한다.

여기서 '경비업무'란 시설경비업무, 호송경비업무, 신변보호업무, 기계경비업무, 특수경비업무 등을 말한다. 여기서 경비업무를 구체적으로 살펴보면 ㉠ 시설경비업무란 경비를 필요로 하는 시설 및 장소(경비대상시설)에서의 도난·화재 그 밖의 혼잡 등으로 인한 위험발생을 방지하는 업무이다. ㉡ 호송경비업무란 운반중에 있는 현금·유가증권·귀금속·상품 그 밖의 물건에 대하여 도난·화재 등 위험발생을 방지하는 업무이다. ㉢ 신변보호업무란 사람의 생명이나 신체에 대한 위해의 발생을 방지하고 그 신변을 보호하는 업무이다. ㉣ 기계경비업무란 경비대상시설에 설치한 기기에 의하여 감지·송신된 정보를 그 경비대상시설외의 장소에 설치한 관제시설의 기기로 수신하여 도난·화재 등 위험발생을 방지하는 업무이다. ㉤ 특수경비업무란 항공기를 포함한 공항 등 대통령령이 정하는 국가중요시설(경비업법시행령 §2: 공항·항만, 원자력발전소 등의 시설중 국가정보원장이 지정하는 국가보안목표시설과 「통합방위법」의 규정에 의하여 국방부장관이 지정)의 경비 및 도난·화재 그 밖의 위험발생을 방지하는 업무이다.

'도급받아 행하는' 것은 타인의 위탁에 근거하는 것이므로, 타인을 위해 수행하는 영업을 말한다(민법 §664). 따라서 사고발생을 경계하고 방지하는 업무라도 자기업무인 경우에는 경비업무라고 할 수 없다. 예를 들면 자신의 별장 시설의 화재·도난을 방지하기 위하여 직원 중에서 경비원을 배치하는 경우라든지 경비원이 자율적으로 초등생의 등·하교를 동반 경호하는 경우나 백화점의 종업원이 상품관리 등의 통상 필요한 범위내에서 행하는 업무는 경비업무라고 할 수 없다.

'영업'이란 영리목적을 가지고 동종의 행위를 반복하여 기획적·계속적으로 기업적 상행위를 하는 것을 말한다. 따라서 영리를 목적으로 하지 않는 자주적 방범·방재 조직, 예를 들면 자율방범대의 활동은 경비업이라고 할 수 없다.

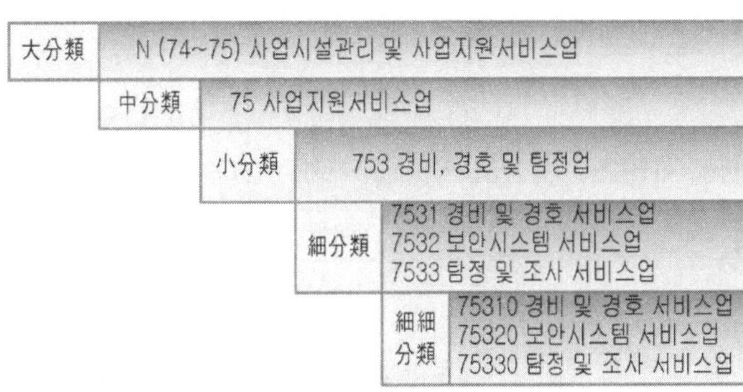

[도해 1-1] 한국표준산업분류

통계청의 한국표준산업분류[2]상 "경비 및 경호 서

2) 한국표준산업분류는 사업체가 주로 수행하는 산업 활동을 그 유사성에 따라 체계적으로 유형화(분류)한 것이다. 이는 1963년3월(광업제조업), 1964년4월(비제조업) 제정된 이래 제8차 개정(2000.1)에 이어 산업구조의 변화를 반영하기 위하여 UN국제표준산업분류를 기초로 2007년 12월 28일 제9차 개정(통계청 고시 2007-53호), 2008년 2월 1일부터 시행되었다(http://www.nso.go.kr/std2006/k07a_0000/k07aa_0000/k07aa_0000.html).

비스업"이란 사무실, 주택, 오락시설, 유원지 및 주차장 등에서 경계, 재산보호 및 도난을 방지하거나 사람의 생명 및 신체를 위해로부터 보호, 귀중품을 운송 서비스하는 산업활동을 말한다(산업분류코드: 75310). 그 예시로 경비업, 순찰서비스, 건물경비, 사업체보안서비스, 보디가드서비스, 경호견서비스, 자금운송 장갑차서비스, 경호 서비스 등을 들고, 보험에 관련된 조사활동(66209)이나 탐정 및 경호를 경찰에서 수행하는 경우(84404)는 제외하고 있다.

[표 1-1] 사업시설관리 및 사업지원 서비스업

분류코드(N)	분류명	영문
75	**사업지원 서비스업**	Business Support Services
753	**경비, 경호 및 탐정업**	
7531	경비 및 경호 서비스업	Security, Guard Services
75310	경비 및 경호 서비스업	
7532	보안시스템 서비스업	Security Systems Services Activities
75320	보안시스템 서비스업	
7533	탐정 및 조사 서비스업	Detective and Investigation Services
75330	탐정 및 조사 서비스업	

한국표준산업분류상의 경비업과 경비업법상의 경비업을 비교하면, 다음과 같은 차이가 있다.

첫째로, 한국표준산업분류는 경비 및 경호 서비스업의 예로 "경비업, 순찰서비스업, 건물경비, 사업체보안서비스, 보디가드서비스, 경호견서비스, 자금운송 장갑차 서비스, 경호서비스"를 들고 있다. 이 중 경호견서비스와 사업체보안 서비스 등은 현행 「경비업법」에는 규정되지 않고 있는 영업이다.

둘째로, 한국표준산업분류는 경비업법이 규정하고 있는 "기계경비업무"를 "경비업"이 아니라 "보안시스템서비스업"이라 하여 따로 분류하고 있다. 즉, 한국표준산업분류의 세세분류에 의하면 기계경비업무는 "경비업"에 포함되지 않는 것이다.

"경비업"의 범위에 대해 경비업법과 한국표준산업분류가 이처럼 차이를 보이고 있다는 것은, 적어도 사회 일반인이 느끼고 있는 경비업의 범위는 「경비업법」이 규정하는 경비업의 범위보다 넓다.

따라서 민간시큐리티란 시큐리티요원이 민간인 신분으로 고객(client)의 요청에 의하여 범죄예방을 위한 목적으로 고객으로부터 받은 보수만큼 안전에 대한 시큐리티서비스를 제공하는 것이다. 즉, 민간경비는 (1) 특정의뢰자(specific client)와 영리성, (2) 강제권의 미보유, (3) 범죄예방을 그 핵심내용으로 한다.

(2) 민간경비의 기본요소

가) 대상의 특정성 : 민간경비는 특정인의 의뢰를 발생요인으로 하여 그 활동이 시작되며, 의뢰 대상만을 특정하여 작용한다.

나) 영리성 : 민간경비의 활동은 영리성을 토대로 이루어진다. 경찰 또는 공적 시큐리티 활동이 비영리적인 수혜성을 기본으로 하는 것과 구별된다.

다) 비강제성 : 민간경비활동은 강제권을 수반하지 않는 행위이다. 경찰권이 강제권을 기본으로 경찰명령에 위반되는 자에 강제적인 물리력을 행사하여 목적을 이루는데 비해 민간경비는 비강제적인 수단으로 목적을 이룬다.

라) 역할범위의 한정성 : 공적 시큐리티 또는 경찰이 범죄예방과 범죄진압의 활동영역을 모두 포함하는데 비해 민간경비는 범죄예방활동을 그 주된 역할범위로 하며, 극히 한정된 영역에서만 범죄 진압활동을 수행한다.[3)]

[표 1-2] 공적 시큐리티와 민간시큐리티의 비교

구 분	공적 시큐리티	민간시큐리티	상호관계
주 체	국가	법인(경비회사)	공권력 보조관계 ↓↑ 상호 보완관계
대상영역	불특정 일반 국민 (general citizen)	특정의뢰인 및 단체 (specific client)	
경비부담	국가	용역의뢰자	
보호이익	불특정 일반 국민	용역의뢰자 (제한적 일반인)	
강제권 여부	보유	미보유	
역할·기능	범죄대응 (crime response, 범죄진압), 법집행 및 범인체포	범죄예방 (crime prevention), 생명 및 재산보호	

3) 그러나 유의할 점은 민간경비가 영리성을 띠고 이것이 공적인 기관과의 상이점을 나타내는 지표로 사용되고 있는 것에 대해서는 의심의 여지가 없지만 민간경비가 꼭 영리성만을 갖는 것이 아니라는 점이다. 민간경비는 범죄예방이라는 공익적 측면의 역할 뿐만 아니라 사람의 생명과 재산 보호라는 본래적 의미의 경찰활동을 본질로 하고 있기 때문이다. 즉 민간경비는 영리성뿐만 아니라 공공의 이익을 추구하는 양면성을 갖고 있다. 따라서 여기서의 역할의 한정성은 공공기관과의 상대적인 차이일 뿐이라고 보는 것이 옳다.

3. 시큐리티산업

유사한 성질을 갖는 산업활동에 주로 종사하는 생산단위의 집합을 산업(産業, industry)이라고 하는데, 시큐리티산업은 주로 민간경비와 관련한 산업활동을 지칭한다.

한국에서 현대적 의미의 민간경비는 1950년대 미군이 주둔하면서 전후 경제부흥을 위한 경제원조와 주한미군에 의한 군납경비를 통하여 도입되었다. 당시 정부는 경제발전에 필요한 석유류공급을 위해 1952년 3월 한미석유협정을 체결한 데 이어 1955년 5월에는 한미석유운송협정을 체결하였다. 1953년 용진보안공사가 미8군 군납경비를 맡은 바 있으며, 1958년 설립된 범아실업공사가 1962년 5월 10일 한국과 미국, 대한석유저장(주)의 3자협정으로 설립된 KOSCO(Korea Storage Company)와 부두에 야적한 석유류의 경비 · 검수 · 관리 등의 경비계약을 체결한 것을 시발로 화영기업 · 경원기업(1958년), 신원기경(1959년) 등 점차 확대되었다.

시큐리티산업은 인력을 운용하는 용역업체나 기계장비를 이용한 시스템을 구축하는 설비업체를 중심으로 발달하였다. 여기에 컴퓨터 · 네트워크 발달과 더불어 컴퓨터 관련 범죄와 이로 인한 피해가 잇따르면서 컴퓨터 보안 시스템에 대한 관심과 투자가 늘어난 것이다.

이러한 우리나라 시큐리티 시장상황은 시큐리티 시장을 용역, 기계, IT보안의 세 분야에 한정시킴으로써 내적으로는 각 분야 안에서의 질적 수준과 기술향상 측면에서 주목할 만한 성장과 발전을 이루었으나, 한편으로는 시큐리티의 개념이 지나치게 협소한 몇 개의 분야에 제한됨으로써 일찍이 시큐리티 산업이 발달한 선진국에 비해 여러 가지 개념, 용어상의 오류를 가져왔음은 물론, 국내 시큐리티 산업이 제한된 범위 밖의 분야로는 활발히 발전하지 못하는 결과로 이어졌다. 요컨대 우리나라의 시큐리티 산업이 거시적인 측면에서는 아직 기초적인 단계에 머물고 있다.

1976년 「경비업법」 제정 당시 10여 개에 불과하던 경비업체는 86아시안게임과 88서울올림픽, 2002 한일월드컵 등 각종 국제행사를 치르면서 급성장하였다. 경비업법상 경비원은 2001년을 기점으로 경찰관 수보다 많아져 2009년말 현재 경호보안업체는 3,906개이며, 경비원 수는 146,805명에 이르고 있다. 이처럼 괄목할 만한 양적인 성장을 한 동시에 질적인 면에서도 인력 위주의 단순경비에서 첨단장비 및 기술을 활용한 복합적인 형태로 발전하였다.

[표 1-3] 한국 경비산업의 개괄 현황(2009. 12. 31 현재)

구 분	2000년	2001년	2002년	2003년	2004년	2005년	2006년	2007년	2008년	2009년
경비업체	1,882	1,929	2,051	2,163	2,322	2,515	2,671	2,834	3,043	3,270
경비원(명)	81,618	97,117	107,963	104,872	105,697	122,327	127,620	135,400	142,457	146,805
경찰관(명)	90,670	90,819	91,592	92,165	93,271	95,336	95,613	96,324	97,732	99,554

[표 1-4] 허가업종별 경비업체 및 경비원 현황(2009. 12.31 현재)

구분	법인수	허가 업종별 현황					
		업종계	시설경비	호송경비	신변보호	기계경비	특수경비
총계	3,270	3,906	3,144	50	489	139	84
서울	1,348	1,680	1,292	38	268	38	44
부산	252	288	246	2	26	9	5
대구	180	199	172	1	19	5	2
인천	128	153	125	0	20	5	3
광주	97	120	94	1	19	5	1
대전	121	132	118	0	8	5	1
울산	46	55	44	1	5	3	2
경기	511	605	484	6	70	38	7
강원	62	76	62	0	11	1	2
충북	66	81	65	0	6	10	0
충남	83	97	81	0	11	4	1
전북	64	74	62	1	5	3	3
전남	81	93	73	0	3	6	11
경북	98	104	96	0	5	2	1
경남	118	132	115	0	11	5	1
제주	15	17	15	0	2	0	0

구분	총 계	시설경비원	호송경비원	신변보호원	기계경비원	특수경비원
총 계	146,805	120,416	3,535	10,136	5,643	7,075
서 울	87,990	67,558	3,321	6,285	4,730	6,096
부 산	11,214	9,890	37	1,027	91	169
대 구	5,485	4,985	14	369	51	66
인 천	6,128	5,760	0	236	47	85
광 주	2,059	1,841	11	154	53	0
대 전	3,147	2,747	0	307	57	36
울 산	1,428	1,223	80	94	10	21
경 기	18,078	16,339	58	1,201	367	113
강 원	1,471	1,429	0	35	7	0
충 북	873	794	0	20	59	0
충 남	1,623	1,518	0	58	39	8
전 북	1,256	1,134	14	75	7	26
전 남	1,460	1,177	0	18	41	224
경 북	2,171	1,882	0	17	41	231
경 남	2,262	1,983	0	236	43	0
제 주	160	156	0	4	0	0

경호 · 경비 · 안전관리 등 이른바 '시큐리티산업'이 전 세계적으로 급속히 성장하는 '이머징산업(emerging industry)'으로 각광받고 있다. '신변 안전'하면 선글라스에 검은 양복 차림으로 재벌 회장님이나 톱스타의 주변을 지키는 보디가드를 연상케 한다. 하지만 실제로는 이보다 훨씬 다양한 업종이 '시큐리티시장'에 참여하고 있다. 성폭행범이나 강도 · 도둑을 막는 생활보안업체, 입국 심사대에서 범죄자를 걸러내는 신분 확인 시스템 개발업체, 문서 · 산업 보안 컨설팅업체, 심지어 전쟁터에서 활약하는 용병(傭兵)업체도 넓은 의미의 시큐리티산업에 속한다. 2006년 200억달러(20조원) 수준이었던 공공 부문(테러 · 자연 재해 등에 대한 국토 안보 서비스) 세계 시장 규모는 2015년 1조 1,600억달러(1,160조원) 규모로 성장할 것으로 내다보는 전망보고서도 있다.

이처럼 시큐리티산업이 뜨는 이유는 신변을 위협하는 요인이 급격히 늘어나고 있기 때문이다. 도시화에 따른 급격한 강력 범죄 증가는 물론 지구 온난화에 따른 자연 재해, 민족·종교·계층 간 테러리즘 등이 신변 안전시장을 키우고 있다는 분석이다. 삼성경제연구소 배영일 수석연구원은 “신변 안전산업은 성장잠재력이 높은 데 반해 메이저(대형) 기업이 없는 무주공산(無主空山)에 가깝다”며 “디지털·인공지능·인터넷 네트워킹 등 첨단 IT로 무장한 한국 기업들이 노려볼 만한 시장”이라고 말했다.

4. 시큐리티의 분류 및 유형

1) 시큐리티업무의 범위

현재 경비업무(Security Services)의 종류는 시설경비업무, 호송경비업무, 신변보호업무, 기계경비업무, 특수경비업무 등으로 하고 있으나 그동안 계속 확대되어 왔다. 경비업법이 최초로 제정된 1976년 당시에는 ‘기계경비업’이 경비업에 포함되어 있지 않았다가 경비업체가 자체적으로 기계경비 시스템을 도입하고 발전됨에 따라 기계경비업을 추가하고 허가요건을 정하게 되었다.

또한 ‘특수경비업’도 경비업의 일종이 아니었지만 첨단기계경비시스템과 연계된 종합안전체계를 구축하여 국가중요시설 경비의 전문성·효율성을 제고하고 대간첩·대테러 상황시 국가중요시설의 완벽한 방호를 위하여 정부가 청원경찰제도의 문제점을 고려하여 도입하기로 결정함으로써 2001년에 신설된 민간경비업무이다. 이처럼 경비업의 범위는 고정 불변한 것이 아니며, 시대의 변천과 과학기술의 발전, 국내사정 등에 의해 변화되는 탄력성을 가진 개념이다.

미국 플로리다 주법은 경비업과 관련된 업종을 분류하여 각각에 대한 허가 및 면허요건을 규정하고 있는데, 한국에서 금지되고 있는 사설탐정업, 도난물건의 회수업, 총기류 교관업 등이 허용되고 있다. 또한 미국의 「헐크레스트 보고서」(Hallcrest Report)는 플로리다 주법보다 경비업의 범위를 더욱 폭넓게 정의하고 있는데[4], 경비장비 제조·유통업, 자물쇠 제조업, 경비자문업은 물론 경비견의 사육·대여, 마약검사, 거짓말 탐지까지도 경비업으로 분류하고 있는 것이다.

한편, 일본의 경비업법도 우리보다 "경비업"의 범위가 넓어서 아직은 우리에게 허용되고 있지 않은 '교통유도경비'를 경비업무의 하나로 규정하고 있다.

2) 시큐리티업무의 유형

(1) 주체에 따른 분류

인력경비란 각종의 위해(범죄행위, 화재, 재난 등)로부터 인적·물적인 가치를 인력을 통해 보호하는 경비로 상주경비, 신변보호(경호)경비, 혼잡경비, 호송경비, 순찰경비 등이 주요 형태가 있다. 인력경비의 장점으로는 경비, 질서유지, 안내, 미화 등의 통합서비스가 가능하고 현장에서 신속한 조치 가능하며 범죄자에게 예측가능성을 주지 않는다[불규칙적 순찰 등]. 이에 반해 단점으로는 인건비가 부담되며 사건발생시 인명피해의 가능성이 있으며 사건의 신속한 전파의 장애 및 야간경비활동의 제약이 있다.

기계경비란 인력경비와 대응되는 개념으로 각종의 위해(범죄행위, 화재, 재난 등)로부터 인적·물적인 가치를 기계경비시스템을 통해 보호하는 경비형태이다. 기계경비는 다시 감시대상별·형태별·이용방법별로 여러 가지로 구분할 수 있지만, 순수무인경비시스템과 혼합기계경비시스템, 로컬기계경비와 무인(unmanned)기계경비의 형태가 있다. 로칼(local)경비는 잠재적인 위해요소가 예상되는 특정경비대상에 장소별로 적합한 각종 감지기를 설치하고 그에 의한 감지신호와 감지된 장소의 영상을 볼 수 있는 CCTV(Closed Circuit Television) 등의 감시장치를 이용하여 자체의 상황실 및 중앙통제센터에서 상주 경비원이 감시관리, 외부의 침입자에 의해 침입신호가 상황실에 수신되면 상주경비원이 출동·대처할 수 있는 기계경비형태이다.

무인(unmanned)경비는 경비대상에 적합한 감지기나 주장치(controller)를 설치하여 현장에는 경비원을 배치하지 않고 원격지의 관제실에서 관리하는 시스템으로 침입이상 등의 신호가 관제센터에 수신되면 담당지역 출동차량으로 지령하여 출

---

4) 자체경비(proprietary security)·경호 및 순찰 서비스업(guard and patrol services)·기계경비업(alarm services)·사설탐정업(private investigations)·호송경비업(armored car services)·경비장비 제조 및 유통업(security equipment manufacturing and distributing)·자물쇠 제조업(locksmith)·경비자문업(security consultants services)·기타(경비견, 마약검사, 법의학적 분석, 거짓말 탐지 등)

동·대처하는 기계경비형태이다. 시스템은 감지장치, 송·수신장치, 대응차량, 관제시설 등으로 구성되어 있다. 기계경비는 장기적으로는 경비가 절감되고, 감시지역의 광범위성과 정확성이 있으며 24시간 지속 감시, 화재예방시스템과 통합운용이 가능하고 인명피해 가능성이 없는 반면에 설치비용이 부담되고 범죄자에 역이용될 가능성과 오경보의 위험성, 유지보수의 복잡성과 고비용성이 있는 단점도 있다.

(2) 업무 및 목적에 따른 분류

시큐리티는 업무 및 목적에 따라 시설경비, 혼잡경비, 호송경비, 경호(신변보호)경비, 순회·순찰경비 등으로 나눠 볼 수 있다.

시설경비란 국가중요시설, 빌딩, 주택, 공장건물, 상가, 공공건물, 공항 등 경비대상시설에 대한 각종의 위해(외부침입·내부절도, 사고의 발생 등)로부터 그 시설물의 인적·물적 가치를 보호하는 경비형태이다. 시설경비의 수행형태로는 경비실을 설치 상주하면서 하는 형태, 일정한 구역을 순회하는 순찰형태, 일정한 시설에 감지장치를 설치하고 경보시 경비원이 출동하여 조치하는 형태, 경보장치의 설치를 통해 경보를 각 경찰관서로 전달케 하는 경보서비스형태가 있다.

혼잡경비란 각종 기념행사, 경기대회, 제례행사 등으로 모인 군중들에 의해 발생되는 혼란상태를 사전에 예방하거나 경계하고 우발상황이 발생할 경우 신속히 대처하여 확대되는 것을 방지하는 경비활동이다.

경호(신변보호)경비는 의뢰자의 의뢰에 의거하여 각종의 위해로부터 대상자를 보호하는 신변보호활동이다. 그리고 호송경비는 운송이 필요한 현금, 보석, 각종 귀중품을 강·절도로부터 보호하여 안전하게 이송시키는 경비활동을 말한다.

(3) 성격에 따른 분류

시큐리티의 성격에 따라 계약경비와 자체(상주)경비서비스로 분류할 수 있는데, 계약경비란 일반적으로 경비상품을 갖춘 경비전문업체가 시큐리티서비스를 원하는 용역의뢰자와의 일정한 계약행위를 통해 경비서비스를 제공하는 형태의 시큐리티서비스를 말한다. 그 서비스형태로는 (1) 시설방범경비와 (2) 순찰경비서비스, (3) 사설탐정서비스, (4) 경호(신변보호)경비서비스, (5) 호송경비서비스, (6) 기계경비서비스 등이 있다.

(1) 시설방범경비는 시설물에 대한 각종의 위해로부터 시설물내의 인적·물적 가치를 보호하는 경비형태를 말한다. 경비의 주된 역할은 시설물 내외의 접근통제, 시설물에 출입하는 사람이나 차량의 통제, 시설물에 출입하는 사람이나 차량의 원활한 안내, 일반적 회사업무에 필요한 사항의 지원 등이다.

(2) 순찰경비서비스는 경비원들이 범죄예방과 발견을 위해 도보나 순찰차량으로 1인 또는 여러 사람이 한팀이 되어 근무지역 내의 시설물들을 정기적으로 확인하는 활동을 말한다. 순찰경비원이 이동을 하면서 여러 지역을 순찰한다는 점에서 한 지역에서 근무하는 보초식의 경비활동과 차이가 있다.

(3) 사설탐정서비스는 정보들 즉, 고용전에 행하는 경력조사나 직원에 대한 배경조사, 보험 또는 신용업무와 관련된 신규 채용자들의 배경 조사, 보험금 지불 청구에 필요한 정보, 나아가서는 범죄정보까지도 포함한다.

(4) 경호경비서비스는 1970년대 중반 이후부터 요인납치 및 인질사건들이 급속히 증가함에 따라 다른 경비서비스보다 빠르게 성장하고 있는 영역으로, 사설경호요원에 의해 각종의 위해로부터 의뢰인을 보호하는 활동을 말한다.

(5) 호송경비서비스는 한 장소에서 다른 장소로 이동이 필요한 물건(귀중품, 현금, 생산품 등)을 안전하게 운송하는 경비서비스 활동을 말한다.

(6) 중앙통제경보시스템을 중심으로 시설물에 설치되어 있는 감지기로부터 경보를 수신하여 출동차량에 의해 상황에 대응하는 형태의 경비서비스이다. 중앙통제센터는 항상 사설 경비원들에 의해 모니터 된다. 과거 단순한 경보서비스는 감지기를 현장에 설치하고 감지된 경보를 일반 경찰관서에 알려주는 역할을 하는 경우도 있지만, 오늘날 기계경비서비스의 전형은 중앙통제시스템을 구축하고 경보를 일반경찰관서나 소방관서에 전파할 뿐만 아니라 시큐리티요원(출동차량)을 현장에 보내 조치하는 형태를 띤다. 중앙통제센터를 중심으로 한 기계경비시스템은 경비원을 고용하는 인력경비보다 장기적으로 비용이 저렴하고 정밀하다는 장점이 있지만 오보율이 높다는 문제점을 가지고 있다.

(7) 그 외에 민간경비서비스는 군중통제, 경비견 순찰, 경비 및 호위, 요인경비, 거짓말 탐지기 조사, 경비자문과 기업의 손실방지를 위한 지원과 관련된 경비서비스 등을 제공한다.

자체(상주)경비는 계약경비와 상대개념으로 당해 조직이 자체적으로 경비부서를 조직하고 경비활동을 실시하는 경비형태를 의미한다. 즉, 조직의 일부로서 경비조직을 운영하여 경비를 행하는 형태를 말한다. 이러한 상주경비는 상대적으로 안정된 신분보장과 높은 급료, 높은 위상으로 연령이 낮고, 자질이 우수한 사람들로 구성할 수 있다. 경비책임자가 경비원들을 직접 관리하기 때문에 경비원에 대한 강력한 통제가 가능하고 시큐리티서비스면에 있어서도 경비원을 고용한 사용자의 요구에 신속하게 대처하는 장점을 갖고 있다. 그리고 상주경비는 시설주의 필요에 따라 적절하게 교육, 훈련을 시킬 수 있고, 교육, 훈련의 과정과 효율성을 쉽게 측정할 수 있는 장점이 있다. 또한 각 경비원들의 개개인에 대한 업무수행 능력도 훨씬 정확하게 평가할 수 있다. 상주경비원들은 계약경비원들보다 자신들을 고용한 회사나 사용자에게 상대적으로 높은 충성심을 갖는다. 상주경비는 계약경비보다 안정적이기 때문에 업무수행능력을 인정을 받을 수 있어 자기개발의 기회를 가질 수 있다는 이점이 있다.

그러나 계약경비는 비용이 비교적 저렴하고, 구성원 중에 질병이나 해임 등으로 인해 업무수행상의 문제가 발생했을 때나 인사이동과 대체에 따른 행정관리상 문제를 쉽게 해결할 수 있으며 경비수요의 변화가 생길 때마다 기존 경비인력을 감축하거나 또는 추가적으로 고용을 확대할 수 있는 장점이 있다. 그리고 상주경비에 비해 비상사태에 있어서 인적자원의 탄력적인 운용이 가능하며, 계약경비업체들은 대규모 경비인력을 관리하고 있기 때문에 훨씬 더 능률적으로 이들 인적자원을 관리할 수 있다. 경비업무 수행에 있어 사용자를 의식하지 않고 소신껏 경비업무에 임할 수 있는데, 계약경비원들이 상주경비원들보다 시설주나 사용자들의 요구에 객관적으로 응할 수 있는 특성을 갖는다. 또 계약경비는 사용자의 요구에 맞는 다양한 경비상품을 구비하고 경비서비스를 제공함으로써 경비프로그램 전반에 걸쳐 전문성을 가진 경비인력을 쉽게 제공할 수 있다.

그래서 경비분야에 있어 오늘날의 추세는 상주경비서비스보다 계약경비서비스가 인건비 등의 문제로 훨씬 빠른 속도로 성장하고 있다.

(4) 경비업법상 분류

가) 시설경비업무

시설경비업무란 경비를 필요로 하는 시설 및 장소(경비대상시설)에서의 도난 · 화재 등으로 인한 위험발생을 방지하는 업무를 말한다(경비업법 §2제1호 가목).

다시 말해서 국가중요시설 · 산업시설 · 공공시설 · 사무소 · 흥행장 · 주택 · 창고 · 주차장 · 행사장 · 유원지 · 항공기 · 차량 기타 경비를 필요로 하는 시설 및 장소에서의 도난 · 화재 기타 혼잡 등으로 인한 위험발생을 방지하는 업무를 말한다.

시설경비는 금융기관, 오피스 빌딩, 백화점, 시장, 주택, 창고, 유원지, 사적지, 기념관 등의 여러 시설에 투입되어 시설경비서비스를 제공하고 전문경비요원에 의한 각종 경비형태로서 주로 시설의 상주경비를 담당한다.

현재 경비업자의 상당수는 경비대상시설의 유지 · 관리업에 종사하고 있다. 오늘날의 경비업은 건축물의 유지관리와 불가분의 관계에 있다. 오늘날의 시설물 유지관리는 첨단 인텔리전트 빌딩의 증가 및 건축물의 현대화에 발맞춰 기계화되고 있다. 그리고 방범 · 방화는 물론 엘리베이터 미작동, 보일러 가열, 에어컨 설비의 고장, 지하실 침수, 실내공기의 오염 등을 체크할 수 있는 기능이 하나의 기계로 통합되고 있는데, 이것이 "시스템통합(system integration)"이다. 청소 내지 위생업도 최근 전문업체가 등장하고 있으며, 첨단화된 시스템을 이용한 청소 · 위생업을 겸영하고 있는 경비업체도 있다. 청소업이나 위생업은 불결한 환경과 오염된 공기로부터 시설 근무자의 건강을 지킨다는 점에서 안전산업의 하나이며 결코 경비업과 무관한 산업이라고 할 수 없다. 특히 원도급자인 시설주들은 건축물의 유지관리분야와 경비분야를 분리하여 각기 별도의 업체와 계약하기 보다는 한 업체와 단일계약을 하는 것이 효율적이기 때문에, 경비업체로 하여금 건축물의 유지관리까지 담당하도록 하고 있다.

나) 호송경비업무

호송경비업무는 운반 중에 있는 현금 · 유가증권 · 귀금속 · 상품 기타 물건에 대하여 도난 · 화재 등 위험발생을 방지하는 업무를 말한다(경비업법 §2제1호 나목). 최근 금융기관들이 고객서비스 만족을 위한 24시간 현금자동입출금기를 많이 설치함에 따라 호송경비시장에 증가하였다. 국가와 사회적으로 중요한 것(예 각종 선거 투표함, 입시문제지 등)의 호송경비는 주로 경찰이 하고 있으나 미국의 경우 특수 제작한 방탄장갑차를 구비한 현금수송 전문경비회사가 수요자와의 계약에 의해 무장한 경비원에 의하여 호송경비를 수행하기도 한다.

다) 신변보호업무

신변보호업무란 사람의 생명이나 신체에 대한 위해의 발생을 방지하고 그 신변을 보호하는 경호업무를 말한다(경비업법 §2제1호다목). 이는 공공시큐리티 보다 광의의 개념으로써 요인경호 또는 신변보호(Body Guard)가 있다. 국내외 저명인사의 세미나 및 총회참석시 VIP의전시큐리티 및 행사장 시큐리티안전, 외국연예인 수행경호, 이벤트 행사 및 콘서트장 안전, 외국 바이어 등 기업가 신변보호, 개인 및 가족 신변보호를 담당하고 있다. 의전시큐리티란 시큐리티대상자가 각종테러나 위협으로부터 보호받으면서 그 속에서 사회적 신분에 알 맞는 대우를 받으며 편안함을 유지하는 것을 말한다.

라) 기계경비업무

기계경비업무란 경비대상시설에 설치한 기기에 의하여 감지·송신된 정보를 그 경비대상시설 외의 장소에 설치한 관제시설의 기기로 수신하여 도난·화재 그 밖의 위험발생을 방지하는 업무를 말한다(경비업법 §2제1호라목). 사람에 의해 직접적으로 이루어지는 인력경비업무와는 달리 기계경비업무는 상업적 용어로 '무인경비시스템'으로 주로 쓰인다. 이는 시큐리티활동의 주체인 사람의 근무를 보조하기 위하여 시큐리티기기를 수단으로 하여 경비업무를 효과적으로 수행할 수 있는 역할을 한다. 기계경비업무는 순수한 기계만으로 경비하는 것이 아니라 기계에 의한 감지와 기계경비원의 출동으로 이루어지는 혼합형이다.

이웃간의 비상벨로 연결하여 범인 침입시 감지기를 작동할 수 있는 초보적인 원시적 기계경비로부터 음성·알람통보시스템경비, 컴퓨터 및 전자장치를 이용한 시스템경비로 발전하였다.

현재 대부분의 경비업체가 인력경비 위주의 영세성을 벗어나지 못하고 있는 상황에서 한국의 기계경비업은 대단히 빠른 속도로 성장하고 있다. 즉, IT(Information Technology)산업의 발달과 함께 급격하게 정보화가 진척되고 있으며 세계 유수의 정보대국으로 손꼽히고 있다. 그리고 경비업 특히 기계경비업은 IT산업의 발달과 불가분의 관계에 있다. 기계경비업체를 중심으로 경비대상시설인 아파트의 홈페이지를 제작하고 외부의 해킹으로부터 방지해 주는 이른바 "사이버 아파트"(cyber-apartment)가 등장한지 오래이다. 그리고 일본에서는 기계경비업체가 기존의 대처요원 및 출동차량, 통신망과 컴퓨터, 위치확인시스템(GPS)을 활용하여 길 잃은 치매노인과 미아(迷

兒)를 찾아주는 서비스, 신변에 위험이 닥쳤을 때에 버튼만 누르면 대처요원이 출동하는 서비스, 네트워크를 통한 원격진료와 응급환자의 구급 서비스 등을 행하고 있다. 결국 경비업이 시민의 복지까지도 담당하는 역할을 하고 있는 것이다. 이러한 서비스가 가능한 것은 기계경비업이 전자통신을 활용한 네트워크 산업의 성격을 띠고 있기 때문이며, 말하자면 기계경비는 법적인 개념일 뿐 보다 정확하게는 '정보통신 경비업'인 셈이다.

2001년 4월 「경비업법」 8차개정에서 기계경비산업이 급속히 발전함에 따라 기계경비업무의 신고제를 허가제로 변경하는 한편, 기계경비업자의 신속대응조치 의무에 관한 사항 등을 규정하여 현행법에서 기계경비업무와 관련된 조항은 「경비업법」 제4조 제3항 제4호, 제8조(대응체제), 제9조(오경보의 방지 등), 제31조(과태료)제1항 제3호와 「경비업법 시행령」 제9조, 제10조 등이 있다. 경비업자가 기계경비시설을 갖추어 경비업무를 하고자 하는 경우 감지장치 · 송신장치 · 수신장치 및 관제시설과 출장소별로 2대이상의 출동차량, 전자 · 통신 분야 기술자격증소지자 5명을 포함한 10명 이상의 경비인력을 갖추도록 하고 있다.

마) 특수경비업무

2001년 4월 「경비업법」의 개정(법률 제6467호)중 특수경비업무라는 분야를 새로 명시한 바 특수경비업무는 영종도에 세워진 인천국제공항과 같은 국가중요시설의 경비와 보안을 담당하기 위하여 청원경찰처럼 민간인 신분의 특수경비원에게 제한적으로 총기를 휴대 · 사용할 수 있도록 하였다. 이를 위해 「경비업법」 제14조(특수경비원의 직무 및 무기사용 등), 제15조(특수경비원의 의무), 제16조(복장 · 장비 등), 제17조(결격사유자 등의 통보), 제18조(경비원의 명부와 배치 등)에서 규정하고 있다. 이는 민간경비원에게도 총기휴대를 할 수 있는 권한을 부여하였다는 데 의미가 크다.

특수경비업무란 항공기를 포함한 공항 등 일정한 국가중요시설의 경비 및 도난 · 화재 그 밖의 위험발생을 방지하는 업무를 말한다. 이 경비업무를 수행하는 자를 특수경비원이라 한다(경비업법 §2제1호마목). 여기서 국가중요시설은 공항 · 항만, 원자력발전소 등의 시설 중 국가정보원장이 지정하는 국가보안목표시설과 「통합방위법」 제21조 제4항의 규정(국가중요시설은 국방부장관이 관계행정기관의 장 및 국가정보원장과 협의하여 지정)에 의하여 국방부장관이 지정하는 국가중요시설을 말한다(경비업법 시행령 §2). 그리고 통합방위법상 "국가중요시설"이란 공공기관, 공항·항만, 주요산업시설 등 적(敵)에 의하여 점령 또는 파괴되거나 기능이 마비될 경우 국가안보 및 국민생활에 심대한 영향을 미치는 시설을 말한다(동법 §2제13호).

[관련 조문]	◇「통합방위법」제21조(국가중요시설의 경비·보안 및 방호)	신설 2001.12.29

① 국가중요시설의 소유자 또는 관리자(이하 "시설주"라 한다)는 경비·보안책임을 지며, 통합방위사태에 대비하여 자체방호계획을 수립하여야 한다. 이 경우 국가중요시설의 시설주는 자체방호계획의 수립에 관하여 필요한 경우에는 지방경찰청장 또는 지역군사령관에게 협조를 요청할 수 있다.

② 지방경찰청장 또는 지역군사령관은 통합방위사태에 대비하여 국가중요시설에 대한 방호지원계획을 수립·시행하여야 한다.

③ 국가중요시설의 평시 경비·보안활동에 대한 지도·감독은 관계행정기관의 장과 국가정보원장이 행한다.

④ 국가중요시설은 국방부장관이 관계행정기관의 장 및 국가정보원장과 협의하여 지정한다.

⑤ 국가중요시설의 자체방호·방호지원계획 및 그 밖에 필요한 사항은 대통령령으로 정한다.

◇「통합방위법 시행령」제32조(국가중요시설의 경비·보안 및 방호) 국가중요시설의 경비·보안 및 방호를 위하여 국가중요시설의 소유자 또는 관리자(이하 "시설주"라 한다), 지방경찰청장 및 지역군사령관은 다음 각호의 구분에 의한 업무를 수행하여야 한다. [본조신설 2002.3.30]

1. 시설주의 경우에는 다음 각목의 업무
   가. 청원경찰, 특수경비원, 직장예비군 및 직장민방위대 등 방호인력, 장애물 및 과학적인 감시장비를 통합하는 것을 내용으로 하는 자체방호계획의 수립·시행. 이 경우 자체방호계획에는 시설주 및 특수경비업자의 책임하에 실시하는 통합방위법령과 시설의 경비·보안 및 방호업무에 관한 직무교육과 개인화기를 사용하는 실제의 사격훈련에 관한 사항이 포함되어야 한다.
   나. 국가중요시설의 자체방호를 위한 통합상황실과 지휘·통신망의 구성 등 필요한 대비책의 강구
2. 지방경찰청장 및 지역군사령관의 경우에는 관할지역안의 국가중요시설에 대하여 군·경찰·향토예비군 및 민방위대 등의 국가방위요소를 통합하는 것을 내용으로 하는 방호지원계획의 수립·시행. 이 경우 경찰은 경찰서 단위의 방호지원계획을 수립·시행하고 군은 대대 단위의 방호지원계획을 수립·시행하여야 한다.

제2절 시큐리티 위해환경과 성장 배경론

1. 시큐리티 위해환경

시큐리티대상자가 결정되면 그 대상 목표에 대한 시큐리티 위해환경을 분석하고 이에 따른 적절한 시큐리티 조치를 취하는 경우가 있으나 반대로 시큐리티 환경적 위해 요소가 조성되면 그 위해 대상이 누구인가를 분석하고 그 대상에 대한 사전 보호 조치가 이루어지는 경우도 많다. 특히 민간시큐리티인 경우 대부분은 전자의 경우로 신변보호 조치의 의뢰인이 요구하면 그 대상에 대한 취약 요인을 분석하게 되나 공공시큐리티인 경우는 시큐리티환경을 분석하고 예측하여 그 취약 요소가 미칠 위해 대상에 대한 사전 예방 조치를 취하는 활동을 하게 되는 것이 통례이다.

시큐리티환경은 테러를 합리화·정당화를 주장하는 구실이 될 수 있다. 특히 민족적·종교적 요인에 대한 테러리즘에 있어서는 시큐리티환경이 범법자들에게 범행 동기를 유발시키는 커다란 심리적 요소로 작용한다. 뿐만 아니라 범행 후에도 그 불가피성을 주장하는 이유로 삼게 된다. 따라서 정치적 목적에 의한 경우는 범행 후 그 목적 달성의 성패에 영향을 주게 된다. 시큐리티 기관은 항상 시큐리티 환경을 분석하고 여러 측면에서 위해 요소를 판단하여야 하며 이에 대한 대비책을 강구하여야 한다.

시큐리티환경의 악화 요인은 특정 경호 대상의 내적인 자체 요소와 사회적·국가적·외적인 요소로 구분할 수 있다. 내적인 요소로는 시큐리티 대상의 개인적 성향, 정치적 관계 및 종교적·사회적 대립관계를 등을 들 수 있겠고 외적 요소로는 국내 시국 상황, 위해 요소의 통제 및 관리, 테러의 양상, 시큐리티 관련 법적 지원 등을 들 수 있다. 특히 국내 시국 상황과 테러의 양상 부분은 국내뿐만 아니라 전 세계적인 테러의 양상을 분석하고 시큐리티 대상과의 연관 여부를 판단하여야 한다. 시큐리티 대상이 국가적 요인인 경우 테러 집단이나 지원국과의 국가간에 외교, 군사, 경제 등 적대적 관계나 종교적 이념 갈등, 국제적 분쟁의 문제 등이 연관되어 감정적 대립 관계에 있으면 경호 환경에 치명적인 악화 요소라고 판단하여야 한다.

1) 시큐리티 위해환경분석 요소

시큐리티환경을 판단하고 특정 시큐리티목표에 대한 취약요소를 추출하는 데에는 여러 측면에서 접근하고 분석할 수 있다. 시큐리티의 특성상 시행착오와 오차를 허용하지 않으며 완벽성을 추구하는 개념에서 그 결과는 같을 수 있지만 여러 측면에서 분석하고 복합적인 결론을 내는 것이 중요하다.

시큐리티환경을 분석하는 여러 가지 측면의 경우를 정리하면 다음 표와 같다.

[표 1-5] 시큐리티환경의 분석요소

분석요소	내 용
시큐리티환경	- 테러리즘상황, 국가안보치안상태, 정치 · 종교 · 사회적 이념대립 - 법적 · 제도적 실태, 정책적 상황 - 위해가능지역: 직접위해가능지역, 간접위해가능지역, 위해영향지역 - 시큐리티활동범위: 안전구역, 경계 및 경비구역, 치안강화지역 - 위해요소환경: 인적 위해환경, 물적 위해환경, 지리적 위해환경
시큐리티기관	공(公)시큐리티기관, 민간 시큐리티기관, 시큐리티요원
시큐리티대상	공(公)시큐리티대상, 민간 시큐리티대상, 개인
일반시민	- 개인성격, 활동범위, 직업 등 외적 요소

시큐리티대상(목표)에 대한 시큐리티 환경을 분석하고 이에 따른 적절한 시큐리티 조치를 취하기도 하고 반대로 시큐리티 환경적 위해 요소가 조성되면 그 위해 대상이 누구인가를 분석하여 그 대상에 대한 사전 보호 조치가 이루어지는 경우도 많다. 특히 민간시큐리티인 경우 대부분은 전자의 경우로 신변보호 조치의 의뢰인이 요구하면 그 대상에 대한 취약 요인을 분석하게 되나 공(公)시큐리티인 경우는 시큐리티환경을 분석하고 예측하여 그 취약 요소가 미칠 위해 대상에 대한 사전 예방 조치를 취하는 활동을 하게 되는 것이 통례이다.

시큐리티 환경은 사회 분위기에 따라 민감하게 반응하며 시큐리티 활동에 있어 그 내용, 인원, 장비, 강도, 시간 등에 전반적으로 영향을 미치지만 반대로 시큐리티 활동방법과 시행과정이 시큐리티 환경에 영향을 미치는 경우가 있을 수 있다. 따라서 시큐리티기관은 항상 시큐리티 환경이 순화되도록 시큐리티상 기법을 개발 시행하여야 한다.

시큐리티 환경의 요소 중 악화되는 징후를 살펴보면 다음 [표 1-6]과 같다.

[표 1-6] 시큐리티환경의 악화징후

시큐리티환경요소	내 용
시큐리티대상의 성향	시큐리티대상관련 지역감정의 표면화, 종교적 이념대립의 심화, 개인적 원한관계(금전, 이성, 가계, 정치 등), 적대적 세력의 감정대립 발생, 업무추진방법, 스타일(대중집회 등 선호)상의 취약점 노출, 개인적 악성루머 유로, 추종세력의 갈등문제 발생, 부정부패 연루 등
정치적 관계 (정치인의 경우)	쿠데타 등 집권의 정통성, 집권과정의 불법성 대두, 정치적 저항세력, 지역 발생, 대규모 폭력시위 발생, 정파간 정쟁, 이념대립의 심화, 사회계층·세대 이념적 대립감정 상승, 정치적·사회적 소외계층의 발생, 지지도의 하락 및 정책 실패 노출
종교적·사회적 대립관계	종교적 이념 논쟁에 개인적 감정대립 노출, 사회적 논쟁의 감정대립, 특수 소외 계층에 의한 비판대상, 개인적 특수관계
테러리즘양상	국제테러리즘 환경의 악화, 테러관련 적대국가의 발생, 종교적·민족적 감정대립 국가 대두, 국내 테러단체 활동 징후 발견, 국가적·민족적 안보관련 국제관계의 대립, 구체적 테러 정·첩보 입수
국내시국상황	국내치안상태 불안고조, 불법 폭력 시위, 파업 등 발생, 사회적 빈곤층, 소외계층의 감정 악화, 경호조치에 대한 국민감정의 악화
법적·제도적 지원	시큐리티관련법의 지원미비, 위해요소 통제 관련법 미비, 테러방지를 위한 법 미비 및 국제적 조약비준상태 미흡, 불법행위에 대한 법적용 의지 퇴색

2) 시큐리티 환경의 종류

경호환경은 일반적 환경과 특수적 환경으로 나누어 볼 수 있다. 전자는 ㉮ 경제발전, 과학기술, ㉯ 동력화, 정보화 팽창, ㉰ 생활양식 및 국민의식 변화, ㉱ 범죄의 다양화 및 증가, ㉲ 경제생활의 향상 등을 들 수 있고, 특수적 환경은 ㉠ 경제전쟁, 지역이기주의, ㉡ 한국의 국제적 지위향상, ㉢ 북한의 위협 등을 들고 있다.

(1) 일반적 시큐리티환경

가) 경제발전

경제발전은 필연적으로 물질위주의 사회구조로 변모시키고, 많은 사람들의 부의 축적을 가져온다. 반면에 이러한 부의 분배에서 소외된 계층을 가져오고 결국은 빈부의 격차에 따른 지역간 · 계층간의 갈등을 가져온다.

나) 과학기술발전

현대의 과학기술의 발전은 위해를 가하려는 위해자 또는 위해조직이 위해의 수단으로서 첨단장비나 기술을 활용함으로써 위해자 입장에서는 위해의 성공 가능성을 높여 위해의 의지를 수월하게 하는 역할을 한다.

다) 정보화

현대사회의 정보화의 진전은 범죄의 광역화와 지능화, 신속화가 알카에다의 사례에서 보았듯이 이메일 등 정보화 수단의 이용 등으로 발각의 가능성은 낮아지고 그 만큼 위해 가능성을 높였다.

라) 사회구조와 국민의 의식구조 변화

사회구조의 변화에 따른 국민들의 의식구조의 변화와 생활양식의 변화는 경호작용에도 영향을 미치고 있다. 즉 성공적인 시큐리티는 국민들과 다른 조직들과의 치밀한 협력체계하에서만 담보될 수 있다. 그러나 의식구조나 생활방식이 개인화 · 이기주의화됨으로써 이러한 측면에 어려움을 가져오고, 그 만큼 경호위해의 가능성을 높이고 있다.

마) 국제화 · 개방화

최근 가속화된 국제화와 개방화의 동향은 시큐리티작용에 매우 커다란 영향을 미치고 있다. 개방화와 국제적 교류의 증대는 국제적으로 악명 높은 테러분자나 테러조직의 활동성을 높이고, 경찰이나 시큐리티기관의 통제성을 어렵게 하는 결과를 낳고 있다.

인구의 도시집중과 주거지역의 밀집화, 산업시설의 증대와 산업지역의 증가는 범죄유발요인을 낳게 하여 각종 범죄의 양적 증가와 범죄의 도시화 · 흉악화 등

질적 변화를 가져오게 되고, 교통수단의 발달과 1일 생활권의 확대는 범죄의 기동화·광역화 및 도시범죄의 지방교류 등을 촉구하게 되며, 과학기술의 이용, 풍부한 정보의 활용은 범죄의 지능화·조직화 등 질적 변화를 초래하게 된다.

바) 냉전체제의 붕괴와 신경제질서의 성립

과거의 미소를 중심으로 동서간의 냉전체제하에서는 이념적 갈등을 위주로 한 테러의 가능성과 국지적 분쟁이 주였다. 그러나 오늘날 이러한 냉전체제가 붕괴되고 이전의 사회주의체제하에서 힘에 의해 눌려져 있던 인종갈등, 민족주의, 지역주의 등이 본격적으로 대두되어 서로간의 무력충돌과 테러, 암살 등의 다양한 형태로 발생됨으로써 광범위한 위해환경이 조성되었다.

또한 경제생활의 향상은 폭리범죄, 신용범죄, 특허범죄 등의 경제사범을 증가시키고, 국제교역 및 교류의 증대는 범죄의 국제화를 초래하여 범죄조직의 국제화, 범죄수법의 국제교류 뿐만 아니라 관세범죄, 외자범죄, 밀수범죄, 국제밀무역 등의 증가를 가져오게 된다.

(2) 특수적 시큐리티환경

시큐리티의 특수적 환경요인으로는 크게 암살, 테러, 유격전 등이 있다. 세계 각국의 역사 속에서 암살 및 테러사건이 없었던 나라는 없다. 어느 시대 어느 곳에나 음모자나 테러분자들이 있었고, 지도자들은 항상 위기에 놓여 있었던 것이다. 그러므로 인류의 발전과 생태를 기록하여 온 역사 속에는 암살 음모의 증가와 지능적인 테러도 면면이 점철되어 있는 것이다. 더욱이 고도로 발달한 인지에 의하여 이 비극적이고 야만적인 행위의 방법도 복잡하고 교묘한 양상으로 발전하고 있다.

구 분	테러	암살	전쟁	게릴라전
임무수행범위	중간	좁다	넓다	넓다
주대상	민간인, 시설	민간인	작전중인 군대, 경찰, 주요시설	작전중인 군대, 경찰, 주요시설
조직규모	중간	중간	크다	크다

세계는 군사전쟁에서 경제전쟁으로 탈바꿈하여 지역이기주의 또는 지역경제주의로 발전, 소수민족의 테러 단체들의 투쟁이 증가되고 있다. 미국·러시아를 중심으로 한 동서냉전체제가 그 막을 내림에 따라 그 동안 공산주의 독재체제 밑에서 억눌려 있던 각 민족들의 자기 찾기를 위한 치열한 투쟁이 전개되고 있다. 그러나 이 같은 오랜 세월동안 빼앗겼던 자기 자신을 찾는다는 민족적 욕구는 인간본연의 정당성에도 불구, 다른 민족의 욕구를 인정하는 바탕을 갖춘 평화공존의 합리적인 대안으로 나가지 못함으로써 민주주의와 시장경제를 두 축으로 신세계 건설을 추구하려는 유럽 등 전 세계에 짙은 그림자를 던져 주고 있다. 또한 이와 궤를 같이해 냉전 속에 경제발전에 치중, 강국으로 떠오른 독일과 일본 국내 일각에서는 외국인에게 경제부국을 빼앗기지 않겠다는 방어적 성격의 배타주의와 패권주의가 다시금 고개를 들고 있다.

결국 동서냉전의 폐허 위에 부상하고 있는 세계 각국의 신민족주의 성향은 한편으로는 억눌려온 민족주의 염원으로, 다른 한편으로는 한때 할 수 없이 포기했던 공격적 국수주의의 회복으로 상반되게 드러나고 있다.

이와 관련 지역이기주의에 따른 경제전쟁이라는 새로운 형태의 세계 질서가 편성되기 시작되는 바, 냉전시대의 팽팽한 군사적 대립이 해소된 자리에 자국의 이익을 우선으로 하는 경제우선주의가 들어설 것은 진작부터 예상돼 왔던 것이지만, 여기에 덧붙여 블록화의 형태를 띤 지역경제주의까지 등장한 것은 경제전쟁의 가능성을 한층 높여 주고 있다. 이 같은 급격한 국제정세 변화는 전통적으로 러시아·동구권의 지원 및 영향을 받아온 구주·중동·아시아 지역의 극좌테러단체 대부분이 재정상 압박 등으로 활동이 크게 위축되어 전반적인 감소 추세를 보이고 있는 반면, 각 지역의 소수민족분리주의 테러단체들에 의한 소모적 테러투쟁은 오히려 증가되고 있다.

소수인종 및 민족, 종교적 편견, 장애인, 노인 등 약자층을 대상으로 이유 없는 증오심을 갖고 테러를 자행하는 증오범죄(hate crime)가 심각하게 등장하고 있다. 이와 같은 특수적 환경요인은 경호조직의 증감에 영향을 미치게 되며 심지어는 조직의 존폐위기까지 초래하게 되는 경우도 많이 발생한다.

한국은 국제적 지위향상과 더불어 해외에서의 자국인 대상 납치·살해 등 테러위협이 증가되고 있다. 북한의 고립심화와 내부 불안정·적화통일 노선 지속 추구 등과 관련된 대남위협 증가에도 불구하고 국민들의 대공의식이 해이되었으며 국내불법체류 외국인 증가, 마약관련 범죄 및 정신이상자 증가, 극단적 집단이기주의와 통제에 대한 무조건적 반발 추세, 기타 선진사회로 가는 각종 병리현상 만연 등 많은 사회적 불안요소들이 국내 경호환경에 부정적으로 작용하고 있다.

최근 북한의 경제적 곤경과 정치적 불안정으로 인하여 테러 및 유격전의 유발이 우려되고 있다. 북한은 경제적 곤경에 처해 있다. 식량과 연료의 부족 등으로 김일성 사망 이후 김정일체제는 심한 경제난을 겪고 있다. 국제적 신용도의 추락과 정치적 고립으로 북한은 국제금융시장에서의 차입이 어려운 실정이다. 게다가 무리한 정권의 세습과정으로 군사적 문제를 야기시킬 가능성마저도 있다. 이러한 어려운 현실에 직면한 북한은 핵 대포동장거리미사일 등을 빌미로 하여 일본과 미국을 상대로 경제적 협조를 위한 협상을 전개하고 있다. 북한은 경제적·정치적 문제를 해결하기 위하여 전략적으로 천안함사건 및 연평도포격사건 등으로 볼 때 테러 및 유격전도 서슴지 않을까 우려가 된다.

(3) 국내 치안 위해환경요인

가) 범죄의 양적 증가

1960년대 이후에는 인구증가, 산업화·도시화로 대표되는 매우 급속한 사회적 변동을 경험하였다. 이러한 과정에서 다양한 사회문제 중 중요한 것으로 등장한 것이 범죄문제로 전체범죄의 발생건수는 1964년부터 1973년까지는 감소하였으나, 그 후 점진적으로 증가하였고, 1987년도부터는 급격한 증가추세를 보이고 있다.

범죄발생현황을 외국과 비교해 보면 먼저 1994년의 주요범죄 발생건수는 미국이 13,991,700건, 독일이 6,537,748건, 일본이 1,926,254건, 한국이 889,408건으로 미국, 독일, 일본, 한국의 순을 보이고 있고, 전년대비 주요범죄 증가율은 한국이 53% 증가한 반면, 독일이 32%, 일본이 1.4%, 미국이 1.1% 각각 감소하였다(법무연수원, 범죄백서, 1996. p.38).

나) 범죄의 질적 변화

범죄의 유형이 다양해졌고, 범죄의 수법이 첨단기술을 활용하는 등 지능화 되었다. 또한 국내의 모든 지역이 일일생활권으로 변화함으로써 범죄의 광역화·

기동화현상이 뚜렷해졌다. 아울러 범죄대상이 무분별해졌으며, 피해자에 대한 성폭력이 일상화되는 등 범죄의 양상이 반인륜적으로 변화하고 더욱 흉폭해졌다. 이러한 범죄발생양상의 변화는 1960년대 이후 진행되어 온 사회변동과 연관되어 있다.

다) 범죄의 국제화 현상

㉮ **불법체류 및 밀입국 등 출입국관리사범의 증가** : 외국인 불법체류 현황을 보면 1995년말 현재 96,749명으로 지난해와 비교할 때 무려 2배 이상 증가하였으며, 전체 외국인 체류자 269,641명의 35.8%에 달하고 있다.

㉯ **국제 범죄조직의 국내 진출기도** : 세계의 치안을 위협하는 국제범죄조직으로는 이미 전세계적으로 악명을 떨치고 있는 이탈리아와 미국의 마피아 및 일본의 야쿠자 조직이 있으며, 최근에는 새롭게 부상하고 있는 중국계 트라이어드(삼합회)와 러시아의 마피아의 활동이 활발해 지면서 국내진출을 시도하고 있고, 국내 범죄조직 또한 이들과 연계할 조짐마저 보이고 있다.

㉰ **마약·총기류·위조달러 등의 불법 밀반출 증가** : 최근 국내에 외국산 마약·총기류 밀반입 및 위조달러의 반입·유통이 빈번히 발생하고 있으며 이들 범죄가 주로 국제범죄조직 등과 연계되어 있는 경우가 많은 것으로 나타나 우려가 되고 있다.

㉱ **인터넷 등을 이용한 국제해킹 위협 가중** : 정보화시대가 본격화됨에 따라 전 세계의 정보전산통신망이 서로 긴밀하게 연결되면서 인터넷(Internet) 등 국제전산망을 이용, 국내전산망에 침투하여 국가의 중요정보나 기업체의 중요 연구결과를 불법적으로 유출해 가거나 파괴하는 국제적인 해킹사건이 자주 발생하여 국가의 안전과 경제기반을 위협하고 있다.

㉲ **테러공포의 확산** : 최근 테러양상을 보면 과거 공산권의 이념적·물리적 힘의 지원을 받은 극좌테러리즘이 크게 위축된 반면, 냉전하에 잠복해 있던 민족적·종교적·인종적 갈등이 표면화되면서 자기 민족의 생존을 위한 격한 저항의 형태로써 상대방에 대한 테러를 자행하는 것이 주류를 이루었다. 특히 최근에는 미국의 이라크 침공에 대한 알카이다를 비롯한 회교권의 원리주의 단체들에 의해 저질러지는 테러가 세계를 공포로 몰아넣고 있으며, 우리나라의 경우도 대이라크 파병에 따라 테러의 목표가 되고 있다.

라) 북한의 위협 등

남북정상회담의 개최 등 남북간의 화해무드가 조성되고 있지만, 한편으로는 서해상의 교전이나 천안함격침 및 연평도포격사건, 국지적 간첩의 침투, 제한된 테러행위 등의 가능성이 상존함으로써 이에 대한 대처가 요구된다.

3) 물적 위해환경으로서의 위험물

(1) 위험물의 종류

위험물 또는 위험물품이란 일반적으로 다른 사람의 생명을 위협하거나 신체에 해를 끼칠 수 있는 기구로 다른 사람에게 위해(危害)를 끼칠 수 있는 위해물품을 말한다. 인간에게 이롭게 사용될 수도 있으나 불법행위에 사용될 수 있는 모든 도구나 물품이 위해물품이다. 위험물의 저장 · 취급 및 운반과 이에 따른 안전관리에 관한 사항을 규정함으로써 위험물로 인한 위해를 방지하여 공공의 안전 확보를 위한 「위험물안전관리법」에서는 위험물을 인화성 또는 발화성 등의 성질을 가지는 것으로서 대통령령이 정하는 물품으로 규정하고 있다. 「선박안전법」에 따른 선박에 의한 위험물의 운송 및 저장, 위험물 취급자에 대한 위험물 안전운송 교육과 상용위험물의 취급에 관한 사항을 규정하기 위한 「위험물 선박운송 및 저장규칙」제2조에서는 제1급 화약류, 제2급 고압가스, 제3급 인화성 액체류, 제4급 가연성 물질류, 제5급 산화성 물질류, 제6급 독물류, 제7급 방사성 물질, 제8급 부식성(腐蝕性) 물질, 제9급 유해성 물질 등으로 이를 구체적으로 규정하고 있다.

「총포 · 도검 · 화약류 등 단속법」(이하 '「총포등단속법」')에서는 위험물품을 총포(銃砲) · 도검(刀劍) · 화약류 · 분사기 · 전자충격기 및 석궁으로 보고, 이 물품들의 제조 · 거래 · 소지 · 사용이나 그 밖의 취급에 관한 사항을 규제하고 있다.

가) 「총포·도검·화약류 등 단속법」에 따른 위험물품의 종류

(가) **총포** – 「총포등단속법」에서 총포란 총(銃)과 포(砲) 및 총포의 부품을 말하는데, 일정한 구조 및 성능 기준을 갖춘 것이어야 한다(「총포등단속법 시행규칙」 §2① · ②).

(나) 도검 – 「총포등단속법」에서 도검이란 칼날의 길이가 15cm 이상 되는 것으로 성질상 흉기로 쓰이는 것과 칼날의 길이가 15cm 미만이라도 흉기로 사용될 위험성이 뚜렷한 것으로서 다음 어느 하나에 해당하는 것을 말한다(「총포등단속법」 §2② 및 「총포등단속법 시행령」 §4①).

1. 월도(月刀)
2. 장도(長刀)
3. 단도(短刀)
4. 검(劍)
5. 창(槍)
6. 치도(刺刀)
7. 비수(匕首)
8. 재크나이프(칼날의 길이가 6cm 이상의 것만 해당)
9. 비출나이프(칼날의 길이가 5.5cm 이상의 것이고, 45° 이상 자동으로 펴지는 장치가 있는 것만 해당)
10. 그 밖에 6cm 이상의 칼날이 있는 것으로 흉기로 사용될 위험성이 뚜렷한 도검 다만, 칼끝이 둥글고 날이 서 있지 않아 흉기로 사용될 위험성이 없는 것은 도검으로 보지 않는다(「총포등단속법 시행령」 §4③).

(다) 화약류 – 「총포등단속법」에서 화약류란 화약(火藥) · 폭약(爆藥) 및 화공품(火工品: 화약 및 폭약을 이용해서 만든 공작물을 말함)을 말한다(「총포등단속법」 §2③, 「총포등단속법 시행령」 §5 및 「총포등단속법 시행규칙」 §4①).

(라) 분사기 – 「총포등단속법」에서 분사기란 사람의 활동을 일시적으로 곤란하게 하는 최루(催淚) 또는 질식 등의 작용제를 내장된 압축가스의 힘으로 분사하는 ㉠ 총포형 분사기, ㉡ 막대형 분사기, ㉢ 만년필형 분사기 또는 ㉣ 그 밖의 휴대형 분사기를 말한다(살균 · 살충용 분사기는 제외, 「총포등단속법」 §2④ 및 「총포등단속법 시행령」 §6의2).

(마) 전자충격기 – 「총포등단속법」에서 전자충격기란 사람의 활동을 일시적으로 곤란하게 하거나 인명에 위해(危害)를 가하는 전류를 방류할 수 있는 ⓐ 총포형 전자충격기, ⓑ 막대형 전자충격기 또는 ⓒ 그 밖의 휴대형 전자충격기를 말한다(산업용 및 의료용 전자충격기는 제외, 「총포등단속법」 §2⑤ 및 「총포등단속법 시행령」 §6의3).

(바) 석궁 –「총포등단속법」에서 석궁이란 추진력은 활의 원리를, 조준 및 발사장치는 총의 원리를 이용해 화살 등의 물체를 발사해서 인명에 위해를 줄 수 있는 ㉠ 일반형 석궁, ㉡ 도르레형 석궁(지렛대의 원리를 이용한 것) 또는 ㉢ 권총형 석궁을 말한다(국궁 또는 양궁에 속하는 것은 제외,「총포등단속법」§2⑥ 및「총포등단속법 시행령」§6의4).

나) 장난감용 꽃불류에 대한「총포등단속법」의 적용 배제

화약류 중 장난감용 꽃불류에 대해서는「총포등단속법」의 다음 규정이 적용되지 않는다. 다만, 장난감용 꽃불류에 관해「총포등단속법」제4조(제조업의 허가),「총포등단속법」제9조(수출입의 허가 등) 또는「총포등단속법」제25조(화약류저장소 설치허가)에 따른 허가를 받은 사람의 경우에는 아래 제1호부터 제6호까지, 제8호, 제11호 및 제12호만 적용되지 않는다(「총포등단속법」§3①).

1.「총포등단속법」제6조(판매업의 허가)
2.「총포등단속법」제6조의2(판매업자의 지위승계)
3.「총포등단속법」제7조(판매업자의 결격사유)
4.「총포등단속법」제8조(행상과 옥외판매 금지)
5.「총포등단속법」제10조(소지의 금지)
6.「총포등단속법」제12조(총포 · 도검 · 화약류 · 분사기 · 전자충격기 또는 석궁의 소지허가)
7.「총포등단속법」제13조(총포 · 도검 · 화약류 · 분사기 · 전자충격기 또는 석궁의 소지자의 결격사유 등)
8.「총포등단속법」제18조(화약류의 사용)
9.「총포등단속법」제19조(취급의 금지)
10.「총포등단속법」제20조(화약류의 폐기)
11.「총포등단속법」제21조(양도 · 양수 등의 제한)
12.「총포등단속법」제23조(발견 · 습득의 신고 등)
13.「총포등단속법」제32조(화약류의 안정도 시험)
14.「총포등단속법」제35조(도난 · 분실의 신고)

(2) 위험물품 취급 관련 법령

총포 · 도검 · 화약류 · 분사기 · 전자충격기 또는 석궁과 같은 위험물품은 다른 사람의 생명을 위협하거나 신체에 해를 끼칠 수 있는 기구이므로 그 취급에 제한이 필요하다. 「총포등단속법」은 이들 물품의 규제에 관한 일반법으로서 총포 · 도검 · 화약류 · 분사기 · 전자충격기 또는 석궁의 제조 · 거래 · 소지 · 사용이나 그 밖의 취급에 관한 사항을 규정하여 이들 물품으로 인한 위험과 재해를 예방함으로써 공공의 안전을 유지하기 위한 법이다.

그 밖에도 위험물품의 안전한 소지 · 사용 · 운반 등을 위해 「야생동 · 식물보호법」, 「집회 및 시위에 관한 법률」(이하 「집회시위법」), 「철도안전법」, 「항공안전 및 보안에 관한 법률」(이하 「항공안전보안법」), 「선박안전법」 등 개별 법령에서 취급방법, 사용제한 등에 관한 사항을 규정하고 있다.

한편, 경찰공무원, 시큐리티요원, 청원경찰, 광산의 화약취급직원 등 그 직무의 특성상 불가피하게 위험물품을 취급하는 사람에 대해 「경찰공무원법」, 「경비업법」, 「청원경찰법」, 「광산보안법」 등의 법령에서 위험물품의 사용범위, 방법 등에 관한 사항을 규정하고 있다. 또한, 기념관 건립을 위해 자료로 사용되는 총포 · 도검 · 화약류 등의 무기류에 대해 「전쟁기념사업회법」, 「독도의용수비대 지원법」 등에서는 「총포등단속법」의 적용을 배제하도록 규정하고 있다.

[표 1-7] 위험물품 관련 법령

법 령	목 적	위험물품 관련 주요 규정
「총포 · 도검 · 화약류 등 단속법」	총포 · 도검 · 화약류 · 분사기 · 전자충격기 또는 석궁의 제조 · 거래 · 소지 및 사용 등의 취급에 관한 사항을 규제해서 위험과 재해를 미리 방지함으로써 공공의 안전을 유지하는 데 이바지함	• 위험물품의 소지 · 사용 및 운반 등 (제3장 및 제4장)
「집회 및 시위에 관한 법률」	적법한 집회 및 시위를 최대한 보장하고 위법한 시위로부터 국민을 보호함으로써 집회 및 시위의 권리 보장과 공공의 안녕질서가 적절히 조화를 이루도록 함	• 집회 또는 시위 시 위험물품 휴대 · 사용 금지(제16조부터 제18조까지)

「항공안전 및 보안에 관한 법률」	공항시설, 항행안전시설 및 항공기 내에서의 불법행위를 방지하고 민간항공의 안전 및 보안을 확보하기 위한 기준·절차 및 의무사항 등을 규정함	• 위해물품 휴대 금지(제21조)
「철도안전법」	철도안전을 확보하기 위해서 필요한 사항을 규정하고 철도안전관리체계를 확립함으로써 공공복리의 증진에 기여함	• 위해물품 휴대 금지(제42조) • 위험물의 탁송 및 운송 금지(제43조) • 위험물의 운송(제44조)
「출입국관리법」	대한민국에 입국하거나 대한민국으로부터 출국하는 모든 국민 및 외국인의 출입국관리와 대한민국에 체류하는 외국인의 체류관리 및 난민의 인정절차 등에 관한 사항을 규정함	• 출입국관리공무원의 무기 등 휴대 및 사용(제77조)
「야생동·식물보호법」	야생 동·식물과 그 서식환경을 체계적으로 보호·관리해서 야생 동·식물의 멸종예방, 생태계의 균형유지 및 사람과 야생 동·식물이 공존하는 건전한 자연환경을 확보함	• 수렵면허(제44조부터 제46조까지) • 수렵강습(제47조) • 수렵면허의 취소·정지(제49조) • 수렵승인(제50조) • 수렵보험(제51조) • 수렵제한(제55조) • 그 밖의 수렵 시 준수사항 (제42조, 제43조 및 제52조 등)
「경범죄처벌법」	공공의 질서유지 및 치안확보를 위해서 가벼운 범죄에 대해 가벼운 형벌인 벌금, 구류 또는 과료의 형으로 처벌함	• 총포 등 조작 장난 금지 (제1조제50호)
「선박안전법」	선박의 감항성 유지 및 안전운항에 필요한 사항을 규정함으로써 국민의 생명과 재산을 보호함	• 위험물의 운송(제41조)
「경찰공무원법」	국가경찰공무원의 책임·직무의 중요성·신분 및 근무조건의 특수성에 비추어 그 임용·교육훈련·복무 및 신분보장 등에 관해서 「국가공무원법」에 대한 특례 등을 규정함	• 무기휴대(제20조)

「경찰관직무집행법」	국민의 자유와 권리의 보호 및 사회공공의 질서유지를 위한 경찰관(국가경찰공무원만 해당)의 직무수행에 필요한 사항을 규정함	• 경찰장비의 사용(제10조) • 분사기 등의 사용(제10조의3) • 무기의 사용(제10조의4) • 사용등록의 보관(제11조)
「전투경찰대설치법」	간첩(무장공비를 포함)의 침투에 대한 방어 · 포착 · 섬멸이나 그 밖의 대간첩작전을 수행하고 치안업무를 보조하는 전투경찰대를 설치하기 위함	• 무기휴대에 대한 「경찰공무원법」 준용(제4조)

(3) 위험물품의 소지

가) 위험물품 소지의 금지 및 허용

총포 · 도검 · 화약류 · 분사기 · 전자충격기 또는 석궁의 소지는 원칙적으로 금지되며, 「총포등단속법」에서 정하는 사유에 해당하는 경우에만 예외적으로 허용된다.

총포 등을 소지(所持)하려면 행정청으로부터 허가를 받아야 하며, 특히 총포인 경우에는 매 5년마다 소지허가를 갱신해야 한다.

한편, 20세 미만인 사람은 총포 · 도검 · 화약류 · 분사기 · 전자충격기 또는 석궁의 소지허가를 받을 수 없다.

(가) 소지의 일반적 금지 - 누구든지 다음 어느 하나에 해당하는 경우를 제외하고는 총포 · 도검 · 화약류(장난감용 꽃불류는 제외) · 분사기 · 전자충격기 또는 석궁을 소지할 수 없다(「총포등단속법」 §3①, 「총포등단속법」 §10 및 「총포등단속법 시행령」 §12①).

1. 법령에 따라 직무상 총포 · 도검 · 화약류 · 분사기 · 전자충격기 또는 석궁을 소지하는 경우
2. 「총포등단속법」 제4조제1항 또는 제2항에 따른 제조업자가 자신이 제조한 총포 · 도검 · 화약류 · 분사기 · 전자충격기 또는 석궁을 소지하는 경우
3. 「총포등단속법」 제4조제3항 단서에 따라 화약류를 제조한 사람이 자신이 제조한 화약류를 소지하는 경우
4. 「총포등단속법」 제6조제1항에 따른 판매업자가 판매를 위해 총포 · 도검 · 화약류 · 분사기 · 전자충격기 또는 석궁을 소지하는 경우

5. 「총포등단속법」 제6조제1항에 따른 총포판매업자가 「총포등단속법」 제6조제2항 단서에 따라 판매하는 총용실탄(銃用實彈) 또는 공포탄을 소지하는 경우
6. 「총포등단속법」 제9조제1항 또는 제2항에 따라 수출입허가를 받은 사람이 그 총포 · 도검 · 화약류 · 분사기 또는 전자충격기를 소지하는 경우
7. 「총포등단속법」 제18조제1항에 따라 화약류의 사용허가를 받은 사람(「총포등단속법」 제21조제1항 단서에 따라 사용허가를 받지 않아도 되는 사람을 포함)이 그 화약류를 소지하는 경우
8. 「총포등단속법」 제21조제1항에 따라 화약류의 양수(讓受)허가를 받은 사람(「총포등단속법」 제21조제1항 단서에 따라 경찰서장의 양수허가를 받지 않아도 되는 사람을 포함)이 그 화약류를 소지하는 경우
9. 위 제1호부터 제8호까지에 해당하는 사람의 종업원이 그 직무상 총포 · 도검 · 화약류 · 분사기 · 전자충격기 또는 석궁을 소지하는 경우
10. 문화재로서의 가치가 있는 총포 · 도검 또는 화약류를 문화재보호관리기관이 발행한 증표를 가지고 소지하는 경우
11. 「초 · 중등교육법」 및 「고등교육법」에 따른 각급 학교 또는 공공기관에서 교재용 또는 연구용 총포(공기총만 해당) · 도검 · 화약류 · 분사기 · 전자충격기 또는 석궁의 사용자로 지정된 사람이 소지하는 경우
12. 사격장 · 사설수렵장 또는 검술도장 등에서 총포 · 도검 또는 석궁을 일시 대여받아 같은 장소 안에서 사격 · 수렵 또는 검도수련을 하는 경우
13. 군 · 학교 또는 공공기관에서 지휘 또는 예식에 사용하기 위해 지휘도(指揮刀) 또는 예식도(禮式刀)를 소지하거나 현역의 군 · 경 지휘관이 지휘용으로 소지하는 경우. 이 경우 도검은 날을 세우지 않은 것만 해당된다.
14. 「민방위기본법」 · 「소방기본법」 및 「선박안전법」에 따라 인명구조를 위한 구명줄발사총을 그 업무와 관련해서 그 소속기관의 장의 명령에 따라 소지하는 경우
15. 총포 · 도검 · 화약류 · 분사기 · 전자충격기 또는 석궁의 제조업자가 연구 및 개발용으로 제조소 안에서 사용하기 위해 지방경찰청의 승인을 받아 총포 · 도검 · 화약류 · 분사기 · 전자충격기 또는 석궁의 원부를 비치 · 관리하는 경우

16. 소지허가를 받은 총포(공기총만 해당)에 사용하기 위해 그 부품에 해당하는 산탄탄알 · 연지탄 및 조준경을 소지하는 경우

(나) 예외적 소지 허용 – 다만, 「총포등단속법」에 따라 소지허가를 받은 경우에는 총포 · 도검 · 화약류 · 분사기 · 전자충격기 또는 석궁의 소지가 허용된다. 이 경우에도 총포 등의 소지허가의 범위는 다음에서 열거하는 경우로 제한된다(「총포등단속법」 §12, 「총포등단속법 시행령」 §14 및 「총포등단속법 시행규칙」 §22, 「총포등단속법 시행규칙」 §23 및 「총포등단속법 시행규칙」 §24).

1. 사격경기 · 운동 또는 호신을 목적으로 권총을 소지하는 경우. 다만, 호신용 권총은 사회적 지위 또는 업무의 성격상 신변의 위협으로부터 몸을 보호하기 위해 필요하다고 인정되는 사람에게만 소지가 허가된다.
2. 수렵 · 유해조수구제(有害鳥獸驅除) 또는 사격경기를 목적으로 산탄총 · 단탄총 · 공기총 또는 석궁을 소지하는 경우
3. 다음 어느 하나에 해당하는 경우
   가. 인명구조 · 도살(屠殺) · 마취(痲醉) · 어획(漁獲) · 건축이나 그 밖의 산업적 용도에 사용하는 구명줄발사총 · 구명용신호총 · 도살총 · 마취총 · 포경총 · 포 · 섬총 · 포경용표지총 · 건설용타정총 및 쇠줄발사총을 소지하는 경우
   나. 청소용이나 그 밖의 산업용에 필요한 총포로서 ㉠ 광산용에 사용되는 광쇄총과 동등 이상의 성능을 가진 총포, ㉡ 건설용에 사용되는 타정총과 동등 이상의 성능을 가진 총포, ㉢ 시멘트소성로에 사용되는 청소총과 동등 이상의 성능을 가진 총포를 소지하는 경우
4. 국가기관 또는 공공기관에서 시험 및 연구의 목적으로 총포 · 도검 · 분사기 · 전자충격기 또는 석궁을 소지하는 경우
5. 체육대회 또는 국제규모의 사격경기에 참가하는 선수나 후보자로서 대한체육회장, 한국장애인복지진흥회장, 대한사격연맹회장, 한국장애인사격연맹회장 또는 그 지회장에 의해 적격하다는 추천을 받은 사람이 그 체육대회 또는 사격경기에 사용하기 위해 권총을 소지하는 경우
6. 도검술경기 · 수렵 · 도살 · 농어업 · 장식 또는 가보용(家寶用)으로 쓰거나 보관하기 위해 도검을 소지하는 경우
7. 축제 · 예식 등 행사용의 총포 · 도검과 가보 · 장식용의 도검이나 그 밖의

도검으로 일반풍속 또는 관습상 필요하다고 인정되는 것을 소지하는 경우

8. 경비 · 호신 또는 동물몰이의 목적으로 분사기 또는 전자충격기를 소지하는 경우
9. 법령상 무기를 휴대할 수 있는 사람이 호신용 또는 범인검거용으로 가스발사총을 소지하는 경우
10. 법인이 종업원 등에게 다음 어느 하나에 해당하는 용도 구분에 따라 산업용총 · 가스발사총 · 분사기 또는 전자충격기를 소지하게 하는 경우
   가. 토목 · 건축이나 그 밖의 산업용: 산업용총
   나. 경비용: 가스발사총(소지하는 사람이 법령상 무기를 휴대할 수 있는 경우만 해당) · 분사기 · 전자충격기
11. 총포(화약 산탄총만 해당)의 소지허가를 받은 사람이 허가받은 그 총포에 교체해서 사용하기 위해 총신을 소지하는 경우

나) 위험물품의 소지허가 신청

(가) 신청기관

총포 · 도검 · 화약류 · 분사기 · 전자충격기 또는 석궁의 소지허가를 받으려면 다음 구분에 따른 기관에 소지허가를 신청해야 한다(「총포등단속법」 §12①).

1. 총포
   가. 엽총 · 가스발사총 · 공기총 · 마취총 · 도살총 · 산업용총 · 구난구명총 또는 그 부품: 주소지 관할 경찰서
   나. 엽총 · 가스발사총 · 공기총 · 마취총 · 도살총 · 산업용총 · 구난구명총 또는 그 부품 외의 총포: 주소지 관할 지방경찰청
2. 도검 · 화약류 · 분사기 · 전자충격기 또는 석궁: 주소지 관할 경찰서

(나) 허가기준(결격사유 등)

다음 어느 하나에 해당하는 사람은 총포 · 도검 · 화약류 · 분사기 · 전자충격기 또는 석궁의 소지허가를 받을 수 없다(「총포등단속법」 §13①).

1. 20세 미만인 사람. 다만, 대한체육회장이나 특별시 · 광역시 또는 도의 체육회장이 추천한 선수 또는 후보자가 사격경기용 총을 소지하는 경우는 제외된다.

2. 심신상실자(心神喪失者), 마약·대마(大麻)·향정신성의약품(向精神性醫藥品) 또는 알콜의 중독자나 그 밖의 이에 준하는 정신장애자
3. 금고 이상의 실형을 선고받고 그 집행이 종료(집행이 종료된 것으로 보는 경우를 포함)되거나 면제된 날부터 3년이 지나지 않은 사람
4. 「총포등단속법」을 위반해서 벌금형을 선고받고 3년이 지나지 않은 사람
5. 「특정강력범죄의 처벌에 관한 특례법」 제2조제1항 각 호의 구분에 따른 특정강력범죄 및 미수를 범해서 징역 이상의 형에 대한 집행유예를 선고받고 그 유예기간이 끝난 날부터 2년이 지나지 않은 사람
6. 「총포등단속법」을 위반해서 금고 이상의 형에 대한 집행유예를 선고받고 그 집행유예의 기간이 끝난 날부터 1년이 지나지 않은 사람
7. 「총포등단속법」 제45조 또는 「총포등단속법」 제46조제1항에 따른 허가취소 처분을 받고 1년이 지나지 않은 사람

또한, 위의 어느 하나에 해당하지 않더라도 다른 사람의 생명·재산 또는 공공의 안전을 해칠 염려가 있다고 인정되는 경우에는 소지허가를 받지 못할 수 있다(「총포등단속법」 §13②).

(다) 허가증 발급

총포·도검·화약류·분사기·전자충격기 또는 석궁의 소지허가를 받은 사람은 다음과 같은 양식의 허가증을 발급받게 된다(「총포등단속법」 §65① 및 「총포등단속법 시행규칙」 §57).

1. 총포소지허가증: 「총포등단속법 시행규칙」 별지 제37호서식
2. 도검소지허가증: 「총포등단속법 시행규칙」 별지 제38호서식
3. 화약류사용(소지)허가증: 「총포등단속법 시행규칙」 별지 제40호서식
4. 분사기·전자충격기·석궁소지허가증: 「총포등단속법 시행규칙」 별지 제38호의2서식

(3) 위험물품의 사용

가) 총포

「총포등단속법」에 따라 총포의 소지허가를 받았더라도 야생동물을 수렵하려면 「야생동·식물보호법」에 따른 자격을 갖추어야 한다. 즉, ㉮수렵면허시험에 합격

한 후 수렵강습을 이수해서 수렵면허증을 취득해야 하고, ㉯수렵보험에 가입해야 하며, ㉰수렵장을 설정한 시장 · 군수 또는 구청장으로부터 수렵승인을 받아야 한다. 또한, 수렵이 끝난 후에는 수렵한 날부터 5일 이내에 포획한 야생동물의 종류 · 수량 및 포획장소 등을 시 · 군 또는 구청에 신고해야 한다.

총포는 취급에 각별한 주의가 요구되는 물품으로, 총포를 사용할 경우에는 「총포등단속법」, 「경범죄처벌법」, 「집회시위법」 등 각종 법령에서 정한 사항을 준수해야 한다.

(가) 수렵면허 취득

수렵장에서 수렵을 하려는 사람은 주소지를 관할하는 시장 · 군수 또는 구청장으로부터 다음의 수렵면허를 받아야 한다(「야생동 · 식물보호법」 §44① 및 ②).

1. 제1종 수렵면허: 총기를 사용하는 수렵
2. 제2종 수렵면허: 총기 외의 수렵도구를 사용하는 수렵

이를 위반해서 수렵면허를 받지 않고 수렵을 하면 2년 이하의 징역 또는 1천만원 이하의 벌금에 처해지고(「야생동 · 식물보호법」 §69제14호), 거짓이나 그 밖의 부정한 방법으로 수렵면허를 받으면 그 면허가 취소되며(「야생동 · 식물보호법」 §49①제1호, 「야생동 · 식물보호법 시행령」 §33① 및 「야생동 · 식물보호법 시행령」 [별표 2]제2호가목), 1년 이하의 징역 또는 500만원 이하의 벌금에 처해진다(「야생동 · 식물보호법」 §70제11호).

(나) 수렵보험 가입

수렵장 안에서 야생동물을 수렵하려는 사람은 수렵으로 인해 다른 사람의 생명 · 신체 또는 재산에 피해를 일으킨 경우에 이를 보상할 수 있도록 다음과 같이 일정 금액 이상을 보장금액으로 하는 보험에 가입해야 한다(「야생동 · 식물보호법」 §51 및 「야생동 · 식물보호법 시행령」 §35).

1. 수렵 도중 다른 사람을 사망하게 하거나 부상을 입힌 경우: 1억원 이상
2. 수렵 도중 다른 사람의 재산에 손해를 입힌 경우: 3천만원 이상

(다) 수렵승인

수렵장 안에서 야생동물을 수렵하려는 사람은 수렵장을 설정한 시 · 군 또는 구청에 다음의 서류를 제출해서 승인을 받아야 한다(「야생동 · 식물보호법」 §50①

및 「야생동 · 식물보호법 시행규칙」 §63①).

1. 수렵야생동물 포획승인신청서(「야생동 · 식물보호법 시행규칙」[별지 제65호] 서식)
2. 수렵면허증 사본
3. 「야생동 · 식물보호법」 제51조에 따른 수렵보험 가입증명서

이를 위반해서 수렵승인을 받지 않고 수렵을 하면 위반행위의 횟수에 따라 단계적으로 경고나 면허정지 또는 면허취소 처분을 받게 되며(「야생동 · 식물보호법」 §49①제9호, 「야생동 · 식물보호법 시행령」 §33① 및 「야생동 · 식물보호법 시행령」[별표 2]제2호자목), 2년 이하의 징역 또는 1천만원 이하의 벌금에 처해진다(「야생동 · 식물보호법」 §69제15호).

위 수렵승인 신청이 적합하다고 인정되면 수렵동물포획승인서(「야생동 · 식물보호법 시행규칙」[별지 제66호]서식) 및 수렵동물 확인표지(「야생동 · 식물보호법 시행규칙」[별표 11])를 교부받는다(「야생동 · 식물보호법」 §50① 및 「야생동 · 식물보호법 시행규칙」 §63②).

(라) 수렵신고

수렵승인을 받아 야생동물을 수렵한 사람은 수렵한 날부터 5일 이내에 포획한 야생동물의 종류 · 수량 및 포획장소 등을 수렵동물 포획승인서(「야생동 · 식물보호법 시행규칙」[별지 제66호]서식)에 기재해서 수렵장을 설정한 시 · 군 또는 구청에 신고해야 한다(「야생동 · 식물보호법」 §56② 및 「야생동 · 식물보호법 시행규칙」§64①).

이를 위반해서 수렵신고를 하지 않으면 100만원 이하의 과태료가 부과된다(「야생동 · 식물보호법」 §73③제14호).

(마) 허가받은 용도 외 사용 금지

총포의 소지허가를 받은 사람은 허가받은 용도나 그 밖의 정당한 사유가 있는 경우 외에는 총포를 사용해서는 안된다(「총포등단속법」 §17②).
이를 위반하면 2년 이하의 징역 또는 500만원 이하의 벌금에 처해진다(「총포등단속법」 §73제1호).

(바) 총포 등 조작 장난 금지

여러 사람이 모이거나 다니는 곳에서 상당한 주의를 하지 않고 총포를 다루거나 이를 가지고 장난하면 10만원 이하의 벌금, 구류 또는 과료에 처해진다(「경범죄처벌법」 §1제50호).

(사) 「국가보안법」 위반자에 대한 무기제공 금지

「국가보안법」 제3조, 「국가보안법」 제4조, 「국가보안법」 제5조, 「국가보안법」 제6조, 「국가보안법」 제7조 및 「국가보안법」 제8조의 죄를 범하거나 범하려는 사람이라는 사실을 알면서 그 사람에게 총포를 제공하면 5년 이상의 유기징역에 처해진다(「국가보안법」 §9①).

(아) 집회 · 시위 시 위험물품의 휴대 · 사용 금지

집회 또는 시위의 주최자, 질서유지인 및 참가자는 ㉮ 총포를 휴대 · 사용하거나 ㉯ 다른 사람에게 이를 휴대하게 하거나 사용하게 하는 행위를 해서는 안된다(「집회시위법」 §16④제1호, 「집회시위법」 §17② 및 「집회시위법」 §18②).

위 사항을 위반하는 행위로 질서를 유지할 수 없는 집회 또는 시위에 대해서는 관할 경찰관서장에 의해 해산 요청 및 명령이 내려질 수 있다(「집회시위법」 §20①제5호). 또한, 위 사항을 위반하면 다음 구분에 따라 처벌된다(「집회시위법」 §22③ 및 「집회시위법」 §24제5호).

1. 주최자: 1년 이하의 징역 또는 100만원 이하의 벌금
2. 질서유지인 및 참가자: 6개월 이하의 징역 또는 50만원 이하의 벌금 · 구류 또는 과료

나) 화약류

화약류를 사용하려는 사람은 화약류의 사용지를 관할하는 경찰서의 사용허가를 받아야 합니다. 또한, 일정량 이상의 화약 또는 폭약을 사용하려면 화약류관리보안책임자를 선임해서 허가관청에 신고해야 한다.

화약류의 사용허가를 받았더라도 「총포등단속법」에 따른 허가 취소 사유에 해당하는 경우와 재해의 예방 또는 공공의 안전유지를 위해서 허가관청이 필요하다고 인정되는 경우에는 그 사용허가가 취소되거나 그 사용이 제한될 수 있다.

화약류는 취급에 각별한 주의가 요구되는 물품으로, 화약류를 사용할 경우에

는 「총포등단속법」, 「경범죄처벌법」, 「집회시위법」 등 각종 법령에서 정한 사항을 준수해야 한다.

다) 그 밖의 위험물품

도검 · 분사기 · 전자충격기 또는 석궁은 취급에 각별한 주의가 요구되는 물품으로, 이를 사용할 경우에는 「총포등단속법」, 「집회시위법」 등 각종 법령에서 정한 사항을 준수해야 한다.

「총포등단속법」, 「국가보안법」, 「집회시위법」 등의 법령에서는 도검 · 분사기 · 전자충격기 또는 석궁과 같은 위험물품에 관한 제한 및 처벌 사항을 규정하고 있다.

(가) 허가받은 용도 외 사용 금지

도검 · 분사기 · 전자충격기 또는 석궁의 소지허가를 받은 사람은 허가받은 용도나 그 밖의 정당한 사유가 있는 경우 외에는 이를 사용해서는 안 된다(「총포등단속법」 §17②).

이를 위반하면 2년 이하의 징역 또는 500만원 이하의 벌금에 처해진다(「총포등단속법」 §73제1호).

(나)「국가보안법」 위반자에 대한 무기제공 금지

「국가보안법」 제3조, 「국가보안법」 제4조, 「국가보안법」 제5조, 「국가보안법」 제6조, 「국가보안법」 제7조 및 「국가보안법」 제8조의 죄를 범하거나 범하려는 사람이라는 사실을 알면서 그 사람에게 총포 · 탄약 · 화약 및 그 밖의 무기를 제공하면 5년 이상의 유기징역에 처해진다(「국가보안법」 §9①).

(다) 집회 · 시위 시 위험물품의 휴대 · 사용 금지

집회 또는 시위의 주최자, 질서유지인 및 참가자는 ㉠ 도검 등 다른 사람의 생명을 위협하거나 신체에 해를 끼칠 수 있는 기구를 휴대 · 사용하거나 ㉡ 다른 사람에게 이를 휴대하게 하거나 사용하게 하는 행위를 해서는 안 된다(「집회시위법」 §16④제1호, 「집회시위법」 §17② 및 「집회시위법」 §18②).

위 사항을 위반하는 행위로 질서를 유지할 수 없는 집회 또는 시위에 대해서는 관할 경찰관서장에 의해 해산 요청 및 명령이 내려질 수 있다(「집회시위법」

§20조①제5호). 또한, 위 사항을 위반하면 다음 구분에 따라 처벌된다(「집회시위법」 §22③ 및 「집회시위법」 §24제5호).

1. 주최자: 1년 이하의 징역 또는 100만원 이하의 벌금
2. 질서유지인 및 참가자: 6개월 이하의 징역 또는 50만원 이하의 벌금 · 구류 또는 과료

(4) 위험물품의 양도 · 양수

가) 화약류

화약류(장난감용 꽃불은 제외)의 양도는 화약류 양수허가를 받은 사람(법령상 허가를 받지 않아도 되는 사람을 포함)에게만 할 수 있으며, 양수는 화약류 제조업자 · 판매업자 · 수입허가를 받은 사람 또는 양도허가를 받은 사람에게서만 받을 수 있다.

누구든지 화약류 양수허가를 받은 사람(법령상 허가를 받지 않아도 되는 사람을 포함) 외의 사람에게 화약류를 양도해서는 안 되고, 화약류 제조업자 · 판매업자 또는 수입허가를 받은 사람과 양도허가를 받은 사람 외의 사람으로부터 화약류를 양수해서는 안 된다.

따라서 화약류를 양도 · 양수할 때에는 양도하려는 사람과 양수하려는 사람이 각각 관할 경찰서장의 허가를 받아야 하며, 허가를 신청할 때에는 화약류 양도 · 양수허가신청서, 화약류 사용허가증 사본 등의 서류를 제출해야 한다.

나) 그 밖의 위험물품의 양도인·양수인 자격 제한

총포 · 도검 · 분사기 · 전자충격기 또는 석궁의 양도는 해당 물품의 소지허가를 받은 사람에게만 할 수 있으며, 양수는 해당 물품의 소지허가를 받은 사람에게서만 받을 수 있다.

총포 · 도검 · 분사기 · 전자충격기 또는 석궁의 제조업자 · 판매업자 및 수입허가를 받은 사람과 소지허가를 받은 사람은 제조업자 · 판매업자 및 수입허가를 받은 사람과 소지허가를 받은 사람 외의 사람에게 총포 · 도검 · 분사기 · 전자충격기 또는 석궁을 양도해서는 안 되고, 또한 이들로부터 총포 · 도검 · 분사기 · 전자충격기 또는 석궁을 양수해서도 안 된다. 다만, 총포 · 도검 · 분사기 · 전자충격기

또는 석궁의 제조업 또는 판매업을 양도·양수하는 경우에는 그렇지 않다(「총포등단속법」 §21④).

이를 위반하면 5년 이하의 징역 또는 1천만원 이하의 벌금에 처해진다(「총포등단속법」 §71제3호).

(5) 위험물품의 운반

가) 운반 방법과 제한

위험물품의 운반은 위험물품으로 인한 재해를 예방하고 공공의 안전을 유지하기 위해 제한될 수 있으며, 교통수단에 따라 개별 법령에서 그 운반의 방법·제한사항 등을 규정하고 있다. 따라서 철도를 이용한 운반은 「철도안전법」, 선박을 이용한 운반은 「선박안전법」, 비행기를 이용한 운반은 「항공안전보안법」에 따른 방법 및 절차 등을 준수해야 한다.

「철도안전법」에서는 행정청의 허가를 받은 경우나 특정한 직무를 수행하기 위한 경우를 제외하고는 무기·화약류·위해화학물질 또는 인화성이 높은 물질 등 공중 또는 여객에게 위해(危害)를 끼치거나 끼칠 우려가 있는 위험물품을 열차 안에서 휴대·적재하거나 탁송·운송할 수 없도록 규정하고 있다.

(가) 위험물품의 휴대·적재 금지

㉠ 일반적 금지대상

누구든지 위험물품을 열차 안에서 휴대하거나 적재할 수 없다(「철도안전법」 §42① 본문 및 「철도안전법 시행규칙」 §78①).

㉡ 예외적 허용 사유

ⓐ 특별시장·광역시장 또는 도지사의 허가를 받은 경우나 ⓑ 「사법경찰관리의 직무를 수행할 자와 그 직무범위에 관한 법률」 제5조제11호에 따른 철도공안 사무에 종사하는 국가공무원, 「경찰관직무집행법」 제2조에 따른 경찰관 직무를 수행하는 사람, 「경비업법」 제2조에 따른 경비원 또는 위험물품을 운송하는 군용열차를 호송하는 군인이 직무를 수행하기 위한 경우에는 위험물품을 휴대·적재할 수 있다(「철도안전법」 §42①단서 및 「철도안전법 시행규칙」 §77).

ⓒ **위반 시 제재**

이를 위반해서 정당한 사유 없이 위험물품을 열차 안에서 휴대하거나 적재하면 열차 밖, 정거장 밖 등으로 위험물품과 함께 퇴거(철거)될 수 있으며(「철도안전법」 §50제1호 · 제2호 및 「철도안전법 시행령」 §52), 2년 이하의 징역 또는 2천만원 이하의 벌금에 처해진다(「철도안전법」 §78③제8호).

(나) 위험물품의 탁송(託送) · 운송 금지

㉠ **금지대상(탁송 · 운송 금지물품의 종류)**

누구든지 다음에 해당하는 위험물품은 철도를 이용해서 탁송할 수 없으며, 철도운영자는 이를 철도로 운송할 수 없으며, 탁송 및 운송이 금지되는 물품의 종류는 다음과 같다(「철도안전법」 §43 및 「철도안전법 시행령」 §44).

1. 점화 또는 점폭약류를 붙인 폭약
2. 니트로글리세린
3. 건조한 기폭약
4. 뇌홍질화연에 속하는 것
5. 그 밖에 사람에게 위해를 주거나 물건에 손상을 줄 수 있는 물질로 국토해양부장관이 정해서 고시하는 위험물

㉡ **위반 시 제재**

이를 위반해서 운송이 금지된 위험물품을 탁송하거나 운송하면 열차 밖, 정거장 밖 등으로 위험물품과 함께 퇴거(철거)될 수 있으며(「철도안전법」 §50제1호 · 제2호 및 「철도안전법 시행령」 §52), 3년 이하의 징역 또는 3천만원 이하의 벌금에 처해진다(「철도안전법」 §78②제1호).

한편, 선박을 이용해서 위험물품을 운반할 때에는 선박의 안전운항 등에 필요한 사항을 규정한 법인 「선박안전법」이 적용되는데, 「선박안전법」에 따른 위험물품의 적재 · 운송 및 저장방법 등에 관한 사항은 「위험물 선박운송 및 저장규칙」에서 규정하고 있다.

(다) 제조업자 · 판매업자 외 위험물품 수출입 금지

㉠ 수출입허가대상

총포 · 도검 · 화약류 · 분사기 · 전자충격기 또는 석궁을 수출 또는 수입하려면 그 때마다 경찰청장 또는 지방경찰청장의 허가를 받아야 하는데, 그 허가는 제조업자 또는 판매업자만 받을 수 있다. 다만, 국가기관 또는 지방자치단체에서 사용하려는 것으로서 경찰청장의 승인을 받은 경우에는 그렇지 않다(「총포등단속법」 §9①부터 ③까지).

㉡ 위반 시 제재

이를 위반해서 허가 없이 위험물품을 수출입하면 다음의 구분에 따라 처벌된다(「총포등단속법」 §70①제2호 및 「총포등단속법」 §71제1호).

1. 총포 또는 화약류의 경우: 10년 이하의 징역 또는 2천만원 이하의 벌금
2. 도검 · 분사기 · 전자충격기 또는 석궁의 경우: 5년 이하의 징역 또는 1천만원 이하의 벌금

(라) 「선박안전법」에 따른 위험물의 운송

㉠ 선박을 이용한 위험물의 운송

선박으로 위험물을 적재 · 운송 또는 저장하려는 사람은 항해상의 위험방지 및 인명안전에 적합한 방법에 따라 적재 · 운송 또는 저장해야 하며, 그 방법의 적합 여부에 관해 국토해양부장관(대행된 경우에는 그 기관)의 검사를 받거나 승인을 받아야 한다(「선박안전법」§41① · ②).

위험물의 종류와 그 용기 · 포장, 적재 · 운송 및 저장의 방법, 검사 또는 승인 등에 관해 필요한 사항은 「위험물 선박운송 및 저장규칙」에서 정하는 바에 따른다(「선박안전법」§41③).

㉡ 위반 시 제재

이를 위반해서 인명안전에 적합한 방법에 따라 위험물을 적재 · 운송 또는 저장하지 않으면 200만원 이하의 과태료가 부과되며(「선박안전법」§89②제23호, 「선박안전법 시행령」 §22③ 및 「선박안전법 시행령」 [별표 2]제23호), 거짓 또는 부정한 방법으로 위험물의 적재 · 운송 또는 저장방법의 적합 여부에 관한 검사를 받거나 승인을 받으면 500만원 이하의 벌금에 처해진다(「선박안전법」§85제1호).

(마) 제조업자 · 판매업자 외 위험물품 수출입 금지

㉠ **수출입허가대상**

총포 · 도검 · 화약류 · 분사기 · 전자충격기 또는 석궁을 수출 또는 수입하려면 그 때마다 경찰청장 또는 지방경찰청장의 허가를 받아야 하는데, 그 허가는 제조업자 또는 판매업자만 받을 수 있다. 다만, 국가기관 또는 지방자치단체에서 사용하려는 것으로서 경찰청장의 승인을 받은 경우에는 그렇지 않다(「총포등단속법」 §9①부터 ③까지).

㉡ **위반 시 제재**

이를 위반해서 허가 없이 위험물품을 수출입하면 다음의 구분에 따라 처벌된다(「총포등단속법」 §70①제2호 및 「총포등단속법」 §71제1호).

1. 총포 또는 화약류의 경우: 10년 이하의 징역 또는 2천만원 이하의 벌금
2. 도검 · 분사기 · 전자충격기 또는 석궁의 경우: 5년 이하의 징역 또는 1천만원 이하의 벌금

(바) 「항공안전보안법」에 따른 위험물품의 휴대 · 탑재(搭載) 금지

㉠ **금지대상**

항공기에서는 다음 물건 등을 휴대하거나 탑재할 수 없다(「항공안전보안법」 §21①본문).

1. 무기(탄저균, 천연두균 등과 생화학무기 등을 포함)
2. 도검류
3. 폭발물
4. 독극물
5. 연소성이 높은 물건 등

㉡ **예외적 허용 사유**

ⓐ 「항공법」제59조제1항에 따라 국토해양부장관의 허가를 받은 경우 또는 ⓑ 항공보안요원이 항공기 내의 질서와 안전을 방해하는 행위를 방지하기 위한 직무를 수행하는 경우에는 분사기, 전자충격기 또는 국제협약에 따라 휴대가 허용되는 무기를 휴대하거나 탑재할 수 있다(「항공안전보안법」 §21①단서 · ③ 및 「항공안전 및 보안에 관한 법률 시행규칙」 §12의2).

1. 「총포등단속법 시행령」 제6조의2 및 「총포등단속법 시행령」 제6조의3에 따른 분사기 또는 전자충격기
2. 국제협약에 따라 휴대가 허용되는 무기

허가를 받거나 직무수행을 위해 항공기 안에서 위험물품을 휴대하거나 탑재할 때에는 항공기에 탑승하기 전에 해당 항공기의 기장에게 이를 보관하고, 도착지에서 반환받아야 한다(「항공안전보안법」 §21②).

㉢ 위반시 제재

이를 위반해서 항공안전본부장의 허가 없이 휴대 또는 탑재가 금지된 위험물품을 항공기에 휴대 또는 탑재하거나 다른 사람에게 이를 휴대 또는 탑재하게 하면 2년 이상 5년 이하의 징역에 처해진다(「항공안전보안법」 §44).

나) 운반시 준수사항

총포 · 도검 · 화약류 · 분사기 · 전자충격기 또는 석궁은 취급에 각별한 주의가 요구되는 물품으로, 이를 운반할 경우에는 「총포등단속법」에 따른 운반의 방법, 절차 등을 반드시 준수해야 한다.

(가) 허가받은 용도 외 운반 금지

총포 · 도검 · 분사기 · 전자충격기 또는 석궁의 소지허가를 받은 사람은 허가받은 용도에 사용하기 위한 경우나 그 밖에 정당한 사유가 있는 경우 외에는 그 총포 · 도검 · 분사기 · 전자충격기 또는 석궁을 지니거나 운반해서는 안 된다(「총포등단속법」 §17①).

이를 위반하면 ① 소지허가가 취소되며(「총포등단속법」 §46①제2호, 「총포등단속법 시행규칙」 §52 및 「총포등단속법 시행규칙」 [별표 17]제5호 위반사항란의 제7호)되며, ② 300만원 이하의 과태료가 부과된다(「총포등단속법」 §74①제2호, 「총포등단속법 시행령」 §84① 및 「총포등단속법 시행령」 [별표 17]제3호).

(나) 위장 또는 혼합포장 후 운반 금지

총포 · 도검 · 화약류 · 분사기 · 전자충격기 또는 석궁을 위장하거나 다른 물건과 혼합포장해서 소지 · 저장 · 운반하거나 발송해서는 안 된다(「총포등단속법」 §34②).

이를 위반하면 3년 이하의 징역 또는 700만원 이하의 벌금에 처해진다(「총포등단속법」 §72제1호).

(다) 총포의 안전한 운반 의무

총포의 소지허가를 받은 사람이 그 총포를 보관·휴대 또는 운반하는 경우에는 실탄이나 공포탄을 장전해서는 안 되며, 총집에 넣거나 포장해야 한다(「총포등단속법」 §17③).

이를 위반하면 300만원 이하의 과태료가 부과된다(「총포등단속법」 §74①제2호, 「총포등단속법 시행령」 §84① 및 「총포등단속법 시행령」 [별표 17]제4호).

(라) 화약류 운반신고 의무

㉠ 신고대상

화약류를 운반하려는 사람은 발송지를 관할하는 경찰서장에게 신고해야 한다. 다만, 「총포등단속법 시행령」 [별표 13]에서 정하는 화약류의 종류 및 수량에 대해서는 운반신고 없이 운반할 수 있다(「총포등단속법」 §26① 및 「총포등단속법 시행령」 §48).

이를 위반해서 화약류를 운반할 때 신고하지 않거나 거짓으로 신고하면 2년 이하의 징역 또는 500만원 이하의 벌금에 처해진다(「총포등단속법」 §73제4호).

㉡ 신고방법

화약류 운반신고를 할 때에는 특별한 사정이 없는 한 운반개시 4시간 전까지 발송지를 관할하는 경찰서에 화약류운반신고서(「총포등단속법 시행규칙」 [별지 제20호]서식)를 제출해야 합니다(「총포등단속법」 §26① 및 「총포등단속법 시행규칙」 §38①).

재해의 예방 또는 공공의 안전유지를 위해 필요하다고 인정되는 경우 화약류의 운반이 일시 금지되거나 제한될 수 있다(「총포등단속법 시행규칙」 §38③).

㉢ 신고필증 교부

화약류운반신고서가 접수되면 경찰서에서 발급한 화약류운반신고필증(「총포등단속법 시행규칙」 [별지 제21호]서식)을 교부받는다. 만약 화약류 운반에 제한을 받았을 경우에는 그 제한내용이 신고필증에 기재된다(「총포등단속법 시행규칙」 §39①).

㉣ 신고필증 반납

화약류운반신고필증은 다음에서 정하는 사유 및 방법에 따라 반납해야 한다(「

총포등단속법 시행규칙」 §40).

1. 화약류를 운반하지 않게 된 경우: 발송지를 관할하는 경찰서에 반납
2. 신고한 운반기간이 지난 경우: 발송지를 관할하는 경찰서에 반납
3. 운반을 완료한 경우: 도착지를 관할하는 경찰서에 반납

4) 시큐리티환경의 악화와 위기관리

현대는 문명의 이기를 누리는 이면에 악화된 시큐리티 환경 속에서의 위기가 상존하고 있는 시대이다. 모든 국가와 민족들이 위기 속에서 존재하고 모든 조직과 개인이 위기 안에서 탈출하기 위한 끊임없는 생존 투쟁을 벌이고 있다.

각종 재난과 외침으로부터 국민의 생명과 재산이 손상될 우려가 있을 때 이러한 위기를 예방하고 관리할 일차적 책임은 국가에 있다.

지난 1990년대 이후 계속적으로 발생했던 서해 훼리호 침몰사고, 성수대교붕괴, 아현동가스폭발사고, 삼풍백화점붕괴사고, 화성씨랜드 · 인천호프집 화재사고 그리고 대구지하철화재 등 위험관리를 제대로 하지 않아 발생한 인재였다. 그 외에 굵직한 대형범죄를 비롯한 남북대치상황에서 벌어지고 있는 안보체제는 물론 급속한 산업화 · 도시화에 따른 교통사고, 산업재해, 대형재해와 지구온난화 현상으로 자연재해 발생율도 높아지고 있다.

따라서 악화되고 있는 시큐리티환경은 곧 위기 또는 위험이며 이에 대한 적절한 관리는 필수적이다. 일반적으로 '위험'이란 물질, 사람, 환경, 기계 등 어떤 것이든지 자신이 지니고 있는 고유한 본질이 외부요소에 위해를 끼칠 수 있는 가능성 또는 잠재성을 의미한다. '리스크'란 위험으로부터 일어날 것으로 인지된 위해의 강도를 포함한 위험발생에 대한 개연성을 의미한다. 일반적으로 위기관리(Risk & Crisis Management)란 천재(天災)나 인위적인 비상사태, 전쟁 따위의 위기 상황을 예방하고 그에 적절하게 대처해 나가는 활동이라고 할 수 있다. 즉, 이는 조직이나 개인이 위기에 대처하여 바람직하지 못한 결과를 최소화시키고 그에 따른 신속한 조치를 취하는 일이며 위험의 확인 · 측정 · 통제를 통해 최소한의 비용으로 위험에 따르는 불이익을 극소화하는 활동으로 시큐리티는 위기관리의 한 분야라고 할 수 있다. 1800년대 역마차와 철도로 대표되는 서부개척 시대에는 범죄자들로부터 안전하게 금괴를 수송하는 것이 시큐리티의 주요한 업무

였다. 여기서 지켜야할 가장 중요한 가치는 '금'이고 이에 대한 위협은 '강도'라는 간단한 등식이 성립된다. 즉, 1800년대 미국 서부시대의 시큐리티의 업무내용을 정의하자면 '범죄자의 강도행위로부터 안전하게 금괴를 수송하는 것'이 된다.

하지만 오늘날의 기업활동은 과거와는 전혀 다른 개념의 복잡하고 다양한 활동과 가치를 창조해 내게 됐다. 즉, 과거의 '물질 자산' 외에 '정보'나 '지적자산' 등의 새로운 패러다임의 가치가 등장하기 시작한 것이다. 이러한 가치의 확대현상은 각기 다른 가치에 대한 다양한 위협요소를 가져오게 됐으며, 이에 따라 시큐리티의 범위도 급속히 팽창하게 됐다.

본래 Risk Management(위기관리)라는 말은 1930년대 미국에서 보험업계의 비용관리 측면에서의 보험관리로서 생겨난 말이지만, 오늘날의 일반적인 정의는 '경영활동에 따르는 각종 리스크를 최소비용으로 억제하는 체계적 조치'로 설명된다. 리스크에는 여러 가지 파악방식이 있는데, 그 중 고용·생산·판매·투자·연구·개발 등의 업무활동에 따르는 손실과 이익의 기회가 공존하는 동태적 리스크(투기 위험), 재산손실, 인적손실, 배상책임 손실, 사업장애 등과 같이 손실만이 존재하는 정태적 리스크(순수위험)로 나누는 것이 일반적이다.

과거 고전적인 시큐리티의 범위가 정태적 리스크에 대한 관리였다면 오늘날 현대적인 개념의 시큐리티의 개념은 정태적 리스크의 관리 측면은 물론, 동태적 리스크 관리에 이르기까지 그 영역을 점차 확대해 나가고 있다. 즉, 기업 내의 안전사고와 외부로부터의 재산손실, 천재지변으로 인한 재난 등의 예방, 관리뿐만 아니라 비즈니스가 원활히 유지되도록 경영상의 위험요소를 사전에 검증하고 이에 대처하는 역할까지 그 영역을 확대해 나가고 있는 것이다. 결과적으로 이러한 시큐리티 영역의 확장은 시큐리티의 개념을 앞서 언급한 '어떤 위험으로부터의 안전 또는 방어'라는 소극적인 개념에서 '잠재된 리스크를 찾아내고 이를 관리한다'는 적극적인 개념으로 바꾸고 있다. 아래 내용은 리스크 매니지먼트로의 시큐리티의 영역 및 역할의 확대에 대한 간략한 예시이다.

위기관리는 크게 예방-대비-실행-사후관리 4단계로 이루어지고 있으며, ㉮ 예방단계에서는 평소 위기요인의 정밀진단과 지속적인 정보수집, ㉯ 대비단계에서는 파악한 위기요인과 수집된 징후에 대한 대응계획의 수립 및 대응능력구비, ㉰ 실행단계에서는 위기상황의 정확한 인식과 전 역량을 동원한 신속한 대응, ㉱ 사후관리단계에서는 위기관리 과정의 평가와 위기재발방지를 위한 제도적 장치마련 등이 가장 중요한 요소가 된다. 이를 3단계로 표현하면 제1단계는 위기를 잘 예측하고 이를 미리 예방하는 것이며, 제2단계는 위기가 발생했을 경우 피해를 최소한 줄일 수 있는 방안 모색이며, 제3단계는 발생한 위기를 수습한 뒤 이를 회복시키는 해결단계로 대처한다. 이중 가장 중요한 것은 제1단계 위기의 사전예방인데, 이를 위해서 사회 환경변화에 대한 예측과 대응과 위기를 인색할 수 있는 안목을 가져야 한다.

기업이 어떤 원인으로 인해 비즈니스 업무의 중단이라는 상황에 직면했을 때 얼마나 잘 대처할 수 있느냐 하는 점이 비즈니스의 지속력을 결정하는 중요한 요소가 된다. 근래에 들어와서 작종 위험과 재해가 대형화되고 원인이 복잡해짐에 따라 각 분야에 '시큐리티 시스템(Security System)'에 대한 수요와 관심이 증가하게 됐는데, 이는 기업이 위해나 재난에 직면했을 때 신속하고 조직적인 대응을 할 수 있게 체계를 갖추는 것을 의미한다.

일반적으로 시스템이란 복수의 요소 혹은 집합으로 구성되어 시스템 각 부분간의 상호관계를 유지하면서 정해진 조건 아래서 정해진 목적을 위해 작용하는 집합체를 일컫는다. 따라서 어떤 시스템을 구성할 때는 시스템이 어떤 목적을 가지고 어떤 구성요소를 갖는가가 중요하다. 따라서 효과적인 시큐리티 시스템을 구축하기 위해서는 먼저 기업에서 보호하고자 하는 자산의 중요도와 우선순위를 구체적으로 파악해야 하고 다음으로 각 대상에 대한 위험요소와 발생가능성을 측정한 다음 이에 대한 대응방안을 준비하거나 때에 따라서는 손상시 복구방안을 준비하는 작업이 필요하다.

과거의 전통적인 시큐리티 시스템은 위험에 자주 노출되거나 보안이 필요한 부분에의 인력 또는 설비의 관리·운영에 초점이 맞춰져 있었으나 현대의 시큐리티 시스템은 비즈니스에서 발생하는 다양한 리스크의 체계적인 관리와 대응에 초점을 두고 있다. 그러므로 현대 시큐리티 시스템에 있어 가장 중요한 것은 산업의 성격과 업무에 대한 깊은 이해가 선행돼야 한다는 점이다.

5) 환경설계를 통한 범죄예방(CPTED)

경찰청의 '범죄예방을 위한 설계 지침'에서 "환경설계를 통한 범죄예방(CPTED)"이라 함은 적절한 건축설계나 도시계획 등을 통해 대상지역의 방어적 공간특성을 높여 범죄가 발생할 기회를 줄이고 지역 주민들이 안전감을 느끼도록 하여 궁극적으로는 삶의 질을 향상시키는 종합적인 범죄예방 전략으로 정의하고 있다.

CPTED는 경찰의 범죄예방활동의 일환으로서 범죄가 발생하기 전에 적극적인 범죄예방활동의 하나로서 고려되어진 것이다. 이것은 "범죄로부터 피해를 입을 가능성이 있는 잠재적 피해자들을 보호하기 위하여 범죄의 구성요건이 되는 가해자, 대상, 장소들 간의 상관관계를 분석하여 범죄를 예방하거나 범죄의 불안감을 감소시키기 위한 일련의 물리적 설계"를 의미한다. 다시 말해 CPTED는 관할지역내 해당지역의 방어공간적 특성을 강화함으로써 잠재적 범죄자들에게 체포의 위험성을 증가시키거나 범행의 성공가능성을 현저히 낮게 인식시켜 범죄를 억제시키고자 사회내의 물리적·사회적 환경개선을 통해 예견되는 미래의 개연성이 높은 범죄기회를 줄이고자 노력하는 활동이라고 할 수 있다.

CPTED(Crime Prevention Through Environmental Design)란 용어의 시초는 1971년 제프리(Jeffery)의 "환경설계를 통한 범죄예방"이라는 책에서 처음으로 소개되었다.[5] Jeffery는 여기서 물리적 설계는 물론 향상된 시민참여와 더욱 효과적인 경찰력의 사용을 포함하는 3중 전략을 제안하였으며 범죄를 예방하는 방법은 범죄가 감소하거나 소멸되게 하기 위한 기회를 만드는 방법으로 전체 환경을 설계해야 한다고 주장하였다. 이러한 물리적 환경의 변화를 통한 범죄예방은 1차적 범죄예방에 해당하는 것으로 해당지역의 방어공간의 특성을 강화함으로써 잠재적 범죄자의 입장에서 볼 때 검거의 위험을 증가시키는 것이라고 하였다.

CPTED의 개념의 정립과 이론적 근거의 연구는 1968년 뉴만(Oscar Newman)의 "방어 공간(Defensible Space)"[6]에서 유래된 것으로 특정한 건축설계와 주민들이 주거지역의 주변공간에 대하여 책임을 갖도록 설계함으로써 범죄를 예방할 수 있다는 것이다. 예를 들면 건축물의 층수가 적고 복도와 계단 및 입구의 설계는 감시가

---

5) CPTED란 용어의 시원(始源)은 1971년 미국의 국립법집행 및 형사사법연구소(National Institute of Law Enforcement and Criminal Justice)가 전기회사인 Westinghouse에 주거용·상업용·교육용·운송용 시설의 네 가지 시설에 대하여 범죄환경을 위한 환경설계 프로그램을 위탁하면서 비롯되었다(C. Ray Jeffery, ***Crime Prevention through Environmental Design***, Beverly Hills, California: Sage Publications Inc., 1977, pp.224-227).

6) 방어공간(Defensible Space)이란, 거주자와 지역주민을 범죄로부터 보호해 줄 수 있도록 환경을 조성해 놓은 주거공간을 지칭하는 개념이다. 즉 사회자체를 방어하는 물리적인 사회구조를 창출함으로써 범죄를 통제 할 수 있는 효과를 거두고자 하는 개념에 기초한 것이다. 이 이론은 인력에 의한 방범체계의 한계성을 극복하려는 목적으로 시행되어 발전하여 왔다.

용이하도록 설계하고 공공지역과 사유지역을 구분하기 위해 표지를 사용하는 것 등이 있다.[7] Newman은 그의 저서에서 소개된 안전한 환경의 창조에 개별적이거나 복합적으로 작용하는 범죄예방과 방어공간을 위한 물리적인 설계의 4가지 기본요소로서 영역성(Territoriality), 자연적 감시(Natural Surveillance), 이미지(Image), 그리고 입지조건(Milieu)을 제시하여 개념구성을 하였는데, 이 기본사상과 과정들은 1972년 이후 범죄예방정책의 기초가 되었다.

CPTED는 환경자체에 밀접하게 연관된 범죄피해원인들을 인위적으로 조작함으로써 일정한 환경 안에서 발생하는 어떤 특정범죄나 두려움을 제거하려는데 궁극적인 목적이 있다.

또한 물리적 환경의 변화를 통하여 잠재적 범죄자의 입장에서 볼 때 이득에 비해 상대적으로 높은 검거의 위험이 인지됨으로써 범죄예방이 가능하다는 것이다.

2. 시큐리티 성장배경

1) 시큐리티 성장요인

현대 시큐리티의 성장과정을 보면 국가의 근대화와 불가분의 관계를 맺고 있는데, 자본주의, 과학기술, 사생활보호 등의 긍정적 발전뿐 만아니라 빈부의 격차, 범죄와 무질서, 각종 손실 등의 부정적 부산물의 증가와도 관련성이 있다.

시큐리티영역은 발전해 가고 있는데도 매년 강력범죄의 발생률은 지속적으로 증가추세에 있고 이에 따라 국민의 안전의식이 증대되고 있다. 범죄나 손실의 증가에 따른 국가 공권(치안)력 부재는 시민들을 불안에 떨게 하고 있으며, 이러한 치안력 부재의 대안으로 '경제환원론적이론(Economic Reduction Theory)', '수익자부담이론(Profit-Oriented Enterprise)', '공동화이론(Vacuum theory)' '이익집단이론

7) 국제CPTED협회(International CPTED Association: ICA)는 CPTED에 대한 정의를 "건축환경의 적절한 설계와 효과적인 이용은 실제적 범죄발생과 범죄에 대한 두려움(Fear of crime)을 감소시키며 궁극적으로 삶의 질(quality of life)을 개선할 수 있다"고 규정하였다. 이러한 정의에 대해 상당한 대다수의 학자들이 실용성을 인정하였고, 실제 1979녀 아메리카대륙게임(Pan America Game)과 1982년 세계 CPTED박람회, 1972년 세계정치회의(World Political Convention) 등의 미국 국제행사에 적용되어 테러방지에 큰 역할을 하였다(D. J. Digemans, "Defensible Space Design in the California Town House", California Geographer, 1978.).

(Interest Group Theory)'을 적용하여 이미 상당부분 공적 시큐리티의 역할과 기능을 민간시큐리티업체들이 대행하고 있는 추세이다. 즉, 개인의 안전은 스스로 지켜야 한다는 의식이 높아지고 있음을 알 수 있다. 이는 ㉠ 범죄와 손실의 상존 및 증가, ㉡ 국가공권력의 한계, ㉢ 개인 및 조직의 안전의식 증대라는 관점에서 서로 독립적 · 의존적 · 연계성을 가지고 민간시큐리티가 성장하고 있다고 요약해 볼 수 있다.

날로 심각해지는 각종 범죄의 위험이 늘어나고 있으며, 범죄 양상도 갈수록 흉포해지고 있고 테러 등의 위험도 대두되고 있다. 이러한 범죄의 갖가지 위협으로부터 공경호의 중요성이 한창 더해지고 있다. 사적 보안 또한 경제의 발전과 더불어 일반 시민에게도 중요성이 부각되고 있다. 이러한 차원에서 민간시큐리티는 치안의 상당부분을 담당하게 될 것이다. 시큐리티는 사회전체 안전균형에 일익을 제공하며 국가 주요기관인 공항 · 항만과 각종 공공시설, 금융기관, 일반기업체의 보안업무를 담당함으로써 사회 공익적으로도 크게 기여를 하고 있다.

이와 같이 시큐리티의 학문적 배경이 짧은 현실을 비추어 볼 때 시큐리티시스템 이용자의 안전욕구충족과 이용만족 및 생활만족에 대한 인과적 현상을 사회학적으로 이해하려는 접근이 절실히 필요하다. 즉 사회현상의 역행적 효과와 순행적 효과에 의하여 시큐리티산업은 자연스럽게 발전할 수밖에 없다.

사회현상	원리	발전흐름	이론적 근거
경기침체기	역행적 효과	경기침체⇒ 실업자 증가 및 소득 감소 ⇒ 인구 귀농 등 계층간 갈등 ⇒ 범죄 증가 ⇒ 불안심리 ⇒ 시큐리티 수요 증가	경제환원론
경제호황기	순행적 효과	경제발전⇒ 고용 증가 및 소득 증대 ⇒ 인구 도시집중 및 빈부격차 ⇒ 계층간 갈등⇒ 범죄 증가 ⇒ 안전욕구 증대 ⇒ 시큐리티 수요 증가	수익자부담론

[표 1-8] 시큐리티 산업발전 원리

이러한 현상은 미국에서 발생한 9.11테러 이후 미국 시큐리티의 발전현상에서 찾아 볼 수 있다. 이런 측면에서 시큐리티시스템 이용자의 안전욕구 충족은 인간의 최상의 욕구와 밀접하게 관련된 생활만족감이나 행복감 또는 삶의 질과 인과적 관계를 지니고 있다고 할 수 있다. 즉, 시큐리티시스템 이용자에게 안전욕구를 충족시켜줌으로써 시스템이용에 대해 개인이 느낄 수 있는 결과적 요소인 생활만족을 지속시켜 줄 수 있는 것으로 가정할 수 있다.

결국, 민간경비 수요증가는 경비업계 스스로 서비스의 질과 능력을 높여야 하며, 이러한 서비스 향상이 뒷받침되지 않으면 일정 수준에서 한계를 맞게 된다. 시큐리티시스템 이용자들에게 안전욕구를 충족 시켜주지 못한다면 시스템 이용에 대한 불만족을 초래하게 되고, 더 나아가 생활만족에도 영향을 미치게 됨으로써 시큐리티시스템 이용자들은 이용중단을 결정하게 된다. 이에 시큐리티시스템 이용자들의 이용만족이나 생활만족을 높여 시큐리티산업의 발전을 도모하기 위해서는 안전욕구충족을 결정짓는 요인을 분석 · 규명하여 시큐리티산업 경영에 이를 반영하고, 더 나아가 사회적 환경개선에 대한 실증적이고 구체적인 분석과 발전적 대안을 제시해 주어야 한다. 이렇게 수요의 증가와 공급재화의 질적 향상이 결합되면 현재의 산술급수적 · 소극적 성장이 아닌 기하급수적 · 적극적 성장이 가능할 것이다.

2) 시큐리티의 이론적 토대

민간경비의 이론적 핵심은 사회의 발전에 따라 공경비가 충분히 담당할 수 없는 영역이 있으며, 이 부분을 민간경비 스스로, 또는 고객의 요구에 의해서 재화를 배분하고, 이러한 추세가 강화되면서 고객의 요구에 부응한 안전 활동을 펴는 것과 일치한다고 할 수 있다. 즉 생산자는 필요에 의해서 경비를 제공하고, 소비자는 이에 대하여 경제적인 대가를 지불한다. 이러한 이론적 근거의 배경으로서 공동화이론, 수익자부담이론, 민영화이론 등을 들 수 있다.

(1) 범죄의 갈등과 시큐리티의 증가

가) 범죄의 증가와 민간경비의 성장

인간은 사회적 동물로 협력과 경쟁 및 갈등과 상호작용을 하면서 발전해 왔다. 인류의 역사와 함께 생겨난 범죄는 부정적 기능을 가져다주지만 일면에는 사회를 통일시키고 결속력을 강화시키는 순기능도 있다. 그러나 개인은 자경주의(vigilantism) 차원에서 소극적인 보호활동을 수행해 왔고, 사회는 범죄를 통제하기 위한 대응을 꾸준히 전개해 왔다. 특히 경제성장과 사회의 발달에 따라 소비욕구의 기형적인 분출로 향략문화와 과소비 사치풍조가 만연하면서 범죄양상도 충동적이고 흉폭화되어 가는데 대하여 이에 대한 피해의 두려움을 줄이기 위한 보호 장치 및 시큐리티가 증대되고 있다.

나) 경제환원론

특정한 현상을 설명함에 있어 그 현상이 경제와 직접적으로는 무관한 성격을 갖는 것임에도 불구하고 그 원인을 경제문제에서 찾으려는 입장을 취하는 입장이다. 예컨대 한 국가의 정치적 변화(권위주의적 정권의 대두 등)를 그 국가의 경제발전단계나 경제적 운용 상태로 귀결 지우려는 연구들이 있는데, 이는 경제환원론적 입장에서 민간경비시장의 성장을 범죄의 증가에 따른 직접적 대응이라는 전제하에서 출발하고 있으며, 특히 거시적 차원에서 범죄의 증가를 실업의 증가에서 그 원인을 찾으려고 하는 것이 특징이다.

경제환원론(經濟還元論, Economic Reduction Theory)은 민간경비 시장의 성장을 범죄의 증가에 따른 직접적 대응이라는 전제하에서 출발하고 있으며, 특히 거시적 차원에서 범죄의 증가를 실업의 증가에서 그 원인을 찾으려고 하는 것이 특징이다. 물론 실업은 경제의 일반적 침체에서 발생한다고 봄으로써 결국 민간경비시장의 성장을 경제 전반의 상태와 운용에 연결시켜 설명하려는 입장이 경제환원론적 시각이며, 직접적인 경찰과의 관련성을 논함이 없이 순수경제학적인 입장에서 접근하려는 이론이다.

그러나 이러한 관점은 경제침체를 보였던 미국의 1955년에서 1972년 사이의 5년동안에 민간경비 시장이 상대적으로 크게 증가하였다는 경험적 관찰에 기초를 두고 있었는데 이 기간 동안 미국 민간경비시장의 성장은 서비스업 전체의 증가율보다 크게 성장하였다.

그러나 경제환원론이 내재적으로 포함하고 있는 단순 논리적 한계 이외에도 경제침체와 민간경비 부문의 수요증가와의 관계도 원인과 결과를 규정지을 수 있는 인과관계적 성격이 아니라 단순확정적인 논리라는 점에서 민간경비발전이론으로 미흡한 점이 있다. 즉, 경제환원론은 미국이 경제침체를 보였던 1966~1972년 동안 민간경비시장의 성장이 다른 서비스업 전체의 증가보다 두드러지게 성장하였다는 단순논리적이고 단기적인 경험적 관찰에 기초를 두고 경기침체기와 민간경비성장 간의 관계도 단순한 상관관계의 성격으로 논리적 취약성을 갖는다고 본다.

(2) 국가 공권력의 한계

가) 국가 치안의 사각지대와 시큐리티 등장

근대국가 형성 이후 국토방위와 함께 국민을 위한 치안서비스의 제공은 국가의 중요한 기능에 해당한다. 그러나 서구의 19세기 산업혁명, 한국의 경우 1950년대 이후 치안영역에서 공권력의 한계를 드러내기 시작했다.

범죄에 대한 국가공권(경찰)력이 미치지 못한 사각지대(死角地帶)가 생기는 데에는 국가의 능력의 한계가 있어 실행하지 못하는 영역이 존재하기도 하지만, 사적 영역이지만 국가중요시설이 많이 생겨남에 따라 이를 전적으로 경찰이 맡기에 자원상의 한계가 생겨난 것이다. 전자의 사례는 국가형성초기에 주로 나타나는 현상으로 19세기 중반 서부개척과 철도의 발달 및 광물채굴, 남북전쟁 등으로 인한 정치적 불안에 따른 공권력을 메울 시큐리티가 자생적으로 발전하였다.

아울러 한국은 경제개발에 전력을 다하던 시기에 유신체제에 대한 저항까지 겹쳐 부족한 치안력을 확보하기 위한 일환[8]으로 국가정책적 판단에 의하여 시큐리티제도를 도입하게 되었다.

나) 공동화이론

공동화이론(Vacuum theory)은 민간경비가 국가공권력인 경찰 자신들에게 부여된 기능이나 역할·임무 중 범죄예방이나 교통통제 등과 같은 국민적 서비스를 제공할 수 있는 능력, 즉 인적 측면이나 물적 측면 등이 감소됨으로써 생겨난 '공동상태'를 민간경비가 보완하거나 대체한다[9]는 것이다. 즉 민간경비는 공경비

8) 하나는 전투경찰이나 의무경찰, 교통순시원 같은 준경찰제도를 신설하는 것이며, 다른 하나는 민간부문의 자원을 직접적으로 동원하는 방범위원회와 방범대원제도의 도입, 그리고 마지막으로 민간경비산업을 육성하는 것이다(최선우, 『민간경비론』, 인천: 진영사, 2008., p.123).

9) James S. Kakalik, Sorrel Wildhorn, ***The Private Police*** : The Context of Growth (Crane : Russak and Company Inc, 1972), pp.17-20.

가 갖는 제한적 능력으로 인한 공백을 메울 수 있다고 본다.

현대 사회의 다원화와 다변화로 사회분화에서 초래되는 사회적 긴장과 갈등 그리고 대립 등에 의한 무질서나 범죄의 증가에 대응하기 위하여서는 경찰력이 증가하여야 하지만, 경찰력의 증가는 현실적으로 통상 이러한 사회적 요구를 따라가지 못하고 있다. 그 결과 생겨나는 간격(gap), 즉 '공동(空洞)'을 메우기 위해서는 민간경비가 발전한다는 이론이다. 이 시각에서는 경찰과 민간경비가 상호 갈등이나 경쟁관계에 있는 것이 아니라 상호 보완적 · 역할 분담적 관계를 갖는다.

공동화이론은 기본적으로 공경비인 경찰과 민간경비 양자의 관계가 어떠한 성격을 갖는가 하는 논의에서 이론적 뿌리를 찾을 수 있다. 공경비와 민간경비간의 관계에 대한 성격규정은 크게 두 가지로 나누어진다. 하나는 공경비와 민간경비가 서로 경쟁관계에 있다는 입장이다.[10] 이 입장은 민간경비가 제공하는 서비스와 공경비가 제공하는 서비스가 기본적인 차이가 있는 것이 아니라 다만 공경비는 법적 권위(legal authority)를 부여받고 있으므로 보다 많은 권한과 규제력을 갖는 것으로 이해한다. 민간경비와 공경비가 경쟁적 관계에 놓이는 이유의 일단은 양자 사이의 관계가 어떤 것인가를 규정하는 법령이나 규칙이 없다는 데서 발견된다. 다른 하나는 공경비와 민간경비간의 관계를 협조적이고 상호보완적으로 이해하는 입장이다. 민간경비는 공경비가 갖는 제한적 능력 때문에 생기는 공백을 극복해 줄 수 있다고 보며 공동화이론은 이와 같은 후자의 입장에 기반을 두고 있다.

민간경비업체의 98% 이상이 시설경비 담당업체이며, 현재 시설경비를 주업종으로 하고 있는 경비업체가 앞으로 중요시설경비업무에 진출할 것으로 예상된다. 따라서 이 이론은 현재 경찰과 청원경찰의 한계로 인하여 공백이 발생한 부분을 설명할 수 있는 이론이라고 할 수 있다.

다) 이익집단론

플레벨(Flavel)은 공동화론의 관점에서 보는 민간경비의 공경비에 대한 보조적 입장을 부정하면서 이익집단론(利益集團論, Interest Group Theory)을 제시하였는데, 그는 '그냥 내버려 두면 보호받지 못한 채로 방치될 재산을 민간경비가 보호

10) Thomas M. Scott and Marlys McPherson, "The Development of the Private Sector of the Criminal Justice System", ***Law and Society Review***, Vol.6, No.2., pp.267-288.

한다'는 기본적 시각에서 출발하였다.[11] 이는 공동화이론의 입장과 유사하지만 공동화이론의 주된 관심과 출발점이 경찰과 민간경비의 관계에 대한 성격을 밝혀내고자 하는데 있다고 한다면, 이익집단이론은 민간경비를 하나의 독립적인 행위자(actor)로 인식하고 따라서 민간경비가 자체적으로 고유한 영역을 가질 수 있는 것으로 파악하면서 출발한다는 데서 근본적 차이점이 있다. 한 사회 내에 존재하는 많은 이익집단들이 그들의 이익을 최대화시키기 위해서 행동하는 것과 유사한 방식으로 민간경비도 자신의 집단적 이익을 실현시키기 위해서 규모를 팽창시키고, 새로운 규율이나 제도를 창출시키는 등의 노력을 기울인다는 것이다. 민간경비의 양적 성장은 초기적 단계에서 일어나는 현상이며, 궁극적으로는 이익집단으로서의 내부적 결속과 제도화 그리고 조직화의 결과, 세력과 입지를 강화하게 된다는 것이 이익집단 이론의 주장이다.

이런 관점에서 우리나라의 한국경비협회, 일본의 전국경비업협회, 미국의 산업시큐리티협회(ASIS)와 같은 경우 경찰과 민간경비의 관계개선, 관련 법률의 규정마련과 개정 등을 주장하면서 일종의 이익단체로서 역할을 수행한다.

(3) 공권력의 한계에 대한 재인식

가) 특정사건에 대한 공권력의 한계인식

국제스포츠행사(1964년 동경 · 1984년 LA · 1996년 애틀란타 올림픽 등)를 비롯한 전쟁(제1 · 2차 세계대전, 한국전쟁, 월남전)이나 테러(1995년 오클라호마 연방청사 테러, 2000년 9.11테러), 반전운동과 인권운동 등 특정한 시기에 발생한 역사적 사건들은 단기간에 엄청난 치안수요가 요구되어서 공경비인 국가 경찰력만으로 이를 감당하는데 한계에 직면하고 결과적으로 민간경비에 의존할 수밖에 없다.

한국도 1960년대 북한의 남침 및 교란으로 인해 공권력의 한계를 실감하고 이를 보완하기 위해 청원경찰 및 민간경비 등으로 대처요원을 강구하게 되었고 1986년 아시안게임, 1988년 서울올림픽, 1992년 대전엑스포, 2002년 한일월드컵 등의 국제적 행사의 개최를 통하여 시큐리티산업의 필요성과 역할을 재인식하게 되었다.

11) 김성언, 「민간경비의 성장과 함의: 치안활동의 신자유주의적 재편과 계약적 통치의 등장」, 서울대학교 박사학위논문, 2004, p.20.

나) 치안행정의 한계와 수익자부담론

현대사회에서 국가경찰은 범죄 등으로부터 국민의 생명·신체 및 재산의 보호 등의 치안활동은 거시적인 차원에서 이루어져 치안행정의 적정책임영역이 문제가 된다.

사실 현대 자본주의 사회에서 국가기구의 일부로서 경찰이 갖는 근본적 성격과 역할 및 기능에 관한 통념적 인식에도 의문을 제기하면서 모든 특정 개인에 이르기까지 경찰이 이를 보호하기는 사실상 불가능하다. 따라서 개개인의 안전과 사유재산을 보호하는 것까지 국가기구의 일부인 경찰이 개입할 수 없고, 국가가 자본주의의 전반적 체제유지를 위한 정치적 역할을 수행하는데 있어 일부분을 담당하는 공조직으로 파악되어야 한다. 따라서 자본주의 사회에 있어 경찰의 공권력 작용은 원칙적으로 질서유지나 체제수호 등과 같은 역할과 기능으로 한정하고, 사회구성원 개개인 차원이나 회사, 기업체 등 조직차원의 안전과 보호는 결국 해당되는 개인이나 조직이 담당하여야 한다는 인식에 기초를 둔 이론이 수익자부담론(受益者負擔論, Profit-Oriented Enterprise)이다.[12] 이것은 개인이 자신의 건강을 보호받기 위해서 상업적인 의료보험이나 자동차보험 등에 가입해야 하는 이치와 비교하여 이해할 수 있을 것이다. 자본주의 사회에서는 개인의 재산보호나 범죄에서 올 수 있는 신체적 피해로부터의 보호는 결국 개인적 비용에 의해 담보 받을 수밖에 없다는 입장이 바로 수익자부담이론이다.[13] 자본주의 사회에서는 개인의 재산보호나 범죄에서 올 수 있는 신체적 피해로부터의 보호를 결국 개인적 비용에 의해 담보 받을 수밖에 없다. 자본주의의 발전과정에서 부의 증가에 따른 민간경비의 발전은 불가피한 것이지만 민간경비가 특정한 시기에 급증하는 것은 몇 가지 조건 즉 전반적인 국민소득의 증가, 그리고 민간경비제도나 서비스의 유용성에 대한 인식변화 등의 조건이 부수적으로 조성되었을 때 가능하다고 본다.[14] 축구나 야구 같은 스포츠행사에서는 관람객의 입장권 판

---

12) Clifford D. Shearing and Phillip C. Stenning, Modern Private Security : Its Growth and Implications, Michael Tonry and Norval Morris (ed), Crime and Justice : An Annual Review of Research, Vol.3.(Chicago : University of Chicago Press, 1981) quoted in William C. Cuningham and Todd H. Taylor, ***Private Security and Police in America***, Chancellor press. 1985., p.111.

13) Gion Green, ***Introduction to Security*** (Boston : Butterworth, 1981), p.18.

14) 아직까지 우리나라에서는 경비개념에 대한 인식의 차이로 사적인 영역에 대한 경찰력 지원이 아무런 거부감 없이 실시되고 있다. 운동경기 등 각종 행사에서 주최측이 관객이나 청중들을 위하여 경비 및 안전에 대한 제반조치를 취하여야 함에도 불구하고 실제로는 경찰기동대가 경비를 실시하고 있는 경

매 등을 통한 수익을 창출하는 주최측에서 시설 및 관중에 대한 시큐리티 및 제반 안전조치를 강구하는데 일정부문 비용을 지불되어야 한다.

우리나라의 경우도 과거에는 경찰력의 존재만으로 치안이 유지되어 왔으나 범죄의 양상이 점차 변화하면서 경찰력만으로는 예방과 검거가 불가능한 범죄가 다발하고 있다. 경찰의 역할도 기존의 법집행위주에서 봉사위주로 점차 재구성되면서 여러 가지 여건상 범죄대응능력이 약화되어 가고 있음을 볼 때, 특별히 치안수요가 예상되는 시설에 대하여는 수익자 부담으로 방범역량을 강화하는 것이 타당할 것으로 인정하는 사회적 분위기가 조성되어가고 있다고 할 수 있으므로 수익자부담의 원칙 역시 시큐리티의 이론적 근거가 되고 있다.

(4) 치안활동의 민영화

가) 민영화 추세

1980년대 들어 정부의 경제계획이나 국가경제에 대한 통제보다 시장 메커니즘을 중시해야 한다는 주장이 일반화되자 국영기업의 민영화가 세계적인 주류가 되었다. 소위 자유방임주의 관점에서 공공지출 부담을 줄이고 시장이 자유화됨에 따라 민영화 및 아웃소싱(outsourcing), 작은 정부의 지향 등을 목표로 하는 정책이 공공서비스 공급에 중요한 영향을 미쳤다. 이러한 민영화의 세계적인 추세는 1990년대에도 지속되었다.[15] 이것은 복지국가의 이상에 대한 하나의 반성이며, 앞으로 적정한 국가역할의 범위가 어떠한 방향에서 선정될 것인가를 예고하는 것이라고 할 수 있다.

민영화의 증가에 따라 공공서비스의 민간위탁이 증가하면서 공공관료제의 독점적 지위에 근거를 두고 이루어지던 이전의 관리방식에 혁신적인 변화를 가져왔다. 민간위탁이란 정부와의 계약에 따라 민간기업이 공공서비스를 공급하는

우가 대부분인 바 이것은 외국에서는 찾아 볼 수 없는 일이다. 국가기관의 인력이 개인이나 단체의 영리사업에 동원되는 것은 국가기관이 개인이나 단체의 부를 지원할 수 있느냐 하는 형평의 문제가 제기될 수 있다. 따라서 외국의 경우처럼 각종 행사시 주최측이 자신들이 필요로 하는 만큼의 경비인력을 고용하는 수익자부담원칙을 적용하는 것이 타당하며, 경찰은 전체적인 상황이나 운영상태를 파악하기 위하여 최소한의 경비인력만 투입하는 방향으로 이루어져야 할 것이다(안창훈, 시설경비의 효율성에 관한 연구, 동국대학교대학원 박사학위논문, p.18).

15) Ronald C. More, "Exploring the Limits of Privatization", ***Public Administration Review***, Vol.47, Nov./Dec., 1987, pp.453-460 참조.

것을 말한다.[16] 이러한 방법은 한편 이윤동기에 따른 서비스공급의 전문성과 신축적인 대응성을 활용하면서 다른 한편으로는 민간기업이 소홀히 하기 쉬운 공공성을 유지하고자 할 때 주로 이용한다. 즉 민간위탁은 경쟁을 전제로 한다는 점에서 민영화와 구별되는 개념이다.[17]

조세수입감소로 인해 재정압박에 직면한 정부가 치안활동의 비용문제를 해결하기 위해 범죄통제나 그 밖의 경찰기능에 대한 책임을 민간부문과 공유하려 함으로써 민간시큐리티가 성장하게 된 것이다.

나) 민영화이론

시큐리티를 민간업체에 맡기는 것이 전적으로 모든 것을 민간에 이양하는 것은 아니며, 그 관리권을 공공기관에서 보유한 상태로 운영만 민간기업이 하는 것으로 볼 때 외주(Out Sourcing)의 한 형태로 볼 수 있다. 즉 서비스의 내부 공급에서 외부 공급으로 전환이 이루어지고, 이 과정에서 경쟁개념을 도입하여 보다 효율적인 서비스를 제공함에 그 의의가 있다고 할 수 있다.

민영화의 개념을 서비스의 공급과 생산을 분리해서 정의하기도 하고,[18] 소유권의 민영화와 시장에 의한 민영화로 나누어 볼 수 있다.[19] 소유권의 민영화는 기업의 운영권이나 자산을 공공부문의 소유에서 민간부문의 소유로 이전하는 것을 말한다. 그리고 시장에 의한 민영화는 공공서비스를 제공하고 있는 공공기관이나 관료제를 시장적 기준에 의해서 평가받는 자율적인 조직으로 전환하는 것을 말한다. 따라서 계약공급 또는 민간위탁은 시장에 의한 민영화를 의미하는 것이라 할 수 있다.

---

16) 배용수, "지방자치단체 기능의 민영화방안", 「한국행정연구」(한국행정연구원, 제7권 제1호 봄호), 1998, p.16.

17) 특히 미국에서는 민영화와 계약이 동의어로 사용되고 있지만 실제로는 완전히 다르다. 민영화(民營化, Privatization)는 물질적 재산의 소유권을 공공부문에서 민간부문으로 이전하는 것을 말한다. 민영화된 조직은 경쟁적인 환경하에서 운영될 수도 있고 그렇지 않을 수도 있다. 따라서 민영화는 본질적으로 경쟁의 촉진과는 독립되어 있는 것이다. 민영화 후에 얼마나 경쟁이 이루어지는가는 산업구조와 정부의 정책에 달려 있다. 반면에 계약(契約)은 경쟁을 개방하는 것을 의미한다. 조직은 특정한 서비스를 고객에게 공급하기 위한 계약에 입찰하도록 초대받는다. 계약공급의 두드러진 특징은 사전적인 경쟁이라는 요소에 있다. Simon Domberger & Paul Jensen, "Contracting out by the Public Sector : Theory, Evidence, Prospects", ***Oxford Review of Economic Policy***, Vol.13, No.4, 1997, p.68; 정윤길, 「지방공공서비스의 위탁계약 관리과정에 관한 연구」, 동국대학교 박사학위논문, 1998, pp.9-10.

18) Ted Kolderie, "The Different Concept of Privatization", ***PAR***, Vol.46, 1986, p.268.

19) R. Molz and T. Hafis, "Evaluation and Assessment of Privatization Outcomes : A Conceptual Model and Empirical Evidence", ***Environment and Planning : Government and Policy***, Vol.15, 1997, p.482.

협의의 민영화란 국가의 재산 또는 재화의 생산이나 서비스의 공급을 정부로부터 민간부문으로 이전시키는 것을 의미하며, 국가재산이나 공기업의 매각, 공공서비스의 계약에 의한 민간수탁 등이 전형적인 예라고 할 수 있다.

광의의 민영화란 정부 또는 공공부문의 자산이나 기능을 민간부문에 이전하여 상대적으로 한 나라의 경제활동에 대한 정부와 공공부문의 관여를 줄이고 민간부문을 확대하는 것을 말한다.[20] 이는 민영화를 소유이전으로 파악하는 것이라 할 수 있다.[21] 따라서 여기에는 감세, 재정지출의 축소, 정부규제의 완화 등이 모두 포함될 수 있다. 방위비 삭감은 그것이 정부규모의 축소를 초래하는 이상 광의의 민영화에 해당한다. 그러나 삭감된 만큼의 방위서비스 공급이 민간부문에 의하여 대체되는 것이 아니면 협의의 민영화에는 포함되지 않는 것이다. 정부가 보건의료나 교육과 관련된 재정지출을 감소시키는 것 역시 광의의 민영화에는 들어가게 된다. 이 때 민간기업이 이러한 서비스의 일부를 담당하게 되면 이것은 협의의 민영화에 포함된다. 이렇게 볼 때 협의의 민영화는 재화나 서비스가 생산되는 장소가 이전되는 것만을 의미하는 것임을 쉽게 알 수 있는 것이다.[22]

이러한 민영화는 반드시 자율화를 수반하는 것은 아니며, 민영화의 방법 또는 범위에 달린 문제라 하겠다. 이것은 어떠한 경우라도 정부가 민간부문의 경영성과에 대하여 궁극적인 책임을 부담하여야 하므로 정책효율성의 제고를 위하여 민간기업을 새로이 규제해 나가야 할 필요가 있다. 결국 민영화가 당연히 자율화를 수반한다기보다는 오히려 새로운 정부규제의 시작 또는 기존 정부규제의 강화를 초래하는 것이 보다 일반적인 경우라고 할 수 있겠다.[23]

민영화를 국가가 공공부문의 짐을 덜어내는(load-shedding) 기회로 활용하는 경우도 있다.[24] 가장 큰 문제는 역시 행정책임 배분 및 귀속의 문제이다. 다시 말하면, 공공적 서비스의 공급에 정부와 기관 및 민간기업이 긴밀한 협력 또는 분업관계에 들어가게 되므로 이 과정에서 행정책임의 귀속이 불명확해지고 그 결

---

20) 박응격, 『행정학 강의』(서울: 박영사, 1993), p.370.

21) George Yarrow, "Privatization in theory and practice", ***Economic policy***, 1986, p.324.

22) Paul Starr, "The Meaning of Privatization," Sheila B. Kamerman and Alfred J. Kahn, ***Privatization and the Welfare State*** (Princeton : Princeton Univ. Press, 1989), pp.15~48 참조.

23) Carl Shapiro and Robert D. Wiling, "Economic Relation for Scope of Privatization", Ezra N. Suleiman and John Waterbury, ***The Political Economy of Public Sector Reform and Privatization*** (Boulder : Westview Press, 1990), pp.55-87 참조.

24) Paul Starr, "The New Life of the Liberal State : Privatization and the Restructuring of State-Society Relations", ***Suleiman and Waterbury***(eds), ***op. cit.***, pp.31-45.

과 비효율성의 문제와 정당한 국가권력의 행사문제가 불가피하게 야기되지 않을 수 없다는 것이다. 그러나, 무엇보다 중요한 것은 민영화는 수혜자들이 개인적으로 많은 도움을 받을 수 있고, 정부사업을 개인기업이 효과적으로 운영할 수 있다고 판단하는 경우 등이다.[25]

민간경비의 영역에서도 정부가 국민 전체를 대상으로 서비스하므로 개인에게 필요한 부분을 충족시켜주지 못하는 것을 민간경비업자가 충족시켜 준다는 것이다. 정부가 방만하게 운영하고 있는 각종 서비스와 기업형태의 운영조직을 민간영역에 이양함으로써 국민들이 양질의 서비스를 받도록 하는 국가의무의 실현이라는 성격이 있다고 할 수 있다. 이러한 환경의 변화가 민간기업에 의한 시큐리티를 가능케 하는 것이다. 민영화로 인한 정부의 효율성 추구와 주민 서비스 개선은 국민들이 누려야 할 권리이기도 한 것이다.

그리하여 우리나라도 문민정부 이후 '작고 효율적인 정부'운영방침에 따라 국영기업의 민영화에 발맞춰 특수경비원제도를 신설하여 국가중요시설의 경비를 민간경비업체에 맡겨 많은 발전을 가져왔다.

다) 치안서비스의 공동생산이론

치안서비스 생산과정에 있어서 경찰과 같은 공공부문(Public Sector)의 역할증대뿐만 아니라 민간부문의 참여를 활성화시킬 수 있는 방안이 활발하게 논의되고 있다. 이는 공공경찰이 근본적으로 안고 있는 한계를 일부 극복하고 국민의 안전욕구를 증대시키기 위하여 민간부문의 능동적인 참여를 다각적으로 유도하기 위한 것이다. 여기서 민간부문(Private Sector)은 서비스 수혜자인 시민(Citizens), 영리목적의 민간경비(Private Security) 등을 들 수 있다. 과거에 이 민간부문을 단지 치안활동의 보조적 차원 내지는 별개의 차원에서 인식되어 왔으나 오늘날에는 이들을 능동적·주체적으로 인식하기 시작하였다. 이는 민간부문을 경찰의 보조적 차원이 아닌 주체적 차원으로서 인식함으로써 이들이 가지고 있는 풍부한 인적·물적 시큐리티 자원을 보다 효율적이고 체계적으로 활용하고자 하는 의도에서 비롯된 것이다.

따라서 오늘날 치안활동에 있어서 민간부문의 참여는 필연성을 갖기 시작했으며, 공공부문과 민간부문이 결코 구별된 것이 아니라 다양한 네트워크(Network)

25) Robert B. Denhardt, ***Public Administration*** (California : Books/Cole Publishing Company, 1991), p.39.

에 의해서 복잡하게 이루어지고 있음을 부인할 수 없게 된 것이다. 이와 같은 이유에서 서구제국에서는 치안활동에 대한 접근에 있어서 소위 '서비스주체의 다원화'에 초점을 맞추고 있는 실정이다. 치안활동에 있어서 다원화된 전체라는 것은 경찰이 독자적으로 치안서비스 생산과정에 참여하는 것이 아니라 이외에도 민간부문을 독립된 주체로서 참여하게 되었음을 의미하는 것이다. 이는 치안활동(policing)은 곧 공공경찰(public police)이라는 전통적 견해에서 보다 발전된 것이라 할 수 있다.

이러한 과정 속에서 치안서비스의 공동생산(co-production)적 접근은 치안서비스의 생산성을 높이는 하나의 중요한 대안으로 등장하고 있다. 이를 통해 공공부문과 민간부문의 상호 역할정립 및 상호관계를 이론적 · 실천적으로 체계화시켜 줄 수 있을 것이다.

치안서비스의 공동생산 모델은 공경찰(Public Police) · 시민(Citizen) · 민간경비의 3자구조(Tripartite Structure of Coproduction)관계로 나타낼 수 있다. 여기서 시민은 지역사회 내의 모든 시민이 아니라 경찰활동에 적극 · 소극적으로 참여하는 시민을 의미하는 서비스 수혜대상인 생산객체인 동시에 생산주체로 작용하는 반면, 경찰과 민간경비는 공동생산의 주체로만 작용하게 된다.[26]

구 분	경찰	시민	민간경비
대 상	지역주민	특정 개인 · 지역	특정 고객 · 지역
범 위	거시적	미시적	미시적
주요 기능	범죄예방 및 수사 등	범죄예방 등	생명 · 재산보호, 범죄예방 등
전달 체계	정부	개인 · 단체	영리기업
본질적 목표	공공안녕 · 질서유지	개인 · 지역 안전	영리추구

경찰서비스가 세부적으로 모든 개인 또는 주거지역에 제공되기 어렵기 때문에 시민참여는 이러한 공백을 보완해 줄 것이다. 영리추구를 본질적 목표로 하고 있는 민간경비도 경찰서비스 영역내에서 경찰과는 다른 활동을 수행하는데 특정 민간경비 이용자인 고객을 중심으로 보다 집중적으로 치안활동을 공동으로 생산하는 시큐리티서비스를 제공하게 된다.

26) 최선우, 『치안서비스 공동생산론』(서울: 대왕사, 2002), pp.95~104.

제3절 시큐리티회사의 설립과 기획

1. 시큐리티회사의 설립

시큐리티업체간의 과당경쟁을 방지하고 경비업의 건전한 육성발전을 위하여 한국에서는 법인이 아니면 경비업을 영위할 수 없도록 하고 있다(「경비업법」 §3). 시큐리티업은 범죄예방을 목적으로 공공성을 강하게 띠고 있는 업종이므로 그 책임성을 높이기 위하여 개인이 아닌 법인(法人)을 설립하여서만 운영하도록 하고 있으며, 법률이 정한 일정규모 이상의 시설이나 자본금을 갖추어야한다.

법인(法人)이란 사람의 집단 또는 재산의 집단으로 권리의무의 주체가 될 수 있는 자를 말한다. 법인설립이라 하면 새로이 사업을 시작한다는 의미이다. 사업개시에 즈음하여 세무서에 법인사업자등록을 하여야 한다. 관할 세무서장은 등록신청한자에게 사업자등록증을 7일이내에 교부하여 준다. 시큐리티업무는 법인만 영위할 수 있으며 법에서 정한 일정금액 이상의 법인을 설립해야한다. 법인등기시 정관 및 사업목적에 따라 시큐리티업의 종류(시설경비 · 호송경비 · 신변보호 · 기계경비 · 특수경비업)를 명기하여야 하며, 등기신청시 시큐리티업무 이외에 함께 영위할 업무를 기록해야한다.

일정한 목적과 조직 하에 결합된 사람의 단체[社團, 또는 組合]와, 일정한 목적을 위하여 출연한 재산의 집합인 재단(財團)이라는 실체에 대하여 법인격이 부여되는 때에 법인이 된다. 법인격이 있는 사단을 사단법인(社團法人)이라고 하고, 법인격이 있는 재단을 재단법인(財團法人)이라고 한다.

비영리사단법인의 설립에는 (1) 목적의 비영리성, (2) 설립행위(정관 작성), (3) 주무관청의 허가, (4) 설립등기라는 4가지 요건이 필요하다. "학술 · 종교 · 자선 · 기예 · 사교 기타의 영리 아닌 사업"을 목적으로 하여야 한다. 여기서 '영리 아닌 사업'이라 함은 개개의 구성원의 이익을 목적으로 하지 않는 사업을 말하며, 반드시 공익 즉 사회일반의 이익을 목적으로 할 필요는 없다. 비영리사업과 아울러 영리사업을 하는 때에는, 그 목적은 영리성을 띠게 된다. 그러나 비영리사업의 목적을 달성하기 위하여 필요한 한도에서 그의 본질에 반하지 않는 정도의 영리행위를 하는 것은 상관없다. 그러한 영리행위로 인한 수익은 언제나 목적사업의 수행에 충당되어야 하고, 어떠한 형식으로든지 구성원에게 분배하여서는 안된다.

사단법인을 설립하려면 2인 이상의 설립자가 법인의 근본규칙을 정하여, 이를 서면에 기재하고 기명날인하여야 한다(민법 §40). 이 서면을 정관(定款)이라고 하며, 이러한 정관의 작성이 사단법인의 설립행위이다. 정관의 기재사항으로는 (1) 목적, (2) 명칭, (3) 사무소의 소재지(사무소가 여러 개 있을 때에는 이를 모두 기재하고, 주된 사무소를 정하여야 함), (4) 자산에 관한 규정(자산의 종류, 구성, 운용방법, 회비 등에 관한 사항), (5) 이사의 임면에 관한 규정(임면 방법), (6) 사원자격의 득실에 관한 규정(입사, 퇴사 및 제명 등에 관한 것), (7) 존립시기나 해산사유를 정하는 때에는 그 시기 또는 사유(반드시 규정해야 하는 것은 아니므로, 이에 관하여 특히 정하고 있는 때에만 기재) 등이다. 이와 같은 필요적 기재사항 외에도 사단의 근본원칙을 더 기재할 수 있고, 일단 정관에 기재되면 그 효력은 필요적 기재사항과 차이가 없다(임의적 기재사항).

법인이 목적으로 하는 사업을 주관하는 행정관청인 주무관청의 허가가 있어야 한다(민법 §32). 법인의 목적이 두 개 이상의 행정관청의 소관사항인 때에는, 그들 모두가 주무관청이며, 그들 모두의 허가를 받아야 한다. 사단법인은 최종적으로 주된 사무소의 소재지에서 설립등기를 하여야 하며, 이 설립등기를 함으로써 법인이 성립한다.

설립자(발기인) 상호간에 법인 설립을 목적으로 하는 법률관계가 성립되면(발기인 조합 또는 설립자 조합), 이는 민법상의 조합으로 이해하며, 이 조합이 행하는 정관의 원안을 작성한다든가, 필요한 서류의 작성, 사무실의 임차 등과 같은 행위는 준비행위에 속하며, 준비행위는 조합 자체가 책임을 진다고 해석된다. 설립자 조합이 그 조합계약의 이행행위로서 정관을 작성하고, 법인의 최초의 구성원을 확정하면, 설립중의 법인이 성립되고, 이는 법인격 없는 사단이라고 보아야 한다. 이 설립중의 법인의 행위는 후의 법인에 귀속된다고 해석하는 것이 통설이나, 판례는, 설립중의 법인의 행위에 대하여 설립된 후의 법인이 책임을 지는 것은 '설립 자체를 위한 행위'에 한하는 것으로 본다.

영리사단법인(회사)의 설립은 정관작성에서 설립등기에 이르는 절차에 의해 그 주요부분이 사원될 자의 설립행위로 이루어진다. 그러나 그 설립행위의 내용은 회사의 종류에 따라 다르지만 설립절차는 대체로 실체형성과정과 설립등기로 설립된다. 회사의 기본규칙인 정관(定款, by-laws)을 작성하고 그 구성원인 사원(出資者)과 출자사항이 확정되면 회사의 실체가 확정된다(인적회사). 물적회사(유한·주식회사)의 경우에는 이밖에도 출자하고 임원을 선임하며 주식회사의 모집설립의 경우에는 창립총회(創立總會)를 마침으로써 회사의 실체가 형성된다. 회사가 법정요건을 갖추어 실체형성절차(정관작성→사원확정 및 출자이행→기관구성)를 완료한 경우 본점소재지에서 설립등기라는 형식을 갖춤으로써 비로소 성립하게 된다.

설립등기이전에 회사는 권리능력이 없으나 설립 절차중에도 법인아닌 사단으로 소송법상 당사자능력과 소송능력은 있으며 부동산에 관한 등기능력도 있는데, 이러한 회사를 "설립중의 회사"라고 한다. 회사가 설립등기를 하여 외관상 유효하게 성립하였으나 그 설립행위에 중대한 하자(흠)가 있는 경우에는 회사설립의 무효·취소의 소에 대한 원인이 된다. 소송의 방법으로써만 회사설립의 무효나 취소를 주장할 수 있으며 판결이 확정되어도 그 효력은 장래에 대해서만 발생한다. 그래서 회사의 설립등기시부터 무효·취소시까지 존재하는 회사가 있게 되는데, 이를 사실상회사[表見會社]라 하여 가능한 기존 상태를 보호해 거래안정을 도모하고자 한다.

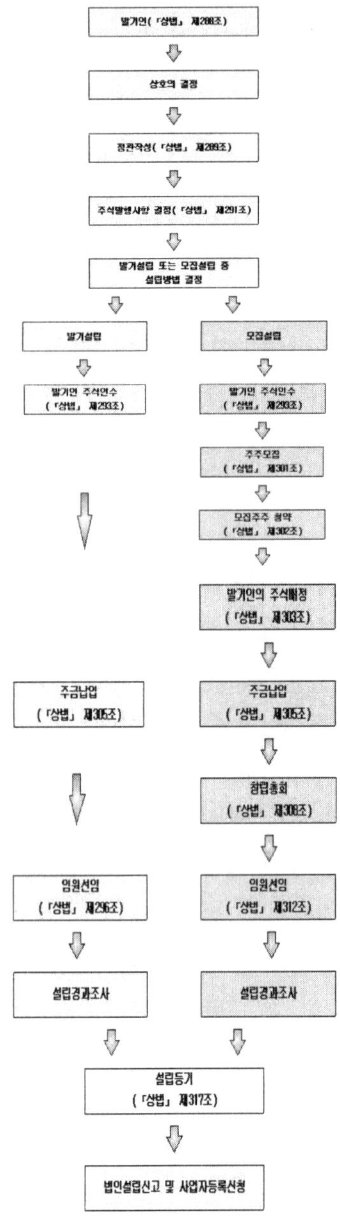

[도해 1-2] 회사설립절차

2. 시큐리티업의 허가

시큐리티업을 영위하고자 하는 법인은 도급받아 행하고자 하는 경비업무를 특정하여 그 법인의 주사무소의 소재지를 관할하는 지방경찰청장의 허가를 받아야 한다. 법인이 허가를 받기 위해서는 「경비업법 시행령」(§4②)이 정하는 경비인력 · 자본금 · 시설 및 장비를 갖추어야 한다.

1) 허가의 대상 및 범위

허가(許可)란 법령에 의하여 일반적으로 금지되어 있는 행위를 특정의 경우에 특정인에 대하여 해제하는 행정처분을 말한다. 시큐리티업은 공익성(公益性)이 크기 때문에 책임성을 높이기 위하여 허가제를 채택하고 그 대상은 개인이 아닌 법인으로 한정하고 있다.

(1) 법인(法人)만이 허가대상이다.

(2) 1개 지방경찰청장 허가로 전국 영업이 가능하다.

2) 허가의 종류

「경비업법」상 규정된 허가의 종류로는 신규허가 · 변경허가 · 갱신허가로 구분할 수 있다. 법인을 설립하고 허가업종을 선택하여 최초로 시큐리티업 허가를 받는 것을 신규허가라 하고, 허가업종의 일부를 허가 받아 시큐리티업을 영위하던 기업이 업종을 변경하거나 추가하고자할 때 받는 것이 변경허가이다. 경비업 허가에 대해 5년의 유효기간을 두고 만료일 30일전에 허가를 갱신하여 허가 받도록 하는 것이 갱신허가이다(「경비업법」 §6).

(1) 신규허가

경비업의 허가를 신규로 받고자 하는 경우에는 허가신청서에 행정안전부령이 정하는 서류[시행규칙 §3: [별지2호]서식(경비업허가신청서 또는 변경허가신청서), 정관 1부, 법인 임원의 이력서 1부, 경비인력 · 시설 및 장비의 확보계획서 1부(경비업 허가의 신청시 이를 갖출 수 없는 경우에 한함)]를 첨부하여 지방경찰청장에게 제출하여야 한다(시행령 §3①).

이에 따라 허가 또는 변경허가 신청서를 제출하는 법인은 경비인력 · 자본금 · 시설 및 장비를 갖추어야 한다. 다만, 경비업의 허가 또는 변경허가를 신청하는 때에 [별표 1]의 규정에 의한 시설 등(자본금 제외)을 갖출 수 없는 경우에는 허가 또는 변경허가의 신청시 시설 등의 확보계획서를 제출한 후 허가 또는 변경허가를 받은 날부터 1월 이내에 [별표 1]의 규정에 의한 시설 등을 갖추고 지방경찰청장의 확인을 받아야 한다(시행령 §3②).

경비업 허가요건 중 「경비업법 시행령」 일부개정안(2010.9)에서 자본금 기준을 완화(시설경비 · 호송경비 · 신변보호 · 기계경비는 1억원 이상에서 5천만원 이상으로, 특수경비는 5억원 이상에서 3억원 이상으로)하여 창업촉진 및 경제활력을 제고하고자 하였다.

【 경비업의 시설 등의 기준 】「경비업법 시행령」 제3조 제2항관련 [별표1]

시설등기준 업무별	경비인력	자본금	시 설	장비 등
시설경비 업무	20인 이상	1억원 이상	기준 경비인력수 이상의 사람을 동시에 교육할 수 있는 교육장	○ 행정안전부령으로 정하는 제복 및 장구: 기준경비인력수 분 이상의 제복 및 장구
호송경비 업무	무술유단자 5인 이상	1억원 이상	기준경비인력수 이상의 사람을 동시에 교육할 수 있는 교육장	○ 호송용차량: 1대 이상 ○ 현금호송백: 1개 이상 ○ 행정안전부령으로 정하는 제복 및 장구: 기준경비인력수 분 이상의 제복 및 장구
신변보호 업무	무술유단자 5인 이상	1억원 이상	기준경비인력수 이상의 사람을 동시에 교육할 수 있는 교육장	○ 통신장비 ○ 행정안전부령으로 정하는 장구: 기준경비인력수 분 이상의 장구
기계경비 업무	전자 · 통신 분야기술자격증소지자 5인을 포함한 10인 이상	1억원 이상	기준경비인력수 이상의 사람을 동시에 교육할 수 있는 교육장	○ 감지장치 · 송신장치 · 수신장치 및 관제시설 ○ 출동차량: 출장소별 2대 이상 ○ 행정안전부령으로 정하는 장구: 기준경비인력수 분 이상의 제복 및 장구
특수경비 업무	특수경비원 20인 이상	5억원 이상	기준경비인력수 이상의 사람을 동시에 교육할 수 있는 교육장	○ 행정안전부령으로 정하는 제복 및 장구: 기준경비 인력수 분 이상의 제복 및 장구

1. 하나의 경비업무에 대한 자본금을 갖춘 경비업자가 그 외의 경비업무를 추가로 하고자 하는 경우 자본금을 갖춘 것으로 본다. 다만, 특수경비업자 외의 자가 특수경비업무를 추가로 하고자 하는 경우에는 이미 갖추고 있는 자본금을 포함하여 특수경비업무의 자본금 기준에 적합하여야 한다.
2. 하나의 경비업무에 대한 시설을 갖춘 경비업자가 그 외의 경비업무를 추가로 하고자 하는 경우에는 경비인력이 더 많이 필요한 경비업무에 해당하는 교육장을 갖추어야 한다.
3. "무술유단자"라 함은 대한체육회에 가맹된 단체 또는 문화체육관광부에 등록된 무도 관련단체가 인정한 자에 한한다.
4. "호송용 차량"이라 함은 현금 기타 귀중품의 운반에 필요한 견고성 및 안전성을 갖추고 무선통신시설 및 경보시설을 갖춘 자동차를 말한다.
5. "현금호송백"이라 함은 현금이나 그 밖의 귀중품을 운반하기 위한 이동용 호송 장비로서 경보시설을 갖춘 것을 말한다.

「경비업법 시행령」 제3조 제2항 [별표 1] 경비업의 시설 등의 기준에 의하여 허가 또는 변경허가의 신청을 받으면 지방경찰청장은 경비업을 영위하고자 하는 법인의 임원중 결격사유(경비업법 §5)에 해당하는 자가 있는지의 유무, 경비인력·시설 및 장비의 확보 또는 확보가능성의 여부, 자본금과 대표자·임원의 경력 및 신용 등을 검토하여 허가여부를 결정하여야 한다. 이에 따른 검토를 충분히 한 후 지방경찰청장은 경비업의 허가 또는 변경허가를 한 때에 신청인에게 [별지 제3호]서식의 허가증을 교부하여야 한다(시행령 §4①②).

경비업자는 경비업 허가증을 잃어버리거나 경비업 허가증이 못쓰게 된 경우에는 허가증 재교부신청서에 ㉠ 허가증을 잃어버린 경우에는 그 사유서, ㉡ 허가증이 못쓰게 된 경우에는 그 허가증 등의 서류를 첨부하여 지방경찰청장에게 허가증의 재교부를 신청하여야 한다(시행령 §4③). 경비업법에 따른 경비업의 허가를 받거나 허가증을 재교부 받고자 하는 자는 일정한 수수료를 납부하여야 한다(동법 §27의2, 시행령 §28).

(2) 변경허가

경비업의 허가를 받은 법인(경비업자)이 허가를 받은 경비업무를 변경하거나 새로운 경비업무를 추가하고자 하는 경우에는 변경허가신청서에 소정의 서류를 첨부하여 지방경찰청장에게 제출하여야 한다(시행령 §3①).

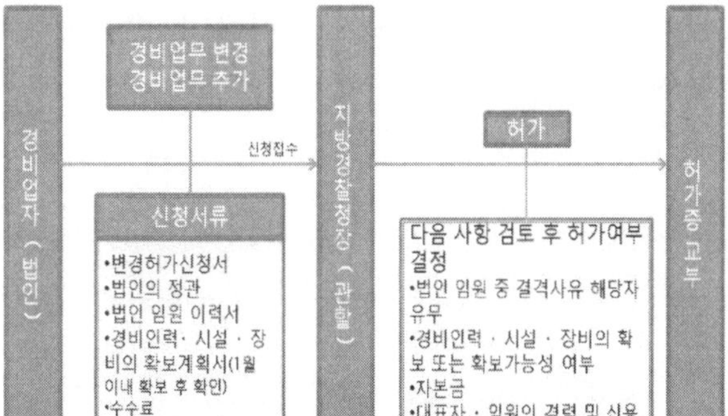

[도해 1-3] 경비업 변경허가절차

경비업 법인이 ⑴ 영업을 폐업하거나 휴업한 때, ⑵ 법인의 명칭이나 대표자·임원을 변경한 때, ⑶ 법인의 주사무소나 출장소를 신설·이전 또는 폐지한 때, ⑷ 기계경비업무의 수행을 위한 관제시설을 신설·이전 또는 폐지한 때, ⑸ 특수경비업무를 개시하거나 종료한 때, ⑹ 그 밖에 대통령령이 정하는 중요사항(시행령 §5④: 정관 목적)을 변경한 때에는 지방경찰청장에게 신고하여야 한다(경비업법 §4③).

(3) 갱신허가

갱신허가는 신규허가와 마찬가지로 유효기간이 만료되는 경비업체에 대하여 허가조건 등 제반사항을 준수하고 있는지를 파악하여 경비업허가를 계속 유지시킬 수 있는 능력이 있는지를 검토하는 허가라고 할 수 있다. 허가의 유효기간은 경비업 허가받은 날로부터 5년으로 하며(경비업법 §6①), 유효기간이 만료된 후 계속하여 경비업을 하고자 하는 법인은 행정안전부령(시행규칙 §6)이 정하는 바에 의하여 갱신허가를 받아야 한다(동법 §6②). 만약 갱신허가를 신청하지 않을 때는 허가 유효기간 만료로써 취소되며, 5년이 미경과된 경비업체는 유효기간 만료일 30일전까지 경비업갱신허가신청서(전자문서로 된 신청서 포함)에 허가증 원본, 정관(변경사항이 있는 경우)을 첨부하여 지방경찰청장에게 제출하여 갱신허가를 신청하여야 한다. 지방경찰청장은 갱신허가를 신청한 법인이 시행령 [별표 1]의 규정에 의한 경비인력·자본금·시설 및 장비 등 기준을 충족한 경우에 한하여 갱신허가를 하여야 한다. 지방경찰청장은 유효기간이 만료된 허가증을 회수하고 새 허가증을 교부하여야 한다(시행규칙 §6).

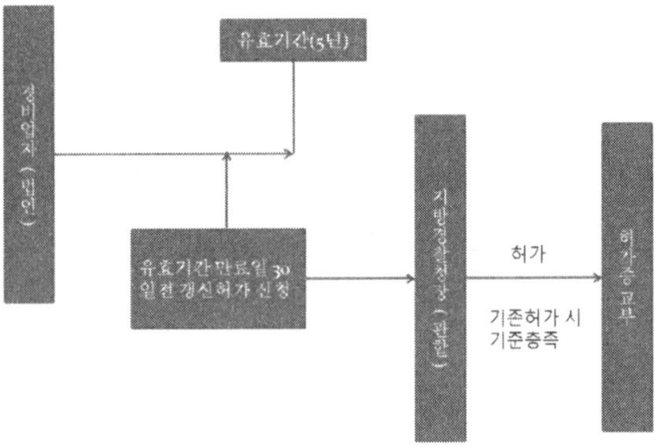

[도해 1-4] 경비업 갱신허가 절차

제4절 시큐리티요원의 채용과 교육

1. 시큐리티요원의 채용

시큐리티회사에 인사 고용절차(The Hiring Process)에는 몇 가지 위험요소들을 가지고 있다.

첫째, 신입직원 모집, 고용과 신입 시큐리티요원을 교육시키는 데 따르는 비용문제는 고려되어야 할 문제이다. 그러므로 회사의 고용과정(인사고용)에 관한 최대의 관심사는 가능한 비용을 적게 들이는 것이다. 둘째, 회사의 고용과정 중 어떤 차별성을 나타낸다면 그것은 중요한 책임을 져야 한다. 이러한 이유로 각각의 지원자들은 지원서 작성과 면접시 연령심사, 결혼여부, 인종 등과 관계없이 똑같은 대우를 받아야 한다.

최종적으로 시큐리티회사들은 적절한 인사기준을 가지고 있다. 만일, 시큐리티요원이 범죄사실이 있다면 시큐리티회사는 고용과정 중 밝혀내야 한다. 그렇지 않으면 무책임한 직원고용에 대해 고소를 당하게 된다.

고용은 많은 절차를 거쳐야 하는 과정이라는 사실을 아는 것이 중요하다. 인사담당자는 신입직원을 모집할 때, 근로자의 유형에 따라 몇몇을 선택하거나 필요한 모든 절차를 택한다. 이때 담당자는 개개인의 단점과 장점을 찾아내야 한다. 시큐리티회사들의 직원채용 과정에서 범하기 쉬운 실수는 거짓말 탐지기 또는 인성테스트와 같은 다른 방법을 충분히 이용하지 않고 개개인 면접과 지원서에 너무 의존한다는 것이다.

분명한 것은 더 많은 방법을 사용하면 더 확실한 직원을 뽑을 수 있을 것이라는 것이다. 그러나 여러 방법들을 더 사용할수록 고용에 필요한 비용이 더 드는 것도 사실이다. 그러므로 근로자의 책임능력과 작업유형에 따라 적절한 채용절차를 선택하는 것이 필요하다. 예를 들면, 회계분야에 필요한 인원을 뽑을 때는 시큐리티요원을 뽑을 때와는 다른 방법을 선택해야 한다. 보다 중요한 것은 가장 비용이 많이 드는 절차는 제일 마지막에 하는 것이다. 지원서 작성을 다 끝내기 전까지 인성검사를 한 후에야 외부조사원에 의한 배경과 경력을 조사한다.

많은 회사들은 지원자들에 의해 제출된 서류를 통해 경력과 요구자격에 부합한 자원을 찾는다. 서류심사 후 경력을 확인하고 인성 테스트를 한다는 것을 아는 몇몇의 지원자들은 스스로 물러난다.

1) 신입 시큐리티사원 채용

고용절차 중 첫번째 단계는 적합한 지원자를 모집(Recruiting)하는 일이다. 인사전문가는 상습 약물복용, 알코올 중독, 범죄자와 같은 시큐리티요원으로 적합하지 않은 자원자들을 가려내는 것이 중요하다. 동시에 신입사원의 지원자격(오직 몇 명의 지원자들만이 지원할 수밖에 없는)을 너무 엄격하게 해서는 안 된다.

지원자의 기본자격의 두 가지는, 첫째 미래의 계약들에 대한 인사역할과 작업을 통지해야 하는 영업사원이다. 둘째, 경영기능이다. 효과적인 인사는 동원가능 인력을 계획하고 빠져나갈 인력을 예상해야 한다. 시큐리티요원들은 실행할 업무의 유형을 매우 확실하게 알아야 한다. 그 자리에 맞는 특별한 능력이 필요한 업무가 다른 큰 기업들에서 행해지는 것만큼 형식적이지는 않지만 중요한 일이므로 적합한 지원자가 있으면 인사전문가가 채용할 결심을 돕는다.

직업훈련은 고용절차의 중요한 한 부분이다. 공정한 고용은 나이와 신체장애와 같은 기본적인 요소들로부터 차별화할 수 없다. 결과적으로, 인사부는 21~50살의 나이 또는 정확한 시력과 보청기 없이 정상적인 대화를 3 m밖에서까지 들을 수 있는 능력과 같은 고용기준을 유지한다. 심지어 기능적인 교육 또는 말하고, 읽고, 쓰는 능력과 같은 가장 기본적인 기준은 어떤 소수무리들에 대한 차별에 도전이 될 수 있다. 업무교육은 유형에 따라 확실히 다르게 주어진다.

업무교육에서 회사는 일반적인 고용기준을 개발해도 좋다. 모든 업무가 요구하는 기본적인 사항들은 회사의 문서에 상세하게 서술되어 있어야 하며, 이것들은 현실적이어야 한다.

그러나 「경비업법」에서는 시큐리티업무를 수행하고자 하는 경비원이 되어서는 안되는 결격사유(缺格事由)에 대하여 규정하고 있다. 절대적 결격사유는 정신장해나 금치산·한정치산의 선고가 있으면 그 정도를 불문하고 절대적으로 자격을 부여하지 않는 것을 말하며, 상대적 결격조항은 그 정도 여하에 따라 자격을 부여하지 않는 것으로서 자격의 취득 또는 취소에 재량의 여지가 있다. 또한 자격의 취득요건으로 절대적 결격사유를 규정하였다가 취득 후 질병이 발병한 경우의 취소요건은 상대적 결격사유로 되어 있거나, 금치산·한정치산은 절대적 결격사유이면서 정신장해는 상대적 결격사유로 하는 등 법률에 따라 결격사유의 규정방법이 다양하다.

일반경비원(또는 경비지도사)가 될 수 없는 결격사유로는 (1) 만18세 미만인 자, 금치산자, 한정치산자, (2) 파산선고를 받고 복권되지 아니한 자, (3) 금고 이상의 실형의 선고를 받고 그 집행이 종료(집행이 종료된 것으로 보는 경우 포함)되거나 집행이 면제된 날부터 5년이 지나지 아니한 자, (4) 금고 이상의 형의 집행유예선고를 받고 그 유예기간 중에 있는 자 등으로 정하고 있다(경비업법 §10①).

특수경비원의 결격사유에 해당되는 경우는 (가) 만18세 미만 또는 만60세 이상인 자, 금치산자, 한정치산자, (나) 위에서 언급한 경비업법 제10조 제1항 제2호 내지 제4호의 일반경비원의 결격사유에 해당하는 자, (다) 금고 이상의 형의 선고유예를 받고 그 유예기간 중에 있는 자, (라) 행정안전부령이 정하는 신체조건(시행규칙 §7: 팔과 다리가 완전하고 두 눈의 맨눈시력 각각 0.2 이상 또는 교정시력 각각 0.8 이상)에 미달되는 자로 규정하고 있다(동법 §10③). 특수경비원의 경우에는 일반경비원과는 달리 연령의 상한을 두고 있다.

특수시큐리티요원의 일종인 청원경찰을 채용할 경우에는 청원주가 임용하되, 임용을 할 때에는 미리 지방경찰청장의 승인을 받아야 한다. 「청원경찰법」(청경법)상 청원경찰은 청원경찰의 배치결정을 받은 청원주가 임용하되, 그 임용에 있어서는 미리 지방경찰청장의 승인을 얻어야 한다(청경법 §5①). 청원주는 그 배치결정통지를 받은 날부터 30일이내에 배치결정된 인원수의 임용예정자에 대하여 청원경찰임용승인을 지방경찰청장에게 신청하여야 하며, 청원경찰을 임용하거나 퇴직한 때에는 10일이내에 그 임용사항을 사업장의 소재지를 관할하는 경찰서장을 거쳐 지방경찰청장에게 보고하여야 한다(시행령 §4). 청원경찰의 임용자격은 18세이상 50세미만의 자로 남자의 경우에는 남자의 경우에는 군복무를 마쳤거나 군복무가 면제된 사람으로 신체가 건강하고 팔다리가 완전하고 시력(교정시력을 포함)은 양쪽 눈이 각각 0.8 이상이어야 한다(청경법 §5③, 시행령 §3, 시행규칙 §2). 또한 국가공무원법 제33조 각호(1.금치산자 또는 한정치산자, 2.파산선고를 받고 복권되지 아니한 자, 3.금고 이상의 실형을 선고받고 그 집행이 종료되거나 집행을 받지 아니하기로 확정된 후 5년이 지나지 아니한 자, 4.금고 이상의 형을 선고받고 그 집행유예 기간이 끝난 날부터 2년이 지나지 아니한 자, 5.금고 이상의 형의 선고유예를 받은 경우에 그 선고유예 기간 중에 있는 자, 6.법원의 판결 또는 다른 법률에 따라 자격이 상실되거나 정지된 자, 6의2.공무원으로 재직기간 중 직무와 관련하여 「형법」 제355조 및 제356조에 규정된 죄를 범한 자로서 300만원 이상의 벌금형을 선고받고 그 형이 확정된 후 2년이 지나지 아니한 자, 7.징계로 파면처분을 받은 때부터 5년이 지나지 아니한 자, 8.징계로 해임처분을 받은 때부터 3년이 지나지 아니한 자)의 어느 하나에 해당하는 자는 청원경찰로 임용될 수 없다(청경법 §5②).

적합한 지원자를 채용하는 데 필요한 것은 경제상황의 분석과 노동임금이다. 일자리가 부족할 때는 시큐리티업이 전망 있는 직업이 된다. 일자리가 넘쳐 난다고하더라도 시큐리티업을 매력적이고 경제적인 직업으로 만들어야 한다.

시큐리티요원의 요구에 적합한 임금도 중요하다. 비록 많은 사람들이 일자리를 찾고 있지만 시큐리티요원들은 교육의 정도, 경험 등을 그다지 요구하지 않는다. 만약, 인사전문가가 오직 우수한 지원자들만 채용을 한다면 더 많은 임금을 지불해야 할 것이다. 이것은 높은 임금, 보너스, 연금 등으로 이루어진다. 이러한 장려금은 고객과 계약시 계약금 속에 포함될 수밖에 없다. 최근의 노동상황을 영업사원에게 알리고 장려금 문제를 조정하는 것이 비판적이다.

직원을 채용할 수 있는 가장 보편적인 방법은 지역신문을 이용하는 것이다. 광고는 직업의 중요한 자격요건을 심사하는 도구로 사용되는 데 도움이 되며 어떤 특별한 제안을 강조할 수 있다.

신문광고를 낼 때는 몇 가지를 고려해야 한다. 첫째는 광고비용이 저렴하지 않다는 것이다. 그 비용은 광고 빈도수와 광고의 크기에 따라 달라진다. 많은 회사들은 변화가 필요할 때 광고를 바꿔서 기본적인 광고를 한다. 이것은 짧은 기간에 여러 번의 광고를 하는 것보다 더 많은 비용절감 효과가 있다.

단순히 전화번호와 함께 "시큐리티요원 구함-시간당 얼마"라고만 광고를 낸다면, 그 옆에 더 많은 정보자료를 가지고 더 큰 지면에 광고를 할애한 다른 회사와 대항하는 타 경쟁회사와의 경쟁은 승산이 없다.

광고는 짧은 시간에 가장 많은 독자의 관심을 모은다. 신문은 광고면에서 효과적이지만(시큐리티요원이 될 가능성 있는 지원자를) 잠재적인 시큐리티요원

모집의 오직 한 가지 방법만을 강구해야 할 것이다. 이것은 시큐리티요원이 될 수 있는 잠재적인 시큐리티요원이 보기 쉬운 부분에 광고를 해야 한다는 것을 의미하고 회사보다는 다른 장소에서 임시 면접을 보도록 관리한다. 실업대책 기관들은 항상 이점을 주목하여 고용주와 함께 협력해야 하고 초기의 적격심사를 처리해야 한다.

법을 공부하는 초급대학이나 보안경호 훈련을 하는 많은 직업학교들에서의 실습 프로그램으로 시큐리티요원이 될 가능성이 있다. 계절적 근로자 또는 교사와 같은 긴 휴가를 가지는 근로자는 또 다른 잠재적 수요이다.

2) 지원응모

일자리를 찾는 모든 사람들이 첫번째로 해야 할 일이 지원서(The Application)를 작성하여 응모하는 일이다. 많은 회사들은 대개 표준형식을 사용한다. 나이, 졸업년도, 인종, 성별 등과 같은 항목이 적혀 있는 지원서는 차별성이 있으므로 피하는 것이 좋다. 주소와 전화번호 그리고 전고용주로부터의 지원자에 대한 적절하게 평가한 충분한 자료 없는 지원서도 피하는 것이 좋다.

이러한 이유로, 지원은 차별없이 받아들여져야 하고 지원자들은 사무실에서 지원서를 작성해야 한다. 지원자들은 지원서를 집으로 가져가서 작성한 후에 제출할 수 없다. 이것은 지원자가 읽고 쓸 수 있는 가를 알기 위해서이다. 만약, 지원서에서 요구한 자료가 없다면 그것은 나중에 제출할 수 있다.

지원서에 기재된 모든 내용이 틀림없음을 입증할 증명서를 지원서와 함께 제출해야 한다. 이 증명서는 지원자에 대해 다른 기관이나 회사로부터 보내진 자료로 구성되어 있다. 어떤 회사들은 이전 고용주와 신원보증인들에게 지원자가 작성하고 서명을 한 지원서를 보낸다. 만약, 신용검사가 적격심사 과정의 한 부분이라면 이것은 진술서에 포함되어야 한다.

3) 적격심사를 위한 면접

초기 면접(The Screening Interview)의 목적은 부적격 지원자를 가려내는 일이다. 면접관은 지원자가 지원서의 질문에 따라 정확히 내용을 기입하고 채우는지에 중점을 둬야 한다. 지원자는 이 직업과 연관된 이전의 경험과 교육에 대한 일반적인 경력에 대해서만 대답을 해야 한다. 지원자의 능력을 제한하는 어떠한 요인이 있다면 상담이 필요하다.

만일, 지원자가 이 일을 하기에 적합하지 않다면 면접관은 다음 기회에 적당한 자리가 생기면 알리겠다고 말하고 면접에 응해서 고맙다는 인사를 해야 한다. 면접관이 채택하지 않은 지원서는 필히 그 이유를 지원서에 기록해야 한다. 그것은 나중에 고용과정 중 차별을 두었다는 불만이 나왔을 때에 필요한 것이다.

4) 평가 및 검증

채용된 지원자들의 능력을 알기 위한 해당 검증 및 평가(Testing)를 하는 것이 필요하다. 지원자의 정직성과 업무기술을 파악할 수 있는 몇몇 시험 유형이 있는데, 거기에는 기능검증, 인성검사와 일반능력 검사 등이 있다. 이 검사는 지원자의 적성을 아는 아주 효과적인 방법이다.

(1) 기능검증

기능검증(Skill Test)은 거의 쉽게 개발되고 공정하다. 그 좋은 예로 타이프 치는 일을 포함한 업무를 보는 비서에게 타이핑 테스트를 실시한다. 그러나 하는 일과 연관되는 검사를 하는 것이 중요하다. 기술검사는 정부에 의해 인정받은 공정한 고용실습과 같은 타당성이 있는 내용을 가져야 한다. 회사는 업무에 쓰일 기술검사를 해야 한다.

보통 개인자문위원이나 검사전문 회사에 의뢰하여 공정하게 실행될 수 있다. 타이핑 업무를 하지 않는 비서 지원자에게 타이핑 테스트를 하는 것은 무모한 일이며, 업무 종류가 다른 워드프로세서를 사용해야 한다면 수동 타자기를 사용해 검사를 하는 것은 타당성이 있다.

(2) 거짓말 탐지검사

정직성과 성실성을 검사하는 것은 매우 어렵고 민감한 부분이다.

미국의 가드마크(Guards Mark)사는 미국에서 규모가 큰 시큐리티회사 중 하나이다. 가드마크사는 거짓말탐지기를 사용해 아주 훌륭한 성과를 보고 있다. 보석회사와 제약회사와 같은 특별보안이 필요한 회사들은 거짓말 탐지검사(Polygraph Testing)를 실시한다. 대부분의 거짓말탐지기에 대한 지식이 없는 사람들은 작동자가 지원자에게 그 기계를 채운 후 몇 가지 질문으로 거짓말을 하는지 여부를 알아낸다고 믿는다. 실제검사는 조심스럽고 부드럽게 진행되는 중 어느 정점에 달했을 때라는 사실을 이해하지 못한다.

전문 거짓말탐지자는 고객과의 협의를 통해 지원자에게 할 질문을 좀 더 개발시킨다. 고객이 원하는 정보를 끌어내기 위해 조심스럽게 질문해야 하며 개인적인 질문을 지원자에게 반복해서 한다. 요령 있는 거짓말 탐지자는 면접 때 지원자의 범죄사실이나 의심스러운 일들을 자주 이끌어 낸다. 지원자는 거짓말 탐지기의 '두려움' 때문에 면접관에게 정직하게 대답해야 한다고 압박을 받는다.

일단 면접이 끝나고 질문에 대해 편안해졌을 때 거짓말 탐지검사가 시작된다. 이 기계는 일상적인 질문들과 섞여 몇몇의 질문을 통해 감지한다. 그 때 이 기계는 기록을 다시 본 후 예민한 반응을 보이는 곳을 찾는다. 이름 있는 거짓말 탐지기는 지원자가 거짓말을 한다고 하지 않고 어떤 질문에 대해 예민한 반응을 보인다고 하거나 지원자의 뒷조사를 할 때 어떤 부분에 신경을 쓰라고 말한다.

거짓말탐지기는 효과적인 자격심사 장비로서 입증을 받고 있다. 그러나 그것의 사용으로 인해 초래되는 부정적인 면도 고려해야 한다.

(3) 인성검사

심리학협회의 인성검사(Personality Trait Tests)에 대한 최근 연구는 부정직성을 가려내고 불성실한 고용요구를 피할 때 사용된다고 보고한다.

인성검사는 인권강령과 동일 표준의 지침서로 차별을 두지 않을 경우에는 해볼만하다. 최근에 어떤 기업들은 지원자가 시큐리티직에 지원했을 때 주어진 테스트에서 어떤 특정 질문을 받았다고 이의를 제기해 고소당했다.

차별을 피하는 방법은 타당성 있는 검사에 의지하는 것이다. 타당성은 심리테스트에서는 중요한 개념이다. 이 테스트는 개념적인 타당성을 가지고 있는데, 그것이 인성을 재는 척도가 된다면 업무수행 능력과 연관지어 생각할 수 있다. 기술검사에 대한 구체적인 타당성을 내포한 테스트는 업무수행 중에 이용될 것이다. 타당성의 기준은 테스트와 예상된 업무실행 사이의 관계에서 찾을 수 있다. 법적으로 변론을 하자면 사용자는 테스트에서 이러한 기준이 되는 것 중 하나를 찾을 수 있다는 사실을 설명할 수 있어야 한다. 인성검사의 경우 테스트는 타당성의 기준을 내포해야 한다.

이름있는 테스트 회사들은 다방면의 타당성의 연구를 하고 그들의 고객들이 쉽게 이용할 수 있도록 노력한다. 그들이 필요하다면 부분적 타당성을 연구할 수 있다.

5) 검사이행

검사이행(Use of Test)은 지원자에 대해 심사숙고하거나 지원자에게 적합한 부서를 찾는 일을 쉽게 할 수 있게 해 준다. 예를 들면, 정직하지 못한 지원자는 경호업무가 맞지 않다. 다른 테스트에서 그다지 사회성이 강하지 못하다고 판정받은 지원자는 조건은 부합하지만 공사장에서의 밤교대 근무자로는 적합하다고 할 수 있다.

낮은 테스트 비용은 비록 작은 회사들에서도 적당한 가격에 테스트를 실시할 수 있다는 이점이 있다.

6) 건강진단

일의 특성상 많은 회사들은 담당의사에 의한 지원자의 건강진단(Medical Screening)을 요구한다. 검사는 근로자가 업무수행을 할 신체적 역량이 뛰어난지 업무수행에 영향을 끼칠 수 있는 과거병력이 있는지를 검사한다. 예를 들면, 노동자 보상문제를 가진 경력이 있는 지원자는 아마도 경호회사에 대해 이와 같은 요구를 할지도 모르기 때문이다. 그러나 신체검사는 비용이 많이 들고 차별을 둔 불필요한 검사로 인해 나중에 큰 비난을 가져올 가능성도 있다.

보편적인 건강진단은 마약 복용여부의 검사이다. 직장에서의 마약복용을 금지하도록 하고 마약 복용검사에 앞장서도록 하고 있다. 마약검사는 경호직업을 지원한 비복용자들에게는 효과적인 조처지만 시민자유연맹에 의해 거부되고 분쟁의 대상이 되고 있다.

시큐리티업무의 특성 때문에 건강진단은 그 필요성을 인식시키기 쉽고 비용이 적게 든다. 모든 고용심사 프로그램처럼 마약검사 프로그램도 이전에 이행된 것을 연구조사하고 회사방침 기록에 따라 설명되어야 한다. 다른 분쟁의 대상이 되는 분야는 지원자의 후천성 면역 결핍증의 검사다. 이 테스트의 일반적인 의도는 회사 내에서 건강에 대한 염려를 하지 않도록 하기 위해서이다. 그러나 이 테스트는 AIDS병 그 자체를 찾는 것이 아니라 이 병을 일으킬 수 있는 보균자를 밝히는 데 있다. 결과적으로, 이것은 이 업무를 수행할 지원자를 찾기 위해서도 아니고 효과적인 고용을 위한 적성검사도 아니다.

7) 사후조사 · 심사

몇몇을 제외한 대부분의 회사들은 사후조사(Background Screening)를 하거나 약간의 뒷조사만을 하는 경향이 있다. 많은 회사들은 범죄여부를 확인하기 위해 지원자의 지문확인을 요구하며 지문검사를 마칠 때 시큐리티업무를 할 수 있다.

지원자들에 대한 뒷조사는 격심한 노동이다. 사후조사를 할 때 전화를 이용하거나 직접 발로 뛰지 않는 한 바로 정보를 얻을 수 있는 길은 없다. 모든 지원자들의 사후조사는 비용이 많이 든다. 그러므로 인사전문가는 조사할 수준과 추가조사를 위한 지시자들을 위한 어떤 매개변수를 두어야 한다. 예를 들면, 매니저에 대한 설문조사는 시큐리티요원에 대한 조사보다 더 세밀하고 열심히 해야만 한다.

지원서에서 어떤 잘못된 정보를 발견하면 그것이 간단한 실수였거나 또한 의도적으로 비밀에 부쳤다면 더 깊은 조사를 해야 한다. 이러한 조사를 하지 않으면 지원서를 거절할 수밖에 없다.

거기에는 인사 전문가가 이용할 수 있는 많은 적격심사 선택권이 있다. 첫번째 방법은 지원서가 통과될 동안 지원자가 작성한 몇몇의 지원서를 학교 신용조회처, 전경영주에게 보내는 것이다. 이 편지는 조사목록의 완성을 요구하고 시큐리티요원의 인사기록은 그 편지가 되돌아 올 때까지 보류된다. 이것은 즉시 제공되지만 많은 시간이 필요하고 방대한 서류정리와 기록관리가 필요하다.

둘째 방법은 회사의 정규, 비정규 직원이 각 지원자의 기록을 조사해서 연속적으로 전화를 하는 것이다. 오직 기본정보만 조사되고 뒤따르는 편지들은 필요할 때 배달된다. 이것은 시큐리티요원에 대한 정보를 즉시 제공하지만 아주 힘든 작업이다.

인사전문가가 사후조사를 수행할 개인 조사업자를 이용할 때는 심사숙고해야 한다. 정상가격에 기본적인 조사를 제공해 줄 많은 데이터베이스 서비스가 있기

신규 채용 시 고려사항

- 입사서류를 통한 성장 배경 및 주변 환경 여건 확인
- 면접을 통한 애사심, 성실성 및 도덕성 검증
- 면접 시 관상학적 측면 고려
- 인성검사를 통한 사회성, 대인관계 및 인적격 결함 파악
- 필요 시 범죄 사실 관련 여부 추가 조사
- 신규 채용 시 신뢰도 측정 프로그램 활용

신규 채용 후 고려사항

- 고용계약서 및 기업비밀 보안서약서 작성
- 기본적인 보안교육 실시
- 부서 배치 후 체계적으로 지켜야 할 보안내용 재교육

때문이다. 모든 정보를 이용할 수 있는 것은 아니고, 어떤 것은 최신정보가 아니기 때문에 요구에 맞춰 빠른 방향전환이 필요하다. 이러한 데이터베이스는 뒷조사 전문 조사가가 사용할 때 특히 유용하게 쓰인다. 이러한 서비스는 시큐리티요원 채용시 추가비용이 드는데, 부적절한 시큐리티요원을 채용할 때와 비교를 하면, 결국 커다란 비용절감 효과가 있다.

사후조사는 다음 사항을 따라야 한다.

㉮ 범죄기록 조사

이것은 지원자에 대한 가장 중요한 정보이며, 또한 가장 정보수집이 어렵다. 증명서 체제가 있다면 적격심사 과정을 이미 거친 시큐리티요원을 채용하는 것이 가능하다. 어떤 지역에서는 전화로 자료를 제공하거나 직접방문 또는 위임장에 사인을 요구하기도 한다. 어떤 관할구역에서는 범죄기록 조사가 불가능하다.

㉯ 경 력

많은 인사부에서는 고용날짜나 직위와 같은 기본적인 정보 외에는 어떠한 정보도 제공하지 않지만, 이 일은 전화로 비교적 쉽게 이루어진다. 그들은 때때로 지원자가 재고용되기에 적합한지 어떤 이유로 해고 되었는지와 같은 증명을 해주기도 한다.

㉰ 병 력

지원자의 병력을 조사하는 것은 두 가지 이유에서이다. 지원자가 일을 하기에 적합한지 아니지를 결정하고, 또한 과도한 노동자 보상 보험요구를 가지는 지원

자를 밝히기 위해서이다. 자원자의 책임감 수련여부를 알려면 신체검사와 마약복용 검사도 해야 한다.

㉣ **교 육**

이것의 자료는 전화상으로 쉽게 얻어질 수 있다. 교육수준은 어떤 관리직이나 기술에서는 중요하다.

㉤ **신 용**

이것에 대한 자료도 신용조회처를 통해 얻어질 수 있으며, 부수적인 자료는 보통 신용보고서에서 찾을 수 있다. 최근에는 직업을 구할 때 개개인의 등급기록을 재출하지 않기 때문에 신용조회는 점점 어려워진다. 이러한 신용조회를 위해서는 지원자의 동의를 얻어야 하고 그 결과를 알려 주어야 한다.

8) 최종면접과 고용제의

지원절차의 모든 과정이 완전히 끝난 후 지원자의 기록은 재검토되고 고용결정이 이루어진다. 보통 지원자에 대한 자료를 재검토하고 인사전문가가 한 질문에 대답을 하는 최종 개인면접이 있다. 최종면접(Final Interviews)에서 지원자는 희망부서와 활동지역에 관한 질문을 받게 된다. 면접이 모두 끝난 후에 지원자는 보통 인사과로부터 고용제의(Job Offer)를 받는다.

지원자에게 고용제의는 임무, 과제, 봉급의 의미로서 매우 특별하다. 고용제의 후 발생할지도 모를 혼란을 미리 방지하려면 지원자에게 서면으로 알리는 것이 좋다. 이 과정은 컴퓨터 워드를 이용하면 간단하다. 대부분의 시큐리티요원들은 동등한 초봉과 비슷한 업무로 고용된다.

2. 시큐리티요원의 자질 및 태도

1) 시큐리티 수준의 판단

시큐리티전문가에게 모든 계약은 협박의 정도와 고객의 요구에 얼마나 가깝게 부응할 수 있는가에서부터 시작한다. 어떤 상황에서는 한 명의 시큐리티요원이 적합할 수도 있겠고, 또 다른 경우에는 여러 명의 시큐리티요원으로 구성된 보안팀과 총체적인 체계가 요구될 수도 있다. 협박의 정도를 평가하고 보호계획을 세우는 데 재산보호인지, 사람보호인지, 심한 협박인지, 약간의 협박인지와 같은 여러 가지 양상이 있다. 평가자는 구체적인 위험이 있는지 아니면 단지 위험이 잠재된 것인지, 혹은 고객의 생활이 지명도가 높은 것인지 혹은 낮은 것인지도 잘 살펴야 할 것이다.

훌륭한 시큐리티는 효과적일 뿐 아니라 고객 각자에 맞춰 그들의 생활에 방해되는 것을 최소로 줄이는 것이 중요하다. 새로 맞춘 자물쇠가 확실하게 잠겨져야 하는 것과 마찬가지로, 그 기능을 제대로 발휘하지 못하는 경보장치는 번거로울 뿐이며, 결국 쓰이지 않게 된다. 시큐리티요원의 경우도 마찬가지다. 시큐리티요원이 고객의 일이나 개인생활에 맞추지 못하고 귀찮거나 불편한 존재가 된다면 고객은 생각할 것도 없이 그들의 서비스를 원하지 않을 것이다.

첫번째 분류는 시큐리티의 대상이 재산이냐, 사람이냐의 분류이다. 부동산, 집, 산업부지, 회사, 유가증권, 그리고 재산적 가치가 나가는 것 등과 같은 재산보호는 사람이 배치되거나 무인으로, 그리고 대개는 제복을 갖춘 시큐리티요원들이나 전자경보 시스템에 의해 시큐리티가 이루어진다. 반면에 신변보호는 시큐리티가 필요한 사람, 더 정확히는 개인 한 사람을 보호하는 활동이다. 시큐리티에 있어 모든 것은 사람을 보호하는 것에 집중된다. 재산보호는 덜 중요한 분야이고 대개는 저임금의 시큐리티요원에게 맡겨진다. 이와 반대로 보안요원은 재산(시설물)지키는 것이 더 중요한 임무이고 상대적으로 사람을 보호하는 것은 덜 중요하다고 할 수 있다.

두 번째 분류는 경호계획에 있어 위험도 평가이다. 아주 심한 위협이란 잘 알려진 정도의 위험이나 중대한 습격을 말한다. 예를 들어, 제3세계의 각 대사는 국가를 대표하므로 특정국가의 존재에 대해 증오심을 갖고 있는 개인이나 단체의 공격목표가 된다. 그와 마찬가지로 정신이 이상한 팬으로부터 아주 구체적인 위협을 받은 여배우도 위협의 범주에 구분된다. 약간의 위협은 알려지거나 의심되는, 특정한 위협도 받고 있지 않은 귀빈이나 저명인사의 일상 행동거지와 가깝다. 예를 들어, 대도시나 해외를 돌아다니는 유명한 영화배우나 부유한 사업가와 같은 경우이다. 어떤 위치에 있느냐 하는 것도 위험의 정도를 재는 데 영향을 미친다. 대부분의 문명화된 국가는 마약거래나 광범위한 시민폭동이 더 위험한데도 비교적 낮은 수준의 위험으로 구분한다. 어떤 사람이 그 지위에 있어서나 장소, 혹은 사전경력에 있어서 고도의 위협을 받고 있다면, 한명의 시큐리티요원으로는 훌륭한 경호를 수행할 수는 없을 것이다. 이것이 바로 필요한 모든 구매업무, 매개수단, 그리고 무기와 같은 장비선택이 시큐리티팀 역할의 범위라고 할 수 있다.

세 번째 분류는 위협이 구체적인지 또는 잠재적인지의 분류이다. 대부분의 사람들은 일상사에 있어 범죄나 폭력의 잠재적인 목표가 되지만, 지나치게 편집적으로 되지 않으려 하고 그들의 일상적 업무로 돌아간다. 이것은 폭력이 "나에게는 일어나서는 안 되는 일"이라고 생각하는 것이며 대도시에서나 흔히 일어날 수 있는 일이라고 생각하는 경향이 있다. 하지만, 개인에게 구체적인 위협이 가해졌을 때 상황은 달라진다. 협박의 성질에 따라 예전에 시큐리티요원을 두지 않았던 사람도 새로 채용하려고 하거나, 이미 시큐리티요원을 둔 사람도 경호팀으로 수준을 높이려고 할 수도 있다. 폭력의 목표물이 되거나 상해 당하는 것이 괴상한 협박편지보다 훨씬 "구체적"이지만 양쪽 모두 심각하게 평가되어야 한다.

마지막 분류는 경호 대상의 지명도에 따른다. 낮은 지명도의 사람, 예를 들어 은행장은 최소한의 시큐리티요원으로 조용하고 효과적이면서 안전한 이동을 할 수 있다. 그렇지만 높은 지명도의 정치인이나 종교지도자의 경호와 이동은 여러 사람의 집중적 보호가 필요하고 전문적인 팀의 계획적인 전술, 협력 그리고 조화가 요구된다. 예상되지 않은 이동이나 발표되지 않은 여행 등을 활용하는 것도 중요한 원리이나 많은 정치가들이나 저명인사들, 여론의 주목을 받는 사람들과 같이 쉽게 눈에 띄는 사람들의 신변을 보호하는 데는 불가능한 방법이다. 어떤 개인이나 집단에 의해 특별히 고도의 위협을 받는 지명도 높은 인물을 경호하려면 하루 24시간을 수행할 수 있는 팀과 전술업무에 상당히 밝은 요원이 필요하다는 것은 자명한 일이다. 이러한 맥락에서 보안 또한 경호 대상만 다르지 거의 비슷할 것이다.

2) 어떤 사람이 시큐리티요원이 되는가?

젊거나 나이가 많거나 간에 많은 사람들이 높은 임금과 잦은 여행 기회, 비싼 호텔 투숙 등 화려한 이야기에 매료되어 시큐리티요원을 직업으로 선택하게 된다. 다양한 부류에서 다양한 직급과 업무에서 시큐리티조직에 합류하고 있다. 그리고 얼마 전까지만 해도 제복을 착용한 시큐리티요원이 거의 대부분 남성이 지배하는 분야였으나, 지금은 상당히 많은 여성들이 시큐리티직능에 진입하고 있다. 특히 제복 입은 여성 시큐리티요원의 업무수행에 다른 여성근로자들이 위험성을 완화시키는 효과가 있다. 또 시큐리티요원 중에는 군인 출신이나 사적인 영역에서 일을 찾고 있는 경찰도 있고, 단지 체격이 크기 때문이거나 아님 나이가 들어서 할 것이 없어 마지못해 시큐리티업에 종사하는 사람도 있다. 그리고 시큐리티 또한 저임금으로 인한 젊은 사람이 시큐리티업무를 선호하지 않고 대부분 나이 드신 실직자가 주를 이르고 있다.

민간시큐리티요원에 대한 자격 등의 기준은 「경비업법」에 근거하고 있다. 「경비업법」에 의하면 "경비원은 경비업의 허가를 받은 법인(경비업자)이 채용한 고용인으로서 경비업무를 수행하는 자"를 말한다. 다시 말해, 「경비업법」상 '경비원'이라 함은 정상적으로 허가를 받은 경비업자가 운영하는 법인에 고용되어 일체의 경비업무를 수행하는 자를 말하며, 개인적으로나 비법인체로 운영되는 회사나 단체에 고용되어 시큐리티업무를 수행하는 것은 법적인 '경비원'의 자격으로 볼 수 없다는 것이다.

이러한 시큐리티요원은 '일반경비원'과 '특수경비원'으로 구분된다(「경비업법」 §2제3호). 일반경비원이라 함은 시설경비, 호송경비, 신변보호, 기계경비 업무 등을 수행하는 자를 말하고, 특수경비원은 대통령령이 정하는 국가의 중요시설에서 특수한 시큐리티업무를 수행하는 자를 말한다.

시큐리티요원이 되려고 하는 사람들은 대부분 다음과 같은 범주중의 하나이다. 주로 실직자이거나 나이 드신 노인, 운동선수 출신, 경찰, 군인 등, 무술유단자, 안전요원(전공자) 등으로 구분할 수 있다.

첫째로 가장 바람직하지 못한 경우가 자기의 삶에서 적재적소를 찾지 못하고 아무 일이나 하려고 하는 실직자들이다. 이들은 시큐리티업에 대한 기본적인 지식조차 갖고 있지 않다. 하지만, 그들은 자신들이 "충분히 터프하다"고 생각하는 사람들이다. 이런 사람들이 구직을 하러 오면 말없이 웃으면서 "고맙습니다만 사양합니다"라고 말할 수밖에 없다. 그러나 진지하게 고려해 볼만한 실직자 중의 한 무리는 최근에 군대에서 물러나 아직 민간의 일자리를 찾지 못한 이들이다. 군대 퇴직증명서와 추천서를 살펴보면 과거의 경력과 앞으로의 수행능력의 기대치를 알 수 있다. 유망한 고용주나 훈련가는 단련되고 훈육을 제대로 받았으며, 너무 경직되지도 않은, 훈련에 열심이고 새로운 직업을 배워 보고자 하는 자세가 되어 있는 동기가 강한 사람들을 찾아야 할 것이다. 그들이 최근에 군의 활동이나 경찰활동, 예를 들어, 아프칸·이라크전쟁 같은 재건사업 활동에 투입된 경험이 있는 사람이면 더욱 좋을 것이다.

둘째로는 운동선수 및 전직 레슬러나 권투선수 타입이다. 프로 스포츠 선수와 같이 그들의 삶의 목표는 혹독한 훈련과 상대방과의 시합 때문에 자주 여행해야 하는 스포츠 자체에 있는데, 이러한 여건이 일에 전념하는 것을 방해할 수도 있다. 고용주는 폭력적인 감정의 기복이나 정신적인 흥분과 같이 그에 관련된 문제들에 신중해야 할 것이다. 그런데 이것은 넓은 의미로 일반화한 것이지 시큐리티요원으로 일하는 모든 프로 운동선수들에게 전적으로 해당하는 것은 아니라는 것이다. 총명한 운동선수나 격투기 선수 출신으로 고용된 곳에서 충성스럽게 일을 해내고 연구하는 자세로 훌륭한 개인 시큐리티요원이 된 예도 자주 있다. 그러나 잘 알려진 완력가가 꼭 필요한 그런 곳에서 그들의 가치는 그들이 보호하는 대중적인 유명인사들의 지위에 따라 한정된다. 큰 체격이 어떤 상황에서는 자산이 될 수도 있지만 신중한 계획과 자각, 전문성 등을 대신할 수는 없다. 유명가수의 난폭한 팬들의 무리를 효과적으로 제어하지는 못하더라도 지적·전문적인 태도를 갖춘 작은 체구의 시큐리티요원이 큰 체구의 시큐리티요원보다 유용할 수도 있다.

세 번째로는 경찰관이나 군인 출신들이다. 적어도 이러한 그룹은 어느 정도 훈련을 받았고 법률을 이해하며, 사람을 다뤄 본 경험이 있는 신원이 확실한 사람들이다. 이들은 현재 많은 활동을 하고 있으며 시큐리티산업의 발전에 기여할 수 있는 사람들이라고 생각한다.

네 번째 그룹은 무술유단자와 시큐리티업에 진실로 관심을 가진 사람들이다. 이들은 군 출신이거나 무술유단자들, 어떤 이유에서건 경찰학교 시험에 실패한 사람들, 아니면 단순히 삶에서의 입지를 향상시켜 보려는 사복 시큐리티요원인 경우이다. 이와 같은 경우 대부분은 자신들이 시큐리티업무에 적합하다고 진지하게 생각하고 이제는 더 이상 생활안정을 위해 악전고투하지 않아도 된다는 것을 깨닫게 된다. 이러한 그룹 중에서 몇몇의 훌륭한 인재를 발견하고 훈련시켜서 이 업계에서 괜찮은 수입을 올리며 성공한 사례도 있다. 따라서 괜찮은 후보를 발견하려면 신중하게 면담을 하고, 확실한 신원조사를 해야 하며, 그들의 직업적 동기와 태도를 평가할 수 있는 충분한 탐색기간을 갖는 것이 중요하다.

다섯 번째로 가장 바람직한 경우가 시큐리티요원 출신이다. 이러한 인물들은 최소한의 재훈련으로 팀에 합류할 수 있고, 사태파악이 빠르며, 기본적으로 사람을 다루는 기술을 잘 알고 있고, 외모와 규율이 중요하다는 것도 이해하고 있고, 어떤 사람도 두려워하지 않는 유형이다. 독일과 프랑스에서 전직 GSG(Grenz Schvtz Gruppe)-9와 GIGN(Groupement d intervention de la gendarmerie nationale)부대 테러진압전문가들이 부유한 사업가나 대기업에서 일을 하는 데 거의 문제가 없었다. IDF(이스라엘방위군)의 특수 단위특공대 출신이 외국 대사관의 안전업무를 수행하였고, 결국 전세계에 일자리를 찾게 되었다. 정예의 영국 특수부대 SAS(Special Air Service) 출신이 영국과 중동에서 동시에 필요하게 되었고 경찰특공대, 특전사특수부대, 국군 특수부대출신, 국군 고급간부가 근무하면서 업무상 교제의 폭을 넓혀 나갔다. 미국에서는 군대와 정부기관 시큐리티업무를 하는 데 전문가들이 겹치는 부분이 꽤 있다. 미 해군 특수부대(US Navy Seals), 그리고 상당수의 전직 FBI 요원들이 국내외에서 맹활약하는 것은 흔한 일이다. 개인 시큐리티 분야에서는 적성을 보이지 않더라도 대부분은 능력을 갖추고 있다. 좀 더 높은 수준의 훈련과 대학교육을 받고, 동기가 충만한 사람들은 안전업무 총지휘자라든지 안전문제 전문상담역, 국제적 위협의 문제를 해결하는 전문가 등의 일을 찾으려 할 것이다. 실제로 아주 고난도의 일을 수행한 경험이 있는 사람은 국내의 "손쉬운" 시큐리티임무에 만족하지 못하고 좀 더 힘든 국제적 사건의 수행에 모험을 할 것이다.

여섯 번째는 노인이라 할 수 있다. 나이가 어느 정도 들어서 신체활동이 활발하지 못함으로써 경제적으로 어려움이 따르고 그래서 어쩔 수 없이 시큐리티업에 종사하게 됨으로써 경제적 어려움이 악순환이 되어가고 이와 같이 맥락을 같이하여 시큐리티업의 인식이 많이 퇴색되어진다고 할 수 있다. 우리나라는 2000년대 인구 4천7백만 명 중 65세 이상이 7%를 넘어섰다. OECD 국가 중 노령화 속도가 가장 빠른 나라가 한국이다. 통계에 의하면 2000년 54만 명에서 2003년에는 10만 명이 늘어난 64만 명으로 늘어가고 있다. 2030년께부터 초고령 사회에 진입할 것으로 예측됐다. 2050년이 되면 우리나라의 노인 인구 비율이 세계 최고 수준이 될 것이라는 전망도 나왔다. 경제 활동 인구 10명이 노인 7명 정도를 부양해야 하는 막대한 부담을 떠안게 된다는 것이다. 아울러 고령사회에 접어들면서 일하는 노인이 늘고 있다. 이미 경비업에 종사하는 경비원의 연령도 1976년 12월, 「경비업법」 제정당시는 50세 미만이었고, 1980년대로 진입하면서 경비업 종사자 인력부족으로 1981년 55세로 연장되었다. 1991년에는 다시 59세로 연장, 1995년 이후 고령자고용촉진법 제정이후 경비업을 다시 손질하여 59세였던 경비원의 제한 연령을 완전히 폐지하였다. 고령화 사회가 진행되면서 이미 고용시장 일부에서는 학력, 나이, 성별을 묻지 않는 기업이 생겨났듯이, 경비업도 학력, 나이보다도 건강 위주로 선별하여 일정 교육 후 등록제로 인원확보를 하고 조직적인 운영관리를 통해 언제 어디서든 원하는 장소에 경비원을 공급하는 전문 취업단체나 기업이 형성되면서 거대시장이 탄생될 것이다. 근래 고령자를 고용하기 위하여 실시하고 있는 「고령자 실버 취업박람회」에 참가한 업체 중 가장 많은 참여를 한 업체로는 시큐리티업체가 가장 많았다.

그러나 민간시큐리티의 경우 「경비업법」에서 결격사유를 규정해 놓고 일정한 경우 시큐리티업체의 경비원·청원경찰이 될 수 없다. 이와 같은 신분적 결격사유를 종합해 보면 다음 [표 1-12]과 같다.

[표 1-12] 경비업법상 경비원·청원경찰의 신분적 결격사유 비교

구분		내 용	근거법조항
경비원	일반	1. 만18세 미만인 자, 금치산자, 한정치산자 2. 파산선고를 받고 복권되지 아니한 자 3. 금고 이상의 실형의 선고를 받고 그 집행이 종료(집행이 종료된 것으로 보는 경우를 포함)되거나 집행이 면제된 날부터 5년이 지나지 아니한 자 4. 금고 이상의 형의 집행유예선고를 받고 그 유예기간중에 있는 자	「경비업법」 §10①
	특수	1. 만18세 미만 또는 만60세 이상인 자, 금치산자, 한정치산자 2. 위의 제1항제2호 내지 제4호의 1에 해당되는 자 3. 금고 이상의 형의 선고유예를 받고 그 유예기간중에 있는 자 4. 행정안전부령이 정하는 신체조건(팔과 다리가 완전하고 두 눈의 맨눈시력 각각 0.2 이상 또는 교정시력 각각 0.8 이상)에 미달되는 자	「경비업법」 §10② 「경비업법 시행규칙」 §7

청원 경찰	1. 금치산자 한정치산자 2. 파산선고를 받고 복권되지 아니한 자 3. 금고 이상의 실형을 선고받고 그 집행이 종료되거나 집행을 받지 아니하기로 확정된 후 5년이 지나지 아니한 자 4. 금고 이상의 형을 선고받고 그 집행유예 기간이 끝난 날부터 2년이 지나지 아니한 자 5. 금고 이상의 형의 선고유예를 받은 경우에 그 선고유예 기간 중에 있는 자 6. 법원의 판결 또는 다른 법률에 따라 자격이 상실되거나 정지된 자 7. 공무원으로 재직기간 중 직무와 관련하여 「형법」 제355조 및 제356조에 규정된 죄를 범한 자로서 300만원 이상의 벌금형을 선고받고 그 형이 확정된 후 2년이 지나지 아니한 자 8. 징계로 파면처분을 받은 때부터 5년이 지나지 아니한 자 9. 징계로 해임처분을 받은 때부터 3년이 지나지 아니한 자	청원경찰법 §5② (국가공무원법 §33)

그러나 「경비업법」·「청원경찰법」(이하 '청경법')은 금치산·한정치산, 파산 등과 같은 민법상의 관점을 제외하면, 형법에 의한 신분상의 결격사유는 오직 형벌(금고 이상의 실형, 자격형, 징계)을 기준으로 정하고 있을 뿐이다. 어떻게 해당 형벌을 받게 되었는지 원인이 되는 범죄행위는 묻고 있지 않다.

경비업이 시설주 내지는 의뢰주(고객)의 생명·신체·재산을 보호함을 그 임무로 한다. 그렇다면 예컨대 방화죄, 절도·강도죄, 폭행·상해죄, 강간죄, 업무상 횡령죄 등 경비업무와 밀접하게 관련된 범죄행위로 처벌을 받은 자는 그 기간과 관계없이 경비업에 진출할 수 없도록 결격사유를 규정하는 것이 바람직하다. 과연 경비업체의 경비원, 청원경찰이 그러한 범죄로 실형을 선고받은 경력자라는 사실을 안다면, 어떤 시설주·고객이 자신의 시설과 사업장의 경비를 위탁하지 않을 것이다.

3) 시큐리티요원이 되려는 목적

사람들이 왜 시큐리티요원이 되려는지 시큐리티요원들은 조직의 경영자의 지시에 따라 시큐리티업무 및 보안업무를 수행하게 된다. 즉 경영자와 직접적인 연결고리가 있다고 볼 수 있다. 물론 경영자도 모든 일을 받아들일 준비가 되어 있어야 하지만 현장에서 근무하는 시큐리티요원 또한 모든 책임을 받아들일 의지가 있어야 할 것이다. 이런 의지를 바탕으로 시큐리티요원은 여러 목적을 가지고 일을 시작하는데 각 개인마다 시큐리티요원이 되려는 목적이 다르겠지만 여러 가지 면에서 공통점을 찾아볼 수 있을 것이다. 특히 시큐리티요원은 다른 직업에서처럼 돈은 중요한 문제이고, 직업 만족도가 두 번째 요인으로 올 수 있고, 사원복지나 지역적 요인, 장래 승진 가능성 등이 올 수 있다. 이제 막 첫 출발한 시큐리티요원은 민간시큐리티업이 무엇보다 남을 위해 일하는, 즉 다른 사람들의 안전이 필요할 때 이에 봉사하는 직업이라는 것을 깨달아야 한다. 그렇다고 그 일이 천한 일이라거나 남의 종이라는 것은 아니다. 시큐리티요원은 종종 말도 안 되는 요구를 하거나 변덕스러운 성격을 가진 고객을 위해 일할 수도 있다. 그러나 계속적인 변화를 극복할 수 있어야 하고, 유명인사들을 만족시키는 것이 적게는 좌절스러울 때도 있으며 때때로 격분할 수도 있다는 사실을 이해해야 한다.

그러면 돈 문제는 어떠한가? 급여의 정도는 전적으로 시큐리티요원 개인의 경력, 지명도, 고객의 성격과 계약시 책정된 위협의 정도에 따라 좌우된다. 고객이나 기관 등과 장기간 계약 체결한 시큐리티요원은 대부분 의료, 승용차 등이 제공되며 훈련보안도 상환받을 수 있고 숙박비도 해결되는 등 제대로 된 복지혜택을 기대할 수 있다. 직업 만족도는 개인이 그 일에 얼마나 적합한가와 고객과의 관계에 달려 있다.

민간시큐리티업무는 매우 힘든 일이다. 모든 사람이 다른 사람의 24시간 요구에 대처할 수 있는 인내력과 정력을 갖고 있는 것은 아니다. 고객이 여행하고자 할 때 기꺼이 따라나서야 하고, 그들이 움직이면 움직여야 하며, 멈추면 따라 멈추고 화장실에 가면 따라가고, 그들이 옷 입는 방식대로 입어야 하고 남과 만날 때 긴장하고 있어야 한다. 그러면서도 제대로 일하기 위해서는 충분한 잠도 자야 한다. 일에 대한 자부심을 갖는 것 또한 중요한 일이다. 어떤 이는 그 직업에 대해 철저히 알고 있고 생활문제를 잘 다루며 빼어난 운전 솜씨와 탁월한 능력을 가지고 있기 때문에 동료들로부터 선망의 대상이 될 수는 있으나, 고객의 만족과는 별개의 문제이다. 종종, 시큐리티요원이 운전사나 고참 하인, 심부름꾼이나 그 밖의 자잘한 일을 하는 사람들과 같은 범주로 간주되기도 한다. 가정에 고용된 경우 시큐리티요원들이 집주인의 일상적인 안락함을 더하게 하고 유용하게 쓸 수 있는 존재로 인식되기도 한다. 반면, "그저 서서 돌아다니기만 하고 별로 하는 일도 없는 존재"로 보이기도 한다.

중요한 차이점은 실제로 위험한 일이 생겼을 때 그들의 가치와 지위는 극적으로 높아진다는 것이다. 예전에는 아침 인사조차 하지 않던 고객이 이제는 가장 가까운 친구가 되길 원할 것이다. 시큐리티요원이 그가 받고자 하는 만큼의 존중을 받는 유일한 때는 실제로 어려운 상황에서 실력 발휘를 했다든지 그가 지켜야 할 대상을 신체적 위험이나 대중 앞에서 곤란을 겪는 일로부터 구해 냈을 경우이다. 비교적 긴 시간이 지난 후에, 전문적으로 일을 잘 해낸 시큐리티요원은, 결국 어떤 고용자로부터도 존중을 받을 것이고, 그 일의 중요성과 봉사의 가치도 깨닫게 될 것이다.

직업에서의 승진문제에 대해, 대부분 그들이 바라는 것은 점진적인 급여의 상승과 복지혜택을 더 잘 누리는 것이다. 큰 팀의 일부이거나 회사에 고용되었을 때, 팀의 지도자나 교대조의 주임, 관리자, 행동지휘자, 혹은 시큐리티 총책임자까지도 승진할 수 있다. 이러한 경우 모두 적절한 복지와 급여를 포함한 것이다. 그러나 한 명의 시큐리티요원만을 필요로 하는 고객을 위해 일하는 경우라면 승진이란 있을 수 없다.

4) 시큐리티업 종사자의 적합한 자질

현대화된 산업시설 및 공공건물의 안전관리를 위해서는 재해방지와 수습대책에 관련 된 소방, 구급, 도난방지 등에 관한 안전 및 시큐리티에 관련된 학문 분야가 필연적으로 요구되고 있다. 또한 승객의 안전을 위한 시큐리티와 국가기관 및 기업의 중요 인물에 대한 개인시큐리티 및 보안 뿐만 아니라 그에 따른 부수적인 업무인 비서 및 행정에 관련된 학문분야의 연구가 시급히 요구되므로 이 분야에 종사할 수 있는 전문인력을 양성하고자 한다. 즉 보안업 종사자의 자질은 이 분야의 교육행정학개론, 정치학개론, 경제학개론, 조직관리론, 헌법, 인간관계론, 보안론, 산업보안론, 정보관리, 야영 및 산악훈련, 체력육성, 체육종합실기를 배움으로서 상대방을 배려할 수 있는 적합한 자질과 강한 집중력이 필요로 할 것이다.

시큐리티요원들은 일이 완수되고 바라던 결과를 얻기 위해서 목표를 이루거나 능가하는데 노력해야 할 것이다. 실패는 목표를 이루지 못했다는 말과 똑같다. 그래서 시큐리티요원은 보다 체계적인 계획을 세우고 여기에서 비젼을 찾아야겠다. 특히 원하는 결과들을 성취하기 위해서 시큐리티요원들은 나름 시큐리티에 대한 직업정신을 가져야 할 것이다.

여기에서 시큐리티요원은 지성을 갖추는 것도 중요하지만 태권도, 유도, 합기도 등 각종 무예를 통한 심신이 건강해야할 것이다. 특히 시큐리티는 태권도의 화랑도 정신과 유도의 훈련과 시합을 통해서 얻은 인성을 바탕으로 시큐리티요원이 보호해야 할 시큐리티 대상에게 위험이 존재하거나 시큐리티대상에 대한 신체 및 생명에 대한 공격 위험으로부터 효과적으로 공격자를 무력화하여 제압할 수 있어야 하겠다. 이러한 시큐리티정신 즉 펀더멘탈정신으로 시큐리티요원은 오직 한순간을 대비하여 생명을 담보로 임무를 수행한다.

시큐리티요원은 이러한 눈에 보이지 않는 행동거지와 교전경력이나 군인다운 몸가짐으로도 묘사될 수 없고 오히려 조용하고 자신과 그 능력에 대한 전문가적인 확신만으로 표현될 수 있다. 고객이 시큐리티요원으로부터 느끼는 신뢰감이 고객에게 안정감을 가져다 줄 수 있어야하며 강인한 체력과 학식이 있어야 하고, 상식이 풍부해야 한다. 이것은 석·박사 학위를 의미하는 것이 아니라 세계의 뉴스와 지리, 정치, 그리고 사업에 대해서 일반적인 상식을 잘 알고 있어야 한다는 뜻이다. 고객이 영화산업에 관련되어 있다면, 적어도 그의 영화 몇 편은 보아야 하고 그에 대한 비평도 읽고 최근의 개봉영화도 보고 관객이 몇 명이나 관람했나 정도는 알고 있어야 한다. 하지만, 염두에 두어야 할 것은 고객으로부터 받고 있는 신뢰감을 이용해 연기자로 나가는 발판으로 삼아서는 안 된다는 것이다. 시큐리티요원을 고용한 사람은 그들의 안전을 책임지는 시큐리티요원을 믿는 것이지 배우가 되고자 열망하는 사람의 손에 그들의 운명을 맡기지 않을 것이다. 연기에 관심을 보임으로써 고객의 신임을 잃고 일자리도 잃게 된 젊은 이들이 많다. 고용자는 행동거지가 반듯하고 예의가 바른 사람을 선호할 것이다. 이 점은 배울 수도 있고 쉽게 바꿀 수도 있는 일이지만, 만약 옷 입는 감각이 있거나 적당한 때 적당하게 입는 법을 안다면 더 유리할 것이다. 어떤 고용자는 옷을 주기도 하고 돈으로 주기도 한다. 옷을 제대로 갖춘 근로자가 그들에게 좋은 영향을 주고 그들이 속한 상류사회, 사업군에 쉽게 조화될 수 있다는 것도 알아야 한다.

5) 시큐리티요원의 기본적인 태도

첫 출발한 시큐리티요원은 기본 매너를 이해하기 위해 부유한 집 출신이어야 한다거나 학교를 끝낸 졸업생이라는 점이 해가 되는 경우는 없지만 꼭 필요한 것은 아니다. 기본 태도란 것은 기본적인 사회적 품위, 인성, 예절, 외모, 위생, 그리고 적절하게 옷 입는 방법 등에 대한 이해를 말한다. 완벽한 위장을 하고 수염도 깍지 않은 모습으로 일하는 데 나타난다면 그를 좋아할 고용주는 없을 것이다. 또한, 극단적으로 반대 상황, 예를 들면 하이티 섬에서 휴가 중인 고객을 호위할 때 검은 정장을 입는다면 마찬가지로 부적절할 것이다.

사회적으로 수용되기 위해서는 기본적인 위생에서 출발해야 한다. 시큐리티요원이 나쁜 입 냄새나 몸에서 냄새를 풍긴다고 고객이 관리인에게 불만을 표현한다면 계약 때부터 퇴짜를 받을 것이다. 부유층은 위생문제에 관해 유난히 신경을 쓰고 심지어는 편집증적인 경우도 있지만, 어쨌든 심하게 땀을 흘리거나 나쁜 냄새를 풍기는 사람과 일하기를 원하는 사람은 아무도 없을 것이다. 더러운 머리카락, 눈에 띨 정도의 귀지, 누렇게 썩은 이, 더러운 손톱, 음식 냄새나는 옷 등도 똑같이 혐오감을 줄 것이다. 옷은 청결해야 하고 구김이 없어야 하며 때와 장소에 적절해야 한다. 갈아입을 옷과 간편한 외투, 정장을 고객이 갑자기 계획을 바꾸는 경우에 대비해서 차 트렁크에 넣어 두고 다니는 것이 좋다. 특정한 용도나 여행시 적절한 옷이 어떤 것인지 잘 모를 경우, 고객에게 묻거나 그들의 개별적 도움을 부탁할 수 있다. 여행이 휴가용인지, 정장이나 예복을 갖추어야 할 정식 만찬인지, 사업회의가 있는 여행인지를 묻도록 한다. 대부분의 특정한 행사에 실제적으로 초대받을 경우 적절한 정장을 갖추어야 한다.

참고

*** 올바른 시큐리티요원의 수칙**

1. 시큐리티요원은 국가관이 투철하고 사명감 의식이 확고하며 신뢰 할 수 있어야 한다.
2. 시큐리티요원은 조직적이며 협동심이 강하며 규율관념이 체계적이어야 한다.
3. 시큐리티요원은 동작이 민첩하고 빈틈이 없어야 하며 용맹스러워야 한다.
4. 시큐리티요원은 침착하고 친절하며 최고의 도덕적 예의를 갖추어야 한다.
5. 시큐리티요원은 근면 성실한 자세로 매사에 방심과 긴장을 풀지 않으며 일을 신중하고 능숙하게 처리한다.

6. 시큐리티요원은 지혜롭고 명석하여야 하며 정서적인 양식이 풍부 하여야 한다.
7. 시큐리티요원은 임무 수행에 있어 항상 책임감이 있어야 하며 나 보다 귀하를 소중히 생각 할 줄 알아야 한다.
8. 시큐리티요원은 올바른 가치관과 주관력이 있어야 하며 겸허한 자세와 인내심과 결단력이 이어야 한다.
9. 시큐리티요원은 임무를 수행함에 있어 확실하고 명분 있게 임하여야 하며 항시 초지일관이어야 한다.
10. 시큐리티요원은 봉사와 희생정신으로 적극적이고 진취적으로 확고하게 일을 해야 한다.
11. 시큐리티요원은 항시 예의가 올바라야 하며 모든 이에게 모범이 되어야 한다.
12. 시큐리티요원은 상·하 지휘체제가 정확하여야 하며 인류와 호국에 안전과 평화를 이해 희생과 봉사정신으로 임해야 한다.

시큐리티요원은 선천적으로 조용한 성품이어야 하고 유쾌한 성격과 확신에 차 있어야 하며, 건방지지 않아야 하며, 무엇보다 전문적인 태도를 갖춰야 한다. 예의바르고 공손하며 사려심이 있어야 하나, 아첨하지는 않는 태도가 요구된다. 고객과 그의 손님 혹은 관련된 사람들 모두 그가 고용주나 연장자를 대할 때와 같은 존중감으로 대해야 한다. 자기가 접촉하는 인물들과 너무 가깝거나 친절하게 되는 것도 항상 피해야 한다. 이러한 모든 것들이 시큐리티요원들이 합창단원의 목소리처럼 나긋나긋함을 의미하는 것은 아니다. 사실 많은 경우 공격적이고 유능해야 하며 임무수행 중에는 자제해야 하는 면을 가지고 있다.

많은 시큐리티요원들이 직업적인 필요에 의해 그들은 무시무시한 기술과 조절된 폭력성 그리고 보호 본능까지도 가지고 있다. 경찰관이나 시큐리티요원과 일해 본 경험이 있는 심리학자들은 그들의 성격에 모순되는 면들이 있다고 말할 것이다. 그러나 주요한 통제요인은 훌륭한 기본적 가치와 통합성 그리고 개인적인 자기 자제 능력이다. 많은 시큐리티요원들이 겪는 어려움 중의 하나는 자신을 다스리는 것이다. 어떤 면에서 그들은 싸움을 잘 할 수 있도록 훈련을 받았고 동기에 차 있고 헌신적이며, 양심적이고 그리고 유능하다. 그러나 삼가는 태도와 고객의 그늘에서 일하는 것에 만족하는 자세가 요구된다. 유명인사들은 누구보다도 조용한 생활방식을 향유하는 경향이 있기 때문에 고객의 신체적 능력이나 결함으로 그를 판단하는 실수를 해서는 된다.

시큐리티요원이 고객이나 그의 손님들과 동석해서 식사를 할 경우도 있을 것이다. 그러나 이것은 바람직하지 않다. 왜냐하면 정중한 대화시 산만해질 수 있으므로 불가피한 경우에 한한다. 결국, 이런 경우 시큐리티요원은 그릇의 배치와 물 잔과 포도주 잔을 구별해야 하며, 정중한 식탁 예의의 기본을 알아서 그가 못 올 자리에 있다는 인상을 주지 말아야 할 것이다. 태도에 관한 이와 같은 모든 강조는 그가 상류층의 사회에 조화할 수 있도록 하고 고객을 당황하지 않게 하기 위함이다. 고객과 그들의 일의 양상, 사회적 관습, 개인적 기호, 버릇을 연구하면 큰 실수를 피할 수 있다.

6) 시큐리티요원 및 종사자의 임무

전문적 시큐리티요원의 임무는 너무나 다양하지만 모두 한 분야에 집중되는데, 그것은 임무의 주어진 틀과 한계 안에서 최상의 시큐리티 서비스를 제공하는 것이다. 고객의 일과 생활의 범주 안에서 시큐리티요원 단 한 명이 커버해 줄 수 있는 범위 안에서 고객의 필요에 응할 수 있어야 한다. 대부분의 경우에서처럼 시큐리티요원의 임무는 처음으로 시큐리티요원을 두지 않는 한 고객에 의해 정해질 것이고 처음 고용하는 경우는 일련의 안내가 필요할 것이다. 그 임무는 경호해야 할 대상과 일할 시간에서부터 출발한다. 운전사로서, 24시간 대기하고 있는 상태로써 자녀를 등교시켜 주는 것, 저녁에 문단속을 하는 것, 여행계획을 짜는 것 등의 일로 그 임무가 배가 될 수 있다. 더 나아가 덜 구체적인 임무를 기대하기도 한다. 근면성, 충성심, 정직함, 사려 깊은 분별력, 자신감 등은 전문가 의식으로 분류될 수 있는 요건들이지만 고용주가 서면상으로 정의 내리기는 어려운 것이다.

시큐리티요원의 지위란 봉사에 기본을 둔 것이지만 한계가 있다. 시큐리티요원을 엉뚱한 용도에 쓰거나 "도움의 손"으로 취급하여 심부름시키는 것, 장보기, 애완동물 밥 주기, 비디오를 예약 녹화하는 것, 그 밖의 수많은 잡일을 시킬 수 있는 사람으로 생각하는 고객의 잘못된 인식에 그 원인이 있다. 이렇게 시큐리티요원의 임무를 잘못 이해하는 것이야말로 시큐리티요원과 고객 사이의 불만족을 야기시키는 가장 큰 원인이 된다. 그렇다고 시큐리티요원이 절대로 심부름을 해서는 안 된다는 것이 아니다. 사실, 이러한 도움을 필요로 하는 잡일을 절대로 하지 않는 사람은 그의 직업을 오래 유지하지 못할 것이다. 요는 어떤 때 이런 것이 받아들여지고 그의 전문적 지위와 부딪치는지를 아는 것이다.

또한, 시큐리티요원은 실질적인 위협에도 직접적으로 관련된다. 예를 들어, 시큐리티요원이 곤란한 상황에 대처하기 위해 준비되어야 하는 상황에서 쇼핑백을 가득 들고 있어서는 안 된다. 피보호자를 공공장소에 혼자 기다리게 하고 차를 잡으러 가는 것도 바람직하지 않다. 그 일은 운전사나 대리 주차인이 할 일이다. 보안요원 또한 시설물내에서 대리운전이나 주차를 하면 안될 것이다. 반면, 피보호자가 저녁때 처방약을 사기 위해 급히 약국을 달려가는 것과 같은 일은 적합하다고 할 수 있지만, 이것도 아무도 그 일을 할 사람이 없고 배달도 되지 않고 어떤 위험도 진행되고 있지 않을 때의 경우에 한해서이다. 보호 대상자가 약국에 뛰어 다녀오도록 하는 것은 안전한 집으로부터 나가 더 많은 위험에 노출되게 하는 것이기 때문이다.

안전과 관련된 일이 아닌 경우 시큐리티요원은 고용주에게 이러한 주위의 분산과 꼭 필요하지 않은 업무수행이 갖고 있는 위험성에 대해 그 이유와 논리를 설명하는 것이 필요하다.

시큐리티요원의 임무에 관해 있을 수 있는 모든 혼란을 막기 위해 고용할 때부터, 수용될 수 있는 시큐리티요원의 임무에 대한 가이드 라인 같은 것을 준비하고 첫 면담에 응하는 것이 좋다. 그러면 고용주나 고용관리자가 타당하다고 생각하는 것은 무엇이든지 더하거나 뺄 수 있을 것이다. 이 시점에서 시큐리티 지원자는 고객에게 "안전과 관련되지 않은 일"을 대신하는 존재가 아님을 알려야 한다. 이렇게 함으로써 그 일에 지원하는 것과 더 나아가 그들의 눈에 전문가로서의 입지를 강화하는 데 도움이 될 것이다. 고용의 조건과 예상되는 임무를 활자화하여 고객과 그의 관리책임자, 안전담당 매니저들의 서명을 받아 둠으로써 그의 입지가 더 안전할 수 있다. 고용주가 "필요한 경우 어떤 임무도"와 같은 임의로 해석될 수 있는 조항을 끼워 넣지 않도록 주의해야 한다. 이런 것이 나중에 시큐리티요원의 지위가 남용될 수 있는 여지가 있기 때문이다. 이러한 문제에 대해 시큐리티요원이 대결하는 자세를 보이지 않도록 해야 하지만, 필요한 경우에는 확고한 의사를 표명할 필요가 있다.

일단 도움의 손길 정도의 존재로만 보여지면 전문가적 입장이나 고객의 존중을 다시 얻기는 무척 어려울 것이다. 모든 상황을 예상할 수 있는 것이 아니므로 고객에게 계속해서 공손한 태도로, 자주 예를 들면서 깨닫게 해야 한다. 때때로 그의 책상에 안전업무 수행 절차상의 변화나 새로운 기술, 최근의 기사나 지역범죄와 관련된 뉴스를 모아 두거나 그에 따른 그의 위치와 잠정적인 위험 노출의 가능성 등의 변화 추세에 관한 메모를 남기는 것도 권할 만하다.

임무가 어느 정도까지는 고객의 종류에 따라, 고객의 보조요원의 규모에 따라, 보호 수준의 기대치에 따라 다양하게 달라질 수 있다. 간단한 일에서는 보호효과를 발휘하고 도움이 되는 힘세고 과묵한 유형의 시큐리티요원이 좀 더 두뇌적인 관리상의 임무를 수행하는 데는 믿음직하지 못할 수도 있다.

요즘에는 그들의 임무가 단지 신변보호 및 시설물보안 영역을 훨씬 넘어서기 때문에 시큐리티전문가라는 용어가 시큐리티업이라는 용어로 사용한다. 고객을 효과적으로 경호하기 위해서 현재의 시큐리티요원은 시큐리티업에서 전형적으로 다뤄지지 않던 분야도 포함해야 한다. 이것은 적당한 차를 고르는 일, 여행계획을 세우는 일, 거주 안전시스템, 사무실 출입 통제 CCTV(폐쇄회로 텔레비젼)를 모니터하는 것, 우편함 관리, 정규적인 보안업무 평가 등을 말한다.

운전의 경우 시큐리티요원이 운전하든 고객이 직접 운전하든지 간에 시큐리티요원은 차량관리에 전문적인 관심을 갖고 있어야 한다. 시큐리티에 관련된 안전업무를 잘 진행하고 있는지 관심을 가져야 한다. 이것은 고객의 계획된 거동에 익숙하게 반응하고 적당한 교통수단을 확인하고 고객의 호텔 방 바로 옆방에 자신이 배치될 수 있도록 확인해 놓기 위해서이다. 시간과 경력이 쌓이면 집과 사무실의 안전장치와 출입통제 시스템에 대한 정보와 지식을 가지고 다루기를 요청 받을 수도 있다. 그렇지 않으면 그저 집과 사무실을 오고 가는 방문객의 방문일지를 관리하고 저녁에 문을 잠그는 "열쇠 관리인"으로서의 역할밖에 못할 수도 있다. 근접 보호 역할의 직접적인 부분은 못할지라도 관련된 이와 같은 임무들은 고객의 전체적 안전담당을 효과적이게 하고, 특히 그가 팀의 일부로서 일한다면 정당하게 기대되는 일들이다.

시큐리티임무의 일부라고 할 수 없는 일들이라면 주차 대행자나 심부름꾼에 의해 행해질 수 있는 일들, 즉 세탁물을 찾아오는 것, 간편한 식사를 급히 사가지고 오는 것, 애완동물을 산책시키거나 먹이를 주는 것, 세차, 쇼핑가방을 나르는 것과 같은 일이다. 그러나 고객 보호와 직접 관련이 있는 것은 아니지만 전문적인 시큐리티요원이 기꺼이 감수해야 할 일들이 있다. 이러한 일은 그의 지위에 대한 신뢰와 분별력을 필요로 하는데, 고가의 그림이나 예술품, 보석, 중요한 계약, 비밀정보, 현금이나 협상할 수 있는 수단 등이 포함된다. 덧붙여서, 시큐리티요원이 보호하는 역할일 경우 고객이 그날 일을 안전하게 잘 끝냈을 때

월급이나 현금을 찾으러 은행 심부름을 하거나 중요한 서류를 배달하거나 하는 일들이다. 이런 것들은 모두 시큐리티요원의 전문적인 기술을 요하는 것이기 때문에 단순한 심부름으로 생각해서는 안 될 것이다.

시큐리티요원의 주의사항

시큐리티업 종사자들이 절대적으로 피해야 하는 일 중의 하나는 부도덕한 부유층들에 의해 가끔 요청 받을 수 있는 일련의 불법적인 일들과 관련된 것이다. 교통법규 위반 문제를 처리하는 것, 공직자에게 필요시 거짓 진술을 의뢰하는 것, 위증이나 가짜 선서를 하는 일, 불법 의약품을 사거나 취급하는 것, 불특정 화물을 배달하는 것, 성매매를 알선하는 일, 빌려 준 돈을 회수하는 데 무력이나 협박을 쓰는 일, 사기 · 횡령을 보호하는 일, 공갈 · 음모에 관여하는 일, 불법적인 도청, 사업상의 협박, 원치 않는 배우자나 살인교사 및 유기와 같은 불법적인 일의 수주이다. 이런 일 중 어떤 것은 남의 일처럼 생각될지도 모르지만, 모두 실제로 일어나는 일이고 이 일로 인해 체포되어 실형을 선고받기도 한다.

따라서 법과 윤리에서 허용된 범위에서 업무를 성실히 수행해서 시큐리티업의 발전과 개인의 자아개발에 힘써야 한다.

7) 시큐리티요원의 한계

모든 정보와 자원을 갖춘 미국의 비밀 첩보국조차 몇몇 대통령을 암살 습격으로부터 지켜 내지 못했다. 케네디(John F. Kennedy)대통령이 암살된 후 비밀 첩보국장이 대통령에게 할 수 있었던 단 한 가지 확실한 것은 곤봉으로 두 번은 맞지 않을 것이다 였다. 생각해 보라. 그들은 미국의 대통령이 한 번이라도 얻어 맞거나 총을 맞지 않도록 보장할 수는 없었던 것이다. 이것은 고도로 훈련된 대규모 팀의 대통령 경호 특수요원들의 잘못이 아니라, 오히려 한 나라의 우두머리라는 지위 자체의 속성에 그 원인이 있다고 보아야 한다.

어떤 정치가도 국민들과 그를 뽑아 준 사람들과 접촉하러 나와야 하며, 대중에 노출되는 이상 위험은 따르는 것이다. 더욱이 그가 총사령관처럼 통제를 맡고 있는 사람이라면 대중 앞에 아무런 두려울 것 없는 온화하고 훌륭한 지도자라는 인상을 주기 위해 대중 앞으로 나와 '사진 찍는' 모험도 해야 한다. 나약한

꼭두각시를 보좌하거나 미움받는 독재자에 의해 통치되는 억압적인 정권에서 그 지도자는 대중 앞에 너무 가까이 가는 것이 어리석다는 것을 안다. 이러한 폭군들은 공포를 조성하기도 하나, 그들 또한 공포 속에서 살며 거의 포위된 조건 아래서 다른 세력이 쿠데타를 시도할까 봐 항상 병적으로 걱정하며 지낸다. 연예인이나 유명인사의 경우, 대중이나 그들의 팬들과 추종자들이 집착스런 괴짜나 정신질환자가 될 수도 있다. 잘 알려진 사업가들도 사업계와 사회적 책무의 양쪽에서 기능을 해야 한다. 그래서 짧은 기간이라고 해서 완전한 격리는 보장될 수 없다. 그것이 바로 가장 중요한 시큐리티요원의 한계점이다.

개인시큐리티 부문에서는 더욱 장애물이 많다. 정부의 시큐리티요원들과는 달리 회사나 유명 인사들과 계약하고 일하는 시큐리티요원들의 경우 몇 가지 한계를 갖는다. 단독으로 일하는 시큐리티요원은 전적으로 쓸모없다고 말할 수는 없지만 거의 그것에 가깝다. 인사들이 대중 앞에서 거동할 때 극성팬들이나 접근자를 저지하는 목적으로는 일할 수 있겠으나 납치하거나 몰래 접근하기로 확고히 마음먹은 자들의 계획된 습격을 막는 데는 효과적이지 못할 것이다. 단독 시큐리티일 때 시큐리티요원은 자신의 한계를 알고 그의 고객에게 이러한 것들을 알려야 한다. 특히, 심각한 협박의 요인이 있을 때는 같이 일할 협조자를 요청해야 한다.

첫째로 명백한 한계는 한 명으로부터 얼마나 기대할 수 있느냐 하는 것이다. 아무리 고도로 훈련받고 경험이 많은 시큐리티요원이라 할지라도 뒤에까지 눈이 달린 것은 아니다. 계속 효과적으로 오랜 시간 일할 수도 없고, 동시에 두 가지 일을 해낼 수도 없다. 위기상황에서 가장 중요한 임무는 방어하고 대피시키는 것이다. 그것이 전부이지만 한 명의 시큐리티요원이 협박에 대처하고 그의 고객을 안전한 곳에 대피시키는 일을 동시에 한다는 것은 불가능한 일이다.

또 하나의 시큐리티요원이 당면할 문제는 고객과 함께, 특히 시큐리티요원이 운전을 하면서 돌아다닐 경우이다. 첫번째로 운전을 할 때 양손 모두 사용하고 있으므로 위험한 일이 있을 때 신체적으로 고객을 보호하는 것이 제한된다는 것이다. 두 번째로, 계획된 납치사건의 경우 운전자가 첫번째 저격 대상이 된다. 마지막으로, 차를 도로 가에 세우려 할 때 고객은 시큐리티요원이 주위를 살펴볼 기회도 갖기 전에 차에서 흔히 뛰어 나가게 된다. 그러므로 운전자를 따로 쓰고 시큐리티요원을 자유롭게 일할 수 있도록 두는 것이 현명한 해결책이다.

또 다른 문제는 고객이 직접 운전을 하고 시큐리티요원이 뒤쫓아 차로 갈 때다. 복잡한 시내 교통상황에서 다른 차를 쫓아간다는 것이 어려운 것은 당연하고, 만약 고객이 멈춤 신호에 그냥 지나친다면 뒤차도 따라가기 위해서는 마찬가지로 그냥 지나쳐야 한다. 고객의 차가 신호등이 빨간불로 바뀌기 직전에 황급히 지나가 버리면 뒤차는 멈추든지 빨간불에 달리든지 해야 한다. 해결책은 인도하는 차와 뒤따르는 차를 함께 두든지 차선 변경시와 교차로에서 원만하게 따라가기 위해 시큐리티요원에게 고객의 차를 운전하도록 하든지 하는 것이다.

걸어 다니는 것은 차를 타고 다니는 것처럼 큰 문제는 아니지만 그것도 제한점이 있다. 예를 들어, 남성 시큐리티요원이 여성 고객과 잠정적인 위험장소의 사이에서 여기저기를 뛰어 다니는 듯한 모습을 하지 않고 제대로 경호하기는 어려운 일이다. 두 명의 시큐리티요원이라면 좀 더 품위 있고 주위를 끌지 않는 태도로 고객을 일괄적으로 다룰 수 있다. 고객의 부인이나 여성 친구의 쇼핑시 호위하면서 그녀 자체의 시큐리티요원이 없는 경우 고객의 시큐리티요원이 쇼핑가방을 들어주게 되고 자연히 주위가 산만해진다. 이때가 여성 시큐리티요원이 더 편리한 경우이다. 시큐리티 또한 본인의 노력을 통한 저 임금을 극복함으로써 젊은 시큐리티요원도 시큐리티로 진출해야 할 것이다.

또한 우리나라는 아직까지 법적·제도적으로 개선되어야할 부분이 적지 않게 남아 있는데, 대표적으로 현행 민간시큐리티 관련법이 「경비업법」과 「청원경찰법」으로 이원화 되어 있다는 사실이다. 이로 인해 범죄예방활동 및 운용의 합리화가 효율적으로 이루어지지 못하고 있는 실정이다. 한편, 국가 공(公)시큐리티와 가장 밀접하게 관련되어 운용되고 있는 국가중요시설 경비보안도 이원화 및 기타 관계로 인해 보안효율성면에서 많은 문제점을 안고 있다 이러한 이원화 문제를 먼저 해결하면 시큐리티의 발전방향은 한단계 업그레이드 될 것이다.

3. 시큐리티요원의 교육 및 훈련

1) 교육훈련의 필요성

질 좋은 시큐리티서비스를 고객에게 제공하기 위한 열쇠는 훈련이다. 만약, 직원들이 정해진 기준에 맞게 직무를 수행하기 위한 사항들을 배우지 않는다면 그들에게 좋은 근무성과를 기대할 수 없을 것이다. 많은 시큐리티업체들이 직원들에게 훈련을 제공한다고는 하지만 우수한 근무성과를 위해 필요한 포괄적인 프로그램을 가지고 있는 기업은 많지 않다. 이렇듯 효과적인 포괄적인 프로그램을 사용하지 못하는 가장 보편적인 이유는 훈련에 소요되는 경비(經費) 때문이다. 부족한 훈련은 결과적으로는 계약을 성사시키지 못하거나 법정소송과 같이 높은 비용지출을 초래하기도 한다. 그러므로 훈련에 경비를 많이 들일 필요는 없지만 효과적일 필요는 있다.

시큐리티 대상자에 대한 신변의 안전 및 재산을 보호하는 시큐리티요원의 자질향상을 위해서는 체계적이고 전문적인 교육을 받아야 가능하다. 이를 위해서 시큐리티업체에서는 많은 시간과 비용을 투자해야하기 때문에 교육훈련을 기피하는 현상이 있는데 이는 시큐리티요원들의 자질을 의심케하고 있다.

효과적인 교육훈련프로그램의 비결은 진보적으로 기업의 수준을 향상시킬 수 있게 하는 지속성이다. 진보적인 훈련은 초급부터 상급 경영진에 이르기까지 기업 내 각 직급에 맞는 훈련의 목표를 설정하여 완벽한 자질을 갖춘 요원들을 양성해야 한다. 이러한 목표들은 기본적인 훈련 프로그램을 강화해 추진되어야 하고, 이상적으로는 질 좋은 서비스를 유지하기 위한 자발적인 책임감이 반영되어야 한다.

진보적인 훈련 프로그램은 적응단계 훈련 프로그램, 현장훈련, 강화 · 보강훈련, 감독관을 위한 훈련과 경영진 훈련 프로그램 등 몇 가지 단계로 분류될 수 있다.

2) 시큐리티의 교육훈련

교육훈련은 직원들에게 일을 잘 수행하기 위해 필요한 기술과 정보를 제공한다. 하지만, 다른 부수적인 여러 가지 이유가 있어 시큐리티 훈련은 중요하다. 만약, 직원들이 분명한 장점을 단기간에 볼 수 있다면 누구나 교육훈련을 더욱 신중하게 받아들일 것이다. 그러나 우리나라 시큐리티요원은 「경비업법」에서 정한 교육을 이수하여야만 그 직책에 대한 자격이 주어지기 때문에 일반경비원은 28시간, 특수경비원은 88시간의 신임교육을 이수해야만 한다. 이는 시큐리티업무를 수행하기 위해서는 의무적으로 이수해야하는 관문이기 때문에 그 실질적 성과는 의구심이 인다. 의무적으로 받기 때문에 교육훈련 효과에 대해서는 장담하기 어려울 뿐이다.

근무배치 이후에도 매월 정기적으로 받아야하는 직무교육도 있다. 특히 보충, 강화 훈련과 같은 훈련은 포상과 밀접하게 연관되어 있어야 한다. 이를 실행하기 위한 한 가지 방법은 직원들을 분류해 승진이나 임금인상을 특정한 종류의 훈련과정의 이수와 연관시키는 방법이다. 만약, 직원이 다양한 훈련과정의 이수를 통해 진보를 이루었다면 그 직원은 언젠가 관리자의 위치로 승진될 준비가 되어 있는 것이다.

한편, 모든 직원이 관리자의 위치에 부합되는 조건을 갖추고 있지 않기 때문에, 실제적인 포상에 의해 일반적인 근무실적이 확연히 향상될 것이다. 만약, 훈련이 만족할 만한 결과를 거두고 끝났다면, 직원들에게 장기적인 이점을 제공하는 방법 또한 고려되어야 한다.

3) 시큐리티요원에 대한 교육의 종류

민간시큐리티의 역할은 매우 중요하며 시큐리티요원에 대한 책임은 강하게 요청되고 있다. 이러한 요청에 부응하기 위해서는 시큐리티요원에 대한 체계적이고 실효성 있는 교육이 중요하다. 주요 선진국가들의 경우에도 예외 없이 교육에 관한 사항들을 정하여 교육훈련을 강화하고 있다.

한국 「경비업법」에서도 경비업자는 경비업무를 적정하게 실시하기 위하여 경비원으로 하여금 일정한 경비원 교육을 받도록 하고 있다(동법 §13①). 경비업자는 경비원에 대하여 실시하여야 하는 교육에는 (1) 대상자에 따라 일반경비원 교육과 특수경비원 교육이 있고, (2) 교육의 성격에 따라 신임교육과 직무교육, (3) 교육 시기에 따라 사전교육과 사후교육으로 분류할 수 있다.

구분	신임교육	직무교육
일반경비원	28시간	월 4시간
특수경비원	88시간	월 6시간
청원경찰	76시간	월 4시간

(1) 일반경비원의 교육

일반경비업자가 경비원을 채용하는 경우 경비원에게 경비업자의 부담으로 신임교육 및 직무교육을 받게 하여야 한다. 일반경비업자는 (1) 경비원의 경력이 없는 사람으로서 일반경비원으로 채용된 사람, (2) 경비원 교육을 받은 후 3년 이상의 기간 동안 경비업무에 종사하지 아니하다가 일반경비원으로 채용된 사람인 경우에 대하여는 일반경비업자의 부담으로 신임교육을 받게 하여야 한다. 다만, 일반경비원으로 채용된 사람이 「경찰공무원법」에 의한 경찰공무원, 「대통령 등의 경호에 관한 법률」에 의한 경호공무원·별정직공무원 또는 「군인사법」에 의한 부사관 이상의 경력을 가진 사람인 경우에는 그를 신임교육의 대상에서 제외할 수 있다(동법시행령 §18①).

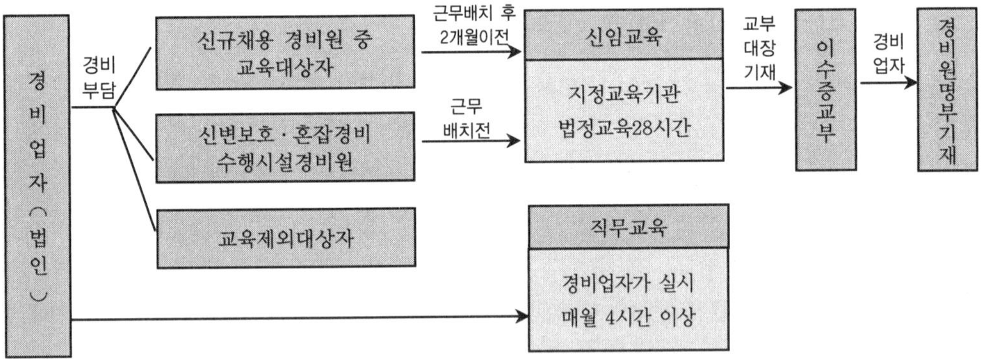

[도해 1-5] 일반경비원 교육절차

일반경비원에 대한 신임교육은 경비협회(경비업법 §22①), 경찰교육기관, 시큐리티 관련학과가 개설된 대학 등경비원에 대한 교육을 전문적으로 수행할 수 있는 인력과 시설을 갖춘 기관 또는 단체 중 경찰청장이 지정하여 고시하는 기관 또는 단체가 실시하고, 직무교육은 경비업자가 실시한다(시행령 §18③). 일반경비원에 대한 교육의 과목·시간 그밖에 교육의 실시에 관하여 필요한 사항은 행정안전부령(시행규칙 §12)으로 정하고 있다(시행령 §18④). 경비업법 시행규칙 개정(2011.1.26)에서 경비원 교육의 내실화 및 자질 향상을 위해 일반경비원 신임교육 과목 중 이론과목을 7시간에서 5시간으로 축소하는 대신, 테러대응요령, 화재대처법, 응급처치법을 포함한 사고예방대책(3시간), 장비사용법(2시간), 예절 및 안전교육을 포함한 직업윤리 및 서비시(4시간), 신고 및 순찰요령, 관찰·기록법을 포함한 시설경비실무(2시간), 호송경비·신변보호·기계경비실무(2시간) 등 업무에 필요한 실무과목을 추가하였다.

일반경비원 신임교육의 과목 및 시간(시행규칙 제12조 제1항관련 [별표 2])

<table>
<tr><th>구분(교육시간)</th><th colspan="2">과목</th><th>시간</th></tr>
<tr><td rowspan="2">이론교육
(7→5시간)</td><td colspan="2">「경비업법」(「경찰관직무집행법」 및 「청원경찰법」)</td><td>4→3</td></tr>
<tr><td colspan="2">범죄예방론(신고 및 순찰요령을 포함한다)</td><td>3→2</td></tr>
<tr><td rowspan="7">실무교육
(18→20시간)</td><td>테러 대응요령</td><td rowspan="3">사고예방 대책
※ 시설경비·호송경비·신변보호·기계경비실무(각 2시간)</td><td>3</td></tr>
<tr><td>화재대처법</td><td>(2)</td></tr>
<tr><td>응급처치법</td><td>(3)</td></tr>
<tr><td colspan="2">장비(분사기)사용법</td><td>2</td></tr>
<tr><td colspan="2">직업윤리 및 서비스(예절 및 인권교육)</td><td>2→4</td></tr>
<tr><td colspan="2">체포·호신술</td><td>3</td></tr>
<tr><td colspan="2">질문·검색요령(관찰·기록기법을 포함한다)</td><td>(3)</td></tr>
<tr><td>기타(3시간)</td><td colspan="2">입교식·평가·수료식</td><td>3</td></tr>
<tr><td>계</td><td colspan="2"></td><td>28</td></tr>
</table>

보통은 경비원을 새로 채용한 때 근무배치 후 2개월이내에 28시간 신임교육을 이수하게 해야 하지만, 지방경찰청장이 행사장 등 혼잡 등으로 위험의 발생을 방지하기 위하여 노사분규가 진행중인 사업장 및 발생할 것으로 예상되는 사업장이나 주택 재개발·재건축 관련 이해대립이 있어 다툼이 있는 장소, 특정시설물의 설치와 관련하여 민원이 있는 장소, 주주총회와 관련하여 이해대립이 있어 다툼이 있는 장소, 부동산 및 동산에 대한 소유권 운영권 관리권 등 법적 권리 다툼이 있는 장소 등의 문제가 있는 경비대상시설에 배치되는 경비원과 신변보호업무를 수행하는 경비원의 경우는 배치전까지 신임교육을 받게 하여야 한다.

경찰청장은 일반경비원에 대한 신임교육의 실시를 위하여 연도별 교육계획을 수립하여 신임교육기관 또는 단체(시행령 §18③)에서 실시하도록 하고, 직무교육은 경비업자가 매월 4시간이상 경비원의 직무수행에 필요한 이론·실무과목, 기타 정신교양 등을 실시하여야 한다(시행령 §18②).

【 일반경비원 교육의 종류와 실시주체 】

구 분	신임교육	직무교육
교육시기	-경비원으로 임용되어 근무배치 전	-경비원으로 임용되어 근무 중
교육실시 주체	-경찰교육기관, 경비협회, 경찰청장이 지정하여 고시하는 기관 또는 단체	-경비업자
교육과목	-법정되어 있음(시행규칙 §12①)	-법정되어 있지 않음
교육시간	-28시간	-매월 4시간
교육이수증	-교육실시 기관에서 이수증 발급 -경비업자는 교육을 받은 자의 명부 배치	-없음
미실시한 경우	-행정처분	-행정처분

※ 경비업법 시행령 제18조 및 동법 시행규칙 제12조 및 13조 참조.

신임 및 직무교육실시의 기관 또는 단체의 장은 신임교육의 과정을 마친 사람에 대하여는 일반경비원 신임교육 이수증교부대장(별지 [제11호 서식])에 그 사실을 기재한 후 일반경비원 신임교육이수증[별지 제12호]서식을 교부하여야 한다. 경비업자는 일반경비원이 신임교육을 받은 때에는 경비원의 명부(시행규칙 §23①: [별지 제14호] 서식)에 그 사실을 기재하여야 한다.

(2) 특수경비원의 교육

특수경비업자는 정기적으로 특수경비원 교육을 받게 하고 이 교육을 받지 아니한 자를 특수경비업무에 종사하지 못하게 하고 있다(경비업법 §13②). 즉, 특수경비업자는 대통령령(경비업법시행령 §19)이 정하는 바에 따라 정기적으로 특수경비원교육을 받게 하고 특수경비원교육을 받지 아니한 자를 특수경비업무에 종사하게 하여서는 안 된다. 이에 따라 특수경비업자는 경비업무를 적정하게 실시하기 위하여 (1) 특수경비원의 경력이 없는 사람으로서 특수경비원으로 채용된 사람, (2) 특수경비원 교육을 받은 후 3년 이상의 기간동안 특수경비업무에 종사하지 아니하다가 다시 특수경비원으로 채용된 사람에 대하여는 특수경비업자의 부담으로 경찰교육기관이나 행정안전부령이 정하는 기준에 적합한 기관 또는 단체에서 개설한 특수경비원 신임교육을 받게 하여야 한다(시행령 §19①). 특수경비원의 신임교육은 배치전 사전교육이므로 특수경비원으로서의 자격을 부여하는 역할을 한다고 볼 수 있다.

특수경비원 신임교육기관은 경찰교육기관이나 소정의 기준에 적합한 기관 또는 단체로, 특수경비원 신임교육의 과정을 개설하고자 하는 기관 또는 단체는 [별표 3]의 규정에 의한 시설 등을 갖추고 경찰청장에게 지정을 요청하여야 한다. 경찰청장은 교육과정을 개설하고자 하는 기관 또는 단체가 이 지정을 요청한 때에는 다음 기준에 적합한 지의 여부를 확인한 후 그 기준에 적합한 경우 이를 특수경비원 신임교육을 실시할 수 있는 기관 또는 단체로 지정할 수 있다. 이에 따른 지정을 받은 특수경비원교육기관의 장은 [별표 4]의 규정에 의한 과목의 교육을 위하여 필요한 경우에는 경찰관서의 시설물 이용 또는 관련 소양을 갖춘 경찰관의 파견을 관할 경찰관서장에게 요청할 수 있다(시행규칙 §14).

특수경비원 신임교육의 과목 및 시간 (시행규칙 제15조제1항관련 [별표 4])

구분 (교육시간)	과목	시간
이론교육 (15시간)	「경비업법」·「경찰관직무집행법」 및 「청원경찰법」	8
	「헌법」 및 형사법(인권, 경비관련 범죄 및 현행범체포에 관한 규정을 포함)	4
	범죄예방론(신고요령을 포함한다)	3
실무교육 (69시간)	정신교육	2
	테러 대응요령	4
	폭발물 처리요령	6
	화재대처법	3
	응급처치법	3

실무교육 (69시간)	분사기 사용법	3
	출입통제 요령	3
	예절교육	2
	기계경비 실무	3
	정보보호 및 보안업무	6
	시설경비요령(야간경비요령을 포함한다)	4
	민방공(화생방 관련 사항을 포함한다)	6
	총기조작	3
	총검술	5
	사격	8
	체포 · 호신술	5
	관찰 · 기록기법	3
기타(4시간)	입교식 · 평가 · 수료식	4
계		88

특수경비업자는 정기적으로 매월 6시간 이상 특수경비원 직무교육을 받게 하고 특수경비원 교육을 받지 아니한 자를 특수경비업무에 종사하게 하여서는 안 되며, 이에 따른 특수경비원의 교육시 관할경찰서 소속 경찰공무원이 교육기관에 입회하여 지도 · 감독하여야 한다(경비업법 §13). 특수경비원 교육기관의 장은 특수경비원교육과정을 이수한 자에게 특수경비원 교육이수증을 교부하고, 특수경비원 교육이수대장에 기록하여야 한다(시행규칙 §15). 그리고 관할경찰서장 및 공항경찰대장 등 국가중요시설의 경비책임자(관할경찰관서장)는 필요하다고 인정하는 경우에는 특수경비원이 배치된 경비대상시설에 소속공무원을 파견하여 직무집행에 필요한 교육을 실시할 수 있다(시행규칙 §16②).

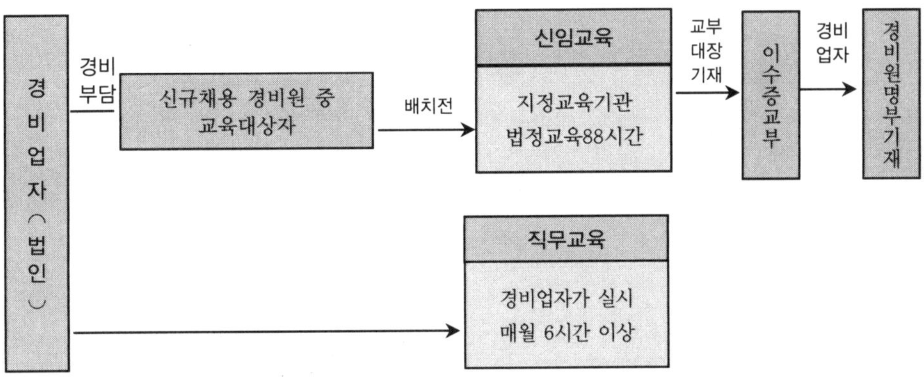

[도해 1-6] 특수경비원 교육절차

(3) 청원경찰 교육훈련제도

청원주는 청원경찰에 임용된 자에 대하여 경비구역에 배치하기 전에 경찰교육기관에서 직무수행상 필요한 교육을 받게 하여야 한다. 다만, 경찰교육기관의 교육계획상 부득이하다고 인정할 때에는 우선 배치하고 임용후 1년이내에 교육을 받게 할 수 있다. 경찰공무원(전투경찰순경 포함) 또는 청원경찰에서 퇴직한 사람이 퇴직한 날부터 3년 이내에 청원경찰로 임용되었을 때에는 이 교육을 면제할 수 있다(시행령 §5②).

청원경찰의 교육기간 · 교육과목 · 수업시간 기타 교육실시에 필요한 사항은 행정안전부령으로 정하고 있는데, 신임교육기간은 2주간으로 하고 그 교육과목 및 수업시간은 [별표 1]과 같이 한다.

청원경찰교육과목 및 시간표

학과별	과목		시간
정신교육		정신교육	8
학술교육		형사법	10
		청원경찰법	5
실무교육	경무	경찰관직무집행법	5

실무교육	방범	방범업무	3
		경범죄처벌법	2
	경비	시설경비	6
		소방	4
	정보	대공이론	2
		불심검문	2
	민방위	민방공	3
		화생방	2
	기본훈련		5
	총기조작		2
	총검술		2
	사격		6
술과	체포술 및 호신술		6
기타	입교 · 수료 및 평가		3
계			74

직무교육은 청원주가 소속 청원경찰에 대하여 그 직무집행에 관하여 필요한 교육을 매월 4시간이상 실시하여야 한다. 관할경찰서장은 필요하다고 인정하는 경우에는 청원경찰이 배치된 사업장에 소속공무원을 파견하여 직무집행에 필요한 교육을 실시할 수 있다(시행규칙 §13).

제2장

시큐리티 실무운용론

제2장 시큐리티 실무운용론

제1절 시큐리티 운영체계론

1. 시큐리티 주체조직론

1) 시큐리티관계 주체는 누구인가

시큐리티관계의 주체는 시큐리티작용에서 비롯된 권리의무가 귀속하는 생활관계의 주체로서 권리를 행사하고 의무를 부담할 수 있는 규범상의 사람인 인격체를 말한다. 노예제도가 존재하였던 시대에는 노예는 인격자로 인정되지 않았으나, 오늘날 모든 인간은 성별·연령·출신·빈부 등에 구별 없이 모두 평등하게 법적 인격자로 인정되어 법률행위에 있어서 주체가 된다.

우리가 규범상 사람(人, person)이라고 하면 자연인(自然人)뿐만 아니라 일정한 단체를 법률이 특별히 사람으로 보아주는 법인(法人)이 있고 그 중간단계의 형태로 조합(組合)이 있다.

도해 2-1

* **【 법인의 종류 】**

- 공법인
  - 국가(국민 · 영토 · 주권)
  - 공공단체: 지방자치단체, 공공조합(공사단), 영조물법인 등
- 사법인
  - 재단법인: 비영리 재산의 단체(장학회, 학교재단 등)
  - 사단법인: 사람의 단체
    - ㉠비영리사단법인- 학술·종교·자선·기예 등의 목적(적십자사 등)
    - ㉡영리사단법인- 회사
      - 합명회사: 무한책임 사원으로 구성
      - 합자회사: 유한사원, 무한사원으로 구성된 법인
      - 주식회사: 주식을 소유한 주주로서 구성된 회사
      - 유한회사: 출자금 한도로 유한책임사원으로 구성

여기서 시큐리티의 목적을 달성하기 위해 시큐리티관계의 대상(객체)을 상대로 일정한 행위를 적극적으로 행하는 당사자를 시큐리티의 주체조직이라고 한다. 본래 공적시큐리티의 주체로 국가(대통령 경호처, 군과 경찰, 공무원) 및 공공단체를 들 수 있으나 사인(私人)도 정책적으로 정하는 바에 따라 시큐리티관계의 주체가 될 수 있다. 즉 시큐리티관계의 주체는 그 대상에 따라 군(軍)과 경찰 및 독립국가기관, 민간조직(단체)과 그 구성원(시큐리티요원)이 있다. 시큐리티의 조직화는 시큐리티계획이 수립된 후 인력경비의 경우 경비실시를 위해 필요한 조직체계를 만들고, 시큐리티요원을 채용하고, 이들을 훈련하여 시큐리티조직을 구성하는 것이며, 기계경비에 있어서는 보안시스템을 구축하는 것을 말한다. 이러한 시큐리티관련 부서의 기능별 조직화를 위해서는 각 부서의 특성을 최대한 살리고 부서간의 역할과 기능을 최대한 보장할 수 있도록 시큐리티시스템이 구축한다.

2) 생활관계 주체가 될 수 있는 자격

권리의무의 주체가 될 수 있는 법률상의 지위 또는 자격을 권리능력[法人格] 또는 인격이라고 한다. 권리능력을 가지는 자만이 권리를 가질 수 있으나, 권

리능력이 권리 그 자체는 아니다. 권리능력은 어디까지나 권리의 주체[權利者]가 될 수 있는 추상적·잠재적인 법률상의 지위에 불과하다. 법률은 모든 살아있는 사람[自然人]과, 일정한 사람의 집단[社團] 및 일정한 목적을 가진 재산의 집단[財團]에 대하여 권리능력, 즉 권리와 의무의 주체가 될 수 있는 지위를 인정하고 있으므로 법률상 권리능력자는 자연인과 법인이다.

기업적 생활관계에 있어서의 권리의무의 귀속주체를 상인(商人)이라고 하는데, 이에는 자기명의로 상행위를 영업으로 하는 당연상인과 상행위를 하지 않더라도 점포 기타 유사한 설비에 의하여 상인적 방법으로 영업을 하는 자와 회사와 같은 의제상인이 있다. 당연상인(當然商人)은 자기의 명의로 일정한 종류의 영업을 하는 자로서, 자기가 기업활동의 결과로 생기는 권리의무의 구속 주체가 되는 것을 의미하고 따라서, 타인명칭을 사용하든, 타인을 대리시키든, 타인의 계산으로 하든, 행정청에 대한 신고나 납세를 타인명의로 하든, 타인소유의 경영수단을 이용하든 불문하고 실질적으로 판단한다. 영업으로 한다는 것은 영리목적으로 계획적으로 동종의 행위를 계속 · 반복하는 것으로 오로지 임금을 받을 목적으로 물건을 제조하거나 노무에 종사하는 자의 행위는 상행위가 아니므로 상인이 아니다. 의제상인(擬制商人)은 점포 기타 유사한 설비에 의하여 상인적 방법으로 상행위 아닌 영업을 하는 자를 말한다. 점포 기타 유사한 설비에 의하여 상인적 방법으로 영업을 하는 설비상인과 상행위 이외의 영리사업을 목적으로 하여 설립된 회사가 있는데, 민사회사는 상인적 설비가 가장 완비된 의제상인이므로 상법의 적용을 받는다. 즉, 회사(會社)는 상행위를 하지 않더라도 상인으로 본다.

권리능력자가 일정한 내용 또는 형식의 영업을 함으로써 취득하는 상인으로서의 지위 또는 자격을 상인자격이라고 하는데, 이는 상인자격을 취득할 수 있는 적격(상인적격)을 의미하기도 한다. 권리능력은 민사소송의 당사자[原告 · 被告]가 될 수 있는 일반적 지위 또는 자격인 당사자능력과 구별된다[訴訟法上 權利能力]. 소송당사자로서 자신이 소송을 수행하는데 필요한 능력을 소송능력(訴訟能力)이라고 한다[訴訟法上 行爲能力].

자기 행위의 의미나 결과를 정상적인 인식력과 예기력으로 합리적으로 판단할 수 있는 정신적 능력 내지 지능을 의사능력(意思能力)이라고 하고, 의사능력이 없는 자를 의사무능력자(意思無能力者, 획일적인 기준은 없고, 구체적인 행위에 관하여 개별적으로 판정하나, 대체로 10세 미만의 유아와 그 정도의 지능을 가진 자, 泥醉者 등)라 하고, 의사무능력자의 행위는 법률적 효과가 인정되지 않는다(무효). 그리고 책임능력(責任能力, 不法行爲能力)이란, 불법행위에 대한 판단능력, 즉 자기 행위의 결과가 위법한 것으로서 법률상 비난받는 것임을 인식하는 정신능력을 가리킨다. 민법은 불법행위에 대하여 과실책임주의를 취하고 있어, 불법행위 책임이 생기려면 자기의 행위의 결과를 판단할 수 있는 정신적 능력이 있어야 하고, 이러한 판단능력이 없는 자는 손해배상 책임, 즉 불법행위 책임을 부담하지 않는다. 책임능력의 판정에 관한 획일적 표준은 없으며, 언제나 각 경우에 개별적으로 판단하게 된다.

행위능력(行爲能力)은 단독으로 완전하고 유효한 법률행위를 할 수 있는 지위 또는 자격을 가리킨다. 민법상 '능력'이라 하면 보통 행위능력을 가리킨다. 민법은 행위능력에 관하여 형식적·획일적인 판단 기준을 두고 있으나, 소극적으로 행위능력이 없는 자[行爲無能力者]에 대하여 규정을 두고, 행위무능력자가 아닌 모든 사람을 행위능력자로 하고 있다. 상인자격을 가진 자가 스스로 영업을 할 수 있는 영업상의 행위능력을 영업능력(營業能力)이라고 한다. 행위무능력자를 제외한 상인은 일반적으로 영업능력이 있다.

참고

*** 【 행위무능력자 】**

(1) 未成年者 – 만20세로 成年이 되며(민법 §4), 성년에 달하지 않은 자를 未成年者라 한다(연령의 계산은 출생일을 산입. 가족관계등록부의 기재는 추정적 자료에 불과).

㉮ **미성년자의 행위능력 –** 미성년자가 법률행위를 하려면 원칙적으로 法定代理人의 同意를 얻어야 한다(민법 §5① 본문). 동의를 얻지 아니한 행위는 본인 또는 법정대리인이 취소할 수 있다(민법 §5②).

그러나, ㉠ 단순히 권리만을 얻거나 의무만을 면하는 행위(민법 §5①단서), ㉡ 處分이 허락된 재산의 처분 행위(민법 §6), ㉢ 영업이 허락된 미성년자의 그 영업에 관한 행위(민법 §8①), ㉣ 미성년자가 타인의 代理人으로서 하는 代理行爲(민법 §117), ㉤ 遺言行爲(민법 §1061, 만17세에 달한 자), ㉥ 법정대리인의 허락을 얻어 회사의 무한책임사원이 된 미성년자가 그 사원자격에 기하여 하는 행위(상법 §7), ㉦ 勤勞契約과 賃金의 청구(근로기준법 §65,66) 등의 경우는 예외로 법정대리인의 동의 없이 미성년자가 단독으로 유효한 법률행위를 할 수 있다(이 경우도 意思能力은 있어야 함).

㉯ **법정대리인** – 미성년자의 법정대리인은 1차적으로는 親權者가 되고, 친권자가 없거

나 그 권한을 행사할 수 없을 때에는 2차적으로 後見人이 법정대리인이 된다. 법정대리인은 同意權, 代理權, 取消權을 가진다.

(2) **限定治産者** – 본인의 心神이 薄弱하거나 재산의 낭비로 자기나 가족의 생활을 궁박하게 할 염려가 있는 자로서, 본인, 배우자, 4촌 이내의 친족, 후견인 또는 검사의 청구에 의하여 법원으로부터 限定治産 선고를 받은 자이다. 한정치산자의 능력은 원칙적으로 미성년자와 동일하다. 한정치산자에게는 법정대리인으로 後見人을 두어야 한다. 한정치산의 원인이 소멸한 때에는 한정치산 선고 청구권자의 청구에 의하여 법원이 취소하며, 취소의 효과는 소급하지 않는다.

<table>
<tr><th>구분</th><th>미성년자</th><th>한정치산자</th><th>금치산자</th></tr>
<tr><td>의의</td><td>만20세미만자</td><td>심신박약 · 재산낭비 선고된 자</td><td>심신상실 선고자</td></tr>
<tr><td>행위능력</td><td colspan="2">단독 또는 법정대리인의 허락에 의한 한정적 능력인정
㉠ 권리만을 얻거나 의무만을 면하는 행위(민법 §5①단서).
㉡ 범위를 정해 처분을 허락한 재산의 처분행위(민법 §6).
㉢ 許諾된 營業에 관한 행위(민법 제8조, 등기요-상법 §6).
㉣ 代理行爲(민법 §117)
㉤ 會社의 無限責任社員資格으로 인한 행위(상법 §7).</td><td>전면적 행위무능력자
(법률행위는 항상 취소가능, 민법 §13)</td></tr>
<tr><td rowspan="2">법정대리인의 권한</td><td colspan="2">同意權(민법 §5 · 6 · 8) · 撤回權(§7 · 8②) · 대리권(§920 · 949) · 取消權(§5 · 140) · 追認權(§143)</td><td>요양 · 감호(민법 §947), 재산관리 · 대리(민법 §938 · 949), 취소권(민법 §13 · 140), 대리권 제한(민법 §949 ② · 920 · 950 · 956)</td></tr>
<tr><td colspan="3">영업의 대리는 등기요(상법 §8)</td></tr>
</table>

(3) **禁治産者** – 心神喪失의 상태에 있는 자로서 일정한 자(한정치산 선고 청구권자와 같음)의 청구에 의하여 법원으로부터 금치산선고를 받은 자이다. 禁治産者의 행위는 후견인이 언제나 취소할 수 있다(민법 §13). 그러나, 約婚, 婚姻, 協議 離婚, 認知, 入養, 罷養 등은 후견인의 동의를 얻어 할 수 있고, 만17세에 달한 자는 의사능력이 회

복된 때에 한하여 단독으로 유언을 할 수 있다. 금치산자에게는 법정대리인으로 후견인을 두어야 한다. 금치산의 원인이 소멸한 때에는 일정한 자의 청구에 의하여 법원이 취소한다.

3) 시큐리티의 주체

시큐리티 목적을 달성하기 위하여 적극적으로 일정한 시큐리티 작용을 주도적으로 실시하는 기관 및 부서를 지칭하는 시큐리티 주체로서 시큐리티조직은 범죄나 재난을 예방하고 진압함으로써 그 대상자의 신변을 보호하거나 대상을 경비하는 조직이다. 시큐리티조직의 성격은 시큐리티활동에 가장 큰 영향을 미치는 직접적 요인으로 작용한다.

「한국표준직업분류」[27]상 경비관련 관리자(코드: 15303)가 있고, 서비스종사자로 "경찰·소방 및 보안관련 서비스직"(코드: 41)이 있는데 이는 범죄예방, 시민의 안전보호 등 인명과 재산을 보호하고 질서를 유지하며 법률과 규정을 이행토록 하는 경찰관과 화재, 안전사고, 기타 위험에 대처하는 소방관, 수감자를 교도·감독·관리하는 교도관 및 경호보안관련 종사자가 여기에 분류된다. 이 중분류의 직업은 '경찰·소방 및 교도 관련 종사자'(411)와 '경호 및 보안관련 종사자"(412)의 소분류로 구성된다. 경호 및 보안 관련 종사자는 불법적 출입, 도난, 폭력 및 기타 불법적인 행위를 예방하기 위하여 건물과 지역을 순찰하는 경호요원과 청원경찰, 무인경비시스템 종사자 및 기타 경호·보안관련 종사자를 포함한다. 경호원(41210)은 개인의 신변을 보호하는 자로서 개인을 호위하여 신체적 상해나 납치를 방지하고 사생활의 침해를 예방하는 자(예 경호요원·보디가드 등)를 말하며, 주요 업무로는 요인, 유명인사, 연예인의 신변안전을 위하여 경호임무를 수행한다. 청원경찰(41220)은 청원경찰법에 따라 은행, 공공건물 또는 박

27) 한국표준직업분류는 수입(경제활동)을 위해 개인이 하고 있는 일을 그 수행되는 일의 형태에 따라 유형화(분류)한 것이다. 한국표준직업분류는 수입(경제활동)을 위해 개인이 하고 있는 일을 그 수행되는 일의 형태에 따라 유형화(분류)한 것이다. 한국표준직업분류(KSCO : Korean Standard Classification of Occupations)는 직업관련 통계자료의 정확성 및 비교성을 확보하기 위하여 작성된 것으로 ILO의 국제표준직업분류(ISCO : International Standard Classification of Occupations)에 기초하여 제정되었다. 현행 직업분류는 직업구조의 변화를 반영하기 위하여 2007년 7월 2일 제6차 개정고시(통계청 고시 2007-3호), 동년 10월 1일부터 시행되었다. http://kostat.go.kr/kssc/main/MainAction.do?method=sub&catgrp=kssc&catid1=kssc02

물관 등의 사업체에서 재산 또는 시설의 치안을 유지하며 절도, 폭력, 법률위반 행위 또는 기타 불법행위를 방지하는 자를 말하며, 그 주요 업무는 도난, 폭력, 규칙위반 또는 기타 불법적인 행위를 예방하기 위하여 건물과 공공건물을 순찰하고 관리한다. 무인경비원(41230)은 도둑의 침입, 화재, 가스누출, 보안기기의 사용미숙 및 자체고장 등 보안기기의 감지에 따라 보안 관제원의 대처지시를 받고 출동하는 자를 말한다. 기타 경호 및 보안 관련 종사원(4129)은 보안기기를 관리하며 이상 발생 시 무인경비원과 시스템에 알리는 보안관제원을 비롯하여 매장감시원, 주차단속원, 안전순찰원이 포함되며, 그 주요 업무로는 ㉠ 도둑의 침입, 화재, 가스누출, 보안기기의 사용미숙 및 자체고장 등 보안기기를 관리하며, ㉡ 사건 및 사고의 내용을 판단하여 정상화하고 사고확대 방지, 재발방지, 원상복구 등의 조치를 하여 보고한다. ㉢ 도난, 화재 등으로 인한 피해를 미연에 방지하기 위하여 건물의 내·외부를 순찰하여 안전을 확인하며, ㉣ 무인경비시스템을 관리·통제·출동하며, ㉤ 매장의 물품을 감시하며, ㉥ 불법주차를 단속하는 업무를 수행한다. 이 세분류(4129)의 직업은 다음의 4개 세세분류로 구성되어 있다. 이는 ⓐ 도둑의 침입, 화재, 가스누출, 보안기기의 사용미숙 및 자체고장 등 보안기기를 관찰, 유지, 보수하는 자로서, 이상 발생시 무인경비원 및 시스템을 통해 알리는 일을 하는 보안관제원(41291), ⓑ 물품의 유통을 위하여 창고나 매장에 보관된 물건의 보호를 위하여 고객을 감시하는 유통 및 매장 감시원(41292, 예 물품 보관원, 매장·창고 감시원), ⓒ 주로 지방자치단체에 고용되어 불법주차를 확인하고 증거를 채집하며 단속을 실시하는 주차 단속원(41293), ⓓ 그 외 경호 및 보안 관련 종사원(41299, 예 안전 순찰원, 귀중품 수송원 등)으로 안전을 위하여 공사장, 위험시설 등의 위험한 장소에서 안전여부를 정기적으로 순찰조사하고, 일반인들의 접근을 막아 사고방지를 하는 안전 순찰원이나 상기 세세분류 어느 항목에도 포함되지 않은 기타 경비관련 종사자가 여기에 분류된다. 그 외에 경비관련 단순노무 종사자로 경비원 및 검표원(942)이 있는데, 아파트, 주택, 사무실, 교회 및 기타 건물을 관리하며, 불법적인 침입과 도난을 방지하기 위하여 가옥과 기타 재산을 감시, 경비하거나 검표하는 업무를 한다. 이 소분류의 직업은 2개 세분류(9421 경비원, 9422 검표원)로 구성되어 있다. 경비원(警備員)은 아파트, 주택, 사무실, 교회 및 기타 건물을 관리하며, 불법침입과 도난을 방지하기 위하여 가옥과 기타 재산을 감시·경비한다. 그 주요 업무는 ⓐ 건물에서 방문자의 출입을 점검하고 필요한 정보를 제공하며 불법침입 또는 도난, 화재 및 기타 위험 방지와 재산을 감시한다. ⓑ 건물을 관리하며 간단한 수선 및 정비를 한다. ⓒ 타인에게 해를 주는 소음, 진동 등의 거주자 및 기타 건물 사용자의 행위를 규제한다. ⓓ 거주자를 대신해서 배달물을 접수하거나 방문자에게 필요한 정보를 제공하는 등 부재중인 거주자를 위하여 소규모의 서비스를 제공한다.

경비원(세분류 9421)의 직업은 ⓐ 아파트의 내·외부를 순찰하고 출입자를 통제하며 각종 시설물을 유지 및 관리하는 아파트경비원(94211), ⓑ 학교의 내·외부를 순찰하고 출입자를 통제하며 각종 시설물을 유지 및 관리하는 자를 말한다. 또한 일반적인 빌딩이나 업무 공간 및 공장의 내·외부를 순찰하고 출입자를 통제하며 각종 시설물을 유지 및 관리하는 건물 경비원(94212, 예 청사·학교·상가·건물경비원, 병원·빌딩경비원, 빌딩시설경비원, 빌딩보안원, 시장경비원, 공장경비원, 공사현장경비원, 공사경비원 등), ⓒ 교회 관리인·성당지기, 공원순찰원·공원안전요원, 공원관리인·공원질서요원, 놀이시설질서유지원·별장관리인 등 ⓐⓑ 어느 항목에도 포함되지 않은 유사한 직무를 수행하는 그 외 경비원(94219)의 3개 세세분류로 구성되어 있다.

시큐리티를 담당하는 주체로서 시큐리티기관에는 공(公)시큐리티기관과 민간시큐리티기관으로 나눠 볼 수 있다. 시큐리티제도는 과거의 군사적 기능, 행정적 기능, 공경비와 민간경비 기능 등의 미분화 상태에서 탈피하여 법적·제도적으로 경찰기능과 시큐리티기능, 민간경비 기능이 분화되어 수행한다. 현대의 시큐리티기능을 수행하는 대표적인 조직으로는 대통령실경호처, 경찰, 민간경비조직 등이 있다. 공(公)시큐리티조직은 공권력을 기초로 하여 시큐리티활동을 하며 국가원수와 고위정치인들을 시큐리티의 대상으로 하고 있다. 공(公)시큐리티기관으로는 국가(경호처, 국군, 경찰) 및 공공단체를 들 수 있으나, 민간 또는 사법인(민간시큐리티기관)에게도 법률이 정하는 바에 따라 시큐리티권이 위임되는 경우가 있으며, 그 범위 내에서 일반인도 시큐리티의 주체가 될 수 있다.

(1) 공(公)시큐리티의 주체

공적 시큐리티의 주체는 대통령실경호처 및 그 소속 시큐리티요원, 국군, 경찰 등이며, 민간[私]경비의 주체는 청원경찰, 경비업자, 경비원, 경비협회, 경비지도사, 경비지도사협회[28] 등이라고 할 수 있다.

대통령 및 대통령당선자, 전직대통령 및 그의 가족 등을 경호하기 위하여 대통령경호처가 있고 대통령경호를 위해서는 대통령경호안전대책위원회가 있는데 이 구성원에 속한 기관이 대통령시큐리티기관으로 보면 된다. 대통령 등에 대한 경호를 효율적으로 수행하기 위하여 경호의 조직·직무범위와 그 밖에 필요한 사항을 규정함을 목적으로 「대통령 등의 경호에 관한 법률」을 제정하고(§1), 대통령 등의 경호에 관한 사무를 분장하기 위하여 대통령실장 소속으로 경호처를 둔다(§3①)고 규정되어 있으며 그 하부조직을 동법 시행령에서 정하고 있다.

경호기구는 경호안전대책활동에 관한 업무를 통괄하는 대통령경호처장을 비롯하여 경호처 차장 및 하부조직과 직원(경호공무원) 등으로 구성되어 있다. 경호공무원에 대하여는 성실의무, 복종의무, 친절공정의무, 비밀엄수의무, 청렴의무, 품위유지의무 등의 의무와 직장이탈금지, 영리 및 겸직금지, 정치운동금지, 집단행동금지, 직권남용금지 등의 금지의무를 부여하고 있다. 아울러 대통령 경호임무 수행에 있어서 관계부서의 책임을 명확히 하고 관계부서간의 협조를 원활하게 함으로써 대통령 경호임무수행에 만전을 기하기 위하여 「대통령경호안전대책위원회규정」에 따라 대통령실장 소속하에 대통령경호안전대책위원회를 두고 있다. 동위원회의 위원장은 대통령경호처장이 되며, 부위원장은 대통령경호처 차장이 된다. 위원은 국가정보원 6국장, 외교통상부 재외동포영사국장, 법무부 출입국·외국인정책본부장, 국방부 조사본부장, 문화체육관광부 관광산업국장, 방송통신위원회 통신정책국장, 국토해양부 항공정책관, 관세청 조사감시국장, 대검찰청 공안기획관, 경찰청 보안국장, 소방방재청 소방정책국장, 해양경찰청 경비안전국장, 합동참모본부 작전부 작전처장, 국군기무사령부 1처장, 수도방위사령부 작전처장과 위원장이 임명 또는 위촉하는 자로 구성한다. 대통령경호안전대책활동(이하 '안전대책활동')에 관하여는 위원회 구성원 전원과 그 구성원이 속하는 기관의 장이 공동으로 책임을 지며, 각 구성원은 위원회의 결정사항 기타 안전대책활동을 위하여 부여된 임무에 관하여 상호간 최대한의 협조를 하도록 하고 있다.

2010년 11월 서울에서 개최된 G20정상회의는 미국, 중국, 러시아 등 세계주요 20개국 정상을 비롯하여 15개국의 초청국 정상 등 총 35개국의 정상이 참석하여공식

28) 사단법인으로 한국경비지도사협회를 창립하여(1997.7.2) 경찰청의 법인허가를 받아 등록되어(2000.3.27) 경비지도사의 권익보호와 위상제고 및 자질향상을 위하여 제도와 법령의 정비, 직무 능력배양을 위한 연구활동을 비롯하여 경비지도사의 선임업무와 후생복리증진사업을 수행하고 있다.

수행원만 3천여명에 이르는 건국 이래 최대 규모의 국제회의로, 세계주요정상들에 대한 효율적인 경호안전업무의 수행을 위하여 대통령 소속으로 경호안전통제단을 설치하여 경호안전 종합대책을 수립 · 시행하고, 경호안전구역에서 검문검색 등 필요한 안전 활동을 하며, 집회 및 시위의 제한을 요청하고, 국가중요시설과 불특정 다수인이 이용하는 시설에 필요한 인력을 배치할 수 있도록 하는 등 「G20정상회의 경호안전을 위한 특별법」을 한시법으로 제정하였다(2010.10.1~2010.11.15). 그 주요내용으로는, G20정상회의를 개최함에 있어 효율적인 경호안전업무의 수행을 위하여 필요한 사항을 규정함을 목적으로 하고(§1), G20정상회의 경호안전업무에 관하여 다른 법률보다 우선하여 적용하도록 한다(§2). G20정상회의 경호안전 종합대책의 수립 · 시행을 위하여 대통령 소속으로 경호안전통제단을 설치하고, 통제단장은 대통령실 경호처장으로 하며(§3) 필요한 경우 행정기관 등의 장에게 경호안전업무의 지원 및 인력 동원에 관하여 필요한 협조를 요청할 수 있도록 하며(§4) 경호안전업무의 수행을 위하여 필요하다고 판단하는 경우 관계 기관의 장과 협의하여 정상회의 개최장소 주변 등을 경호안전구역으로 지정하고 이를 공고하도록 한다(§5). 통제단 소속 공무원과 지원 경찰관 등 정상회의 경호안전업무를 담당하는 공무원은 경호안전 목적상 불가피하다고 인정되는 상당한 이유가 있는 경우에 한하여 경호안전구역에서 질서유지, 교통관리, 검문 · 검색, 출입통제, 위험물의 탐지 및 안전조치 등 위해방지에 필요한 안전 활동을 할 수 있도록 하고(§6), 경호안전구역 안에 출입하는 모든 사람은 경호안전 활동에 협조하도록 한다(§7). 통제단장은 교통소통, 질서유지 등 경호안전업무 수행을 위하여 필요한 경우 관할 경찰관서의 장에게 경호안전구역에서의 집회 및 시위를 제한하여 줄 것을 요청할 수 있고, 요청을 받은 관할 경찰관서의 장은 이를 제한하도록 하고(§8), 경호안전 목적 달성을 위하여 필요한 경우 경찰청장 등 경호안전관련 기관의 장과 협의하여 국가중요시설과 불특정 다수인이 이용하는 시설에 필요한 인력의 배치 및 장비를 운용할 수 있도록 하고 있다(§9).

국가정보원에서는 대테러에 대한 정보수집 · 분석, 대테러부대에 대한 지도 및 지원 등의 업무를 맡고 있으며, 한국의 대테러 부대로는 707특수임무대대를 비롯한 특전사와 화생방 방호사령부, 868경찰특공대, 해군 특수전여단의 대테러 특임대 등의 부대를 중심으로 육군의 특전사 각 여단정찰대, 헌병 특별경호대, 수도방위사령부 특공대, 각급 특공부대의 특임대 등이 있다. 특전사령부예하 707특임대는 1개의 고공지역대와 1개의 해상지역대, 2개의 특공지역대로 구성되어 있으며 평시에 대테러 임무를 수행하는 최정예부대이다. 특히 부대설치의 주목적을 대통령경호를 위한 특수경비업무 및 통신지원업무 등의 주목적을 대통령경호를 위한 특정 경비임무 및 통신지원업무 등의 기능을 띠고 있는 부대로는 수도방위사령부령에 의해 설치된 수도방위사령부와 국군통신사령부령에 의해 설치된 국군지휘통신사령부의 경우를 들 수 있다.

국무총리, 국회의장, 대법원장, 헌법재판소장 등의 주요 인사는 경찰이 경호를 담당하고 있다. 이와 같은 경찰의 경호계획의 수립 및 지도, 요인의 보호에 관한 경호행정은 경찰청 교통경비국 경호과에서 담당하고 있다. 아울러 서울특별시지방경찰청에 경비부, 차장하부에 101경비단, 기동단, 22특별경호대, 국회경비대, 정부중앙청사경비대, 김포공항경찰대, 경찰특공대 및 202경비대 등을 두고 있으며, 인천광역시에는 인천국제공항경찰대를 두고 있다.

군내보안 및 방첩 기밀보호를 주 업무로 하는 국군기무사령부(機務司, Defense Security Command)의 비중은 시큐리티분야에서 크게 작용한다. 시큐리티기관으로서의 기무사의 주요업무는 시큐리티위해 첩보를 수집하여 분석하고 사고를 사전에 보호하여 대비책을 마련한다. 공식시큐리티 행사시는 행사시큐리티를 전담으로 하는 시큐리티담당부대가 기무사 요원으로 편성되며, 고도의 훈련을 거쳐 대통령경호처에 파견되어 시큐리티지원업무를 수행하며, 주요장성 및 국방관련 주요인물에 대해서도 국군기무사령부에서 시큐리티업무를 지원하고 있다. 또 대통령의 직무수행 및 대통령경호처의 경호임무 수행에 관련된 통신망의 구축 및 운용(국군지휘통신사령부령 §2제5호)업무를 국방부장관이 대통령실장에게 위탁할 수 있도록 하고 있다. 육·해·공군본부직제에 의한 헌병감은 군풍기의 유지·범죄예방·범죄수사 및 요인경호 등 군사경찰에 관한 사항을 분장한다.

국군 관련 업무를 제외한 시큐리티업무는 주로 경찰청에서 실시하며, 시큐리티업무는 해당 지방경찰청장 책임하에 실시하며 경찰청에서는 대통령 시큐리티업무를 지원하기 위해 경찰특공대를 운영하고 있으며 기타 주요 인사 신변보호업무도 경찰청에서 담당하고 있다.

대통령경호를 지원하기 위해서 시큐리티담당부대를 운영하고 있으며, 정예요원들로 구성하여 시큐리티업무를 수행하고, 대통령경호업무에 지원하고 있다. 그 이외에도 국가정보원, 법무부 출입국관리국, 국토해양부, 문화체육관광부, 합동작전참모본부, 육군본부 등이 직·간접적으로 시큐리티 업무를 지원하고 있다. 그 외에도 법정·호송 경비와 행정지원 등 부수업무를 맡고 있는 경비교도대나 법정경비관리대, 검찰청사 경비 및 보안을 맡는 방호원(防護員·기능직 10급) 등도 있다.

(2) 민간시큐리티의 주체

민간시큐리티업체에서 경찰청의 신변보호 업무의 허가를 취득하여 시행하는 사설시큐리티기관이 있다. 이들은 국가의 국가경호기관 시큐리티대상에 포함되어 있지 않은 정치인, 경제인, 연예인 등의 요청에 의하여 시큐리티의 대상을 위해 시큐리티서비스를 제공한다. 이처럼 사설신변보호업무를 담당하는 업체를 통틀어 민간시큐리티기관으로 부른다.

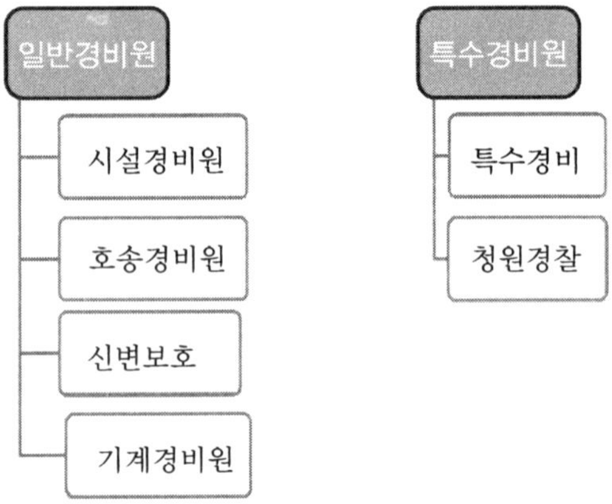

민간시큐리티업체의 임원에 대한 결격사유는 「경비업법 」 제5조 임원의 결격사유로 임원취임을 제한하고 있다. 경비업체 임원·경비원·청원경찰의 신분적 결격사유를 종합해 보면 다음과 같다.

[표 2-1] 경비업법인임원·경비원·청원경찰의 신분적 결격사유 비교

구분	내 용	근거법조항
경비업 법인 임원	1. 금치산자 또는 한정치산자 2. 파산선고를 받고 복권되지 아니한 자 3. 금고 이상의 형의 선고를 받고 그 형이 실효되지 아니한 자 4. 경비업법 또는 「대통령 등의 경호에 관한 법률」에 위반하여 벌금형의 선고를 받고 3년이 지나지 아니한 자(특수경비업무를 수행하는 법인) 5. 경비업법 또는 이 법에 의한 명령에 위반하여 허가가 취소된 법인의 허가취소 당시의 임원이었던 자로서 그 취소 후 3년이 지나지 아니한 자(허가취소사유에 해당하는 경비업무와 동종의 경비업무를 수행하는 법인)	경비업법 §5

구분		결격사유	근거
경비원	일반	1. 만18세 미만인 자, 금치산자, 한정치산자 2. 파산선고를 받고 복권되지 아니한 자 3. 금고 이상의 실형의 선고를 받고 그 집행이 종료(집행이 종료된 것으로 보는 경우를 포함)되거나 집행이 면제된 날부터 5년이 지나지 아니한 자 4. 금고 이상의 형의 집행유예선고를 받고 그 유예기간중에 있는 자	경비업법 §10①
	특수	1. 만18세 미만 또는 만60세 이상인 자, 금치산자, 한정치산자 2. 위의 제1항제2호 내지 제4호의 1에 해당되는 자 3. 금고 이상의 형의 선고유예를 받고 그 유예기간중에 있는 자 4. 행정안전부령이 정하는 신체조건(팔과 다리가 완전하고 두 눈의 맨눈시력 각각 0.2 이상 또는 교정시력 각각 0.8 이상)에 미달되는 자	경비업법 §10② 경비업법 시행규칙 §7
청원경찰		1. 금치산자 또는 한정치산자 2. 파산선고를 받고 복권되지 아니한 자 3. 금고 이상의 실형을 선고받고 그 집행이 종료되거나 집행을 받지 아니하기로 확정된 후 5년이 지나지 아니한 자 4. 금고 이상의 형을 선고받고 그 집행유예 기간이 끝난 날부터 2년이 지나지 아니한 자 5. 금고 이상의 형의 선고유예를 받은 경우에 그 선고유예 기간 중에 있는 자 6. 법원의 판결 또는 다른 법률에 따라 자격이 상실되거나 정지된 자 7. 공무원으로 재직기간 중 직무와 관련하여 「형법」 제355조(횡령, 배임) 및 제356조(업무상의 횡령과 배임)에 규정된 죄를 범한 자로서 300만원 이상의 벌금형을 선고받고 그 형이 확정된 후 2년이 지나지 아니한 자 8. 징계로 파면처분을 받은 때부터 5년이 지나지 아니한 자 9. 징계로 해임처분을 받은 때부터 3년이 지나지 아니한 자	청원경찰법 §5② (국가공무원법 §33)

그러나 경비업법 · 청원경찰법은 금치산 · 한정치산, 파산 등과 같은 민법상의 관점을 제외하면, 형법에 의한 신분상의 결격사유는 오직 형벌(금고 이상의 실형, 자격형, 징계)을 기준으로 정하고 있을 뿐이다. 어떻게 해당 형벌을 받게 되었는지 원인이 되는 범죄행위는 묻고 있지 않다.

경비업이 시설주 내지는 의뢰주(고객)의 생명 · 신체 · 재산을 보호함을 그 임무로 한다. 그렇다면 예컨대 방화죄, 절도 · 강도죄, 폭행 · 상해죄, 강간죄, 업무상 횡령죄 등 시큐리티업무와 밀접하게 관련된 범죄행위로 처벌을 받은 자는 그 기간과 관계없이 경비업에 진출할 수 없도록 결격사유를 규정하는 것이 바람직하다. 과연 경비업체의 임원이나 경비원, 청원경찰이 그러한 범죄로 실형을 선고받은 경력자라는 사실을 안다면, 어떤 시설주 · 고객이라도 자신의 시설과 사업장의 경비를 위탁하지 않을 것이다.

경비업자는 경비업무를 수행함에 있어 특별한 권한이 부여되지 아니함을 유의하고, 「경비업법」제7조(경비업자의 의무)에서 경비대상시설의 소유자 또는 관리자(이하 '시설주')의 관리권 행사의 범위 안에서 업무를 수행하여야 하며 다른 사람의 권리와 자유를 침해하거나 정당한 활동에 간섭하여서는 안된다고 명시하고 있다. 경비업자는 경비업무를 성실하게 수행하여야 하고, 도급을 의뢰받은 경비업무가 위법 또는 부당한 것일 때에는 이를 거부하여야 한다. 경비업자는 불공정한 계약으로 경비원의 권익을 침해하거나 경비업의 건전한 육성과 발전을 해치는 행위를 하여서는 안되며, 경비업체의 임 · 직원이거나 임 · 직원이었던 자는 다른 법률에 특별한 규정이 있는 경우를 제외하고는 그 직무상 알게 된 비밀을 누설하거나 다른 사람에게 제공하여 이용하도록 하는 등 부당한 목적을 위하여 사용하여서는 안되며, 허가받은 경비업무외의 업무에 경비원을 종사하게 하여서는 안된다. 민간시큐리티업자는 업체 전반에 관한 관리를 하여야 하며 해당관청에 관한 사무를 법률에 위배됨이 없이 처리하여야 한다.

종전의 시큐리티근무자는 건물이나 회사의 출입관리나 아파트 경비원 등으로서 개인적으로 회사에 채용되어 별로 대수롭지 않게 생각되는 근무를 함으로써 그 존재가치가 뚜렷이 드러나지 않는 경우가 대부분이었다.

그저 있어도 그만, 없으면 조금 아쉬운 그런 사람들이었다. 그러나 점차 재산의 규모가 커지고, 보안사항이 많아지며, 범인이 흉포해지고, 범죄가 다양해짐에 따라 범죄에 대항하는 경비근무자들의 근무 방법도 발전을 거듭하게 되었다. 의뢰받은 경비대상을 보호하기 위해 가스총 등 방범장비를 소지하고 근무하며 기동력도 경찰 못지 않은 시큐리티업체가 많이 출현하였다.

2. 시큐리티 대상(객체)론

1) 법률관계 객체의 종류

권리는 권리의 내용인 일정한 이익의 향유를 위하여 법률에 의하여 권리주체에게 주어진 법률상의 힘이라고 하는데, 특정의 생활이익을 권리의 목적 또는 내용이라 하고, 이 생활이익이 발생하기 위하여 필요한 일정한 대상을 권리의 객체(客體)라고 한다. 가령 甲이 乙에 대하여 일정한 급부를 청구할 때의 乙의 작위 또는 부작위는 채권의 목적이며, 채무를 지는 특정인의 행위(給付)가 채권의 객체이다. 한편 A가 일반인에 대하여 자기의 소유물을 침해하지 않도록 청구하는 것이 물권의 목적이며 그의 소유물이 A의 물권의 객체이다. 이처럼 권리의 객체는 권리의 종류에 따라서 다양하다. 물권에 있어서는 일정한 물건이 물권의 객체이고, 채권에 있어서는 특정인(債務者)의 행위(給付)이며 그리고 주체와 분리할 수 없는 권리인 인격권에 있어서는 권리주체 자신이 동시에 권리의 객체가 된다[權利위의 權利 : 權利, 形成權 : 법률관계, 無體財産權 : 정신적 산물, 親族權 : 친족법상의 지위 등].

법률관계의 대상으로서 추상적으로는 영토·바다·하늘 등 모든 물건이 객체가 될 것이나, 현실적으로는 재(財, Güter) 또는 재산으로서 유형재나 무형재 및 관리가능 또는 매매가능(marketable)하면 그 목적이 된다고 볼 수 있다. 보통 재산(財産)이라고 하면, 어떤 주체를 중심으로 또는 일정한 목적 하에 결합된 금전적 가치가 있는 물건 및 권리·의무의 총체를 일컫는다. 이러한 총체가 어떤 법률관계에 있어서 일체로서 다루어질 때에 법률상의 재산이라고 하는 관념에 특유한 의의가 인정된다. 그러나 재산 가운데서도 주체를 중심으로 하는 것은 그 독립성이나 일체성이 약하며, 그 의의가 적다. 예컨대, 재단법인의 출연재산·조합재산·신탁재산·파산재단·재단저당에서의 재단 등이 그 예이다. 또 재산은 동산·부동산 기타 재산권이라는 의미로 사용된다. 예컨대, 미성년자에게 처분이 허락된 재산(민법 §6), 증여의 목적인 재산(민법 §554), 제3자가 자에게 무상으로 준 재산(민법 §918) 등이다. 이 경우에는 처분 허락·증여·출자 등의 목적물인 경제적 가치가 있는 물건 또는 가치가 재산이라고 총칭된다.

여기에서는 물건(동산·부동산·화폐도 포함), 사람의 행위(노동 및 용역-인간 욕망을 직접 충족시키는 비물질적 생산행위), 저작권·산업재산권 같은 무형적 재화, 유가증권 등이 있다.

[표 2-2] 財(Güter)의 분류

<table>
<tr><td rowspan="13">物件
(財)</td><td rowspan="9">有形財</td><td rowspan="7">可動財</td><td colspan="3">非去來財(불융통물)…公共物, 公物(公有物, 公用物, 禁制物)</td></tr>
<tr><td rowspan="5">去來財
(융통물)</td><td rowspan="2">實質財</td><td>物品</td></tr>
<tr><td>에너지(준동산)…전력</td></tr>
<tr><td rowspan="3">形式財
(有價證券)</td><td>화폐증권…어음·수표</td></tr>
<tr><td>자본증권…株式·社債</td></tr>
<tr><td>물품증권…창고증권·선하증권(B/L)·화물상환증</td></tr>
<tr><td colspan="3">交換手段(貨幣)…통화, 국제통화</td></tr>
<tr><td rowspan="2">不動財</td><td colspan="3">不動産…토지 및 그 정착물</td></tr>
<tr><td colspan="3">準不動産…선박·항공기·자동차·건설기계</td></tr>
<tr><td rowspan="4">無形財</td><td colspan="4">情報財…기술비법(Know-How), program, 전문지, 녹음테이프</td></tr>
<tr><td rowspan="3">權利財</td><td rowspan="2">法定財
(지식
재산권)</td><td colspan="2">저작권</td></tr>
<tr><td colspan="2">산업재산권…특허권, 디자인권, 실용신안권, 상표권</td></tr>
<tr><td colspan="3">慣習財…영업신용권(goodwill)</td></tr>
<tr><td rowspan="4">用役</td><td rowspan="2">單純用役</td><td colspan="4">單純勞務用役…잡역, 기술노무</td></tr>
<tr><td colspan="4">複合勞務用役…변호사, 회계사, 컨설턴트(Consulant)</td></tr>
<tr><td rowspan="2">複合用役</td><td colspan="4">經濟的 用役…機械리스, 호텔, 운송거래</td></tr>
<tr><td colspan="4">文化的 用役…영화, 교양교실</td></tr>
</table>

2) 시큐리티의 대상

시큐리티관계에서 시큐리티 주체의 상대방 즉, 시큐리티 대상을 시큐리티의 객체라 일컫는다. 시큐리티 대상의 종류에는 인적 시큐리티대상과 물적 시큐리티대상으로 나누어 볼 수 있다.

(1) 인적 시큐리티대상

우리가 평생 살아가면서 몇 사람의 생명을 구해줄 수 있겠는가? 생명은 무엇보다 중요한 것이다. 예전에는 돈이 무엇보다 중요하다고 생각하던 시대가 있었다. 지금도 돈이 중요하지 않은 것은 아니다. 그러나 사회의 변화에 따라 사람들은 점차 자신의 생명, 신체가 재산보다 중요함을 깨달아 가고 있다.

시큐리티업무의 한 면을 게재한 어느 신문기사를 보면, "부산에서 모씨가 2m 높이 천막 철구조물에 목을 매 숨져있는 것을 경비원이 발견, 경찰에 신고했다고 한다." 경비근무자가 빨리 발견하였으면 살 수도 있었을 것이다.

서울에서는 중학교를 중퇴한 학생 3명이 아파트 13층 복도에서 40여m 아래 땅바닥으로 뛰어내려 스스로 목숨을 끊었다고 한다.

아파트 경비원 李모씨가 "순찰을 돌고 있는데 '쿵' 하는 소리가 잇따라 들려 가보니 3명이 머리와 등에 피를 흘린 채 쓰러져 있었다"고 말했다. 이 사건 역시 경비근무자에게 빨리 발견되었으면 생명을 건질 수도 있었을지 모른다.

또 다른 사례로서 모 아파트 7층에서는 정신이상자인 친척이 불을 질러 아이가 난간에 매달려 있다가 떨어지는 것을 순찰중인 경비요원이 받아서 살려내기도 했다.

생명을 구해준 경비요원은 한 가족에게 생명의 은인으로 대접받을 것이다. 만약 그 때 경비근무자가 받아주어 살아난 사람이 사회적으로 성공하여 당시 생명의 은인이었던 경비근무자를 초청하는 일은 없을 것인가?

그러면 생명을 구하는 방법이 하늘에서 떨어지는 것을 받아주기만 하면 되는 것인가? 한겨울 심야에 통행인이 별로 없는 뒷골목에 술에 만취되어 쓰러져 있는 사람을 누가 구할 것인가? 아파트 단지 주차장에서 강도범에게 돈을 빼앗기고 칼에 찔려 쓰러져 있는 사람을 누가 가장 먼저 발견할 수 있을 것인가? 경찰관의 눈에 뜨이지 않으면 경비원 밖에 더 있겠는가? 경비요원은 타인의 생명, 신체, 재산과 질서를 보호해 주는 일을 하는 직업이다.

사람에게 목숨보다 더 귀중한 것은 없다. 이러한 목숨을 지켜주는 것은 물론 신체에 대한 위험과 재산까지도 보호해 주는 직업. 보람의 의미를 진정으로 깨달을 수 있는 이 직업이 바로 경비업인 것이다.

한편, 사람의 생명·신체를 보호하기 위한 인적 시큐리티대상은 또 공(公)시큐리티대상과 민간시큐리티대상으로 구분할 수 있으며, 공적 시큐리티대상은 대통령, 군주제의 국왕·수상, 국무총리, 국회의장, 대법원장, 각부 장관급 등 국가의 법에 의한 상시시큐리티대상과 공안기관의 시큐리티환경에 대한 진단 결과에 따라 피해 가능인원에 대한 시큐리티조치를 하게 되는 한시적 시큐리티대상으로 구분할 수 있다. 대통령, 외빈 등과 같은 국가 원수나 국가적 요인으로 국가기관이 담당하는 공적 시큐리티의 형태로서 대통령실 경호처나 경찰, 국군, 국정원 등의 공무원 신분인 시큐리티 요원에 의한 시큐리티 활동이 이루어지는 경우이다. 시큐리티조치에 대한 시행과정은 공시큐리티이든 민간시큐리티이든 간에 그 대상요인의 신변 위협에 대한 시큐리티환경의 안전도 판단에 의해 위해 요소가 있다는 판단을 내리면 이에 따른 요구에 의해 계획이 수립되고 시큐리티 활동이 이루어지게 된다. 「대통령 등의 경호에 관한 법률」(대통령등경호법)에 의한 대통령실 경호처에서는 대통령의 호위나 경호구역(대통령관저 등)을 시큐리티의 대상으로 하고 있다. 대통령등경호법에서는 경호의 대상을 현직 대통령과 그 가족, 대통령당선인과 그 가족, 본인의 의사에 반하지 아니하는 경우에 한하여 퇴임 후 10년 이내의 전직대통령과 그의 배우자 및 자녀(단, 대통령이 임기만료전에 퇴임한 경우와 재직 중 또는 퇴임 후 사망한 경우의 경호기간은 그로부터 5년으로 하되, 퇴임 후 사망한 경우의 경호기간은 퇴임일부터 기산하여 10년을 넘지 아니하는 범위에서 사망 후 5년으로 함), 대통령권한대행과 그 배우자, 방한하는 외국의 국가원수 또는 행정수반과 그 배우자, 그 밖에 경호처장이 경호가 필요하다고 인정하는 국내외 요인 등으로 하고 있다(대통령등경호법 §4).

시큐리티대상의 성향은 경호대상관련 지역감정의 표면화, 종교적 이념대립의 심화, 개인적 원한관계(금전, 이성, 가계, 정치 등), 적대적 세력의 감정대립 발생, 업무추진방법, 스타일(대중집회 등 선호)상의 취약점 노출, 개인적 악성루머 유출, 추종세력의 갈등문제 발생, 부정부패 연루 등으로 나타난다. 예컨대 정치적 관계(정치인)의 경우 쿠데타 등 집권의 정통성, 집권과정의 불법성 대두, 정치적 저항세력, 지역 발생, 대규모 폭력시위 발생, 정파간 정쟁, 이념대립의 심화, 사회계층·세대 이념적 대립감정 상승, 정치적·사회적 소외계층의 발생, 지지도의 하락 및 정책 실패 노출 등이 성향이 나타나게 되는 것이다.

여타 주요 공(公)시큐리티대상, 예컨대 국무총리, 3부요인, 대통령후보, 야당총제 등에 대한 시큐리티는 제한적으로 이루어지고 시큐리티기관도 대통령경호처, 국가정보원, 경찰 등으로 분산되어 나름대로 이루어지고 있다. 여러 가지 동기에 의한 위해기도 중에서 정치적 목적이나 정적(政敵)에 의한 위해기도가 많은데, 정치상황의 변화에 따른 테러 등의 위해가능성은 항상 존재하므로 이에 대한 전문적이고 체계적인 시큐리티활동이 요구되어 진다.

민간사설시큐리티기관의 대상으로는 경제인(기업가), 정치인, 종교인, 연예인, 체육인, 유명 외국인 등 일반 민간고객으로 개인적인 의뢰에 의해서 사설 시큐리티 회사에서 담당하는 민간시큐리티의 경우이다. 여기서 기업인이라 함은, 그룹사의 회장의 지위에 있는 자이거나 대표이사, 상무이사, 전무, 부장 등으로 나열할 수 있으며 이들은 회사의 운영상 또는 주주 관련된 문제 등 효율적인 운영을 위한 필수 요건으로 경호인을 중요 업무자로 인식하고 있다. 정치인으로는 각 정당대표와 최고위원 등 정치제도상 일정한 위치에 있는 자로서 직업적으로 국가권력의 운영에 종사하는 사람, 즉 정당에서의 중요 영향력을 행사하는 인사를 말한다. 연예인이라 함은 대중적인 음악, 무용, 영화, 연극 등 사회적 인지도와 밀접한 관련이 있는 사람들인데 이들의 직업별로는 배우, 가수, 코미디언 등을 통틀어 연예계로 일컬어질 수 있다. 이들은 연예인이라는 특정한 직업 때문에 많은 청중 앞에 설 기회가 많으며 열광적인 팬들의 기습적인 접근이 빈번하다. 대표적인 범죄로서 신종범죄인 스토킹범죄를 예를 들 수 있다. 그래서 본인이 위협을 느끼고 요청하며 민간시큐리티기관과 이루어지는 계약의 성립에 의하여 실시되는 시큐리티대상이다. 그러나 민간시큐리티대상이라도 국가적 특수상황·안보상황, 종교적 이념 등의 특수한 사정에 의하여 위해요인이 발생하면 공적기관에 의해 보호되는 공적시큐리티대상이 될 수 있다. 교섭단체를 구성하고 있는 정당의 대통령 후보나 특수정보에 의해 위협이 조성된 민간인이 여기에 해당한다.

개인영역에 있어서 시큐리티의 대상은 신체, 생명, 그리고 재산이 된다. 신체에 대한 위해, 명예에 대한 위험, 재산이 대한 도난, 손괴, 방재 등에 대한 안전보장이 경비업무의 중요한 역할이다.

민간시큐리티조직은 기업활동을 전개하는 경제인이나 연예인, 종교인, 운동선수 등을 시큐리티대상으로 하고 있다. 대테러 및 시큐리티에 대한 인적 대상자는 직업군에 의한 분류로 나눌 수 있다. 기업인, 정치인, 연예인 등 유명인사가 아니더라도 범죄의 위협에 시달리는 모든, 각종 위험으로부터 자신을 보호하려는 일반인과 한국을 방문한 외국인은 한국의 언어, 풍습 등의 어려움 때문에 사설시큐리티를 요청하는 경우가 있다. 최근 납치사건이 잇따라 발생, 불안심리가 커지고 있는 가운데 TV홈쇼핑업체가 스토킹, 학교폭력 등으로부터 개인 신변을 보호하는 "일반시큐리티상품", 결혼식 등 각종 행사장을 지키는 "통합시큐리티상품", 고가 미술품, 유가증권, 현금 등을 안전하게 호송하는 "호송시큐리티상품" 등의 개인 시큐리티서비스상품을 판매하기도 하기도 한다.

(2) 물적 시큐리티대상

민간시큐리티대상 테러 등과 같은 여러 가지 위해로부터 개인의 이익이나 생명 및 재산을 보호하기 위하여 특정한 의뢰자(specific client)로부터 받은 보수에 따라 시큐리티를 행하는 개인이나 단체 그리고 영리기업을 민간시큐리티업자라고 한다. 시큐리티의뢰라는 절차에 의해 신변보호를 받는 대상인 동시에 시큐리티서비스에 대한 수수료를 발생케하는 근거로서 인적 대상자가 있고, 물적 시큐리티대상으로서 여러 가지 중요 시설이 있다.

민간시큐리티대상에 대한 규정과 범위는 존재하지 않으며 계약에 의해 성립한다. 그래서 시큐리티의뢰자와 대상자가 일치하지 않을 수가 있으며 이로써 시큐리티 수수료를 지불하는 자와 실질적 경비대상자의 요구조건의 차이를 불러일으킬 수 있으며 이러한 이견에 대한 선택문제가 시큐리티주체의 입장에서 난점으로 다가온다.

1976년 당시에 한국의 근대화과정에서 시큐리티대상을 상정하여 규정하였는데 그 내용은 다음과 같다.

첫째, 국가중요시설, 산업시설, 공공시설, 사무소, 흥행장, 주택, 창고, 주차장, 행사장, 유원지, 항공기, 선박, 차량, 기타 시큐리티를 필요로 하는 시설 및 장소에서의 도난, 화재, 기타 혼잡 등으로 인한 위해발생을 방지하는 업무를 맡게 되고, 둘째로는 운반중에 있는 현금, 유가증권, 귀금속, 상품, 기타, 물건의 도난, 화재, 위해발생을 방지하는 업무로 규정되었다.

가) 현금, 유가증권 등의 귀중품 등

얼마 전에는 365일 자동코너에서 순식간에 현금을 도난당한 경우가 있었다. 이러한 재산범죄는 현금 등 재화가 많은 장소일수록 많이 발생한다. 프랑스 루브르 박물관에서 최근 19세기 유화 1점을 도난당하였는데 이 유화는 정확한 가치도 알려지지 않을 정도로 값이 비싼 것이라고 한다. 그럼도 그렇지만 수많은 고객이 맡긴 은행의 돈은 어떻게 보호하는가? 예금된 액수는 그 사람이 평생을 모은 것일 수도 있다. 생명까지 비교할 수 없을 지라도 거의 그 정도에 버금가는 애착을 가질 수도 있는 돈일 수 있다.

최근에는 300조원이 이사를 간 적이 있다. 이렇게 많은 돈을 누가 옮기는가? 군(軍)이 장갑차와 기관총으로 에워싸고, 경찰이 호위(Escort)해서 옮기는 것인가?

아니다. 민간시큐리티회사 직원들, 즉 시큐리티요원들이 한다. 가스총 등으로 무장한 시큐리티업체의 직원, 즉 시큐리티요원들이 옮기는 것이다.

이것을 경찰에 의뢰하여 옮긴다면 파출소에 근무하는 경찰관 수백 명을 동원해야 할 것이고 그 경찰관들은 순찰 두 번 돌 것을 한번도 돌 수 없을지 모른다. 경찰관들이 별도의 근무를 하는 것만큼 그 지역의 방범근무는 소홀하게 되고 그만큼 범죄의 발생률이 증가하는 것이다. 그래서 이러한 업무를 이제는 민간경비회사의 경비원들이 하게 된다.

나) 시큐리티 대상 시설 및 장소

물적 영역에 있어서 시큐리티대상은 건조물, 기계설비, 교통 등 운반기기 그리고 공공단체의 재산이 된다. 주택, 사무소, 공장, 상가, 창고, 공공건물 등에 대한 파괴, 화재, 그리고 공장기계설비, 공항, 발전소, 통신시설, 전산기, 송전시설, 수로 등에 대한 파괴, 재해, 다음으로 자동차, 열차, 선박, 항공기 등 교통과 운반기기에 대한 위험과 사고에 대한 안전보장이 중요한 경비업무의 역할이 되겠다. 시큐리티를 필요로 하는 대상시설 및 장소를 시큐리티대상시설이라고 하는데, 여기에는 특수경비의 대상이 되는 국가중요시설이 있고, 시설주 및 사업주가 경비책임을 맡은 수익자부담 경비대상시설 등이 있다. 후자의 예로는 백화점, 극장, 상가, 창고, 공장, 은행, 사설유원지 · 공원 등이 있는데, 이러한 시설에 대하여 수익사업을 하는 사람이 고객의 안전서비스를 제공해야 하는 책임이 있다. 화재 등 재난 그 밖의 위급한 상황으로부터 국민의 생명 · 신체 및 재산을 보호하기 위하여 다중이용업소의 소방시설 · 안전시설 등의 설치 · 유지 및 안전관리와 화재위험평가에 관하여 필요한 사항을 정한 「다중이용업소의 안전관리에 관한 특별법」이나 「소방시설공사업법」 · 「소방시설설치유지 및 안전관리에 관한 법률」 · 「건축법」 · 「주차장법」 등에서 수익자부담원칙을 적용하여 시설주의 방범설비설치 등을 의무화하고 있다.

국가적 영역에 있어서 그 대상은 개인영역과 사회영역을 포함한 정치, 경제, 사회 심리적, 군사적, 과학적, 문화적 제대상의 정보, 안녕유지와 공공질서의 유지, 그리고 위험의 방지 등이 시큐리티업무의 중요한 역할이 된다. 공(公)시큐리티대상에 대한 물적 대상은 주로 시큐리티대상의 관저가 된다. 일반적으로 공관 및 숙소경비란 대통령, 외국 국가원수 등 시큐리티대상자가 관저 · 공관 · 임시로 숙박하는 장소에서의 시큐리티근무를 말한다.

다) 국가중요시설

물적 시큐리티대상은 국방부장관에 의해 지정된 국가 중요시설 목표와 다중시민운집 민간시설이나 기업의 핵심적인 시설 등으로 크게 분류할 수 있다.

공적 시큐리티대상인 국가 중요시설은 시설주의 요청에 의해 통합방위본부의 국가 중요시설 심의위원회의 결정으로 신규나 해제 및 등급이 정해지게 되며 해당 시설주는 결정된 등급에 따른 방어조치를 시행하여야 한다.

주요 시큐리티와 안전조치는 자체방호계획에 의거 실시하며 관할지역 군사령관이나 경찰청장의 지원을 받을 수 있고 방호를 위한 방호인력, 시설물, 장비 등을 설치하여 취약요소에 따른 적절한 방호 조치를 취하여야 한다.

특히 중요한 사항은 방호인력인 청원경찰이나 특수경비원 등의 교육훈련이 규정된 바에 의해 실효성 있게 실시되어야 하며 사격 등 특수분야는 해당 지역군, 경찰관서의 협조를 받을 수 있다.

민간시큐리티대상인 다수시민운집 시설이나 민간기업의 핵심적인 시설물은 특별한 안전조치에 대한 규정이나 시설주의 의무가 없다.

국제테러 상황과 한국에 대한 테러 위협의 가시화는 국가적 중요시설에 대한 경계를 강화하고 예방 활동을 하도록 요구하고 있다. 또한 비교적 손쉬운 대상인 민간시설이 테러의 공격목표가 될 가능성은 증대되고 있다. 테러에 의해 공격을 받을 경우 국가안보와 국민의 생활에 심대한 영향을 줄 수 있는 민간기관이나 기업의 핵심시설이 국가 중요시설에 포함될 수 있는 조치와 다수시민의 운집시설에 대한 방호조치가 법과 제도적으로 규정되어 시설주의 시설운용상의 의무사항이 되어야 한다. 그리고 건물의 설계나 시설 설비시 방호와 대피에 유리하도록 하게 하는 조치가 시행되어야 한다.

국가중요시설이란 군사전략상 중요한 시설로서 적에게 노출되거나 파괴되었을 때 막대한 손실을 입는 시설을 말한다. 적의 공격으로부터 파괴되는 것만이 아니라 적에게 노출만 되어도 상당한 타격을 입을 수 있는 시설이다.

잠수함으로 침투한 강릉 간첩들이 소지했던 필름을 분석해 보면 공군기지 사진이 있었는 바 이러한 자료가 북한의 수중에 넘어간다는 것은 전쟁발발시 적이 선제공격을 하기에 우월한 위치에 있음을 의미한다.

국가중요시설은 반드시 군이나 경찰, 국가정보원, 청와대 등 국가기관만이 아니다. 국민생활과 국가안보에 필요한 물자와 장비를 생산하는 것과 관련되는 시설이면 중요한 것이다. 우리나라도 경제가 상당한 규모로 성장함에 따라, 앞으로 이러한 경향은 점점 더할 것이다.

이러한 중요시설은 철도나 한강교량, 수많은 내외국인들이 출입하는 공항과 산업물자를 실어 나르는 항구, 탱크나 전투용 장비를 만드는 공장에 까지 상당히 많다.

우리나라의 국방에 필요한 장비도 자체에서 제작하는 양보다는 민간경제에 의존하는 비율이 더 높다. 탱크나, 잠수함, 군함, 화기 등을 민간기업에서 조달하고 있다. 이러한 것은 우리나라만이 아니다. 선진국일수록 민간에 의존하는 비율은 더욱 높다. 이러한 무기를 만드는 공장은 비밀이 많으므로 당연히 보안이 강조된다. 손님이 와도 마음껏 들어갈 수도 없고, 들어간다고 해도 아무데나 갈 수도 없다.

이러한 시설을 보호하는 임무가 종전에는 군, 경찰, 청원경찰에게 있었으나 현재는 민간경비회사로 많이 이관되고 있으며 앞으로는 시큐리티업체가 더욱 많은 시설을 경비해야 할 것으로 예상된다. 외국의 일부 보안을 요하는 산업시설에는 경비원 근무자가 손님의 동정을 일일이 확인하고 화장실 가는 것까지 감시한다.

미항공우주국(NASA)에 외국인이 방문하려면 한달 전에 면회신청을 하여야 한다. 면회신청을 했다고 해서 전부 들여보내 주는 것도 아니다. 허락을 받고 확인이 끝나면 자신이 면회를 신청한 사람이 정문에 나와서 데리고 들어가야 한다. 시설 내에 근무하는 직원이라고 해서 아무 곳에나 갈 수 있는 것도 아니다. 이 정도면 어느 곳의 보안보다도 강하다고 할 수 있을 것이다.

수십명의 연구진들이 밤새워 열심히 연구한 결과가 경비근무자의 근무소홀로 경쟁회사에 넘어간다면 어떻게 될 것인가? 경비근무자가 통과시켜서는 안될 사람, 즉 경쟁회사의 산업스파이를 들어오게 하였을 경우 그 사람이 회사의 비밀을 외부로 유출하여 결정적인 타격을 가할 수도 있다.

요즈음은 어떤 중요한 서류도 예전같이 부피가 크지 않다. 굳이 들고 다니지 않아도 통신상으로도 이동이 가능하다. 팩시밀리 등으로 비밀서류를 쉽게 보낼 수도 있다.

그래서 경비근무자의 업무가 줄어들었다고 할 수 있는가? 시큐리티근무자가 시설 전체의 통신보안에까지 신경을 쓸 수는 없다. 따라서 현대에는 전 사원이 보안의식을 가지고 모두 경비근무자화 하여야 한다. 하지만 가장 근본적인 부분은 역시 경비근무자 몫이다.

따라서 경제의 규모가 커질수록 보안의 강도는 높아지며, 민간경비를 필요로 하는 곳도 늘어나는 것은 자본주의가 발달한 미국과 일본의 예가 말해 주듯이 필수적이다.

국가중요시설은 적의 공격에 의해 파괴 또는 기능이 마비되면 국가적으로 중대한 영향을 끼치는 시설로 국가보안목표로 지정한 시설과 시·도지사자가 시설보안상 필요하다고 지정한 시설물을 말한다. 이는 사용목적상 행정시설과 산업시설로 분류되며 국가안전에 미치는 중요도와 시설규모에 따라 다음과 같이 구분하여 국가정보원장이 매년 지정·통보한다. 이에 대한 시큐리티는 군인·경찰·청원경찰·특수경비원 등이 분담하고 있다.

구분	내용
가 급	- 국가안전보장에 고도의 영향을 미치는 행정·산업 시설 - 청와대, 국회의사당, 대법원, 정부종합청사, 국방부, 국가정보원, 한국은행 본점 등
나 급	- 국가보안상 국가경제 또는 사회생활에 중대한 영향을 끼치는 행정·산업 시설 - 경찰청, 대검찰청, 국책은행 및 시중은행 본점
다 급	- 국가보안상 국가경제 또는 사회생활에 중요하다고 인정되는 행정·산업 시설 - 기타 중앙행정기관의 청
기타급	- 중앙부처장 또는 시도지사가 필요하다고 지정한 행정·산업 시설로서 중요도는 별로 없는 시설

라) 정보보안과 보안정보

정보시큐리티 분야에서 보호하고자 하는 정보(情報, information, Security Intelligence)는 기업이 시장에서 경쟁상의 우위를 확보하기 위해 자체적으로 개발하고, 기밀로 구분돼 소유한 기술정보 또는 이와 관련된 경영정보를 의미한다. 이런 정보는 기업 흥망성쇠의 핵심으로 가장 중요한 기업자산이라고 볼 수 있다. 때문에 전통적인 기업 정보보안의 관심대상은 기업이 보호하려는 기술과 경영정보, 즉 '영업비밀'에 관한 것이 주를 이뤄왔다. 그런데 컴퓨터 테크놀로지의 발달은 각 기업의 중요정보를 컴퓨터로 처리해 저장하는 데이터베이스 시스템(Database System)을 구축하게 됐고, 이에 따라 현대의 정보보안(Intelligence Security)이란 온라인상의 정보침해 공격으로부터 정보자산을 지키는 활동으로 이해됐다.

이런 흐름과 달리 한편으로는 기업이 비즈니스 활동을 원활히 그리고 안전하게 영위하기 위한 정보활동이 전개됐는데, 이는 정보가 보호해야 하는 대상으로서 의미를 가지는 것이 아니라 각종 위험으로부터 기업을 안전하게 지켜주는 역할을 한다는데 그 의미가 있다. 물론 '정보'라는 공통된 용어 아래에서 발생되는 이들 두 가지 상반된 흐름이 다소간의 혼란을 가져올 수 있지만, 이는 '보호가 필요한 정보'와 '보호를 위해 필요한 정보'로 구별한 차이일 뿐이다.

[표 2-3] 시큐리티대상에 따른 분류

대 상	종 류	내 용
개인적 · 단체적 불법행위	치안시큐리티 (다중범죄진압)	공안을 해하는 다중범죄 등 집단적인 범죄사태가 발생하거나 발생할 우려가 있는 경우 적절한 조치로 사태를 예방 · 경계 · 진압하기 위한 시큐리티활동
	특수시큐리티 (대테러)	총포 · 도검 · 폭발물 등에 의한 인질난동 · 살상 등 사회이목을 집중시키는 중요사건을 예방 · 경계 · 진압하는 시큐리티활동
	신변보호시큐리티	시큐리티대상자의 신변을 보호하는 시큐리티활동
	중요시설시큐리티	국가적으로 중대한 영향을 미치는 국가산업시설 · 국가행정시설을 방호하기 위한 시큐리티활동
인위적 · 자연적 재해	혼잡시큐리티	기념행사 · 경기대회 · 경축제례 등에 수반하는 미조직 군중에 의하여 발생하는 자연적 · 인위적인 혼란상태를 경계 · 예방 · 진압하는 시큐리티활동
	재해시큐리티	천재지변 · 화재 등의 자연적 · 인위적 돌발사태로 인하여 인명 또는 재산상 피해가 야기될 경우 이를 예방 · 진압하는 활동

3. 시큐리티 작용(행위)론

1) 법률행위

권리의무의 변동은 법률행위에 의하여 구체적으로 이루어진다. 시큐리티라는 생활관계를 맺기 위해서는 일정한 법률행위가 있어야한다. 법률행위(法律行爲)라 함은 계약 · 혼인 등과 같이 한 개 또는 수 개의 의사표시를 요소(법률사실)로 하는 법률요건으로, 법이 그 의사표시의 내용에 따라 법률효과를 발생시키는 행위를 말한다(법률사실→법률요건→법률효과). 법률행위는 의사표시를 전제로 하여 가능하다는 점에서 물건을 가공하거나 파괴하는 것과 같이 사람의 정신작용을 요하지 않는 사실행위(事實行爲)와 다르다.

적용되는 법률 또는 원칙에 따른 법률행위의 표현을 달리 하는데, 요식의 서면행위로 어음 또는 수표상 채무부담을 발생시키는 법률행위를 어음행위 또는 수표행위라 하고, 상법에 의한 영업상 법률행위로 상행위(商行爲)가 있고, 행정주체에 의한 공법상 법률행위로 행정행위 등이 있다.

행정행위(行政行爲)는 실체적 · 절차적으로 법에 따라 적합하게 이루어져야 하고[法律適合性], 당연무효인 경우를 제외하고는 권한 있는 기관에 의해 취소될 때까지는 유효함을 인정받는 공정력을 가진다[公定性]. 또 하자(흠)있는 행정행위라도 일정기간이 지나면 그 효력을 다투지 못하는 불가쟁성 · 불가변성의 특징을 갖는다.

법률행위는 의사표시의 모습에 따라 단독행위 · 계약 · 합동행위로, 의사표시 형식에 따라 요식 · 불요식 행위, 발생하는 법률효과의 종류에 따라 채권 · 물권 · 준물권 행위, 법률행위 성립의 종속여부에 따른 주된 행위와 종된 행위, 실질적 법률관계 변동여부에 따른 독립행위(채권양도 · 취소 등)와 보조행위(대리권 수여 · 동의 · 허가 · 추인 등) 등으로 구분된다. 그 외에도 행위주체에게 어떠한 의무를 발생케 하는 법률행위로 부담행위(負擔行爲, 예 債務를 발생케 하는 債權行爲) 및 권리의 존재를 전제로 하여 이를 직접 이전 · 변경 · 소멸시키는 법률행위로 처분행위(處分行爲, 예 物權行爲, 債權讓渡 · 債務免除 등의 準物權行爲나 形成權의 行使)의 구분이 있다. 처분행위는 처분권 있는 자만이 할 수 있다는 점에 구별의 의의가 있다. 처분행위에는 법정주의, 특정의 원칙, 순위(順位)의 원칙, 공시(公示)의 원칙 등이 지배한다.

법률관계를 변동시키는 것 중 중요한 것이 법률행위로 구체적인 행위는 의사표시로 나타낸다. 법률행위는 그 구성요소인 의사표시가 경합하는 양상에 따라 단독행위·계약·합동행위로 분류된다.

계약(契約, contract)이란 일정한 법률효과를 원하는 2인 이상의 당사자들이 내용상 일치하는 의사표시를 교환하여 완성시키는 법률행위를 말한다. 계약은 가장 일반적인 법률행위이다. 단독행위(單獨行爲, 일방적 행위)란 한 사람의 일방적인 의사표시로 법적 효과를 발휘하는 법률행위로 상대방의 요부에 따라 상대방 있는 단독행위(의사표시의 도달주의; 同意·取消·撤回·追認·解除·解止·相計·債務免除 등)와 상대방 없는 단독행위(表白主義; 權利의 拋棄, 遺言, 財團法人의 設立行爲 등)가 있다. 이에 반해 합동행위(合同行爲)란 여러 사람이 일치된 평행적·구심적 의사표시의 합치에 의하여 성립하여 그들 모두에게 공통된 법률효과를 발생시키는 것을 말한다.

계약은 너무나 흔하게 일어나지만 거의 의식하지 못한다. 즉, 식사를 사 먹는 행위도 계약으로 볼 수 있으며, 버스를 타는 것도 일종의 계약이라고 볼 수 있다. 즉, 토큰을 내는 것은 버스를 타겠다는 의사표시를 한 것이고, 토큰을 받겠다는 것은 이미 토큰을 받고 버스를 태워준다는 의사표시를 한 것으로 볼 수 있다. 민간시큐리티도 시큐리티업자가 사전에 고객과 서로 합의하여 체결한 도급계약에 의하여 시행된다.

일방의 의사표시로 성립하는 법률행위인 단독행위의 예로는 상속(유언)의 예가 있다. 할아버지께서 돌아가실 때 손자에게 집을 물려준다는 유언을 할 때는 손자의 의사표시와는 관계없이 상속의 효과가 발생하게 된다. 평행적·구심적으로 방향을 같이 하는 둘이상의 의사표시의 합치로 성립하는 합동행위는 의사표시의 독립성여부에 따라 단체(사단법인 등) 설립행위와 같은 결합적 합동행위와 결의·선거와 같은 집합적 합동행위로 구분되기도 한다.

(1) 행정행위

행정행위(行政行爲)는 널리 행정주체가 행하는 일체의 공법행위를 지칭하나, 좁게는 행정주체가 법률에 따른 법집행으로 행하는 권력적 단독행위로 공법관계의 설정·변경·폐지의 수단으로 사용하는 행정계약(국립대학입학)과 시·군 조합 설립과 같은 합동행위와 구별한다.

행정행위는 법적합성 · 공정성 · 실효성 · 불가변성과 불가쟁성 · 구제수단의 특수성을 갖는데, 법의 기속여부에 따라 법령에 기속되어 재량을 허용치 않는 기속행위(羈束行爲)와 재량이 주어진 재량행위(裁量行爲)로 나눌 수 있고, 다시 재량의 정도에 따라 기속재량행위와 자유재량행위로 나눌 수 있다.

또한 행정행위의 구성요소(의사표시) 내지 법률적 효과의 발생원인을 기준으로 법률행위적 행정행위와 준법률행위적 행정행위[確認 · 公證 · 通知 · 受理 등]가 있다. 전자는 행정주체의 의사표시를 요소로 그 의사내용에 따라서 법률효과를 발생하는 것으로, 이는 다시 국민에 대해 의무를 명하거나 해제하는 명령적 행위[下命 · 許可 · 免除 등]와 일정한 법률관계를 설정 · 변동시키는 형성적 행위[特許 · 認可 · 代理 등]로 나뉜다. 공법적 효과의 발생을 목적으로 하는 복수당사자의 동일 방향의 의사의 합치에 의하여 성립되는 법률행위를 공법상 계약이라 하며 행정기관이 행정목적의 달성을 위하여 상대방의 임의의 협력을 기대하여 행하는 비권력적 사실행위를 행정지도라 한다.

공적 시큐리티관계는 일정한 행정행위에 의해서 형성된다고 볼 수 있다.

(2) 상행위

기본적 상행위(商行爲)란 기업거래를 통하여 영리를 추구하고자 하는 상인의 행위를 말하는데, 한국 상법에서는 영업으로 하는 동산 · 부동산 · 유가증권 기타의 재산의 매매 · 임대차, 제조 · 가공 또는 수선에 관한 행위, 전기 · 전파 · 가스 또는 물의 공급에 관한 행위, 작업 또는 노무의 도급(都給)의 인수, 출판 · 인쇄 또는 촬영에 관한 행위, 광고 · 통신 또는 정보에 관한 행위, 수신 · 여신 · 환 기타의 금융거래, 공중(公衆)이 이용하는 시설에 의한 거래, 상행위의 대리의 인수, 중개에 관한 행위, 위탁매매 기타의 주선에 관한 행위, 운송 · 임치 · 신탁의 인수, 상호부금 기타 이와 유사한 행위, 보험, 광물 또는 토석의 채취에 관한 행위, 기계 · 시설 그 밖의 재산의 금융리스(lease)에 관한 행위, 상호 · 상표 등의 사용허락에 의한 영업에 관한 행위(franchise), 영업상 채권의 매입 · 회수 등에 관한 행위(factoring), 신용카드 · 전자화폐 등을 이용한 지급결제 업무의 인수 등을 기본적 상행위로 하여 상인이 영업을 위하여 하는 보조적 상행위 등을 규정하고 있다.

이외에도 고유의 상행위는 아니나 상행위에 관한 규정이 준용되는 준상행위가 있는데, 의제상인인 설비상인과 민사회사의 행위가 이에 속한다.

(3) 법률행위의 성립과 효력발생

법률행위가 성립하기 위한 요건으로는 일반적으로 구비해야 하는 일반성립요건과 개별적인 법률행위가 갖추어야 할 특별성립요건으로 나누어 볼 수 있다. 일반성립요건에는 당사자 · 목적 · 의사표시에 세 가지가 있고, 특별성립요건은 개별적인 법률행위의 성립에 필요한 요건으로서 법률의 규정에 의하여 정해져 있다(예 일정한 方式 – 민법 제33조[법인설립의 등기] · 제1060조[유언의 요식성], 要物性- 민법 제330조[설정계약의 요물성] · 제466조[대물변제]).

그러나 성립한 법률행위가 효력을 발생하려면 (1) 당사자가 능력(意思能力 · 行爲能力)을 가지고 있어야 하고, (2) 법률행위의 목적이 가능 · 적법 · 사회적 타당성을 가지고 확정할 수 있어야 하며, (3) 의사표시에는 흠이 없어야 한다. 따라서 이들 중 어느 하나만이라도 갖추지 못한 법률행위는 무효 또는 취소의 대상이 된다.

법률행위의 효력요건에도 일반효력요건과 특별효력요건이 있는데, 일반효력요건으로는 ㉮ 당사자가 권리능력 · 의사능력 · 행위능력을 보유하고, ㉯ 법률행위의 목적이 가능하고[可能性] 확정할 수 있어야 하며[確定性], 적법 · 타당해야 한다[適法性 · 社會的 妥當性]. ㉰ 의사와 표시가 일치하며 의사표시에 하자(흠)가 없어야 한다. 즉 비진의표시나, 통정허위표시나 착오가 없으며, 사기나 강박에 의한 의사표시가 아니어야 한다.

법률행위의 특별효력요건은 일반효력요건 이외에 특히 일정한 요건을 구비해야 그 효력발생을 인정하는 것으로, 대리행위에 있어서 대리권의 존재(민법 §114-136), 조건부 · 기한부 법률행위에 있어서 조건의 성취 · 기한의 도래(민법 §147-154), 유언에 있어서 유언자의 사망(민법 §1073) 등이 그 예이다.

법률행위에 있어서 성립요건은 통상 성립을 주장하는 자가 이를 입증(立證)하여야 하고, 효력요건은 무효를 주장하는 자가 그 부존재를 입증하여야 한다.

그런데 법률행위는 당사자가 그 법률효과를 임의로 제한할 수 있는데, 이를 법률행위의 부관(附款)이라 하며 여기에는 조건 · 기한 · 부담을 포함한다. 조건(條件)은 통상 법률행위에 부가할 수 있는 것이 원칙이나 이것을 부가하여 사회질서에 반하게 될 때에는 이를 부가하지 못하며 조건에 친하지 않은 행위에 이를 부가하면 그 법률행위는 무효가 된다.

2) 시큐리티활동(작용 · 업무)

시큐리티활동에서 시큐리티작용(업무)은 그 신체에 가해질 것으로 예상되는 위해(危害)를 차단 방지하는 수단으로 신변보호에 관련된 일체의 활동 경계 · 통제 · 보호해야하는 일체의 활동을 실시한다. 효과적인 시큐리티활동을 위하여 보호방법을 보면, 민간시큐리티에서는 시큐리티의뢰자가 어떤 의도로 보호를 요청하였는지, 어떤 것이 문제가 되어 발생하는지 정확한 의도를 파악하여야만 적절한 보호조치가 이루어 질 수 있다. 위해의 대상이 무엇이며 누구인가, 어떤 연유로 인하여 위해의 대상이 되었는가, 테러는 어떤 방법으로 자행될 것인지 그리고 테러를 기도했을 때의 예상위치나 범행 후 예상도주로 등을 미리 예상하여 정확하게 시큐리티계획이 수립되어야 하며 누가 주(主)위해 대상이 되는지는 필수적으로 파악해야 할 사항이다.

민간시큐리티영역에서 제공되는 시큐리티서비스는 가장 고전적이고 보편적인 경비서비스 형태인 단순 인력시설경비에서 최첨단 기계장비를 이용한 무인보안시스템경비에 이르기까지 매우 다양한 형태를 띠고 있다. 일반적으로 시큐리티서비스는 성격에 따라 계약(도급)경비와 자체경비서비스로, 주체에 따라 인력경비와 기계경비서비스로, 목적에 따라 시설방범경비서비스 · 호송(운송)경비서비스 · 경호경비서비스 · 혼잡경비서비스, 「경비업법」상으로는 다음 5종으로 나누어 볼 수 있다.

구 분	업종	내용
일반경비(경비원)	시설경비	경비대상시설에서의 도난· 화재 그 밖의 혼잡 등으로 인한 위험발생을 방지하는 업무
	호송경비	운반 중에 있는 현금· 유가증권· 귀금속· 상품 그 밖의 물건에 대하여 도난· 화재 등 위험발생을 방지하는 업무
	신변보호	사람의 생명이나 신체에 대한 위해의 발생을 방지하고 그 신변을 보호하는 업무
	기계경비	경비대상시설에 설치한 기기에 의하여 감지· 송신된 정보를 그 경비대상시설 외의 장소에 설치한 관제시설의 기기로 수신하여 도난· 화재 등 위험발생을 방지하는 업무
특수경비	특수경비	국가중요시설의 경비 및 도난· 화재 그 밖의 위험발생을 방지하는 업무

시큐리티활동을 전반적으로 지배하는 다음과 같은 기본원칙 · 시큐리티활동 전단계에 걸쳐 상호 보완관계를 유지하여야 한다. 또한 모든 시큐리티 요소의 역

량을 극대화하기 위하여 시큐리티관계부서 혹은 시큐리티요소 상호간에 신뢰를 바탕으로 유기적인 협조활동이 공동목표로 지향되어야하며 시큐리티 지역내 주민 혹은 행사장 관계자들로부터도 적극적으로 협조를 구할 수 있어야 한다. 그러므로서, 모든 지휘체계확립, 긴밀한 협조유지 및 제반시큐리티수단의 적절한 통합이 이루어지므로 일사불란한 시큐리티행위가 이루어 질 수 있다.

(1) 공적 시큐리티 원칙

먼저 시큐리티대상자 개인을 보호하기 위하여 투입되는 시큐리티요원의 수에 따라 시큐리티방법의 난이도가 다르다.

1인 시큐리티란 시큐리티대상자를 한 명의 시큐리티요원이 보호하는 방법이다. 한 명의 시큐리티요원이 시큐리티활동 임무를 수행 할 경우에는 본인 자신이 모든 책임을 감수하여야 함을 명시하고 더욱더 긴장된 자세로 시큐리티활동에 임해야 한다. 또한 자유스러운 경호연출로 경호대상자에게 누가 되지 않도록 하여야하고 경호의전 또한 각별히 요구되는 것이 1인경호의 특징이라고 할 수 있다. 1인시큐리티 업무를 임할 때 경호대상자를 수행할 경우 경호요원은 경호대상자의 좌측 1미터 뒤 후방에서 사주경계상태에서 도보경호를 실시하는 것이 원칙으로 되어있다. 이는 테러범의 행동이 우측공격보다는 경호대상자의 좌측공격을 함으로써 테러의 성공률이 높기 때문에 경호대상자의 좌측공격을 우선하여 공격을 한다. 그러므로 경호요원은 경호대상자의 좌측에 위치하여야하며 건너편 차량통행도로 및 인도에 대해서도 경계활동을 실시하여야한다. 수행경호 등의 1인 시큐리티에서는 시큐리티대상자와 항시 친밀함을 유지하면서 시큐리티활동을 실시하게 된다.

2인이상 중첩시큐리티는 1인의 시큐리티보다 완벽한 경호활동을 보장받을 수 있다. 1인 시큐리티요령에서와 같은 형식으로 보호활동을 펼쳐지며 2인이상시큐리티에서는 사전점검 시큐리티요원, 수행전담경호요원, 이동경호요원으로 구분하여 경호활동을 펼치며 한 명의 경호요원보다는 경호요원들에게도 심적이나 육체적인 부담을 덜 수 있다. 그러나 사설경호기관에서 경호요원 채용시 고비용이 든다는 단점이 있다.

시큐리티는 시큐리티대상자의 위치를 중심으로 3선 개념, 즉 (1) 내부: 안전지역(근접경호요원에 의한 완벽한 통제), (2) 내곽: 경비지역(근접경호요원 및 경비

경찰에 의한 부분적 통제), (3) 외곽: 경계지역(인적 · 물적 · 자연적 취약요소에 대한 첩보, 경계) 등 3중 경호체계에 의한 효율적인 경호가 실시되어야 한다는 '3중 및 중첩경호'원칙이 있다.

두뇌경호 또는 지능경호의 원칙이란 시큐리티 실시 도중에 사태가 발생하였을 때 근접경호요원의 순발력이나 임기응변적 대처 등으로 사태에 대응하기보다는 사전에 치밀한 경호계획을 수립하고 이에 의거 사태를 사전에 방지하는 경호활동에 중점을 두어야 한다는 원칙이다.

시큐리티상의 방어원칙이란 경호 중 발생하는 돌발사태시 근접경호요원은 공격행위, 즉 총기를 뽑아 사격을 하거나, 위해자에 돌진하는 등의 행위에 의해 대상자를 보호하기보다는 인간방벽을 형성하거나 대상자를 밀치는 등의 방어적인 행위로 대상자를 보호하는 것이 더욱 효과적이라는 원칙이다.

시큐리티상의 자기희생의 원칙이란 경호요원은 어떠한 희생을 치르고서라도 경호대상자를 보호해야 한다는 원칙으로 방어원칙에 의거 육탄으로 경호대상자를 보호하여 신변의 안전을 확보해야 한다는 것이다.

은밀경호의 원칙이란 근접경호요원은 언제나 행동을 은밀하게, 침묵 속에서 행하여 경호대상자의 행동을 방해하지 않으며, 편안한 마음을 갖도록 하고, 항상 대상자의 최근접에서 상황에 대처할 수 있도록 하여야 한다는 원칙이다. 이 원칙은 적의 입장에서 볼 때에도 경호요원의 존재나 행동이 은밀함으로써 예측가능성을 갖지 못하여, 심리적인 압박으로 작용 성공적인 위해기도에 제약으로 작용하는 측면도 크다. 행사에 관한 모든 제반 관계내용에 관하여 보안(保安)이 유지되므로서 위해분자의 첩보수집능력을 무력화 하고 위해기회를 박탈내지 최소화 하면서 예방차원의 효과적인 시큐리티방법이 될 수 있다.

시큐리티요원들은 각자 책임분배에 의해 자기의 담당구역을 갖게 되는데, 시큐리티위해 상황이 발생시 근처의 다른 경호요원이 위험에 처하거나 공격을 받더라도 자기가 담당한 구역을 떠나서는 안되며, 어떠한 일이 있어도 자신만이 책임지고 해결해야 한다는 것이 '자기담당구역책임' 원칙이다.

시큐리티대상자에 접근할 수 있는 통로를 하나로 통제하여 위해자로부터의 접근기회를 최소화하여야 한다는 원칙으로 '하나의 통제된 지점을 통한 원칙'이라고도 한다. 위해자가 경호대상자의 위치와 상황을 알 수 없도록 철저히 격리, 보안을 유지해야 한다는 원칙이다. 이에 따라 경호대상자의 행차코스, 행차장소,

행차일시 등은 비공개로 하여야 하며, 같은 장소와 이동코스의 반복적 이용은 변경되어야 하고, 대중에 노출된 도보행차는 가급적 제한되어야 한다.

(2) 민간시큐리티의 원칙

공적 시큐리티의 원칙들은 민간시큐리티에도 그대로 적용된다. 그러나 실정법적으로 공경호와 민간경호가 엄격히 구분되어 있고, 경호요원의 법적 지위에서 오는 차이 등을 고려하여 민간경호에 필요한 특수한 원칙이 존재한다.

가) 신의성실의 원칙

신의성실의 원칙이란 민간경호조직이나 시큐리티요원은 개인적 계약에 의거하여 이루어진 신변보호행위를 계약당사자인 경호대상자의 신뢰에 어긋나지 않도록 항상 성실히 수행하여야 한다는 원칙이다. 본래 신의성실의 원칙은 민법 제2조 제1항에 규정되어 권리의 행사와 의무의 이행은 신의에 좇아 성실히 하여야 한다는 원칙으로 민간경호행위는 사적 계약행위에 의거하고 있는바 이 원칙이 더욱 필요하다고 하겠다.

나) 수익자부담의 원칙

수익자부담원칙이란 서비스에 대한 비용을 부담한 자에 대하여만 시큐리티서비스를 제공한다는 원칙이다. 이 원칙은 민간경비가 공경비 주체가 갖는 공적인 성격과는 상이하게 영리적인 요소를 갖는데서 오는 근본적인 원칙이라고 볼 수 있다.

다) 비폭력수단 우선원칙

비폭력수단 우선 원칙이란 경호를 행함에 있어 경호대상자에 대한 위해 상황이나 불손한 의도의 접근이 있을 경우 이에 대한 방어나 대응시 비폭력적 수단을 우선하여야 한다는 원칙이다. 민간경호는 공경호상의 위해기도와는 성격상 다른 면을 갖고 있다. 총기나 흉기보다는 주먹이나 몽둥이, 투척물에 의한 위해기도 등이 많으므로 위급상황을 제외하고는 비폭력적 수단을 사용하는 것이 신변보호(경호)원칙상 방어의 원칙이나, 대상자의 이미지 관리에도 보다 부합된다고 하겠다.

라) 법 집행기관 우선의 원칙

법집행기관 우선의 원칙이란 민간시큐리티 임무 수행시 발생하는 상황이 공적인 법집행기관의 활동과 중첩되거나 충돌될 때는 법집행기관의 활동이 우선되어야 한다는 원칙이다. 이러한 상황은 시큐리티상황이 대상자의 신변에 대한 위해가능성이 없고, 경찰관직무집행법상의 경찰관의 활동과 경비업법상의 신변보호활동이 법적인 위반상황이 아닌 영역에서 중첩되는 경우에 나타날 수 있으며, 이때에는 행동의 판단이 어려운 경우가 있을 수 있다.

마) 과잉방어금지의 원칙

과잉방어금지의 원칙이란 시큐리티활동 중 발생한 위해기도에 대응한 수단이 위해기도자의 행위의 정도에 비례하여 너무 지나친 수단을 사용하면 안된다는 원칙이다. 즉, 새총으로 잡아도 될 참새를 대포를 쏴 죽이는 것은 지나친 행위라는 것이다. 예를 들면 연예인 시큐리티에 있어 연예인에 앙심을 품은 자가 계란을 던지는 행위에 대해 가스총을 발사하는 경우는 과잉방어에 해당된다고 하겠다.

바) 개인비밀 엄수의 원칙

시큐리티요원은 경호대상자의 신변에 관한 모든 사항을 외부에 발설해서는 안된다는 것으로 보안의 측면도 있고, 경호대상자의 명예유지와도 관련된다. 특히 정치인이나 연예인시큐리티에서 더욱 요구되는 원칙이다.

3) 시큐리티업무의 운용

시큐리티업무수행에 있어서 제1차적으로 전문시큐리티 업무기법들을 적용시킨 설계서 즉 시큐리티계획을 수립하여 계획서를 작성하고 그에 따른 시큐리티업무매뉴얼을 운용함으로써 효율적인 시큐리티업무를 수행할 수 있다.

대표적 시큐리티운영기법으로는 프리즘(PRISM: Proactive Resources for Integrated Security Management, 통합보안관리를 위한 적극적 지원) 방법론을 들 수 있다. PRISM 방법론은 시스템 공학적인 시큐리티 설계 모델로서 대처방안 개발과 하나의 통합보안 시스템을 위한 기초가 되며, 위험한 사건들을 예상하고 상호 보완적인 시큐리티 대처방안(예방전략 · 탐지전략 · 통제전략 · 개입전략)을 통합함으로써 위험요소를 감소시키는 데 중점을 두고 있다.

시큐리티 운영시스템 설계는 총 다섯 단계로 볼 수 있으며, 각 단계별 내용은 [표 2-4]와 같다. 설계과정은 먼저 계획단계부터 시작된다. 이 단계에서는 시큐리티 요구사항, 목표 및 제약 사항들에 대한 정보를 수집하고, 수집된 자료들을 이론화 또는 분석하여 시큐리티 대책을 위한 요구조건 및 개념들을 작성하는 것이다.

일단 이러한 개념들이 운영 측면에서나 예산 측면에서 타당하다고 입증되면, 다음으로 설계자는 계획서, 사양서 및 문서들을 준비하기 시작하고, 이 단계의 출력물은 통합 시스템 구축을 위해 필요한 문서로 명료하고 완전하게 작성함으로써 공급업체나 설치업체들이 제품을 확보하고 구현하는데 있어서 일관되고 정확하게 이해할 수 있도록 해야 한다.

[표 2-4] 시큐리티 운영시스템 설계 단계

구분	운영시스템 프로세서	주요 내용	목적
1단계	요구조건 분석 개념 설계	• 프리즘 방법론으로 자산·위협·취약점·위험	시큐리티 시스템 개념수립 기본설계
2단계	시스템의 공학적 설계	• 하드웨어·소프트웨어·운영 및 기술적 절차 수립 • 보안체계·지원·설치 요구사항 수립	시큐리티 시스템 실시 설계
3단계	시스템 통합	• 프리즘 방법론의 절차에 따라 1단계의 요구조건이 2단계에 적용되었는지 검토 • 시큐리티 대책·하부 시스템·상위 시스템 간에 호환성 검토	최종 시큐리티 시스템 설계 통합설계 패키지
4단계	시스템(체계) 구현	• 장비별 성능테스트, 시공, 감리	시큐리티 시스템 설치·시공
5단계	시스템(체계) 운영	• 준공도면·시스템 운영 및 유지보수기술 지침서	시큐리티 시스템 운영·운영지원·유지보수

* 자료: 송재운, "첨단 우주센터의 통합보안 시스템 구축방안", 시큐리티월드, 2002. 10, 91면.

시큐리티 컨설팅 설계의 전체 프로세스를 플로우챠트 형식으로 표현하면 다음 [도해 2-2]와 같다.[29)]

[도해 2-2] 시큐리티 운영시스템 설계의 통합 프로세스

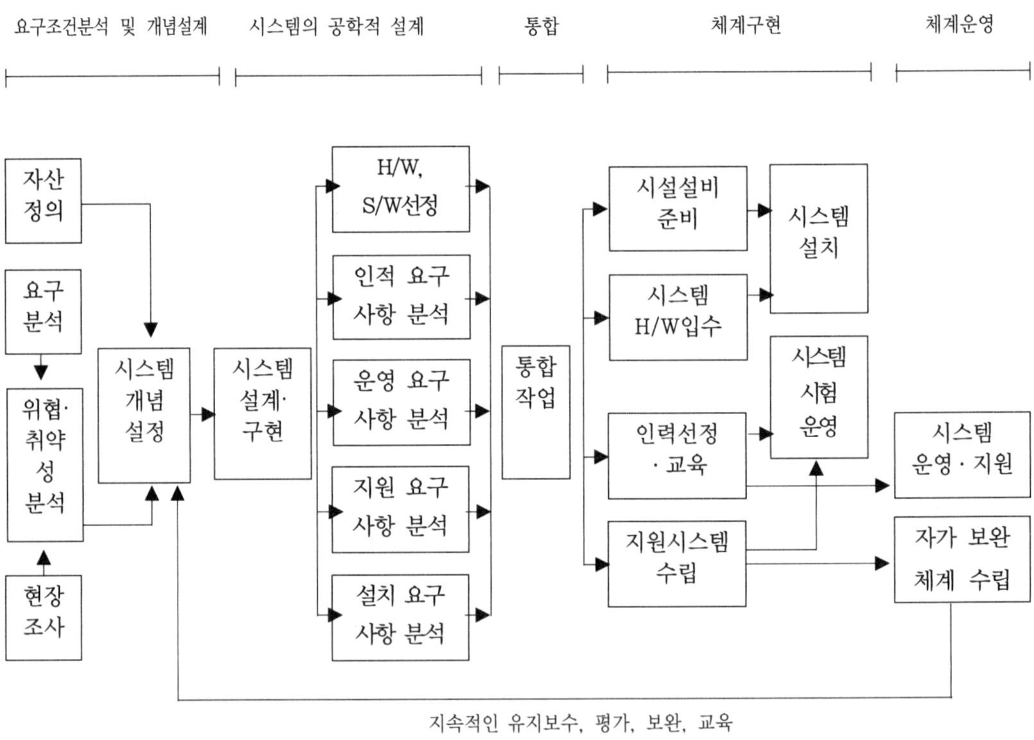

4) 보안시스템의 통합 시큐리티기법적용

(1) 시큐리티기법의 적용

시큐리티의 특성상 위해상황은 예정되어 있지 않고, 범죄를 저지르기 전에는 그 규모를 파악하기도 힘들다. 이러한 시큐리티활동을 하는데 있어서 필수적인 방법적인 요소가 바로 고도로 훈련된 시큐리티전문가의 몸을 수단으로 한 시큐

29) Richrd P. Grassie, "Design & Consulting for Successful Security System", ***97 Seoul International Security Forum***, S1, 1997, p.108.

리티기법인 것이다. 시큐리티기법은 경호대상자에게 제공되는 상황과 여건에 따라 다르게 적용되며, 우발상황 발생시 경호대상자의 안전은 신체적으로 건장하고 정신적으로 예리한 순간 판단력을 가지고 세밀한 대응계획에 따른 시큐리티 무도실력을 갖춘 경호요원에 의해서만 보장될 수 있다.

시큐리티임무가 부여된 경호요원은 임무를 성공적으로 수행하기 위하여 상황에 따라 적절히 적용해야 할 기법을 숙지하고 있어야 한다. 임무완수를 위해서는 긴밀한 협조체제가 요구되며 경호요원 개개인의 책임과 단체의 책임에 대한 완전한 이해가 요구된다. 위협상황 하에서의 경호대상자의 안전은 신체적으로 건장하고, 정신적으로 예리한 경계심을 가지고 있고, 비상상황 발생시 세밀한 대응계획에 따라 그 임무의 수행을 완벽하게 수행할 수 있는 충분한 전문 지식을 갖추고 있는 경호요원에 의해서만 보장이 될 수 있다. 시큐리티의 원리와 기법에는 일반원칙과 특별원칙, 자연방벽효과의 원리, 주의력 효과와 대응효과의 원리, 근접경호기법, 우발상황 발생시 SCE원칙, 촉수거리의 원칙, 체위확장의 원칙[30] 등 많은 시큐리티기법들이 있다.

(2) 시큐리티 운영시스템 통합 기법의 적용

시큐리티 운영시스템 통합은 시큐리티의 주체인 인적 요소 즉, 시큐리티 요원과 기계적 요소의 통합을 통한 기법이다. 일반적으로 기계경비를 통한 시큐리티 컨설팅의 가장 주요한 장점은 인력의 최소화이다. 시큐리티는 시스템통합을 통해 인력의 최소화는 물론 시큐리티 인력 자체적(신체의 생리적 문제 등)인 잠재위협도 예방할 수 있으며, 최첨단 시스템과 장비를 사용함으로써 보다 안전하게 위협요소를 최소화 할 수 있게 될 것이다.

인적 요소로는 신변보호 및 호위활동, 호송 경비활동(여기에서는 무장차량의 이용도 포함된다), 시설경비 활동 등이고, 기계적 요소로는 방범경보시스템, 출입통제시스템, CCTV시스템 및 DVR, 침입감시시스템, 순찰관리시스템, 주차관리시스템, 전자 보안 장비(EAS시스템, 금속 및 폭발물 탐지 장비, 검색 장비 등),

30) '촉수거리의 원칙'은 우발상황 발생 시 공격의 위치에 가장 가까이 위치하고 있는 경호요원이 대응해야 한다는 원칙이다. '체위확장의 원칙'은 우발상황이 발생되면 경호요원은 자신의 몸을 은폐 또는 엄폐시키는 것이 아니라 최대한 확장시켜 위해자의 공격으로부터 자연방벽효과와 동시에 범인의 시야를 가림으로써 방어효과를 극대화 한다는 원칙이다.

방재시스템 등에 관련된 시스템이다.

[도해 2-3] 보안시스템의 통합적 운영시스템 체계

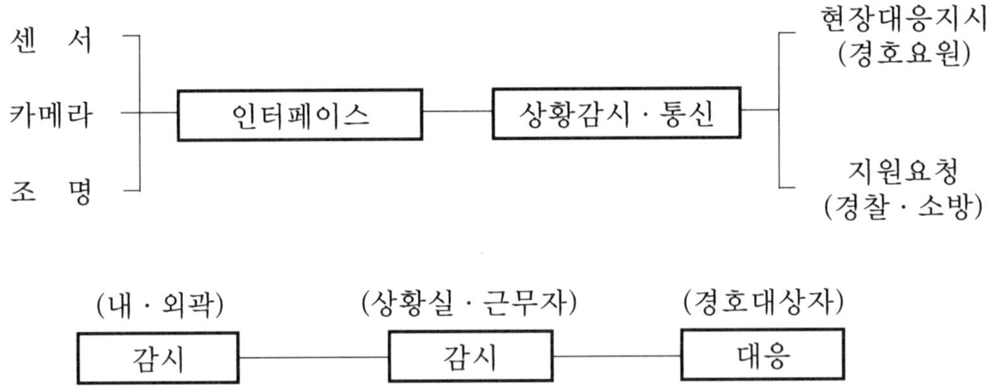

* 자료: 정태황, "경호업무의 경비영역과 기계경비의 적용방안", 「경호경비연구」제4호, 한국경호경비학회, 2001, p.319.

방범보안시스템은 경비대상시설에 각종 감지기를 설치하여 이상 유무를 원격지에서 감시 · 통제 · 제어하고 필요할 때 경호요원이 현장으로 출동하는 시스템이다. 방범경보시스템은 기본적으로 4가지 요소를 포함하고 있는데, 그것은 지연기능(Delay Function), 감지기능(Detection Function), 감시기능(Monitoring Function), 대처기능(Response Function)이다.

방범경보시스템의 구성은 경비대상시설에 각종 감지기, 통보기, 전원공급기, 주제어기 및 주변기기를 설치하고, 경비대상시설 내부 또는 원격지까지 통신채널로 시스템을 구성하고, 원격지 근무자가 이상 정보를 감시하며 이상 정보 발생시 경호요원을 현장에 투입하게 한다.

그리고 방범경보시스템 등과 관계없이 경비대상시설 내부에 비상사태가 발생할 경우 비상통보기(Panic Button Switch), 무선 비상통보기(Wireless Panic Button Switch), 구급통보기(Medical Alarm Switch)를 사용하여 원격지 관제실이나 상황실로 연락을 취하게 할 수 있는 장비들이 있다.

출입통제시스템(Access Control System)은 경비대상시설 또는 주요 출입장소에 인가된 사람 또는 차량을 인식된 정보에 의해 식별하여 출입을 통제하고 관리하는 시스템이다. 이러한 출입통제시스템은 연구기관, 주요 사무실, 오피스텔, 금융기관의 주요시설, 행사장 시설 등 출입을 통제할 곳의 출입문에 저지장치(Deterrent)에 전기정이나 전동기 등을 설치하고, 인식장치에 의하여 인식된 사람이나 차량을 식별하여 출입구를 개폐할 수 있도록 하고, 인식되지 않은 사람은 별도의 장소에서 안내 및 통제를 받을 수 있게 운영되는 시스템이다.

CCTV시스템은 베트남 전쟁 중에 미군에 의해 처음 사용되기 시작하였고, 1970년대 초반을 전후하여 범죄통제의 목적으로 경찰에 의해 사용되기 시작하였다.

CCTV는 때로 Industrial Television의 약어인 ITV로 불리기도 하는데 방송텔레비전 이외의 산업용, 교육용, 의료용, 방재용 및 사내의 화상정보 전달용 등으로 그 용도가 다양하며, 특히 CCTV에 의한 화상정보 전송은 다른 데이터 전송이나 음성정보 전송에 비해 취급 정보량이 압도적으로 많아 현장의 분위기나 사람의 감정까지도 전송할 수 있는 장점이 있다. CCTV는 원거리의 관찰, 보이지 않는 영역의 관찰, 인체의 근접이 불가능한 환경하의 관찰, 다수인에 의한 동시 관찰, 집중적 감시 등을 할 수 있는 유용한 시스템이다. CCTV시스템의 기본 구성요소는 피사체를 촬영하여 광 정보를 전기신호로 변환하는 촬상계, 전기신호를 원격지에 전송하는 전송계, 전송되어온 전기신호를 영상으로 재생하는 수상계로 구성된다.

디지털 녹화기(DVR: Digital Video Recorder)는 카메라가 촬상한 영상신호를 디지털로 변환, 압축하여 PC의 HDD(Hard Disk Driver)에 저장하는 장치이다. DVR은 영상포착 및 변환 기능, 영상 데이터 압축 기능, 녹화 기능, 감지기 감시 기능, 자동 동화상 검출 기능, 경보 기능, 다이얼링 기능, 화상 전송 기능, 현장 감시 및 순간 검색 기능, 화면 분할 기능, 다양한 화면 표시 기능, 실시간 발생 기능, 원격제어 기능, PAN-TILT-ZOOM기능 등 다채로운 기능을 보유하여 현장에서 다용도로 사용될 수 있는 장비이다.

제2절 시큐리티업체 운영론

1. 시설경비업체

1) 시설경비업무와 대상시설

시설경비는 국가중요시설을 비롯하여, 빌딩, 주택, 공장건물, 상가, 공공건물, 공항 등 경호보안이 필요한 대상시설에 대하여 외부침입·내부절도, 사고의 발생 등 각종의 위해(危害)로부터 그 시설의 인적·물적 가치를 보호하는 경호보안 형태이다. 「경비업법」상 경비업무에는 시설경비, 호송경비, 신변보호, 기계경비, 특수경비업이 구분짓고 있다. 그 가운데 "시설경비업무"는 국가중요시설, 공공시설, 산업시설, 사무소, 주택, 창고, 주차장, 공사현장, 행사장, 유원지, 항공기, 차량, 기타 시큐리티를 필요로 하는 시설 및 장소에서 도난, 화재 기타 혼잡으로 인한 위험발생을 방지하는 업무이다. 여기서 국가중요시설경비는 정부의 통합방위지침에 따라 보안요원은 청원경찰 및 특수경비원이 운용하되 일부 시설유형별, 지역별, 규모별로 각각 실정에 적합하게 근무하고 있다.

일반적으로 시설경비활동은 대상 시설물에 대한 외부침입방지와 내부인에 대한 범죄행위방지, 그리고 시설물의 화재예방과 시설관리, 출입인원에 대한 통제 및 안내서비스 등이 주요 업무이다.

시설경비는 우리가 살고 있는 모든 시설에 해당되는 안전관리 활동을 말하며, 사회 일반의 안전을 표방하는 가장 보편적이고 고전적 형태의 기본이 되는 시큐리티서비스이다. 따라서 산업생산시설 이외에도 공사현장, 주택, 상점 등의 개인시설과 학교, 병원 등과 같은 공공시설, 그리고 공항, 항만, 군사지대, 발전소, 교도소 등의 국가 주요 시설 뿐만아니라 홍수, 가뭄, 지진과 같은 자연재해나 인위적 재난에 대한 시설의 안전관리, 그리고 첨단기술의 발전에 따른 하이테크(Hightech)범죄에 대비한 시설안전업무를 담당한다.

개인주택 및 공동주택의 수가 증가함에 따라 범죄율이 증가하고 시큐리티요원 수는 새로운 시큐리티시스템의 발달로 감소하는 반면, 전체 고용된 시큐리티요원의 수는 점차 증가하는 추세이다. 또한, 시큐리티요원의 평균 연령도 전에 비해 현저히 높아지고 있으며, 교육 수준은 더욱 낮아지고 있다. 또한 시큐리티의 업무는 다양화되고 있으며, 새로운 시큐리티기술의 이해도와 사용능력도 점점 수준이 높아지고 있다. 컴퓨터 시스템의 사용이나 CCTV에 대한 이해는 이미 특별한 것이 아니다. 그리고 이러한 것들은 시큐리티분야를 더욱 전문적인 분야로 이끌고 있다.

또 하나의 최근 경향은 독점적이고 포괄적인 시큐리티가 점점 개별적이고 전문적 시큐리티로 옮겨가고 있다는 것이다. 운용예산 절감의 압력으로 시큐리티 전문가는 시큐리티에 대한 여러 선택사항을 고려하여야만 한다. 종종 인력 재배치를 효율면에서 극대화해야 하겠다.

시큐리티업체의 업무영역은 나아가 공공안전에 대한 여러 업무를 대행하는 것에까지 이르고 있다. 즉, 공공 업무의 민영화의 한 부분으로 시큐리티업무도 이에 해당하며 여기에도 비용 절감은 또다시 강조된다. 이러한 점에서 시설시큐리티의 중요성은 더욱더 부각되고 있다.

2) 시설경비의 원칙

시큐리티 대상이나 형태에 따라 경비(警備)하는 방법이 달라진다. 즉 외래 출입자수, 사업종목, 위험도 등에 따라 시큐리티업무형태가 달라지며 사고의 발생예측, 사고발생에 대한 시큐리티계획수립, 시큐리티실시, 결과에 대한 평가에 따라 시설시큐리티의 원칙은 다음과 같다.

(1) 위험도의 원칙

위험도에 따라 시큐리티의 형태가 달라진다는 원칙이다. 즉 화재발생 및 도난사고는 공공장소에 위험도가 많이 내포 되어 있느냐 없느냐에 따라 시큐리티요원의 시큐리티가 달라진다는 원칙이다.

시큐리티의 제1원칙이다. 시설경비는 경비근무자가 경비하고 있는 경비대상물건의 중요도에 따라 달라진다. 시설경비의 위험은 경비대상이 가진 영업의 내용, 성격, 관리상황, 사람 수 등에 의해 구분된다.

예를 들면, 경비대상이 백화점, 슈퍼, 생산공장 국가중요시설 등 어느 것인가에 따라 화재발생이나 도난의 위험도가 달라질 수밖에 없다.

(2) 취약성의 원칙

취약성 또는 취약도에 따라 시큐리티형태가 달라진다는 원칙이다. 시큐리티요원이 시큐리티대상시설을 경비하는 경우 화재나 도난의 발생을 예측할 수 있다. 그러나 화재나 도난을 예측할 수 있을 뿐 정확한 발생은 알 수 없다. 이러한 취약점 즉 그 장소의 특성내용이 모두 다르므로 시설시큐리티의 방법 또한 그 고유의 취약도에 따라 달라진다고 할 수 있다.

시설경비의 제2원칙이다. 경비근무자가 경비대상 물건을 경비할 경우 화재나 도난 발생이 예측되지만 언제, 어디서 일어날지는 모르는 것이 현실이다. 오늘날 사고 발생은 사람과 사람, 사람과 재물이 관련된 각양각색의 상황에 의해 일어나게 되는 것이다.

경비근무자가 근무하고 있는 시설에는 이러한 취약점이 분명히 존재하고 있는 것이며 경비라고 하는 것은 바로 이 취약성을 보완하기 위하여 필요한 것이다. 예를 들면, 빌딩(건물)에 있어서는 보일러실, 식당, 기계실, 숙직실, 상품창고 등에 취약점이 있다고 말할 수 있다. 또, 병원같은 곳에서는 지하 기계실, 보일러실, 약품창고 등을 들 수 있다. 이러한 시설의 취약점은 그 성질, 장소, 내용 등이 각각 다르므로 시설경비 방법 역시 해당시설 고유의 취약도에 의해 달라질 수밖에 없다.

(3) 확률성의 원칙

시큐리티는 매일 같이 열심히 근무를 서서 잘 했다고 해도 어느 날 몸이 안좋아서 근무를 태만하게 서서 사고가 발생하였다면 결과적으로 시큐리티업무는 실패하였다고 볼 수 있다. 순간의 실수가 그동안 경력을 평가 받고 많은 비난을 받을 것이다. 그러나 반대로 매번 근무를 태만하게 서다가 그날 근무를 성실히 서서 사고를 미연에 방지했다고 하면 이 시큐리티업무는 성공한 업무이다. 이러한 시큐리티 형태를 볼 때 시큐리티는 확률적으로 운도 따라야 하는 직종이다.

시설경비의 제3원칙이다. 시설경비는 확률도의 문제에 있다고 말할 수 있다. 십년을 하루같이 열심히 경비시설을 순찰하고, 훌륭히 당직근무를 하더라도 한번 순찰근무를 게을리 하여 종업원이나 외래자의 부주의를 발견하지 못하여 경비상의 실수를 범하게 되면 그동안의 경비가 모두 소용없게 된다. 사고 원인을 예방하지 못하면, 과거 수십년간의 경비실적은 사상누각처럼 허물어지고 개인적으로는 다른 사람들로부터 큰 비난을 받게 되는 것이다. 여기에는 경비대상 물건의 성격, 환경, 주위조건 등을 조사하고, 그 발생 확률을 예측하여 근무계획을 결정하는 것이 중요하다.

3) 시설경비업무의 유형

시설경비는 시큐리티 대상시설의 목적 · 종류, 업무주체 및 계약의 내용 등에 따라 다르다. 방범, 화재, 재난예방 등이 가장 보편적이고 전적인 형태라 할 수 있다. 시설경비의 수행형태로는 경비실을 설치 상주하면서 하는 형태, 일정한 구역을 순회하는 순찰형태, 일정한 시설에 감지장치를 설치하고 경보시 경비원이 출동하여 조치하는 형태, 경보장치의 설치를 통해 경보를 각 경찰관서로 전달케 하는 경보서비스형태가 있다.

보통 시설경비업무의 유형은 시큐리티요원의 근무형태에 따라 시설상주시큐리티, 순찰시큐리티, 보안시큐리티의 형태로 구분할 수 있고, 시설보호형태에 따라 외곽시큐리티, 내부시큐리티 등으로, 시큐리티업소별로는 홈 · 빌딩시큐리티(Home & Building Security), 타운시큐리티(Town Security), 은행 등 금융시설시큐리티, 호텔 등 숙박업소시큐리티, 병원 등 의료시설시큐리티, 쇼핑센터 등 판매시설시큐리티, 학교 등의 교육시설 시큐리티, 공장시큐리티(Factory Security), 건설시큐리티(Construction Security), 국가주요시설 시큐리티 등으로 구분해 볼 수 있다.

(1) 시큐리티서비스 업무시스템에 따른 분류

경호보안서비스의 제공시스템에 따라 계약(도급)시설경비와 자체시설경비서비스로 나누 볼 수 있다.

계약시설경비란 일반적으로 경호보안 전문업체가 경호보안서비스를 원하는 의뢰자와의 일정한 계약행위를 통해 경호보안서비스를 제공하는 형태의 시설경비를 말한다. 그 서비스형태로는 방범시설경비와 순찰 · 순회서비스, 화재예방경비, 재난시설관리, 기계경비서비스 등이 있다.

방범시설경비는 시설물에 대한 각종의 위해로부터 시설물내의 인적 · 물적 가치를 보호하는 서비스형태를 말한다. 시큐리티서비스의 주된 역할은 시설물 내외의 접근통제, 시설물에 출입하는 사람이나 차량의 통제, 시설물에 출입하는 사람이나 차량의 원활한 안내, 일반적 회사업무에 필요한 사항의 지원 등이다.

순찰·순회서비스는 시큐리티요원들이 범죄예방과 발견을 위해 도보나 순찰차량으로 1인 또는 여러 사람이 한 팀이 되어 근무지역 내의 시설물들을 정기적으로 확인하는 서비스활동을 말한다. 순찰요원이 이동을 하면서 여러 지역을 순찰 또는 순회한다는 점에서 한 지역에서 근무하는 보초식의 시큐리티활동과 차이가 있다. 화재예방경비는 소화기·경보장치 등을 이용하여 시큐리티요령을 숙지한 시큐리티요원에 의하여 화재를 예방하고 초기에 소화한다든지 신고하는 등의 대응조치를 강구하는 시큐리티 방법이다.

재난에 대한 시설관리서비스는 테러, 노사분규 등의 인위적 재난이나, 자연재해, 건물붕괴, 항공기·선박 사고, 가스폭발, 엘리베이터 고장 등에 대비한 시큐리티서비스를 말한다.

중앙통제경보시스템을 중심으로 시설물에 설치되어 있는 감지기로부터 경보를 수신하여 출동차량에 의해 상황에 대응하는 형태의 시큐리티서비스이다. 중앙통제센터는 항상 사설 시큐리티요원들에 의해 모니터 된다. 과거 단순한 경보서비스는 감지기를 현장에 설치하고 감지된 경보를 일반 경찰관서에 알려주는 역할을 하는 경우도 있지만, 오늘날 기계경비서비스의 전형은 중앙통제시스템을 구축하고 경보를 일반경찰관서나 소방관서에 전파할 뿐만 아니라 시큐리티요원(출동차량)을 현장에 보내 조치하는 형태를 띤다. 중앙통제센터를 중심으로 한 기계경비시스템은 시큐리티요원을 고용하는 인력경비보다 장기적으로 비용이 저렴하고 정밀하다는 장점이 있지만 오보율이 높다는 문제점을 가지고 있다.

자체(상주)시큐리티는 당해 시설조직이 자체적으로 시큐리티담당 부서를 조직하고 시큐리티업무활동을 실시하는 형태를 의미한다. 즉, 조직의 일부로서 시큐리티조직을 운영하여 시설경비를 행하는 형태를 말한다. 이러한 상주경비는 상대적으로 안정된 신분보장과 높은 급료, 높은 위상으로 연령이 낮고, 자질이 우수한 사람들로 구성할 수 있다. 시큐리티책임자가 시큐리티요원들을 직접 관리하기 때문에 시큐리티요원에 대한 강력한 통제가 가능하고 시큐리티 서비스면에 있어서도 인력을 별도로 고용한 사용자의 요구에 신속하게 대처하는 장점을 갖고 있다. 그리고 상주경비는 시설주의 필요에 따라 적절하게 교육·훈련을 시킬 수 있고, 교육·훈련의 과정과 효율성을 쉽게 측정할 수 있는 장점이 있다. 또한 각 시큐리티요원들의 개개인에 대한 업무수행 능력도 훨씬 정확하게 평가할 수 있다. 상주시설경비요원들은 계약경비원들보다 자신들을 고용한 회사나 사용자에게 상대적으로 높은 애사심을 갖는다. 상주경비는 계약경비보다 안정적이기 때문에 업무수행능력을 인정을 받을 수 있어 자기개발의 기회를 가질 수 있다는 이점이 있다.

그러나 계약경비는 비용이 비교적 저렴하고, 구성원 중에 질병이나 해임 등으로 인해 업무수행상의 문제가 발생했을 때나 인사이동과 대체에 따른 행정관리상 문제를 쉽게 해결할 수 있으며 시큐리티수요의 변화가 생길 때마다 기존 인력을 감축하거나 또는 추가적으로 고용을 확대할 수 있는 장점이 있다. 그리고 상주시설경비에 비해 비상사태에 있어서 인적자원의 탄력적인 운용이 가능하며, 계약경비 업체들은 대규모 경비인력을 관리하고 있기 때문에 훨씬 더 능률적으로 이들 인적자원을 관리할 수 있다. 경비업무 수행에 있어 사용자를 의식하지 않고 소신껏 경비업무에 임할 수 있는데, 계약경비원들이 상주경비원들보다 시설주나 사용자들의 요구에 객관적으로 응할 수 있는 특성을 갖는다. 또 계약경비는 사용자의 요구에 맞는 다양한 시큐리티상품을 구비하고 서비스를 제공함으로써 시큐리티프로그램 전반에 걸쳐 전문성을 가진 전문인력을 쉽게 제공할 수 있다.

(2) 시큐리티업무 수행 주체에 따른 분류

경호보안업무 수행 주체 및 업무구조에 따라 가장 고전적이고 보편적인 경비서비스 형태인 단순 인력시설경비와 최첨단 기계장비를 이용한 기계보안시스템경비로 나누어 볼 수 있다.

가) 인력시설경비

인력시설경비는 경비대상시설에 대한 범죄행위, 화재, 재난 등의 각종의 위해로부터 인적·물적인 가치를 인력을 통해 보호하는 경비로 상주시설경비, 혼잡시설경비, 순회·순찰경비 등이 주요 형태가 있다. 인력시설경비의 장점으로는 경비(警備), 질서유지, 안내, 미화 등의 통합서비스가 가능하고 현장에서 신속한 조치 가능하며 범죄자에게 예측가능성을 주지 않는다. 이에 반해 단점으로는 인건비가 부담되며 사건발생시 인명피해의 가능성이 있으며 사건의 신속한 전파의 장애 및 야간경비활동의 제약이 있다.

나) 기계보안시스템경비

기계보안시스템경비는 인력시설경비와 대응되는 개념으로 경비대상시설에 대한 범죄행위, 화재, 재난 등의 각종의 위해로부터 인적·물적인 가치를 기계경비시스템을 통한 보호하는 시큐리티형태이다. 기계보안시스템경비는 다시 감시대상별·형태별·이용방법별로 여러 가지로 구분할 수 있지만, 순수무인경비시스템과 혼합기계경비시스템, 로컬기계경비와 무인(unmanned)기계경비의 형태가 있다. 로칼(local)경비는 잠재적인 위해요소가 예상되는 특정경비대상에 장소별로 적합한 각종 감지기를 설치하고 그에 의한 감지신호와 감지된 장소의 영상을 볼 수 있는 폐쇄회로TV(Closed Circuit Television) 등의 감시장치를 이용하여 자체의 상황실 및 중앙통제센터에서 상주요원이 감시관리, 외부의 침입자에 의해 침입신호가 상황실에 수신되면 시큐리티요원이 출동·대처할 수 있는 기계경비형태이다. 무인(unmanned)시설경비는 경비대상에 적합한 감지기나 주장치(controller)를 설치하여 현장에는 시큐리티요원을 배치하지 않고 원격지의 관제실에서 관리하는 시스템으로 침입이상 등의 신호가 관제센터에 수신되면 담당지역 출동차량으로 지령하여 출동·대처하는 기계경비형태이다. 보안시스템은 감지장치, 송·수신장치, 출동차량, 관제시설 등으로 구성되어 있다. 기계보안시스템경비는 장기적으로는 비용이 절감되고, 감시지역의 광범위성과 정확성이 있으며 24시간 지속 감시, 화재예방시스템과 통합운용이 가능하고 인명피해 가능성이 없는 반면에 설치비용이 부담되고 범죄자에 역이용될 가능성과 오경보의 위험성, 유지보수의 복잡성과 고비용성이 있는 단점도 있다.

(3) 경비대상시설의 위치에 따른 분류

가) 시설외곽 시큐리티

시설물에는 장벽(인공·자연) 등 외각방호시설이 별도로 설비된 경우도 있으나 도시의 사무실이나 빌딩은 건물자체가 방어벽 역할을 한다. 외부침입자에 대한 시큐리티의 최일선이 시설의 외곽 경계지역에서부터 시작된다. 따라서 시설외곽 시큐리티는 장벽, 출입구, 건물자체 순서로 수행된다.

㈎ **장벽** : 강이나 절벽, 바위, 수목 등의 자연적인 장벽이나 철조망, 담장, 출입

문, 차폐물, 등의 구조물에 의한 장벽은 경계구역을 한정하고 외부침입을 제지하는데 도움을 준다.

㈏ **출입구시큐리티 :** 출입구가 많으면 이를 통제·감독하기 위해 더 많은 시큐리티요원이 필요하기 때문에 출입구는 최소한을 유지한다. 그래서 출입하는 인구의 수나 중요도에 따라 적절한 조정이 필요하다. 폐쇄되어 있거나 개방된 출입구에 대하여 적절한 통제를 하여야 하므로 그 수에 대하여 파악하고 있어야 한다. 가능한 출구나 입구는 하나로 지정하고 통행하는 사람을 적절히 통제하기 위해서는 그 폭이 너무 넓지 않아야 한다.

㈐ **건물시큐리티 :** 창문과 출입문 등이 같이 경계구역과 같이 연결되어 있는 문은 튼튼한 구조물로 이루어 져야하고 확실한 잠금장치가 있어야 한다. 화재나 다른 여러 가지 위험사고를 대비하여 비상구와 같은 예비적 조치가 사전에 충분히 마련되어 있어야 한다. 특히 옥상이나 일반 외벽은 쉽게 눈에 띠지 않기 때문에 외부침입의 대상이 될 수 있어 주기적인 순찰이나 이를 감지하는 시스템의 구비로 방범의 이상 유무를 확인할 필요가 있다.

㈑ **경계구역시큐리티 :** 시큐리티요원의 시각이나 경비장치로 대상구역이나 경계구역을 감시할 수 있는 활동영역인 가시지대(可視地帶, Clear Zone)를 넓히기 위해서는 모든 장애물을 제거해야 한다. 가시구역이 너무 작을 경우 통제지역의 장벽을 높이거나 침입정보를 알려주는 탐지센서 등을 설치할 수도 있다.

㈒ **내부구역시큐리티 :** 경계구역 내부구역도 제2방어선으로 반드시 시큐리티활동이 이루어져야 한다. 따라서 이곳의 조명, 보안등에 대한 점검 및 정기적 순찰활동이 이루어져야 하고, 인접건물이나 주차장 관리도 적절한 통제가 이루어져야 한다. 특히 내부구역은 야간에 범죄의 표적이 되기 쉽기 때문에 경비조명시스템도 시큐리티활동에 집중할 수 있도록 설계되어야 한다.

나) 시설내부 시큐리티

경계구역에 대한 부적절한 침입을 막기 위한 외부출입통제에 대하여 내부출입통제의 주목적은 시설물 내의 침입이나 절도 기타 횡령 등을 막기 위한 것이다.

㈎ **창문과 출입문시큐리티 :** 외부침입자는 창문을 통해 들어오기 때문에 창문에 대한 안전장치가 중요한 요소이다. 그래서 고강도 특수방화·방호유리나 강화유리 등의 방호창문을 설치할 필요가 있고 화재 등의 긴급사태 발생시 내부에서

쉽게 대피할 수 있도록 설계되어 있어야 함은 물론 방재시스템이나 외부침입감지시스템 등도 설치되어 있어야 한다. 시설내의 모든 출입문에 대해서도 물리적인 안전성을 갖추고 사건발생 여부를 확인하여 시큐리티인력과 장비를 적절히 배치할 필요가 있다.

(나) **출입통제** : 내부시설 안전계획수립에 있어서 출입 및 통행을 통제하는 것은 중요한 사항으로 내부직원과 외부 방문객에 대한 신원 확인, 통제한계의 명확화, 화물이동 통제 · 검색, 차량통제가 적절히 이루어져야 한다.

(다) **서류 · 물품 안전관리** : 문서를 보관하기 위한 자료보관함이나 금고, 중요물품 보관실 등에 대한 안전관리는 주로 화재예방과 절도방지를 위하여 적합한 안전장치를 설치한다. 이를 위해 다양한 종류의 자물쇠나 경보시스템, CCTV 등에 의해 감시를 하게 된다. 아울러 안전설비에 대한 지속적이고 정기적이 보수 및 사후관리가 필요하다.

4) 시설시큐리티업무 운영시스템

시설경비업무를 하기위해 허가받은 시설경비업자는 기업의 이익을 창출하기 위하여 경영전략을 수립하고 목표시장을 설정한다. 유형별 목표시장은 크게 국가중요시설, 주택 및 주거시설, 빌딩 및 사무실, 금융기관, 백화점 및 상업시설, 공장 및 산업시설, 언론기관, 호텔 및 숙박시설, 병원 및 의료시설, 유원지 및 위락시설, 카지노 등의 사행시설, 학교 및 교육시설, 기타 체육 · 정유 · 사회복지 · 항만 시설 등으로 분류하여 그 영역을 설정할 수 있다.

민간시큐리티업체들은 그들의 위험자산과 관리(Risk Assessment and Management)의 경험과 노하우를 통해 국내 현실에 적합하면서 체계적인 시큐리티 운영시스템의 제공을 지향하고 있다. 현행 민간시큐리티업체의 시큐리티 운영시스템에 대한 일반적인 프로세스는 다음 [도해 2-4]과 같다.

[도해 2-4] 'ST'社의 시큐리티업무 운영시스템

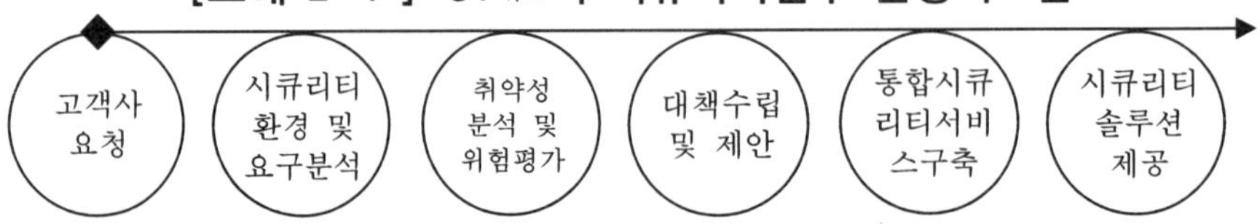

시큐리티업체는 보통 마케팅 및 영업부서를 별도로 두어 영업활동을 전개한다. 영업활동 및 고객방문을 통하여 회사의 기본 자료와 업무에 대한 정보를 고객에게 전달한다. 그리고 경비대상시설에 대한 시큐리티 컨설팅을 수행하여 제안서를 의뢰인에게 제출하게 된다. 시큐리티 컨설팅의 영역으로는 기업조사컨설팅(기업 내·외부 시큐리티감사), 관리보안 컨설팅(시큐리티 조직관리, 시큐리티 정책 진단 서비스), 물리적 시큐리티 컨설팅(전문 인력경비, SI, 방재, 재난관리 시스템 진단 및 컨설팅 지원 서비스), 정보시큐리티 컨설팅(정보시큐리티 시스템 구축 서비스) 등이 있다. 시큐리티 운영시스템의 수행절차는 [표 2-5]과 같다.

[표 2-5] 'S'社의 시큐리티 운영시스템 수행절차

단 계	주요 산출물
상담 및 환경조사	• 수행계획서(Master Plan)
시큐리티환경 및 요구분석	• 업무환경 및 요구사항 분석서
취약성 분석 및 위험 평가	• 취약성 분석 및 수준평가 보고서 → 위험평가 보고서
중간 보고	• 중간보고서
시큐리티대책 수립 및 제안	• 시큐리티 설계서 → 시큐리티 지침서
시큐리티 솔루션 제공	• 통합 시큐리티 서비스
보 고	• 최종 보고서

*자료: http://www.s-tec.co.kr

시큐리티 의뢰자는 계약내용을 검토하여 요구사항과 부합하면 시큐리티도급계약을 체결한다. 시큐리티계약이 체결되면 해당 사업장의 세부 시큐리티계획의 수립이 진행되고 행정적으로 시큐리티요원을 채용하여 교육을 시키고 경비지도사를 선임한다. 또한 시큐리티요원의 배치와 장구 및 장비에 관련한 각종 신고·허가사항 등 제반 행정업무를 이행하고 공제나 손해배상책임보험을 가입한다.

시큐리티요원이 배치되면 보통 1개월내에 계약서 내용을 기본으로 한 시큐리티계획을 확정하여 시큐리티계획서에 도급인의 서명날인을 받아둔다. 시큐리티업체는 현장관리를 하면서 경비지도사를 통하여 시큐리티요원을 지도·감독·교육을 하고 시큐리티업무의 적정성을 기하기 위하여 업무매뉴얼 및 점검표를 작성하여 운용한다.

시설경비업무 수행과정에 대한 모델은 다음 [도해 2-5]과 같다.

[도해 2-5] 시설경비업무 수행과정(모델)

〔1단계〕 착수	〔목표시장 설정〕 • 해당 경비 업무 허가 • 업무 이행 능력을 고려하여 TARGET 설정	〔고객방문 및 영업활동〕 • 마케팅(On · Off Line) • 기본운영 · Flow 설명 • 소개서 · 홍보물 제공
	〔시큐리티컨설팅/경비진단〕 • 각종 위험 분석(위협분석) • 인원 및 근무형태 구성 • 제안서 작성	〔제안서 제출/입찰참가〕 • 제안서제출 (운영계획서, 견적서)제출 • 입찰(RFP분석 후 입찰)
〔2단계〕 계약	〔의뢰자의 제안서 검토〕 • 의뢰자 ☞ 계약 내용 검토 (운영계획, 이행능력, 비용 등) ⇒ 업체결정	〔입찰〕 • 입찰 확정 -지명경쟁입찰, 일반경쟁입찰
	〔계약 내용 협의〕 • 업무내용 및 범위 협의 • 도급액 절충	〔경비 도급 계약 체결〕 • 세부 계약 내용 확인 • 상호 계약 체결 및 날인
〔3단계〕 실행	〔경비계획 수립〕 • 제안서 및 계약내용에 따른 경비 계획 수립	〔경비원의 채용 · 선발〕 • 경력사원 선발 ☞관리자 • 신원조회 의뢰 • 신입사원 채용
	〔경비지도사의 선임〕 • 결격 사유 확인 • 선임기준에 맞는 경비지도사의 선임	〔경비원의 교육 · 훈련〕 • 법령시간이상 신입교육 • 경비업체별 교육 · 훈련 • 벤치마킹, OJT 등
〔4단계〕 배치	〔경비원의 배치〕 • 경비원 배치신고 • 장구 · 장비의 신고 · 허가 • 각종 서류 작성 · 비치	〔손해배상책임보험 가입〕 • 영업배상책임보험 • 이행보증보험
〔5단계〕 운영	〔경비계획 확정〕 • 세부 경비 계획 확정 • 경비계획서 작성 후 날인 ☞상호 분쟁시 참고자료로 활용	〔현장 관리〕 • 경비원 지도 · 교육 · 감독 • 체크리스트, 업무매뉴얼 운용 • 서비스 품질도 향상 노력

자료: 김태민, "한국 민간경호업무 운용시스템 모델 설정에 관한 연구", 용인대 박사학위논문, 2005. p.206.

5) 시설경비업무의 수행

시설경비업무의 수행은 업무의 종류에 따라 시큐리티종사자가 취해야 할 행동과 근무방법이 다르므로 각 시큐리티근무자는 근무시설의 장소나 근무의 종류에 따라 근무방법을 달리해야 한다.

(1) 시설안내근무

어느 회사에 안내를 하는 근무자가 두 사람이 있다. 하루에 한 사람씩 근무하는데 한 사람은 매일 아침회사에 출근하는 직원들에게 밝은 얼굴로 웃으며, 인사를 한다. 언제나 복장도 단정하고 깔끔하다. 상사가 도착하면 차가 주차할 곳을 만들어 주기도 하고, 모르는 사람이 오면 친절히 안내한다. 회사의 모든 직원들이 이 안내원만 보면 아침부터 기분이 좋다. 하루 일이 잘 될 것 같은 분위기를 만들어 주는 안내원이다.

다음 날 근무하는 안내원은 항상 얼굴이 찌푸려져 있다. 이 근무자가 근무하는 날은 회사 전체가 기분이 가라앉아 있는 것 같다. 말도 별로 없다. 엊그제는 다른 회사에서 업무차 온 손님과 다투는 것을 보았다. 그러나 별로 개의치 않는 것 같다.

두 사람 중 매일 얼굴이 찌푸려져 있는 근무자가 사직하였다. 그러나 누구 하나 신경 쓰는 사람이 없었다. 있는 듯 없는 듯 근무하던 사람이므로 누구도 그 사실을 모르고 그냥 지내고 있었다.

몇 개월 후 친절한 근무자가 그만두게 되었다. 그 회사에 근무하는 모든 사람들의 가슴이 허전했다. 아침부터 왠지 중요한 것을 한 가지 빠뜨린 것 같은 기분이다. 오늘 아침 친절한 안내원이 안보였던 것이다.

회사의 모든 사람들의 금방 그 안내원의 퇴직을 알아차리고 궁금해 한다. 같은 안내근무를 하였지만 두 사람의 자리는 그만큼 차이가 있었던 것이다. 안내근무란 이렇게 회사에 근무하는 모든 직원들의 기분까지도 바꾸어 줄 수 있는 근무이다.

가) 안내 근무의 개념

시큐리티업무의 한 분야인 출입관리 근무중 안내(案內)는 시큐리티근무와 별개로 논할 수 있는 것은 아니다. 안내 및 출입관리근무는 상대방에게 필요한 곳을 정확히 안내하여 불필요한 곳으로 가지 않도록 하므로 시설의 안전을 유지하는 것이다.

시큐리티 근무 중 출입통제 근무의 한 부분으로서 시큐리티업무의 가장 기초단계이며 따라서 아주 중요한 근무라고 할 수 있다.

안내근무자라고 해서 회사와 무관하거나 들어와서는 안 될 사람까지 안내하여야 하는 것은 아니며, 회사와의 관계여부를 잘 파악하여 결정하여야 한다.

최근의 번거로운 인간관계는 만나야 할 사람과 만나지 말아야 할 사람을 구분하여 조치해야 할 필요성을 증가시킨다. 손님의 요구가 무리한 경우나 업무관계상 안내가 곤란한 경우 등을 안내원이 가려서 조치할 수 있어야 한다.

나) 안내근무의 특성

안내근무라고 해서 그저 장소만 가르쳐 주면 되는 것은 아니다. 하려면 끝까지 철저하게 책임을 가지고 임무를 완수하여야 하고 안하려면 아예 안하므로서 다른 사람이 책임지고 할 수 있도록 하여야 하는 분야이다. 남들이 하는 것을 보면 그저 방향만 가르쳐주면 되는 것 같아도 사실은 가장 중요한 것이 안내인 것이다.

사무실에서 근무하는 것보다 더욱 중요하다고 평가할 수 있는 근무이며, 회사를 대표하는 업무인 것이다. 안내근무자는 자신이 회사를 대표하며, 이 근무를 통하여 시설의 이미지를 높이고, 안전을 유지한다는 생각을 함께 가지고 근무해야 한다. 막연히 일하다 보면 중요한 손님을 다른 장소로 안내하는 실책을 범하는 수가 있다.

일일이 신경을 곤두세워 확인하고 다시 확인하는 자세로 근무하여야 한다. 안내근무자의 역할은 출입자나 물품에 대하여 교통정리를 하는 것이다. 따라서 고객이 원하는 곳으로 정확히 사람이나 물건이 도착할 수 있도록 해 주어야 한다. 안내근무의 상대방에는 귀천이 있을 수 없다. 절대로 상대방의 비위를 거스르거나, 회사의 이미지를 하락시키는 일이 없이 근무에 충실을 기하여야 한다. 아침에 신문배달원에서부터, 야쿠르트 아줌마, 거래처의 업무 방문자, 외국의 바이어에 이르기까지 모두 귀한 안내근무의 대상인 것이다.

그러면서도 회사에 들어오려는 불순분자도 발견할 수 있는 정도의 수준있는 근무를 하므로 시큐리티근무자의 역할을 겸할 수 있어야 하는 것이 안내원 근무이다.

안내근무자라고 해서 보안유지에 소홀함이 있어서는 안된다. 대부분의 안내근무자는 회사에 대하여 많이 알고 있으며, 이러한 안내 근무자가 보안의식이 없으면 회사의 취약요소가 상당부분 노출된다.

따라서 보안유지는 안내근무자의 철칙이다. 만약 자신의 근무하는 시설의 비밀에 해당하는 사항 즉 건물의 열쇠를 보관하는 곳이 어디라든가, 현금을 보관하는 금고의 위치가 어느 곳이라는 등의 사항을 외부에서 발설하였을 경우 범인에게 결정적인 정보를 제공할 수 있으며, 자신이 근무하는 시설의 안전을 지켜야 할 안내근무자가 스스로 준수사항을 위반하는 것이 된다. 시설의 중요도가 높을수록 안내근무자의 역할이 중요하다.

다) 안내근무 방법

안내근무자는 해당 시큐리티대상시설의 얼굴이다. 안내근무자의 말 한마디는 해당시설을 찾은 사람에게 결정적인 인상을 주게 되므로 안내근무의 중요성은 상당히 높다고 하겠다.

(가) 데스크 근무시

안내는 그 자체가 회사의 대표적 서비스 상품 중 하나이다. 이 상품으로 회사를 포장하면 회사가 한결 빛나 보인다. 손님이 최초 만나는 안내근무자의 행동 하나 하나는 그 시설의 이미지에 결정적인 영향을 미친다. 안내근무자가 근무를 잘함으로써 계약이 성사되는 것이 있는 반면, 안내근무자가 근무를 불성실하게 하여 성사되지 않는 경우도 있다.

㈀ 일반 안내근무시

ⓐ 안내근무자가 근무하는 위치는 입구에서 가장 잘 보이는 곳으로 선정하며 근무장소 부근은 일과 시작전에 항상 깨끗이 정돈한다.

ⓑ 복장은 지정된 것을 착용하고 항상 다림질 한 옷을 입는다. 유니폼에는 반드시 명찰을 패용한다. 안내근무자가 명찰을 패용하는 것과 안하는 것은 책임감에 있어 다른 사람에게 주는 이미지가 다르다. 명찰은 자신이 책임진다는 뜻을 담고 있다고 할 수 있다.

ⓒ 용모를 단정히 한다. 매일 근무 시간 전에 이발이나 면도 여부를 확인하여야 하며, 근무 전에는 반드시 양치질을 하고 손톱을 단정히 깎았는지 여부를 스스로 확인한다. 감독자 역시 이 사항을 철저히 확인한다.

ⓓ 자리를 비우지 않는다. 안내근무자가 자리를 비운다는 것은 다른 근무자가 자리를 비우는 것과 다르다. 다른 근무자는 자리를 잠시 비워도 괜찮으나 안내근무자가 자리를 지키지 않으면 회사가 무방비 상태인 것처럼 보일 수 있을 뿐 아니라, 외부 인사가 내방하여 엉뚱한 장소로 들어갈 수 있다. 이러한 경우 산업상 중요한 비밀이 누설될 수 있으며 따라서 안내근무에 들어가기 전 화장실 등에서 미리 용건을 본 후 근무한다.

ⓔ 사전 예약이 된 손님은 예약 여부를 미리 확인후 안내하며, 예약이 되지 않았을 경우 상대방에게 이름과 직책, 용건 등을 문의하여 상사에게 확인 후 안내하거나 용건을 파악하여 조치한다.

ⓕ 카세트, 이어폰, 선글라스 등을 끼고 있지 않는다. 안내근무자는 항상 시청각을 정상적으로 유지하여야 하는 바 이어폰은 청각을 둔화시키므로 손님의 인기척을 알아채지 못할 수도 있으며, 선글라스는 시각을 둔화시킬 수도 있다.

ⓖ 방문객이 있을 경우 앉아있지 말고 반드시 일어서서 인사한다. 자주 찾아오는 손님일 경우 이름과 직책을 외워서 인사한다. 항상 밝은 얼굴로 상대를 대한다.

ⓗ 2인 이상 근무시 잡담을 하거나 크게 웃지 않는다. 손님이 자신을 보고 비웃는 것으로 오해할 수 있으며, 따라서 상대방을 언짢게 할 수도 있다.

ⓘ 어느 부서에 근무하는 누가 무슨 일을 하는지 숙지하고, 시설 내부에 어느 부서가 어디에 있는지 빨리 익힌다. 안내근무는 사람의 직책과 업무와 그 사람이 근무하는 장소를 알아야 정확히 할 수 있다.

ⓙ 고객의 연령, 지위고하를 불문하고 존댓말을 사용한다. 특히 말씨가 중요한데, 친절하고 겸손한 말씨와 태도는 남을 대할 때의 기본 예절이다. 비록 상대방의 외양이 남루하더라도 절대 업신여기거나 차별대우를 해서는 안된다. 아무렇게나 대하였더니 상사의 은사였다는 이야기도 있다.

ⓚ 불필요한 전화사용을 금하고, 필요시에도 방문자가 기다리지 않도록 단시간내에 용건만 전달 후 끊는다. 근무중 사적인 전화를 하지 않는다.

ⓛ 자연스레 상대방의 눈을 보며 이야기하고, 시선을 피하지 않는다.
ⓜ 전화는 항상 빨리 받고, 먼저 자신의 소속과 성명을 이야기하며, 용건이 끝난 후 상대방 보다 늦게 끊는다.
ⓝ 근무자가 잘 모르는 내용을 문의할 경우 해당부서에 문의하여 확인후 알려준다.
ⓞ 손님이 만나고자 하는 상사에게 먼저 온 손님이 있거나 회의 등으로 대기하여야 할 경우 전화나 메모를 이용, 상사에게 보고후 지시에 따라 조치한다.

㈏ **거절하여야 하거나 안내하면 안되는 경우**

ⓐ 안내근무중 손님의 요구를 거절하여야 할 경우 먼저 정중히 예의를 표하고 거절 사유를 전달한다.
ⓑ 만약 안내를 요구하는 사람이 범죄의 의심이 있을 경우 비밀리에 경찰관서에 신고한다.
ⓒ 잘 타일러도 굳이 상사를 만나야 겠다거나, 통화라도 하여야겠다고 하는 사람이 있을 경우 다시 한번 설득한다.
ⓓ 방문객이 자신이 방문코자 하는 직원이 건물 내에 있는 것을 확인하고 왔다고 할 경우 들어오셨으나 금방 다시 나가셨다는 등 적당한 이유를 제시한다.
ⓔ 들어올 때까지 기다리겠다는 등의 이유를 제시하며 현관 등에서 밤을 새울 것 같은 태세이거나, 만날 때까지 문앞에서 대기태세로 들어갈 경우 설득해 보다가 상급자에게 보고하여 지침을 받는다.
ⓕ 상대방의 전달사항을 청취하여 상사에게 보고한다.
ⓖ 일부러 따돌리는 듯한 인상을 주지 않도록 한다.
ⓗ 상대방의 애로점이 해결 가능한 것은 실무진에게 직접 전달되도록 한다.
ⓘ 현재는 방문객이 만나고자 하는 상사가 없으나 잠시후 상사가 귀사중 현관 등에서 만날 우려가 있는 경우에는 손님을 잠시 옆의 대기장소로 대피시키고 상사가 들어오는데 방해가 없도록 한 후 지시를 받는다.
ⓙ 친절하게 이야기해서는 대화가 안되는 경우 면회가 안됨을 단호하게 이야기하여 돌려보낸다.

(나) 이동 안내시

이동하며 안내하는 것은 이동중인 특성으로 인하여 주의가 산만하게 되므로 데스크에서 안내하는 것보다 더욱 주의를 요한다.

(ㄱ) 사전에 자신이 근무하는 시설의 내부에 어디에 무엇이 있는지 완전히 익힌다. 유사시에는 다시 한 번 현지를 답사한다.

(ㄴ) 상사가 안내하도록 지시한 손님일 경우 안내석에 있지 말고 문앞이나 적당한 장소에 진출하여 안내한다. 이 때 사전에 상대방의 인상착의, 사용 차종, 차량번호 등을 확인하여 실수가 없도록 한다.

(ㄷ) 외부로 안내하여야 할 경우 안내 장소에 대한 사전 지식을 충분히 익힌다.

(ㄹ) 예약된 손님일 경우 손님 도착시 가장 잘 보이는 위치에서 대기한다. 내방객에 대항 정보가 없을 경우 자신이 안내임무를 띠고 나왔음을 피켓이나 표지판 등으로 알린다.

(ㅁ) 방향 안내시 고갯짓이나 손가락으로 안내하지 말고, 손 전체로 방향을 가리킨다.

(ㅂ) 안내중 급한 용건이 있을 경우 잠시 양해를 구하고 업무를 처리한 후 다시 응대한다.

(ㅅ) 안내시에는 왼쪽에서 한발자욱 정도 앞에 서서 안내한다.

(ㅇ) 두명 이상이 안내할 경우 상급자가 중앙에 오도록 한다.

(ㅈ) 계단을 올라갈 때는 남성이 앞에 가며, 내려갈 때는 여성이 앞에 선다.

(ㅊ) 엘리베이터 사용시 연장자나 상급자가 먼저 타고 먼저 내릴 수 있도록 안내한다.

(ㅋ) 돌아가는 손님에게 용건 잘 성사되었는지 여부 등을 문의하며 가볍게 인사한다.

(ㅌ) **유사시 조치 :** 유사시 보고체제를 확실히 암기하여야 한다. 상황이 발생하였음에도 보고부서를 모르거나 어떤 내용을 보고하여야 하는지 모른다면 안내원으로서의 임무를 정확히 수행할 수 없을 것이다. 따라서 보고 부서, 보고 수단, 전화번호, 보고 요령 등을 정확하게 숙지하여야 한다. 제반사항을 규격화 · 지침화하여 수시로 암기하고, 수첩 등에 기록하여 둠으로서 생활화할 필요가 있다.

(2) 출입관리 업무

가) 출입관리의 개념

출입관리란 관공서, 회사, 학교 등에서 출입관리근무를 담당하는 사람을 일컫는다. 출입관리는 건물이나 대상 시설의 안전을 위하여 출입자를 감시하고 반출입 물건을 확인·점검함으로서 안전을 유지한다. 따라서 출입관리라고 정문에서만 근무하는 것은 아니며, 성격에 따라 초소 등에서도 근무하며, 시설 전체의 안전에 관한 책임을 지고 근무하는 경우가 많다.

이 출입관리근무는 모든 시큐리티근무의 기본이며, 중요한 근무이다. 우리나라도 점차 최첨단 출입관리 시스템에 의한 근무를 하는 곳이 증가하고 있으나 과도하게 기계에 의존하지 말고 근무자가 수칙에 입각하여 정확히 근무해야 한다.

근래 들어 컴퓨터를 이용하여 건물에 출입하지 않고도 범죄를 저지르는 경우가 늘고 있으나 일반적인 경우는 아니며 소수에 불과하다. 따라서 모든 범죄는 일단 사람의 출입에서 시작된다고 볼 수 있다. 어떠한 범죄도 사람이 일단 들어와 보고 나서 범죄수법을 연구한 후 실행한다. 따라서 사람의 출입을 철저히 통제하면 대부분의 범죄 발생이 방지되는 것이다. 시설에 사람이 들어오고 나가는 것만 철저히 시큐리티하면 나머지 근무는 여기에 수반된다.

출입관리근무 요령은 들어와야 할 사람은 근무자가 없는 것처럼 들어올 수 있고, 들어와서는 안 될 사람은 철저히 통제되어야 한다는 것이다.

나) 출입관리근무의 준수사항

출입관리근무는 안내근무는 물론 시큐리티근무까지 포함되는 근무이다. 따라서 시설의 배치나 위험요소, 근무직원의 수, 업무성격, 기타 시설의 제반동향에 대하여 전반적으로 파악하고 있어야 한다.

㈎ 시설에 근무하는 직원이나 상시 통행하는 사람 등은 신속히 익혀두도록 한다. 생각나지 않는 사람은 확실히 알게 될 때까지 정중히 문의하여 확인하도록 한다.

㈏ 사람에 따라 쉽게 기억되는 사람이 있고, 쉽게 기억되지 않는 사람이 있다. 상대방의 성명이나 직책이 잘 생각나지 않을 경우 "죄송합니다. 제가 잘 잊어먹어서…… " 등으로 이야기하며, 부드럽게 협조를 구한다.

㈐ 명단에 기재되어 있으면 쉽게 파악이 되므로 항상 명단을 가까이 한다.

㈑ 출입관리근무는 출입해서는 안 될 사람을 선별하는 것이 가장 중요하다. 평소 잘 나타나지 않던 사람이 접근하여 상세한 사항을 문의하면 일단 불심점을 가지고 보면 된다.

다) 출입관리의 근무방법

(가) 신원확인과 출입허가

시설경비에 있어서 모든 범죄는 일단 사람의 출입에서 시작된다. 따라서 사람의 출입을 철저히 통제하고 나면 대부분의 범죄가 발생하기 어려운 것이다.

출입관리근무의 요령은 들어와야 할 사람은 시큐리티근무자가 없는 것처럼 출입할 수 있고 들어와서는 안 될 사람은 철저히 통제되어야 한다는 것이다.

시큐리티구역의 각 출입구는 위험물, 개인 휴대품 및 출입허가 유무를 확인하여야 한다. 면회신청지에 상대방의 성명, 연락처 등을 기입하도록 하고, 필요시 피면회자의 허가 여부를 방문처에 확인 후 출입을 허가한다.

(나) 신체검사 및 휴대품 체크

출입허가시 필요하다고 판단되면 상대방의 양해를 구하고 신체검사나 휴대품 점검을 한다. 폭발사건이나 침입 우려 등이 있을 때는 필요기간을 정하여 방문객을 보다 상세히 확인하는 것도 효과적인 방법이다.

(다) 금속탐지기

중요시설의 경우 출입관리근무시 금속탐지기의 사용이 필요하다. 금속탐지기는 금속이 송신장치와 수신장치간에 펄스파의 진행에 영향을 주어서 경보음이 발생하는 장치이다. 금속탐지기는 문형과 휴대용의 2종류가 있다. 이것은 금속류 소지자가 통과하여야 경보음이 발생하게 되어있다. 문형의 경우는 1분당 50~55인의 검색이 가능하고 오진율은 5%이내이다.

(라) 화물 · 출입물품

출입자, 공사 관계자, 그 외의 사람이 시큐리티구역에 화물이나 기타 물품 반출입시 물품반출입증을 소지하도록 하고, 일상적인 물품은 근무자의 판단하에 출입시킨다. 시설주가 허가하지 않을 것으로 예상되는 물건은 출입시키지 않아야 한다.

(마) 착안사항

㈀ **외부인**

ⓐ 고정출입자의 신속한 파악 … 시큐리티대상 시설의 근무자나 상시 통행하는 사람을 신속히 익혀야 하며, 의심이 가는 사람은 세워서 정중하게 확인하도록 한다. 명단에 기재되어 있으면 쉽게 파악이 가능하므로 늘 해당시설에 출입하는 사람의 명단을 가까이 두도록 한다.

ⓑ 거동수상자나 불심자의 발견 … 출입관리 근무는 출입하여서는 안 될 사람을 선별하는 것에 의해 우열이 구별된다. 평소 잘 모르는 사람이 어떤 사항을 문의하면 일단 수상한 사람으로 판단하고 조심해야 한다. 걸음이 부자연스럽거나 주변행동과 잘 어울리지 않는 행동을 하는 사람, 자주 이유 없이 출입하거나 말을 부자연스럽게 하는 사람 등 거동이 수상한 사람이나 신분과 휴대품이 잘 어울리지 않는 사람, 중요사건의 신문기사를 오려 가지고 있는 사람, 노끈, 밧줄 등을 가진 사람 등 휴대품이 수상한 사람이 여기에 해당한다.

㈁ **차량 출입관리근무시 :** 최근에는 건물의 주차공간이 협소해서만이 아니라 범죄를 예방하기 위하여서도 외부차량의 출입통제가 강화되는 편이다. 따라서 시큐리티대상시설에 출입하는 차량에 대해서는 다음 사항을 유의하여야 한다.

ⓐ 차량번호, 차종, 행선지, 용무, 시간 등

ⓑ 화물의 종류와 수량

ⓒ 주차장소

㈂ **물품 반출입근무시 :** 시설 밖으로 반출되어서는 안 될 물품이 반출되어서도 안되고, 시설 안으로 반입되어서는 안될 물품이 반입되어도 안된다. 시큐리티시설에서 보통 사용하는 근무방법은 반출증이나 반입증을 사용하는 것이다. 이때는 반출입증과 물품내용이 일치하는가, 반출입증 발행인은 정당한가, 포장을 푼 흔적은 없는가 여부를 확인하고 반출입증에 확인 후 표시를 하여 두 번 이상 사용하지 못하도록 하여야 한다.

라) 출입관리 시스템의 종류

우리나라에서는 아직 대부분의 기업과 직장에서 출입증 패용여부로만 출입가능여부를 확인하고 있으나 중요시설이나 보안시설에서는 한층 더 발전된 시스템으로 출입관리를 하고 있다. 몇가지 예를 들면 다음과 같다.

(가) 출입구를 분리하는 방법

출입구를 차량 전용 출입구, 종업원 전용 출입구, 외래방문객 출입구로 분류한다. 종업원은 출근시 종업원 전용출입구에서 신분증명서를 제시하고 확인을 받는다. 이 때 필요하다면 정밀조사를 한다.

내방객은 시큐리티시설과의 관계 및 상대방의 불심도에 따라 예우를 구분하되 최대한 정중하면서도 임무는 정확히 수행하도록 한다.

(나) 음성식별기, 카드리더, CCTV 등 기계를 사용하는 방법

이 방법은 사전에 입력되어 있는 본인의 음성과 조합하여 본인유무를 확인하거나 카드리더를 이용, 인가된 사람만 출입하도록 하는 방법이다. CCTV를 이용하는 방법은 근무자가 CCTV로 감시하며 이상발생시 현장에 출동 감시하는 방법으로서 다수의 인파가 출입하는 경우에 이용한다.

(다) 홍채인식시스템 등 최신 기술에 의한 방법

홍채인식 시스템은 눈의 망막에 있는 각 사람의 홍채의 특징을 입력하여 출입시 확인하는 방법으로서 최신 기술을 응용한 방법 중의 하나이다. 기타 새로 개발되는 다양한 출입관리시스템에 의한 관리방법을 사용한다.

마) 자물쇠, 열쇠관리

건물의 침입방법에는 여러 가지가 있다. 창문을 깨고 침입하는 방법, 문을 파괴하고 침입하는 방법, 자물쇠를 파괴하던지 열고 침입하는 방법 등이 있다. 전문적인 범죄자의 경우에는, 문이나 창문이 견고하게 설계된 경우에는 자물쇠를 열거나 파괴하고 침입한다. 따라서 자물쇠의 선정 및 설치는 시큐리티근무 전반에 걸쳐 상당한 중요성을 갖는다.

(가) 자물쇠

일반적으로 자물쇠는 고리가 굵은 철선으로 만들어지기 때문에 침입자들은 이 고리를 절단기로 절단하는 방법을 많이 사용하고 있다. 많은 사람들은 자물쇠를 건물을 보호하는 장치로 생각하기 쉽지만 실제로는 침입자의 침투시간을 지연시켜 주는 역할만을 하고 있을 뿐이다. 최근에는 점차 전자기술을 이용한 자물쇠가 개발되어 범인이 침투하기 어려운 환경으로 변화하고 있다.

(ㄱ) **자물쇠의 종류**

ⓐ 돌기 자물쇠 : 자물쇠 내부 홈에 돌기가 설치되어 있으며 이 돌기에 맞는 열쇠를 사용하여 열 수 있도록 설계된 것을 말한다.

ⓑ 도어 자물쇠 : 도어 자물쇠는 다른 명칭으로 핀 터블러 자물쇠라고 불린다. 이것은 원통형 자물쇠라고도 한다. 내부에 5종류로 된 상하방향의 핀이 설치되어 있어서 35,125종류의 자물쇠를 만드는 것이 가능하다. 이 자물쇠는 한개로 여러 개의 문을 열 수 없으며, 따라서 신뢰성이 높아 최근 상당히 많은 사람들이 사용하고 있다.

ⓒ 숫자맞춤식 자물쇠 : 이 자물쇠는 다이얼 자물쇠라고도 한다. 2가지 종류가 있으며, 하나는 숫자맞춤식 자물쇠이다. 컴비네이션이라고도 하는데, 홈에 넣은 여러 장의 원판 구조로 되어있고, 다이얼을 돌리면 내부 원판의 홈부분이 1곳으로 모여 열 수 있도록 되어있다. 주로 케비넷이나 락카 룸에서 많이 사용되고 있다. 다른 종류는 전화다이얼 구조로 된 것이다. 이것은 키가 없으며 보통 4자리 수의 조합을 사용한다.

ⓓ 마스타 키 : 도어 자물쇠의 특질은 내부의 핵심부품 교환이 가능하며, 이렇게 함으로서 자물쇠의 편성을 변경할 수 있다. 게다가 마스터 키의 사용을 몇 단계에 걸쳐 할 수도 있다.

ⓔ 카드식자물쇠 : 카드식 키는 처음에는 구미의 호텔에서 1회용 플라스틱제 카드키가 보급되었다. 이 방식은 박물관, 전시장, 호텔시설 등에서 여러 사람에게 열쇠를 주어야 할 일이 있을 경우 여러 개를 지급하여 사용케 하고, 시설에서 나간 후에는 사용할 수 없게 되는 열쇠이다. 이 카드자물쇠와 카드키의 구조는 카드키를 화살표가 표시된 방향으로 문의 열쇠구멍에 넣으면 빨간불이 초록색으로 점등되며 이때 문을 밀면 열리게 되는 방식이다. 이 열쇠나 자물쇠에는 열쇠가 들어갔음을 감지하는 감지기가 부착되어 있고 프론트에서도 집중 감시할 수 있는 시스템이다. 그러나 공장이나 빌딩, 건물, 사무실같이 몇 년을 사용해야 하는 경우에는 위와 같은 카드키가 적당치 않는 것으로 판명되었기 때문에 개발된 것이 최근의 ID카드 시스템이다. 이 ID카드는 최근 대기업이나 중요시설물의 출입문에 설치되고 있는 카드식 자물쇠이다. 이것은 방문이나 출입을 제한하기 위해서 사용되므로 모든 직원이 이 ID카드를 가지고 있어야 한다. ID

카드에는 단순히 신분만을 확인할 수 있는 것과 별도의 바코드가 새겨져 있어서 컴퓨터 전산관리가 가능한 것 등 두 종류가 있다. 근래에는 전자카드 시스템이 많이 사용되는데, 이것은 해당 직원의 신상은 물론이고 부여된 보안등급 정도, 경력, 근무부서 등 자세한 정보를 시큐리티근무자가 파악할 수 있다. 또 전자 ID카드에 전자화폐 기능을 추가하여 신용카드와 함께 사용하는 것도 증가하고 있다.

(나) 열쇠

열쇠란 자물쇠를 열수 있는 도구이다. 종전에는 금속성물질을 이용한 경우가 대부분이었으나 최근에는 카드, 번호 등 다양한 열쇠가 개발되고 있다.

(ㄱ) 최근의 흐름(컴퓨터 키 세대)

최근에 출시되는 열쇠의 한 형태는 키속에 IC나 CPU를 내장시킨 컴퓨터 열쇠이다. 이것은 키를 소지하는 사람의 얼굴형상을 내장시켜, 건물이나 실내에 들어갈 때, 시큐리티근무자 앞에 있는 모니터에 그 키에 내장되어 있는 소지인의 영상을 비추고, 동시에 키를 삽입하고 있는 사람의 영상이 나타나게 하여 본인여부를 확인하는 방법이다.

또, 사전에 관리자측의 컴퓨터에 등록되어 있는 얼굴의 주사선을 CCTV 에 감지된 영상과 조합하여 2중으로 체크하므로 완벽한 출입관리를 할 수 있는 새로운 방식도 개발되어 있다. 물론 이 키는 IC카드에 입력할 수 있는 정보의 몇십배를 입·출력하기도 하고, 계산도 가능하며, 예금통장을 겸하기도 하고, 병력(病歷) 등 진료카드의 동시 수용도 가능한 것으로, 21세기의 키라고 할 수 있다.

(ㄴ) 열쇠관리

시큐리티근무자가 담당하고 있는 열쇠는 취급에 아무리 주의하여도 지나치지 않다. 시큐리티근무자가 분실한 열쇠를 범인이 사용한다면 회사나 부서에 손해를 줄 뿐만 아니라 시설경비를 담당한 회사의 신용을 실추시키게 된다.

순찰시 문마다 자물쇠가 모두 설치되어 있으면 마스터 키로 순찰, 감시가 가능하지만 모두 그렇게 되어있지 않은 경우가 많으므로 ㉠ 순찰 ·감시에 사용하는 열쇠, ㉡ 시큐리티실에 보관하는 예비열쇠, ㉢ 현장에서 인수인계하는 열쇠와 같은 3개의 열쇠를 유지·보관하는 것이 좋다.

ⓐ 열쇠는 시정 가능한 지정 장소에 보관하고, 보관책임자를 명확히 해 둘 필요가 있다. 책임자는 매일 정해진 때에 열쇠를 점검 · 확인해야 한다.

ⓑ 순찰 등을 위해 시큐리티근무자가 열쇠 반출시 견고한 끈이나 철사 등을 사용하여 신체에서 쉽게 분리되지 않도록 하는 것이 필요하다. 다수의 열쇠를 보관함에서 꺼낼 경우에는, 그 열쇠를 넣을 주머니 또는 플라스틱이나 목제용 열쇠함을 사용하면 열쇠 분실을 방지할 수 있어 좋다. 물론, 휴대용구나 주머니도 몸에서 분리되지 않도록 주의하여야 한다.

또, 시큐리티근무자가 보관함으로부터 열쇠 반출시, 열쇠의 숫자 등이 정확한지 여부를 점검하는 것도 중요하다. 마모 여부 등 열쇠 그 자체의 점검은 물론이고 열쇠와 몸체를 묶고 있는 끈이나 철사가 끊어지지 않았는지 등 까지도 충분히 점검해야 한다.

시큐리티근무자가 열쇠를 분실했을 경우 담당지역의 안전에 커다란 위험을 초래하게 되며, 다시 자물쇠와 열쇠를 바꾸는데도 많은 비용이 들게 된다. 시큐리티원은 자물쇠 및 열쇠를 효과적으로 통제하여 외부의 침입을 차단하고, 열쇠와 자물쇠를 효과적으로 관리함으로써 안전관리에 충실을 기할 수 있다. 자물쇠와 열쇠의 사용법은 시큐리티업무의 가장 중요한 부분이라고 할 수 있다.

(3) 시설시큐리티근무

가) 초소근무

시큐리티 대상시설에 따라서는 주위에 초소를 설치하고 24시간 시큐리티근무를 하는 경우도 있다. 또 초소를 지면보다 높게 설치하여 시계를 좋도록 한 것을 망루라고 한다. 대체로 초소근무는 정문의 경우 안내근무와 출입관리(출입통제)근무를 참조하여 수행한다. 초소나 망루의 근무요령은 동일하다. 초소(망루)근무 요령은 아래와 같다.

㉠ 감시 책임지역 내의 모든 사항을 경계 · 감시한다.

㉡ 경계 및 감시 책임 구역내의 중요한 지형지물과 의심스러운 곳을 중점 감시한다.

㉢ 가까운 곳에서 점차 먼 곳으로 감시한다.

㉣ 50m씩 끊어서 중첩되게 감시한다.

㉤ 야간에는 청각을 최대로 활용한다.

ⓗ 작은 음향이나 인기척에도 세심한 주의를 기울인다.

ⓢ 한자리에서 장시간 근무하므로 감독자가 근무시간을 적정히 조정하여 근무태만사례가 발생치 않도록 하여야 한다.

나) 순찰근무

순찰이라 함은 시큐리티근무자가 시큐리티책임 구역을 순회시찰(巡廻視察)하면서, 시큐리티대상 시설의 안전과 범죄의 예방, 사고의 방지, 위험발생의 방지, 시큐리티 구역내 정황의 관찰 및 파악 등을 위하여 근무하는 것이다. 이 순찰근무는 시큐리티원의 가장 기본적인 근무형태 중의 하나라고 볼 수 있다.

(가) 순찰의 기능

㈀ **범죄 · 사고 및 위험의 예방과 처리** : 순찰 기능 중 가장 중요한 것은 범죄를 미연에 예방하고 이미 발생한 범죄나 사고에 대하여는 신속하고 적절한 처리를 하는 것이다. 시큐리티시설에 침투하려는 범죄인은 근무자가 가까이 지나가기만 하여도 심리적으로 위축되어 범죄를 포기하는 경우가 많으므로 지속적이고도 철저한 순찰로 불순분자의 침투를 막아 범죄를 예방하여야 한다. 또한 순찰중 불심검문을 행하는 것도 동일한 범죄억제효과를 나타낼 수 있다.

㈁ **정황 관찰** : 시설내부의 상황을 철저히 파악하여 주의 사항이나 각종 사고 발생징후를 사전에 발견하는 것을 말한다. 순찰중 시설내의 제반 상황을 파악하여 시큐리티근무에 참고사항으로 활용하는 것 역시 중요한 기능이 된다.

(나) 순찰의 종류

㈀ **노선에 의한 구분**

ⓐ 정선순찰 … 정선순찰은 사전에 정해놓은 순찰노선을 따라 규칙적으로 순행하는 것을 말한다. 정선순찰은 순찰노선이 일정하고 시큐리티근무자의 행동이 규칙적이기 때문에 근무자의 위치를 추정하기 쉬우며, 감독 · 연락 등에 매우 편리하나 범죄자 등이 이를 예측하고 순찰근무자를 피할 수 있는 단점이 있다.

ⓑ 난선순찰 … 난선순찰은 순찰노선을 사전에 정해놓지 않고 임의로 노선을 택하여 순찰하는 방식으로서 난선순찰의 효과는 순찰근무자의 능력에 따라 크게 달라질 수 있다. 이것은 감독 · 연락이 불편하고 절도있는

근무를 하기 어렵다는 단점이 있다. 근무보다는 감독시에 유리하다

ⓒ 역선순찰 … 때로는 정선순찰노선을 역선으로 순찰하게 하는 방법이다.

ⓓ 요점순찰 … 요점순찰은 순찰구역내의 중요지점을 지정하여 순찰근무자가 반드시 그 지점을 통과하여야 하며, 지정된 요점과 요점사이에는 난선순찰 방식으로 순찰하는 것을 말한다. 이 방식은 정선순찰과 난선순찰을 절충한 것으로서 양순찰의 단점을 보완할 수 있는 방식이다.

ⓔ 구역순찰 … 구역순찰은 순찰구역내의 몇 군데를 순찰 소구역으로 설정하여 이 소구역을 중점적으로 난선순찰하는 것을 말한다. 시설내에 특별히 범죄의 우려가 있는 구역을 정하여 사용한다.

㈁ 기동수단에 의한 구분

ⓐ 도보순찰 … 걸어서 순찰하는 방법이다. 전형적인 순찰방법으로 속도가 느린 것이 단점이나 은밀히 순찰하면서 면밀히 관찰할 수 있다. 순찰근무자가 주변의 정황을 상세히 관찰할 수 있고 사고발생시 신속한 대처가 가능하다.

도보순찰은 외부의 음향 등을 청취하는데 편리하므로 야간 등 청력을 필요로 하는 상황에서 유리하다. 도보순찰은 특별한 장비를 필요로 하지 않으며, 비좁은 장소나 도로 등 어떠한 장소에도 용이하게 순찰을 실시할 수 있고 지리 및 주변정황에 통달 할 수 있으나 소구역 순찰시 적합하다.

ⓑ 자동차 순찰 … 자동차순찰은 차량을 이용하는 순찰로서 주로 무전기를 장착한 차량을 많이 이용한다. 이 순찰은 넓은 지역을 순찰할 수 있다는 장점이 있으나 순찰구역을 상세히 살필 수 없다는 단점이 있다. 특히 자동차 순찰은 대규모 공단지역 등의 순찰이나 긴급 출동시 유용하다.

ⓒ 자전거 순찰 … 자전거를 이용한 순찰로서, 적당한 속도를 유지할 수 있고 상황을 상세히 관찰할 수 있으며, 과다한 예산이나 장비의 추가가 필요 없으므로 지역적으로 중간정도의 시설에 유리하다.

ⓓ 오토바이 순찰 … 기동성이 뛰어나 교통이 혼잡한 지역에서 유익하다. 오토바이는 자동차가 다닐 수 없는 좁은 지역을 순찰할 수 있으며 제한된 장비로 중단거리 순찰을 함에 유리하다.

오토바이 순찰은 특히 추적시에 효과적이다. 단점으로는 유지비가 많이

들고 사고가 잦은 관계로 인명손실과 수리비용의 부담이 크며, 기상의 영향을 많이 받는 점을 들 수 있다.

㈐ **인원에 의한 구분**

ⓐ 단독순찰 … 단독순찰은 한명의 시큐리티요원이 순찰하는 것이다. 이 방법은 소수의 인원으로 넓은 구역을 순찰할 수 있다. 장비가 우수하고 시큐리티근무자가 원칙대로만 근무한다면 단독순찰이라도 충분한 효과를 거둘 수 있다. 은밀한 순찰이 가능하나 다수의 범죄자나 침입자가 있을 경우 대처가 불가능할 수 있다.

ⓑ 복수순찰 … 복수순찰은 두 사람 이상의 근무자가 순찰하는 것으로 범죄의 위협이 있을 경우 유용하다. 이 방법은 범인에 대한 대처가 용이하며 한명이 범인과 대처하는 동안 다른 근무자가 보고할 수 있는 장점이 있다.

㈑ **시간에 의한 구분**

ⓐ 주간순찰 … 주간순찰은 주간에 실시하는 순찰을 말한다.

ⓑ 야간순찰 … 야간에 실시하는 순찰로 순찰고유의 목적, 즉 범죄 및 사고 예방에 주력할 수 있다.

㈒ **복장에 의한 구분**

ⓐ 제복순찰 … 제복을 착용한 시큐리티원이 순찰하는 것으로 위력과시로 인한 가시적인 방범효과가 높은 순찰방법이다.

ⓑ 사복순찰 … 순찰은 제복순찰이 원칙이나 특별한 목적이 있을 경우 명령에 의해 사복순찰도 가능하다. 특히 잠복근무 등 은밀한 순행의 필요성이 있을 때 유효하다.

㈓ **기타 순찰요령 :** 이상 여러 가지 순찰방법이 있으나 어느 한 가지를 사용하기 보다는 근무장소나 당시의 정황에 따라 여러 가지를 혼합하여 사용하는 것이 유리하며 때로는 변칙 스타일이 유리한 경우도 있는 바 다음의 순찰요령을 고려해 볼 수 있다.

ⓐ 복선순찰 … 순찰근무자를 2인 1조로 증원한다든가 순찰 근무자가 출발한 후 부정기적인 시차를 두어 다음 순찰근무자를 출발시키는 방법도 있으며, 한사람은 1호함에서 10호함까지 순서대로 순찰하고 또 한사람은 10

호함에서 1호 함까지 역선으로 순찰지정하는 방법도 생각해 볼 수 있다.

ⓑ 난선순찰 … 기존의 순찰노선을 무시하고 순찰근무자의 판단에 따라 시설 어디에나 순찰하게 하는 방법이다. 이 난선순찰은 순찰근무자의 소신과 근무자세가 긴요하다.

(다) 순찰 근무방법

㈀ 시큐리티대상시설 전체를 관찰한다.

ⓐ 의심스러운 주차차량이나 대상시설 출입문 부근 노상에서 시동상태로 주차중인 차량을 관찰한다.

ⓑ 시큐리티대상 시설 부근에서 서성거리고 있는 의심스러운 사람, 무엇인가 침착성이 결여되고 부자연스럽게 보이는 사람, 업무가 끝났는데도 부근에서 서성거리거나 배회하는 사람, 방범카메라나 비상신고장치의 유무 등을 자세히 살피는 사람 등을 면밀히 살핀다.

ⓒ 휘파람소리, 플래쉬, 라이터나 헤드라이트의 규칙적인 점멸 등 이상한 신호에 유의한다.

㈁ 인접시설을 관찰한다.

ⓐ 거주자가 없는 시설물에 불이 켜진 곳

ⓑ 창고, 건축현장 등에서 보이는 담배 불, 사람들의 이야기소리나 기타 이상한 소리

ⓒ 인접시설 부근에 주차중인 의심스러운 차량

㈂ 시큐리티시설물의 내 · 외관을 점검한다.

ⓐ 범행시간을 기다리고 있었다고 생각되는 장소에 흩어져 있는 담배꽁초와 성냥개비

ⓑ 창 옆, 그 밖의 침입 가능한 경로에 방치된 드럼통, 빈 상자, 발판으로 사용될 수 있는 것들

ⓒ 방치된 사다리 또는 늘 놓여져 있는 사다리의 위치 변화

ⓓ 땅위에 흩어져 있는 유리 파편, 특히 2층 이상의 창이 깨진 경우 유의

ⓔ 건물의 위쪽으로부터 늘어져 있는 로프류

ⓕ 땅위에 남겨진 침입용 도구 또는 훔친 물건의 일부라고 생각되는 것들

ⓖ 닫혀 있어야 할 커텐이 열려 있거나 이상한 장치가 되어 있는 경우
ⓗ 유리창이 깨져 있거나 열려 있는 경우
ⓘ 건물 내부의 음향, 시설내의 문 여닫는 소리, 물건을 끌거나 파괴하는 소리, 전기 드릴 소리 등
ⓙ 잠겨있어야 할 창이나 문 등이 열려있는 것
ⓚ 건물 내 · 외부의 어둠속에서 들려오는 이야기 소리
ⓛ 순찰시, 보행자 특히 시큐리티요원 방향으로 걸어오는 사람의 이상하게 판단되는 소지품
ⓜ 시큐리티원의 차량을 본 보행자의 이상한 반응
ⓝ 시큐리티대상 건물 근처에서 망보고 있는 사람, 건물이나 물건의 그늘에 숨어 있는 사람의 거동 등을 유의하여 감시한다.

(4) 화재예방 및 대처 등 시큐리티업무

방범의 위주로 하는 일반순찰에 비하여 또 다른 위험을 방지하는 순찰로서 안전순찰이 있다. 이 순찰은 착안사항이나 인명 대피요령 등에 있어 일반순찰보다 더욱 유의하며 순찰을 하여야 한다.
안전순찰의 가장 큰 임무는 시설보호 및 고객의 안전을 확보하는 것이라고 할 수 있다. 일반적으로 시큐리티원의 근무방법과 유사하나 고객의 생명과 재산을 순식간에 초토화 할 수 있는 화재(火災)의 예방 및 대처 기능이 가장 중요하다. 이러한 화재의 개요와 감시장비, 그리고 그 운영전반에 관한 지식은 안전순찰감시를 위한 시큐리티요원에게 반드시 필요한 지식이라고 할 수 있다.

가) 화재

불은 어떤 물질이 산소와 화합하여 열과 빛을 내며 타는 연소(燃燒)현상이다. 불로 인한 재앙을 일컫는 화재(火災, fire, blaze)는 불을 사용하는 인간이 의도하지 않은 또는 고의로 불을 낸 것을 의미하며, 소화시설을 이용해 끌 필요가 있거나 화학적인 폭발현상이다. 시 · 공간적인 제어를 벗어난 급격한 불의 연소확대현상으로 일정한 원인이 있어 발생하는 경우도 있으나 불을 취급할 때 부주의로 인한 실화(失火) 또는 고의에 의한 방화(放火)로 인적 · 물적 손실을 가져올 수 있는 재해이다.

우리나라 화재의 특징은 발생건수 및 피해는 적은 편이나 인명피해가 상대적으로 높다. 겨울에서 봄까지의 기후특성은 습도가 낮아지는 반면 불을 많이 사용하게 되므로 화재발생건수가 증가한다.

(가) 화재에 따른 피해 형태

㉠ 인구의 도시 이동으로 인한 인구밀도 증대, 건물의 대형화, 고층화에 따른 피해 증가
㉡ 경제성장에 따른 고가 내장품의 비치로 경제적 피해 증가
㉢ 어린이 등의 소규모 화공물질 일상사용으로 방화, 실화의 원인 급증
㉣ 주유소 및 공장 등 대형사고의 원인 제공 가능 장소 증가
㉤ 방화구획 미실시 및 설비 노령화에 따른 적절한 기능 유지불가로 인한 인명피해 증가 및 소화 곤란

(나) 화재의 특징적 현상

탄화수소계열의 액체 위험물의 화재위험성과 더불어 나타내는 특징적 현상은 보일오버, 슬롭 오버 및 후로스오버 현상이 있다.

나) 화재의 분류

(가) 가연물질에 따른 분류

㈀ 일반화재(A급화재) … 나무, 솜, 종이, 고무, 의류 등에 난 불이며, 타고난 후 재가 남는다. 물로 끌 수 있다(분류색은 백색).

㉠ 대상장소 - 아파트, 공장, 음식점, 숙박시설, 시장, 백화점 등
㉡ 대상소방물 - 대패밥, 넝마 및 종이, 석탄, 고무, 목재가공품, 합성고분자물, 폴리우레탄, 볏짚 등
㉢ 대상장소에 유류 및 전기가 발화원으로 작용하여 일반 화재로 발달한다.

㈁ 유류화재(B급화재) … 기름, 타르, 페인트, 가스 등에 난 불이다. 가스의 경우 폭발을 동반하기도 한다. 물로 끌 수 없다(분류는 황색). 검은색 연기를 발생하며 연소후 재를 남기지 않는 특성이 있고, 불이 번져나가는 속도가 일반화재보다 빠르다. 에테르 등 특수인화물, 석유류, 알콜류, 동식물유, 특수 가연물, 가스 등으로 인한 화재로, 각각의 방법에 따라 대처하는 방법이 다르므로 전문적인 지식을 필요로 한다.

㈐ **전기화재(C급화재)** … 전기스파크, 단락, 과부하 등으로 전기에너지가 불로 전이되는 것이다. 물로 끌 수 없다(분류는 청색).

㈑ **금속화재(D급화재)** … 철분, 금속가루, 마그네슘, 칼륨, 나트륨에 붙은 불이며, 물로 끌 경우 더 큰 위험을 초래할 수 있다. 금속가루의 경우 폭발을 동반하기도 한다(분류는 무색).

(나) 연소대상물에 의한 분류

㈎ 건축 · 구조물 화재 - 건축물, 구조물, 또는 그 안의 물건이 탄 경우

㈏ 자동차 · 철도(지하철)차량화재 - 자동차, 철도, 지하철 및 견인되는 차량, 또는 그 안의 물건이 탄 경우

㈐ 선박화재

㈒ 항공기화재

㈓ 위험물, 가스제조소 등 화재 - 위험물이나 가스를 제조, 저장, 취급하는 곳의 화재

㈔ 임야화재 - 들불이나 산불, 또는 건축물이 없는 야지에서의 화재

㈕ 기타화재 - 위에 해당하지 않는 모든 화재(쓰레기 소각, 모닥불 등)

(다) 화재원인에 의한 분류

화재원인에 따라 방화, 실화, 자연발화, 천재지변에 의한 발화 등으로 나눌 수 있다.

다) 연 소

(가) 연소의 정의

연소(燃燒, combustion)는 일종의 산화반응으로서 반응이 급격하여 열과 빛을 동반하는 심한 발열반응을 말한다. 연소반응중에 때때로 일어나는 그밖의 물리적 현상은 폭발과 이상폭발이다. 화학반응의 가장 중요한 분야 중의 하나인 연소는 특정 형태의 물질이 산화하는 극한 현상이다. 대부분의 불꽃은 환원반응이 우세한 곳에서 존재하지만 연소는 주로 가연성 물질이 산소와 결합하는 것이다.

㈎ **연소의 3요소(가연물 · 산소공급원 · 점화원)** : 가연물질이 연소하기 위해서는 산소공급원과 점화원이 있어야 정상적인 화학반응으로 탈 수 있다.

㈁ **가연물**

ⓐ 산소와 친화력이 클 것
ⓑ 반응열이 클 것
ⓒ 표면적이 넓을 것
ⓓ 열전도도가 적을 것
ⓔ 활성화에너지가 적을 것

㈂ **산소공급원**

ⓐ 공기중의 산소이용
ⓑ 분자내의 산소이용
ⓒ 산화제
ⓓ 기타 조연물

㈃ **점화원** : 화학반응을 시킬 수 있는 최소의 에너지로 점화에너지(활성화에너지) 등으로 표현하며, 불꽃, 단열압축, 산화열의 축적, 정전기 불꽃, 고열체, 아크불꽃 등으로 구분할 수 있다.

㈄ **산화반응** : 연소가 일어나는 화학적 과정들은 가장 보편적으로 열·빛·불꽃과 같은 요소에 의해 일어난다. 가연성 물질은 주위 압력과 물질 고유의 발화온도에 이르렀을 때 연소가 시작된다. 연소반응은 발화원에서 기체혼합물의 인접층으로 연소가 일어나고 교대로 연소층의 각 끝은 다음의 이웃한 층의 점화원이 되며, 이러한 과정이 계속 반복된다. 연소는 반응물의 총 열에너지와 생성물의 총 열에너지 사이에 평형을 이루면 끝난다. 연소는 수소의 연소반응처럼 복잡한 가지난 사슬의 연쇄반응에 의해 전파될 수도 있다.

(나) 연소온도

㈀ **인화점**

ⓐ 외부의 직접적인 점화원에 의하여 인화될 수 있는 최저온도
ⓑ 가연성 증기의 연소에서 연소가 가능한 가연성 증기를 액표면에서 증발시의 최저온도(연소범위 하한 농도를 증발시킬 수 있는 최저온도를 말한다)

㈁ **발화점(착화점)**

외부의 직접적인 점화원없이 가열된 열의 축적에 의해 발화, 연소되는 최저온도를 말하며 착화점이 낮아지는 조건은 ⓐ 분자 구조가 복잡할 것, ⓑ 발열량

이 높을 것, ⓒ 반응활성도가 클 것, ⓓ 접촉하는 금속의 열전도도가 클 것, ⓔ 산소 농도가 높을 것 등이다.

㈐ **발화점에 영향을 주는 인자**

ⓐ 가연성 가스와 공기의 혼합비

ⓑ 발화 공간의 형태와 크기

ⓒ 가열속도와 지속시간

ⓓ 점화원의 종류와 에너지 투여방법

㈑ **연소점 :** 연소가 계속되기 위한 온도를 말하며 대략적으로 인화점보다 약 10℃ 정도 높다.

(다) 기체 · 액체 · 고체의 연소

㈎ **기체 : 확산연소** … 공기중의 가연성 가스가 확산에 의해 혼합가스를 생성, 연소하는 현상

㈏ **액체의 연소**

ⓐ 증발연소 … 액체의 가장 일반적인 연소형태이다. 점화원에 의해 발생한 액체의 가연성 증기가 혼합된 상태에서 연소되는 형태로 액체상태의 연소가 아니라 발생한 증기가 연소하는 것

ⓑ 분해연소 … 휘발성이 적은 액체연소 가연물에서 주로 볼 수 있는 형태로 점화원에 의한 열분해 반응시 생성된 가연성가스와 공기가 혼합상태에서 연소하는 것으로 중유, 아스팔트 등과 휘발분을 증류한 석유류 잔유물이 여기에 속한다.

㈐ **고체의 연소**

ⓐ 표면연소 … 고체의 일반적인 연소형태로 고체가연물이 연소물표면에서 급격히 산화하여 열과 빛을 발생하는 것

ⓑ 분해연소 … 고체의 가연물이 점화원에 의하여 에너지를 공급할 때 이 공급된 에너지에 의하여 복잡한 경로의 열분해반응을 발생, 생성된 가연성 증기인 일산화탄소 등이 생성하여 공기와 혼합 연소되는 것

ⓒ 자기연소 … 고체가연물이 자체내에 가지고 있는 산소를 공급원으로 하여 외부 공기없이 연소할 수 있는 상태. 소화시 분해억제방법이 필요하다.

ⓓ 증발연소 … 고체가연물이 점화에너지를 공급받아 가연성 증기를 발생하여 발생한 증기와 공기의 혼합상태에서 연소

(라) 연소의 범위

가연성 물질은 그 자체만으로 연소가 일어날 수 없다. 따라서 가스와 공기가 혼합된 상태에서 점화원 공급시 연소된다. 이 때 연소할 수 있는 공기와 가연성 가스의 혼합범위는 연소물질마다 고유하며, 그 혼합가스의 농도범위를 연소범위라 하고, 연소범위중 가연성 가스가 최저인 상태를 연소하한, 가연성 가스가 최고인 상태를 연소상한이라고 한다.

(마) 자연발화

자연발화는 물질이 서서히 산화되고 발열하여 비교적 적게 열을 발산하는 상태에서 물질자체의 온도가 상승하고 발화온도에 도달 발화하는 현상이다.

㈀ 자연발화의 형태에는 ⓐ분해열에 의한 발열(셀룰로이드, 니트로 셀룰로이드 등), ⓑ산화열에 의한 발열(견성유, 원면, 석탄, 고무분말 등), ⓒ흡착열에 의한 발열(활성탄, 목탄분말), ⓓ미생물에 의한 발열(퇴비, 먼지 등)이 있다.

㈁ 자연발화의 인자로는 ⓐ열의 축적, ⓑ열전도율, ⓒ퇴적방법, ⓓ공기의 유통, ⓔ발열량, ⓕ수분 등이 있다.

㈂ 자연발화의 방지법으로는 ⓐ 습도가 높은 것을 피할 것, ⓑ 저장실의 온도를 낮게 할 것, ⓒ 퇴적 및 수납시 열이 쌓이지 않도록 할 것, ⓓ 통풍시킬 것 등에 유의하면 된다.

라) 성질에 따른 화재 위험물

화재위험물은 일정하는 발화성 인화성 물질을 말하며 그 분류는 다음과 같다.

㈀ **제1류 위험물 –** 산화성 고체물질로 자기 자신은 연소하지 않으나 다른 물질의 산화를 도와 줄 수 있는 산소를 발생할 수 있는 고체 물질

㈁ **제2류 위험물 –** 연소가 가능한 가연성 고체 물질 특히 황린(P_4)은 발화점이 낮아 보관상 유의해야 한다.

㈂ **제3류 위험물 –** 자연발화성 및 금수성 물질로 물에 대해 격렬하게 반응하며 공통적으로 가연성가스를 발생한다.

㈃ **제4류 위험물 –** 인화성액체로 취급범위가 넓고 다양하다. 증기는 공중에 소

량이 누설되어 있어도 연소가능한 폭발성 물질을 형성하며 공기보다 무겁기 때문에 누설시 통풍이 어려운 점이 있다.

(ㅁ) **제5류 위험물 –** 자기반응물질로 연소시 공기중에서 산소를 흡수하지 않고 자기 분자 중 산소를 이용하므로 질식 효과로 소화할 수 없다. 반응 속도가 빠르고 격렬하다.

(ㅂ) **제6류 위험물 –** 산화성 액체 물질로 자기 자신은 연소하지 않으나 다른 것이 연소할 수 있도록 도와 줄 수 있는 물질을 말한다.

마) 화재탐지 장비

자동화재 탐지 설비는 건축물 내에 발생한 화재의 초기 단계에서 발생하는 열, 또는 전기 또는 불꽃 등을 자동적으로 감지하여 건물내의 관계자에게 벨, 사이렌 등의 음향으로 알리는 설비로서, 열, 연기, 불꽃에 의해서 감지하는 감지기, 발생 장소를 나타내는 수신기, 발신기, 화재 발생 관계자에게 알리는 벨, 싸이렌 및 중계기, 전원, 배선 등으로 구성되어 있다.

(가) 구성

(ㄱ) 감지기(센서)

ⓐ 열감지기(熱感知器)-온도 센서 … 이것은 실내나 목욕물 온도의 이상을 감지하는 온도스위치이다. 일정 온도 도달시 경보가 울리거나 스프링 쿨러(관개 소화장치)가 동작하도록 되어 있다.

ⓑ 연기 감지기(煙氣 感知器) … 연기 감지기는 "이온화식"과 "광전식"의 두 종류로 나누어져 있다. 이온화식이란 감지부에 연기(연소 생성물)가 들어가면 이온 전류가 변화하는 것을 이용, 화재를 감지하는 방식이며 광전식은 감지부에 연기가 들어가면 광전소자에 비추는 광선의 양이 변화하는 것을 이용하여 화재를 감지하는 방식이다.

ⓒ 가스 누출 감지기 … 반도체 표면에 가스 분자가 흡착하기도 하고, 가열한 백금선에서 가스가 연소한 경우에, 반도체와 백금의 전기저항이 변화하는 것을 이용해서 가스가 새는 것을 감지하는 것이다.

여기에는 도시가스나 프로판 가스와 같은 연료 가스를 감지하는 센서와 일산화탄소(CO)나 연기와 같은 배기가스를 감지하는 센서가 있다.

㈁ **수신기** : 수신기의 종류에 따른 자동 화재 탐지 설비의 구성은 수신기, 벨, 발신기, 싸이렌 등으로 되어있다.

(나) 구조 및 기능

수신기, 감지기, 중계기, 발신기 등의 각 기기의 형상이나 구조, 재질, 성분 및 성능은 적합해야 하며, 내무부령으로 정해진 기술 기준(소방용 기계, 기구 등의 규격 및 검정에 관한 규칙)에 적합하고 또한 소방법에 근거하여 검정 합격품을 사용하여 설치하여야 한다.

㈀ **수신기(RECEIVER)** : 감지기가 발신기능과 전선에 의해 직접 연결되거나 중계기를 사이에 두고 연결되어 있으며, 감지기, 중계기 또는 발신기가 작동했을 때 그 장소를 표시하는 기능을 가진 것을 수신기라 한다.

㈁ **감지기(DETECTOR)** : 화재로 발생되는 열 또는 연기나 불꽃 등을 이용, 화재발생 감지후 수신기에 발신하는 기기이다. 일반적으로 열을 감지하는 것을 열 감지기, 연기를 감지하는 것을 연기 감지기, 불꽃을 감지하는 것을 불꽃 감지기라고 한다.

㈂ **중계기** : 중계기란 감지기 또는 발신기로부터 신호를 받아 수신기로 발신하고 소화 설비, 제연설비 등 방재를 위한 설비의 제어 신호를 수신하며 중계하는 것이다.

㈃ **발신기** : 발신기는 누름식의 P형과 전화식의 T형이 있는데, 방수성의 유무에 따라 옥내형과 옥외형으로 나눠지기도 한다.

바) 소화

(가) 소화의 개념과 방법

소화(消火, fire extinguishing)란 탈 물질을 없애거나 온도를 발화점 이하로 낮추거나 산소의 공급을 끊어 불을 끄는 것을 말한다. 불을 끄는 소화는 물질의 연소와는 반대 현상이므로, 연소의 조건을 없애면 쉽게 불을 끌 수 있다. 연소가 일어나려면 탈 물질과 발화점 이상의 온도와 산소 공급이 필요하다. 그러므로 불을 끄려면 이 중 어느 한 가지 이상을 없애면 된다. 곧 ㈀탈 물질을 없애거나(제거소화), ㈁온도를 발화점 이하로 낮추거나(냉각소화), ㈂산소의 공급을 끊거나(질식), ㈃연소의 연쇄반응을 차단하면(억제소화) 된다.

화재를 진압할 때 쓰는 소화기는 위의 조건 중에서 적어도 한 가지 이상의 조건을 만족하도록 만들어져 있다.

(나) 화재 진압

화재가 났을 때 흔히 물을 끼얹어 불을 끈다. 이것은 물을 끼얹으면 탈 물질이 젖어서 발화점 이하로 온도가 내려갈 뿐만 아니라 물질이 공기와 접촉하는 것을 막아 주기 때문이다. 그러나 모든 불을 물로 끌 수는 없다. 이를테면 석유에 불이 붙었을 때는 물을 쓸 수 없다. 왜냐하면 석유는 물 위에 퍼지므로, 물을 끼얹으면 오히려 표면적이 커져서 공기가 그만큼 더 많이 닿게 되어 불이 더욱 잘 타기 때문이다. 이때는 공기가 닿지 못하도록 모래를 뿌리거나 솜이불을 덮어 씌워 불을 끈다.

(다) 시설의 구조원리

㈀ **자동화재탐지설비 :** 자동화재 탐지설비는 건축물 내부에서 발생한 화재의 초기단계에서 발생하는 열, 또는 연기, 불꽃에 의하여 감지하는 감지기와 발생장소를 나타내는 수신기, 벨, 사이렌 등 경보를 발령하는 발신기, 중계기와 전원, 배선 등으로 구성되어 있다.

ⓐ 구조 및 기능 … 수신기, 감지기, 중계기, 발신기 등의 각 기기의 형상이나 구조, 재질, 성분 및 성능은 적합해야 하며, 행정안전부령으로 정해진 기술기준에 적합하고, 또한 소방법령에 근거하여 검정합격품을 사용하여야 한다.

ⓑ 감지기의 종류 … 차동식 분포형, 스포트 형, 감지선형, 정온식, 연기감지기 등이 있다.

㈁ **자동화재속보설비 :** 소방대상물에 화재 발생시 신속히 소방관서에 통보하는 설비로서 감지기에서 감지신호를 수신기에서 받아 5-10초 정도 오보 여부를 구별한 후 소방기관에 통보할 수 있는 전화가 설치되어 있는 경우에는 상용 선로차단과 동시 119에 연결시켜 녹음테이프로 발화, 소방 대상물명, 소재지 등을 3회 이상 반복하여 신고하게 된다. 신고종료 후 신고필이란 램프가 켜지면서 모든 동작을 종료하게 된다.

㈂ **비상경보장치 :** 자동화재 탐지설비 등에 의해 감지된 화재를 신속하게 소방대상물안에 있는 사람에게 경보를 발령하여 피난시키며 초기 소화활동을 용이

하게 하기 위한 설비이다. 비상벨, 자동식 싸이렌 및 단독형 화재경보기가 있다. 비상벨이나 자동사이렌은 각층의 보행거리 50m 이내에 있는 기동장치(누름보턴)를 동작시키므로 수평거리 25m 이내에 설치된 비상벨 또는 자동식 싸이렌에 의해 비상사태를 알리는 것이다.

㈃ **누전 경보기 :** 건축물의 천정, 바닥, 벽 등의 보강재로 사용하고 있는 금속류 등이 누전 경로가 되어 화재를 발생시키기 쉬우므로 이것을 방지하기 위하여 누설 전류가 흐르면 자동적으로 경보를 발하도록 한 것이다.

㈄ **가스 화재경보기 :** LP가스나 도시가스 등 가연성 가스가 누설되어 공기중에 폭발범위가 형성되면 점화원 제공시 즉각 폭발적인 화재가 발생한다. 점화원에 의한 폭발사고를 방지하고 독성가스로 인한 중독사고를 미연에 방지하고자 가스 저장소 및 대량 사용장소에 설치하여 가스 누설시 자동적으로 경보를 발령, 사고를 사전에 예방하여 주는 장치이다.

㈅ **소방전기설비 :** 유사시에 대비한 비상전원 설비도 필요하다.

㈆ **기타 최신장비 :** 다용도로 경보를 발할 수 있는 시스템이 있다.

사) 화재시 행동요령

(가) 화재시 초동조치

㈀ 불이 났다는 것을 경보기, 육성 등을 사용하여 주변에 신속히 알린다.

㈁ 가벼운 화재인 경우 소화기를 이용하여 신속히 진화한다.

㈂ 전화로 119에 신속히 신고한다. 신고시 화재장소, 신고자 연락처, 무엇이 타고 있는지, 사람이 거주하는지 등을 함께 알린다.

㈃ 전기화재의 경우 누전의 위험이 있으므로 스위치를 내리고, 물을 사용치 않도록 한다.

㈄ 가스화재의 경우 폭발위험이 있으므로 용기의 밸브를 잠근다.

(나) 대피 유도 요령

㈀ 당황하지 말고 침착하게 행동하도록 유도한다.

㈁ 연기 속을 지날 때는 젖은 수건을 코와 입에 대고 낮은 자세로 벽을 따라 대피한다.

㈂ 불타고 있는 곳을 파악하여 피난 방향을 결정한다.

㈃ 화염에 둘러 쌓였을 때에는 창이나 비상구가 가까운 곳으로 이동한다.
㈄ 비상구나 피난이 가능한 출구를 찾는다.
㈅ 비상구까지 대피할 수 없을 때에는 침착하게 천이나 의류 등을 연결하여 창문을 통하여 이웃 건물 지붕 등 탈출 가능한 곳으로 내려온다.
㈆ 당황하여 뛰어 내리지 말고 옥상 등으로 대피한다.
㈇ 실내에 갇혀 있을 때는 의복이나 수건 기타 물건을 창밖으로 내던져 사람이 있다는 것을 밖에 있는 사람에게 알리고, 구조를 기다린다.
㈈ 학교, 극장 등에서 다수인이 대피할 때에는 안심시켜 소란을 방지하여야 한다.
㈊ 평상시 비상구나 피난 시설의 위치, 사용방법 등을 알 수 있도록 "유도등 · 유도표지"를 보기 쉬운 곳에 부착한다.

(다) 인명 구조 방법

㈀ 인명 탐색중 사람을 발견하였을 경우 먼저 생사 여부를 확인한다.
㈁ 부상자 발견시 상처를 확인하고, 부상이 심화되지 않도록 유의하면서 신속히 안전한 곳으로 구출하고, 의료요원에게 인도한다.
㈂ 인명구조를 위하여 옥내로 진입할 때에는 로-프, 전지, 갈고리, 물수건 등을 휴대하고 계단, 난간, 벽체를 따라 진입하되, 비상시 탈출구를 찾아 놓아야 한다.
㈃ 고열, 유독가스 발생시 함부로 들어가지 말고 창문 등을 부수고 공기를 소통시켜야 한다.
㈄ 막다른 곳, 창문근처, 화장실, 계단입구 등에 중점을 두고 인명 색출을 한다.
㈅ 구출한 환자는 응급조치후 신속히 병원으로 후송한다.
㈆ 구조원은 가급적 2인 1조 이상으로 활동한다.

(라) 교통통제

화재가 발생하게 되면 현장에는 구경하는 사람이 많이 모이기 마련이고 불난 집 사람들은 물건을 꺼내려고 대단한 혼잡을 이루게 된다.

따라서 소방차가 도착해서 소화작업을 하는데 많은 불편을 주게 된다. 경찰관이나, 소방관은 물론 민방위대원과 협력하여 소방차 및 소방대원의 소화활동이 원활하도록 현장부근의 교통을 통제하여야 한다.

(ㄱ) 소방차가 도착하면 모든 차량과 보행인을 도로 한쪽으로 피신하도록 하여 소방차의 소통을 원활히 하여야 한다.

(ㄴ) 좁은 골목길에서는 일반 차량을 통행금지 하거나 우회 통행시킨다.

(ㄷ) 소화요원 및 관계자 이외의 사람은 현장 출입 및 통행을 금지시킨다.

참고

*** 소방활동구역의 설정과 소방활동구역의 출입이 가능한 사람**

「소방기본법」 제23조(소방활동구역의 설정)

① 소방대장은 화재, 재난·재해 그 밖의 위급한 상황이 발생한 현장에 소방활동구역을 정하여 소방활동에 필요한 자로서 대통령령이 정하는 자(「소방기본법 시행령」 §8)외의 자에 대하여는 그 구역에의 출입을 제한할 수 있다.

② 경찰공무원은 소방대(消防隊, 화재를 진압하고 화재, 재난 · 재해 그 밖의 위급한 상황에서의 구조 · 구급활동 등을 하기 위하여 소방공무원 · 의무소방원 · 의용소방대원으로 구성된 조직체)가 제1항의 규정에 따른 소방활동구역에 있지 아니하거나 소방대장(소방본부장 또는 소방서장 등 화재, 재난 · 재해 그 밖의 위급한 상황이 발생한 현장에서 소방대를 지휘하는 자)의 요청이 있는 때에는 제1항의 규정에 따른 조치를 할 수 있다.

* 「소방기본법 시행령」 제8조에서 소방활동구역에 출입할 수 있는 사람은 다음 각호와 같다.

1. 소방활동구역 안에 있는 소방대상물의 소유자 · 관리자 또는 점유자
2. 전기 · 가스 · 수도 · 통신 · 교통의 업무에 종사하는 자로서 원활한 소방활동을 위하여 필요한 자
3. 의사 · 간호사 그 밖의 구조·구급업무에 종사하는 자
4. 취재인력 등 보도업무에 종사하는 자
5. 수사업무에 종사하는 자
6. 그 밖에 소방대장이 소방활동을 위하여 출입을 허가한 자

(ㄹ) 불이 난 현장에서 꺼낸 물건은 도난당하지 않도록 잘 감시하여야 한다.

(ㅁ) 소화 작업요원이 부족할 때에는 민방위대원은 물론 일반 주민도 적극 협조하도록 유도한다.

(ㅂ) 불이 어느 정도 진화되어 소화작업에 지장이 없다고 인정될 때에는 소방, 경찰 등 관계자들과 협의 후 교통통제를 해제한다.

아) 현장수습 및 긴급복구

진화작업이 끝난 후의 현장은 타다 남은 물건이나 파괴된 기물 등으로 어지럽혀져 있어 대단히 불결하여 빨리 정리하여야 하며, 화재 이전의 상태와 기능을 발휘할 수 있도록 조속한 복구 작업에 노력하여야 한다.

(ㄱ) 화재 현장에서 꺼내놓은 물건을 잘 정돈하고, 불탄 물건을 빨리 치워서 사람이 통행하는데 지장이 없도록 한다.

(ㄴ) 미관상 나쁜 것을 정리 또는 제거하여 흉하지 않도록 한다.

(ㄷ) 타고난 재와 물건 등을 깨끗이 제거한다.

(ㄹ) 타고난 건물의 도괴 위험과 다시 살아날 불씨 등이 있나 여부를 확인한다.

(ㅁ) 소화활동에 동원한 모든 장비, 기구는 하나하나 점검하고 정비해서 보관한다.

자) 방화순찰 중 착안사항

(ㄱ) 콘센트, 스위치 박스, 조명기구 등에서 누전위험은 없는가?

(ㄴ) 전선이 밟히거나 눌리고 있지 않은가?

(ㄷ) 여러 개의 전기기구를 한 곳에 연결하는 등 용량을 초과하여 사용하는 것은 아닌가?

(ㄹ) 사용하지 않는 전열기의 플러그를 연결시켜 놓지는 않았는가?

(ㅁ) 흡연장소는 지정되어 있는가? 재떨이의 관리상태는?

(ㅂ) 가스 용기는 통풍이 잘 되는 곳에 비치되어 있는가?

(ㅅ) 난방기기나 전열기를 사용하는 장소 부근에 소화기가 비치되어 있는가?

(ㅇ) 유사시 대피할 비상구가 막혀 있지 않은가?

(ㅈ) 휘발유 등 위험물은 지정장소에 안전하게 보관되어 있는가?

차) 소방안전관리

(가) 소방과 소방업무

소방(消防 fire prevention and control)은 화재를 예방·경계·진압하여 국민의 생명·신체·재산을 보호하기 위한 활동을 말한다. 화재로 인한 상병자를 의료기관으로 긴급수송하는 구급업무도 행한다.

대한민국의 소방은 행정안전부 산하 소방방재청에서 주관하며, 각 시도의 자치단체장 휘하의 시도 소방본부가 조직되어 있다. 소방방재청 직할 기관으로 중앙119구조대와 중앙소방학교 등이 있으며 지방소방학교와 일선 소방서 등은 각 시도의 자치단체장이 관리한다. 소방업무는 대한민국 국민의 생명과 재산을 각종 재난으로부터 보호하고 또 예방하는 일을 말하는데, 민간경비에서도 시큐리티업무의 일환으로 소방업무를 수행한다.

소방업무는 첫째, 화재의 예방 활동으로 각종 법령 및 화재예방 조례에 의거하여 화재의 예방을 위한 지도·계몽·조사에 임하고, 둘째, 소화활동으로 화재를 신속히 진압하고, 연소방지(延燒防止)와 인명구조를 위해 필요한 조치를 취하며, 셋째, 구급·구조 활동으로 인명구조를 위한 구급대가 편성되어 있으며, 넷째, 화재의 조사활동으로 화재의 원인과 피해재산을 조사하는 것으로 나누어진다.

(나) 소방안전관리 관련 법령

화재, 재난·재해나 그 밖의 위급한 상황으로부터 국민의 생명·신체 및 재산을 보호하기 위해 「소방기본법」, 「소방시설공사업법」, 「위험물안전관리법」, 「소방시설설치유지 및 안전관리에 관한 법률」, 「다중이용업소의 안전관리에 관한 특별법」 등에서는 일정한 종류의 시설물에 대해 소방시설 등을 설치·유지하고 안전관리를 위한 조치를 취하도록 의무를 부과하고 있다.

그 밖에 전기 분야의 「전기사업법」, 「전기공사업법」 등, 가스 분야의 「고압가스 안전관리법」, 「액화석유가스의 안전관리 및 사업법」, 「도시가스사업법」 등, 건축 분야의 「건축법」(「건축물의 피난·방화구조 등의 기준에 관한 규칙」, 「건축물의 설비기준 등에 관한 규칙」 포함), 「주택법」 등에서 화재나 재해를 예방하기 위한 각종 시설기준 준수 및 안전관리 의무를 규정하고 있다.

(다) 소방시설

소방시설이란 화재를 탐지(감지)해서 통보함으로서 사람들을 보호하거나 대피시키고, 화재 초기단계에서 즉시 소화활동을 할 수 있도록 하며, 자동설비 또는 수동조작에 의해 화재진압을 할 수 있도록 하는 기계·기구 및 시스템을 말하는데, 소방시설은 다음과 같이 분류된다.

㈀ **소화설비 :** 물이나 그 밖의 소화약제를 사용해서 직접 화재를 진압하는 기계·기구 또는 설비로서 다음에 해당하는 것을 말한다(「소방시설 설치유지 및 안전관리에 관한 법률 시행령」 [별표 1] 제1호).

가. 소화기구	수동식소화기		
	자동식소화기	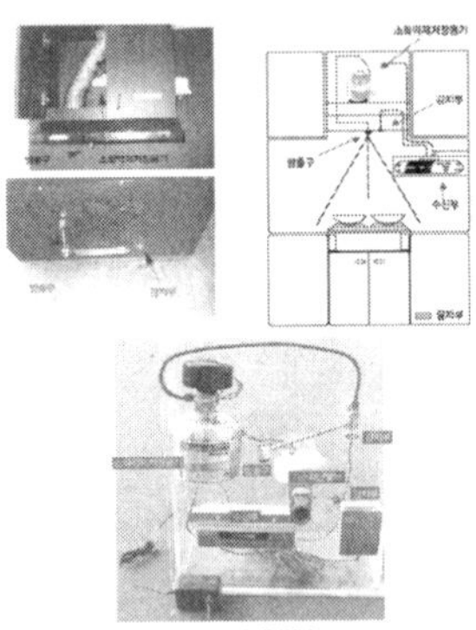	

가. 소화기구	캐비넷형 자동소화기기		
	자동확산 소화용구	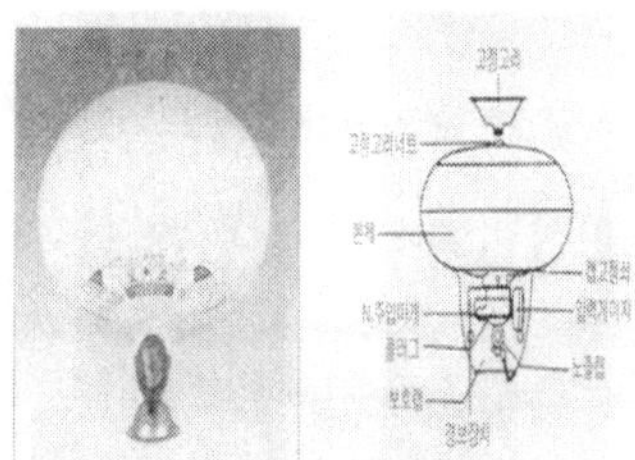	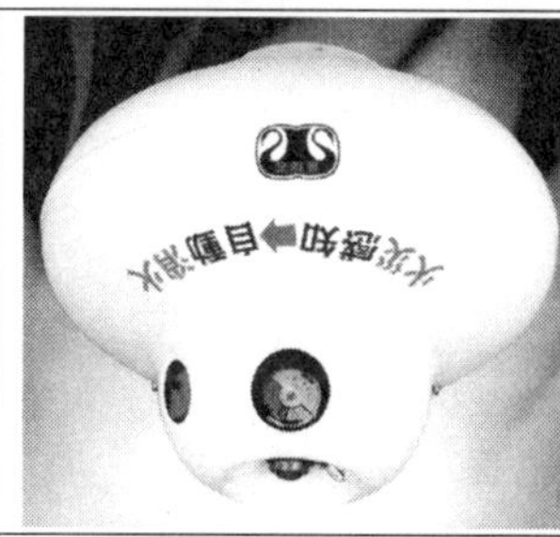
	소화약제에 의한 간이소화용구	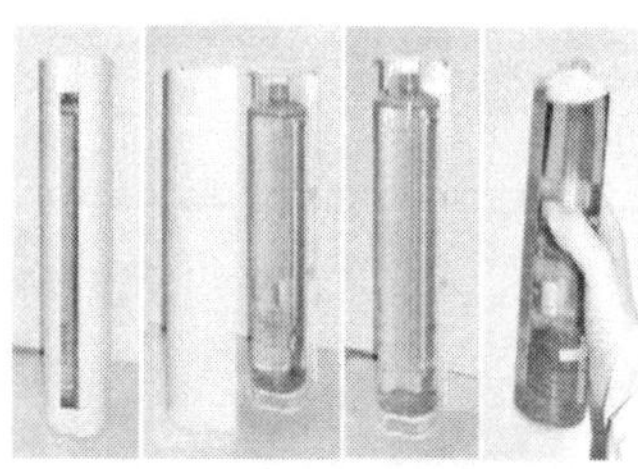	간이소화용구 
나. 옥내소화전설비			 [옥내소화전설비 가압송수장치]

다. 스프링클러설비	스프링클러설비		
	간이스프링클러설비	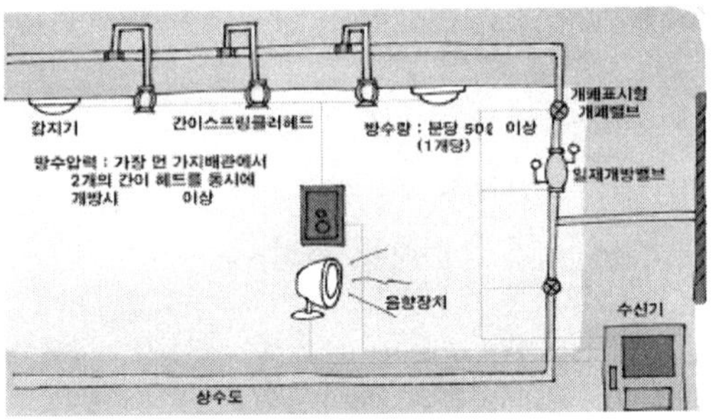	
	화재조기진압용 스프링클러설비		
라. 물분무 등 소화설비	물분무소화설비		
	포소화설비		

라. 물분무 등 소화설비	이산화탄소소화설비		
	할로겐화합물소화설비		
	청정소화약제소화설비	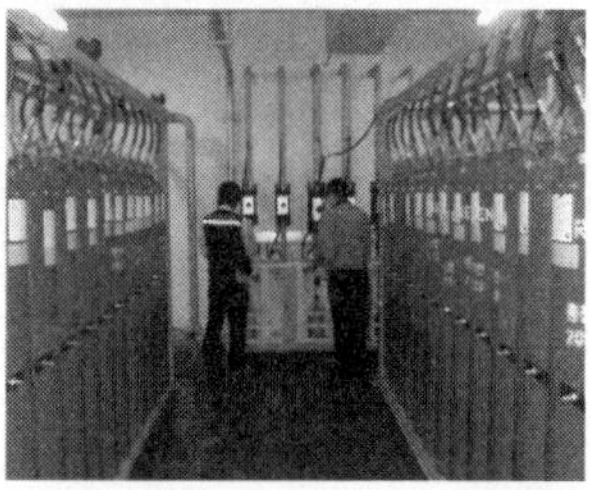	
	분말소화설비		
마. 옥외소화전설비		 [그림 6-12] 옥외소화전	

(ㄴ) **경보설비 :** 화재 발생 시 사람들을 대피시키거나 소화활동을 할 수 있도록 화재를 탐지(감지)하고 통보해 주는 기계·기구 또는 설비로서 다음에 해당하는 것을 말한다(「소방시설 설치유지 및 안전관리에 관한 법률 시행령」 [별표 1]제2호).

가. 비상경보설비	비상벨설비 및 자동식사이렌설비		
나. 단독경보형감지기		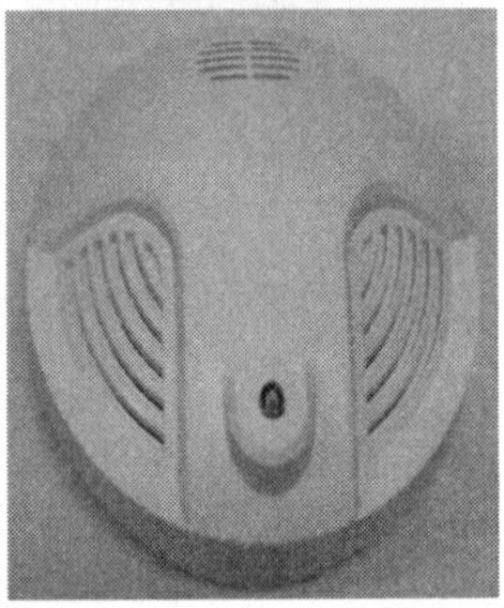	
다. 비상방송설비		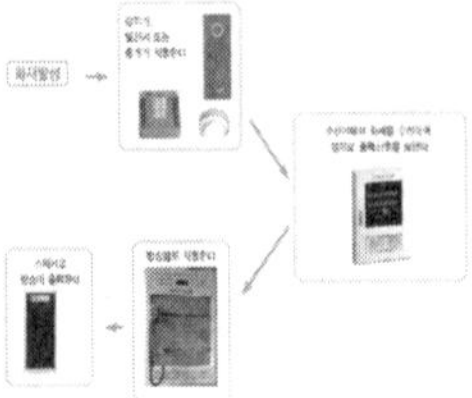	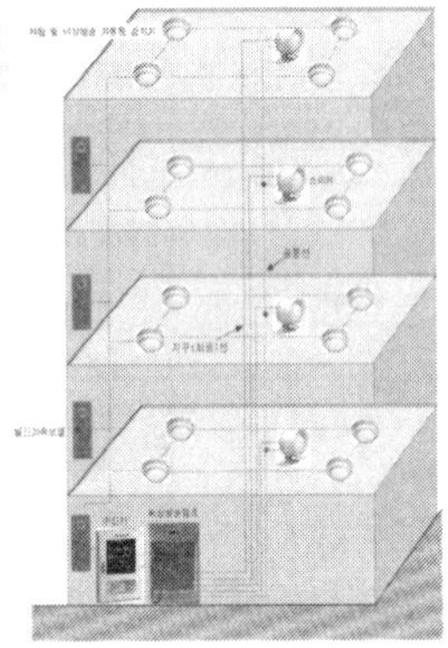
라. 누전경보기		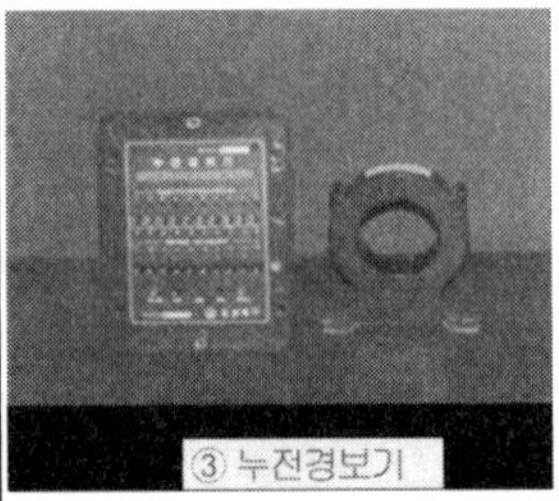	

마. 자동화재탐지 설비 및 시각경보기	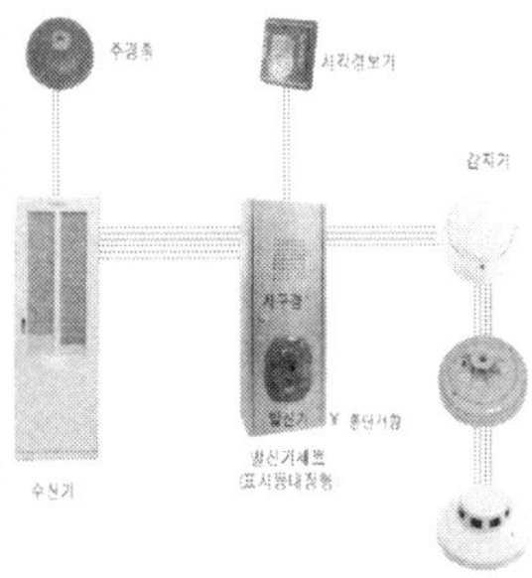	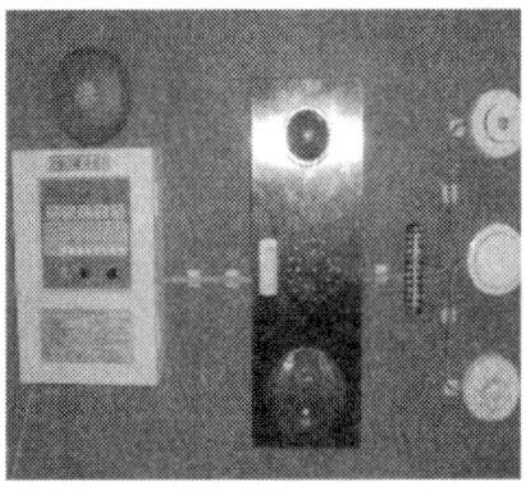	
바. 자동화재속보 설비	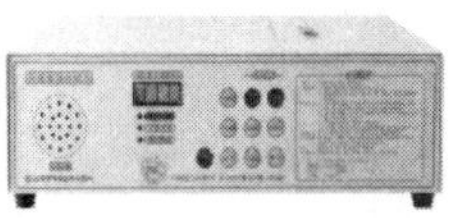	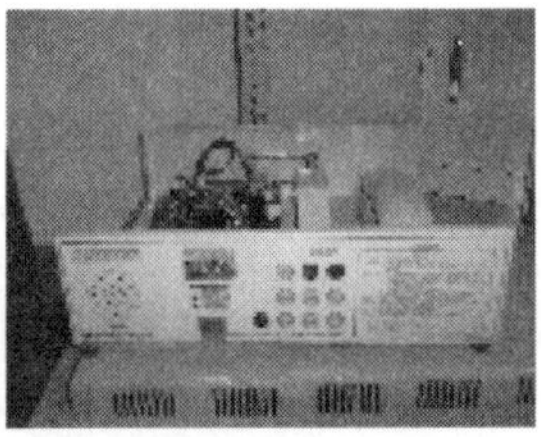	
사. 가스누설경보 기			
아. 통합감시시설		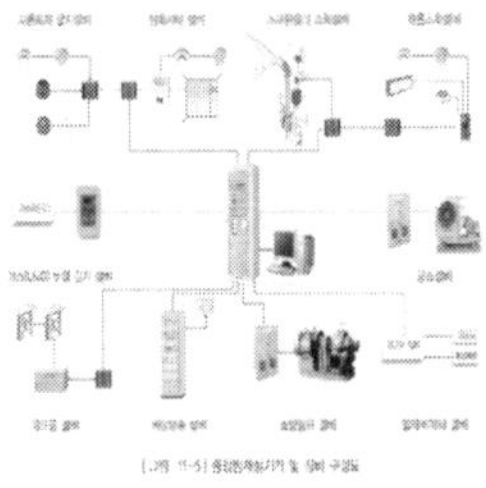	

(ㄷ) **피난설비 :** 화재발생 시 사람들을 안전한 곳으로 피난시키기 위해 사용되는 기계·기구 또는 설비로서 다음에 해당하는 것을 말한다(「소방시설 설치유지 및 안전관리에 관한 법률 시행령」 별표 1 제3호).

<table>
<tr><td rowspan="4">가. 피난기구</td><td>미끄럼대</td><td>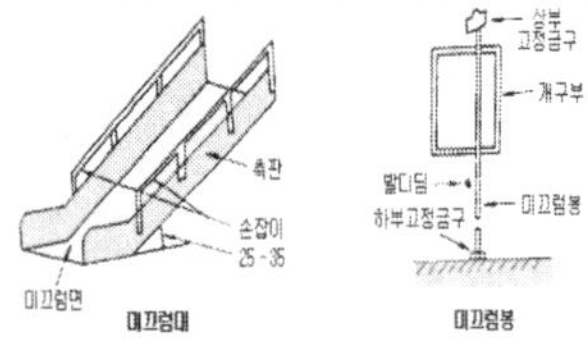
</td><td></td></tr>
<tr><td>피난사다리</td><td></td><td></td></tr>
<tr><td>구조대</td><td></td><td></td></tr>
<tr><td>완강기</td><td></td><td></td></tr>
</table>

	피난교	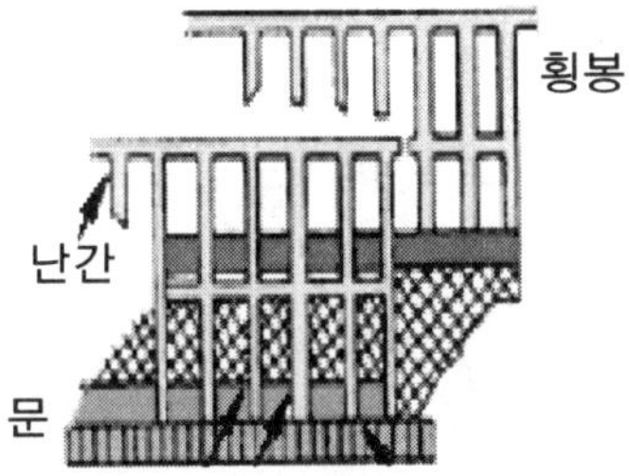	화재발생시 옆 건축물로 피난할 수 있는 가교역할을 함(신장식, 회전식, 전도식 등)
	피난밧줄		
	공기안전매트	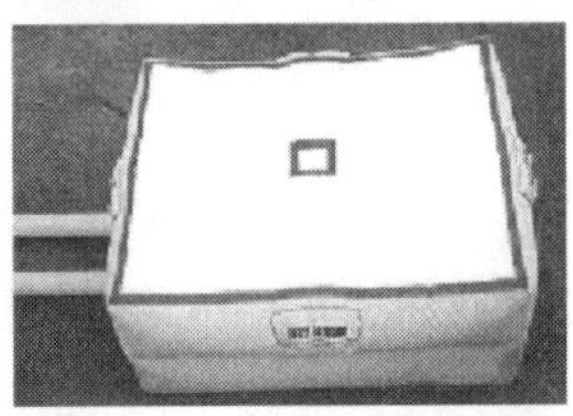 [그림 6-46] 공기안전매트	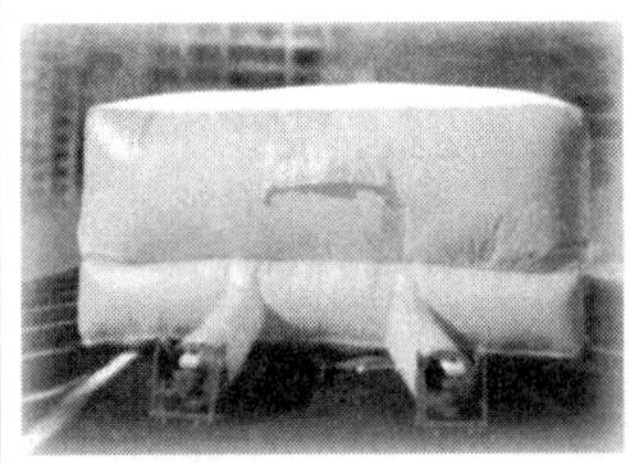
나. 인명구조기구	방열복		

나. 인명구조 기구	공기호흡기	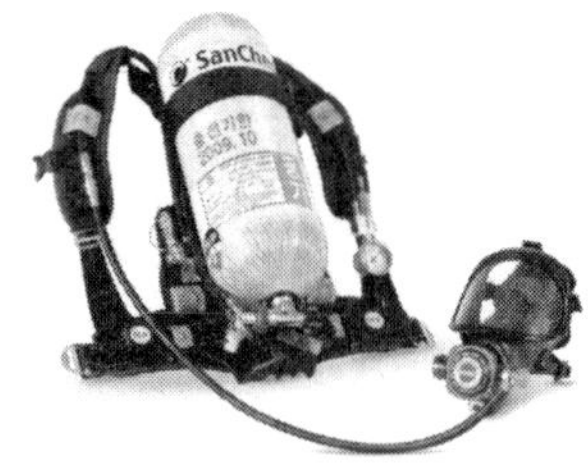	
	인공소생기	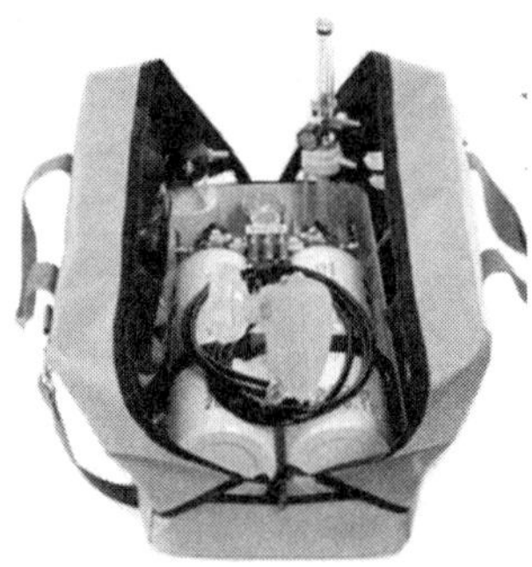	
다. 유도등 및 유도표지	유도등	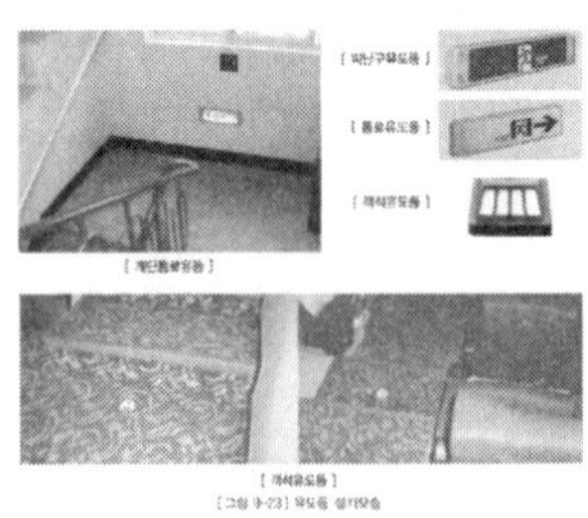	
	유도표지	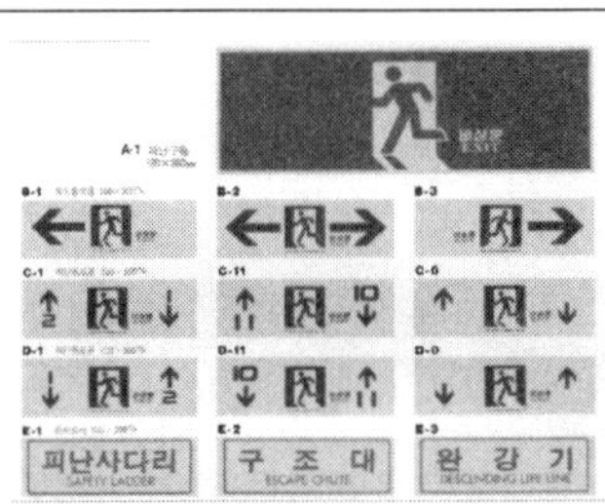	

라. 비상조명등 및 휴대용비상 조명등	비상조명등		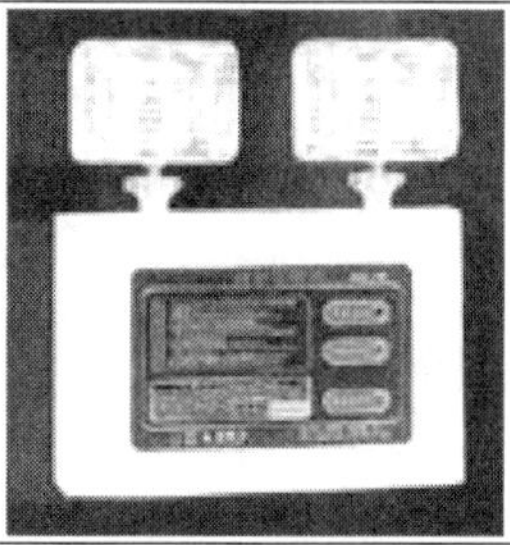
	휴대용비상조 명등	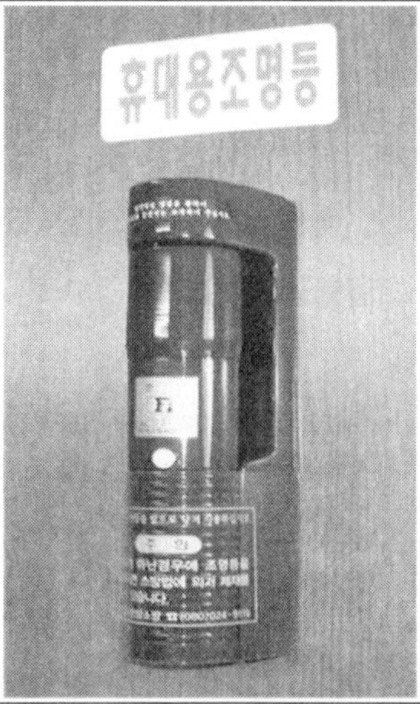	

㈑ **소화용수설비 :** 화재진압에 필요한 물을 공급하거나 저장하는 설비로서 다음에 해당하는 것을 말한다(「소방시설 설치유지 및 안전관리에 관한 법률 시행령」 별표 1 제4호).

가. 상수도소화용 수설비	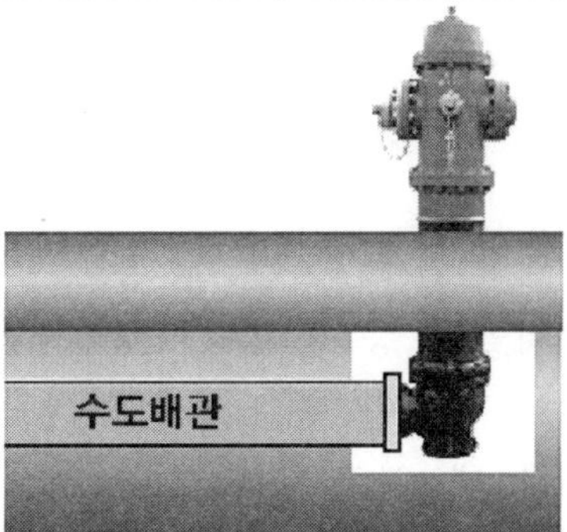	

나. 소화수조·저수조	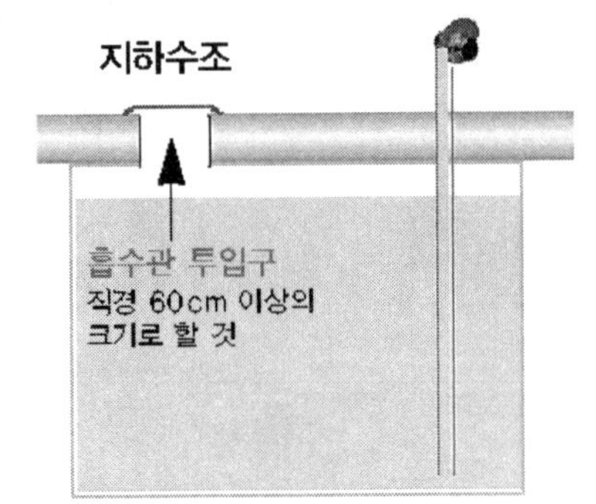	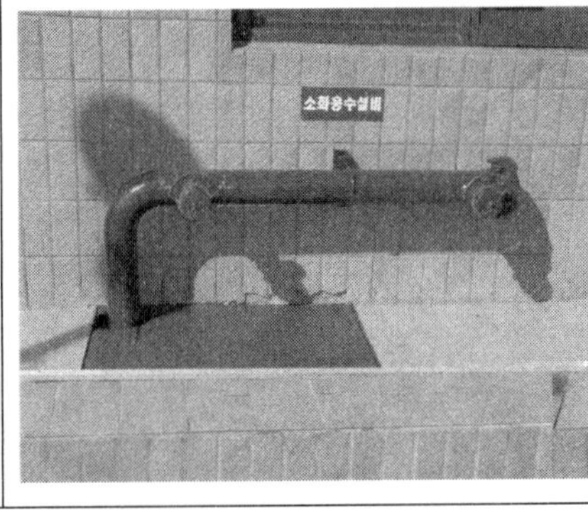

㈒ **소화활동설비 :** 화재를 진압하거나 인명구조활동을 위해 사용하는 설비로서 다음에 해당하는 것을 말한다(「소방시설 설치유지 및 안전관리에 관한 법률 시행령」 별표 1 제5호).

가. 제연설비
나. 연결송수관설비
다. 연결살수설비
라. 비상콘센트설비
마. 무선통신보조설비
바. 연소방지설비

(라) 방화시설(防火施設)

㈀ **방화문**(防火門) **:** 「건축법 시행령」 제64조에 따른 갑종방화문 또는 을종방화문으로서 언제나 닫힌 상태를 유지하거나 화재로 인한 연기의 발생 또는 온도의 상승에 따라 자동적으로 닫히는 구조를 말한다. 다만, 자동으로 닫히는 구조 중 열에 의해 녹는 퓨즈(도화선: 導火線)타입 구조의 방화문은 제외된다(「다중이용업소의 안전관리에 관한 특별법 시행령」 제9조제1호라목 및 「다중이용업소의 안전관리에 관한 특별법 시행규칙」 [별표 2]제1호나목).

㈁ **비상구 :** 주된 출입구 외에 화재발생 등 비상 시 영업장의 내부로부터 지상·옥상 또는 그 밖의 안전한 곳으로 피난할 수 있도록 「건축법」에 따른 직통계단·피난계단·옥외계단 또는 발코니에 연결된 출입구를 말한다(「다중이용업소의 안전관리에 관한 특별법 시행령」 제9조제1호라목 및 「다중이용업소의 안전관리에 관한 특별법 시행규칙」 [별표 2]제1호라목).

(마) 영업장 내부 통로와 창문

화재발생 시 인명피해를 방지하기 위해 고시원 영업장에 설치해야 하는 복도·통로 및 창문을 말한다(「다중이용업소의 안전관리에 관한 특별법 시행령」 제9조제2호).

(바) 그 밖의 안전시설

㈀ **영상음향차단장치 :** 영상모니터에 화상 및 음반재생장치가 되어 있어 영화·음악감상 등을 할 수 있거나 화상(畵像)장치나 음반장치 중 한 가지 기능만 가능할 수 있도록 설치한 시설을 차단하는 스위치를 말한다(「다중이용업소의 안전관리에 관한 특별법 시행령」 제9조제3호 및 「다중이용업소의 안전관리에 관한 특별법 시행규칙」 별표 2 제1호가목).

㈁ **누전차단기 :** 전기가 누전(漏電)될 경우 전기를 차단해서 화재나 감전 등의 안전사고를 방지하는 장치를 말한다(「다중이용업소의 안전관리에 관한 특별법 시행령」 제9조제3호).

㈂ **피난유도선 :** 햇빛이나 전등불에 따라 축광(蓄光)하거나 전류에 따라 빛을 발하는 유도체로서 유사 시 어두운 상태에서 피난을 유도할 수 있는 시설을 말한다(「다중이용업소의 안전관리에 관한 특별법 시행령」 제9조제3호 및 「다중이용업소의 안전관리에 관한 특별법 시행규칙」 [별표 2]제1호다목).

(5) 혼잡경비업무

가) 혼잡정리의 필요성

"사람은 개인으로 있을 때와 군중의 가운데에 있을 때는 꼭 다른 사람이 되는 것 같다"라고 한다. 혼잡정리는 무조직적인 인간의 집합, 즉 군중심리에 흔들리기 쉬운 대상을 상대하는 곤란으로 위험성을 내포하고 있는 일이기 때문에 그 특성에 대응하는 정리요령이 요구된다.

상주경비를 하고 있는 시설에 있어서도, 각종의 집회가 일어나고 있어 혼잡정리를 행하지 않으면 안되기 때문에, 혼잡정리에 관한 기본적인 일은 상식으로 이해하여 둘 필요가 있다.

혼잡(混雜)의 정리 요령은 그 대상, 장소, 규범 등에 의해 상당히 다를 수도 있으나, 기본적인 것은 공통으로 하고 있기 때문에 일반적 실시요령을 중심으로 살펴본다.

나) 혼잡경비업무의 정의

혼잡(混雜)이라는 것은 "다인이 모인 것, 사람들의 모임"라고 한다. 공연, 제례, 여행, 경기 그 외의 비슷한 것 등에서, 일정한 한도의 장소에 불특정의 다수의 사람과 차가 집중하여 혼잡하게 되는 경우가 많다.

혼잡경비업무라고 하는 것은 이러한 혼잡이 예상되는 지역의 규제를 행하고, 시큐리티요원을 배치하여 교통유도, 입·퇴장정리 등을 수행하여 혼잡내의 사고의 발생을 경계·방지하는 것에 있다. 특정의 한정된 장소에 다수의 사람이 모이고, 군중심리에 영향 받아 남에게 지지 않으려고 행동하고, 밀치락 뒤치락거리기 때문에 밀려서 깔리는 큰 위험이 있다. 따라서 사고가 나지 않도록 필요한 시큐리티요원을 배치하고 잘 정리하여, 모인 사람의 안전을 지키는 경비업무를 일본 경비업법에서는 "사람과 차량이 혼잡한 장소로 이들의 통행에 위험이 있는 장소에서 부상자의 사고의 발생을 경계하고 방지하는 업무"라고 정의하고, 시설경비업무와 구별하고 있다.

다) 군집의 행동 심리

군집(群集)이라는 것은 공통의 사인을 가지고 무조직의 불특정다수의 사람이 집합한 상태를 말한다. 이 군집은 특정의 심리에 반응하여 행동하기 때문에 그 행동심리를 심리학에서는 군집심리라고 부르고 있다. 사람은 군집심리에 의하여, 개인의 경우에는 상상도 할 수 없는 무책임한 반사회적 행동을 하는 것이 인정되어져서, 군집심리에 대한 연구한 것은 화재, 지진 등의 재해시에 일어나는 피난유도에 참고가 된다.

(가) 군집의 행동심리

군집의 행동심리의 특징으로는 ㈀ 운동성, 감정성, 동요성, ㈁ 비합리성, 이성의 저하, ㈂ 암시성, 경신성, ㈃ 무책임, 실행성, ㈄ 단순성, 극단성, ㈅ 절대성, 권멸성, 편협성 등의 요소가 나타나고 있다.

㈀ **운동성, 감정성 :** 무엇보다 군중성립의 중대한 요소는 공통을 가지고 있다

는 동인에 있다는 목표가 있다. 스타에 광희하여 테이프를 던지는 팬, 퍼레이드를 참여하는 환영 인파, 모든 논리는 "좋다, 나쁘다"라는 감정적 논리에 의해 나누어진다. 냉정한 비판작용은 모습을 감추고, 사람들의 정신은 미분화한 상태로 퇴행한다. 좋음, 나쁨, 쾌감, 불쾌, 만족, 불만족이라는 육체의 직접적 판단기준이 정부, 곡직이라는 간접적인 판단기준에 밀리어 정당한 판단이 가능하지 않는 상태가 되는 것이다.

㈏ **논리작용의 저하 :** 군집심리로 치닫게 되는 것은 "좋지 않다" "멍청하다"라는 뉘앙스를 포함하는 행동이라고 할 수 있다. 일반적으로 강한 운동은 이지작용을 저하시킨다고 말해지고 있다. 감정적으로 되면 될수록 이성은 상실되게 된다. 일정한 장소에 길게 기다리게 되거나, 좁은 장소에 길게 갇혀있게 되거나, 육체적 피로가 높아지거나, 육체적자유가 구속되는 감정의 상승작용으로부터 자주적 이지작용의 운동이 차례로 곤란하게 되어, 개인으로 자주적인 판단을 하는 능력이 침탈되고 책임있는 의식인격을 약화시키는 것이 된다. 이지작용의 컨트롤이 저하될수록, 사람은 운동적으로 되어 감정의 지배대로 표현하고 행동하게 된다.

㈐ **무책임성과 실행성 :** 군집은 생각하는 존재가 아니라, 의욕을 가지고 행동하는 존재이다. 군집의 무책임성은 감정성, 이지작용의 저하, 군집과 자기의 동일화, 미분화성에 귀인 하는 자기중심성등의 성향으로부터 필연적으로 나오는 것이기 때문에 자아적인 반사회적행동이 된다. 군중과의 동일화는 익명성이 되어 "남과 다투어 이김" "혼잡한 틈을 탐"의 무책임한 행동을 일으킨다.

(나) 군집밀도의 고찰

㈎ **사람의 집합밀도 :** 우리가 길을 걷고 있는 때에 다른 누구도 없다면, 자유로이 자신이 좋아하는 방법으로 걸을 것이다. 그 때의 상황이나 자신의 기분, 하늘의 날씨 등에 따라 터벅터벅 걷는 일도, 빨리 걷는 일도 있다. 어떻게 걷든지 키가 큰 젊은이나 키가 작은 연배자는 보행속도가 차이가 나는 것이 보통이다. 출근 러시아워에의 개찰구 부근에는 출구로 나아가기 위해 사람들의 밀도가 차츰 증가하게 되어 발이 땅에 스치듯 걷는 상태가 되는 것을 많은 사람이 경험했을 것이다. 보통의 장소에서 유동하는 사람의 밀도는 이 이상이 되지 않는다. 그러나 더 이상이 되면 몸의 균형이 무너져, 몸을 움직이는 것이 어렵게 되기 때문이다.

(ㄴ) **밀도의 한계 :** 일반적으로 아무것도 하지 않을 때는 군집의 밀도는 상호접촉이 있는 정도의 자유영역을 보호하기 위하여 ㎡당 1인부터 2인까지로, 이 이상으로는 모이지 않는다. 무엇인가의 외압, 예를 들어 "모여주세요" 등의 안내요원의 지시, 대세의 누름, 전차에 어떻게든 올려는 강한 동기 등이 추가되면, 이는 이 개인의 자유영역을 부수고 타인이 침입한 경우가 된다. 외압이 없는 한에서 보통의 경우에는 연설하고 있는 사람의 주위의 군집, 신호대기를 하고 있는 군집이 밀도는 점차 2인/㎡에 멈춰있는 것이 된다. 혼잡한 전철의 안에서도 출입구 근처보다 안이 비교적 비어있어, 외부의 사람이나 차장이 소리 높여 "모여주세요"라고 계속 외쳐도, 잘 모이지 않는다. 안쪽에는 고유영역이 무의식중에 타인을 포함하지 않고, 아직 침입되지 않은 체 2인/㎡정도의 움직이지 이루어진다. 그러나 강한 외압이 증가하면, 밀도는 당연히 높아져, 불안이 증가하는 것이 된다. 혼잡한 전차의 입구 부근의 내부는 5인/㎡되지만, 7인 내지 8인으로도 된다.

(ㄷ) **압력 :** 어느 건축학자의 측정에 따르면

- 사람이 발을 벌려서 전력으로 누를 때는 150kg/㎡
- 눌러져 고통을 느낄 때의 압력 190kg/㎡
- 사람이 비명을 지르고, 참을 수 있는 한계까지 눌러질 경우 600kg/㎡의 압력이 생긴다고 말해진다.

(ㄹ) **매직넘버 5 :** 군집의 집합은 1, 5, 10, 15라는 5의 단계로 질적으로 변용한다고 말해진다. 혼잡경비를 실시한 후에 규명된 참고가 되는 다음 데이터를 기억해 둘 필요가 있다.

- 자유인으로부터 사회인(1인/㎡) → 군집인(5인/㎡) → 동물인(10인/㎡) → 생리인(15인/㎡, 종료=사망)
- 아치액션 : 좁은 입구를 향한 많은 사람이 몰려지면, 일시적으로 '사람의 모임'이 가능해져, 누구도 들어오지 못하게 되는 것이 된다. 전에 몇 사람인가가 슬슬 쉽게 들어왔으나, 돌연 사람의 군집이 생겨 누구도 들어오지 못하는 공백이 생긴다. 한사람 한사람은 타인의 방해를 하려는 생각은 없고, 최선을 다하여 들어오려고 하지만, 어느 한사람도 들어올 수 없다. 이 현상을 아치액션이라고 부른다. 다리를 놓을 때 반원형(아치)의 다리로 돌을 쌓아 올리면, 철근과 접착제를 사용하지 않아도 되지만, 상호 연관있는 돌로 튼튼한 아치형 다리를 놓는 것이 가능하다.

라) 혼잡경비실시의 기본적 사항

(가) 혼잡경비의 일반적 지침

혼잡경비에 있어서는, 사전에 주최자, 관리자 그 외 기타 관계자와 긴밀한 연락을 하여, 행사의 취지, 내용, 지리적 조건, 사람의 예상, 참여하는 대상 등을 파악하여 사항판단을 정확히 하여, 적적한 시큐리티계획을 수립하는 것과 함께 시큐리티요원의 효과적인 배치사용으로 혼잡사고의 방지를 막는 것이 중요한 것이 된다. 예상된 사안에 대하여는 최악의 상태를 상정하여, 이것에 대한 충분한 대책을 행하여 돌발사태가 절대 발생하지 않도록 하여야 한다.

(나) 혼잡경비계획의 확정

㈀ **관계자와의 공조 :** 혼잡이 예상되는 행사 등에 대하여 시큐리티의 위탁을 하는 경우에는, 사전에 행사의 주최자, 관리자 그 외 기타 관계자와 연락회의를 하여, 행사의 내용, 규모, 참여인원 등부터 필요한 시큐리티요원의 수 등을 산출하여, 시큐리티업자로 하여 전문적 입장으로 필요한 조언 등을 행하고, 초기에 상호의 연락체제를 확립하는 것.

㈁ **현장실사 :** 행사가 행해지는 현장에 있어 조속한 실지조사를 행하고, 수용능력 등 시설의 상태, 위험요소의 유무 등에 대한 상세한 검토를 하는 일이 현장실사이다. 이 현장실사는 시큐리티계획, 실시의 기본이 되는 것이기 때문에, 현장의 사소한 부분까지 상세히 조사하여, 실시하는 것이 중요하다.

㈂ **계획의 수립과 철저 :** 시큐리티계획은 상기의 준비작업에 기하여, 혼잡경비를 위해 요원수, 조직편성, 일상업무종사원의 배치전환, 기본적인 정리요령, 사고발생시의 처리요령 등을 확정하고, 그 내용을 종사한 시큐리티요원 전원에 철저히 교육하지 않으면 안된다.

㈃ **유관경찰관서에의 신고 :** 기본계획이 성립된 시기에 주최자 측의 책임자와 동행하여, 초기에 경찰서에 신고하여 행사내용, 자주 시큐리티계획표의 상태 등을 설명하고, 만일의 사고 발생에 대비하여 경찰관의 파견요청, 통보연락 등에 있어 지도를 받는 것이 필요하다.

㈄ **시큐리티요원의 확보 :** 일상, 빌딩 등의 시설시큐리티에 종사하고 있는 경비원은 소정의 근무제에 따라 업무에 종사하고 있기 때문에 기본적으로는, 임시

적인 혼잡정리에 종사되는 여유는 없기 때문에, 시설내에서 행해지는 혼잡시큐리티에 있어서도, 원칙적으로는 외부로부터의 증원, 배치전환조취를 가지고 확보하지 않으면 안된다. 그다지 출입도 없고, 단시간에 종료하는 경우는, 시설경비에 종사하고 있는 시큐리티요원의 임시적인 배치운용에 대응 가능한 경우도 있으나, 적게라도 시큐리티계획의 책정을 필요로 하는 행사에 있어서는 일상의 시설경비원과의 별도로 혼잡시큐리티요원을 확보하여, 부대편성을 행하지 않으면 안된다.

(ㅂ) **예비요원이 확보 :** 부대편성에 있어서의 핵심은 예비요원의 확보에 있다. 총요원수의 몇 %로 결정하는 것은 아니지만, 예측 외의 사고 발생에 대처하기 위해서는, 현장지휘책임자의 하에서 언제라도 투입 가능한 소요의 시큐리티요원 외에도 자원봉사요원, 정리원 등의 예비요원을 확보해 두지 않으면 안된다.

(ㅅ) **혼잡경비 실시계획서의 작성 :** 혼잡경비 실시계획에 따라 검토하고 계획서를 작성할 필요가 있다. 그리하여 가능한 사전 계획에 따라 차질없이 수행하는 것이 바람직하다.

(다) 혼잡경비 실시요령

혼잡경비현장에 있어서의 활동은, 주최자, 관리자 측과의 연락협조, 시설, 자기재의 활용, 참여자의 설득, 안내 등의 적절한 홍보활동의 실시 등 정연한 부대활동으로 행하는 것이 필요하다. 어려운 일이기는 하지만, 참여자의 행동을 질서있게 하는 것이 중요하다. 참여자가 냉정히 질서있는 행동을 하고, 일정한 흐름의 리듬을 타고 있는 경우, 정리는 부드럽게 된다.

참여자의 정리요령은 행사의 규모, 내용, 참여자의 성격 등에 따라 일정한 것은 아니나, 기본적으로 공통으로 하는 실시요령으로는, 다음의 사항이 있다.

㉠ 참여자의 정리유도는, 사전에 정해진 방침에 따라 행하고, 중단이 없는 경우 외에는 함부로 변화하지 않고 고정 배치하여 담당업무를 철저히 수행한다. 그업무로는 시설물의 출입관리, 반입물품검사, 긴급상황대응, 차량검문 및 유도, 기타 안전과 관계되는 제반 경비활동 등을 책임진다.

㉡ 일부의 참여자가 정리방침에 반하여 행동을 하는 경우에는, 방임하지 말고, 직접적으로 협력을 구하고, 정리에 따를 것 등 필요한 조치를 한다.

㉢ 입장을 기다리고 있는 경우는, 열의 정렬방향, 열의 위치, 진행의 순서

등에 따라 확성기 등을 활용하여 충분히 홍보 활동을 하고, 입장을 기다리는 것에 의해 지루함이 일어나지 않도록 하여야겠다. 또, 열의 나눔을 방일하는 것은 혼란의 원인이 되기 때문에 나눔 방지를 철저히 하는 것이 중요하다.

㉣ 장기간 기다린 후에 입장할 수 없게 된 경우나, 구입 불가능에 의한 불만의 폭발에 의한 혼란이 생기지 않기 위해, 사전에 정리권을 발행하여 배포하는 등의 효과적인 정리방법도 경우에 따라서는 생각해 본다.

㉤ 인파의 정체의 원인이 되는 시설의 조건은, 사전에 소거하여 두는 동시에, 참여자가 유동하는 경우에는 일정한 리듬으로 움직이고, 정체하지 않게 한다.

㉥ 사찰 등의 혼잡정리에 광범위에 따르는 참여자의 인파가 특정의 장소에 있어서 포화상태에 도달하는 경우는, 선두부의 참여자를 신속히 유동시키는 등의 노력과 함께 후두부의 참여자를 일시제한하여 정지시키는 등의 포화상태의 초기 해소를 유도한다.

㉦ 출입구, 계단, 이동하는 복도 등 특히 위험이 예상되는 장소에는, 반드시 정리인을 배치하여, 밀기, 앞지르기, 멈춰 서있기, 그 외 질서를 혼란하게 하는 행위를 절대하지 않게 협력을 구한다.

㉧ 파이프색, 로프, 플래카드 등 정리자기재의 사용에 있어서는, 경우에 따라서는 사고발생을 조장한 결과를 야기할 수도 있기 때문에 사용장소, 방법 등에 있어서 신중한 검토를 한다.

㉨ 평소 혼잡상태의 변화를 적확히 알아, 요원의 배치전환, 증강 등 상태에 대응하여 임기의 처치가 되도록 배려한다.

㉩ 혼잡경비활동이 장기간 행해지는 경우는, 필요한 대기, 휴식 등이 확보되도록, 시큐리티요원의 적절한 배치운용을 한다.

㉪ 현장경비원에 대한 지도명령은, 반드시 정해진 부대편성에 의한 지휘명령계통에 의해 행하고, 주최자측의 관계자에 있어서는, 현장에서 의도적인 지시명령을 하지 않도록 사전에 철저히 해 둔다.

㉫ 복장, 휴대품의 정리, 개인적인 장식품, 경계봉, 열쇠 케이스 등 혼잡정리에 불필요한 물건은 휴대하지 않는다.

(6) 중요시설 경비

국가중요시설이란 군사전략상 중요한 시설로 적에게 노출되거나 파괴되었을 때 막대한 손실을 입는 시설을 말한다. 적의 공격으로부터 파괴되는 것만이 아니라 적에게 노출만 되어도 상당한 타격을 입을 수 있는 시설이다.

잠수함으로 침투한 강릉 간첩들이 소지했던 필름을 분석해 보면 공군기지 사진이 있었던 바 이러한 자료가 북한의 수중에 넘어간다는 것은 전쟁발발시 적이 선제공격을 하기에 우월한 위치에 있음을 의미한다.

국가중요시설이란 반드시 군(軍)이나 경찰, 국가정보원, 청와대 등 국가기관만이 아니다. 국민생활과 국가안보에 필요한 물자와 장비를 생산하는 것과 관련되는 시설이면 중요한 것이다. 우리나라도 경제가 상당한 규모로 팽창함에 따라, 앞으로 이러한 경향은 점점 더할 것이다. 이러한 중요시설은 철도나 한강교량, 수많은 내외국인들이 출입하는 항공기를 포함한 공항과 산업물자를 실어 나르는 항구, 탱크나 전투용 장비를 만드는 공장에 까지 상당히 많다.

우리나라의 국방에 필요한 장비도 자체에서 제작하는 양보다는 민간경제에 의존하는 비율이 더 높다. 탱크나 잠수함, 군함, 화기 등을 민간기업에서 조달하고 있다. 선진국일수록 민간에 의존하는 비율은 더욱 높다. 이러한 무기를 만드는 공장은 비밀이 많으므로 당연히 보안이 강조된다. 손님이 와도 마음껏 들어갈 수도 없고, 들어간다고 해도 아무데나 갈 수도 없다. 이러한 시설을 보호하는 임무가 종전에는 군, 경찰, 청원경찰에게 있었으나 현재는 민간경비회사로 많이 이관되고 있으며 점차 경비회사가 더욱 많은 시설을 경비해야 할 것으로 예상된다. 외국의 일부 보안을 요하는 산업시설에는 경비원근무자가 손님의 동정을 일일이 확인하고 화장실 가는 것까지 감시한다.

미항공우주국(NASA)에 외국인이 방문하려면 한달 전에 면회신청을 하여야 한다. 면회신청을 했다고 해서 전부 들여보내 주는 것도 아니다. 허락을 받고 확인이 끝나면 자신이 면회를 신청한 사람이 정문에 나와서 데리고 들어가야 한다. 시설 내에 근무하는 직원이라고 해서 아무 곳에나 갈 수 있는 것도 아니다. 이 정도면 어느 곳의 보안보다도 강하다고 할 수 있을 것이다.

수십명의 연구진들이 밤새워 열심히 연구한 결과가 경비근무자의 근무소홀로 경쟁회사에 넘어간다면 어떻게 될 것인가? 경비근무자가 통과시켜서는 안 될 사람, 즉 경쟁회사의 산업스파이를 들어오게 하였을 경우 그 사람이 회사의 비밀을 외부로 유출하여 결정적인 타격을 가할 수도 있다. 요즈음은 어떤 중요한 서류도 예전같이 부피가 크지 않다. 굳이 들고 다니지 않아도 통신상으로도 이동이 가능하다. 팩시밀리, 필름, 디스켓 등으로 비밀서류를 쉽게 보낼 수도 있다.

그래서 경비근무자의 업무가 줄어들었다고 할 수 있는가? 경비근무자가 시설 전체의 통신보안에까지 신경을 쓸 수는 없다. 따라서 현대에는 전 사원이 보안의식을 가지고 모두 경비근무자화 하여야 한다. 하지만 가장 근본적인 부분은 역시 경비근무자 몫이다. 따라서 경제의 규모가 커질수록 보안의 강도는 높아지며, 민간경비를 필요로 하는 곳도 늘어나는 것은 자본주의가 발달한 미국과 일본의 예가 말해 주듯이 필수적이다.

가) 중요시설의 분류

국가중요시설은 공공기관, 공항·항만, 주요 산업시설 등 적에 의하여 점령 또는 파괴되거나 기능이 마비될 경우 국가안보와 국민생활에 심각한 영향을 주게 되는 시설을 말한다(통합방위법 §2제13호). 법령으로 지정된 국가중요시설을 위주로 하며 국가정보원장이 지정하는 국가보안목표시설 또는 보호장비와 여기에 추가하여 첨단산업체까지를 포함한다. 이러한 유형의 국가중요시설은 「방위사업법」상 방위산업물자를 생산하는 업체로서 제35조의 규정[31]에 의하여 지정된 "방

31) 「방위사업법」 제35조(방산업체의 지정 등) ① 방산물자를 생산하고자 하는 자는 대통령령이 정하는 시설기준과 보안요건 등을 갖추어 지식경제부장관으로부터 방위산업체(방산업체)의 지정을 받아야 한다. 이 경우 지식경제부장관은 방산업체를 지정함에 있어서 미리 방위사업청장과 협의하여야 한다.
② 지식경제부장관은 제1항의 규정에 의하여 방산업체를 지정하는 경우에는 주요방산업체와 일반방산업체로 구분하여 지정한다. 다음 각 호의 어느 하나에 해당하는 방산물자를 생산하는 업체를 주요방산업체로, 그 외의 방산물자를 생산하는 업체를 일반방산업체로 지정한다. 〈개정 2008.2.29〉
1. 총포류 그 밖의 화력장비
2. 유도무기
3. 항공기
4. 함정
5. 탄약
6. 전차·장갑차 그 밖의 전투기동장비
7. 레이더·피아식별기 그 밖의 통신·전자장비
8. 야간투시경 그 밖의 광학·열상장비
9. 전투공병장비
10. 화생방장비
11. 지휘 및 통제장비
12. 그 밖에 방위사업청장이 군사전략 또는 전술운용에서 중요하다고 인정하여 지정하는 물자
③ 방산업체의 매매·경매 또는 인수·합병, 그 밖의 사유로 경영 지배권의 실질적인 변화가 예상되는 경우로서 대통령령이 정하는 기준에 해당되는 때에는 당해 방산업체와 경영상 지배권을 실질적으

위산업체" 등 공공시설 및 산업시설 등을 예로 들 수 있다.

[표 2-6] 국가중요시설의 분류기준

구 분	유 형
종류	국가기관, 산업시설, 발전시설, 변전소, 방송국, 통신시설, 교통시설, 공항, 항만, 수원지, 과학연구시설, 교정, 정착시설
가 급	국방·국가기간산업 등 국가의 안전보장에 고도의 영향을 미치는 행정·산업시설(예 청와대, 국회의사당, 대법원, 정부종합청사, 한국은행본점, 국제공항, 항만시설 등)
나 급	국가보안상 국가경제·사회생활에 중대한 영향을 끼치는 행정 및 산업시설(대검찰청, 경찰청, 국책은행 본점 등)
다 급	국가보안상 국가경제·사회생활에 중요하다고 인정되는 행정 및 산업시설(기타 중앙행정기관의 청, 송신시설, 댐 등)
기타급	중앙부처장 또는 시·도지사가 필요하다고 지정한 행정 및 산업시설

*자료 : 경찰대학, 「경찰경비론」(용인: 경찰대학, 1998), pp.177-181 재구성.

일반적으로 국가중요시설이란 적의 공격으로부터 파괴되거나 기능이 마비될 경우 국가적으로 중대한 영향을 끼치는 시설로서 국가보안목표로 지정된 시설과 중앙부처의 장 또는 시도지사가 시설보안상 필요하다고 인정한 시설을 말한다.

국가보안목표란 적에게 노출되거나 파괴되었을 때 막대한 손실이 예상되기 때문에 특별한 보호를 요하여 지정된 시설로서, 예컨대 전략무기를 생산할 수 있는 국가방위산업시설, 기간산업시설, 주요 행정관청, 전기통신시설, 국민생활에 중대한 영향을 미치는 상수도나 급수원, 군사시설 등이 포함된다.

통합방위지침상의 국가중요시설[32]은 국가기밀에 속하는 사항이며, 국정원에서

로 취득하고자 하는 자는 대통령령이 정하는 바에 따라 관계서류를 제출하여 미리 지식경제부장관의 승인을 얻어야 한다. 다만, 「외국인투자촉진법」 제6조제3항 내지 제6항의 규정에 의하여 지식경제부장관의 허가를 받은 경우에는 그러하지 아니하다. 〈개정 2008.2.29〉

④ 지식경제부장관은 제3항 본문의 규정에 의한 승인을 하고자 하는 때에는 미리 방위사업청장과 협의하여야 한다. 〈개정 2008.2.29〉

⑤ 제1항 및 제2항의 규정에 의한 지정에 관하여 필요한 사항은 대통령령으로 정한다.

32) 이러한 중요시설의 방호책임은 당해 시설의 장 또는 시설주에게 있으며, 관계법령의 규정에 의하여 지정된 산업단지의 자체방호책임은 각 산업단지를 관리하는 대표자에게 있다.

지정하여 통보하고 있고, 그 중요성이나 시설의 등급여부에 따라 지정내용이 상이하므로 매년 중요시설 지정상황이 동일하지 않다.

국가기관, 산업시설, 발전시설, 변전소, 방송시설, 통신시설, 교통시설, 공항·항만, 수원지, 과학시설, 교육시설, 교도소 기타 중요도와 규모에 따라 [표 2-6]과 같이 등급을 나누기도 한다.

나) 위해종류

시설의 안전에 위해를 미치는 위해(危害)의 유형을 보면, 항공기 테러, 선박납치 등 해상테러, 국내요인에 대한 테러, 외교사절과 국제적 요인에 대한 테러, 일반시민에 대한 테러, 시설물에 대한 테러, 교통시설에 대한 테러, 기업에 대한 테러 등을 들 수 있다. 이들의 시설에 대한 테러기법을 보면 무장공격, 방화, 폭파, 시설점거 등이 있고, 대상으로는 외교공관, 정부청사, 국가중요보안시설, 군사시설 등과 언론기관, 국제회의장, 전기시설, 통신시설 등이 있다. 정유공장이나 석유비축시설 등은 일단 공격을 받으면 복구가 쉽지 않고, 산업에 미치는 영향이 크므로 테러 목표로 선정될 가능성이 크다고 할 수 있다.[33] 위와 같은 위해를 제공하는 것은 ㈎ 간첩(間諜), 테러리스트, ㈏ 국내외 불순분자, ㈐ 산업스파이, ㈑ 각종 자연재해 등이다.

국가중요시설에 미치는 다양한 위해요소는 시간의 흐름에 따라 변화의 속도를 가속화하고 있다. 현재의 위해요소가 내일은 제외되고, 전혀 고려되지 않았던 새로운 위해요소가 시설의 안전에 위협이 되고 있는 것이다. 이러한 시큐리티환경 속에서 현재와 미래의 시설경비근무 효율화에 영향을 미치는 내외부적 요소를 분석하여 이에 대응할 수 있는 시큐리티기법으로 발전시켜야 할 필요가 있다.

다) 시큐리티요원의 배치

국가중요시설은 기관의 기관장이나 시설주, 경찰기관의 감독 아래 특수경비원, 청원경찰 등의 시큐리티요원이 시큐리티업무를 수행하는 활동을 전개한다.

청원경찰제도는 급격한 사회발전으로 치안 수요가 급증하자 중요시설에 대한 경비 강화의 필요성과 국가적인 입장에서 예산증액의 곤란성이 경합하므로 절충적인 입장에서 창안된 제도로서 시설주의 부담으로 중요시설에 해당시설의 부담

33) 정형근, 「국제테러의 법적 규제에 관한 연구」(서울 : 고려원, 1992), pp.79-89 참조.

으로 경찰력을 배치하는 것이다. 따라서 이 제도에 의한 경찰력은 해당시설 배치지에서만 경찰력 행사가 가능한 청원경찰을 선발하여 경비를 실시하도록 하게 되었다. 이러한 제도의 법적 지원을 위하여 1962년 법률 제1049호로 「청원경찰법」[34]이 제정되었고, 1973년 법률 제2666호로 전면 개정되어 국가기관, 국영기업체, 언론사, 방송사, 항공사 및 방위산업체 등 중요시설물에 대하여는 청원경찰이 경비임무를 수행할 수 있게 되었다.

그러나 IMF 이후 구조조정과정에서 민간경비회사에 의한 국가중요시설경비가 대안으로 제시되어 특수경비원 제도가 도입되면서 많은 시설에서 특수경비원에 의한 시설경비가 이루어지고 있다.

라) 시큐리티 실시

국가에서 지정한 중요시설로 「경비업법」상의 경비대상시설 중에서 중요도가 높은 시설에 대하여 위해발생을 방지하는 업무를 실시한다. 이에 대한 시큐리티 또는 경비(警備)는 공공의 질서를 유지하기 위하여 집단범죄 등 공안을 해하는 범죄를 예방·진압하거나 또는 재해 및 혼란 등에 의하여 공안을 해치는 사태가 발생하는 것을 예방·진압하는 활동을 말한다.[35] 이러한 중요시설에 대한 경비에는 인력이 주된 경비수단이 되는 인력경비와 각종 방범기기 등을 이용하는 기계경비, 그리고 수많은 인파가 몰려 혼잡이 예상되는 공항 등과 행사장의 안전을 도모하는 혼잡경비 등이 포함된다.

이러한 시설경비는 첫째, 시큐리티본부와 경비보안관제실을 설치하고 상주하면서 경비하는 방법, 둘째 일정한 지역을 순회·순찰하면서 경비하는 방법, 셋째 일정한 지역·시설에의 접근 등을 감시하기 위한 경보장치를 설치하고 아울러 인력에 의한 근무를 병행하는 방법, 넷째 순수하게 기계시스템에 의존하는 방법 등 다양한 기법이 있다.[36]

먼저 경비대상시설에 대한 방호진단을 실시한 다음에 3선[1선(외각)-2선(내부지

34) 1962년 제정된 청원경찰법은 현행의 청원경찰법과는 달리 중요산업시설 또는 중요사업장의 경영자나 국내주재의 외국기관에서 소요경비를 부담할 것을 조건으로 경찰관의 배치를 신청하는 경우에 그 시설 또는 기관에 배치되는 경찰에 관련된 사항을 규제하기 위하여 제정된 것으로 현재(1973년 전면개정)의 청원경찰법과 같이 청원주의 요구에 의하여 정규 경찰관이 아닌 청원경찰을 배치하는 것과는 근본적으로 차이가 있는 내용이었다.

35) 이윤근, 「한국사경비 발전방안에 관한 연구」(박사학위논문, 동국대학교 대학원, 1989), p.12.

36) 강길훈, "민간경비의 환경과 이론적 배경 고찰", 「경호경비연구」 제2호(한국경호경비학회, 1999), p.10.

역)-3선(주요핵심부)] 방어개념에 따라 방호지대를 설정한다.

울타리 · 철책 · 철조망, 초소 · 망루, 경보장치, 방책 · 차폐물 · 방호벽, 방탄망, 지하화 · 위장, 보안 · 조명 등의 시큐리티시설물을 충분히 그리고 효율적으로 관리하여 출입자 통제, 제한(통제)구역 설정 등의 출입통제업무로부터 평상시와 전시사태로 구분하여 대처업무를 실시한다.

2. 호송시큐리티업체

1) 호송경비의 개념

최근 현금호송탈취사건이 잇달아 일어나고 있고, 경기의 불황, 범죄의 흉포화 · 국제화 등으로 볼 때 호송관련 시큐리티업무의 중요성은 날로 증가하고 있다.

호송경비라 함은 현금, 유가증권, 귀금속 기타 특정한 물건 등을 위해로부터 안전하게 보호하여 목적지(다른 장소)까지 안전하게 운송하는 일체의 시큐리티 업무로, 특히 현금 수송차량은 범법자들에게 있어서 제1의 목표물이 될 뿐만 아니라 수법은 날로 대형화 · 조직화되어가고 또한 무차별하고 흉포화하는 경향이 있으므로 안전도가 절실히 요구된다.

운반 중에 있는 현금 · 유가증권 · 귀금속 · 상품 기타 물건에 대하여 도난 · 화재 등 위험발생을 방지하는 업무를 「경비업법」에서는 호송경비업무라고 한다(경비업법 §2). 현금수송을 필요로 하는 대상으로는 금융기관의 지점이나 출장소, 고속도로 톨게이트, 백화점, 현금 및 보석 취급소이며, 귀중품 이외에도 핵연료 등의 위험물 운반에도 호송경비가 필요하다. 최근 금융기관들이 고객서비스 만족을 위한 24시간 현금자동입출금기를 많이 설치함에 따라 호송경비시장에 증가하고 있다. 금융기관 자체적으로 현금수송을 위한 계열사를 설립하기도하지만 대부분의 회사가 현금 수송회사에 의존하고 있다. 또한 각종 선거 투표함, 입시문제지 등과 같은 국가와 사회적으로 중요한 것에 대한 호송경비는 주로 경찰이 하고 있으나 미국의 경우 특수 제작한 방탄장갑차를 구비한 현금수송 전문시큐리티회사가 수요자와의 계약에 의해 무장한 시큐리티요원에 의하여 호송경비를 수행하기도 한다.

2) 호송경비의 종류

(1) 호송대상에 의한 분류

호송대상에 의하면 귀중품이나 위험물 등을 호송하는 물건호송과 범죄자나 요인(要人, VIP)들을 호송하는 사람호송으로 구분할 수 있으나, 민간경비에 있어서는 물건호송이 대부분이나, 경찰·교도관호송에서는 범죄인 등의 호송에 중요한 역할을 수행한다.

(2) 호송수단에 의한 구분

가) 차량호송 : 호송용 차량을 이용하여 호송하는 경우로, 사람호송의 경우 호송대상자는 운전자 바로 옆, 뒷자리나 출입문 앞, 뒤, 옆자리가 아닌 곳에 승차시켜야 한다. 다만 소형차량이거나 특별한 사유가 있을 때에는 달리 할 수 있다. 승차할 때에는 피호송자가 먼저 승차하며 호송요원이 그 이후에 승차하는 것이 원칙이며 하차시에는 이와 반대로 한다. 민간호송경비업무를 신규로 허가받으려면 자본금은 1억원이상, 무술유단자(대한체육회에 가맹된 단체 또는 문화체육관광부에 등록된 무도 관련 단체가 인정한 자) 5명 이상의 경비인력, 현금 기타 귀중품의 운반에 필요한 견고성 및 안전성을 갖추고 무선통신시설 및 경보시설을 갖춘 호송용 차량이 1대 이상, 현금이나 그 밖의 귀중품을 운반하기 위한 이동용 호송장비로서 경보시설을 갖춘 현금호송백을 1개 이상 등을 갖추어야 한다.

나) 도보호송 : 도보(塗步)로 하는 호송으로 호송대상자 1인을 호송할 때에는 1보 뒤, 좌 또는 우측 1보의 위치에서 조 또는 우수로 포승줄을 잡고 호송한다. 2인이상 5인까지를 호송할 때에는 1보 거리로 세로줄을 지어 연결하여 호송하고, 그 뒤에서 호송요원 1인은 앞의 방법에 의하고, 다른 호송요원은 피호송자 열과 1보 내지 2보의 거리를 항상 유지하면서 호송한다. 6인 이상을 호송할 경우에는 도로의 사정에 따라 2열 내지 3열 종대로 하여 앞의 방법으로 호송한다.

다) 열차호송 : 피호송자는 열차의 객실 또는 화물차 안에 승차시켜야 하며, 열차의 승강구 연결장소, 출입문, 세면장소 및 변소 등에 승차시켜서는 안된다.

피호송자가 좌석에 앉아 있을 때에는 창문을 열지 못하게 하지만 각별한 안전조치가 강구될 경우에는 예외로 한다. 호송요원은 주위 사정을 고려하여 감시에 적당한 장소에 위치하여 항상 감시하여야 한다. 집단호송 또는 20명이상의 비상호송일 때에는 2명이상의 호송요원이 출입문을 지켜야 한다. 호송대상자를 승·하차시킬 때에는 일반승객들이 승·하차한 뒤에 하여야 한다.

라) 선박호송 : 호송대상자를 선박의 객실 또는 화물실에 승선시켜야 하며 그 이외의 장소에 승선시켜서는 안된다. 다만, 소형선박이거나 기타 특별한 사유가 있을 때에는 달리 할 수 있다. 투신자살 등의 예방차원에서 호송대상자를 갑판이나 난간에 있게 하지 않도록 해야 한다.

마) 항공기호송 : 항공기를 이용하여 호송하는 경우 그 구조, 일반승객, 기타 사정을 고려하여 감시 및 조치를 위하여 관계자에게 협조를 구해야 한다.

(3) 호송방법에 의한 분류

가) 사람호송

㉠ 직송(直送) : 호송대상자를 호송받아야 할 관서 또는 출두하여야 할 장소나 유치할 장소에서 직접 호송하는 방법이다.

㉡ 체송(遞送) : 필요에 의하여 여러 곳을 차례로 번갈아 거쳐서 호송하는 방법으로 호송대상자가 중병 등으로 계속 호송하기 불가능할 경우에 하는 방법이다.

참고 사례

*** '전거리교화소'로 죄수 호송중 무산령서 탈출**

함경북도 회령시 전거리에 위치한 '12호 교화소(교도소)'로 호송중이던 수인(囚人) 26명이 집단 탈출하는 사건이 발생했다.

함경북도 내부 소식통은 2008년 4월 11일 '데일리엔케이'와의 통화에서 "4월 9일 밤 11시경 무산을 출발해 전거리 교화소로 향하던 죄수 26명이 전거리와 무산 사이에 있는 무산령에서 집단 도주해 군인들과 경비대가 긴급 수색작전을 벌이고 있다"고 말했다.

또 다른 소식통 역시 15일 "회령시내는 물론 두만강 주변에 경비가 살벌하다"면서 "전거리 교화소로 가던 죄수들이 무리로 도망쳤다는 소문이 돌고 있다"고 확인했다.

소식통에 의하면, 이번 사건이 일어난 곳은 회령시 전거리와 무산 사이에 있는 무산령 도로로, 함경북도 부령군 고무산과 연결돼 있다. 소식통은 "이 도로는 무산령 중턱에 난

폭이 좁은 도로로 경사와 굴곡이 심해 대낮에도 운전자들이 매우 조심하는 곳"이라고 전했다.

소식통은 "운전자들이 이 길을 조심하는 이유는 경사와 굴곡 때문이기도 하지만, 이 도로의 특성을 이용해 '차량털이 강도'들이 극성을 부리기 때문"이라고 말했다. 산등성에서 차가 속도를 못내는 것을 이용해 차량털이 강도들이 물건을 훔쳐간다는 것.

소식통은 "이번에 사고가 난 호송차량도 강도들이 귀한 물건을 실은 차량인줄 알고 덮치면서 차 안에 타고 있던 죄수들이 도망친 것 같다"고 전했다.

이어 "당시 차안의 운전석에는 두 명의 완전무장한 보안원(경찰)들이 타고 있었으나 깜깜한 밤에 포장도 안 된 도로에서 차가 덜컹거려 강도들이 차량 문을 여는 것을 몰랐을 것"이라고 소식통은 말했다.

소식통은 또 "차량 문이 열리자 안에 있던 26명의 남성 수인들이 모두 뛰어내렸고, 이상한 느낌을 받은 보안원들이 긴급히 차를 세우고 총을 쏘며 수인들을 잡으려 했으나 그들이 모두 깜깜한 산속으로 흩어져 달아나는 바람에 잡기 힘들었던 것으로 알려졌다"고 덧붙였다.

그는 "이 때문에 회령-무산 사이 도로들에 경무관(헌병)들과 보위원들이 총 동원되어 집중 단속을 벌이고 있다"면서 "그들이 국경쪽으로 도주했을 것으로 예상하고 야간경비 인원을 배로 증가해 수색을 계속하고 있다"고 전했다.

이와 함께, 소식통은 "이 사건 때문에 회령시와 무산시를 비롯한 국경 주변 도시들과 마을들에 대한 숙박검열이 대대적으로 벌어지고 있다"며 "그러나 당국에서는 사회 사람들(민간인)에게는 죄수들이 도망친 사실을 비밀에 붙인 채 '범죄자를 잡으려고 한다'고만 설명하며 수사를 진행하고 있다"고 말했다.

전거리 교화소는 회령시에서 남쪽으로 약15Km 떨어진 곳에 위치하고 있다. 1970년대 말에 '제22호 청년교양소'라는 명칭으로 세워졌다가 1980년대 중반에 '제12교화소'로 이름을 바꿨으며, 수용인원은 약 2천 명 수준으로 알려져 있다.

㉢ 이감호송 : 호송대상자의 수용장소를 이동하거나 다른 특정관서에 인계하기 위한 호송이다.

㉣ 왕복호송 : 호송대상자를 특정장소에 호송하여 필요한 용무를 마치고 다시 발송관서 또는 호송관서로 돌아오는 호송이다.

㉤ 집단호송 : 한번에 다수의 호송대상자를 호송하는 방법으로 피호송자의 인원, 호송수단, 거리 등과 관련하여 호송요원의 수도 적정하게 배치하여야 한다.

㉥ 비상호송 : 전시, 사변 또는 이에 준하는 국가비상사태나 천재지변에 있어

서 호송대상자를 다른 곳에 수용하기 위한 호송이다.

나) 물건호송

(가) 단독호송방식

㉠ 통합호송(현송)방식 : 경비업체가 자사소유의 무장차량 또는 일반차량을 이용하여 운송업무와 호송경비업무를 겸하는 호송경비방식이다.

㉡ 분리호송(자동차열)방식 : 운송업자가 대상물건을 자신의 차량으로 적재하여 운송하고 경비업자가 경비차량으로 이것을 호위하는 방식으로 분리하여 호송하는 경비이다.

㉢ 동승호송방식 : 운송업자 차량에 시큐리티요원과 동승하여 대상물건을 이송하는 방식이다.

㉣ 휴대호송방식 : 시큐리티요원이 직접 호송대상물건을 휴대하여 운반하는 경비방식이다.

(나) 편성호송방식 : 운송업무와는 별도로 시큐리티업무만을 담당하는 단독호송방식을 조를 나누어 실행하는 시큐리티방식이다.

3) 호송장비

(1) 호송차량

호송경비에 쓰이는 호송용 차량은 현금 기타 귀중품의 운반에 필요한 견고성 및 안전성을 갖추고 무선통신시설(무전기나 휴대전화) 및 경보시설을 갖춘 자동차이다. 이것은 호송업무를 수행하기 위해서 방범장치를 부착하고 전용무선 등 지휘본부와 통신수단을 탑재할 필요가 있다. 호송차량은 외부의 물리적 공격에 견딜 수 있는 구조와 강도가 요구되며, 운전석과 금고실(일정 한도의 파괴공격에 견딜 수 있는 구조)·보관실이 분리되며, 타이어 펑크시에도 운행할 수 있는 구조로 엔진작동 불능시라도 가동할 수 있는 예비동력이 확보되어 있어야 한다.

(2) 호송 부대장비 및 방범설비

호송차량 이외에 호송차량에는 본부 · 경찰관서 및 관련 기관과 연락할 수 있는 통신장비(긴급신호 송출장치, GPS에 의한 차량위치파악 가능장치 등), 운전석과 금고실 간의 통화장비, 외부공격의 감지와 경고에 쓰이는 경보장치, 야간 위험시 사용할 수 있는 조명시설과 비상점멸등, 신호탄 등이 구비되어 있어야 한다.

호송차량의 경보장치가 작동한 경우나 긴급보턴이 눌러진 경우 관제시설에 자동신호 또는 자동음성에 의하여 이상을 알리는 송출장치를 구비하는 것이 필요하다. GPS(Global Positioning System)에 의한 차량위치 통보장치에는 실시간 위치정보를 파악하는 방법, 호송차량으로부터 위치정보를 송신하는 방법, 긴급시만 위치정보를 호송차량이 송신하는 방법 등이 있다.

4) 호송경비계획

(1) 호송계획수립

호송경비의 수준이나 강도, 차량의 선택 등은 사회적 환경, 지역적 특성, 시기 등을 고려하여 적당한 수준을 고려하여 결정하여야 한다. 아울러 사고발생의 가능성과 특성 등에 대한 충분한 분석이 이루어져야 한다. 대체로 사고가 발생할 가능성이 높은 취약시점은 ㉠ 호송차량이 출발하거나 도착한 직후, ㉡ 경비원이 차량에 승차하는 순간, ㉢ 금고를 개폐하는 순간, ㉣ 작업이 진행되는 동안, ㉤ 운송자와 호송경비요원과의 간격이 떨어진 경우 등이다.

완전한 시큐리티 목적달성을 위해서는 사전에 주도면밀한 호송계획서 작성이 필요한데, 여기에는 ⓐ 호송일자, 목적지·경유지, ⓑ 목적지·경유지의 지역적 특색, ⓒ 호송경로 및 특이점, ⓓ 호송대상 물건의 종류·무게·부피, ⓔ 호송대상 물건의 경제적 가치, ⓕ 보관용기의 상태, ⓖ 호송요원 인원 및 방식, ⓗ 사고발생시의 조치절차, ⓘ 비상연락체계, ⓙ 무기사용 여부 등을 기재하여 점검할 필요가 있다.

그 외에도 호송경비 도중에 발생할 수 있는 교통사고나 호송경비요원의 질병, 부상 등에 대한 대비책이 미리 마련되어 있어야 한다.

(2) 호송경로선택

호송경로를 선택할 때 고려해야 할 사항으로 되도록 피해야 할 경로(ⓐ 상습정체도로, ⓑ 사고다발도로, ⓒ 사거리 등 교차로가 많은 도로, ⓓ 공사구간, ⓔ 학교주변도로, ⓕ 화물하역이 많은 도로, ⓖ 보행자가 많은 도로, ⓗ 우회전을 많이 하여야 하는 도로), 도로의 신호기 · 횡단보도 · 육교 등의 설치상태, 공격받기 쉬운 지형(㉠ 인적이나 인가가 없는 한적한 도로, ㉡ 주행중 시야확보가 어려울 정도로 복잡한 지역 등), 주변지역의 경찰관서 · 소방서 · 병원 등의 소재 등이다.

특히 호송경로를 택할 때 포함되어야할 요소로는 호송대상의 출발지 · 목적지 · 경유지, 출발시간 · 경유시간 · 도착시간, 당일의 날씨, 도로공사 · 교통사고 상황 등이다.

5) 실시과정

(1) 사전준비

가) 호송요원 점검(점호) : 시큐리티 책임자는 호송업무개시전 임무를 수행할 호송요원들에 대한 점호를 실시하여 근무일정, 임무할당, 신분증 · 면허증 · 호신장구 등의 휴대, 건강상태 등을 확인한다.

나) 운행전 차량점검 : 운행될 차량 상태에 대한 점검, 방범장치의 점검, 차량용구 등에 대한 점검을 실시한다.

다) 예비확보 및 기타 점검 : 만일의 사태에 대비하여 예비차량과 호송요원을 확보해 둔다. 장거리의 경우 교대운전자도 미리 확보해 둔다. 운송업자와 선적지 · 하역지와의 사전 연락체계를 점검하고, 사고시 정해진 암호 등 연락방법을 확인하여 최종 확인 · 점검한다.

(2) 물품의 인수 · 양도

가) 인수 · 양도 절차 : 물건을 인수 · 양도할 때에는 인계자와 인수자 사이에 신분을 확인하고 인수자가 수령인을 접수부에 서명 · 하게 한다. 물건의 수량이나 봉인 상태 및 특이사항 등을 체크하여 확인한다.

나) 인계 · 양도시 고려사항 : 물건의 인수장소는 ㉠ 귀중품 · 현금 · 고액의 유가증권 등은 안전이 보장되도록 2중 잠금장치가 설치된 금고실이나 보관실, ㉡

일반 물건의 경우 시야가 넓은 장소, 현금수송차량과 가까운 장소, 다른 차량 접근이 제한되는 장소 등이 좋다.

물건의 적재와 하역은 경계가 이루어지는 가운데 신속하게 진행한다. 귀중품이나 현금의 운반용기는 규정되어 있는 경비용 용기를 사용한다. 아울러 호송요원은 관련된 열쇠를 절대 다른 사람에게 맡겨서는 안되며, 인수담당자는 사전에 물건목록과 명부를 교환하여 검토하여야 한다.

(3) 연락방법

사전에 본부 기지국과 호송요원 간에 연락채널이 마련되어 있어야 하며 경찰관서, 소방서, 병원 등과의 연락방법이 정해져 있어야 한다. 기지국과 호송요원 사이에는 일정한 포인트마다 상호 정해진 연락이 취해져야 한다. 기지국에서는 정해진 지점과 시간에 호송요원으로부터 연락이 없을 경우 즉시 확인조치를 해야 하고 이에 대한 대응조치를 강구해 두어야 한다.

「경비업법」에 의하여 경비업의 허가를 받은 경비업자가 호송경비업무를 수행하기 위하여 관할경찰서의 협조를 얻고자 하는 때에는 현금 등의 운반을 위한 출발 전일까지 출발지의 경찰서장에게 [별지 제1호서식]의 호송경비통지서(전자문서로 된 통지서 포함)를 제출하여야 한다(경비업법 시행규칙 §2).

(4) 경계요령

호송물품 적재지 · 경유지 · 하역지에서 경계할 때 통제지역(허가된 개인차량을 제외한 모든 출입과 행동에 제약을 받는 지역) · 제한지역(통제지역내에서 보다 안전이 요구되는 장소) · 배제지역(귀중품이나 고가의 화물을 보관하기위해 이용되는 곳) 등의 보호구역을 설정하여 원칙에 따라 경계를 하여야 한다. 일반사무실, 화물도착터미널 등 제한된 일정 지역내에 위치한 모든 시설들을 통제(統制)지역으로 지정할 수 있는데, 통제지역내에서는 모든 행동이 통제되고 항상 감시되며 제한된 몇 개의 문으로만 출입이 허용된다. 제한(制限)지역에서는 파손된 물품, 저장탱크의 분류 및 처리 그리고 컨테이너의 재수선 등이 이루어진다. 배제(排除)지역은 일반적으로 제한지역내의 조그만 공간이나 금고실로 구성되는데, 이곳의 출입을 허가 받은 사람 수는 극히 제한되어 있고 항상 감시하에 있다.

호송경비를 실시하는 중에 위험징후를 항상 파악하여 집중 주시가 요구되는 경우는 ㉠ 호송차량 주위에 시동을 건 채 정차해 있는 차량이나 일정한 목적없이 배회하는 사람, ㉡ 몇 명의 사람이 타고 일정한 시간동안 계속해서 따라오는 경우, ㉢ 호송차량이 주행하는 도로에 장애물이 방치되어 있는 경우, ㉣ 후방이나 좌우양쪽에서 편대형으로 차량이 따라 올 때, ㉤ 호송차량 주위에서 일정시간동안 계속 연락을 취하면서 따라오거나 주시할 때 등이다.

또한 호송차량이나 운송차량에는 지정된 사람 외에는 누구도 승차시켜서는 안되며, 임무수행중 대기는 차량 내에서 하여야 한다. 경찰관에게 정차명령을 받았을 경우 지시에 따라 정차하고 신분증을 제시하는데, 이때 창문은 완전히 내리지 말고 반내림으로 한다.

참고 사례

*** 또 터진 현금수송차량 도난**

2003년 10월 20일 경북 포항에서 발생한 현금수송차량 도난사건은 경비원들이 안전수칙을 하나만 제대로 지켰더라면 발생하지 않았거나 경찰의 신속한 대응이 가능했을 것이란 지적이 제기되었다.

N현금수송업체 경비원 정모(24)씨는 "범인이 현금지급기 입구에 나무막대기로 빗장을 걸어 한동안 나오지 못하다 간신히 문을 밀쳐 나와 보니 이미 차량이 사라진 뒤였다"고 말했다. N현금수송업체는 ㈜한국전자금융으로부터 현금수송을 의뢰 받아 이날 포항서 첫 업무를 시작한 것으로 드러났다.

경비업체들에 따르면 경찰청은 9월 26일 대전에서 발생한 현금수송 차량 도난사건을 계기로 현금 등 중요물품을 수송할 때에는 수송 직원들이 모두 차량에서 내리는 것을 금지하는 내용의 감독명령을 최근 각 업체에 보냈다.

경찰은 대전사건(1월과 9월 대전에서 각각 4억7,000만원과 7억여원이 실린 현금수송차량이 통째로 도난당한 사건) 직후인 9월 29일부터 4월 11일까지 2주간 전국 61개 호송경비업체를 대상으로 일제 지도·점검을 한 결과 현금을 차에 실은 채 직원들이 모두 차에서 내리는 문제점이 발견됨에 따라 이 같이 조치했다.

경찰이 각 업체에 보낸 감독명령은 ▲3인 이상 호송, ▲호송시 금고 2중 잠금장치, ▲사건 발생시 즉시 신고한 뒤 현장조치 등의 내용을 담고 있었다.

이에 따라 N현금수송업체서도 최근 이 같은 감독명령에 따라 경비원들을 대상으로 별도의 교육까지 실시했으나 이날 현장에서는 안전수칙은 제대로 지켜지지 않은 것으로 드러났다.

우선 이날 도난당한 현금 호송차량 경비원은 모두 3명이었으나 사건 발생 당시 차량 내에 키를 꽂아둔 채 원격시동장치를 이용, 차량 문만 잠근 채 한꺼번에 모두 하차해 있었다.

현금수송 업체 직원들의 보안의식은 0점에 가까웠다. 경비원 3명이 한꺼번에 차량을 비운데다 현금을 차량내 금고에 보관하지 않고 별도의 가방 22개에 넣어 차량 뒷좌석에 둔 것으로 드러났다. 또 도난 사실을 사건발생 20여분 후인 오전 9시36분께야 신고해 경찰의 신속대응을 어렵게 했다. 경비원들은 사건 발생 직후 피해 내역을 곧바로 경찰에 신고하도록 된 수칙도 지키지 않은 것이다. 이는 사건발생 장소에서 불과 800여m 떨어진 아파트 단지 내 지하주차장에서 차량을 발견하고 폐쇄회로(CC)TV에 이 차량이 주차장에 들어간 시점이 이 시각으로 녹화되어 있었기 때문이다.

그러나 경비원들은 이보다 22분 뒤인 오전 9시 36분께 112로 신고했고 신고내용도 현금을 실은 차량 도난 사건이 아니고 단순 차량 도난 사건으로만 신고한 것으로 밝혀졌다.

경찰 관계자는 "사건발생 후 경비원들이 즉시 정확한 피해 내역을 밝혔더라면 도주로 차단이 가능했을 것"이라며 아쉬움을 표했다.

*** 감독명령 제10-1호(2010.2.26, 경찰청장)**

경비업법 제24조에 의거 다음과 같이 감독명령을 발령하니 준수하여 주시기 바랍니다.
※ 위반시 제19조에 의거 처벌

제1조 (적용 대상)

경비업법 제2조제1호나항의 호송경비업무를 수행하는 법인에 적용함

제2조 (내 용)

가. 호송차량에서 하차하여 현금 등 중요물품을 도보로 호송할 경우 2인 이상이 하여야 한다.
나. 현금 등 중요물품이 호송차량에 적재된 경우에는 반드시 1인 이상이 차량에 잔류하여 경계근무를 하여야 한다.
다. 차량 호송시 차량내 금고는 2중 시정장치를 한 상태로 운행하여야 한다.
라. 현금 등 중요물품을 호송하는 차량은 반드시 경보기 등 안전장치를 설비한 차량이어야 한다.
마. 중요물품 호송가방에는 피탈방지용 안전고리를 장착하여야 한다.
바. 호송경비업자는 호송근무 투입 전 호송경비원에 대해 안전교육을 실시하고, 호송장비의 적정 여부를 점검하여야 한다.
사. 호송경비업자는 「파견근로자 보호 등에 관한 법률」 제5조 제5항을 위반하여 경비업무에 파견근로자를 사용하지 않아야 한다.
아. 호송업무 수행중 호송 차량이나 호송 물품을 탈취당한 경우에는 즉시 경찰관서에 신고하는 동시에 탈취된 호송물품 회수에 주력하여야 하고, 경찰관서와 유기적 체제를 유지하여야 한다.

제3조 (시 행) 이 명령은 2010.6.1부터 시행한다.

제4조 (제03-2호와의 관계) 2003.10.22 발령한 감독명령 제03-2호는 이 감독명령의 발

령으로 폐지한다.

(5) 주행방법

가) 차량대형

호송차량의 주행방법은 도로의 상황에 따라 선택하는데, 차량의 대형은 호송방식에 따라 차이가 있지만 단독대형과 편대대형으로 나누어 볼 수 있다. 호송방식이 통합방식이나 동승방식, 휴대방식 등을 취할 때 단독대형을 이용하는데, 별도의 호위차량없이 무장운송차량에 호송요원이 승차하여 단독으로 이동한다. 편대대형은 분리호송방식의 경우처럼 일반운송차량을 경비차량으로 호위하는 방식으로 보통 운송차량을 가운데 두고 선도차, 후미차의 형태를 띠고 이동하는 경우와 운송차량을 앞에다 두고 경비차량이 후미에 따라가는 두 가지 대형이 있다.

나) 고려사항

편대대형시 운송차량과 호위차량 사이에 다른 차량이 끼어드는 것을 방지한다. 그리고 좌우회전시 운송차량과 호위차량 사이에 사전연락이 되어야 하고 장시간 같은 운전자가 운전하지 않도록 한다. 휴게소 등에 정차할 경우 사전에 연락을 취해서 주차위치를 정해둔다.

주행중 기지국과의 연락을 통해 도로상황 등을 항상 체크하고 특이사항을 보고한다. 주행중 항상 주위의 미심쩍은 차량에 주시하고 정도가 심한 경우 기지국에 보고하고 적절한 조치를 강구한다.

(6) 호송경비활동 중 조치

가) 위해발생시 대응조치

호송중 사고가 발생할 경우 인명과 신체의 안전이 우선이므로 응급조치를 취하고 신속하게 기지국과 경찰에 알려 구급차를 요청한다. 아울러 차량의 방범장치를 최대한 활용하고 주위 사람이나 차량의 도움을 요청한다. 이때 주변에 고지하기 위해 큰소리나 확성기, 경보장치 등을 이용하고 분사기나 경봉 등은 불가피하다고 판단했을 경우 적절히 사용하여 대응한다.

나) 탈취사고 발생시 대응조치

호송중에 습격이나 탈취행위가 있을 때에는 범인의 인상착의, 차량번호, 도주방향 등을 명확히 파악하여 이를 즉시 경찰 및 기지국에 신고하고 그 내용을 기록해 둔다. 112에 신고할 때에는 ㉠ 회사명과 이름, ㉡ 사고발생 일시, 장소 등의 사건 내용, ㉢ 탈취자의 특징, 흉기소지 유무, 도주방향 등 수사에 도움이 되는 내용 등을 알린다. 사건발생 현장은 경찰관이 도착할 때까지 가능한 현장을 보존하는 것이 좋지만, 교통의 흐름상 불가피할 경우에는 사진촬영 등을 통해 증거보존에 힘쓰고 안전한 장소로 이동한다.

사고상황에 따라서 감금상태이거나 자신이 신고나 연락을 할 수 없는 경우에는 임기응변을 발휘하여 암호나 다른 표시로 기지국이나 경찰, 주위에 알려 문제가 해결되도록 힘쓴다.

다) 호송완료시 시큐리티활동

호송경비업무수행시 범죄발생 가능성이 농후한 경우가 도착시 대상물건을 내릴 때이다. 이때에도 호송운반의 경우와 마찬가지로 분담된 임무(경계·통신 담당)를 부여한 2인이상이 조(組)로 배치하여 경계임무를 철저히 하여야 한다. 운전요원은 수송차량의 운전 및 도착 후의 검색 및 경계를 철저히 하며, 무선연락, 전표에 의거 물품운반, 운송중이나 도착후 검색을 실시한다.

경계위치는 30미터 이내의 사각지대도 확인하고 주변검색 후 주위 및 현지와도 협력하여 금고 개방전, 물품을 가지고 나올 때 등에도 주변을 재확인하면서 연대할 필요가 있다.

시큐리티요원은 특이한 징후를 발견하고 습격 등의 우려가 있다고 판단한 경우 경계를 강화하는 동시에 기기국이나 경찰에 즉시 보고한 후 지시에 따라 행동한다.

참고 사례

*** 佛서 1억1,000만유로 호송차량 경호원이 훔쳐**

프랑스에서 은행의 현금 호송차량 경호원이 1억1,000만유로(약 1,911억원)를 훔쳐 달아나는 희대의 절도 사건이 발생했다.

2009년 11월 6일 외신에 따르면 프랑스 중부 리옹에서 은행 현금 호송차량 경호원 토니 뮈쉴랭(39)이 거액이 실려 있는 호송 차량을 몰고 종적을 감췄다.

호송차량은 3시간쯤 뒤 리옹시 동부 교외에서 발견됐으나 현금은 몽땅 사라졌다. 뮈실랭은 전날 2명의 동료와 함께 프랑스 중앙은행인 프랑스은행 리옹 지점에서 이 돈을 수거해 호송차량에 옮겨 실었던 것으로 알려졌다.

이어 다른 은행으로 이동한 뮈쉴랭은 동료가 수송할 현금을 수거하기 위해 이 은행 안으로 들어간 사이에 1억1,000만유로가 실린 호송 차량을 몰고 그대로 달아났다고 현지 언론들이 전했다.

뮈쉴랭은 프랑스 제1의 현금 및 귀중품 수송 · 경호전문 회사인 '루미 프랑스'에서 10여 년간 재직해온 베테랑으로 전해졌다. 경찰은 당초 뮈쉴랭이 현금 강도의 인질로 잡혔을 가능성을 염두에 뒀으나 그의 아파트를 급습한 뒤 텅 비어있는 것을 확인한 뒤에야 그를 범인으로 단정했다. 그의 은행 계좌도 미리 깔끔하게 정리돼 있는 것으로 확인됐다.

리옹 검찰청의 자비에 리샤르 검사는 이번 사건은 뮈실랭의 단독 범행으로, 미리 치밀하게 계획된 것으로 보인다고 밝혔다. 경찰은 즉각 주요 공항과 국경에 대한 검문검색을 강화하는 한편 비자가 필요없는 EU(유럽연합) 쉥겐조약(국경개방조약) 당사국 경찰에 통보하는 등 범인 수색에 주력하고 있다.

*** 은행 현금수송체계 논란거리로, 1시간40분간 경비원 행방도 몰라**

K은행 경비업체 경비원이 현금 5억 원을 들고 달아난 사건과 관련, 현금 수송 과정이 논란거리가 되고 있다. 대규모로 현금을 옮기면서도 과정이 치밀하지 못했다는 지적이다.

K은행은 현금 수송 업무를 마친 뒤 점검하는 과정에서 5억원 한 뭉치와 박모(43) 씨가 사라진 줄 알았다. 경찰 조사 결과 박씨가 달아난 시각은 2010년 9월 10일 오후 3시 50분께며, 은행이 경찰에 신고한 시각은 오후 5시 30분께다. 1시간 40분 동안 박 씨가 행방 감춘 것을 알지 못한 셈이다. K은행은 10일 오후 창원시 성산구 한국은행 경남본부로부터 현금 117억 700만 원을 옮겨왔다. 수송 담당자는 은행 직원 1명, 차량 기사 1명, 호송경비 1명 등 모두 세 사람이었다. K은행 관계자도 12일 "현금 수송에 3인 1조가 움직이도록 규정돼 있다"고 전했다.

박씨는 호송경비 담당이었다. 경찰은 은행 본점 지하 1층 통로를 따라 현금을 옮기던 도중 박씨가 다른 직원의 눈을 피해 현금을 들고 달아났다고 했다.

지하 1층 통로는 ㄱ자 형태로 차량에서 현금을 내리는 장소부터 현금 보관소까지 10여

m 거리다. 아울러 박씨가 현금을 들고 빠져나간 비상계단 또한 현금이 최종 도착하는 보관소 바로 맞은편에 있다. 비상계단을 통해 나온 박씨는 아무 제지도 받지 않고 1층 로비를 지나 택시까지 탔다. 이 같은 수송 인력과 건물 구조 등으로 박씨가 달아나기 쉬웠다는 지적이다. 특히, 한국은행을 비롯한 여러 은행이 현금 수송 업무는 전문 업체에 맡기고 있어 K은행은 현금 수송 체계에 대한 쓴소리를 피하기 어려워 보인다.

5억원 한 뭉치는 무게가 10kg 정도로 가로 45cm 세로 30cm, 높이 10cm로 투명한 비닐봉지로 싸였더라도 키 168cm에 몸무게 80kg인 박 씨가 상체로 돈을 감싸면, 뒤에서는 알아볼 수 없을 정도로 가려진다. K은행 관계자는 "추석 자금이라 지폐도 동전도 너무 많았다. 차로 서너 번 옮길 만큼 많아 한꺼번에 나르고 확인하다 보니 돈이 사라져도 쉽게 파악하기 어렵다"면서 "지하 통로 또한 완전 막혀 있고, 내부 통제도 다 돼 있다. 박 씨가 여유를 부리면서 나간 게 아니고 순간적으로 나간 것이어서 그렇다. 사전 교육도 하는데, 지켜야 할 사람이 안 지킨 게 문제다"고 해명했다.

---

3. 신변보호(경호)시큐리티회사

1) 신변보호(경호)의 의의

외부에 의하여 위험이 생기지 않도록 보호하는 일을 보통 경호(警護)라고 하는데, 보통 그 대상이 사람의 생명이나 신체이며 사람이 아닌 재산이나 물건을 보호하는 일은 경비(警備)라고 하는데 법률에서는 거의 비슷한 용어로 사용한다. 요인경호(要人警護) 또는 신변보호(身邊保護, Body Guard) 시큐리티활동은 국내외 저명인사의 세미나 및 총회참석시 VIP의전경호 및 행사장 경호안전, 외국연예인 수행경호, 이벤트 행사 및 콘서트장 안전, 외국 바이어 등 기업가 신변보호, 개인 및 가족 신변보호를 담당하고 있다.[37] 의전경호(儀典警護)란 경호대상자가 각종테러나 위협으로부터 보호받으면서 그 속에서 사회적 신분에 알 맞는 대우를 받으며 편안함을 유지하는 것을 말한다. 예를 들면, 외국의 주요인사가 국내의 공공업무를 수행하기 위한 국내 체제중인 경우이거나 대표적인 경우는 지난 ASEM회의나 G20정상회의 기간에는 공경호의 인력부족으로 인한 숙소경호

37) S사의 경우 전국에 11개 지사가 네트워크화되어 있어 경호관련정보를 유기적으로 공유하고 있고 통역, 의전, 수행경호 등과 법원분쟁, 의료분쟁, 신변보호 컨설팅, 법인체와 초청인사 보호, 개인대상 스토커 예방, 학원폭력 방지를 위한 신변보호 등을 하고 있다.

시 각 호텔에서는 신변보호요원을 증가시킨 사례도 있다.

「경비업법」은 제5차(1995)개정에서는 사람의 생명이나 신체에 대한 위해의 발생을 방지하고 그 신변을 보호하는 신변보호업무를 경비업의 한 분야로 추가·흡수하였다.

2) 신변보호(경호)의 유형

(1) 성격에 의한 분류

가) 공식경호(제1호·A호) : 공식 행사시 경호 관계자의 사전 통보에 의해 계획·준비하여 실시하는 경호이다.

나) 비공식경호(제2호·B호) : 비공식 행사시 경호관계자간에 행사일정이 사전에 통보나 사전 협의 없이 이루어지는 경호이다.

다) 약식경호(제3호·C호) : 일정한 방식에 의하지 않고 실시하는 경호이다(출퇴근시 일상적으로 실시하는 경호).

구분	경호 대상
완전공식(A형)경호	국가적인 공식행사, 경호대상 1등급에 해당하는 국가 원수급 경호
공식(B형)경호	일정에 의한 공식행사장 행·환차시
준(비)공식(C형)경호	공식행사의 행·환차시
완전비공식(D형)경호	행차보안이 완전, 사전경호 준비·계획이 전무

(2) 경호 수준에 의한 분류

가) 1(A)급 경호

공식적인 행사로 보안이 사전에 노출된 상황으로 각종행사와 국왕 및 대통령 등 국가원수급의 경호이다.

나) 2(B)급 경호

행사준비 등의 시간적 여유 없이 갑자기 결정된 행사의 수상급 경호대상으로 결정된 극빈급 경호행사이다.

다) 3(C)급 경호

사전에 행사준비 등 경호조치가 거의 없는 장관급의 경호대상으로 결정된 극빈급 경호이다.

구분	경호 수준	경호 대상
갑(A)호	행사보안이 사전에 노출되어 경호 위해가 증대된 상황하의 각종 행사, 국왕, 대통령 등 국가원수급의 국빈 행사시 경호	국왕, 대통령과 그 가족, 외국원수
을(B)호	행사준비 등의 시간적인 여유가 없이 갑자기 결정된 상황하의 각종 행사, 수상, 국무총리급의 국빈행사경호	수상, 국무총리, 국회의장, 대법원장, 헌법재판소장, 기타 이와 동등한 지위자
병(C)호	사전에 행사준비 등 사전경호조치가 전무한 상황하의 장관급의 국빈행사의 경호, 경호기관(경호처장, 경찰청장)장이 필요하다고 인정되는 자	경호기관(경호처장, 경찰청장)이 필요하다고 인정되는 자

(3) 직 · 간접 여부에 의한 분류

가) 직접 경호

행사장에 인원과 장비를 배치하여 인적 · 물적 · 자연적 위험요소를 예방하기 위한 경호이다.

나) 간접 경호

평상시의 치안 및 대공활동 등의 안전대책작용 중에 하는 경호이다.

(4) 의뢰인의 이동수단에 의한 분류

경호대상자의 이동 필요에 따른 경호를 해야 하며, 장소 이동에 있어 근거리 이동과 원거리 이동이 있을 수 있으며, 이에 따른 이동 수단이 다를 수 있기 때문에 이에 적절한 이동 경호계획을 세워야 한다. 항상 경호수단을 정할 때에는 경호대상자의 의견을 우선하고 추후 이동수단이 부적절 하다고 판단 될 때에는 그 이유를 의뢰자에게 사전에 보고하도록 한 후 이동수단을 적절하게 수정하도록 한다.

경호의 기본은 경호대상자의 신변 안전으로 육·해·공로를 통하여 침투한 공격에 따른 사전경계가 이루어져야 하며, 그에 따르는 방어와 의뢰자 신변보호 및 이동 도착지 목적을 달성할 수 있는 추후 계획까지도 이동수단에 계획하여야 한다. 예를 들어 선박 경호시 기관 고장 또는 침몰시에 따른 비상 통신망 구축과 구조수단으로 헬리콥터 또는 예비 쾌속정을 준비하는 것들을 이동 방법에 따른 사전 경호계획 수립에 포함한다.

가) 보행경호

경호대상자가 도보로 이동중에 대형을 형성하여 실시하는 경로로써 도보 중 경호대상자는 손쉬운 목표가 되므로 동행하는 경호요원은 경호대상자에게 접근할 수 있는 통로 봉쇄를 위해 자신의 위치를 선정하고, 위험 인물로 보이는 사람이나 일반인들을 제지시키며, 우발상황이 발생시 효율적인 근접에서 방어 및 대적임무를 수행하는 경호이다.

보행중 경호대상자는 손쉬운 목표가 되므로 동행하는 경호요원은 경호대상자에게 접근할 수 있는 통로 봉쇄를 위해 자신의 위치를 선정한다. 또한 위험인물로 보이는 사람이나 일반인들을 제지(制止)시키기 위해 예비 경호요원들을 둔다. 산책이나 야외 도보중에는 가장 가까운 곳에 차량을 대기 시켜 두어야 한다.

(가) 보행경호 대형

㉠ 1인 1조 : 경호대상자 위치로부터 뒤로 일보, 좌로 일보 위치에 선다.

㉡ 2인 1조 : 1명은 1인 1조시 위치에 서고 다른 1명은 우측방 일 보 뒤에

선다.

㉢ 4인 1조 : 뒤에 좌우측방 일보 뒤에 각각 1명씩 서고 앞에는 반족장 더 넓게 위치하여 보행진행이 용이하도록 한다.

(나) 경호요원의 임무

경호요원은 경호대상자의 건강 및 심리상태를 수시로 관찰하고, 이동시 보호막을 형성한다. 무단 접근자나 위해 행위를 시도하는 자가 있을 때 이를 제지하고, 우발사태가 발생할 경우 신속하게 대피시킨다.

경호계획에 따른 일정에 따라 관계자와 긴밀한 협조체제를 유지하면서 근무에 임하되, 과잉 통제 및 통로 확보로 시민에게 불편을 초래하는 행위는 금한다. 경호대상자와 시민과 자연스럽게 접촉할 수 있도록 유도하고 우발사태가 발생할 경우 현지 치안 관계기관과 협조 체제를 유지하여 긴밀하게 업무를 수행한다.

(다) 보행경호시 착안 사항

보행경호시 행로 지역 분위기를 사전에 파악하여 이에 충분히 대비하고, 주변 인물 언행에 지나치게 민감한 반응을 받지 말 것이며 근무에 관계되는 언행 외에는 일체 하지 말아야 한다.

나) 차량 경호

대개 단거리·중거리를 경호대상자가 이동 할 때 하는 경호로 동승경호와 전후방 호위 경호 차량으로 할 수 있다.

㈎ **동승차량경호 :** 경호대상자의 자동차 등에 동승하여 차내 및 행선지에서의 보호 임무를 수행하며 유사시 경호대상자를 안전지역으로 대피시키는 일을 기본 임무로 한다. 차량 이동간에는 정차, 서행, 신호대기, 회전시 경계를 강화하고 경호대상자가 승하차시 경호요원을 장벽과 같이 구축하여 근접 경호한다.

보행 이동간에는 대형을 유지하며 사주 경계를 하고 타인의 장벽으로 위해요소의 접근을 배제하며 이동통로를 확보하여 안전하게 유도 하도록 한다.

☞선탑 경호(4인 1조)…경호대상자가 뒷자석 중앙 위치에 타고 경호요원이 좌우 양옆에 앉는다. 그리고 운전석과 조수석에 각각 경호요원이 탄다.

㈏ **조를 이룬 전후방 호위차량경호 :** 경호대상자의 차량을 전방과 후방에서 선도하면서 연도 행선지에서 이루어지는 차량경호 작용을 말한다. 경호대상자 탑승

차량 보호와 승하차시 경호를 기본 임무로 하여 각종 안전사고, 위해요소 침투, 교통정체 등을 막고 서행하며 정차시 경호대상자 차량을 보호하며 경호대상차량 긴급 사태시 경호차량으로 방어벽을 형성하고 육탄방어를 경호대상자의 긴급대피를 돕는다. 승하차시에는 신속한 경호대형을 이루어 주위를 경계하는 임무를 수행한다.

☞조경호(4인 1조 3개조)…1조는 선탑경호를 하고 2조, 3조는 앞뒤로 위치하여 경호대상자이 타고 있는 차에 선도 추수하며 경호안전을 기한다. 주행시 주행속도에 따라 안전거리가 다르지만 가장 이상적인 거리는 20~30m 내외가 적당하다. 그러나 속도에 따라 안전거리를 유지한다.

☞경호차량의 정비 : 차량경호시 확인 및 정비해야 할 항목으로 ㉠ 연료 확인, ㉡ 오일 확인, ㉢ 냉각수 확인, ㉣ 브레이크 확인, ㉤ 예비 타이어 확인, ㉥ 예비 연료 확인, ㉦ 차량정비 장비 확인 등이다.

☞경호차량 운행시 주의 해야 할 지점은 ㉠ 승하차 지점(정지된 목표), ㉡ 좌·우 회전시(감속으로 인한 목표), ㉢ 언덕, 내리막길(저속·가속으로 인한 위험), ㉣ 지하 터널, ㉤ 다리 또는 절벽, ㉥ 대형 건물 밀집 지역, ㉦ 협곡 및 산림 지역 등이다.

☞차량 경호시 지켜야 할 시큐리티원칙으로 ㉠ 방탄차량 사용(총탄 관통 방지 차량), ㉡ 방어운전 실시(자연적·고의적 충돌 방지), ㉢ 이동간 무정차 원칙 운행(단, 최초 경호계획을 준수) 등이다.

☞차량 경호시 시큐리티조치로는 ㉠ 선도차량 운행, ㉡ 후방 호위차량 운행, ㉢ 이동간 경호에 영향을 주는 요소를 배제하는 것 등이다.

☞차량경호시 착안해야 할 사항으로 ㉠ 의뢰자 및 관계자 차량번호 숙지, ㉡ 현지에서 합류되는 차량번호 숙지, ㉢ 주변 도로망 사전 파악 숙지, ㉣ 주변 구호시설 파악 숙지 등이다.

☞차량이동시 교통사고가 발생했을 경우 (ㄱ) 경호차량은 경호요원 1명은 현장을 보존하고 교통을 통제하고, 신속하게 상황을 보고한다. 시간적 여유가 있을 때에는 예비차량 지원을 요청하며 여의치 않을 경우 택시 등 다른 교통수단을 이용한다. (ㄴ) 귀빈차량에 대하여는 신속하게 사주경계하고 보고하는데, 부조장은 현장을 보존하고 교통을 통제한다. 부상자가 발생했을 경우 즉각 119에 통보하여 후송조치를 취하고 귀빈을 목적지까지 경호

차로 이동한다. 군중이 집결하는 것을 방지하고, 신속히 현장을 이탈한다.

☞위해자(적)의 피습시에는 (ㄱ) 차량이동이 가능할 경우 정차를 하지 말고 신속히 이탈할 수 있도록 경호요원은 즉각 응사하고 신속히 상황을 보고하거나 경찰에 신고한다. (ㄴ) 차량이동이 불가능할 경우 전원 하차하여 은폐와 엄폐를 실시하고 신속히 상황을 보고한다. 위해자에 대해 집중 사격을 가하고 사주경계를 실시한다. 증원 요원 및 경찰이 도착할 때까지 방호를 계속하고, 증원이 불가능할 경우 피습지역을 신속히 이탈한다.

다) 열차 경호

경호대상자가 열차를 이용하는 경우 열차 내에서 이루어지는 경호를 말하며, 통상 열차내에서의 경호책임은 출발지역으로부터 도착지역까지로 출발지역 관할 지방경찰청 및 지부에서 담당한다. 열차경호는 경호대상자가 기차를 탑승하여 이동할 때 취하는 것으로 먼저 탑승인원이 많으므로 수색과 경계를 보다 철저히 해야 하며 각 역을 통과하며 탑승자와 하차하는 사람을 잘 관찰해야 한다.

라) 선박 경호

선박이 해군함정, 경찰경비정, 기타 경호기관 소속의 경비정일 때는 자체인원으로 경호임무를 행하고 일반여객선일 때는 선내의 검색을 철저히 한 다음 경호대상자를 다른 여객에 우선하여 승선토록 하여 경호를 하고 그 밖의 사항은 열차경호요령과 같이 실시하면 된다.

특히 선박을 선택할 때에는 기후와 파도에 견딜 수 있는 형태와 크기를 갖춘 것이어야 하며, 선박 안에 인명구조 및 비상시설이 충분한지에 대한 확인과 여행 중 불편이 없도록 제반시설을 점검하여야 한다. 또한 경호요원은 귀빈과 일반승무원의 불필요한 접촉을 예방하고 귀빈 선박에 기타 다른 선박의 접근을 경계하여야 한다.

마) 항공기 경호

항공기 내에서 이루어지는 경호를 말하며 선박 경호와 같은 요령으로 실시한다. 특히 주의해야 할 점은 항공기내의 탑승자와 장비에 대해서 사전에 충분한 보안 점검이 필요하다.

바) 연도 경호

경호대상자가 이용하는 자동차, 열차, 선박, 항공기 등으로 이동할 경우 행·환차를 예측하여 연도에서 주변상황에 주의를 기울여 수상한 자가 의뢰인에게 접근하는 것을 방지함으로써 경호대상자를 안전하게 목적지까지 안전하게 이동할 수 있게 하는 경호형태를 연도경호라고 한다.

(5) 직종에 의한 분류

신변보호(경호)는 개인 직종에 의하면 크게 대통령을 비롯한 주요 공직자 등의 요인(要人, VIP)을 국가적 차원에서 보호하는 공경호와 연예인, 스포츠선수, 기업체 임원 그리고 신변의 안전을 요구하는 일반인 등이 계약에 의해 대상자를 보호하는 민간 사경호로 나뉜다.

가) 개인경호

고객의 신변보호를 지상의 목표로 고객을 최고의 예우로 대하고 경호 중 방심하거나 시선을 떼어서는 안된다는 것을 몸으로 터득해야 한다. 최악의 경우 제 목숨을 버려서라도 고객을 보호해야 한다는 자세로 항공기의 스튜어디스가 사고가 발생했을 때 마지막까지 남아 승객들을 대피시키는 것과 같은 각오이다. 특히, 개인경호를 맡을 때가 가장 신경이 쓰이고 업무를 수행함에 있어서 식사시간도 일정하지 않을 뿐만 아니라, 잠자는 시간도 충분치 못해 고생이 말이 아닌 경우도 많다. 개인 경호요원의 경우 경호 의전학, 비서학, 경호무술 및 소양교육과정을 거쳐야 하며 무도기술연마 뿐만 아니라, 희생정신, 친절한 예절 등의 소양도 갖추어야 할 덕목이다.

또한 개인경호요원은 의뢰자(고객)의 일신상의 보호관리 내지는 업무상의 보호관리를 받아야 할 대상자를 보호하여 지켜주는 사람을 말하며, 근무시 포괄적인 신변보호를 담당하여 제공함으로써 고객의 심리적 안정은 물론 위기의식 및 공포조성에서 오는 긴장, 불안, 초조의 삼대요소를 해결할 수 있는 보호양상의 방패막을 경호요원이라 한다.

경호요원은 보고, 듣고, 말하지 않는 삼대 불문율이라는 원칙하에서 경호대상자의 사생활을 완벽하게 지키며 과묵하고, 성실한 자세로 경호에 임한다.

(가) 경제인 경호

회장, 사장 등 기업체 최고경영자(CEO : chief executive officer) 및 임원들과 같은 경제인을 대상으로 하는 경호이다. 최근의 범죄가 점차 대담성을 띠고 있는데, 이는 사회전반에 범람하는 폭력적이고 악의적인 대중문화 때문이며 향락문화의 발달은 비정상적인 소비패턴을 탄생시키게 되었다. 때문에 일확천금이나 많은 돈을 쉽게 버는 방법을 많이 찾게 되었으며, 지금의 젊은 층에 독버섯처럼 파고드는 피라미드 조직도 이런 추세의 한 단면을 보여주는 예이다. 이 때문에 기업의 경영주나 간부들은 납치하여 인질로 삼아 몸값을 받아 내거나 이것이 여의치 않은 경우에는 살해하여 암매장하는 사건이 최근에 빈발하고 있다. 이들 사건의 공통점은 사전의 치밀한 계획하에 이루어졌다는 점이다. 즉 대상의 가족관계, 재산정도, 스케쥴 등을 수일내지 수주간 미행하면서 면밀히 파악한 후에 범행을 저지르게 된다. 이러한 위협에 대처하고 스스로 자신을 보호하기 위해서 사설경호요원의 채용이 증가 추세에 있으며, 자신을 업무에도 지장을 받지 않고 마음 놓고 다닐 수가 있으며 사설경호요원의 패용이나 고용은 기업의 이미지를 손상시킬 우려가 없으며, 아울러서 상대편 폭력조직에 대해 법의 태두리 내에서 대응할 수 있게 된다. 경제인은 회사 주요업무에 따라 외국방문의 있을 수 있기 때문에 경호시 그 나라의 풍습과 지리언어 능력을 갖추어 보다 편리하고 품위있게 보호하는 것이 경호요원이다.

(나) 정치인 경호

대통령 후보, 정당인, 국회의원, 유명인사 등에 대한 경호이다. 선거 때만 되면 조직 폭력배나 동네건달들이 설 자리를 잃고 있다. 대신 영화배우처럼 잘생긴 신세대 전문 경호요원들과 늘씬한 선거 도우미, 나레이터(Narrator), 모델들이 각당의 지구당 행사 등에서 각광을 받고 있으며, 후보자들의 이미지도 높이면서 신변을 보호하고 있다. 후보자 신변은 전문경호요원이 그리고 유세장에서 바람잡이로 변신하기도 한다. 그러나 지금은 후보자 신변은 전문경호요원이 그리고 유세장 군중의 눈요기꺼리는 선거 도우미들이 맡고 있으며, 나레이터, 모델은 후보자와 함께 지역구를 돌면서 유권자에게 후보자를 알리는 역할을 한다. 선거기간에는 비서경호와 보안점검 등 기능과 무술경호 능력을 갖춘 경호요원들이 후보자와 24시간 행동을 같이 하며 신변을 보호한다. 보안점검은 후보자 사무실의 도청방지 등의 조치를 취하며 경호요원들에게 경호만하지 특정 정당활동을 일체 못하도록 교육을 시켜야 한다. 정치인은 영향력이 강한 인물들을 보호하는 것으로 범죄시, 일반범죄와 다르게 완벽한 범죄를 위하여 조직적으로 공격을 하며 숙련된 게릴라와 과학적인 장비를 동원할 수 있으므로 이에 대응할 수 있는 특수 시큐리티요원이 필요하다.

(다) 연예인 경호

가수, 배우, 탤런트 등에 대한 경호이다. 특히 의상과 외모를 신변보호 이상으로 신경 써야 한다. 모든 젊은이들이 우상이자 고소득이 보장되는 직업으로 떠오르게 되었다. 그러나 이와 같은 화려함 뒤에는 어두운 면도 있는 것이 사실이다. 연예인들 특성상 TV출연에만 의존해서는 많은 수입을 거두기가 어렵기 때문에 유흥업소나 밤무대를 돌면서 수입을 올리는 것이 현실이다. 밤의 세계를 지배하고 있는 폭력계에서는 더 이상 좋은 먹이감이 없으며, 바로 연예인만을 협박하거나, 갈취하면서 이들에게 기생하면서 편하게 돈을 벌 수 있기 때문이다. 연예인과 같이 신변의 위협이 항상 존재하는 직업도 없다. 자신들의 안전을 위해서는 경호요원에게 드는 비용은 그다지 큰 편이 아니기에 스스로 경호요원을 채용하는 연예인이 늘고 있는 실정이다. 인기 연예인의 경우 극성스럽게 자신을 따라 다니는 열성팬들 때문에 곤혹을 치루기도 하며 극성팬 등으로 자칫 발생할지도 모를 사고를 예방하기 위하여 경호요원을 채용하며, 경호요원은 콘서트나 밤무대, 방송 당시의 상황에 맞는 경호 기술과 전문성과 참신성을 갖춘 선진 경호를 해야 한다. 또한 연예인은 특이하고 세련된 스타일을 유지해야하기 때문에 의상과 외모를 신변보호 이상으로 경호하며 임무를 수행한다.

(라) 외국인경호

국제통화기금(IMF), 국제개발은행(IBRD) 등의 총회는 세계경제계의 거물들이 전부 모이는 국제적인 행사이다. 이 외에도 UN산하 UNESCO총회나 기타 세계시민모임(NGO) 등에서 세계 유명의 인사와 학자들이 국내에 방문했으며, 행사 주관자 입장에서는 이들에 대한 경호문제가 심각하게 배려하게 된다. 이들 유력인사들의 대부분이 세계 여러 나라에서 경호서비스를 받았음은 당연한 것이다. 따라서 이들에게 자국의 경호 수준을 알리는 좋은 기회가 되는 것이며, 이들에 대한 경호 수준은 국가 주요인사에 대한 정부기관 요원들의 경호 수준 만큼 높아져야 하는 것이다. 경호업체서도 이 경우에 최고급 승용차를 업무에 파견하여 경호의 품위를 살려 줌으로써 유력 인사들의 기분이 좋도록 노력해야 한다. 사실 외국인에 대한 경호 자체는 비즈니스에 수단으로 경호를 이용해야 한국의 국익에 이익이 되는 사업이기 때문에 그 목적면에서도 상당히 좋은 결과를 기대할 수 있다. 이를 위해서는 경호요원의 외국어 능력이 상당히 필요하며 외국인 바이어가 무엇을 요구하는지에 대하여 알아야 하기 때문에 기초적인 회화실력을 갖추어야 하며, 사업이나 마케팅 분야에 대한 어느 정도의 기초 지식이 갖추어야 한다. 이는 경호업체만의 노력으로 이루어지는 것은 아니며, 외국 바어어를 초청한 업체에서 비즈니스 차원의 경호에 대한 상세한 설명과 아이템을 제시하여 여러 가지 측면에서 지원을 받아야 한다. 외국인은 우리나라의 지리, 풍습이나 언어소통에 어려움이 많음으로 가이드나 통역역할을 하며 외국인 바이어를 보다 편안하게 수행하는 경호이다.

나) 가족 경호

가장 많이 납치범의 표적이 되는 것이 부유층의 자녀이다. 최근에 와서 이들을 대상하는 납치 범죄가 기승을 부리고 있는 것은 우리 사회의 전반에 만연되어 있는 사치와 향락, 그리고 물질만능주의 때문이다. 여기에다 한탕주의까지 가세해서 납치범죄를 더욱 더 조장하고 있으며, 납치의 유형으로는 등·하교길에서의 납치하는데 먹을 것이나 장난감으로 유인하거나 길을 물어 보는 척하는 사례가 있다. 일반적으로 아동이나 청소년을 납치하게 되면 최소한 5천만원 이상에서 몇 억의 금전보다는 생명의 소중함이 더욱 중요하다. 액수의 돈은 아무리 부유층이라 하더라도 대단히 부담이 되는 액수이기도 하지만 따라서 민간경호업체와 계약을 통해 많은 비용의 부담없이 자녀를 안전하게 보호할 수 있다. 부유층의 자녀를 경호요원이 경호하는데 있어서 몇 가지의 주의해야 할 상황이 있다. 납치범의 대부분은 면식범 즉 범행대상이나 가족과의 안면이 있는 사람이 거의 대부분이다. 따라서 경호시 그 아동의 주위에 자주 나타나는 사람들을 특별히 경계해야 한다. 범행의 대상을 선택하는데 있어서 좋은 옷을 입거나 돈을 잘 쓰는 아이를 고른다. 이러한 아동을 경호하는 경우에는 경호요원이 있다는 사실을 노출시켜 상대방이 이를 인식하고 납치를 포기하도록 유도해야 한다. 가족 모두와 재산을 보호하고 유괴, 폭력, 침투, 폭파, 화재 등 여러 형태의 범죄에 대비 사전경호 준비를 보다 철저히 하며 특히, 취침시 순찰을 더욱 강화하여 임무를 수행하는 경호이다.

(6) 업무유형 및 장소에 의한 분류

가) 선발경호

선발경호는 경호대상자가 목적했던 행사기 있기 이전에 미리 현장조사를 실시하고 효과적인 경호 협조와 준비를 위하여 수행하는 사전예방경호활동을 말한다. 이러한 선발경호에 따른 경호안전작용으로는 경호정보작용, 경호보안작용, 경호안전대책작용 등이 있다.

㈎ 경호정보활동은 경호대상자의 신변안전을 위협하는 인적 · 물적 · 지리적 취약요소가 무엇인지를 탐지하고 수집하는 작용을 말한다. 이러한 전보는 정확성, 적시성, 완전성의 원칙하에 수집되어야 한다.

㈏ 경호보안작용은 경호와 관련된 인원, 문서, 시설, 지역, 자재, 통신, 특히 경호대상자의 신변을 위해자로부터 완벽하게 차단하는 활동을 말한다.

㈐ 경호안전대책활동에는 ㉠ 경계대상인물의 관리, ㉡ 폭발물 등의 각종 위해물품을 탐지 또는 제거하는 안전점검, ㉢ 이용하는 기구, 시설 등의 안전상태를 검사하는 안전검사, ㉣ 안전점검 및 검사가 이루어진 상태를 관리하고 통제하는 안전유지, 경호대상자에게 위해여건을 제공할 수 있는 자연 및 인공물에 대해 위해를 가할 수 없는 상태로 전환시키는 안전검측작용 등이 있다.

나) 근접경호와 외곽경호

경호대상자가 실제상에 있어서 적의 표적이 될 우려가 높고 겉으로 돌출되기 때문에 일반적으로 신변보호는 측근(근접)에서 호위하는 근접경호를 말한다. 측근경호요원의 제일의 임무는 경호대상자에 대한 저격이나 칼을 이용한 공격을 육탄으로 막고 적으로부터 요인을 신속하게 대피시키는 "경호대상자의 안전"이다. 아무리 적을 완벽하게 제압을 했다고 하더라도 경호대상자에게 피해가 간다면 이는 어디까지나 실패한 임무이다.

외곽경호는 경호대상자가 이동하는 과정에서 이동경호주변에 배치되어 주변질서의 유지와 경호대상자에게 난입하는 것을 사전에 제거하거나 예방하는 임무를 담당하는 경호를 말한다. 외곽경호요원의 가장 첫 번째의 목적은 행사장이나 경호장소 주변의 질서유지이다. 두 번째의 임무로서는 측근경호요원이나 저격수들에게 위험의 감지나 적의 위치를 발견하여 신속히 알려주거나 이에 대처하는데 목적을 둔다. 이를 위해서는 냉철하고 신속한 판단력이 필요하다.

다) 행선지(동행)경호

해외지역으로 출장을 나가게 되는 경우에 신변보호를 위해서 경호요원을 대동하고, 출국하는 경우가 있다. 이들 해외출장업무 사원들은 각 기업체나 그룹의 업무를 수행하기 위해서 외국으로 파견되는 경우가 대부분인데 특히 동남아시아나 중동지역을 파견되는 경우에 그들에 대한 경우에 상당한 어려움이 따르게 마련이다. 특히 동남아시아에는 아직도 산적이나 해적이 있는 것으로 알려지고 있다. 얼마전 현지의 한국건설업체의 직원들을 억류하고 몸값을 요구하던 산적들도 있으며, 이러한 사태가 발생하게 되면 이들의 송환을 위해서 들어가는 비용은 물론 업무의 차질에서 오는 그 피해액은 겉으로는 드러나지 않지만 기업의 입장에서는 상당히 큰 부담을 작용한다. 따라서 일반 경호요원을 외국으로 데리고 나가는 것이 본인의 안전과 비용의 측면에서 훨씬 유리할 때가 있다. 경호요원만 외국으로 데리고 나가기에는 상당한 문제나 제약이 따르기 때문에 최근에는 경호요원과 비서의 역할을 동시에 하는 다중 경호요원을 이용하는 추세이다. 외국으로 경호를 나가는데 있어서 무엇보다 기본적으로 필요한 것은 기본적인 의사소통이 가능한 외국어 능력이다. 일단 가장 세계적으로 통용되는 영어만 이라도 제대로 구사하게 된다면 그다지 해외업무에 많은 지장은 없으리라 생각된다.

긴급동행경호는 예기치 않는 신변 위협이 가해졌을 때 위험지점에서 안전한 장소까지 이동·경호하는 긴급 경호이다.

경호대상자가 출장이나 들리는 행선지에 도착하기 전에 가능한 위해요소를 사전에 제거하기 위하여 사전답사를 통한 선발경호가 이루어져야한다. 그리고 이동간 주요 노선과 예비노선에 대한 설정을 비롯한 승하차지점에 대한 고려사항 등 예비적 요소까지도 파악해 둘 필요가 있다.

라) 시설 및 숙소경호

시설경호는 경호대상자가 거주하는 주택이나 사무실 등의 주변이나 각 지점 요소에서 입초(立哨), 동초(動哨), 순찰, 출입검문 등을 시행하고 수상한 사람의 접근이나 침입을 방지, 위험물의 조기 발견 및 제거하여 경호대상자의 위해발생을 사전에 방지하는 안전활동을 말한다.

특히 경호대상자가 유숙하기 위하여 머물고 있는 숙소나 그 주변지역에서 위해자로부터 안전을 보장하기 위한 경호활동을 숙소(宿所)경호라고 한다. 특히 행선지에서 숙소로 이동할 경우 출발이나 도착지점에서 위해자가 경호대상자에게 접근하거나 저격의 위험에 대비하여 주변건물이나 승하차지점을 고려하여 경계활동을 해야 한다.

마) 행사경호

행사경호는 정치 · 경제적인 국제회의 행사경호, 문화 · 체육 행사경호, 선거 유세장 행사경호, 연예 이벤트 행사경호, 종교 행사경호, 각종 개인 · 단체 행사경호 등에 경호대상자가 참석하였을 경우 실시되는 경호활동이다. 이 경우 다수의 군중이 운집한 혼잡상태에서 일반군중과 경호대상자가 가까이 접근하게 되므로 군중에 대한 혼잡경비활동과 위해자로부터의 목표물 보전 원칙이 매우 요구된다.

외국의 연예인들이 한국으로 오는 경우 그들의 경호에 대해서는 전적으로 이벤트사에서 담당하게 되어 있다. 따라서 이 경우에 이벤트업체에 직원이 안내와 경호요원의 동해 외국 스타들의 까다로운 요청에 맞추기 위해서 최근 사설경호요원을 고용하여 이들의 경호업무에 투입하고 있는 실정이며 연예인들의 팬(fan)사인회, TV방송 등의 출연 콘서트, 기자와의 인터뷰 등 쉴 새 없는 스케쥴에 경호요원이 수행해야 할 일이 많기 때문에 어려움이 있고, 특히 열광적인 팬들을 뚫고 나가려는 경우에는 과도한 몸싸움으로 부상의 우려가 있으므로 사전에 비상출구 확보에 대하여 준비를 해둬야 한다. 이벤트 행사는 그 대부분이 초청 연예인을 광적으로 좋아하는 10대 청소년을 위주로 계획되어있기 때문에 그 열기란 일반인이 상상하기 어려울 정도로 과열되어 있다. 1992년 2월 미국 인기구룹 '뉴 키즈 언더 블록'이 내한 공연을 가졌을 당시에 열광하는 10대 청소년들이 초청연예인 공연을 좀 더 가까이 보려고 서로 밀치는 바람에 서로 밟아 1명이 사망하고 50여명이 부상을 입은 사건 및 2005년 10월 상주 가요콘서트장 압사(사망11명, 부상148명)사고 등은 우리에게 커다란 충격을 주었으며, 경찰통제의 한계를 여실히 드러내는 장면이었다. 이벤트 행사가 성공하고 실패하느냐는 행사장의 질서유지에 달려 있다고 보아도 무리는 아니다. 콘서트장에서의 질서유지의 실패는 자칫 큰 불상사를 초래할 수 있으며 경호요원들은 팬들을 진정시키고 자신들의 지시에 따를 것을 요청해야 하며 이에 불응시에는 행사장 입장을 막는 등의 제지가 가해져야 한다. 또한 이벤트 행사의 개시 이전에 분위기가 너무 과열되는 것을 막도록 노력해야 한다. 경호요원 이외의 별도로 안전요원을 다수 배치하여 행사장 주변의 안전과 질서 유지에 투입하고, 일반 평상복에 호각만을 지참하는 안전요원은 완장이나 명찰을 패용해야 한다.

바) 의전비서경호

의전비서경호는 경호업무뿐만 아니라, 의전 및 비즈니스, 행정, 회계 관련업무 등을 도와주는 역할까지도 맡는 경호를 말한다. 이러한 경호형태는 이미 미국이나 일본, 유럽 등의 선진 각국에서 시행이 되어오고 있는 경호업의 진일보한 형태이다. 이러한 경호의 경우에 있어서는 그 부가가치가 월등이 더해져서 경호산업의 수익성을 높여 준다.

직업의 인기도 자연히 상승되어 우리나라도 경호산업이 성숙하게 되면 이러한 추세로 나가야 한다. 그리고 이를 위해서는 경호요원의 자질향상과 우수한 인력의 유치가 뒷받침이 되어야 한다. 경호요원도 일종의 서비스업 종사자이다. 물론 외관적인 모습에서는 위압적인 냄새가 풍겨야 함은 물론이나 행동이나 어투에 있어서는 최대한 공손한 예의를 갖추어야 한다.

경호대상자인 고객에 대해서는 최선의 서비스와 친절을 베풀어야 한다. 경호시에 필요한 인사법이나 안내를 위해서 필요한 각국의 풍습에 따라서 해서는 안될 행동, 예컨대 회교권에서 여성의 손이나 신체와 접촉하는 것은 결례임에 관해서 자세한 교육이 있어야 한다. 각 기업에서는 자사 임직원의 신변보호와 기업정보의 유출을 사전에 막기 위해서 민간경비나 사설 경호업체에 용역을 맡기거나 독자적인 경호팀을 구성하여 주요 직원의 신변보호에 주력하고 있다. 일시적인 비서나 보좌관이 필요한 경우에 업무파악 및 신변보호능력이 탁월한 경호이다.

3) 신변보호(경호) 행위(작용)

(1) 의의

경호주체가 경호목적을 달성하기 위하여 경호대상에 대하여 행하는 일련의 사실적인 경호활동이나 행위를 경호작용이라고 한다. 즉 경호활동에서 경호행위는 그 신체에 가해질 것으로 예상되는 위해(危害)를 차단 방지하는 수단으로 신변보호에 관련된 경계 · 통제 · 보호해야하는 일체의 활동을 말한다. 효과적인 경호활동을 위하여 신변보호방법을 보면, 민간경호에서는 경호의뢰자가 어떤 의도로 보호를 요청하였는지, 어떤 것이 문제가 되어 발생하는지 정확한 의도를 파악하여야만 적절한 보호조치가 이루어 질 수 있다. 위해의 대상이 무엇이며 누구인가, 어떤 연유로 인하여 위해의 대상이 되었는가, 테러는 어떤 방법으로 자행될 것인지 그리고 테러를 기도했을 때의 예상위치나 범행 후 예상도주로 등을 미리 예상하여 정확하게 경호계획이 수립되어야 하며 누가 주(主)위해 대상이 되는지는 필수적으로 파악해야 할 사항이다.

(2) 경호활동의 기본원칙

경호활동을 전반적으로 지배하는 기본원칙을 가지고 경호활동이 전개되어야 하며 전 단계에 걸쳐 상호보완관계를 유지하여야 한다. 또한 모든 경호 요소의 역량을 극대화하기 위하여 경호관계부서 혹은 경호요소 상호간에 신뢰를 바탕으로 유기적인 협조활동이 공동목표로 지향되어야 하며 경호경비지역내 주민 혹은 행사장 관계자들로부터도 적극적으로 협조를 구할 수 있어야 한다. 그럼으로써, 모든 지휘체계확립, 긴밀한 협조유지 및 제반 경호수단의 적절한 통합이 이루어지므로 일사불란한 경호행사가 이루어 질 수 있다.

가) 중첩(2중 · 3중)경호의 원칙

경호는 경호대상자의 위치를 중심으로 3선 개념, 즉 ㉠ 제1선-내부(근접): 안전지역(근접경호요원에 의한 완벽한 통제), ㉡ 제2선-내곽(중간): 경비지역(근접경호요원 및 경비경찰에 의한 부분적 통제), ㉢ 제3선-외곽(외부): 경계지역(인적 · 물적 · 자연적 취약요소에 대한 첩보, 경계) 등 3중 경호체계에 의한 효율적인 경호가 실시되어야 한다는 중첩(2중 · 3중)경호 원칙이 있다.

외부로부터의 경호대상자에 대항 위해요소를 제게 또는 최소화하기 위해 경호대상자의 행사장 또는 유숙지 등에 경호대상자를 중심으로 일정 간격을 유지하여 2~3겹의 보호막 또는 경계선을 설치 운영하는 것을 기본적으로 중첩(2~3중) 경호라 한다. 그리고 단순히 경호대상자의 안전만을 고려한다면 보호막을 많이, 먼저 설치할수록 안전하겠지만, 이런 통제일변도의 방법은 비현실적이며 많은 부작용을 초래할 수 있다. 따라서 경호대상자를 중심으로 일정범위의 지역을 작전구역으로 설정해 운용하는 것이 필요하다.

중첩경호의 원칙은 위해기도시 시간 및 공간적으로 이를 지연시키거나 피해의 범위를 최소화하기 위한 방어 전략이라고 하겠다. 즉 행사장에 참석하는 경호대상자를 중심으로 가장 가까운 1선을 안전구역, 2선을 경비구역, 3선을 경계구역으로 정해 위해요소의 중복차단과 조기경보를 목적으로 한 지역방어 개념이다.

2선, 3선은 위해의 정도를 완충시키기 위한 예비구역의 성격으로 경호에 관한 정보와 첩보를 수집해 이를 1선과 2선 지역 또는 명령통제소에 조기 전파하여 적절한 경호조치를 취하는 조기경보체제가 주요기능이다.

3선 경호개념에 의한 경호구역의 설정은 대체적으로 경호대상자의 행동반경, 즉 핵심지역을 중심으로 3중의 시간 및 공간적인 보호막 또는 방호벽의 설치와 운용은 예상은 위해요소를 제거하거나 최소화한다는 면에서 효과적이라 할 수 있다.

3선 개념은 화기의 유효사거리를 기준으로 하고 있다는 점에서 무기와 폭발물의 발달로 인한 유효사거리의 확대라든가 첨단 기술을 갖춘 새로운 장비가 등장했을 경우 거리개념의 중요성이 퇴색될 수 있으므로 세부적인 작전구역이 재설정되어야 할 것이다. 또한 단순 거리 개념으로 구분한 3선 경호의 획일적 시행보다는 행사장의 지리적 특성과 위해요소의 종류 및 정·첩보에 따라 융통성 있게 2~3선 개념을 적용하는 것이 바람직할 것이다.

이는 각개조 활동을 명확히 하여 실시하므로 세밀한 작전을 이룰 수 있으며, 인원 및 시간을 효과적으로 단축시킬 수 있는 경호방법이다. 중첩 경호 실시로 경호대상자에 대한 접근 방지 및 사태 발생시 대응이 용이하다. 경호책임 지역 및 구분이 명확하여 지휘·통제 또한 제대별 개인에게 효과적인 경호가 될 수 있고 책임의식에 고취되어 임무 완수에 기여하기 좋은 경호 방법이다.

㉠ **제1선(내부, 수행 경호)** : 안전구역은 권총의 평균 유효사거리 및 수류탄

투척거리를 기준으로 50m 반경을 맡는다. 위해기도시 경호대상자에게 치명적인 타격을 줄 수 있는 곳으로 철저하게 안전이 확보되어야 하며, 많은 인력과 장비가 동원되고 경호역량이 집중된다. 그래서 이 지역내에서 사주경계를 실시하고 경호대상자를 중심으로 인간 방호벽을 구축하며, 인가자외 출입을 통제한다.

ⓛ **제2선(내곽, 근접 경호)** : 경비구역은 동일건물 또는 건물내곽으로, 건물의 규모나 구조 등에 따라 다르지만 건물 내곽의 울타리 안쪽(50m 외곽 경계 및 소화기 유효 사정거리를 고려하여 1천m 반경)으로, 대체로 소총유효 사거리가 기준이 된다.

사주 경계를 실시하고 불심 검문·검색과 경호대상자에게 접근이 가능한 통로는 통제하고, 통로 통제시 방호벽 설치하며 중요지점에 경호요원을 배치하는 것이 원칙이다.

ⓒ **제3선(외곽 경호)** : 경계구역은 행사장을 중심으로 한 외곽울타리 지역으로 행사에 직·간접적으로 영향을 미칠 수 있는 지역이며, 소구경 곡사화기의 유효사거리를 기준으로 설정하여, 수색 및 사찰활동이 중점 실시된다. 1천m 반경이상 소총이상 화기 공격 대응을 맡는다. 행사에 영향을 주는 요소를 제거한다(외곽 경계 및 연도 경호).

나) 두뇌경호 또는 지능경호의 원칙

범죄의 수적 증가와 더불어 고도의 지능적 전략과 위해요소의 기술적 발전에 따라 경호 활동에 있어서도 사전의 치밀한 계획과 철저한 준비가 우선되어야 한다. 복합적인 활동인 경호 실시 도중에 우발사태가 발생하였을 때 근접경호요원의 순발력이나 임기응변적 대처 등으로 사태에 순간적으로 대응하기보다는 사전에 치밀한 경호계획을 수립하고 이에 의거하여 위해요소를 제거하고 사태를 사전에 방지하는 경호활동에 중점을 두어야 한다는 원칙이다. 여기에 순간적 사태대응에 관한 경호요원 각 개인의 전문적 전문지식에 바탕을 순발력과 고도의 판단력이 요구된다.

다) 방어경호의 원칙

경호활동에 있어서 명심해야 할 것 중 하나가 위해자를 공격하는 것이 아니라 방어에 목적이 있다. 방어위주의 경계(호위)활동이 경호인 것이다. 방어경호 원칙이란 경호 중 발생하는 돌발사태시 근접경호요원은 공격행위, 즉 총기를 뽑아 사격을 하거나, 위해자에 돌진하는 등의 행위에 의해 대상자를 보호하기보다는 인간방벽을 형성하거나 대상자를 밀치는 등의 방어적인 행위로 대상자를 보호하는 것이 더욱 효과적이라는 원칙이다. 공격과 진압에 중점을 두는 것이 아니라 방어(보호)가 가장 우선순위 인 것이다. 이 원칙은 경호대상자의 보존(보호)원칙과 부합되는 이론적 배경을 두고 있다. 경호대상자의 안전을 우선으로, 방어에 치중하여 경호대상자를 대피(보호)시키는 것이 첫번째이다. 이것은 또한 주변의 제3자의 안전을 위해서도 꼭 필요한 일이다.

라) 은밀경호의 원칙

은밀(隱密, 비밀)경호의 원칙이란 '경호는 떠들썩하게, 요란스럽게 하지 말라'는 것으로 근접경호요원은 언제나 행동을 은밀하게, 침묵 속에서 행하여 경호대상자의 행동을 방해하지 않으며, 편안한 마음을 갖도록 하고, 항상 대상자의 최근접에서 상황에 대처할 수 있도록 하여야 한다는 것이다. 이 원칙은 적의 입장에서 볼 때에도 경호요원의 존재나 행동이 은밀함으로써 예측가능성을 갖지 못하여, 심리적인 압박으로 작용 성공적인 위해기도에 제약으로 작용하는 측면도 크다. 행사에 관한 모든 제반 관계내용에 관하여 보안(保安)이 유지됨으로써 위해분자의 첩보수집능력을 무력화 하고 위해기회를 박탈내지 최소화 하면서 예방차원의 효과적인 경호방법이 될 수 있다.

공식행사장이나 필요한 경우 경호요원의 모습을 나타내는 노출경호로써 기선을 제압하여야 하는 경우가 있다. 이러한 경우를 제외하고서는 기본적으로 경호대상자의 활동에 방해를 주지 않고 타인의 눈에 잘 띄지 않게 활동을 하는 것이다. 이것은 주변에 위압감을 주어 경호대상자의 이미지에 손상을 주거나 노출에 따른 위해요소들의 대응전략과 수립을 막는데 그 목적을 둔다.

마) 담당구역책임의 원칙

경호요원들은 각자 책임분배에 의해 자기의 담당구역을 갖게 되는데, 경호위해 상황이 발생시 근처의 다른 경호요원이 위험에 처하거나 공격을 받더라도 자기가 담당한 구역을 떠나서는 안되며, 어떠한 일이 있어도 자신만이 책임지고 해결해야 한다는 것이 자기 담당구역책임의 원칙이다.

경호활동은 요원 혼자 움직이는 개인적 활동이 아니다. 각 분야에서 맡은 임무가 있고 현장 요원들 사이에서도 자신이 감당할 수 있어야 하는 지정된 구역(활동범위)이 있다. 경호활동은 댐 공사와 같다. 한곳이 터지면 걷잡을 수 없게 되고 결국은 무너지게 되는 것이다. 이처럼 경호활동은 자신의 담당구역 내에 활동에 기본을 둔 팀-웍이 중요하다. 그렇기에 어떠한 사태에도 가장 우선적인 일은 자신의 담당구역을 책임지는 것이다.

바) 보안(비밀) 유지의 원칙

경호요원은 경호대상자의 신변에 관한 모든 사항을 외부에 발설해서는 안된다는 것으로 보안의 측면도 있고, 경호대상자의 명예유지와도 관련된다. 특히 정치인이나 연예인경호에서 더욱 요구되는 원칙이다.

사) 경호대상자(목표물) 보전의 원칙

경호대상자의 안전을 위하여 위해요소와 위해자에게서 되도록 멀리 떨어뜨리고 보호하는 것이 기본으로 사전에 미리 문제가 될 만한 여러 가지 위해 요소들로부터 원천적으로 상호 격리시켜 경호대상자를 보호(보전)하여야 한다는 원칙으로 '위험요소로부터 안전 유지의 원칙'이라고도 한다.

이 원칙에 따라 행선코스나 장소를 공개하지 않고 행차코스를 반복하거나 경호대상자를 노출시키는 것을 가급적 피한다.

아) 하나의 접근 통로의 원칙

경호대상자에 접근할 수 있는 통로를 하나로 통제하여 위해자로부터의 접근기회를 최소화하여야 한다는 원칙으로 '하나의 통제된 지점을 통한 원칙' 또는 '통제지점 지정 운영원칙'이라고도 한다. 위해자가 경호대상자의 위치와 상황을 알 수 없도록 철저히 격리시켜 보안을 유지해야 한다는 원칙으로, 이에 따라 경호대상자의 행차코스, 행차장소, 행차일시 등은 비공개로 하여야 하며, 같은 장소와 이동코스의 반복적 이용은 변경되어야 하고, 대중에 노출된 도보행차는 가급적 제한되어야 한다.

일반적인 생각으로 행사장에서 경호대상자의 안전과 편의를 위하여 출입구 및 통로가 여러 개 인 것이 안전하다 생각할 수 있다. 하지만 여러 개의 출입구는 오히려 상대방에게 다양한 침입의 기회를 주고 경계(경호)의 집중력이 분산되기 때문에 하나의 통제지점을 통한 접근방식을 택하는 쪽이 유리하다.

자) 자기희생의 원칙

경호상의 자기희생의 원칙이란 경호요원은 어떠한 희생을 치르고서라도 경호대상자를 보호해야 한다는 원칙으로 방어원칙에 의거 육탄으로 경호대상자를 보호하여 신변의 안전을 확보해야 한다는 것이다.

어떠한 상황에서도 경호대상자는 절대적으로 보호한다는 정신이 경호요원이 가져야 하는 마음가짐의 가장 기본적이며 큰 부분 일 것이다. 자신의 안전과 편의를 우선적으로 생각하는 사람은 경호요원이 될 수 없다. 경호요원이란 자기희생의 정신이 기본적으로 갖추어져 있어야 그 자격을 갖추었다 할 수 있다. 경호요원 자신을 희생해서라도 육탄방어의 정신으로 경호대상자를 보호할 수 있어야 한다는 것 등이 그 기본적 자세이다.

(3) 신변보호(경호) 업무의 운용

가) 신변보호(경호) 업무의 운용과정

보통 신변보호(경호)업무를 허가 받은 시큐리티업체의 업무활동의 과정은 영업(마케팅) 또는 문의→경호의뢰→컨설턴트 상담→계약체결→경호계획수립→시큐리티요원 채용과 교육→업무매뉴얼에 따른 시큐리티요원 배치(선발경호팀→수행경호팀)→연락 및 협조→업무수행 및 상황보고→임무완료(평가 및 보고서작성)→업무정리 및 종료(인원 배치폐지)→사후관리 등과 같은 절차로 이루어진다.

사람의 생명이나 신체에 대한 위해의 발생을 방지하고 그 신변을 보호하는 신변보호업무를 수행하기 위해서는 법인으로서 「경비업법」에서 정한 해당 경비인력(무술유단자5명 이상) · 자본금(1억원 이상) · 시설(기준경비인력수 이상의 사람을 동시에 교육할 수 있는 교육장) 및 장비(통신장비, 행정안전부령으로 정하는 장구: 기준경비인력수 분 이상의 장구)를 갖추고 신변보호업무를 특정하여 법인 주사무소 소재지를 관할하는 지방경찰청에 허가를 받는다.

허가받은 신변보호업체는 기업의 영리추구를 목적으로 마케팅전략을 수립하고 영업활동을 수행한다. 신변보호가 필요한 개인 및 행사장 등의 자체적 영업활동을 비롯하여 개별적인 의뢰자를 찾는다든지 입찰공고 등을 검색하여 적극적으로 영업활동을 전개한다. 이 과정에서 전담 컨설턴트를 양성하여 회사소개 및 지명원을 전달하고 기초 상담을 전개하고 업무수행 절차에 대한 개요를 소개한다. 의뢰자의 업무개요를 안내받으면 각종 위험분석에 따른 경호팀 운영 및 편성(배치 인원수, 근무형태 등)에 대한 내용과 전반적인 경호운영 절차 및 개요, 소요비용 등에 대한 견적서를 포함하여 의뢰자에게 제안서를 제출한다. 의뢰자는 제출된 제안서를 통해 업체의 운영계획, 비용, 이행능력 등을 고려하여 경호업체를 선택하여 업체 담당자와 업무내용 및 범위를 협의하고 도급액을 절충하여 세부계약서를 작성하게 된다.

업무수행을 위한 종합계획을 수립할 필요가 있는데, 이때 업무계획 단계부터 각 분야의 활동을 종합한다. 행사계획을 입수하면 가장 먼저 행사에 관련된 정보를 획득하여 필요한 인원과 장비, 선발요원 파견 및 답사 일정 등을 계획한다. 선발대 각자의 준비 과정 및 행사간 임무, 활동계획, 정보, 보안, 검측 등 각 기능별 활동계획 등에 대한 검토 및 확인 등의 구체적 활동사항을 종합하여 현장답사, 취약요소분석, 출입통제계획 등을 종합하여 위해가능성을 최종 판단하고, 경호지휘소를 통해 필요한 경호조치를 경호실시 부서에 하달한다. 물론 비상사태시 필요한 여러 요소들 즉, 비상대피소, 비상대기차량, 예비요원의 운용 등의 준비계획도 수립된다.

참고

***경호계획 수립시 유의 사항**

-경호 규정, 표준 경호 경비계획 및 연도 경호 지침을 준수한다.
-사전 현지 답사 및 안전 검측을 실시하여 완벽한 계획이 되도록 한다.
-사전관계자회의를 열어 계획에 있어서의 통일을 기한다.
-경호경비요원의 수송, 급식 및 숙소에 관한 계획을 세운다.
-검색장비, 통신장비, 차량 등의 동원 장비에 관하여 검토한다.
-예비 요원을 확보하는 등 융통성 있는 계획을 세운다.
-상황에 따른 예행 연습실시계획을 세운다.
-책임구역과 책임자를 지정하고 계획서 도면에 책임 한계를 명시한다.
-수립된 계획의 실천 추진사항을 계속적으로 확인, 미비한 사항을 즉각 보완한다.
-해안지역 행차시의 경호 경비에 있어서는 육·해·공의 입체적 경호경비가 이루어지도록 계획을 세운다.
-경호 경비 계획에는 그 실시에 착오가 없도록 하며, 주관 부서, 행사장 수용 능력, 행사장 병력배치, 비상통로 확보, 비표 패용, 교통통제, 주차장관리, 예행연습 등을 포함시킨다.

도급계약이 체결되면 이와 같은 세부 경호계획에 의하여 업무실행 준비를 위한 경호요원 채용, 경력사원 중 전담 관리자 및 경비지도사 선임, 신규채용 경호요원들에 대한 법정 교육과 자체 OJT(on-the-job training) 교육을 실시하여 행정적 실행준비를 완료한다. 이 과정에서 완벽한 경호업무수행을 위하여 행사실시 전 유관부서간 의견교환 상호협조 및 행사에 대한 명확한 지침을 하달하는 관계자 회의를 실시한다. 신변보호업무를 수행하는 일반경비원의 경우에는 경비원을 배치하기 24시간 전(특수경비원을 배치한 때에는 경비원을 배치하기 전)까지 관할 경찰관서장에게 배치신고를 하여야 한다(경비업법 §18②단서). 이에 따라 신고를 하지 않고 일반경비원을 배치한 경우에는 배치폐지를 명할 수 있다(동법 §18③).

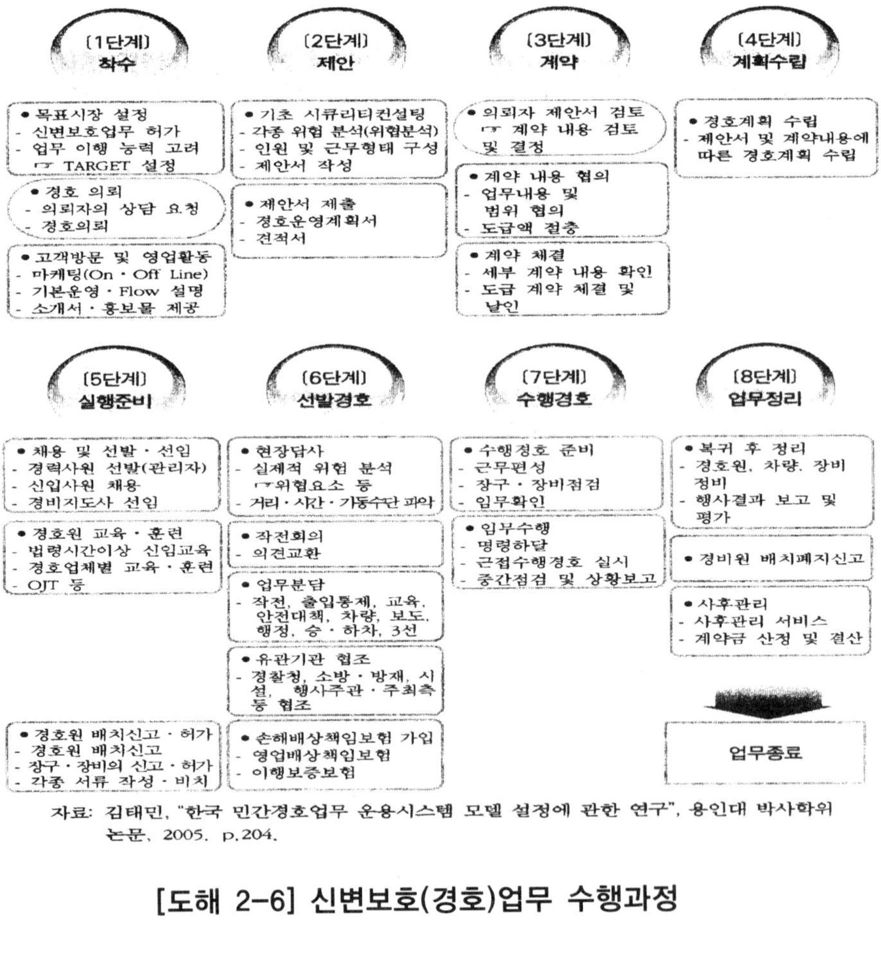

자료: 김태민, "한국 민간경호업무 운용시스템 모델 설정에 관한 연구", 용인대 박사학위논문, 2005, p.204.

[도해 2-6] 신변보호(경호)업무 수행과정

실행준비가 완료되면 예방 및 선발경호단계의 업무가 진행되는데, 선발경호의 임무는 각종 위해요소 등의 실제적 위험분석을 위하여 임무수행을 위한 거리·시간·기동수단 등의 내용에 대한 현지답사 및 출입통제·안전대책·근접경호·차량경호·상황실운영 등의 업무분담을 실시한다. 부수적으로 유관 기관의 협조와 지원을 요청하고 관련 보험 및 공제에 가입되었는지, 배치신고는 완료되었는지 등을 확인·점검한다.

예방적 활동 이후 본격적인 업무에 돌입하게 되는데, 실제 부여받은 위치에서 각자 요원들은 본연의 임무를 매뉴얼에 따라 철저히 수행하며 중간점검 및 상황보고를 하게 한다.

경호임무가 완료되면 복귀 후 정리절차를 거치게 되는데, 이때에는 사고여부, 차량·장비의 점검 및 정비, 업무결과 보고 및 평가, 경호요원배치폐지신고 등의 업무를 진행한다.

경호업무가 종료되었다고 해서 언제나 의도된 대로 움직여지는 것은 아니며, 어떤 때는 전연 다른 방향으로 일이 처리되는 경우 등이 있어 언제나 경호행사가 끝난 다음에 설정된 기준과 실적을 비교하는 평가가 필요하게 되는 것이다. 업무평가는 경호임무의 최종 단계로서 효과의 극대화를 위해서는 가능한 임무가 완료된 직후에 평가가 이루어져야 한다. 평가의 목적은 임무의 성패를 논의하는데 있으므로 진행과정과 적용된 기법을 비망록과 일지를 이용해서 회고하고, 목표를 달성하기 위해 적용된 방법을 요약한다. 또한 경호행사에 참여했던 모든 요원은 문제점과 해결책을 토의하여 다음 경호 임무 수행시에는 유사한 문제가 발생하지 않도록 교훈을 제공해 줄 수 있어야 한다.

발전을 위해서는 똑같은 일, 또는 이러한 잘못을 반복해서는 안 되며 언제나 보다 향상된 경호를 해야 하므로, 한번 시도한 것의 결과를 평가하여, 잘못이 있으면 즉각 시행함으로써 잘못을 반복하지 않고 계속 경호 발전을 지속시키게 되는 것이다. 그러므로 그것이 경호 행사가 종료되었다고 해서 경시될 성질의 것이 아니며 지속적인 발전을 위해서는 가장 중시되어야 할 것이다. 대화 형식으로 작성되는 이 보고서는 경호 임무 수행간의 주요 강조 사항을 기록한다. 이 결과보고서는 임무 종료 직후 계획 전담 요원에 의해 작성된다. 결과보고서를 완성하는데 경호요원들의 메모와 일지 그리고 경호대상자와 그의 참모, 사전 예방 경호요원 등의 코멘트를 참고로 한다. 직면했던 문제들과 이 문제들에 의한 제시된 해결책에 중점을 두고 결과보고서를 작성한다.
그리고 업무종료 이후에도 의뢰자 측에 대한 사후관리서비스를 통하여 다음 업무를 수주 받을 수 있도록 사후관리도 성의 있게 이루어져야 한다.

나) 신변보호(경호) 활동의 단계

구체적인 신변보호(경호) 실시는 예측, 인지, 조사, 무력화의 4단계에 입각하여 경호작용이 이루어지며 정형화된 경호계획을 수립하여 경호정보작용, 선발경호작용, 수행경호작용 등으로 구분하여 활동하는 것이 보통이다.

㈎ **예측(Anticipate)** : 정·첩보 수집 분석하여 사전 예방하는 안전·보안활동으로 경호정보작용에 해당한다. 효율적인 경호계획과 실시에 있어서 정보 및 첩보의 역할은 지대하므로 이에 대한 분석노력을 아끼지 말아야 한다. 경호위해행위의 대상이 광범위한 점을 감안하면 절대로 첩보와 정보를 경호활동과 분리하여 생각할 수 없는 것이다. 모든 경호활동은 정·첩보의 정밀한 분석이 철저히 이루어지는 가운데서 행사가 성공적으로 이루어질 수 있다.

정보활동은 경호활동의 원천적 사전지식을 생산, 제공하는 것으로 정확성, 적시성, 완전성을 구비하여 경호 관련 기본 정보, 기획정보, 분석정보, 판단정보, 예고 정보 등을 작성하여 경호지휘소로 집결하여 전달한다. 경호정보는 어떻게 수집, 평가, 분석, 실행되어야 하는가에 따라 경호활동의 기본 방향이 결정되므로 신속하고 정확한 정보분석과 대책의 수립이 요망된다.

㈏ **인지(Recognize)** : 경호위해요소 여부를 확인하고 판단하는 선발경호작용에 해당한다. 행사계획에 대한 최초임무를 부여받은 다음 또는 경호선발대가 행사장에 도착하여 최초 실시하는 경호활동 단계로써 주행사장을 돌아보며 주통로로 확인하여 위해(취약)요소를 분석·확인하는 제반경호조치를 판단하고 보완하는 활동을 한다. 여기서 위해요소는 경호대상자의 안전이나 경호활동에 어떤 영향을 줄 수 있는 요인으로 인적 요소(행사 참석자, 종사자, 상근자, 방문자, 감시대상자) 및 물적 요소(행사지역의 총포류, 화약류, 무기고, 유류가스 등), 지리적 요소(구조물 및 시설물 취약건물(고층 건물, 공사장) 감제고지, 건널목, 해안, 해상, 강 등)가 있다.

㈐ **조사(Investigate)** : 구체적 위해요소를 확인하고 조사하는 선발경호작용에 포함할 수 있다. 경호 관련 인원, 문서, 시설, 지역, 자재, 통신 등에 대하여 불

순분자로부터 완벽한 보호대책을 수립하여 이를 지속적으로 보완·유지해 나가는 보안활동을 실시한다. 행사보안이란 경호대상자의 움직임을 노출시키지 않거나, 일반에 널리 알려진 공식행사여서 불가피하게 경호대상자의 일정이 노출되더라도 이동경로 및 이동 방법 등을 공개하지 않음으로서 불순분자, 암살기도자들로부터 표적을 은폐시키거나 테러, 저격, 기타 위해를 준비할 수 있는 기회를 주지 않아 경호대상자의 신변안전을 도모하는 활동이다.

㈑ **무력화(Neutralize)** : 경호위해 및 취약요소를 제거하는 조치로 수행경호작용 등에서 마지막 단계로 실시하여 완료한다.

행사장 내·외부에 산재한 인적·물적·지리적 위해(취약)요소에 대한 안전대책을 강구하여 행사장 내·외곽 시설물에 대한 폭발물 탐지제거 및 안전 점검, 경호대상자에게 제공되는 각종 음식물에 대한 검식작용 등 통합적 안전작용인 안전대책 및 검측활동을 실시하여 이를 제거하는 활동을 실시하여 무력화한다. 안전조치는 행사시 경호대상자에게 위해를 줄 수 있는 위해 물질을 안전하게 관리하는 것이며, 안전검측은 경호대상자에게 위해를 가할 수 없는 상태로 전화시키는 작용을 말한다.

4) 신변보호(경호)업무중 우발(위기)상황 대응

(1) 우발상황의 대응방법

가) 우발상황의 개념

우발상황(偶發狀況, Accidental Circumstances, Contingency)이란 미래에 어떤 사건이 발생하거나 발생하지 않음으로써 궁극적으로 확정된 손실로서 발생여부가 불확실한 현재의 상태 또는 상황으로, 경호적 의미의 우발상황은 “계획적인 의도에 의해 시큐리티 대상자에게 직·간접적으로 발생하는 위해기도사태와 우연히 또는 계획적으로 발생하는 시큐리티행사를 방해하는 사태”를 총칭하며, 이러한 우발상황이 진전하여 경호대상자의 신상에 심각한 위해를 가할 수 있는 ‘위기상황’또는 ‘비상사태’로 발전할 수 있기 때문에 우발상황 발생시의 즉각 조치가 시큐리티의 승패를 좌우할 수 있으므로 신중히 대처해야 한다.

나) 우발사항(돌발사태)의 특징

(가) 사전예측의 불가능

우발(위기)상황과 비상사태는 상황이 직접적으로 발생되기 전까지는 위해기도가 발생되는 시간, 장소, 방법을 사전에 예측하기가 힘들다는 것이다. 이것은 위해기도의 모든 여건을 위해기도자가 결정하고 실행하기 때문에 예측이 불가능하며, 이에 대한 대응조치는 항상 후속으로 이루어진다는 불리한 상황에 직면하게 된다.

(나) 극도의 혼란과 무질서 야기

우발상황이 발생하게 되면 위기상황의 초래와 규모에 따라 차이가 생길 수 있으나 충격적 상황에 대한 심리적인 공포와 불안이 조성됨에 따른 혼란이 야기되며, 이 혼란으로 인하여 행사에 악영향을 미치는 무질서가 발생된다.

(다) 자기 보호본능 기제의 발동

특히 총소리나 폭음에 의한 우발사태가 발생하게 되면, 일반인이나 시큐리티요원은 인간의 기본욕구인 자기 자신을 보호하려는 보호본능이 발생됨에 따라 순간적으로 자세를 낮춰서 경호요원의 본분을 망각할 수 있다. 그러므로 경호요원은 자기본원의 임무를 망각하지 않기 위한 평소의 반복 숙달 훈련과 심리적 훈련이 요구된다. 그리하여 희생정신, 반사신경 등을 동원하여 경호대상자에 대한 본능적 보호조치를 강구해야 한다.

(라) 즉각 대응조치의 요구

자연적이든 인위적이든 우발상황이 발생되면 상황을 신속히 파악하여 근접경호요원은 공격자에 대한 대적과 경호대상자의 방호 및 대피로 안전을 유지하기 위하여 순발력과 민첩성을 발휘하여 즉각 대응조치가 요구된다.

다) 우발상황 대응방법

인지 – 경고(sound off) – 방벽형성-방호(Cover) · 대피(Evacuate) – 대적 · 제압

(가) 공격인지

시큐리티대상자의 안전을 위협하고 우발상황을 효율적으로 방지하기 위해서는

사전 관찰에 의해 발생 가능한 위협을 제거하는 것이다. 이것은 시각적인 정보에 의해 의문점을 제기하고 문제가 발생될 수 있다고 판단하였을 시는 어떤 대응조치가 필요할 것인가를 사전에 감지하여야 한다. 즉, 경호대상자에게 접근하는 모든 사람, 사물, 위해기도자가 숨을만한 장소와 어울리지 않는 물건, 시큐리티 대상자와의 거리와 위치, 손의 움직임, 유대하고 있는 물품에 대한 의문점을 제기하고 문제점을 찾아내어 위해기도자의 공격 의지를 사전에 파악함으로써 우발상황의 발상을 사전에 막는 것이다.

(나) 경고

위해기도자는 은밀하고 신속하게 취약한 부분을 공격해오기 때문에 이러한 행위를 근접경호요원이 인지를 하더라도 다른 경호요원이 알아차리기가 힘든 상황이 발생될 수 있다. 따라서 처음 상황을 인지한 시큐리티요원이 "경고"를 함으로써 주변 시큐리티요원으로 하여금 신속하게 상황에 대처하도록 하고, 위해기도자가 단독범이 아니고 공범이 있을 경우를 예상하여 제2의 공격에 대비하기 위한 목적이 있다.

"경고"를 하는 방법은 첫째, 위험의 발생위치, 둘째 위험의 종류와 성격을 간단명료하고 신속하게 큰 소리로 외치는 것이며, 이것은 가장 중요하다. 예를 들어 "뒤에 칼", "2시 방향 총", "앞에 몽둥이", "위에 낙석" 등과 같이 공격의 방향과 종류를 간단명료하게 하여야 한다. 이러한 상황에 효율적인 "경고"를 위한 평소 훈련에 의한 무의식적 행동이 전개될 수 있도록 숙달 훈련을 하여야 한다.

(다) 방패막의 형성

우발상황 발생시 경호팀은 전원 합심하여 우선적으로 대상자와 위해요인사이에 시각적·물리적 방패막을 형성해야하며, 동시에 대상자의 자세를 낮추도록 하고 가급적 빠른 시간내에 경호대상자를 위험 현장으로부터 대피시켜야한다.

㉮ **체위확장의 원칙 적용(Body Extend Principle) :** 전방에서 위해기도자가 무기(총, 칼)를 가지고 공격해 올 때, 제일 가까이 있는 근접 시큐리티요원은 체위를 최대한으로 확장시켜 공격에 대한 방패막을 최대화하여 물리적 방벽을 형성시키도록 하여야 한다. 이 때 시큐리티요원의 위치는 공격자, 시큐리티요원, 그리고 경호대상자가 일직선이 되는 위치에서 체위를 확장함으로써 공격자의 공격뿐만 아니라 시야를 가려 제2의 공격을 제지하는 시각적 방벽효과를 줄 수 있다.

또한 최초 발견자의 방패막 형성에 따른 다른 근접시큐리티요원이 공범과 제2공격에 대비한 방호벽을 형성시킬 수 있는 시간을 가질 수 있다.

㈏ 인적방벽 효과의 적용

㉠ **수평적 방벽효과** : 위해기도자 입장에서 경호대상자를 위해할 수단은 여러 가지가 있겠으나 "총기"로 공격한다는 것을 가상해 볼 때 위해기도자 입장에서는 경호대상자와 근접해 있는 시큐리티요원이나 수행원 등으로 '공격의 방해'를 받는다.

따라서 위해기도자는 방해 요인을 피하여 공격할 것이므로 경호대상자 주변에 있는 근접경호요원은 서있는 자신의 신체(Body)로 자연적인 방벽효과를 제공하게 된다.

㉡ **수직적 방벽효과** : 경호대상자 주위에 있는 시큐리티요원의 체위는 별 차이가 없으나 신장은 차이가 있어 수직적 의미의 방벽효과에 영향을 미친다. 시큐리티활동시 근접경호요원은 방벽효과측면에서 체격이 커야하며 신장도 우발상황 발생시 경호대상자를 보호하는데 큰 방벽효과를 제공한다.

(라) 방호 및 대피대형의 형성

위해상황을 최초로 인지한 근무자에 의한 "경고"와 "방패막 형성"이 되면 공범에 의한 공격과 제2의 공격을 차단하기 위하여 공격의 종류와 주위상황을 파악하여 방호 및 대피 대형을 형성하여야 한다.

방호 및 대피 대형을 형성할 시에 ㉠ 경호대상자와 시큐리티요원 및 위해기도자와의 거리, ㉡ 주위상황과 군중의 성격과 수, ㉢ 공격의 종류와 성격, ㉣ 대응소요시간에 대한 판단, ㉤ 방어 및 대피 대형을 형성할 수 있는 경호요원의 수 등을 고려하여야 한다.

㉮ **함몰형 대형(Cave in Formation)** : 함몰형 대형은 수류탄, 혹은 폭발물과 같은 폭발성 화기에 의한 공격을 받았을 때 사용되는 방호대형으로 경호대상자를 지면에 완전히 밀착시키고 그 위에 근접경호요원들이 밀착하며 포개어, 경호대상자의 신체가 외부에 노출되지 않도록 해야 한다. 이때 경호대상자에게는 근접경호요원에 의해 신체적인 통제와 완력이 가해지는데, 경호대상자의 신변을 보호하기 위해서는 체면이나 예의를 고려치 않는 과감한 행동이 요구된다.

㉯ **방어적 원형대형(Defensive circle Formation)** : 위해의 징후가 현저하거

나 직접적인 위해가 가해졌을 때 형성하는 방어대형이다. 근접경호요원은 경호대상자가 보다 작은 표적이 되게 하기 위하여 무릎을 구부려 자세를 낮추도록 하고, 경호대상자의 전·후·좌·우에서 에워싸는 형태의 원형대형을 유지하게 된다. 일단 방호대형으로 위기를 모면하였다 하더라도 위해기도자와 무기가 완전히 제압되지 않고 재공격과 위험이 남아있다고 판단될 시에는 신속히 대피대형으로 전환하여 현장을 즉시 이탈시켜야 한다.

㉰ **대피대형(Evacuate Formation) :** 우발상황이 발생되면 상황의 종류와 여건에 따라 함몰형 대형이나 방어적 원형대형을 형성한 후 제2의 공격이나 위험으로부터 경호대상자를 보호하기 위해 안전지대로 이탈시키기 위한 대형이다.

대피대형시에는 방어적원형대형과 마찬가지로 경호대상자가 일체 외부에 노출되지 않도록 자세를 낮추게 한 상태에서 전·후·좌·우 완벽한 방벽을 유지하며 대형을 형성하여야 한다.

이때 대형의 유지를 위하여 최소 3-4명 이상의 경호요원이 필요하며, 전방경호요원은 대피로를 결정하고 이동하면서 전방경계와 진로를 개척하여야하며, 측방경호요원은 경호대상자의 자세를 낮추게 하면서 허리띠를 잡거나 신체의 일부를 감싸고 좌·우 균형을 유지하면서 끌다시피 비상통로로 이동시킨다. 후미경호요원은 경호대상자의 등과 엉덩이 부분을 몸으로 감싸고 경호대상자가 대형 밖으로 밀려나지 않도록 하고 뒤를 밀면서 신속히 이동하도록 한다.

(마) 대피(Evacuation)

우발상황 발생시 가장 이상적인 즉각 조치의 방법은 시큐리티대상자를 안전지대로 얼마나 신속하게 대피시키느냐에 달려 있으므로, 대피시에는 시큐리티대상자에게 신체적 무리가 뒤따르더라도 예의를 무시하고 신속하고 과감하게 행동하여야 한다.

대피를 할 때는 먼저 대피로 확보에 주안점을 두고 제2의 범인에 의한 양동작전에 대비하여야 한다. 대피로는 위해기도자의 공격 역방향이나, 군중이 운집되지 않는 쪽 또는 비상구가 있는 쪽으로 대피시키는 것이 중요하며, 사전에 건물내부의 안전공간이나 비상대피용 차량을 사전에 준비하는 것이 원칙이다.

또한 대피시에는 경호대상자를 신속하게 안전지대로 대피시키는데 전력을 다해야지, 부상당한 동료를 돌본다든가, 도주하는 범인을 추적하는 행위를 지양하여야 한다.

특히, 야외행사시에는 경호대상자의 근접거리에 대피를 위한 비상차량을 대기시키는 것이 필수적이며, 만일 경호대상자가 위해기도로 인하여 치명적인 상처를 입었을 경우에는 최기병원(Nearest Hospital)으로 신속히 이동시켜야 한다.

(바) 대적 및 제압

우발상황이 발생되면 먼저 방호대형을 형성하여 경호대상자를 보호하여야 하지만, 제2공격, 제3공격을 방지하기 위해서는 범인을 대적하여 제압하여야 한다.

대적과 제압을 할 때에는 주위의 환경, 공격의 방향과 방법, 무기의 종류, 범인의 공격기술과 능력 등을 순간적으로 파악하여 대처해야 한다. 이러한 대적과 제압은 고도의 기술을 필요로 하므로 경호요원들은 평소 체력과 무도수련에 만전을 기해야 할 것이다.

대적과 제압에는 몇 가지의 단계를 거쳐야 하는데 첫 단계에서는 공격과 위해의 정도를 인지하고, 두 번째 단계에서는 주위상황과 경호대상자, 범인을 통제하여야 하고, 세 번째 단계에서는 범인과 무기를 제압하여 제2공격을 막아야하는데 단계별 내용은 다음과 같다.

㉮ **공격방향의 전환 :** 일단 위해기도가 인지되면 위해의 방법과 방향, 무기의 종류를 파악하여 "경고"를 한 후 시각적 방법이나 물리적 방법을 사용하여 경호대상자에게 진행되는 공격의 방향을 전환하여, 다른 근접경호요원들이 방호대형과 대적을 할 수 있는 시간과 여유를 갖도록 하여야 한다.

즉, 위해의 가장 중요한 것은 공격의 방향이 어느 쪽이냐가 중요하기 때문에, 공격의 방향만 전환한다면 순간적인 혼란을 막고 대응 자세를 취할 수 있을 것이다.

공격방향을 전환하기 위해서는 다음 몇 가지 사항을 유의하여야 한다.

㉠ 공격자의 무기를 잡기 위해 손만 사용하는 것보다 손, 몸통, 다리, 발 등 신체전체를 이용하여 전환하는 것이 훨씬 효과적이다.

㉡ 적의 공격무기의 방향전환이 가장 중요하지만, 경호요원의 위치, 방향, 범인의 신체조건 등을 고려하여 경호대상자나 위해자의 몸의 방향을 전환시키는 것이 효과적일 때도 있다.

㉢ 경호대상자보다 공격자의 무기나 몸의 방향을 전환시키는 것이 훨씬 효과적이다.

㉣ 공격방향을 전환시킬 때는 오직 방향전환에만 몰두해야지 다음 상황을 생각하지 말아야 한다.

㉤ 공격자의 소지 무기를 최대한 고려하여 방향전환을 하여야 한다.

㉯ **무기 및 범인 제압** : 위해기도자의 공격을 인지하고 공격 방향을 전환한 후에는 직접적인 공격을 제지하기 위하여 무기와 범인을 제압하여야 한다. 무기를 제압할 때는 무기의 종류와 공격의 형태에 따라 다양한 방법으로 제압을 하여야 하는데 다음 사항을 고려하여 신중히 처리하여야 한다.

㉠ **촉수거리의 원칙 적용**…무기와 범인을 제압할 시에는 위해를 가하려는 범인으로부터 제일 가까이 있는 시큐리티요원이 대적해야 된다는 것이 촉수거리의 원칙(Arm reach principle)이다. 그 이유는 대적을 한다는 것은 위해기도 범인이 먼저 공격을 감행한 상태이기 때문에 즉각적인 대응은 범인과 가장 가까이 있는 경호요원이 대적하는 것이 가장 신속하기 때문이다.

㉡ **체위확장의 원칙 적용**…범인과 가장 가까이 있는 근무자가 대적 임무를 수행할 때 칼이나 몽둥이, 맨손으로 공격시에는 공격의 방향만 전환시키면서 제압하지만, 총으로 공격시에는 체위를 최대한으로 확장시켜 방벽을 형성하며 적의 공격과 시야를 가림으로써 경호대상자를 안전하게 보호할 수 있다. 이 때 시큐리티요원의 위치는 발견된 무기와 경호대상자 사이로 몸을 움직여 경호대상자, 시큐리티요원, 총기가 일직선을 유지하도록 하면서 방패막을 형성하여야 한다.

㉢ **범인 밀착**…체위를 확장시켜 방벽을 형성한 다음에는 최대한 신속하게 범인에게 밀착 접근하여 무기의 공격방향을 전환시키기 위해 먼저 범인의 손을 제압하고, 그 다음 팔과 몸 전체의 균형을 무너뜨려야 한다. 이때 시큐리티요원은 범인의 저항을 최소화하기 위해 손과 팔, 다리, 몸 전체를 최대한 밀착시켜 범인의 행동반경을 최소화해야 한다.

㉣ **무기 제압**…무기를 제압할 때는 위해기도 범인의 저항으로 발생될 수 있는 제 2공격을 막기 위해 무기를 든 범인의 손을 끝까지 제압하여야 한다. 칼이나 몽둥이와 같은 무기를 제압할 때는 범인의 팔을 꺾거나, 무릎으로 범인의 낭심을 가격한다든지, 혹은 발로 범인의 정강이를 계속 가격하여 몸의 중심을 무너뜨려 제압하는 것이 좋다.

㉤ **총기사용의 자제**…위해기도 범인을 제압할 시는 가능한 한 총기사용을 자제하고 시큐리티요원의 신체를 이용하여 제압하여야 한다. 대적의 목적은 위해기도

를 무력화하는 것이지 위해기도자를 사살하려는 것이 아니며 시큐리티요원의 총기사용은 일반인에게 피해를 줄 수 있는 가능성이 있으므로 자제하여야 한다.

ⓑ **범인제압**…위해기도범인의 무기를 제압하여 공격이 어느 정도 무력화되었을 때는 제2의 공격을 방지하기 위해 손, 발, 다리 등을 이용하여 범인의 몸전체의 중심을 무너뜨려 무기와 범인을 완전히 땅바닥에 제압하여야 한다. 제압시에는 단독으로 제압하지 말고 복수로 대응함으로써 실수로 인한 제2공격을 완벽하게 제거할 수 있다. 실제적인 제압기술을 수행하기 전에 자기방어(self defense)의 원칙을 배우고 익혀야 한다.

ⓢ **범인 이동 및 보호**…단수 또는 복수대응에 의해 무기와 신체가 완전히 제압된 범인은 빨리 현장에서 이동시켜 발생될 수 있는 제2의 사태와 행사장 주변의 질서를 유지시키도록 하여야 한다. 그리고 범인의 신변을 보호하여 범행사유 및 배후세력을 확인하고, 다른 위해세력에 의한 암살 또는 흥분한 군중에 의한 집단 공격에 대비하여 안전한 장소로 신속히 호송하여야 한다.

(2) 도보(기동간) 사태 발생시 대처방법

경호대형의 변칙성과 기만성(복제 경호대상) 등을 이용한 예방이 우선이며 제압보다는 방어와 경호대상자의 대피가 우선임을 염두에 두고 대처하여야 한다. 우선적으로 경호대상자를 중심으로 한 방벽형성과 전방의 방어선을 구축한다. 사복(비밀경호)요원의 배치도 이러한 상황에서의 대처방법에 큰 도움이 될 수 있다.

(3) 행사장 우발(비상)사태 발생시 대처방법

밀폐되거나 공간의 제한적 사항이 많은 곳이므로 경호대상자의 방벽형성과 더불어 장소에서의 대피(Evacuation)를 우선적으로 생각하여야 한다.

사람이 많은 행사장이나 군중들 사이에서의 사고의 경우 제2 · 제3의 피해자가 발생할 수 있는 확률이 높기 때문에 해당지역에서의 이탈(대피)은 추가 사고나 사태의 확산방지 차원에서도 꼭 필요하다.

비상사태시 대피할 수 있는 보호(대피)지역의 사전준비도 방법의 하나이다. 행사장이나 많은 군중들이 군집해 있는 곳에서의 사태발생의 경우 숙소시큐리티와 달리 비상사태 발생시 일시 유동인원의 수가 많고 심리적 동요가 심하기 때문에 통제가 불가능한 경우가 많은 이유로 우선 통제 후 대피보다는 우선 대피가 유리하며 이러한 이유로 대피로의 사전 확보가 중요하다.

(4) 숙소경호시 우발사태발생 대응방법

호텔의 유동인원 완전통제 후 경호보안실(CP, 중앙감시관제센타) 통제에 따라 움직이는 것이 가장 좋은 방법이며 숙소의 경우 우발적 사고(사태)보다는 사전 계획이나 답사 등이 이루어진 후 발생하는 경우가 많기 때문에 기만성을 최대한으로 이용하여 위해대상자의 시선이나 집중력을 떨어뜨리는 것도 중요한 일이다. 가짜 경호대상자의 이용 및 복제 경호차량의 운행, 대피로의 변화 및 변장 등을 최대한 이용한다.

(5) 차량을 이용한 대응

차량경호는 경호대상자가 한 장소에서 다른 장소로 이동할 때 이루어지는 기동간의 시큐리티이다. 차량경호가 아니더라도 우발상황 발생시 차량을 이용하여 대응방법으로 이용할 수 있다.

위험지역으로부터 대피가 우선되어야 한다. 후방으로 대피하며 목표물 6~7m 이상 밖으로 물러난다. 정지시에 대응사격을 시도한다. 차의 스핀을 이용하여 방향전환 후 대응사격 등의 조치를 취한다.

(6) 테러발생시 대응(대처)방법

군, 경찰서, 소방서 등 관련기관에 신속한 연락을 취하여 구호를 요청한다. 보안(출입통제)을 유지하여 신속히 대피한다. 엘리베이터 사용은 가능한 금지하고, 문과 창문은 열어둔다.

(7) 데모 · 분규시 대처방법

노사분규현장에서 근로자들과의 직접적 자극이나 충돌을 피하고, 경호대상자를 위한 안전지역을 확보한다.

모든 출입구는 봉쇄하고 시설물 내 가연성 물질이나 무기, 위해물질은 제거한다.

열쇠는 회수조치하고, 잠금장치는 교환하고 시설 내 방화시설은 철저히 확인 점검하여 대처한다.

(8) 재난사고 발생시 대처방법

재난사고가 발생했을 경우 경찰관서·소방관서에 즉시 연락을 취하고 후속 조치를 강구한다. 피난처 확보에 주력하고 출입금지구역을 설정하여 주변지역의 질서를 유지할 수 있도록 통제한다.

최초신고 후 관련기관 주도하에 협력·조력하여 침착하게 대응한다.

(9) 비상계획의 수립

초기대응의 신속을 위해 미리 준비된 절차에 따라 움직일 수 있는 명령체계를 구축하고 비상사태 발생시 투입될 수 있는 비상작전팀을 조직 구성하여 사전에 훈련하여 대비한다. 비상작전팀 및 외부기관과의 비상통신수단(무선·유선, Hot-line 등)을 준비해 둔다. 대중 및 언론에 대한 정보제공 범위 및 한계, 방법 등을 미리 수립해 만일의 비상사태에 대비한다.

4. 보안시큐리티업체

1) 보안의 개념과 종류

(1) 보안의 의의

인간은 자기만 알고 있는 비밀을 감추지 못하고 누설하려는 욕구와 속성을 갖고 있다. 그러나 시큐리티요원은 죽음으로서 보안을 지킬 수 있어야 한다.

보안(保安, Security)이 안전과 동의어로 쓰이기도 하지만, 보안이라는 기술적 용어는 무언가가 안전하지 않으나 안전해야 함을 뜻한다. 일반적으로 보호해야 하는 대상에 대해 접근제어를 통해 안전을 도모하는 경우 보안이라는 용어를 사용한다. 전자 통신에서, 보안이라는 용어는 ㉮ 불의의 행위나 영향으로부터 침입 상태를 보증하는 보호 기준의 확립과 유지 보수의 결과를 낳는 상태, ㉯ 권한이 없는 사람들이 국제 보안을 지키는 공식 정보에 접근하지 못하도록 하는 상태와 같이 정의한다.

그리하여 보안(保安)이란 광의로 국가의 안전보장과 국가정책에 관하여 영향을 주는 인원, 문서, 자재, 시설, 지역 등을 제3자의 침해행위로부터 보호하는 제반 대책이라 할 수 있다. 좁은 의미로는 자기 또는 취급기관이 부서의 임무, 인원, 문서, 자재, 시설 등을 보호하려는 제반 대책을 보안이라 하고 이와 같은 보안대책은 정부기관, 군사작전에서부터 일반기업경영전략에 이르기까지 필수적인 요소로 등장한지 오래다.

보안은 모든 사람의 책임이다. 자신의 보안을 남이 대신해 줄 수 없다. 보안책임자는 보안활동과 동시에 보호대상과 관련된 모든 관련자들에게 보안의식을 강화 할 수 있도록 교육할 책임이 있으며, 최고결정권자는 보안을 저해하는 모든 요소들에 대한 제제를 할 수 있도록 관리를 강화해야 한다.

(2) 보안의 분류

보안(security)을 영역별로 나누어 보면, 정보통신(IT)영역에서의 ㉮ 컴퓨터 보안(해킹, 크래킹 등), ㉯ 인터넷 보안, ㉰ 응용프로그램 보안, ㉱ 정보 보안, ㉲ 네트워크 보안 등으로 구분하고, 물리적 영역에서의 경찰, 공항 보안검색, 주택경비, 물리 보안 등으로 나누어 살펴 볼 수 있으며, 사후 위험처리분야에서 보험이나 공제 등을 들 수 있다.

물리 보안이란 물리적으로 정보, 인명, 시설을 보호하는 것으로 이는 인가자나 비인가자의 출입관리, 천재지변으로부터의 시설보호, 방범관리 등 모든 물리적 위협에 대해 보안을 지키는 것을 의미한다, 한국에도 에스원, 캡스 등의 물리보안 전문업체가 있으며, 도난 관리 중심으로 보안활동을 하고 있다. 다른 보안의 기초가 되는 부분으로 물리보안이 취약하면 해당 시설의 안정성을 담보할 수 없다.

2) 보안과 비용간의 관계

보안이 없는 경우 그에 따라 사고가 날 확률이 높아지는 것은 명확하다. 또한 아무것도 안하는 것이 사고가 날 가능성이 없다는 점은 명맥하나 그로인하여 잃어버릴 기회비용 또한 예측가능하다.

-교통사고를 막는 방법은 차를 몰지 않도록 하는 방법이 최선일까?

-도둑을 막기 위해 문이 없는 집을 만드는 것이 최선일까?

보안을 강화하기위해 비용을 들이면 들일수록 보안사고로 인한 잠재적 피해액수는 줄어든다. 그러나 일정수준이 지나면 잠재적 피해액 보다 보안을 위한 비용이 더욱 많이 발생할 수 있다. 보안책임자는 최소한의 비용으로 최대한 잠재적 보안피해액을 줄이도록 노력해야 한다.

이와 같이 완벽한 보안의 구축은 불가능하다. 대부분의 보안활동은 위험을 최소한으로 줄이기 위한 활동일 뿐이지 완전히 없애기 위한 활동이 아니다.

위험은 끊임없이 변한다. 항상 동일한 수준의 보안을 유지하고 있었을 때 예전에는 안전했던 것이 지금은 더 이상 안전하지 않을 수 있다. 따라서 보안도 거기에 따라 변해야 하며 보안에 들이는 비용과 노력이 계속 달라질 수 있음에 대해 이해하고 계획할 수 있어야 한다.

3) 보안의 원칙

(1) 알 사람만 알아야한다

보안에 있어서 가장 기본적이며 중요한 원칙이다. 보안의 대상이 되는 사실은 전파가 반드시 필요한가의 여부를 신중히 검토한 후에 이루어져야 한다.

(2) 적당성 원칙

수집한 정보나 생산된 정보는 사용자가 필요한 만큼 적당한 양을 전달하도록 한다. 사용자가 요구하는 것 이상으로 정보를 제공하는 것은 불필요한 보안상의 문제를 야기할 수도 있다.

(3) 보안과 능률의 원칙

보안을 지나치게 강조할 경우 애써 생산한 정보가 사용자에게 제대로 전달되지 않아 정책결정에 활용하지 못하는 불상사가 초래될 수 있다.

또한 지나치게 보안의 범위를 광범위하게 실정할 경우 보안시스템을 유지하는 것 자체가 과중한 업무부담으로 작용하여 본말이 전도될 수 있다. 따라서 무조건적으로 보안시스템을 가동시킬 것이 아니라 생산된 정보에 대한 충분한 사전 검토가 있어야 한다.

4) 보안시큐리티의 기본자세

(1) 비밀은 그 비밀을 알고 있는 사람이 지켜야 한다

정보기관 관계자나 요원은 기밀사업 내용을 불필요하게 알리지 않도록 하고 측근자에게까지도 알리지 않는 자세가 중요하다.

(2) 비밀의 존재 자체를 감지 당하지 않도록 한다

현실적으로 어떤 새로운 비밀이 생겼을 경우 그 책임자나 관계자는 평소와 다른 조심성을 보임으로써 분위기가 달라지고 따라서 사무실 내의 모든 직원사이에 억측과 유언비어가 나돌며 궁금한 사항을 추리하게 된다.

(3) 보안을 억지로 해서는 안된다

가정의 등기문서나 재산관리의 경우 가족들에 대해 취급제한이나 열쇠관리를 한다. 모든 보안은 자기가 필요에 의해서 해야 한다.

(4) 위험을 미리 예견할 줄 알아야 한다

위험을 예견한다는 것은 절반은 피한 것이나 다름없으며, 이를 예방할 수 있다.

(5) 의심외의 보안은 없다

경제활동에서는 신용이나 신뢰는 하나의 자본이지만 보안에서는 선의(善意)의 의심이 필요하다.

(6) 자신은 금물이다

보안시큐리티에는 완전은 없다. 예컨대 철통같은 시큐리티속의 중요비밀도 내부직원의 배반행위에 의하여 누설될 수 있다. 내부직원의 신원조사가 끝났다고 해서 보안이 다 끝난 것은 아니다.

(7) 자만심을 경계하라

사람은 비밀을 알고 있을 때 타인에 대해서 우월해지고 자만해지기 마련이다. 현명한 정보요원은 말하는 것보다 겸손하게 듣기를 좋아한다.

5) 보안누설

적국 또는 반국가단체에 대하여 비밀로 하는 것이 대한민국의 이익을 위하여 필요하다고 인정되는 모든 기밀을 특히 보안사항(국가기밀)으로 다루고 있다. 국가기밀 또는 군사상 기밀은 평시에 있어서 국가안보상 극히 중요하게 다루어지고 누출되지 않도록 하여야 한다. 평시에는 물론 전시에 국가의 존립 및 안위를 위협할 만한 인터넷상의 국가기밀 등의 누설을 효과적이고 체계적으로 차단하고, 보안할 수 있는 대책을 마련하고 있다. 즉, 인터넷 등 정보통신망상에서 국가이익과 관련된 정보 중 '법령에 의하여 분류된 비밀 등 국가기밀을 누설하는 내용의 전기통신'은 유통행위 자체를 금지하고 있는 것이다.

또한 '누설(漏泄)'이라 함은 기존에 지득(知得)한 기밀이나 보안사항을 특정인 또는 특정다수인이 인식할 수 있는 상태에 두기 위해 통보하거나 고지하는 일체의 행위를 말한다.

전시에는 적과의 교전상태에 있어 전황을 극도로 불리하게 하거나, 행정 · 입법 · 사법기능의 수행을 현저히 곤란하게 할 수 있는 군사상 기밀 또는 국가기밀이 간첩행위 등으로 인해 누설 · 훼손 · 변경되거나 또는 적국 및 반국가단체에 전달되는 등 전쟁의 승패를 가름할 수 있을 정도로 국가안전에 중대한 위협이 될 수 있는 상황이 연출될 수 있으므로, 유출되지 않도록 유지되어야 할 것이다. 특히, 신속한 전파성과 익명성, 비국경성 등 인터넷상의 정보유통의 특성으로 인해 비밀취급의 인가를 받지 않는 사람이 비밀로 구분된 첩보나 자료에 접근하여 국가의 기밀 등을 누설하는 경우에는 국가의 존위자체가 훼손될 우려가 있다. 따라서 정부는 평시에는 물론 전시에 국가의 존립 및 안위를 위협할 만한 인터넷상의 국가기밀 등의 누설을 효과적이고 체계적으로 차단하고, 보안할 수 있는 대책을 마련하고 있다. 즉, 인터넷 등 정보통신망상에서 국가이익과 관련된 정보 중 '법령에 의하여 분류된 비밀 등 국가기밀을 누설하는 내용의 전기통신'은 유통행위 자체를 금지하고 있다.

한국에서는 「국가보안법」(§4)상 국가기밀누설죄 뿐만아니라 「형법」(§113) 외교상비밀누설죄, 제127조(공무상비밀누설죄), 「군사기밀보호법」상의 군사기밀누설 등의 죄, 「군형법」(§80)상 군사기밀누설죄 등으로 국가기밀을 누설한 자를 처벌하고 있다.

(1) 기도적인 누설

조직내 인원 중 불평불만이나 다른 동기 때문에 의도적으로 외부에 정보를 누설시키는 것이 기도적인 누설이다. 이는 자기 스스로 누설하는 경우와 외부로부터 포섭되어 누설하는 경우도 있다.

(2) 보안의식 결핍으로 인한 누설

정보누설은 보안에 대한 무관심이나 자기 지식을 자만하거나 과시하는 과정에서 발생한다. 보안의식 결여는 주인의식이 희박한데서 기인하며 사고의 무형성으로 인하여 사고에 대한 사전 확인이 곤란하고 위험의식도 희박하다. 또 정보보호 자체를 제외하고 구체적인 실적이 드러나지 않기 때문이다. 자칫 컴퓨터 해킹, 전화도청, 컴퓨터바이러스 등의 수법을 통하여 컴퓨터관련 정보침해범죄를 저지를 수도 있으므로 주의해야 한다.

(3) 제3자의 침입에 의한 누출

가) 절취

정보를 빼내가려는 자가 대상목표에 잠입하여 필요한 자료 등을 절취하거나 복사 또는 사진 촬영하여 정보를 절취해 가는 방법이다.

나) 도청

도청(盜聽, eavesdropping)은 타인의 대화나 전화 내용을 당사자의 동의 없이 몰래 엿듣는 행위를 말하는데, 전화도청(wiretapping)이나 컴퓨터 네트워크에 대한 도청, 아마츄어 무선통신(HAM)용 수신기에 의한 도청이 이용되고 있다. 선진국가에서는 사생활의 침해로써 법률이나 판례에 따라서 금지되고 있으나 아직무시되는 경향이 있다. 1972년 미국에서 닉슨 정부가 야당의 선거사무소의 전화에 도청장치를 설치하였다가 발각되어 정치문제화되어 1974년 닉슨이 결국 사임하게 된 것은 유명한 사례이다.

1977년 박동선사건(朴東宣事件)의 와중에서 드러난 미국정보기관의 청와대도청사건은 한국 국민의 분노와 경악을 불러일으켰다. 이 사건은 정치·외교적 차원에서 흐지부지 수습되고 말았지만, 상당 기간 한·미 외교관계에 불협화음을 지속시켰다.

또 1995년 미·일자동차 협상 때 미국 CIA가 일본측의 기밀회의를 도청, 작전을 미리 알고 협상했다고 해서 물의를 일으킨 사건도 국가 대 국가 간의 기밀도청사건으로 화제가 되었다. 녹음테이프로 일반에 공개된 도청사건은 1979년 12·12사태 때 육군 3군사령부가 육군 전지휘관의 전화를 도청한 것이었다.

「대한민국 헌법」은 사생활의 비밀과 자유, 통신의 비밀을 보장하고 있으며(§17·18), 구체적으로 통신의 비밀을 보호하고 통신의 자유를 신장할 목적으로 제정된 「통신비밀보호법」은 통신 및 대화의 비밀과 자유에 대한 제한은 그 대상을 한정하고 엄격한 법적 절차를 거치도록 하고 있다. 따라서 법률의 규정에 의하지 않은 도청은 위법한 것이다.

다) 해킹

보안은 허가되지 않을 사람은 볼 수 없는 기밀성, 허가받은 사람에게 정보를 보여 주는 가용성, 허가받지 않은 사람에 의해서 훼손될 수 없는 무결성을 말한다. 이와 같은 보안의 3요소인 기밀성, 가용성, 무결성을 훼손하는 행위를 해킹(hacking)이라고 미국의 보안전문협회인 ISC2협회에서 정의를 하고 있다. 컴퓨터 네트워크의 보안 취약점을 찾아내어 그 문제를 해결하고 이를 악의적으로 이용하는 것을 방지하는 행위를 말한다. 이런 행위를 하는 사람들을 해커(hacker)라고 한다. 이 말은 1950년대 말 미국 매사추세츠공과대학(MIT) 동아리 모임에서 처음 사용되었던 '작업과정 그 자체에서 느껴지는 순수한 즐거움'이란 뜻의 '해크(hack)'에서 유래된다. 그러나 순수하게 작업과정 자체의 즐거움에 탐닉하는 컴퓨터 전문가들의 행위로 시작된 해킹은 컴퓨터가 일반화되면서 점차 나쁜 의미로 변질되었다. 즉, 다른 사람의 컴퓨터에 침입하여 정보를 빼내서 이익을 취하거나 파일을 없애버리거나 전산망을 마비시키는 악의적 행위가 빈발하게 된 것이다.

이런 파괴적 행위를 하는 자들은 크래커(cracker)라고 하여 해커와 구별하기도 한다. 그러나 일반적으로 해커와 크래커는 구별되어 쓰이지 않고 범죄 행위를 하는 자의 의미로 쓰인다. 해킹에 대응하여 컴퓨터 보안기술도 발달하였는데, 방화벽을 쌓아 불법접근을 차단하는 방식 등을 사용한다. 최근 들어 급증하고 있는 해킹범죄는 기술발전과 변화의 정도가 매우 빨라서 해킹에 대한 보안 솔루션을 개발해 대응책을 마련했다고 할지라도 하루가 다르게 변화하는 침입과 공격에 대처하는데 많은 어려움이 따른다. 컴퓨터 해킹을 통한 스파이 행위는 정보·기술을 훔치는 것뿐만 아니라 자료를 삭제하거나 교묘히 왜곡하는 행위, 그리고 바이러스를 이용해 시스템 자체를 공격·마비시키는 행위를 포함한다.

대표적인 해킹 사례로는 1985년 3명의 구 서독 해커가 구 소련의 KGB요원에게 포섭된 뒤 개인용 컴퓨터를 이용하여 미국 등 서방 선진국의 주요 군사기술 시스템에서 수천 개에 달하는 암호 등 극비정보를 빼내 건네준 사건을 들 수 있다.

한국에서 「정보통신망 이용촉진 및 정보보호 등에 관한 법률」은 정당한 접근권한이 없거나 허용된 접근권한의 범위를 초과하여 정보통신망에 침입하는 행위를 금지한다(§48①). 이를 위반하면 3년 이하의 징역 또는 3000만 원 이하의 벌금에 처한다(§63①1).

「정보통신기반보호법」에서도 주요 정보통신기반시설을 침해하여 교란·마비 또는 파괴한 자는 10년 이하의 징역 또는 1억원 이하의 벌금에 처하도록 규정하고 있다(§28①). 또 「형법」에서도 컴퓨터 등 정보처리장치에 허위의 정보 또는 부정한 명령을 입력하거나 그 밖의 방법으로 정보처리에 장애를 발생하게 한 자는 업무방해죄로 5년 이하의 징역 또는 1,500만원 이하의 벌금에 처하도록 규정하고 있다(§314②).

6) 보안관리

보안관리(保安管理, security management)란 자원에 접근할 수 있는 이용자에 관한 권한과 암호화를 위한 열쇠를 관리하는 기능을 말한다. 또한 보안관리는 인증 데이터나 신분, 접근 권한, 보안 레이블, 감사 기록 파일, 레코드 등과 같은 정보 시스템 내의 중요 데이터를 보호하기 위하여 필요한 관리적 기능을 의미하기도 한다.

(1) 유형별 보안대책

가) 시큐리티

보안대상을 사람의 위해행위로부터 보호하는 것으로서 사람의 신중한 선택, 계속적인 관리·감독이 필요하다. 이를 위해 신원조사, 동향파악, 보안교육, 보안서약 등의 수단이 활용된다.

나) 시설보안

대상 보안시설을 보호하기 위한 대책으로 자연·인공·동물방벽, 전기전자방벽 등의 방벽을 이용, 설치하거나 제한지역, 제한지역, 통제구역 등의 보호구역을 설치하는 방법이 있다.

다) 문서보안

문서의 내용에 따른 비밀의 분류, 보안책임자의 지정, 복제모사의 제한, 절차에 따른 대출열람, 비밀문서의 안전한 파기 등의 방법으로 문서보안을 실시한다.

라) 통신보안

통신정보는 전기통신수단에 의하여 발신되는 통신을 수신·분석하여 산출하는 정보를 말하고, 통신보안이라 함은 통신수단에 의하여 비밀이 직접 또는 간접으로 누설되는 것을 미리 방지하거나 지연시키기 위한 방책을 말한다. 누설되어서는 안 될 보안사항이 통신수단에 의해 전달되는 과정에서 누설되지 않도록 하는 것으로서 통신장치에 대한 보안장비의 설치, 음어자재의 이용, 중요내용의 통화억제 등의 방법이 있다.

마) 컴퓨터보안

컴퓨터보안대책으로는 직무권한의 명확화, 패스워드의 철저한 관리, 컴퓨터처리과정의 감사, 데이터 취급자의 견제 및 규제, 컴퓨터범죄에 대한 철저한 수사 등의 방법이 있다.

1단계 보안인프라구축

1단계 추진사항	
문서화	- 보안정책의 작성 및 확정 - 보안지침 및 표준 작성 - 보안 운영 및 변경관리 절차
보안조직	- 관련 조직의 구성 및 확정
보안교육	- 교육프로그램 개발 및 확정 - 일반 보안교육 실행
보안관리	- 보안감사 및 평가방안 마련 - 취약관리 기법 도입
긴급대응	- 외부 해킹 대응책 강화 - PC 보안기능 강화

2단계 전사적 보안 시스템 구축

2단계 추진사항	
관리적 보안	- 부서별 정책, 지침, 절차 수립 - 보안시스템 관련 보안교육 실행 - 보안시스템 평가 및 진단 실시 - 정보분류 체계 수립
물리적 보안	- 출입통제시스템 강화 - 재난복구계획(DRP) 강화
네트워크 보안	- 인터넷 보안 아키텍처 구축 - 웹 방화벽 도입
서버 보안	- SecureOS(보안운영체계) 수립 - DB 암호화 툴 사용
응용시스템 보안	- C/S 환경하에서의 보안시스템 구현 - 시스템 개발/변경관리 보안대책 수립
PC 보안	- PC 보안관리체계 수립 - 그룹웨어 보안대책 수립

3단계 감사 및 유지관리

3단계 추진사항	
모니터링 및 점검	- 보안관리체계 모니터링 - 정기적인 보안감사
유지관리	- 보안개선 사항 검토 후 적용 - 침해사고 예방 및 대응 활동

(2) 보안점검사항

일상적 업무로부터 정보가 누설되지 않도록 인원, 문서, 통신, 시설 등에 대한 필요한 보안대책이 소극적 대책이고, 적극적 대책으로는 상대적인 첩보수집 활동이나 조직의 와해, 이간행위 또는 국가적 파업 등을 계획적이고 조직적으로 보호 · 저지하는 것을 말한다.

일상적이고 소극적인 보안 점검사항으로는 ㉠ 자기 책상, 서류는 제대로 정리하고 어떠한 장치를 하였는가, ㉡ 자기 취급업무를 남에게 의존하고 있지는 않는가, ㉢ 사무실 장치는 제대로 되었는가, ㉣ 주요 물건은 비밀 또는 특별취급을 하고 있는가, ㉤ 비밀문건은 비밀관리기록부에 등재하며 원칙대로 하는가, ㉥ 불필요한 방문객이 자기 업무를 엿보지 아니한가 등이다.

계획적이고 적극적인 보안 점검사항으로는 ㉠ 생산문건의 배부가 필요한 곳으로 필요한 사람에게 정확하게 전달되었는가, ㉡ 배부기관 상호간에 접수확인 점검은 즉각 시행되었는가, ㉢ 배부된 자료가 보관 또는 관리상 허점은 없는가, ㉣ 자료의 대외 또는 국외 유출시 상당한 국가적 손실을 감안한 보안대책의 강구여부는, ㉤ 기타 화재 등 긴급안전대책은 수립되어 있는가 등이다.

(3) 한국의 보안관리

국가안전보장 관련기관 중 중추적인역할은 대통령 직속인 국가정보원(國家情報院, NIS : National Intelligence Service, 이하 '국정원')에서 맡고 있다. 1961년 중앙정보부로 창설된 이래 1981년 국가안전기획부로 이름이 바뀌었다가 1998년 4월 새 정부 출범을 계기로 이미지 개선과 국민 신뢰를 위해 지금의 이름으로 새롭게 출발했다.

국정원은 ㉮ 국외정보 및 국내보안정보(대공·대정부전복·방첩·대테러 및 국제범죄조직)의 수집·작성 및 배포, ㉯ 국가기밀에 속하는 문서·자재·시설 및 지역에 대한 보안업무(다만, 각급기관에 대한 보안감사는 제외), ㉰ 「형법」중 내란의 죄, 외환의 죄, 「군형법」중 반란의 죄, 암호부정사용죄, 「군사기밀보호법」에 규정된 죄, 국가보안법에 규정된 죄에 대한 수사, ㉱ 국정원직원의 직무와 관련된 범죄에 대한 수사, ㉲ 정보 및 보안업무의 기획·조정 등의 업무를 수행한다(국정원법 §3). 국가정보원장은 국가정보 및 보안업무에 관한 정책의 수립 등 기획업무를 수행하며, 동 정보 및 보안업무의 통합기능수행을 위하여 필요한 합리적 범위내에서 각 정보수사기관의 업무와 행정기관의 정보 및 보안업무를 조정한다(「정보 및 보안업무 기획·조정규정」 §3).

이외에도 정보 보안과 관련된 국가기관으로는 한국인터넷진흥원, 인터넷침해사고대응지원센터, 정보보호사령부(국방부 산하 2012년초 창설예정), 국가사이버안전센터(국정원 산하), 사이버테러대응센터(경찰청 산하) 등을 들 수 있다. 경찰청 사이버테러대응센터(Cyber Terror Response Center, 약칭 '네탄')는 해킹, 바이러스제작및 유포 등 각종 컴퓨터 범죄의 포착과 수사를 담당하는 대한민국 경찰청의 사이버범죄 전담 수사기관을 말하며 네티즌들 사이에는 '사이버수사대'라고 불리기도 한다.

7) 기업범죄 및 기업의 보안관리

(1) 기업범죄와 위기관리

오늘날 기업범죄는 기존의 전통적 범죄유형을 벗어난 신종의 모습으로 나타나고 있는데, 대기오염·수질오염 등 각종 환경범죄, 제조물 책임 등 소비자에 대한 범죄, 부실공사, 그리고 기업의 종업원에 대한 범죄로 직업병·산업재해, 그리고 경제 범죄로서 독과점·탈세 등 개인에 의한 범죄와는 그 양상이 전혀 다르며 그 심각성과 폐해는 날로 커지고 있다. 더욱이 우리 사회에 있어서 고도산업화, 정보화에 대비한 각종 입법조치가 신속히 뒤따르지 못한 결과 이들 신종범죄는 최소한 새로운 입법 장치가 마련될 때까지라도 손쉽게 범법 또는 탈법행위에 의해 손쉽게 폭리를 취하고 있는 것이다. 1960년대 이후 우리나라 경제개발의 한 주역으로 중요한 역할을 담당하였던 기업들이 1997년의 IMF사태 이후 무모한 차입경영과 방만한 문어발식 경영 등으로 인하여 사회적 지탄의 대상이 되었고, 기업의 양적 증대와 다양화는 한편으로 많은 부작용을 야기하였는데, 문제는 단순히 방만한 기업경영이나 무모한 차입경영에서 나아가 갖가지 범죄나 비리사건의 주역으로 기업이 등장하였다는 점이다.

특히 기업범죄는 대부분 영업활동과 관련하여 발생하며 그 수법이 지능적·전문적·조직적·비공개적으로 이루어지며 그 피해가 특정 개인에게 귀속되는 것이 아니라 바람직한 기업 환경과 경제구조를 악화시키는 등의 모습으로 나타나기 때문에 그 피해를 즉시 파악하는 것은 쉽지가 않다. 또한 기업범죄의 경우 피해자는 광범위하고 분산되어 있으며, 폭력성을 띠지 않는데다 직접적인 피해자가 적다는 이유로 일반 형사범보다 관대하게 처벌되는 경향이 있다. 기업이 세금을 포탈했을 때 국민의 납세액이 증가되고, 기업들의 가격담합의 경우에는 피해자는 국민이지만 수많은 사람에게 피해가 분산되기 때문에 국민들은 자신이 세금이나 제품 가격을 부당하게 더 많이 지불했다는 사실을 쉽게 인식하기 어렵다. 또한 기업범죄를 규제하는 법규도 갈수로 세분화·전문화되면서 그 구체적인 구성요건을 하위 법령 또는 타 법령에 백지위임하거나 경제상황의 변동성에 대처하고 경제입법의 고정성과 불완전성을 보완하기 위한 일반조항 등이 자주 등장하게 되어 경제범죄 관련 법령에 정통하고 있지 않은 한 기업범죄에 신속하고 능동적으로 대처하기 힘든 것이 사실이다.

위기관리(Risk Management)라는 말은 1930년대 미국에서 보험업계의 비용관리 측면에서의 보험관리로서 생겨난 말이지만, 오늘날의 일반적인 정의는 '경영활동에 따르는 각종 리스크를 최소비용으로 억제하는 체계적 조치'로 설명된다. 리스크에는 여러 가지 파악방식이 있는데, 그 중 고용·생산·판매·투자·연구·개발 등의 업무활동에 따르는 손실과 이익의 기회가 공존하는 동태적 리스크(투기 위험), 재산손실, 인적손실, 배상책임 손실, 사업장애 등과 같이 손실만이 존재하는 정태적 리스크(순수위험)로 나누는 것이 일반적이다.

세계무역기구(WTO)체제 출범 이후 세계 각국은 상호시장을 표방하면서 자국산업보호에 전력에 따라 경쟁력 확보의 핵심요소라 할 수 있는 첨단기술의 자체개발에 주력하고 있는데 이러한 기술개발은 연구인력, 자금, 시간이 소요된다는 점에서 손쉽게 첨단기술을 확보할 수 있는 정보, 기밀획득에 관심을 기울이다보니 기밀 수집을 위한 정보전이 날로 치열한 양상을 보이며 전개되고 있다. 2003년 이후 국가정보원이 국가산업기밀 보호센터를 개설한 이래 그동안 90조원에 이르는 엄청난 규모의 산업기술 유출방지 사건이 72차례 발생하였다. 이러한 기술유출 기도사건 75%에 이르는 54건이 반도체, 휴대전화 등 IT분야 최첨단 기술에 집중되어 있는 것으로 나타났다. 산업기밀 유출 양상도 과거 생계형에서 최근 발생한 반도체 기술유출 사건에서 볼 수 있듯이 외국정부 연계 및 기업형 사건으로 대형화되고 있고, 수법도 핵심인력 매수 · 스카우트 · 위장업체 설립 · 절취 · 해킹 등 가용(可用)한 모든 수단이 총동원되고 있다. 특히 우리나라가 짧은 기간에 세계경제 10대강국으로 부상하고 반도체, 휴대폰, 각종 전자제품 등 정보기술 분야와 자동차, 선박, 기계, 부품 등 제조업 분야의 기술이 세계최고 수준을 자랑하면서 경쟁국들의 산업 정보전의 표적이 되고 있는데, 경쟁상대인 중국과 대만은 물론이고 경제 강국인 일본, 유럽국가 등 대부분의 국가들이 우리의 최첨단 기술에 눈독을 들이고 기술을 빼내기 위해 수단방법을 총동원하고 있다.

그러나 대다수의 국내 기업들은 기술보호의 필요성은 인식하고 있으면서도 실질적인 보호 장치 마련에는 소극적인데다, 임직원들의 보안에 대한 관심 및 전문지식마저 부족하여 경쟁국 산업스파이들의 손쉬운 표적으로 대두되고 있다. 또한 일부 연구원들은 본인이 개발한 기술은 본인 소유라는 인식을 가지고 죄의식 없이 개발기술을 유출, 사업화하는 경우가 있고 사업화 이후에도 내부인과 연계하여 지속적인 기술유출 루트로 활용하고 있다.

산업기술의 불법 해외유출이 심각한 수준에 있으나 「부정경쟁방지 및 영업비밀보호에 관한 법률」에 따른 처벌대상이 민간 기업비밀 누설의 경우로 한정되어 있고, 각종 법률에 산재하여 있는 관련 규정으로는 산업기술유출 방지 및 근절에 큰 효과를 내지 못하고 있으므로 「산업기술의 유출방지 및 보호에 관한 법률」을 제정(2006.10.27, 법률 제8062호)하여 국내 핵심기술을 보호하고, 국가산업경쟁력을 강화하며, 국가의 안전과 국민경제의 안정을 보장할 수 있도록 하였다. 이법에서는 부정한 방법으로 타인의 산업기술을 취득·사용·공개하는 행위를 금지하고, 산업기술에 대한 비밀유지의무가 있는 자가 그 산업기술을 유출·사용·공개하거나 제3자가 사용하게 하는 행위를 금지하며, 국가핵심기술 및 국가연구개발사업으로 개발한 산업기술에 대한 유출행위 등이 발생하거나 발생할 우려가 있는 때에는 즉시 그 사실을 지식경제부장관 및 정보수사기관의 장에게 신고하도록 하고 있다(동법 §14-§15). 아울러 정부는 산업기술을 보호하기 위하여 산업보안기술의 개발 및 전문 인력의 양성에 관한 시책을 수립하여 추진할 수 있다.

부정경쟁방지 및 영업비밀 보호에 관한 법률

구분	내용	비고
영업비밀	❑ 공공연히 알려져 있지 아니하고 독립된 경제적 가치를 가지는 것으로서, 상당한 노력에 의하여 비밀로 유지된 생산방법, 판매방법, 그 밖에 영업활동에 유용한 기술상 또는 경영상의 정보 ❑ 비밀성(비밀유지성) ❑ 경제성(유용성) – 시행착오 등의 실패한 실험데이터도 인정됨 ❑ 신규성(비공지성) – 특허출헌 후 공개된 정보는 영업비밀이 될 수 없음	요건을 만족시키지 않으면 영업비밀로 보호받을 수 없음
침해행위	❑ 영업비밀에 대하여 부정취득행위가 개입된 사실을 알거나 중대한 과실로 알지 못하고 그 영업비밀을 취득하는 행위 또는 그 취득한 영업비밀을 사용하거나 공개하는 행위	고의 또는 과실
벌칙	❑ 국외 유출 - 10년 이하의 징역 또는 2 ~ 10배 벌금 ➤ "외국에서 사용될 것임을 알면서 취득·사용 또는 제3자에게 누설한 자" (2010.3.31 시행) ❑ 국내 유출 - 5년 이하의 징역 또는 2 ~ 10배 벌금	국외 > 국내 고의 > 과실

(2) 기업의 보안관리

가) 기업보안관리 현황

최근 대기업의 정보유출 사건이 발생하면서 기업보안관리가 중요한 이슈로 부각되고 있다. 기업보안관리는 정보보호 환경 변화와도 밀접한 관계가 있는데, 최근 정보보호 환경이 변화하는데 따라 기업이 보안 관리를 위해 고려해야 할 점이 많다.

정보통신망 이용촉진 및 정보보호에 관한 법률

구분	내용
개인정보	❑ 생존하는 개인에 관한 정보로서 성명·주민등록번호 등에 의하여 특정한 개인을 알아볼 수 있는 부호·문자·음성·음향 및 영상 등의 정보 ❑ 해당 정보만으로는 특정 개인을 알아볼 수 없어도 다른 정보와 쉽게 결합하여 알아볼 수 있는 경우에는 그 정보를 포함
기술적·관리적 보호조치	❑ 정보통신서비스 제공자등은 기술적·관리적 조치를 하여야 함 1. 개인정보를 안전하게 취급하기 위한 내부관리계획의 수립·시행 2. 개인정보에 대한 불법적인 접근을 차단하기 위한 침입차단시스템 등 접근 통제장치의 설치·운영 3. 접속기록의 위조·변조 방지를 위한 조치 4. 개인정보를 안전하게 저장·전송할 수 있는 암호화기술 등을 이용한 보안조치 5. 백신 소프트웨어의 설치·운영 등 컴퓨터바이러스에 의한 침해 방지조치 6. 그 밖에 개인정보의 안전성 확보를 위하여 필요한 보호조치 ❑ 정보통신서비스 제공자등은 개인정보가 안전하게 저장·전송될 수 있도록 다음 각 호의 보안조치를 하여야 함 1. 비밀번호 및 바이오정보(지문, 홍채, 음성, 필적 등 개인을 식별할 수 있는 신체적 또는 행동적 특징에 관한 정보를 말한다)의 일방향 암호화 저장 2. 주민등록번호 및 계좌정보 등 금융정보의 암호화 저장 3. 정보통신망을 통하여 이용자의 개인정보 및 인증정보를 송신·수신하는 경우 보안서버 구축 등의 조치 4. 그 밖에 암호화 기술을 이용한 보안조치

산업기술의 유출방지 및 보호에 관한 법률

구분	내용	비고
산업기술	제품 또는 용역의 개발·생산·보급 및 사용에 필요한 제반 방법 내지 기술상의 정보 중에서 관계중앙행정기관의 장이 소관 분야의 산업경쟁력 제고 등을 위하여 법령이 규정한 바에 따라 지정 또는 고시·공고하는 기술 ❑ 국내에서 개발된 독창적인 기술로서 선진국 수준과 동등 또는 우수하고 산업화가 가능한 기술 ❑ 기존제품의 원가절감이나 성능 또는 품질을 현저하게 개선시킬 수 있는 기술 ❑ 기술적·경제적 파급효과가 커서 국가기술력 향상과 대외경쟁력 강화에 이바지할 수 있는 기술	"산업기술" 해당 여부 불분명
국가핵심기술	❑ 국내외 시장에서 차지하는 기술적·경제적 가치가 높거나 관련 산업의 성장 잠재력이 높아 해외로 유출될 경우에 국가의 안전보장 및 국민경제의 발전에 중대한 악영향을 줄 우려가 있는 산업기술로서 「산업기술의 유출방지 및 보호에 관한 법률」 제9조에 따라 지정된 산업기술 ❑ 선정기준 - 국가안보 및 국민경제에 미치는 파급효과, 관련 제품의 국내외 시장점유율, 해당분야의 연구동향 및 기술 확산과의 조화 등을 종합적으로 고려 ❑ 2010년 1월 기준 49개 지정 • 전기전자(5개), 자동차(8개), 철강(6개), 조선(7개), 원자력(4개), 정보통신(11개), 우주(5개), 생명공학(3개)	지식경제부 고시 제2010-11호 산업자원부 고시 제2007-109호 ('07.8.29) 국가핵심기술은 폐지

(1) 정보보호 환경 변화 : 경기침체로 기업은 정보보호 예산 편성이나 자원할당에 소극적인 실정이다. 경영 컨설팅업체인 프라이스워터하우스쿠퍼스(PwC)가 주요 기업을 대상으로 조사한 결과 지난해 정보보호 예산 감소율이 전년도보다 7% 높아진 것으로 나타났다. 대대적인 정보보호 예산 삭감을 고려하고 있진 않지만 지속적인 경기침체로 비용감소는 불가피했던 것으로 보인다.

기업이 정보보호 예산을 줄이는 동안 정보보호 위협은 다각도로 나타났습니다. 그리드컴퓨팅, 클라우드 컴퓨팅, 스마트폰 등 IT신기술이 등장하고, 웹2.0, 블로그, 소셜네트워크서비스(SNS) 등 커뮤니케이션 환경이 변화하면서 새로운 보안위협이 등장하게 된다.

시만텍의 2010년 기업 현황 보고서에 따르면 사이버 공격으로 인한 기업의 손실액도 상당한 것으로 나타났다. 2009년 한해 동안 세계 기업의 75%가 사이버 공격을 경험했고, 이로 인한 기업 당 손실액은 연평균 200만 달러(약 23억원)로 조사됐다. 국내 기업 역시 사이버 공격으로부터 자유로울 순 없었다. 2005년부터 2007년까지 매년 4000억원 상당의 피해액이 발생했으며, 2009년 7.7 분산서비스거부(DDoS) 공격 대란 때 피해액은 약 400~500억원으로 추산되고 있다.

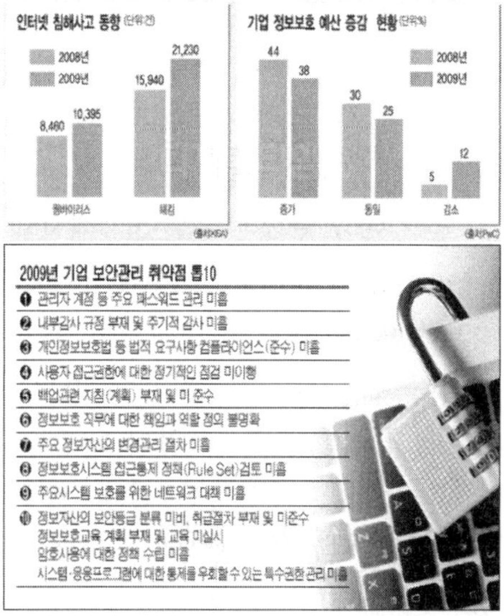

(2) 기업보안관리(企業保安管理, ESM : Enterprise Security Management)는 침입차단 시스템(firewall, 방화벽), 침입탐지시스템(IDS), 가상시설망(VPN) 등 다양한 종류의 보안 솔루션을 하나로 모은 통합보안관리시스템이다. 최근 기업보안 관리(ESM)는 통합 관리 수준에서 벗어나 시스템자원관리(SMS), 망 관리 시스템(NMS) 등 기업 자원 관리 시스템까지 확대, 개발되고 있다. ESM은 기업들이 서로 다른 기종의 보안 솔루션 설치에 따른 중복 투자, 자원 낭비를 줄일 수 있으며, 솔루션 간 상호 연동을 통해 전체 정보 통신 시스템에 대한 보안 정책을 수립할 수 있다는 장점이 있다.

ESM은 최근 통합관리 수준에서 벗어나 시스템자원관리(SMS), 네트워크자원관리(NMS) 등 전사적 자원관리시스템까지 포함하는 형태로 개발되는 추세여서 ESM이 상용화되면 기업들은 다른 기종의 보안 솔루션들을 설치하면서 중복투자를 하거나 자원을 낭비하는 것을 막을 수 있다. 그리고 또 하나, 솔루션간 상호연동을 통해 전체 정보통신 시스템에 대한 보안 정책도 수립할 수 있다는 점이 ESM가 주목받는 이유중의 하나이다.

현재 세계적으로 ESM 시장은 몇몇 업체를 제외하고 상용화된 제품이 거의 없을 정도로 아직 개발 단계에 불과하며 체크포인트, ISS 등 주요 보안솔루션 업체들이 최근 보안솔루션 상호연동을 위한 표준 프로토콜(OPSEC)에 합의하면서 ESM 구현을 가속화하고 있어 국내에서도 데이터게이트, 이글루시큐리티, 인젠, 어울림정보기술 등 보안업계들이 최근 ESM을 잇따라 출시하면서 제품 상용화에 주력하고 있다.

이에 따라 지금까지 개별 솔루션 위주로 형성되어 온 보안 시장이 ESM 중심의 통합보안솔루션 중심으로 이동하고 있으며, 이와 함께 PKI분야는 안전한 거래 인프라를 확립하고 e커머스 활성화를 위한 인증의 핵심요소로 각광받을 것으로 전망, e메일 보안은 콘텐츠필터링 · 암호화 · 서비스 등을 결합한 턴키 베이스의 솔루션이 부각될 것으로 예상된다.

(3) 기업 대응전략 : 급속히 진행되는 환경 변화 속에서 기업이 올해 가장 주목하는 부분은 새로운 정보보호 위협 요소들이다. 우선 트위터와 페이스북, 마이스페이스 등 SNS 위협 증가에 따른 기업 정보보호이다. 페이스북(5억명), 마이스페이스(2억6,000만명), 트위터(1억550만명) 등 SNS 등록 사용자 수는 굉장하다. 이들을 통해 최근 개인정보 침해, 악성코드 유포, 신용사기 등 다양한 형태의 공격이 진행되고 있는데, 얼마전 회사명을 도용해 올린 글을 두고 트위터를 상대로 한 상표권 침해 소송사례가 미국에서 발생하기도 했다. SNS의 위험성을 기업도 인식하고 있지만, 그 대책은 미흡한 상황이다. 이 위험에서 벗어나기 위해 기업은 직원들의 SNS 사이트 접속 모니터링을 강화하고 감사를 수행하는 등 SNS 사이트 접속 관련 정책을 마련해야 한다.

기업과 관련해 최근 부각되는 위협요소 중 빼놓을 수 없는 것이, 스마트폰을 이용한 모바일 오피스 환경 위협이다. 최근 기상청, 두산, 한진해운, 삼성SDS 등 국내 다양한 기업들이 모바일 오피스에 열을 올리고 있다. 그러나 '내 손 안의 사무실'구현은 업무의 편의성이 증대된 반면 예상치 못하는 위협이 상존한다는 특징이 있다. 스마트폰 분실은 기업정보 유출과도 무관하지 않으며, 악성코드에 감염됐을 땐 정보 손실을 가져오는 등 다양한 위협이 존재하고 있다. 모바일오피스 유행에 무조건 동참하기보다는, 모바일 오피스 구축 시 발생할 수 있는 위험을 사전에 파악하고 통제정책을 확실히 수립하도록 해야 한다.

가상화 기술 악용도 새로운 기업보안 위협 요소로 떠오르고 있다. 최근 언스트앤영(ERNST & YOUNG)보고서에 따르면 IT자산 가상화 활성화로 인해 다양한 사이버 공격이 예상되고 있는데, 기업은 사용자 접근통제 실패로 인한 정보유출, 악성코드 공격 등의 위협이 존재하는 만큼 가상화 기술을 무조건 도입하기 보단 다각도로 보안 정책을 강화할 필요가 있다.

국내 웜바이러스와 해킹이 지속적으로 증가하면서 악성코드와 취약점을 이용한 사이버 공격도 여전히 강세인 것으로 보인다. 한국인터넷진흥원(KISA)에서 발표한 인터넷 침해사고 동향 및 분석보고서에 따르면 전년도 대비 2009년 웜바이러스와 해킹이 각각 23%, 33% 증가한 것으로 나타났다. 그러나 이에 대비한 기업의 IT인프라는 여전히 부족한 상황인데, 시만텍이 2010년 발표한 기업 현황 보고서에 따르면 IT인프라 용량 및 성능 개선과 더불어 IT 위험관리 능력 강화를 IT핵심과제로 선정되기도 했다.

(4) 기업보안관리, 인재관리는 필수 : 2009년 한국인터넷진흥원(KISA)에서 정보보호관리체계(ISMS) 인증심사를 위해 50건의 기업 사례를 분석한 결과 발견된 취약점 중 1위는 관리자 계정 등 주요 패스워드 관리 미흡인 것으로 나타났다. 같은 해 언스트앤영(ERNST & YOUNG) 보고서에 따르면 기업 고위층의 75%가 경기 침체로 최근 해고된 직원의 앙갚음을 염려한다고 하는데, IT관리와 더불어 인재관리 또한 기업 보안관리의 필수 요소로 자리 잡고 있다.

나) 기업의 보안관리

(가) 임직원 보호 의무 : 기업보안은 보호와 손실예방에 중점을 둔 방어적 접근법에 의해서 활동해 왔다. 글로벌 조직의 위기관리와 기업의 보안업무는 그 책임과 역할이 매우 구체적이면서도 광범위하다. 또한 임직원의 안위(安危)가 시스템이나 소프트웨어보다 모든 면에서 훨씬 중요하다.

9·11사태 이후 미국 등 선진국의 글로벌 기업들은 위기관리와 기업 보안업무를 매우 중요하게 여기고 있다. 북미·서유럽 선진국들은 '임직원 보호 의무(Duty of Care)'라는 이름으로 이러한 안전관리 조치를 제도화하고, 해외 지사나 법인을 비롯한 해외진출 조직이 이를 필수적으로 실행하게 하고 있다. 한국에 들어와 있는 글로벌 기업 80% 이상이 이러한 시스템을 활용해 임직원과 그들의 가족을 보호하고 있다. 이런 비상대응 및 위기관리 체계는 과거에 극도로 위험한 오지나 분쟁 지역에서 활동하는 무기거래 기업이나 석유·가스 개발 업체 등에서만 중요하게 다뤄졌었고, 대기업들도 고작해야 담당자를 두는 정도에 그쳤던 것과는 매우 대조적인 모습이다.

국내 기업들도 10여 년 전과 비교하면 많은 변화가 있었지만 해외 글로벌 기업과 비교하면 여전히 이 분야에 대해서는 무딘 편이다. 고객 개인정보 유출과 사이버테러, 해킹 등 이슈로 인한 정보시스템(IT)의 정보보호(Information Security) 관리업무 분야를 제외하고는 아직도 많은 업무가 안전관리실이나 보안부서, 비상계획팀을 중심으로 시설·외곽 경비와 출입통제, 영상감시, 예비군 및 민방위 관리에 그치는 형편이다. 게다가 조직 내 인사, 총무, 법무실 등 주요 부서와의 연계, 협조, 통제 등도 매우 미약한 실정이며 조직 내에서 담당 팀의 위상 제고는 더더욱 기대할 수 없다.

참고

*** 임직원 보호 의무(Duty of Care)는 이렇게**

딜로이트만 하더라도 글로벌 회원사를 포함해 하루 평균 1만 천~2만 천명의 직원이 지방이나 해외로 출장을 다닌다. 무리한 출장 일정으로 인한 건강악화, 이동 시 교통사고 등 흔히 일어나는 사고뿐 아니라 위험 지역에서의 갑작스런 폭동이나 폭탄 테러로 인한 피해, 인질, 납치 및 쓰나미나 해상안전사고와 같은 자연 재해로 인한 실종 등의 사건, 사고 사례는 우리가 생각하는 것보다 매우 자주 발생하고 있다.

***글로벌 기업 임직원(부양가족 포함)의 해외 출장·파견 관련 실제 사고사례**

◎ 국제선 비행기 기내에서의 가슴 통증 또는 심장마비
◎ 현지 풍토병인 뎅기열 감염, 신종플루 대유행시 감염(2009년), 최근 남아공 현지 전염병 발생[2010년 2월 이후 리프트밸리열(Rift Valley Fever)로 40명 이상 감염 확진, 2명 사망]
◎ 현지 폭동으로 억류되거나 폭탄 테러로 인한 인명 피해
◎ 비행기 공중 납치, 해상 해적행위에 의한 피해 및 납치(인질 협상)
◎ 쓰나미, 지진, 폭우, 홍수 등 국지적 자연재해로 인한 실종 및 부상
◎ 이동 중 교통사고, 총기 기습 등 돌발상황으로 인한 인명 상해
◎ 공갈, 협박, 조직범죄 피해, 살해, 강도, 택시 등 현지 대중교통 사용에 따른 위험
◎ 현지법 위반 또는 범죄 오인으로 인한 구금, 재판, 현지인과 시비
◎ 갑작스런 환경변화로 인한 심한 스트레스 장애, 언어소통 문제, 임직원 및 가족 치료 문제

의료 및 보안, 오지에서의 질병과 사고에 대한 대처도 이제 '하늘의 뜻'이 아니라 '인간의 뜻'으로 얼마든지 개선할 수 있고 그 피해를 최소화할 수 있다. 기본적으로 비상시 대응 계획을 수립해놓고 충분한 교육을 실시해야 하며, 인근 지역 기관의 의료 수준과 가용성을 세밀히 확인해둬야 한다. 인접 선진국과 본국으로의 의료 이송 등이 필요할 경우에 대비해 육상 및 항공 앰뷸런스, 동반 의료진 및 의료 장비와 약품 등을 어떻게 확보할

것인지 미리 계획해두어야 한다. 해외 출장자와 파견 근로자들이 건강 및 보안 문제가 생길 때 전 세계 어디에서나 365일 24시간 한국어를 비롯한 다중 언어로 소통할 수 있는 콜센터의 활용도 중요하다. 이를 위해 의료 인력 및 보안 인력을 갖춘 글로벌 전문 서비스 네트워크를 활용하는 방법도 매우 효과적이다.

(나) 정보관리의 특징과 보안책임조직 : 선진 글로벌기업들의 위기관리와 기업정보 보안관리의 특징을 분석해보면, ㉠ 이들 기업은 예기치 않은 상황을 미리 파악·분류하고 대처할 수 있도록 준비해두는 것을 기업의 핵심 업무 중 하나로 삼는다. ㉡ 위기관리와 기업 보안을 기업 경영진 차원에서 고려하고 결정해야 하는 전략적 차원의 업무로 인정한다. 즉, 보안과 위기관리를 기업 경영에의 피해 최소화를 위한 주요 요소로서 관리해나가는 문화가 뚜렷하게 자리를 잡아가고 있다. 또 비상 상황 및 예기치 않은 재난에 대비한 적절한 대응 체계를 구축하고 비즈니스 연속성(business continuity)을 확보하는 위기관리 프로세스를 정립하고 있다.

리스크에 대비하는 문화라고 하면, 실제로 존재하지 않는 위험에 대해 강박적으로 집착하면서 두려움에 떨며 사는 모습을 떠올리기 쉽다. 하지만 실제로는 전혀 그럴 필요가 없으며, 정책(policies)과 기준(standards), 지침(guidelines)을 미리 정해놓고 회사 조직과 임직원은 거기에 맞춰 적절한 행동을 취하면 된다. 이러한 정책과 기준, 지침을 정해 놓으면 크게 두 가지 점에서 유용하다. 위기 상황에서 임직원은 기준에 따라 훈련한 대로 움직이므로 효과적으로 위기에 대처할 수 있다. 또 기준을 실질적인 목표와 성과로 삼아 기업이 위기를 얼마나 잘 관리하고 있는지를 판단하고 조정할 수 있다.

이러한 위기관리 문화를 새롭게 일구고 지속적으로 발전시키는 일이 최고보안책임자(CSO, Chief Security Officer)를 위시한 보안조직의 역할이다. 보안조직에서는 보안업무를 기획하고 각종 통제 사항을 관리하고 모니터링, 위협분석 등을 통하여 평시 보안관리를 이행한다. 조직임직원에 대한 보안교육을 시행하고 긴급상황에 대처하기 위한 비상계획을 수립하고 운영을 지원하는 등의 역할을 수행한다.

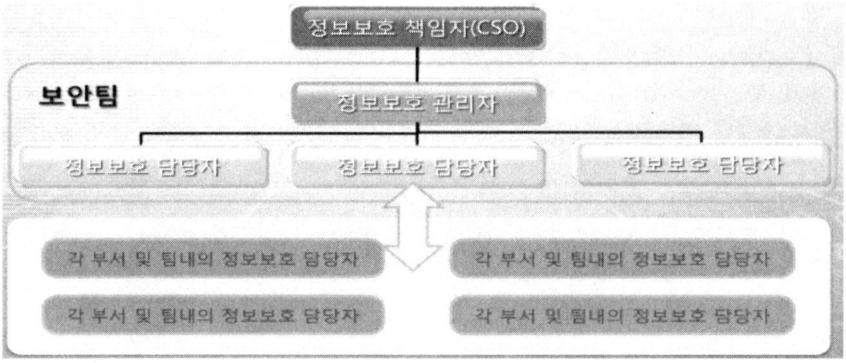

이제까지 지식경영, 다양성 확보, 혁신 등 다양한 분야에서 조직의 변화를 이끌어내기 위한 임원급 직책이 새롭게 생겨났지만, 기업 내부에서 CSO의 출현은 사실상 큰 변혁이나 다름없었다. 과거 요인(要人, VIP)임원의 신변보호나 물리적 보안 체계 수립과 같은 업무 영역에서 진화한 이 임무는 이제 글로벌 기업에서는 최고경영진에게 리스크와 위기관련 주요 의사결정사항을 직접 보고하고 자문하는 고급 관리직의 역할로 자리 잡고 있다. 미국의 경우 그 중 상당수는 FBI를 비롯한 연방·형사 수사기관 출신이거나 정보기관, 국가수반의 경호실, 군 출신인 경우가 많다.

미국 국가경쟁력위원회(The Council on Competitiveness)에서 발표한 설문조사 결과를 살펴보면, 응답 기업 중 63%가 위기관리와 기업 보안 업무를 위해 CSO를 두고 있었다. 특히 CSO는 대부분 부사장 급이었고 그중 33%는 CEO에게 직접 보고하는 직속조직에 소속되어 있다고 한다.

(다) 최고보안책임자(CSO)가 하는 일 : 글로벌 기업에서 위기관리와 기업 보안업무들은 여러 가지가 있지만 이러한 업무들의 최종 목적은 임직원의 안전(safety) 확보로 귀결된다. 위기관리 및 보안관리 부문에 역사와 역량이 뛰어난 것으로 정평이 나 있는 IBM의 기업 보안 구성 체계와 업무 영역을 통해 CSO의 책임과 역할 범위를 살펴본다.

㉠ 물리적 보안(Physical Security)

위험 평가(Risk Evaluation & Assessment), 건물·시설 외곽·주변 보안(Perimeter Security), 출입통제(Access Control), 영상감시(CCTV Surveillance), VIP 보호(Executive

Protection), 행사보안(Event Security), 잠금 열림제어(Lock & Key Control), 기타 각종 전자기적 보안 시스템 및 프로그램 등을 포함하는 가장 일반적이고 전형적인 보안 형태다.

㉡ 정보보호(Information Security · Protection)

정보 분류 · 등급관리 및 통제(Classification & Control of Information), 정보자산 위험 분석(Information Asset Risk Analysis), IT시스템 보안과의 연계 등을 포함하는 기업 정보자산 보호 활동을 총괄하는 프로그램이다.

㉢ 비상대응 및 위기관리(Emergency Planning & Crisis Management)

각종 비상 상황 및 재난에 대비해 비상계획(Emergency Plan)을 작성(Planning)하고 테스트(Drill)를 실시하며 비상시에 적절하고 효과적으로 대응(Response)함으로써 손실과 피해를 최소화하는 활동이다. 또 위기관리(Crisis Management)팀을 구성하고 시나리오를 구상해 모의훈련(Table-top Exercise)을 실시하며, 비상 · 위기 상황을 최대한 빠른 시간 내 대처해 비즈니스 연속성(Business Continuity)을 확보할 수 있게 하는 활동을 포함한다. 보다 세부적으로는 비상대응 계획 수립 및 대응, 위기관리팀 구성 및 실행, 임원승계 계획 실행, 외부 비상 서비스 제공 기관과의 연계, 테러 대응, 비즈니스 연속성 확보(IT시스템 재해 복구 포함) 등으로 나뉜다.

㉣ 사건, 사고조사 및 관리(Incident Management & Investigations)

테러, 시위, 범죄, 폭력, 성희롱 사건 및 기타 기업에 위험을 초래하거나 대외 이미지 · 신뢰도(Brand Image · Reputation · Credibility)에 영향을 미칠 수 있는 기업 내 구성원과 관련되는 사건과 사고를 조사(Interview & Investigations)한다. 또 사안의 실체를 발견 · 확인하고 데이터베이스(DB)화함으로써 장래의 리스크나 법적 문제(Legal Liability)를 예방하기 위한 활동을 포함한다.

㉤ 내부 보안 교육, 컨설팅 및 감사(Security Consulting & Reviews)

보안의식(Security Awareness)의 함양 · 제고를 위해 전체 경영진 및 임직원을 대상으로 각 사업장 별 특성에 맞는 계몽 · 홍보(Customized Education) 및 각종 위기관리 · 보안 교육을 시행한다. 또 보안의 목표가 달성되고 자산 보호를 위한 의무 사항(Requirements)이 잘 준수되고 있는지 자문 · 권고(Consulting)하고, 정기적 · 부정기적으로 감사(Review)를 실시한다.

㉥ **특수 프로그램**

여행·출장 보안(Travel Advisory Security), 우편물보안(Mail & Mailroom Security), 물류보안(Logistics & Warehouse Security), 운송보안(Transportation & Aviation Security), 적재보안(Loading Dock Security) 등 다양한 프로그램을 포함한다(출처: IBM Corporate Security).

국내에서도 최근 아이티, 칠레, 미국 등지에서의 지진 및 폭설, 폭우 등의 잇따른 자연재해 발생과 태국, 중동, 아프리카 지역에서의 끊임없는 현지 치안 및 보안 문제, 테러 상황 발생으로 해외 출장자 및 주재원의 안전에 대한 염려의 목소리가 그 어느 때보다도 높아지고 있다. 기업은 글로벌 비즈니스가 계속 증가함에 따라 다양한 형태의 위험요소에 노출되고 있는 해외 임직원들의 안전관리를 개선하는 한편 사전에 위기관리와 기업 보안에 대한 전략과 통제 체제를 마련해야 한다. 이러한 패러다임의 변화는 임직원의 생산성 제고와도 직결되며 더 나아가 궁극적으로는 전사적 리스크 관리와 위기대응능력 향상에 크게 도움이 된다.

특히 남아공 월드컵을 두 달 앞두고, 현지의 치안, 범죄 등 상황이 그다지 나아지지 않고 있는 가운데 여러 위기상황에 대한 민간기업들의 사전 준비 필요성이 그 어느 때보다 높아지고 있다. 가장 우려되고 있는 현지 치안상태의 불안과 숙박·교통 문제뿐 아니라 매우 열악한 도시 기반시설로 인해 행사 기간 중 전력, 의료 등의 서비스가 극히 제한적으로 제공될 가능성도 전문가들 사이에서 지적되고 있는 실정이다. 도로시설의 낙후로 인한 교통 대란, 전력 수급문제로 인한 난방 및 통신망 사용 장애 위험, 의료 전문인력과 시설의 부족, 전염병 유행 등 치안 말고도 심각한 문제는 한두개가 아니다.

8) 시큐리티업체의 보안관리

(1) 보안관리의 개념 및 근거

「경비업법」 제2조 및 제3조에 따라 국가중요시설 등 기타 경비를 요하는 시설 및 장소에서 화재, 도난 등의 위해발생을 방지하는 업무를 수행하기 위하여 지방경찰청장의 허가를 받아 설립된 법인체인 경비업체가 「보안업무규정시행규칙」 제4조, 제69조 제2항, 「보안업무규정 시행 세부규칙」 제19조 규정[38]에 따라 경비업체가 국가기밀에 속하는 보안업무를 수행하기 위하여 비밀취급 인가 및 관리 등에 관하여 필요한 사항을 규정하기 위하여 「경비업체 보안업무 관리규칙」을 마련(1991.7.31 경찰청훈령 제53호)하여 시행하고 있다(이하 보안업무규칙, 개정 2009.7.31 훈령 제550호). 이 규칙은 사전에 국가정보원의 보안측정을 받아 지방경찰청에서 비밀취급인가를 받은 경비업체에 적용한다. 여기서 "국가기밀"이란 그 내용이 누설될 경우 국가안전보장에 위해(危害)한 결과를 초래할 우려가 있는 국가기밀로서 「보안업무규정 시행규칙」에 따라 비밀로 분류한 각종문서, 시설 및 장소를 말한다.

(2) 보안검색

가) 보안검색제도

보안검색은 중요시설을 보호하고 공항 이용객과 항공기 안전을 확보하기 위하여 사람의 신체와 화물을 검색하거나 안전을 위해 물품을 적발하고 범법자를 색출·검거하는 안전활동을 말한다.

항공보안검색제도란 승객과 항공기의 안전 및 보안을 위하여 항공기에 탑승하는 모든 승객과 물품에 대하여 불법방해 행위에 사용될 수 있는 무기, 폭발물 등 위해물품, 반입금지물품 등의 기내 반입을 방지하기 위하여 물건들을 탐지하기 위한 제도이다. 이는 크게 두 가지로 나뉘는데 승객 및 휴대물품의 보안 검색과 위탁수하물의 보안검색이 그것이다.

㉮ **승객 및 휴대물품의 보안검색 :** 항공기 탑승 전 모든 승객 및 휴대물품에 대하여 금속탐지기, 휴대용 탐지기 또는 엑스선 검색장비를 사용하여 보안검색을 실시한다. 최근 들어 미국, 영국, 프랑스 등 여러나라에서는 전신스캐너를 설치하여 운영하고 있다.

㉯ **위탁수하물의 보안검색 :** 탑승권을 소지한 승객의 위탁수하물에 대하여 엑스선 검색장비를 사용하여 보안검색을 실시한다.

---

38) 「보안업무규정 시행 세부규칙」[제정 1991.7.31 경찰청훈령 제45호, 개정 1991.12.21 훈령 제71호, 1995.7.7 훈령 제164호, 1996.8.30 훈령 제187호, 1998.11.12 훈령 제236호, 1999.6.9 훈령 제269호, 경찰청훈령 제591호, 2010.5.25, 전부개정) 제19조(비밀취급인가의 특례) ①시행규칙 제4조의 규정에 따른 비밀취급의 특례적 인가는 경찰청장과 지방경찰청장만 할 수 있다.
② 제1항의 인가 및 해제에 관하여는 전 제12조, 제16조, 제17조, 제18조의 규정을 준용한다.
③ 제1항의 인가권자는 특례적 인가를 받은 단체의 보안업무 수행상태를 지도 감독할 책임을 진다.

나) 항공보안관련 법률

항공기에 대한 범죄 특히 운항중 납치사건이 빈번하게 발생됨을 감안하여 국제적 노력의 결과 각국은 국제협약을 받아들여 국내입법하고 있는 추세에 비추어 우리나라에서도 「항공기운항안전법」을 제정(1974.12.26, 법률 제2742호)하여 항공기의 안전운항기준과 대형화하는 항공기의 발달에 따른 범죄양태 구성요건과 형량을 규정하였다. 이 법을 민간항공기(民間航空機)의 운항안전(運航安全)을 증진시키기 위하여 보안검색(保安檢索), 항공안전 및 보안에 관한 기본계획의 수립, 항공안전보안지시·조사 및 점검 등에 대한 법적 근거를 마련함으로써 법 적용의 실효성을 확보하고 민간항공의 안전성(安全性)·정시성(定時性) 및 효율성(效率性)을 유지하여 항공기와 탑승객(搭乘客)의 안전한 운항이 가능하도록 하는 등 현행제도의 운영과정에서 나타난 일부 미비점을 개선·보완하여 「항공안전 및 보안에 관한 법률」로 변경(2002.8.26, 전부개정, 「항공안전보안법」, 법률 제6734호)하였다. 아울러 범죄인 호송업무 등 특정한 직무를 수행하는 경우 항공기 내 무기를 휴대할 수 있도록 하고, 화물터미널운영자에게 화물터미널 출입자에 대한 보안검색 권한을 부여하여 보호구역에서의 보안검색 책임을 명확히 하며, 국제민간항공기구 항공보안평가(ICAO USAP)에 대비하기 위하여 국가항공보안계획 수립의 법적 근거를 마련하고, 그 밖에 현행 제도의 운영상 나타난 일부 미비점을 개선·보완하기 위한 개정(2010.3.22, 법률 제10160호)이 단행되었다. 국토해양부는 이번 개정으로 국제민간항공협약의 표준 및 권고사항에 부합된 법체계로 정비됨에 따라, 보다 효율적이고 안정적인 항공보안업무를 수행할 수 있는 기반이 마련하였다. 그 항공보안검색 개정의 주요 내용은 다음과 같다.

㉮ **국가항공보안계획의 수립** : 국토해양부장관이 '국가항공보안계획'의 계획을 수립하고 그 계획에 따라 공항운영자 등이 자체 보안계획을 수립하도록 하였다. 이는 국제민간항공협약의 국제기준에 부합된 법체계를 마련하여 항공운송사업의 국제경쟁력 확보에 기여할 것으로 기대된다.

㉯ **항공기 내 액체, 겔(gel)류 등 반입 통제** : 항공기 내 액체류 등에 대한 반입을 규제하는 국제민간항공기구의 권고에 따라 국토해양부장관이 정하여 고시하는 항공기내 반입금지 물질의 항공기 내에 반입을 통제하도록 하였다.

㉰ **화물터미널 보안검색 책임주체 명확화** : 화물터미널 내 지정된 보호구역의 보안검색 권한을 화물터미널운영자에게 부여하여 보안관리 책임주체를 명확히

하였다. 화물터미널에서의 보안검색 책임주체를 명확히 함으로써 책임 있는 업무 수행이 이루어 질 것이다.

㉣ **화물보안검색 절차 간소화를 위한 상용화주제도 :** 국토해양부장관이 항공화물 등에 대해 보안검색을 실시할 수 있도록 지정한 상용화주가 보안검색을 실시한 화물에 대하여 항공사의 보안검색을 면제할 수 있도록 하였다. 이로 인해 화물보안검색 절차가 간소해져 효율적인 검색업무는 물론 원활한 항공화물 운송이 이루어질 것이다.

㉤ **특정직무 수행 시 항공기 내 무기반입 허용 :** 경호업무, 범죄인 호송업무 등 특정한 직무를 수행하는 경우 더욱 효율적인 직무 수행을 위해 항공기 내에 무기를 반입할 수 있도록 하였다.

㉥ **항공보안검색 방해하면 1천만원 이하 벌금 :** 항공보안검색요원의 업무를 방해하는 사람에 대하여 1천만원 이하의 벌금에 처하도록 하였다. 이는 검색업무 방해행위를 금지하고, 위반자를 처벌하기 위한 것이다.

(3) 비밀취급인가

가) 인가대상과 결격사유

(가) 인가대상

특수경비업무(「경비업법」 §2제1호 마목)를 수행하는 특수경비업자는 「경비업법」 제4조제3항제5호의 규정에 의하여 첫 업무개시의 신고를 하기 전에 지방경찰청장의 비밀취급인가를 받아야 한다(동법 시행령 §6). 국가기밀에 속하는 보안업무를 수행하는 경비업자도 지방경찰청장의 비밀취급인가를 받아야 한다.

(나) 결격사유

지방경찰청장은 경비업체의 대표자 및 이사급 중에서 보안업무규칙을 위반하여 비밀취급인가가 해제된 후 2년을 경과하지 아니한 업체나 국가정보원 보안측정결과 부적합 판정을 받은 업체의 어느 하나에 해당하는 경우는 비밀취급을 인가할 수 없다(보안업무규칙 §4).

나) 인가관청

시큐리티업체의 비밀취급인가는 해당 경비업무를 허가한 지방경찰청에서 담당한다.

다) 인가절차 및 해제

(가) 인가신청

비밀을 취급하고자 하는 경비업체의 대표자는 주사무소 관할 지방경찰청장에게 비밀취급인가 신청을 하여야 한다. 경비업체의 대표자는 비밀취급인가를 신청할 때에는 업체현황에 관한 서류를 첨부하여야 한다(보안업무규칙 §5). 경비업체가 비밀취급인가 신청을 하고자 할 때에는 ㉠ 명칭 소재지 및 대표자와 이사급 성명(신원진술서 4부), ㉡ 연혁, ㉢ 임무기능 및 능력, ㉣ 시설의 평면도, ㉤ 관할경찰서, ㉥ 측정이유, ㉦ 기타 참고사항의 구비서류를 첨부하여 경찰청 생활안전과 분임 보안담당관을 경유하여 국가정보원에 보안측정을 요청하여야 한다(보안업무규칙 §7).

(나) 비밀취급업체 선정심사

지방경찰청장은 비밀취급 대상업체를 선정하기 위하여 지방경찰청 생활안전과에 비밀취급업체 선정 심사위원회를 구성 운영한다. 이 심사위원회는 위원장, 부위원장 각 1인을 포함하여 6인 이내의 위원으로 구성하고, 위원장은 지방경찰청 생활안전과장으로 하고, 위원은 지방경찰청장이 지명하는 경감이상의 경찰공무원으로 한다. 심사위원회는 재적위원 과반수의 찬성으로 의결하며, 사무처리를 위하여 간사 1인을 둘 수 있으며 간사는 지방경찰청 생활안전과의 경비업 담당자가 된다(보안업무규칙 §6). 경비업체의 신규인가, 재인가 및 인가의 해제 사실을 지방청보안담당관이 경비업체의 대표에게 통보하여야 한다.

(다) 인가

지방경찰청장은 업체의 비밀취급인가 신청을 받은 때에는 비밀취급업체선정심사위원회의 심의를 거쳐 국가정보원의 보안측정 결과, 적정판정이 된 업체에 대하여 서약서를 받고 비밀취급을 인가한다(보안업무규칙 §9①). 지방경찰청장은 업체의 대표자 및 이사급 중에서 ㉠ 이 규칙을 위반하여 비밀취급인가가 해제된 후 2년을 경과하지 아니한 업체나 ㉡ 국가정보원 보안측정결과 부적합 판정을 받은 업체의 어느 하나에 해당하는 경우는 비밀취급을 인가할 수 없다.

(라) 보안측정 절차

시큐리티업체 보안측정 요청(인가신청) → 지방경찰청 → 경찰청장(경유) → 국정원장의 보안측정→지방청장의 비밀인가 취급의 순서로 진행된다.

(마) 유효기간

비밀취급인가 유효기간은 2년으로 한다. 유효기간이 만료된 업체에 대한 재인가가 필요한 때에는 유효기간 2개월 전까지 재신청 하도록 하여야 한다(보안업무규칙 §9②).

(바) 인가의 해제

시큐리티업체가 ㉠ 보안점검결과 이 규칙에 따른 명령, 지시, 의무규정 등을 위반하여 보안관리상 상당한 지장을 초래하여 연2회 이상 경고처분을 받은 경우, ㉡ 보안사고가 발생한 경우, ㉢ 업체가 해체된 경우, ㉣ 업체의 고의 또는 중대한 과실로 그 시설의 기능수행에 지장을 초래하게 한 경우, ㉤ 정당한 사유 없이 규칙 제19조에 따른 영업장소 이전 및 대표자 변경신고를 하지 않은 경우의 어느 하나에 해당하는 경우에는 지방경찰청장은 비밀취급인가를 해제할 수 있다(보안업무규칙 §9③).

(4) 시큐리티업체의 비밀취급자

가) 비밀취급 임직원과 종사자

(가) 비밀취급 임직원

시큐리티업체는 보안측정을 요청하기 전에 비밀작업에 종사하게 될 임직원에 대한 신원조사를 지방경찰청 생활안전과 분임 보안담당관(이하 "지방청보안담당관")에게 요청하여야 한다. 지방청보안담당관은 업체 임직원에 대한 신원조사를 실시하고 그 결과를 [별지 제1호]서식의 신원조회대장에 기록·관리한다. 이 경우 단기 잡역종사자에 대하여는 작업을 위장하며 비밀이 노출되지 아니하도록 보안조치를 한 후 신원증명서를 받고 신원조사를 생략할 수 있다. 업체가 신원조사를 의뢰할 때에는 ㉠ [별지 제2호]서식의 대상자 연명부 1부, ㉡ [별지 제3호]서식의 신원진술서 5부, ㉢ 사진(최근 3개월이내 촬영한 반명함판) 5매, ㉣ 가족관계증명서 1통(기재사유가 생략되지 아니한 것)의 서류를 지방청보안담당관에게 제출하여야 한다. 지방청보안담당관은 신원조사 결과의 적합여부를 업체에 통보하고, 업체의 대표자는 신원특이자가 비밀을 열람하거나 비밀작업에 종사하지 않도록 신상관리 책임을 진다.

(나) 비밀취급 종사자의 비밀취급종사원등록증

시큐리티업체는 보안업무 및 보안을 요하는 시설에 종사하게 할 요원에 대하여는 비밀취급을 인가하는 증명서인 비밀취급종사원등록증을 발급받도록 하여야 한다. 이에 따라 종사원등록증을 발급받고자 할 때에는 [별지 제4호]서식의 종사원등록증 발급신청서를 지방청보안담당관에게 제출하여야 한다. 이 발급신청서를 지방청보안담당관이 제출받은 때에는 이를 심사하여 적합하다고 인정하는 자에 대하여는 [별지 제5호]서식의 서약서를 제출받은 후 [별지 제6호]서식의 종사원등록증을 발급하여야 한다. 지방청보안담당관은 종사원등록증 발급대장을, 시큐리티업체는 [별지 제7호]서식의 종사원등록대장을 비치하고 항시 기록 유지하여야 한다.

비밀작업종사자는 작업할 때에는 종사원 등록증을 패용하여야 하며 작업이 끝나면 경비업체의 보안책임자에게 반납하여야 한다. 시큐리티업체의 대표는 업체의 해산, 인가의 해제, 종사원의 퇴직 기타 비밀취급을 할 필요가 없게 된 경우에는 지체 없이 종사원등록증을 회수하여 지방청보안담당관에게 반납하여야 한다. 이에 따라 종사원등록증을 제출받은 경우 지방경찰청장은 그에 대한 비밀취급인가 해제조치를 하여야 한다.

나) 보안담당관 및 비밀보관책임자

(가) 경비업체보안담당관 및 업체분임보안담당관

시큐리티업체는 종사원등록증 소지자 중에서 이사급을 업체의 보안담당관으로 임명하고, 작업자인 부장급을 업체의 분임 보안담당관으로 임명하여, 지방청보안담당관에게 등록서를 제출하여야 한다.

시큐리티업체보안담당관 및 업체분임보안담당관은 ㉠ 보안업무의 계획, 조정 및 총괄, ㉡ 보안교육 실시, ㉢ 서약의 집행, ㉣ 비밀작업을 할 때에 자체보안 대책 강구, ㉤ 자체보안 내규의 작성 및 시행, ㉥ 종사원 등록증의 보관관리의 임무를 수행한다.

(나) 비밀보안책임자 및 분임보안책임자

경비업체보안담당관은 업체의 비밀을 관리하기 위하여 종사원등록증을 소지한 실무부서 책임자 중에서 부장급으로 비밀보안책임자를 지정하고, 공사장에는 과장급으로 분임보안책임자를 임명하여야 한다.

비밀보안책임자 및 분임보안책임자는 ⓐ 비밀의 누설, 도난, 분실 및 손괴 등의 방지, ⓑ 비밀을 최선의 상태로 보관하며 비밀관리기록부, 비밀열람기록전, 작업일지 및 대출부의 기록 유지 등의 임무를 수행한다.

(5) 비밀의 관리 및 업무처리

가) 비밀관리방법

시큐리티업체가 보안에 해당하는 비밀을 관리하는 경우 다음과 같은 방법으로 한다(보안업무규칙 §12).

① 경비 계약체결 대상 사업체로부터 비밀을 접수 또는 대여받은 업체의 비밀보관책임자는 [별지 제8호]서식의 비밀관리기록부를 비치 기록하고 비밀보관 용기에 보관하여야 한다.

② 비밀을 열람한 자는 [별지 제9호]서식의 비밀열람기록전에 기록하여야 하며, 비밀에서 분리할 경우에는 따로 편철하여야 한다.

③ 작업수행상 비밀이 내포된 내역서 등을 분리하여야 할 경우 비밀보관책임자는 분리하여 작업을 할 수 있으며, 일일작업이 끝나면 반드시 회수하여 보관하여야 한다.

④ 경비기기 설치작업이 완료된 비밀은 계약체결대상 사업체에 반납하고, 비밀관리 기록부에 수령인을 받아야 한다.

⑤ 시큐리티업체에서 사용하고 있는 비밀작업 서식류의 기록은 가제목을 사용하여 비밀내용이 노출되지 않도록 하여야 한다.

⑥ 시큐리티 시설공사 관련 비밀서류는 업체에서만 열람하는 것을 원칙으로

한다. 다만, 이를 공사현장에 가져가지 아니하고는 작업이 불가능한 경우에 한하여 업체보안담당관의 승인을 얻어 반출할 수 있고, 업체보안담당관은 공사현장에서의 보안대책 강구 실태를 확인한 후 이를 승인하여야 한다.

⑦ 비밀을 접수 또는 대여받은 업체는 이를 복제, 복사 또는 사진촬영을 할 수 없다. 다만, 작업의 수행상 부득이 복제, 복사하여야 할 사정이 있는 때에는 공사시행기관장의 승인을 얻어 복제 또는 복사하되 작업이 완료된 후에는 지체없이 업체보안담당관의 확인하에 파기하여야 한다.

⑧ 시공업체의 보안담당관은 비밀장비공사의 개시와 공사완료 또는 공사중단 상황을 지방청보안담당관에게 보고하여야 한다.

나) 보관용기의 비치

시큐리티업체는 비밀을 보관하기 위하여 금고 또는 이중장치가 된 견고한 보관함을 비치하여야 한다(보안업무규칙 §13).

제작이 완료된 비밀 장비는 도난, 화재 또는 파괴로부터 보호하고 비밀취급인가자 이외의 자의 접근을 방지할 수 있는 견고한 시설에 보관하여야 한다.

시큐리티업체는 비밀 장비가 설치된 지역을 통제구역으로 설정하여, 비밀취급인가자이외의 출입자를 통제하고, 이를 출입자명부에 기록 유지하여야 한다.

다) 업무처리 주의사항

(가) 시큐리티업체의 준수사항

경비업체보안담당관은 현실성 있는 자체 보안내규를 수립하여 지방청보안담당관에게 조정·검토를 받은 후 시행하여야 한다. 시큐리티업체가 비밀공사를 할 때에는 사전 공사 준비단계, 작업단계 등 각 공정별로 보안대책을 수립, 시행하여야 한다(보안업무규칙 §23).

(나) 제작 및 공사

시공업체는 시큐리티 계약을 체결한 사항의 전부 또는 일부를 다른 업체에 하도급을 할 수 없다. 다만, 비밀이 아닌 사항에 대하여는 그러하지 아니한다(보안업무규칙 §15). 시공업체의 보안담당관은 장비제작 및 공사에 투입되는 종사자의 인적사항을 확인하고 작업에 따른 자체보안 대책을 수립하여 사전에 계약체결 대상 업체의 보안담당관에게 제시하여야 하며, 종사원등록증 미소지자에 대하여는 작업장의 출입을 제한하여야 한다. 비밀장비 및 시설공사에 투입되는 인원은 부득이한 경우를 제외하고는 공정별로 교체하여 공사전반에 대한 내용을 파악하지 못하도록 하여야 한다.

(다) 비밀작업장의 설치

비밀작업장은 일반작업장과 구분하여 설치하여야 하고, 업체보안담당관의 감독하에 출입인원을 제한하여야 한다(보안업무규칙 §16). 비밀작업장 또는 작업수행상 중요한 시설에는 지정출입자 이외의 출입을 금지하며 출입 현황을 [별지 제10호]서식의 통제구역 출입자명부에 기록 유지하여야 한다. 경비업체는 공사완료일까지 매일 공정별 작업상황을 [별지 제11호]서식의 작업일지에 기록하여야 한다.

(라) 복제, 복사 또는 사진촬영 금지

비밀이 내포된 내역서 등은 복제, 복사 또는 사진촬영을 할 수 없다. 다만, 작업수행상 그 일부분을 복제, 복사 또는 사진촬영을 하여야 할 경우에는 업체보안담당관의 승인을 얻어 할 수 있으며, 작업이 완료된 후에는 업체보안담당관의 확인하에 소각 또는 반납하여야 한다(보안업무규칙 §14). 경비업체는 비밀에 속하는 장비(시설물 포함)의 설명서, 기기동작 설명서 또는 사용설명서 등을 발간(인쇄, 프린트, 공판 등) 하고자 할 때에는 회사 대표의 사전 승인을 받아 계약체결 대상 사업체 보안담당관 입회하에 비밀발간업체에서 소요 최소부수만을 발간하여야 한다. 비밀장비 제작 및 비밀공사(이하 장비제작 및 공사)에 따라 제작품, 비밀사항이 내포된 물품(장비의 설명서 및 기기동작 설명서를 포함) 및 시설도면 등은 견본, 작업실적, 기타 참고용 등의 명목으로 보관할 수 없다.

(마) 비밀의 전파 금지

비밀작업에 종사한 자는 작업중에 알게 된 사항을 일체 타인에게 전파, 누설, 공개 또는 유출하여서는 아니 된다. 또 비밀작업에 종사하는 자에게 비밀에 해당하는 사항을 전화로 문의 또는 연락하여서는 아니 된다(보안업무규칙 §17). 지방청보안담당관은 업체의 보안업무에 관한 조정감독권을 가지며, 업체의 보안상태와 그 이행여부를 확인하기 위하여 정기 또는 불시에 보안지도 점검을 실시할 수 있으며, 필요할 때에는 업체에 관계서류의 제시를 요구할 수 있으며, 시큐리티업체 임직원에 대하여 연 1회 이상 보안교육을 실시하여야 한다.

(바) 비밀공사업체 광고금지와 숙직원의 배치

시큐리티업체는 대외적으로 비밀공사업체임을 광고하여서는 아니 되며, 장비제작 및 공사중에 비밀을 보관하고 있을 때에는 숙직원을 배치하고, [별지 제12호]서식의 숙직일지를 비치 · 기록하여야 한다. 다만, 기계경비시설을 설치한 경우에는 그러하지 아니하다(보안업무규칙 §18).

(사) 영업장소의 이전과 대표자 변경

시큐리티업체가 영업장소를 이전하거나 대표자를 변경할 때에는 그 사실을 3일 이내에 지방경찰청 생활안전과에 통보하고, 1개월 이내에 보안 측정을 요청하여야 한다(보안업무규칙 §19).

(아) 비상시의 대비

비밀작업중인 시큐리티업체가 ㉠ 보관중인 비밀과 작업중인 비밀을 도난 또는 분실한 경우, ㉡ 공휴일 또는 야간에 비상사태가 발생한 경우, ㉢ 화재가 발생한 경우, ㉣ 기타 보안에 대한 사고 발생하는 경우에는 즉시 경찰서 및 지방청보안담당관에게 보고하여야 한다(보안업무규칙 §20). 경비업체는 ㉡에서 ㉣까지의 비상사태에 대비하기 위하여 비밀안전지출 및 파기계획을 수립 · 시행하여야 하며, 야간에 비밀의 도난 및 화재예방을 위하여 비밀보관함에는 경보장치를 설치하고, 비밀보관장소와 숙직실간에 비상벨을 설치하는 등의 비밀보호 대책을 강구하여야 한다.

(자) 전산장비 이용 비밀작업시 보안관리

전산장비를 이용하여 비밀자료를 입 · 출력할 때에는 「경찰 정보통신 운영규칙」에 정한 각종 보안대책을 성실히 이행하여야 한다(보안업무규칙 §21).

(6) 보안지도 및 점검

지방경찰청장은 「경비업법 시행령」(§29)이 정하는 바에 따라 특수경비업자에 대하여 연 2회이상, 비밀취급인가를 받은 일반경비업자는 연 1회 이상 보안지도·점검을 실시하여야 하고, 필요한 경우 관계기관(국정원장 등)에 보안측정을 요청하여야 한다(「경비업법」 §25). 이는 특수경비업의 중요성에 따른 조치라고 하겠다.

지방경찰청 방범(기획)과 분임 보안담당관은 경비업체에 대하여 보안업무에 관한 조정감독권을 가지며, 업체의 보안상태와 그 이행여부를 확인하기 위하여 정기 또는 불시 보안지도 점검을 실시할 수 있으며 필요할 때에는 관계서류의 제시를 요구할 수 있으며, 시큐리티업체 임직원에 대하여 연 1회 이상 보안교육을 실시하도록 하고 있다. 지방경찰청장은 보안 특례업체에 대하여 연 1회 이상 보안지도 점검 및 교육을 실시한다(보안업무규칙 §22).

시큐리티업체는 보안사고가 발생하였을 때에는 ㉠ 일시·장소, ㉡ 사고자 인적사항, ㉢ 사고내용(육하원칙에 따라 기재), ㉣ 조치사항 등을 지방경찰청장에게 보고하여야 한다. 보안사고를 방관한 자 또는 사고의 발생을 인지하고도 보고하지 아니한 자에 대하여는 업체가 적절한 징계조치를 하여야 한다(동규칙 §25).

지방경찰청장은 업체가 이 보안업무규칙에 따른 명령, 지시, 의무규정 등을 위반하여 보안관리상 상당한 지장을 초래하였을 경우에는 경고조치를 할 수 있다(동규칙 §24).

제3절 호텔시큐리티 운영론

1. 숙박시설시큐리티

1) 숙박시설시큐리티의 필요성

과거에는 숙박시설에 대한 시큐리티 필요성이 크게 인식되지 못했으나 내국인의 잦은 여행 및 해외출장 그리고 국제화 등에 따른 외국 바이어(buyer)들이나 국가 중요관계자가 국내에 체류하는 경우가 많아짐에 따라 이들에 대한 안전보호의 필요성이 증가하고 있다.

또 1986년 아시안게임과 1988년 올림픽과 1993년도 국제행사인 '1993대전엑스포박람회', 2002년 월드컵 등 대규모 국제행사를 대한민국에서 유치하여 국내 숙박시설에 대한 안전관리가 더욱 강조된다. 따라서 이러한 숙박시설에 대한 안전관리는 시설의 규모와 관련하여 체계적으로 이루어져야 한다.

아울러 숙박산업은 세계화와 국민소득증대에 따라 지속적으로 성장해 왔으며, 이와 함께 범죄예방 및 안전관리 문제도 증가하고 있다. 결과적으로 숙박시설에 대한 시큐리티인식이 점차 확대되어 오늘날 전문적인 시큐리티시스템을 요구하게 된 것이다. 따라서 숙박업 경영자는 시설규모에 따른 적정한 안전관리수준을 확보해야한다. 숙박시설에 있어서 안전관리에 있어서 중요한 요소는 무엇보다도 고객에게 편안함과 안전함을 함께 제공하는 것이라 할 수 있다. 따라서 고객들에게 최선의 안전을 보장하기 위해서 종합적인 시큐리티계획수립이 검토되어야 한다.

2) 시큐리티부서 규모

시설내에 근무하는 시큐리티요원의 규모는 객실(room)의 수 이외에 건물의 크기 및 기타 면적 등의 물리적 크기, 직원의 수 등의 비율을 함께 고려해야 한다. 관련 숙박시설이 속해있는 지역이 높은 범죄발생률 등의 통계를 갖고 있다면, 시설내부의 자체적인 시큐리티조사 이외에도 외부로부터의 불법침입자 및 주변에서 발생할 수 있는 문제점들까지도 고려해야 한다.

또한 경제적 성장 또는 침체, 기후조건 그리고 경찰, 소방, 구급서비스 등과 같은 공공안전자원의 유용성 정도까지도 시큐리티부서의 규모를 결정하는데 고려되어야하는 중요한 요소이다.

3) 시큐리티위해 환경

숙박시설에서 주안점을 두어야할 시큐리티 위해환경으로 들 수 있는 것은 절도와 성매매 부분이다. 그 외에도 위해요소에는 화재, 홍수, 지진, 태풍, 유행전염병, 군중소요, 폭발, 파업, 사기, 절도, 강도, 살인, 성폭행 등을 포함한다.

고객들이 보통 현금, 신용카드, 보석류, 카메라 기타 절도범들을 유혹할 수 있는 가치 있는 물건들을 가지고 다니기 때문에 주의해야 한다.

그리고 규모가 큰 숙박시설에는 고객 뿐만아니라 수백명의 직원들도 근무하고 있기 때문에 이들 개인물품 및 시설 재산 등을 범죄의 대상으로 삼을 수 있다.

숙박시설은 수많은 여행객 및 이용자들이 잠시 체류하는 시설이기 때문에 그 특성상 성매매행위가 항상 유혹하기 마련이다. 이러한 성매매행위가 통제되지 못하여 시설의 이미지에 대한 손상을 입힐 정도라면 문제가 있다. 또한 성매매와 관련하여 고객 재산에 대한 절도, 폭행 그리고 마약류 등의 약물 사용과 판매가 함께 이루어질 수 있기 때문에 지침에 따른 보다 철저한 안전관리가 이루어 져야 한다.

4) 시큐리티요원의 임무

(1) 시큐리티순찰

숙박시설의 규모 및 중요도에 따라 시큐리티부서는 체계적으로 시큐리티활동을 수행하게 되는데, 숙박시설에서 시큐리티요원의 가장 기본적인 임무는 시설 내부와 외부에 대한 순찰활동이다. 순찰활동은 난선(亂線, 무순서)순찰, 로비순찰, 기본(정선)순찰로 나누어 볼 수 있는데, 다음 사항들을 점검해야 한다.

㉠ 건물점검-기물파손, 조명, 계단, 엘리베이터 등

㉡ 숙박시설 로비 점검

㉢ 불법침입자 감시-수상한 외부 침입자 감시
㉣ 화재점검-담배, 발화물 점검
㉤ 폭발물점검-이상한 시계소리 등에 유의
㉥ 기타 비상사태점검 등

(2) 시큐리티보고서 작성

시큐리티활동에 있어서 어떤 상황에 대한 적절한 운영을 위해서는 반드시 공식적인 문서화가 이루어져야 한다. 여기에는 사건보고, 화재점검, 시큐리티활동 및 교대근무 보고, 안전규칙 위반사항 등이 기록되어 있어야 하는데, 이러한 각각의 상황에 대한 정확한 기록은 현재의 상황파악과 다음의 시큐리티계획수립에 있어서 매우 유용하게 사용된다.

(3) 분실물 확인

시큐리티요원들이 시큐리티활동을 수행하면서 고객들이 부주의로 잃어버리거나 절도를 당한 분실물에 대한 확인업무도 중요하다. 따라서 시큐리티요원은 시설내에서 분실 가능한 항목들에 대한 체킹(Checking)작업이 필요하다. 습득된 분실물은 고객이 시설을 떠났을지라도 그에게 안전하게 전달될 수 있도록 해야 한다.

5) 시큐리티요원의 교육훈련

시큐리티요원에 대한 교육훈련은 신임교육과 재(직무)교육으로 나눌 수 있는데, 신임교육에서는 시큐리티회사의 소개, 시설물 안전관리에 관한 사항, 기본적인 태도 등 전반적인 것을 교육하고, 재(직무)교육과정에서는 시큐리티요원들이 직업적 매너리즘에 빠지지 않도록 정신교육을 강화시키는 방향으로 실시한다. 시큐리티요원에 대한 교육훈련은 체계적이며 지속적이고, 문서화되어야 한다.

(1) 시큐리티요원의 교육훈련

시큐리티요원에 대한 교육에서는 시큐리티관련 법규, 불법행위의 발견 및 대응, 보고서 작성, 화재발생시의 대응 · 대피절차, 시큐리티관련 기본지식, 열쇠통제와 고객 사생활보호, 소란시 대응, 근무지에서의 위험대응, 응급치료(EMT : Emergency Medical Technician), 고객관련 위험예방, 관찰 및 순찰기술, 무선송신방법 등이 다루어져야 한다.

(2) 시큐리티관리자의 교육훈련

시큐리티관리자 교육훈련프로그램은 시큐리티요원이 갖추어야할 기본교육 이외에도 리더십, 직업윤리, 상호작용관리, 전문지식 등 전문적인 교육이 함께 수반되어야 한다.

2. 호텔 시큐리티(안전관리)

1) 호텔시큐리티의 의의

오늘날의 호텔기업은 예전의 호텔과 비교하여 숙박, 음식, 여흥, 스포츠 등을 할 수 있게 한하는 시설로 다양한 기능을 수행하고 있다.

과거의 호텔은 단지 여행자가 여행 도중 야도(夜盜)나 강도(强盜) 등의 위협을 피하거나 질병이 발생되면 이용했던 최초의 숙박소로 일반 가정에서 교통수단인 마(馬)와 함께 숙박하였다.

그러나 인간의 이동은 증대되어 오다 18세기 이후 영국의 산업혁명을 계기로 대도시로 인구가 집중하게 되었고, 따라서 대량생산에 의해 국내외 시장과 원료공급으로 인한 식민지의 활용, 철도와 기선에 의한 새로운 교통수단은 사람들을 대량이동할 수 있게 있게 하였으며, 동시에 대형 항공기의 출현, 소득의 증대, 여가의 증대, 정보의 증대, 도시화 · 공업화 현상의 환경 변화는 더 많은 사람들이 여행에 참여하게 되었으며 아울러 제2차 세계대전 후의 선진국을 비롯한 여러 국가에서도 Mass Tourism시대가 되면서 관광은 일반화되었다.

또한 이러한 현상에 의해 호텔도 발전하여 한 객실에 3~10개의 침대를 넣고 다수의 사람이 동시에 숙박하도록 하였던 호텔시설은 프라이버시(privacy)를 요구하는 여행자에 의하여 1인용 객실(single room), 혹은 2인용 객실(double room)을 제공하게 되었다. 그러므로 호텔시설을 제공하는 경영자 혹은 호텔업 소유자와 호텔시설을 이용하는 고객사이에는 요금을 받고 숙박시설과 음식을 제공하는 행위가 발생되어 그들간에 권리와 의무 관계가 성립되었으며, 한편 호텔은 점점 증대하는 여행수요에 의해 필연적으로 대규모화되었다.

호텔기업규모의 확대는 가족에 의한 서비스제공단계에서 다른 사람을 고용하여 경영하는 기업의 성격을 갖게 되었다. 또한 관광호텔이란 사람이 일상 생활권을 떠나 다시 돌아올 예정으로 위락(Pleasure), 가정사정, 건강(health), 과학, 행정, 외교, 종교, 스포츠, 선박으로 항해중 입국 및 교육기관의 시찰, 관람, 여가시간의 오락, 건강, 휴가, 연구, 신앙, 전도사업, 회의참석 등의 이유로 한나라 한지역에 들어가 최소한 24시간이상 체재하기 위해 여행하는 사람, 즉 관광객에게 숙박, 음식시설 및 비품을 갖추어 놓고 이용계약에 의해서 일시적으로 체재하려는 관광객(여행자포함)에게 숙박, 음식, 서비스 및 부대시설을 상품으로 판매하는 기업이다.

호텔시큐리티(Hotel Security)에서 시큐리티(Security)를 안전 또는 보안관리라고 번역하는데 이는 호텔의 시설, 즉 외형적인 건물에 대해서 뿐만 아니라 그 시설내에 있는 모든 사람의 생명과 재산에 대한 책임을 지는 것이다.

호텔기업에 있어서 필수적인 안전욕구 조건은 호텔경영 및 호텔시설의 안전을 보장하고, 고객 및 종사원의 생명과 재산을 보호하며, 자연재해나 인위적인 범죄의 위험성에 대하여 최소화할 것을 요구하는 것이다.

호텔기업 안전관리는 그 호텔의 시설, 즉 외형적인 건물에 대해서 뿐만 아니라 그 시설(호텔건물) 내에 있는 재산과 모든 사람의 생명과 재산에 대한 안전의 책임을 가지고 있는 것이다. 이러한 안전관리요구의 사항을 살펴보면 호텔경영 및 호텔시설에 관련된 모든 것의 안녕을 보장하고 생명과 재산을 보호하며 인위적·천연적인 재해나 범죄의 위험성에 대하여 최소화할 것을 요구하는 것이다.

이러한 시큐리티를 담당할 부분을 호텔 측에서 직접 직원을 고용하는 경우도 있고, 도급이나 아웃소싱을 통하여 외부업체에 위탁하는 경우가 있는데 대부분 후자의 경우를 택한다. 이는 호텔 측에서 직접 채용을 할 경우 업무가 과중될 뿐 아니라 호텔 측에서도 관리해야 되는 부분이 많아지고 인력과 임금지불에 있어 많은 부담이 소요되기 때문이다.

최근의 호텔은 문명의 발달과 상업적 기능요구로 날로 새로운 변화를 요구하고 있으며, 다양한 현대적 기능에 따른 건축공간 및 시설 증가로 용도면, 기능면에서 현저한 변모를 이루고 있다. 특히, 고층화·대규모화·고급화 경향에 따라 그 내용은 더욱 복잡해지고 다양하게 되었다.

호텔에 대한 사회적 역할은 이용고객에 대하여 쾌적한 생활공간을 제공하고 것이며, 이와 같은 일은 인명의 안전을 제일로 하는 고도화된 건축계획에 의해서 좌우된다.

호텔기업 안전관리는 그 호텔의 시설 즉 외형적인 건물에 대해서 뿐만 아니라 그 시설(호텔건물) 내에 있는 재산과 모든 사람의 생명과 재산에 대한 안전의 책임을 가지고 있는 것이라 할 때 안전관리의 의의는 분명한 것이다.

2) 호텔시큐리티부서의 조직과 직무내용

(1) 호텔 시큐리티부서의 조직

시큐리티부서의 조직구성원 중 시큐리티책임자에 대하여 일반적으로 말할 수 있는 것은 총지배인(General Manager)을 제외하고 가장 넓은 범위의 다양한 활동과 책임을 가진 직위가 시큐리티 책임자라 할 것이다. 많은 경우의 어려움은 총지배인(General Manager)이 시큐리티요원들에게 호텔시큐리티를 위해서 무엇을 시켜야 할지를 잘 모르는 데서 생겨난다.

시큐리티요원들이 주어진 임무를 어떻게 수행할 것인가의 요소들을 살펴보면 다음과 같다.

㉮ 한사람이 관리할 수 있는 범위는?

㉯ 어떠한 기구와 장비들이 필요한가?

㉰ 어떠한 권한이 시큐리티요원들에게 주어져야 할 것이며, 호텔의 명령계통에서는 어떤 위치가 이들에게 주어져야 할 것인가?

㉱ 특수기능 중 시큐리티상의 취약점은 무엇인가?

가) 순찰요원

순찰요원(Watch man)은 일정 시간에 일정 구역을 돌아보는 직무를 가진 사람을 말한다. 이들의 고용은 호텔기업이 직접 채용할 수 있으나 전문 시큐리티업체의 요원이 파견되어 업무를 수행할 수 있다.

순찰요원에게는 순찰시계와 기타 기구가 지급되어지고 순찰기록은 시큐리티요원에 의해 순찰이 적절히 수행되는지의 여부를 확인하기 위해 매일 점검한다. 또 순찰요원은 채용과 동시 교육을 시키며 소방업무, 긴급구호, 지원요청 등 지배인에 의해 맡겨진 업무를 감당할 수 있도록 수시로 교육이 이루어져야 한다. 그리하여 어떤 비상사태나 위험발생 시에 적절한 조치를 순발력 있게 취할 수 있도록 해야 한다.

순찰요원의 기본적인 업무는 단순한 화재예방 뿐만 아니라 호텔 건물을 순찰하고 항상 긴장된 상태로서 예기치 않는 상황을 주시해야 한다. 순찰요원이 호텔건물을 순찰하고 있는 동안 그 들은 항상 심상치 않은 상황이 발생되지 않은 거의 동정이나 상황을 예의 주시해야 한다. 또한 순찰원은 항상 범죄예방 임무를 띠고 있다. 예를 들면 새벽 3시에 비상구를 빠져 나가는 사람은 수상한 사람임이 틀림없으니 일단 검문을 해야 할 것이다.

폐쇄된 문인데 문이 열려진 부대시설은 조사를 해야 한다. 다른 직원과 마찬가지로 순찰원에게도 빠른 송수신을 할 수 있는 통신장비의 지급이 고려되어야 한다.

순찰요원이 호텔내외의 담당구역을 순찰중일 때 비상지원을 요청할 상황이 발생되었다면 즉시 연락을 하여야 되는데 송수신장비가 없다면 많은 시간적 손실이 있을 것이다.

순찰요원은 사고 보고나 지원요청에 이동통신장비가 없을 경우에는 전화설치를 요구할 수도 있을 것이다. 순찰요원은 호텔의 안전관리에 있어서 중요한 일을 하는 직책으로서 자신도 이 중요성을 잘 인식할 수 있도록 교육되어야 한다. 이 직책에서의 태만이나 무능은 간과되어서는 안 된다. 순찰요원은 반드시 관찰력이 있고 체력적으로 적절해야 하며 정신적으로 건전해야 함은 물론이고 합리적인 인격을 갖추어야 한다.

나) 초소경비원

초소담당 시큐리티요원(Guard man)인 초소경비원은 여러 지역을 순찰하는 순찰요원과 달리 일정한 지역이나 구역은 담당하여 그 지역의 안전과 통제에 대한 책임을 진다. 호텔에 시큐리티요원이 반드시 고용되어야 한다는 법규정은 없지만 지배인의 업무를 돕기 위하여 반드시 필요한 요원이다. 그들은 만약 호텔 내 회의가 있을 경우 출입이 가능한 사람과 출입해서는 안되는 사람을 파악하여 통제해야 한다.

초소담당 시큐리티요원은 순찰요원과 같이 동적인 업무를 행하진 않더라도 시큐리티요원도 역시 육체적으로 건강하고 건전한 정신을 갖추어야 하고 단정하고 정직하고 믿을 만한 사람이어야 한다.

다) 여성시큐리티요원

여성시큐리티요원(Female Officers)은 호텔에서 필요할 경우에 고용할 수 있는데 이는 여성종업원, 여성고객에 관계되는 업무를 취급하는데 필요하기 때문이다. 여성시큐리티요원의 업무는 의심스러운 여자손님이나 방문객을 조사하고, 여성 투숙객을 도와 객실로 안내하여 준다. 또한 여성 고객의 객실 혹은 기타 지역에서의 도난 및 기타 사건에 대하여 협조한다.

(2) 호텔 시큐리티를 위한 장비

가) 통신(Communication)장비 : 전화, 인터폰, 핸드폰 등 통신의 시큐리티담당자에게 있어서 생명혈과 같은 것이다. 시큐리티요원은 송수신이 가능한 통신형태의 장비를 갖춘 것이 규정화되어야 하며, 시큐리티책임자는 수시로 점검해야하며 또 즉시 응답에 응할 수 있어야만 한다.

나) 폐쇄회로 텔레비전(Coverage and CCTV) : 폐쇄회로 텔레비전은 전반적인 시큐리티프로그램에 적합한 프로그램이 된다. 관리상의 문제나 범죄상황을 찾아낼 뿐만 아니라 또 범죄가 발생되었을 때 범죄기록을 제공할 수 있도록 계속적인 감시 및 청취가 가능하다.

다) 제복(Uniform) : 고객들은 제복을 입은 직원의 근무를 알아보고 그들이 안전업무를 수행한다는 점에서 더 큰 안전감을 느낄 수 있고, 또 제복을 입은 직원은 예상 가능한 범죄행위에 대한 예방적 억제수단으로도 이용된다.

라) 방화장비(Firearms) : 화기, 총류로서 우리나라에서는 법률집행기관의 직원 이외는 무기를 소지하는 것이 불법적으로 되어 있다. 그러므로 시큐리티책임이 있는 직원이 무장을 할 것인지 안 할 것인지에 대한 총지배인의 의사결정은 신중히 숙고한 뒤에 결정이 내려져야 할 것이다.

마) 기타 시큐리티장비 : 전파탐지기 등

(3) 호텔시큐리티요원 및 당직 지배인의 업무

가) 호텔 시큐리티요원의 근무

시큐리티요원은 가능한 제복을 착용해야 한다. 제복은 완전한 복장에 깨끗하고 구두와 머리, 손과 손톱은 깨끗하고 청결해야 한다. 또 근무중의 음주는 절대 허락되어서는 안되며, 개인적인 감정에 관계없이 모든 고객에게는 차별 없이 존경심으로 접대하여야 한다. 호텔이 제공할 수 있는 가장 중요한 자산은 서비스이다. 그러므로 시큐리티요원은 호텔을 이용하는 어떤 사람에게나 협조해 주어야 하며, 누구로부터도 금품을 수수해서는 안된다. 또 위협을 가하려는 사람이 아닌 이상 그 누구에도 위협을 가해서는 안된다. 만약 경찰에게 고소행위가 발생될 경우 시큐리티요원은 호텔의 명칭으로 고소를 하여야 한다. 사고 조사의 경우에는 중립적인 입장에서 사실의 자료를 수집·조사·기록하여야 하며 업무수행에 있어서는 냉정하고 침착하여야 하며 부드럽고 온화하게 처신해야 한다.

시큐리티 책임자는 호텔 및 고객, 종업원의 비밀정보에 접하게 될 것이다. 그들의 기밀을 누설해서는 안되며, 시큐리티요원은 언론기관과 잘 협조해야 한다. 협조하지 않을 경우 편향보도가 있을 수 있기 때문이다.

또한 휴무하는 시큐리티요원은 오해를 살 수 있는 행동, 호텔 주변을 배회하지 말아야 한다. 여성고객의 객실을 조사할 경우에는 여성안전요원을 대동하여야 하며 정확하고 완전한 기록을 위한 모든 조사를 가능한 철저하게 하여야 한다. 시큐리티 책임자는 문제를 해결하는 데 있어서 당사자가 협조를 요구하는 경우 지원 요청하기를 망설여서는 안된다. 법률 자문기관의 도움이나 경찰기관이나 소방기관원, 보험 전문가 등의 도움은 문제를 더 쉽게 해결할 수 있기 때문이다. 그리고 문제성 있는 집단, 또는 사람이 접근했을 경우 즉시 사복차림의 시큐리티요원은 제복차림의 경비원, 순찰원을 필요수행 해야 한다.

호텔시큐리티요원은 고객과 친근하게 사교되어서는 안되며 다른 종업원과 금전을 거래해서는 안된다. 또 타종업원이 그의 경력이나 호텔인사조직에서 상급자의 위상으로 시큐리티요원을 협박해서는 안된다.

시큐리티 책임자는 항상 솔선수범하여야 하며, 리더로서 그의 위치는 항상 도전받고 있다는 것을 잊어서는 안된다.

나) 호텔 당직 지배인의 업무

당직 지배인은 호텔의 고객과 호텔 경영층의 중간 연결자이다. 또는 문제 해결자로서의 역할도 수행한다. 객실영업부서원의 고객서비스업무를 지원할 뿐만 아니라 고객과 종업원의 안전과 회사의 재산을 보호하기 위해 24시간 비상운영체제를 지휘하는 임무도 수행한다. 그들의 주요업무내용을 오전조, 오후조, 야간조로 구분하여 살펴본다.

(가) 당직지배인 오전조의 업무내용

㉠ 전임 근무자와 인수인계 및 필요사항에 대한 조치를 취한다.
㉡ 코멘드 센터에 근무임을 통보하고 호텔 마스터키를 확인한다.
㉢ 야간회계감사가 제시한 일일영업보고서를 검토 · 수정 · 보완한다.
㉣ 근무에 필요한 제반 정보 입수(객실현황, 연회행사, 경쟁호텔 객실상황, 단체고객현황, 인수 · 인계된 각종 보고서 및 통신문 파악, 객실영업부서 근무자 확인 등)
㉤ 판매가능객실수의 확인 및 고장난방 조치
㉥ 예약상황과 룸 브록킹(room blocking) 상태 정확성 여부 파악
㉦ 도착 VIP 파악과 객실배정에 대한 확인 및 객실 청결 상태 점검
㉧ 출발 VIP 퇴숙 절차 보조 및 배웅
㉨ 근무 중 호텔 전체의 안전에 대해 체크하며 도난사고, 화재, 안전사고 및 고객 불평불만에 대해 재발방지를 위한 제반 조치
㉩ 장기 투숙객과 좋은 관계 유지를 위해 빈번한 접촉을 시도한다.
㉪ 고객과 종업원간에 문제시 즉시개입, 문제를 고객의 입장에서 해결한다.
㉫ 높은 수익성관리를 위해 프론트데스크 에이전트를 지원한다.
㉬ 객실관리부서의 객실점검요원들과 일일 객실 점검 후 필요한 조치를 한다.
㉭ 긴급사태 발생시 임원진에게 보고하고 현장지휘임무를 수행하고, 오후조와 업무교대에 대한 사항을 기록한 후 업무를 인계한다.

(나) 당직지배인 오후조의 업무내용

㉠ 전임근무자와 인수인계 및 필요사항에 대한 조치를 취한다.
㉡ 코멘드 센터에 근무임을 통보하고 호텔 마스터키를 확인한다.

ⓒ 객실현황, 연회행사, 경쟁호텔 객실상황, 단체고객현황, 인수·인계된 각종 보고서 및 통신문을 파악한다.
ⓓ 근무에 필요한 제반정보입수 및 객실영업부서원과 일일 영업회의
ⓔ 예약상황과 룸 브로킹(room blocking) 상태 정확성 여부를 파악한다.
ⓕ 도착 VIP 파악과 객실배정에 대한 확인 및 객실 청결 상태 점검
ⓖ 도착 VIP 입숙 절차 보조 및 객실안내
ⓗ 단체 및 여행사 고객 영접 및 조식 종류, 인원, 장소 배정
ⓘ 근무 중 호텔 전체의 안전에 대해 체크하며 도난사고, 화재, 안전사고 및 고객 불평불만에 대해 재발방지를 위한 제반 조치
ⓙ 장기 투숙객과 좋은 관계 유지를 위해 빈번한 접촉 시도
ⓚ 고객과 종업원간에 문제시 즉시개입, 문제를 고객의 입장에서 해결한다.
ⓚ 높은 수익성관리를 위해 프론트데스크 에이전트를 지원한다.
ⓛ 객실관리부서의 객실점검요원들과 일일 객실 점검 후 필요한 조치
ⓜ 긴급사태 발생 시 임원진에게 보고하고 현장지휘임무를 수행한다.
ⓝ 오후조와 업무교대에 대한 사항을 기록한 후 업무를 인계한다.

(다) 당직지배인 야간조의 업무내용

ⓐ 전임근무자와 인수인계 및 필요사항에 대한 조치를 확인한다.
ⓑ 코맨드 센터에 근무임을 통보하고 호텔 마스터키를 확인한다.
ⓒ 판매가능객실수의 확인 및 고장난 방의 조치상태를 확인한다.
ⓓ 각종 현황 파악 : 객실현황, 연회행사의 마감 상태 확인, 경쟁호텔 객실상황 파악, 도착 단체고객 현황 파악 및 조식 관련사항 점검, 인수인계된 각종 보고서 및 통신문 파악, 호텔 전부서 야간 근무자 파악
ⓔ 프론트데스크 업무 파악 : 입숙, 퇴숙, 조기퇴숙(unexpectedcheck-out), 연박(stayover), 취소(cancellation), 착불이행(no-show), 도착예정 고객 파악 및 초과예약(over booking)시 턴어웨이(turn away) 계획수립
ⓕ 투숙 TOP VIP 및 장애인 명단 작성
ⓖ 안전금고(safety box), 고객대여금(paid-out) 확인
ⓗ 객실요금할인(room discount, room rate discrepancy report) 확인
ⓘ 안전요원과 협조하여 각종 사무실, 창고, 업장의 시설장치 확인
ⓙ 근무 중 호텔 전체의 안전에 대해 체크하며 도난사고, 화재, 안전사고 및

고객 불평불만에 대해 재발방지를 위한 제반 조치
㉠ 고객과 종업원간의 문제시 즉시 개입, 고객의 입장에서 해결한다.
㉡ 시설관리요원과 협조하여 건물 냉·난방상태 점검 후 필요한 조치
㉢ 긴급사태 발생 시 임원진에게 보고하고 현장지휘임무를 수행한다.
㉣ 호텔영업보고서(daily morning reports)가 정확히 작성되었는지 점검한 후 경영진과 관련 부서에 배포하여 확인하고, 오전조와 업무교대에 대한 사항을 기록한 후 업무를 인계한다.

3) 호텔시큐리티 대상

호텔기업에 있어 시큐리티(안전관리)의 대상은 첫째로 호텔기업의 고정자산인 건물과 시설을 비롯하여 비품 및 각종 재료이며, 둘째는 고객의 생명과 재산, 셋째 종업원의 생명과 재산 등이다.

(1) 호텔자산에 대한 시큐리티

환대산업의 대표라 할 수 있는 호텔관광산업에서의 시설적인 부분은 고객의 입장에서 기업의 전반적인 이미지에 대하여 매우 중요하게 인지되고 있으며, 호텔관광산업이 시설, 비품 등에 대한 투자비용이 막대한 점을 감안할 때 이러한 부분들을 운영함에 있어서 유지관리에 대한 비용적인 측면을 최소화 하여 효율적인 경영성과를 이끌어내기 위하여 시설관리가 매우 중요하다. 호텔시설관리는 호텔관광시설의 발전과 건설, 운영상의 비용, 보수, 복개와 현대화에 드는 비용의 관리적인 측면에서 필요성이 강조되고 있으며, 특히 POM(노동, 지출 등 계약상의 모든 유지비용)과 Utility COST(전기, 물, 자재 등)를 최소화하기 위한 방안을 모색해야 하는데 객실내의 고가의 가구와 인테리어, 장비, 시설 등을 교환 또는 재구성 하는 데 드는 시기와 함께 발생하는 비용 등을 최소화하기 위해 시설관리가 필요하다.

호텔관광시설의 역할은 ㉠ 시각적인 환경의 제공-고객에 대한 전반적인 경험 안정감을 제공하고, 건축가나 예술가의 창조물로서의 경험이나 시각적인 효과 등의 혜택을 제공하는 역할, ㉡ 상품과 서비스를 제조하는 공장으로서의 역할-창조물을 만들어내는 곳, ㉢ 종사원으로서의 직장에 대한 비중, ㉣ 호텔을 등급

이나 정체성을 규정할 때 시설부분의 비중이 중요, ㉤ 소유자의 자산으로서의 역할-운영을 발생시킬 수 있는 터전, ㉥ 자산의 시장가치를 가지는 보상에 대한 하나의 부분으로써의 역할, ㉦ 자산으로 수입원의 양을 발생시키는 주체로써의 역할 등으로 나누어 볼 수 있다.

호텔경영자는 고객에게 일정한 객실을 배정하거나 또 그 객실을 변경할 수 있는 권리를 갖고 있다. 반면에 고객은 배정된 객실이 자기 개인을 위한 곳이며 또 객실에서는 자신의 프라이버시의 존중을 기대할 수 있다.

한편 호텔 경영자는 경우에 따라서 필요한 목적을 위하여 비록 고객이 있는 객실일지라도 그 객실에 들어갈 수 있다. 하지만 그러한 출입은 고객의 권리에 어떠한 침해를 주지 않을 때와 방해되지 않는 시간에 이루어 져야한다.

(2) 호텔 고객 차원에서의 시큐리티

가) 고객의 재산 보호 및 책임의 한계

커노이어(Cournoyer)에 의하면 호텔에 투숙하는 고객은 돈, 보석, 의류, 카메라, 스포츠 용구, 서적 등과 같은 다양한 재산을 갖고 오는데, 가끔은 객실이나 자동차 또는 식당, 로비, 풀장 기타 객실 이외의 장소에서 놓아두고 잊어버리거나 도난을 당하는 경우가 있다. 숙박업에서는 도난은 환대사업을 하는데 있어서 확실하게 해결할 수 없는 문제다. 왜냐하면 호텔의 절도범은 돈, 보석 그리고 신용카드를 대상으로 하는 전문털이로, 마스터키를 만들 수 있기 때문이다.

보통 전문털이는 절도를 목적으로 숙박등록을 하는 경우도 있고, 호텔의 절도사례 또는 직원들로부터 정보를 얻는 등 많은 기교를 사용하고 있다. 그들은 결코 무기를 사용하지 않고 발각되면 주정꾼 시늉을 하며, 보석에 대한 지식과 좋은 호텔과 도둑질하는 기회를 찾아내는 대머리이며 책략이 있는 50대의 멋쟁이로 묘사되어 왔다.

이러한 전문털이 범인을 잡거나 줄이기 위해 호텔은 다음과 같은 전략을 구사하고 있다.

시큐리티인력의 증강, 전문인력의 채용, 도아록을 잘 잠그도록 투숙객에게 정보를 주고, 귀중품은 귀중품 보관소에 맡기도록 한다. 복도에 폐쇄회로를 설치하고, 객실 도아록을 자주 교체하며, 해당 객실고객만이 사용할 수 있는 새로운 도아록 장치를 실시하고, 종사원이 보다 더 엄격한 안전점검을 실시하며, 작은 규모의 호텔인 경우는 현관문에서 고객이 인지될 때 데스크 클릭이 문을 열어주는 전자로비도어를 설치하고 있다.

1975년 이후 호텔에서 발생하는 범죄를 줄이기 위하여 뉴욕경찰은 특별 호텔 유니트를 조직하고 호텔의 특별조직과 경비인력을 매주 미팅을 통하여 예상되는 문제에 대하여 정보교류와 주의를 환기시키고 있다.

지방경찰이 실시하는 호텔에 대한 방범활동 정책은 호텔경비인력에게 호텔에 대한 새로운 침입방법, 평소의 사건사고, 최근에 발견되는 절도기술 등의 정보를 제공함으로서 호텔을 경비하는 데 중요한 역할을 하고 있다.

나) 귀중품의 보관(Deposit Safe)

고객의 희망에 따라 손님의 귀중품을 일시 보관하였다가 돌려준다. 귀중품을 보관할 때에는 반드시 보관증을 발행하지 않으면 아니 된다. 손님이 귀중품을 신고하지 않고 호텔내에서 분실하였을 때는 호텔 측으로서는 책임을 질 수 없는 것이다. 그리하여 호텔내에는 숙박약관(regulation)이 곳곳에 공고되어 있어 누구나 투숙객은 읽어 볼 수가 있다.

또한 고객이 투숙할 때에는 반드시 레지스트레이션 카드에 성명, 주소, 회사명, 서명 등을 기입하다 보면, 그 카드의 하단에 눈에 띄이도록 붉은 글씨로 "귀중품은 프런트 케샤에게 맡겨 주십시오"라고 기재되어 있다. 이와 같이 호텔에서는 프런트 케샤가 귀중품의 보관을 행하고 있는 곳이 대부분이다.

귀중품의 보관 방법으로서, 다음 2가지의 방법이 있다.

㈎ **귀중품 자루를 사용하는 방법** : 소규모의 호텔에서 행해지고 있는 방법으로서 귀중품 자루에 고객의 귀중품을 넣고, 그것을 프런트 케샤의 금고에 맡기면 프런트 케샤는 귀중품 자루에 있는 표지(tag)를 손님에게 건네준다. 손님이 자기의 물건을 돌려받으려고 할 때는 고객이 갖고 있는 표지와 대조해서 인계한다.

㈏ **안전금고(Safety Deposit Box)** : 이 경우는 안전금고를 준비하여 놓은 호텔에서 행하고 있는 방법이다. 그 금고는 다음과 같이 사용된다.

우선 금고 기록서에 성명, 주소, 객실번호, 날짜, 서명을 고객이 기입한다. 동시에 금고 기록서용 봉투의 서명란에 서명하는 취급자(front cashier)는 금고의 열쇠번호를 기입하고 사인을 한 후 열쇠를 고객에게 건네준다.

금고사용이 끝나고 반환할 때도 반환한 것을 확인하기 위해 손님의 서명이 필요하다. 혹 열쇠를 분실한 경우는 상자의 열쇠를 전기드라이버(driver)로 부수어야 하므로 그 비용은 손님 부담이 된 다는 것을 명시해 둘 필요가 있다.

다) 시설상의 안전관리

호텔로비나 주차장 등은 호텔이용객뿐 아니라 외부인들도 쉽게 출입이 가능하기 때문에 안전사고가 발생할 가능성이 항시 존재하며, 이를 방지·억제하기 위한 호텔 측의 제반감시대책이 필수적이다. 이를 위해 방평으로 주로 이용되는 폐쇄회로 TV와 자동녹화 카메라 등의 시스템은 고객을 심리적으로 안심시키고 최소한의 안전관리요원의 배치만으로도 효과적인 감시기능을 수행할 수 있어 적재적소에 설치되어 있는 실정이다. 특히 객실의 종업원이 대기할 수 없는 객실의 복도나 현금을 취급하는 프런트데스크는 카메라를 설치하고 통제실에서 모니터할 수 있는 효율적인 시스템을 운영하고 있다. 호텔시설물 중에는 냉난방 및 보건위생 등에 필요한 각종 위험물들이 포함되어 있기 때문에 안전관리를 위하여 관련법규에 따라 여러 분야의 자격이 부여된 종업원 및 시큐리티요원을 배치하여야 한다. 또한 비상시에 화재경보기나 엘리베이터 정지경보기 등의 작동에 대한 민첩한 행동과 의사전달체계가 이루어질 수 있도록 종업원을 대상으로 교육훈련이 평상시에 실시되어야 한다. 그리고 비상시에 종업원은 물론, 객실이나 업장에 있는 고객을 가장 안전하게 대피시키고 호텔의 자산손실을 줄일 수 있도록 가상 상황에 대한 응급처치방안을 마련하여 만일의 사태에 대비해야 한다.

라) 객실 키 관리

호텔 객실 키의 관리는 고객의 안전을 보장하는 가장 기본적인 것으로써 고객이 체크인을 함과 동시에 배정되는 객실의 키를 고객 스스로가 통제할 수 있도록 자세한 설명이 필요하고, 퇴숙시 반드시 반납이 되도록 해야 한다.

마) 고객 휴대품의 분실에 대한 책임

법률상 호텔 주인은 손님이 호텔내에 휴대하여 온 모든 물건에 대하여 그 물건에 대하여 그 물건이 애완동물이건 의상이건 보석이건 현금 및 귀중품이든 그 손실에 있어 책임을 지도록 되어 있다.

호텔업주는 절대적인 보증자이며 단지 천재지변이나 전쟁 혹은 고객의 태만에 의한 물건의 손상의 경우에만 그 책임을 면할 수 있다.

참고 사례

***호텔 시큐리티관련 사례**

◉ 대구 그랜드호텔

대구에 있는 호텔 중에서 따로 안전관리부서가 있는 곳은 없다. 그랜드호텔에도 별도의 안전관리 부서는 없었다. 안전관리를 담당하는 직원으로는 경비원 2명, 당직과장이 있고 야간에는 당직지배인도 안전관리 업무를 보고 있다. 당직지배인은 밤 8시 이후부터 아침 8시까지 안전관리에 대한 점검, 순찰을 하고 있다. 호텔 각 층마다 순찰시계가 비치되어 있는데 경비원이 1시간당 1번, 당직과장은 각 층별로 기록, 점검한다.

안전관리원이 사용하는 휴대 장비로는 가스총, 무전기, CCTV 등이 있다. 가스총은 실제로 사용하지는 않으며 무전기는 프론트와 연결되어 있다. 최근에 도입된 CCTV는 지하 1층 방제실에서 3명의 직원이 상근하며 관리, 점검하고 있다. CCTV는 호텔 전체의 각 층별, 구역별을 방제실에서 모니터를 통해 볼 수 있도록 한 시스템이다. 이것을 이용해 호텔의 여러 문제들을 해결하고 있다. 그 실례로는 올해 4월 그랜드호텔에서 결혼식 축의금을 도난당하는 사고가 있었는데 CCTV에 녹화된 내용을 판독하여 범인을 검거하였다.

혹은 조직폭력배의 결혼식일 경우 경찰과의 협조를 통해 하객으로 참석한 사람들 중에서 지명수배자를 검거하는 경우도 있었다.

또 그 당시 헌법재판관이 그랜드호텔에 혼자서 투숙한 적이 있었는데 지갑을 두고 외출한 사이 현금을 분실했다고 하여 호텔 직원들을 의심하였다. 이도 CCTV녹화 테이프를 판독한 결과 늦은 시간 동행자가 있었던 것으로 밝혀졌다.

4) 호텔시큐리티 방향

호텔 등의 숙박시설에는 여행이나 출장으로 국내외 고객이나 바이어들, 요인들이 늘어남에 따라 이들에 대한 안전에 많은 관심이 집중되는바 그에 대한 시큐리티도 한층 강조되고 있다.

호텔에서 일어나는 모든 안전사고에 대한 피해는 결코 작은 것이 아니다. 호텔에서 고객이 느끼는 만족감에서 안전관리 부분이 차지하는 비중은 크다. 호텔을 투숙하는 고객이 자신의 신변에 불안함을 느낀다거나 자신이 호텔의 관리소홀로 인해 손해를 보고 있다는 느낌을 받으면 그 호텔을 다시 찾지 않을 것이다. 즉 대외적인 호텔의 이미지에 타격을 받아 호텔 매출에 직접적인 영향을 미칠 것이다.

호텔의 시큐리티는 직접적인 호텔 자산에서부터 종업원 및 투숙 고객의 재산과 신변 안전까지 많은 부분에 신경을 써야하는 업무이다. 고객의 불편을 덜어주기 위함 뿐 아니라 예측불허의 상황에 대한 대처도 할 수 있어야 한다. 많은 인력의 서비스로 다수의 사람이 이용하는 호텔의 안전관리는 무엇보다도 중요하다.

무심코 스쳐 지나가는 사고라도 후에 고객이 호텔에 가지는 이미지나 종업원들의 사고에 대한 개념은 이루 말할 수 없는 영향을 줄 것이다. 그렇기 때문에 호텔에서는 안전관리에 무엇보다 신경을 써야하고 관리 소홀로 인한 문제가 생겨나지 않도록 해야 한다. 철저한 호텔시큐리티에서 안전관리를 제대로 한다면 문제가 생기는 것을 예방하는 것은 물론 문제의 해결책을 찾아내기도 한다.

2002년 FIFA월드컵 당시 투숙호텔 시큐리티대책방안으로 ㈎ 본부호텔, 선수단 투숙호텔에 유관기관과 합동으로 '현장통제실'을 운영하고, ㈏ 호텔 내·외부 경비활동을 수행하여 안전을 확보하고 배달되는 물품과 우편물에 대해 검색을 실시하며, ㈐ 소방, 전기, 가스, 식음료 등을 철저히 점검하여 안전사고를 사전에 예방한다.

호텔 등의 숙박시설에 근무하는 시큐리티요원은 투숙하는 고객의 신변보호는 물론 기물파손, 조명, 계단, 엘리베이터 등의 건물을 상시 점검하고, 외부로부터의 불법침입자를 감시하며, 화재·도난의 방지, 폭발물 점검, 기타 비상사태 대응 등의 업무를 수행하게 된다.

혹시나 사고가 일어나더라도 그것을 계기로 다음 사고에 대한 피드백 자료가 되어 호텔이 더 발전할 수 있도록 대처해야 할 것이고 우선 사고가 일어나기 전에 사전예방차원에서 투자하여 현재와 미래의 호텔에 대한 이미지 상승효과와 고용된 종업원의 사기충전을 도모해야 할 것이다.

제4절 카지노시큐리티 운영론

1. 카지노와 카지노시큐리티

1) 카지노 일반

세계 카지노(Casino)산업은 단순한 겜블링(Gambling)만을 하는 카지노에서 리조트의 기능, 테마파크의 기능, 컨벤션의 기능 등을 도입하여 토탈 엔터테인먼트(Total Entertainment) 산업으로 변모하고 있다. 카지노(이탈리아어 Casa에서 유래)는 도박을 하는 시설의 하나이다. 룰렛이나 슬롯머신 등의 기기를 사용하고, 돈을 걸고 게임을 하는 장소(도박장)이다. 어원은 별궁 혹은 저택을 가리키는 까사(Casa)에 축소의 어미 "-ino"가 붙은 것으로 고대 그리스에서 쇼와 무녀 그리고 도박이 성행하면서 1823년 모나코 몬테카를로에서 1829년 미국 라스베이거스(Las Vegas)로 유입되어 갬블링으로 정착된 이래 세계 각국으로 카지노가 확대되었다.

유럽에는 몬테카를로, 바덴바덴(독일 바덴뷔르템베르크 주) 외 수많은 나라는 카지노가 공인되고 있다. 네덜란드에서는 암스테르담 국제 공항내에 카지노가 있다.

미국에는 라스베이거스 · 리노(네바다 주), 애틀랜틱시티(뉴저지 주), 테니카 · 빌록시(미시시피 주) 등이 카지노에 의한 세수입이 현저한 카지노 도시이다. 1990년대 이후 각주 정부가 카지노 합법화 법안을 연달아 가결해, 이 외 미시시피강 유역이나 코네티컷 주, 미시간 주 등에도 카지노가 설립되고 있다. 또, 미네소타주 등 미국 선주민에게만 거류지 내에서의 카지노 경영을 인정하고 있는 주도 있다. 면적이 넓은 카지노는 세계적으로 미국에 많아, 세계 제일의 면적을 자랑하는 카지노는 텍사스 스테이션 카지노(약 25,000㎡), 폭스 우즈(약 18,000㎡), MGM 그랜드(약 16,000㎡) 등의 순서이다.

아시아에는 마카오(중국), 겐팅하이랜드(말레이지아 쿠알라룸푸르 교외), 서울특별시 · 부산광역시 · 제주특별자치도 · 정선(강원도)[서울, 부산, 제주특별자치도의 카지노는 외국인 전용16개] 및 필리핀 정부가 운영하는 카지노가 있다. 캄보디아에도 외화획득을 위해 정부에 의해서 만들어진 카지노가 타이의 국경 부근에 존재한다. 또, 일본이나 싱가포르 등에 있고, 현재 카지노의 합법화가 이루어지고 있다. 그 외 북한 나선특별시에 홍콩 엠퍼러그룹이 2000년에 개장하여 2005년 중국 압력으로 영업이 중단됐다가 2010년 9월 재개된 나선카지노가 있고, 장기항해를 실시하는 대형 크루즈 여객선에 카지노가 설치되어 있는 경우도 있다.

우리나라 카지노 설립의 법적 근거가 된 최초의 법률은 「복표발행 · 현상 기타 사행행위단속법」(법률 제762호, 1961.11.1)으로 외국인을 상대로 하는 오락시설 기능제공이란 취지아래 설립되었다. 1967년 국내 최초로 외국인 전용 카지노(인천 올림포스호텔카지노)가 생긴 이래 13개의 카지노가 개장했으나, 「사행행위등규제법」(법률 제4407호, 1991.11.30)에 의해 카지노, Slot Machine(슬롯머신, 투전기업)으로 구분 · 관리되어 오다가 이 법이 「사행행위등규제및처벌특례법」으로 바뀌면서(1993.12.27) 투전기업은 불건전 사행행위 일소와 범죄예방차원에서 사행업종에서 제외되고 카지노업은 「관광사업법」(1975.12.31)이 「관광진흥법」(전부개정 1986.12.31)으로 바뀐 후 개정(1994.8.3)을 거쳐 관광사업으로 다시 전환되었다(1994.12.4).

참고 법률

*** 「관광진흥법」 일부개정(법률 제4778호, 1994.8.3, 시행 1994.12.4)**

카지노업이 관광외화획득뿐만 아니라 외국인관광객 유치에도 기여하는 바가 크므로 「사행행위등규제및처벌특례법」에서 사행행위영업으로 규정하여 온 카지노업을 「관광진흥법」에 의한 관광사업으로 새로이 규정하되 카지노업의 건전한 발전을 도모할 수 있도록 관련법제를 개선 · 보완하고, 기타 관광사업에 대한 불필요한 행정규제를 완화하려는 것이다.

① 카지노업을 관광외화획득을 위한 관광사업으로 육성하기 위하여 관광사업의 범위에 새로이 카지노업을 포함하도록 함.

② 카지노업에 대한 허가 등 행정권한을 지방경찰청장에서 교통부장관으로 이관하고, 교통부장관이 카지노업의 허가를 함에 있어 공공의 안녕·질서유지, 국민정서 또는 카지노업의 건전한 발전을 위하여 필요한 경우에는 그 허가를 제한할 수 있도록 함.

③ 카지노사업자는 영업에 사용하는 카지노기구가 공인기준 등에 적합한지의 여부에 관하여 교통부장관의 검사를 받도록 함.

④ 관광사업자가 관광사업계획의 승인을 얻어 도시계획용도지역중 일정한 주거지역·공업지역 및 녹지지역등에서 관광숙박시설 및 일정한 부대시설을 건축할 때에는 건축

법에 의한 용도지역별 건축금지 및 제한을 적용하지 아니하도록 하고, 관광숙박업의 사업계획의 변경승인을 얻는 경우에는 건축법에 의한 용도변경허가를 받은 것으로 보도록 함.

⑤ 카지노사업자는 카지노사업의 건전한 육성·발전을 위하여 필요하다고 인정하여 교통부장관이 고시하는 영업준칙을 준수하도록 함.

⑥ 카지노사업자는 대통령령이 정하는 바에 의하여 총매출액의 100분의 10의 범위안에서 일정금액을 관광진흥개발기금에 납부하도록 함.

⑦ 종전에 관광사업자가 요금을 신고하도록 하던 제도를 폐지하여 경영의 자율성을 높이도록 함.

⑧ 카지노사업자의 위반행위에 대한 처벌의 형량을 상향 조정하는 등 위반행위자에 대한 제재를 강화·보완하여 불법 및 변태영업을 방지하도록 함.

⑨ 기존의 카지노사업자에 대하여는 당해 허가의 유효기간 만료일까지 이 법에 의한 허가를 받은 것으로 보되, 그 유효기간이 1995년 12월 31일전에 만료되는 경우에는 1995년 12월 31일까지 이 법에 의한 허가를 받은 것으로 보아 영업을 허용하고, 그 이후의 신규허가는 외화획득실적 등 교통부령이 정하는 일정 요건을 충족하는 자에게만 하도록 함.

그 이후 2000년 10월 강원랜드가 개관되어 석탄산업의 사양화로 인해 낙후된 폐광지역경제를 활성화시켜 지역간 균형 있는 발전을 도모하고 지역주민의 고용창출에 기여하여 생존권을 보장하는데 목적을 두고 제정 된 「폐광지역개발지원에 관한 특별법」에 의해 허가된 스몰카지노(Small Casino)가 개장되고 2003년에 강원랜드 메인카지노(Main Casino)가 개장되어 카지노산업발전에 전기가 마련되었지만, 카지노산업은 아직까지 사행성산업으로 많은 정부의 규제가 있어 관광산업의 발전에 걸림돌이 되고 있다. 2006년에는 정부출자로 한국관광공사 자회사인 그랜드코리아 세븐럭카지노(Seven Luck) 3지점(코엑스센터점, 밀레니엄힐튼점, 부산롯데점)이 개장하면서 정부가 운영하는 카지노가 탄생되었다.

현재 「관광진흥법」에서 카지노업이란 "전문 영업장을 갖추고 주사위 · 트럼프 · 슬롯머신 등 특정한 기구 등을 이용하여 우연의 결과에 따라 특정인에게 재산상의 이익을 주고 다른 참가자에게 손실을 주는 행위 등을 하는 업"이라고 정의(§2)하고 관광객을 위하여 운송 · 숙박 · 음식 · 운동 · 오락 · 휴양 또는 용역을 제공하거나 그 밖에 관광에 딸린 시설을 갖추어 이를 이용하게 하는 관광사업(觀光事業)의 하나로 제한적으로 허가해 주고 있다. 현재 카지노업을 규율하고 있는 법규는 관광진흥법령 이외에도 「카지노영업준칙」(제정 1995.7.13 문화체육부고시 제1995-26호, 2008.7.31 문화체육관광부고시 제2008-23호), 「카지노 전산시설 기준」(제정 1996.5.28 문화체육부고시 제1996-20호, 개정 2009.9.1 문화체육관광부고시 제2009-54호), 「카지노기구검사업무규정」·「카지노전산시설검사업무규정」(개정 2009.2.27, 문화체육관광부승인 제2009-0호) 등이 있다.

국내외적인 여러 문제점을 극복하고 우리나라 카지노산업의 발전을 위해서는 첫째, 외부 환경 변화에 대한 인식의 전환이 필요하다. 카지노만을 위한 시설이 아닌 관광산업으로서 복합적인 카지노산업으로의 변화가 필요하다. 둘째, 카지노산업의 경쟁력을 확보해야 한다. 외국의 선진 카지노 경영기법의 도입, 카지노 개발에 대한 투자자본 도입과 함께 외국인 카지노시장 개척의 용이성 등 경쟁력 확보를 통한 카지노 경영활성화를 도모해야 한다. 셋째, 카지노 관광객 유치를 위한 정부, 업계의 노력이다. 정부의 카지노 관광객 유치를 위한 정책적인 노력과 업계의 상황에 맞는 상황적합적 마케팅의 대응으로 거대한 아시아지역의 카지노 관광객을 유치하기 위한 노력이 절실한 때이다.

2) 카지노시큐리티

(1) 카지노산업의 발전

한국에서 카지노 산업은 1980년대 국가경제발전에 따른 소득수준의 향상과 더불어 레저스포츠활동에 대한 국민의 욕구가 확대되면서 도입이 계속 거론되어 왔다. 물론 그 이전에도 내국인 출입 카지노의 필요성은 꾸준히 제기되어 왔으나 외국인을 위한 전용카지노만이 허용되었는데, 여기에는 국민의 사행심을 조장해서는 안된다는 반대여론과 국가의 규제정책이 강했기 때문이다. 하지만 1990년대 후반 폐광지역 발전과 국가경쟁력 제고를 위하여 정부와 강원도가 주도하여 시행한 내국인 전용카지노는 말 그대로 범국가적 사업이 되었다. 특히 정부는 특별법을 제정하면서까지 강원도 정선 지역을 폐광지역진흥지구로 지정하였으며, "탄광지역개발촉진지구개발계획"을 통해서 가장 핵심적인 사업으로 선정한 바 있다. 이에 따라 강원랜드라는 첫 내국인 카지노는 향후 개발 및 사업운영에 있어 국가적 차원에서의 지원과 법률이 정한 각종 행정 지원, 개발규제

완화, 금융 지원, 세제 지원 등으로 순조롭게 추진되었다.

그러나 카지노 산업은 사업의 전망성 못지않게 부정적 인식도 매우 높다. 오락(배팅)으로서의 카지노 산업은 단순한 레저산업으로서의 가치뿐만 아니라 레저문화로서의 가치 또한 향상되어야 함에도 불구하고 기본적으로 저급한 도박산업에 불과하다는 인식을 바탕에 깔고 있는데, 이는 지금까지 내국인 출입을 통제해왔던 국가정책과 그 명분에 따른 영향이기도 하다.

(2) 카지노시큐리티의 필요성

카지노시설의 시큐리티에 관련한 모든 수단들은 경비대상시설에 관련된 모든 안전을 보장하고 생명 및 재산의 보호와 인위적이고 천연적인 재해나 범죄의 위험성을 최소화하여야 한다. 즉 카지노시설 뿐만아니라 주변의 부속된 건물들의 설비나, 고객 및 종업원의 생명과 재산에 대한 안전과 사고 시 대응조치 계획도 수립하여야 한다.

현재의 카지노시큐리티관리 업무의 세분화 및 전문화를 통하여 다양한 사건, 사고의 예방과 고객의 안전 확보를 유지할 수 있을 것이다. 카지노시큐리티는 외적인 물체 즉 건물뿐만 아니라 시설내의 모든 사람의 생명이나 그들의 재산까지 보호하는 것으로서 안전과 관련한 모든 수단으로 카지노시설의 관련된 모든 것의 안녕을 보장하고 생명 및 재산을 보호하며 또 인위적이고 천연적인 재해나 범죄의 위험성을 최소화할 것을 요구한다. 따라서 호텔의 위해요소라 할 수 있는 각종 화재, 홍수, 지진, 태풍, 전염병, 소요, 폭발, 파업, 절도, 사기(詐欺) 등의 다양함을 고려할 때, 안전관리 업무는 각 관리 요소별로 그 재난의 결과가 미칠 영향을 고려하여, 편중된 업무 성향에서 벗어나 재난의 유형에 따라 각 부분별로 어떠한 방어수단이 바람직한 안전을 확보하기 위해 취해져야 하는 것을 결정해야 한다.

카지노라는 업종별 특성을 고려하여 도박중독증이나 자살, 과소비, 외화유출과 돈세탁 및 범죄행위 등과 같은 사회적 영향 속에서 경비보안을 책임지는 이들은 어떤 대처방안을 마련해야 하는가에 대한 기본적인 선례를 찾아볼 수 있다. 또한 단순히 카지노에서만이 아닌 비슷한 유형의 게임산업인 경마, 경륜, 경정 등의 경비보안 시스템에서의 시사점도 제시 수 있다.

안전관리 업무의 특수성을 고려해 볼 때, 카지노 안전관리 업무의 접근 방법에 있어 안전 및 보안과 관련한 전문교육을 이수한 자들의 활발한 진출은 보다 체계화된 안전관리 업무를 제공할 수 있을 것이다. 안전관리 업무는 빠른 판단 능력과 안전관리와 관련한 지식을 바탕으로 한 적절하고 빠른 대응능력이 요구되는 업무라 할 수 있다. 따라서 이러한 안전관리 업무수행은 기존의 카지노경영이나 관광경영 등을 전공한 전공자들에 의해 단순한 호텔업무의 한 부분으로서만 인식된 채 업무수행이 이루어진다면 실제 사건 사고의 발생시 대응능력의 부재가 여실히 나타나게 된다. 또한 경영상에 있어서 안전관리 부분의 아웃소싱(Outsourcing)[39] 형태의 경영방식은 체계적이고 전문적인 인사관리가 어려워질 뿐만 아니라 해당부서의 전문인력 확보 또한 어렵게 만드는 원인이 된다.

카지노시설의 각종 사건 사고 발생 가능한 지역을 설정하고, 그 지역에 시큐리티요원을 24시간 배치하거나, 감시카메라를 통하여 감시체제를 유지하며, 지속적인 순찰활동을 통하여 일어날 수 있는 사건 사고를 미연에 방지하는 것이 시큐리티의 기초이며 가장 중요한 요소가 되는 것이다.

또한 카지노시설로 인한 도박으로 인하여 무수한 가정이 경제적 심리적 위협을 받고 있다. 이러한 사회적 문제를 해결하기 위해 출입제한 제도를 시행하고 있다. 이를 보완하기 위한 지문인식 시스템이나 화상 자동인식기와 같은 새로운 형태의 기계경비시스템의 접목도 이루어 져야 한다. 그리고 카지노 시설 경비요원은 주인정신 및 투철한 사명감으로 고객안전을 최우선으로 하고 회사의 자산과 직원을 보호함을 그 목적으로 하며 불시에 일어날 수 있는 사건과 사고를 종합적으로 관리하여야 하며, 시큐리티요원은 선진형 관광과 여가활동의 급증으로 찾아오는 관광객들이 최고의 만족을 얻을 수 있도록 해야 할 것이며, 민간경비업의 선두주자로 국내 보안경비의 특성과 현장성을 토대로 한 기초를 다져가야 한다.

39) 아웃소싱(outsourcing)은 기업이 경쟁력이 없는 특정 업무나 기능을 외부의 전문 업체에 위탁하여 처리하는 일로, 관리 비용을 줄이고 핵심 사업에 주력함으로써 생산성과 효율성을 높이고자 하는 목적으로 행한다.

3) 카지노시설경비의 역할과 시큐리티요원의 지위

(1) 카지노시설경비의 역할

시설물에 대한 경비 업무의 수행은 오늘날 시큐리티산업에서 가장 많이 행하여지고 있는 경비서비스이다. 경비 업무의 수행에 있어서 경비원 직무의 일부만이 범죄와 관련되어 있고 상당부분이 일반적인 경비관련 서비스의 제공으로 이루어져 있다. 카지노 시설경비란 시큐리티대상시설인 카지노에서의 도난·화재 그 밖의 혼잡 등으로 인한 위험발생을 방지하는 업무를 말한다.

한국 「경비업법」 제2조에서는 경비업의 개념을 정의하고 있는데 그 내용은, “경비업이라 함은 시설경비업무·호송경비업무·신변보호업무·기계경비업무·특수경비업무의 전부 또는 일부를 도급받아 행하는 영업을 말한다”라고 정의하고 있는데, 그 중에서 시설경비업무란 “경비를 필요로 하는 시설 및 장소(이하 ‘경비대상시설’이라 한다)에서의 도난·화재 그 밖의 혼잡 등으로 인한 위험발생을 방지하는 업무”라고 용어를 정의하고 있다.

따라서 시설경비의 주된 역할은 다음과 같은 것이 해당된다.

첫째로 시설물에 대한 물리적 보호, 둘째로 시설물에 대한 접근 통제 및 감시, 셋째로 차량 등의 교통 통제, 넷째로 일반적인 회사의 규칙준수 이행, 다섯째로 고객 및 직원들의 안전유지 등이다.

시큐리티요원은 시설물 내에서 방문객들을 목적지까지 안내하거나 수행하기도 하고 아울러 정보원으로서의 역할도 함께 병행해야 한다. 그러나 경비원의 가장 주된 업무는 시설물 내 인적·물적 요소에 대한 안전과 보호업무를 수행하는 것이다. 그리고 경비업무의 수행에 있어서 이들의 업무가 범죄문제에 직접적으로 대응하지 않는다고 할지라도 근무지역 내에서 발생하는 범죄에 대한 책임을 질 뿐만 아니라 고객의 재산을 보호해야 할 책임을 진다.

시설경비에 있어서 시설경비원에 대한 책임지역이 구분되어야 한다. 이를 위해 책임지역을 가까운 지역으로부터 먼 지역으로 구분을 하게 되는데 가까운 인접을 근접지역이라 하며, 근접지역은 경비원이 있는 가까운 시야의 지역으로 하며, 중간지역은 건물이 있는 시설물의 울타리 경계선 이내로 한다. 또한 외곽지역은 중간지역의 범위를 벗어난 지역으로 구분하여 근무자인 시큐리티요원이 근무시 책임지역을 명시하여 근무에 임하되 명확한 책임으로 근무할 수 있는 지역을 명시하여야 한다.

(2) 카지노시설 시큐리티요원의 법적 지위

현행 「경비업법」 제3조에서 "경비원"이라 함은 경비업의 허가를 받은 법인(이하 "경비업자"라 한다)이 채용한 고용인으로서 일반경비원은 시설경비업무 · 호송경비업무 · 신변보호업무 · 기계경비업무를 수행하는 자를 말하고, 특수경비원은 특수경비업무를 수행하는 자를 말한다.

카지노시큐리티요원에 대한 민간경비에 관한 규율은 사법적으로 해결하고 있어 시설시큐리티요원의 법적 지위 또한 사인으로서의 지위에 불과하다고 할 수 있다.

그래서 카지노시큐리티요원에 의해 이루어지는 범인체포 등의 행위는 「형법」 제276조의 체포 · 감금죄를 구성하게 된다. 다만, 어떤 행위가 범죄의 구성요건에 해당하더라도 위법하지 않기 때문에 범죄가 성립하지 않는 경우 즉, 형법상 위법성조각사유일 경우에는 그러하지 아니하다고 할 수 있다.

형법상 위법성조각 사유로는 자기 또는 타인의 법익에 대한 현재의 부당한 침해를 방위하기 위한 행위로서 상당한 이유가 있는 정당방위(형법 제21조), 자기 또는 타인의 법익에 대한 현재의 위난을 피하기 위한 행위는 상당한 이유가 있을 때와 같은 긴급피난(형법 제22조)[40], 피해자의 승낙(형법 제24조), 법정절차에 의하여 청구권을 보전하기 불능한 경우에 그 청구권의 실행불능 또는 현저한 실행곤란을 피하기 위한 상당한 자구행위(형법 제23조)[41], 정당행위(형법 제20조)[42] 등이 있다.

카지노시큐리티요원이 형사소송상 특히 수사(搜査)활동에 관하여 문제가 되는 것은 피의자에 대한 체포 등과 증거수집 활동이라 할 수 있는 바, 후자에 대하여 언급하면 수사란 수사기관에 의하여 이루어지는 활동이므로 사인적 지위를 가진 민간시큐리티요원의 활동에 의한 증거를 어떻게 처리할 것인가 하는 것이

---

40) 예컨대 폭주하는 자동차를 피하려다 이웃집 유리창을 깨뜨린다든가, 광견이 사람을 물어뜯으려고 할 때 이를 타살하는 경우 등이다.

41) 가령, 절도범인을 추격하여 장물을 탈환하는 경우에 폭행 · 협박을 하더라도 폭행죄나 협박죄가 성립하지 않는 것과 같다.

42) 정당행위란 법령에 의한 행위, 또는 업무로 인한 행위, 이 밖에도 법질서 전체의 정신이나 사회윤리에 비추어 용인될 수 있는 행위를 말한다. 정당행위 중 법령에 의한 정당행위는 공무집행행위, 현행범인의 체포행위, 노동쟁의행위, 정신병자감호행위, 징계행위를 말한다. 업무로 인한 정당행위는 의사의 치료행위, 변호사의 명예훼손행위, 성직자의 직무수행행위를 말하는 것이고, 마지막으로 사회상규에 위배되지 않는 행위란 의사 이외 자의 치료행위, 운동경기 등을 말하는 것이다. 또한 형사소송법상 현행범인의 체포(형사소송법 §212)도 정당행위로 위법성이 조각된다.

문제가 된다. 이러한 증거가 직접적으로 증거능력을 인정하는 형사소송법상의 규정은 없고, 다만 법정에서 소송당사자에 의하여 증거로서 원용될 경우 이에 대한 증거능력은 인정될 수 있을 것이다.

시설시큐리티요원은 경비 업무를 수행함에 있어 경비대상시설의 소유자 또는 관리자(시설주)의 관리권 범위 안에서 경비 업무를 수행하여야 하며, 다른 사람의 자유와 권리를 침해하거나 그의 정당한 활동에 간섭하여서는 안 된다.

2. 카지노시설의 위험환경

1) 카지노시설의 일반적 위험환경

기존에 운영되어 왔던 국내의 카지노는 외국인, 호텔 투숙객 등 특정인에게만 한정되었으므로 위협요소만도 상대적으로 많지 않았다. 그러나 강원랜드카지노 리조트는 특별법에 의하여 지정된 국내 유일의 내국인인 출입 가능한 개방카지노로 많은 위협요소를 가지고 있다. 특히, 전문화된 카지노 인력의 부족으로 인한 운영 미숙을 감안한다면 무엇보다도 시큐리티(Security)부문의 설계가 카지노 운영을 좌우하는 큰 요소라고 해도 과언이 아닐 것이다.

일반적 위험환경이라 함은 게임의 조작 등으로 카지노의 금전적인 피해가 아닌 "영업장 및 타 고객에게 직·간접적인 방해로 카지노에 유형적 해를 끼치는 행동"을 말한다.

[표 2-7] 유형별 일반적 위험환경 분류

유형별	가상의 위험 환경	비고
절도행위	• 타고객의 지갑을 훔치거나 테이블에 놓인 Playing Chips를 훔치는 경우 • 전문털이 범죄조직의 원정범죄 • 기타 타 고객의 물품의 습득물·점유물의 개인 사용화	
만취자	• 만취고객에 의한 게임방해 및 소란행위 • 술에 취한 상태에서 타 고객에게 혐오감을 주는 행위	

성희롱 및 성추행	• 객장내 고객 및 직원(딜러 등)에게의 성희롱 및 성추행	
Winner 고객의 돌출행위	• 거액의 배당금을 받아 일시적인 충동에 의하여 Playing Chip을 많은 군중 속에 뿌리는 행위 등으로 객장 내 무질서 환경을 만드는 돌출행위	
기물파손 행위	• 카지노의 주요 집기 파손 • 객장내 기물에 대한 손괴 및 훼손행위	
소란	• Playing에 대한 불만 등으로 큰 소리로 타 고객의 게임에 방해를 주는 행위 • 소란을 통하여 군중심리를 동요하는 행위	
성매매	• 객장내외에서 성매매를 하는 경우 특히, VIP를 대상으로 회원 및 VIP Room에서의 성매매 행위	
Loser 고객의 돌출행위	• 게임에 거액을 날리고 자포자기한 고객이 불만 및 충격으로 테이블 위 및 타 고객이 가지고 있는 Playing Chip을 탈취하여 많은 군중속에 뿌리는 행위 등으로 객장내 무질서 환경을 만드는 돌출행위	
폭행	• 객(客)과의 시비로 인한 폭행사고 • 개인 및 집단 폭행 등	
사기	• 타 고객을 상대로 돈을 빌리거나 사기를 치므로 고객이 향후 방문을 꺼리도록 하는 행위	
조직폭력의 위협	• 이권 취득을 목적으로 한 조직폭력의 위협	
이권단체 집단행동	• 이해관계에 놓인 관계자가 이권을 갖기 위한 집단 민원 및 농성, 불법집회 행위	
유괴·납치행위	• VIP 또는 Winner에 대한 현금 강탈을 노린 납치, 카지노에 대한 불만을 가진 특정개인 및 집단의 고객/카지노 직원(딜러) 납치 • 염세비관 또는 피해고객에 의한 어린이 및 부녀자 유괴, 납치 상황	
방화	• 카지노에 대한 불만으로 고의적인 방화를 하는 경우	
테러	• 폭탄물이나 오물 등을 사용한 테러	
기타	• Ganging·살인 등의 사전 계획적인 무장강도나 인질극을 통하여 강제로 현금을 탈취, 살인하는 극한 행위	

2) 카지노의 운영적 위험환경

카지노의 운영적 위험환경이라 함은 "Player나 Dealer의 조작에 의하여 카지노에 금전적인 피해를 주는 위협요소"와 "카지노 자체 시설의 시스템적 결함에 의한 운영상의 위협요소"를 말한다. 일반적으로 게임의 속임수와 Slot Machine 등의 게임기기 및 관련 주변시설의 오 · 작동이 이에 해당한다.

즉, 다음 [표 2-8]에서 보는 바와 같이 게임조작에는 슬러그 토큰 · 줄 · 철 등을 사용하는 Slot Machine, Black Jack 등이 있다. 카지노시설의 시스템적 결함은 CD ATM기 시설관리, 정전사태, 기타 상황을 들 수 있다.

[표 2-8] 유형별 운영적 위협환경 분류

유형별	가상의 위협 환경
게임조작	▷ **Slot Machine** • 슬러그 토큰 사용 : 카지노에서 사용하고 있는 토큰과 같은 크기의 모조품 토큰을 사용하는 경우 • 줄 사용 카지노 토큰에 낚시줄을 달아 토큰을 재사용 하는 경우 • 철 막대기 사용 : 2개의 긴 철 막대기를 기계속으로 삽입 하여 강제로 코인이 나오도록 하는 경우 • 전기충격 : 기계에 전기적 충격을 가함으로 기계의 작동에 이상이 발생하여 코인이 나오도록 하는 경우 • 기타 부정한 방법에 의한 게임 활동 ▷ **Black Jack** • Daubing Card : 카드의 뒷면에 식별이 가능한 물체를 붙여 카드가 무엇인지를 확인할 수 있도록 하는 경우 • Crimping Card : 카드에 일정한 압력을 주어 자기만의 표시를 하는 경우 • Cooler Deck : 딜러와 짜고 카드의 배열을 미리 정해진 대로 하여 카드가 무엇인지를 미리 알고 Play하는 경우 • Shiner : 딜러 부근에서 반사가 되는 물체를 사용하여 딜러의 카드를 확인하고 Player에게 알려주는 경우

게임조작	▷ **기타** • 내부 부정행위 • 딜러와 고객이 짜고 같이 하는 속임수 • 카지노 기타 직원의 공모 범행 등 • 위조지폐 · 돈세탁 • 위조지폐를 사용하여 Chip으로 교환하거나 부정한 돈의 세탁을 위하여 카지노를 사용하여 환전하는 경우
카지노 시설의 시스템적 결함	▷ **CD ATM기 시설관리** • 대량인출로 인한 잔고 부족 및 고장으로 인한 장시간 가동 중단에 따른 상황 ▷ **정전사태** • 일시 및 부분 정전 등으로 인한 객장의 일대 혼란 사태 ▷ **기타 상황** • Slot Machine의 오·작동 등으로 인한 상황 (고객의 사용방법 미숙으로 오·작동을 판단하는 경우 포함) • 기타 시설의 시스템적 결함에 의한 안전사고 등

3) 카지노의 기타 위험환경

(1) 주변시설(위락시설, 주차장 등)에 대한 위험환경

카지노 주변시설은 카지노와 인접한 지역이므로 각계 각층의 사람이 주변에 많이 몰리게 된다. 이는 타 지역에 비하여 호텔이나 주변시설에 대한 큰 문제점으로 부각되어 고객이 방문을 꺼려할 수 있다.

㉮ **도난** : 카지노 지역의 특성상 현금을 많이 소지하는 지역이므로 이를 노린 도난사고의 발생 가능성이 높다.

㉯ **강도** : 도난과 마찬가지로 현금을 딴 고객을 카지노에서부터 미행하여 주차장 등 으슥한 곳에서 돈을 빼앗을 수 있다.

㉰ **유괴** : 외부에 있는 어린이 놀이시설 등에서의 유괴 가능성

㉱ **성매매** : 카지노와 마찬가지로 호텔이나 주변지역에서의 성매매가 성행할 가능성이 높다.

㉲ **납치** : 주요 VIP의 경우 금품을 노린 납치의 가능성이 있다.

㉥ **차량파손** : 만취된 사람이나 돈을 잃은 사람이 타 고객의 차량을 파손할 가능성이 있다.

㉦ **차량내 어린이(유아 등) 방치** : 차량내 유아 등의 어린이를 방치해 두면 질식사할 우려가 있다.

(2) 카지노의 사회적 부작용에 따른 위협요소

카지노 개장으로 인한 사회적 부작용으로는 크게 도박중독, 가정파탄, 재산탕진, 패가망신, 도산, 청소년 도박, 어린이 방치, 자살, 성매매, 일반범죄, 조직범죄, 돈세탁, 고리대금업 등으로 나타날 수 있으며, 이러한 사회적 부작용은 카지노의 위협환경으로 작용될 수 있다.

3. 내국인 카지노

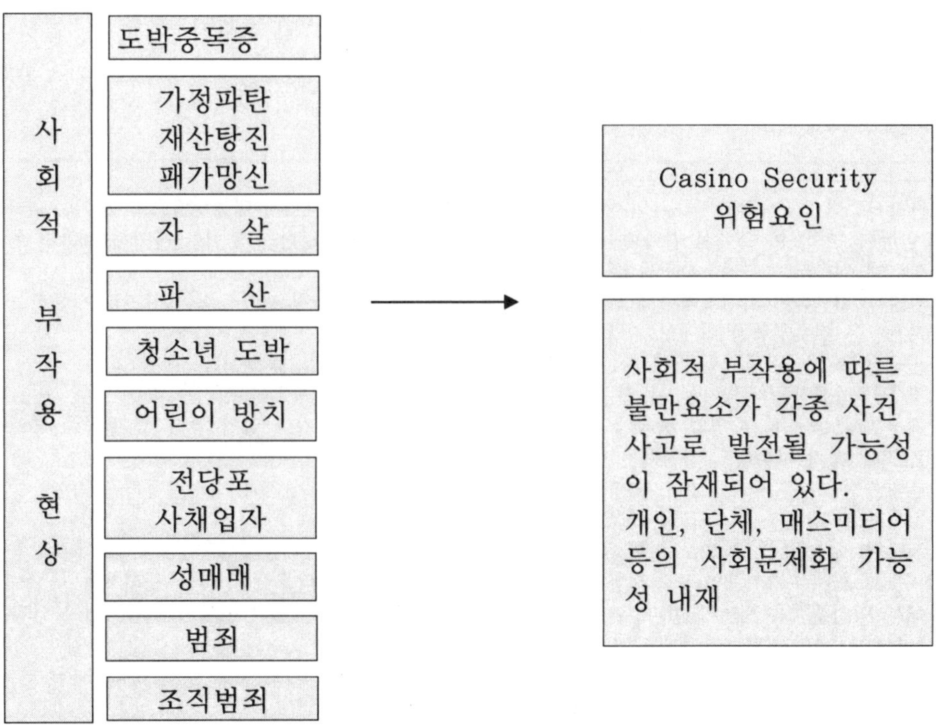

1) 관련근거

내국인 카지노에 대한 관련근거는 「관광진흥법」제28조(카지노사업자 등의 준수 사항)[43), 「관광진흥법 시행규칙」제36조(카지노업의 영업준칙), 「관광진흥법」제28조제2항에 따라 카지노사업자가 지켜야 할 영업준칙[별표9], 카지노업 약관, 그랜드코리아 규정, 「카지노 출입관리지침」(2004.2.1) 등을 들 수 있다.

(1) 카지노사업자 영업준칙

「관광진흥법 시행규칙」 제36조(카지노업의 영업준칙) 「관광진흥법」 제28조제2항에 따라 카지노사업자가 지켜야 할 영업준칙은 다음 [별표9]와 같다.

[별표 9] 카지노업 영업준칙(「관광진흥법 시행규칙」 제36조 관련)

1. 카지노사업자는 카지노업의 건전한 발전과 원활한 영업활동, 효율적인 내부통제를 위하여 이사회 · 카지노총지배인 · 영업부서 · 안전관리부서 · 환전 · 전산전문요원 등 필요한 조직과 인력을 갖추어 1일 8시간 이상 영업하여야 한다.

---

43) 「관광진흥법」 제28조(카지노사업자 등의 준수 사항) ① 카지노사업자(대통령령으로 정하는 종사원을 포함한다. 이하 이 조에서 같다)는 다음 각 호의 어느 하나에 해당하는 행위를 하여서는 아니 된다.
1. 법령에 위반되는 카지노기구를 설치하거나 사용하는 행위
2. 법령을 위반하여 카지노기구 또는 시설을 변조하거나 변조된 카지노기구 또는 시설을 사용하는 행위
3. 허가받은 전용영업장 외에서 영업을 하는 행위
4. 내국인(「해외이주법」 제2조에 따른 해외이주자는 제외한다)을 입장하게 하는 행위
5. 지나친 사행심을 유발하는 등 선량한 풍속을 해칠 우려가 있는 광고나 선전을 하는 행위
6. 제26조제1항에 따른 영업 종류에 해당하지 아니하는 영업을 하거나 영업 방법 및 배당금 등에 관한 신고를 하지 아니하고 영업하는 행위
7. 총매출액을 누락시켜 제30조제1항에 따른 관광진흥개발기금 납부금액을 감소시키는 행위
8. 19세 미만인 자를 입장시키는 행위
9. 정당한 사유 없이 그 연도 안에 60일 이상 휴업하는 행위

② 카지노사업자는 카지노업의 건전한 육성 · 발전을 위하여 필요하다고 인정하여 문화체육관광부령으로 정하는 영업준칙을 지켜야 한다. 이 경우 그 영업준칙에는 다음 각 호의 사항이 포함되어야 한다.
1. 1일 최소 영업시간
2. 게임 테이블의 집전함(集錢函) 부착 및 내기금액 한도액의 표시 의무
3. 슬롯머신 및 비디오게임의 최소배당률
4. 전산시설 · 환전소 · 계산실 · 폐쇄회로의 관리기록 및 회계와 관련된 기록의 유지 의무
5. 카지노 종사원의 게임참여 불가 등 행위금지사항

2. 카지노사업자는 전산시설 · 출납창구 · 환전소 · 카운트룸 · 폐쇄회로 · 고객편의시설 · 통제구역 등 영업시설을 갖추어 영업을 하고, 관리기록을 유지하여야 한다.
3. 카지노영업장에는 게임기구와 칩스 · 카드 등의 기구를 갖추어 게임 진행의 원활을 기하고, 게임테이블에는 드롭박스를 부착하여야 하며, 베팅금액 한도표를 설치하여야 한다.
4. 카지노사업자는 고객출입관리, 환전, 재환전, 드롭박스의 보관 · 관리와 계산요원의 복장 및 근무요령을 마련하여 영업의 투명성을 제고하여야 한다.
5. 머신게임을 운영하는 사업자는 투명성 및 내부통제를 위한 기구 · 시설 · 조직 및 인원을 갖추어 운영하여야 하며, 머신게임의 이론적 배당률을 75% 이상으로 하고 배당률과 실제 배당률이 5% 이상 차이가 있는 경우 카지노검사기관에 즉시 통보하여 카지노검사기관의 조치에 응하여야 한다.
6. 카지노사업자는 회계기록 · 콤프비용 · 크레딧제공 · 예치금 인출 · 알선수수료 · 계약게임 등의 기록을 유지하여야 한다.
7. 카지노사업자는 게임을 할 때 게임 종류별 일반규칙과 개별규칙에 따라 게임을 진행하여야 한다.
8. 카지노종사원은 게임에 참여할 수 없으며, 고객과 결탁한 부정행위 또는 국내외의 불법영업에 관여하거나 그 밖에 관광종사자로서의 품위에 어긋나는 행위를 하여서는 아니 된다.
9. 카지노사업자는 카지노 영업소 출입자의 신분을 확인하여야 하며, 다음 각 목에 해당하는 자는 출입을 제한하여야 한다.
   가. 당사자의 배우자 또는 직계혈족이 문서로써 카지노사업자에게 도박 중독 등을 이유로 출입 금지를 요청한 경우의 그 당사자. 다만, 배우자 · 부모 또는 자녀 관계를 확인할 수 있는 증빙 서류를 첨부하여 요청한 경우만 해당한다.
   나. 그 밖에 카지노 영업소의 질서 유지 및 카지노 이용자의 안전을 위하여 카지노사업자가 정하는 출입금지 대상자

다만, 「폐광지역개발 지원에 관한 특별법」 제11조 제3항에 따라 「관광진흥법」 제28조제1항제4호[내국인(「해외이주법」 제2조에 따른 해외이주자는 제외)을 입장하게 하는 행위]가 적용되지 아니하는 카지노사업자가 지켜야 할 영업준칙은 다음 [별표 10]과 같다.

[별표 10] 폐광지역 카지노사업자의 영업준칙(「관광진흥법 시행규칙」 제36조 단서 관련)

1. [별표 9]의 영업준칙을 지켜야 한다.
2. 카지노 영업소는 회원용 영업장과 일반 영업장으로 구분하여 운영하여야 하며, 일반 영업장에서는 주류를 판매하거나 제공하여서는 아니 된다.
3. 매일 오전 6시부터 오전 10시까지는 영업을 하여서는 아니 된다.
4. 테이블게임([별표 8]의 카지노업의 영업 종류 중 슬롯머신 및 비디오게임을 제외한 영업을 말한다)에 거는 금액의 최고 한도액은 일반 영업장의 경우에는 테이블별로 정하되, 1인당 1회 10만원 이하로 하여야 한다. 다만, 일반 영업장 전체 테이블의 2분의 1의 범위에서는 1인당 1회 30만원 이하로 정할 수 있다.
5. 머신게임([별표 8] 카지노업의 영업 종류 중 슬롯머신 및 비디오게임을 말한다)에 거는 금액의 최고 한도는 1회 2천원으로 한다. 다만, 비디오 포커 게임기는 2천500원으로 한다.
6. 머신게임의 게임기 전체 수량 중 2분의 1 이상은 그 머신게임기에 거는 금액의 단위가 100원 이하인 기기를 설치하여 운영하여야 한다.
7. 카지노 이용자에게 자금을 대여하여서는 아니 된다.
8. 카지노가 있는 호텔이나 영업소의 내부 또는 출입구 등 주요 지점에 폐쇄회로 텔레비전을 설치하여 운영하여야 한다.
9. 카지노 이용자의 비밀을 보장하여야 하며, 카지노 이용자에 관한 자료를 공개하거나 누출하여서는 아니 된다. 다만, 배우자 또는 직계존비속이 요청하거나 공공기관에서 공익적 목적으로 요청한 경우에는 자료를 제공할 수 있다.
10. 사망 · 폭력행위 등 사고가 발생한 경우에는 즉시 문화체육관광부장관에게 보고하여야 한다.
11. 회원용 영업장에 대한 운영 · 영업방법 및 카지노 영업장 출입일수는 내규로 정하되, 미리 문화체육관광부장관의 승인을 받아야 한다.

(2) 카지노 영업 준칙

제 정 1995. 7.13 문화체육부고시 제1995-26호
개 정 1998. 1.5 문화체육부고시 제1997-60호
개 정 1999. 10.2 문화관광부고시 제1999-26호
개 정 2002. 7.15 문화관광부고시 제2002-9호
개 정 2004. 7.2 문화관광부고시 제2004-4호
개 정 2008. 7.31 문화체육관광부고시 제2008-23호
개 정 2009. 9.1 문화체육관광부고시 제2009-39호

제1장 총 칙

제1조(목적) 이 준칙은 관광진흥법 제25조·제28조·제30조, 관광진흥법시행령 제30조 및 관광진흥법시행규칙 제33조·제36조의 규정에 의하여 카지노사업자와 카지노 종사원 및 카지노 이용객이 카지노업의 영업 및 회계와 관련하여 지켜야 할 사항을 정함으로써 카지노업의 건전한 발전을 도모함을 목적으로 한다.

제2조(적용범위) 카지노업의 영업 및 회계에 관하여는 다른 법령에 특별한 규정이 있는 경우를 제외하고는 이 준칙이 정하는 바에 의한다.

제3조(정의) 이 준칙에서 사용하는 용어의 정의는 다음과 같다.

1. "콤프"라 함은 카지노사업자가 고객 유치를 위해 카지노 고객에게 무료로 숙식, 교통서비스, 골프비용, 물품, 기타 서비스 등을 제공하는 것을 말한다.
2. "크레딧"이라 함은 카지노사업자가 고객에게 게임참여를 조건으로 칩스로 신용대여하는 것을 말한다.
3. "칩스"라 함은 카지노에서 베팅에 사용되는 도구를 말한다.
4. "카운트룸"이라 함은 드롭박스의 내용물을 계산하는 계산실을 말한다.
5. "고객관리대장"이라 함은 카지노영업장에 출입한 사실이 있는 고객에 한정하여 고객의 이름, 여권번호, 국적, 유효기간 등의 기록을 유지하여 입장을 원활하게 하기 위한 장부를 말한다.
6. "뱅크롤"이라 함은 영업준비금을 말한다.
7. "베팅금액한도표"라 함은 1회 베팅가능 최저액과 최고액을 표시한 표를 말한다.
8. "드롭박스"라 함은 게임테이블에 부착된 현금함을 말한다.
9. "드롭"이라 함은 드롭박스 내에 있는 현금, 수표, 유가증권 등의 내용물을 말한다.
10. "전문모집인"이라 함은 카지노사업자와 일정한 계약을 맺고 카지노사업자의 판촉을

대행하여 주는 자를 말한다.
11. “머신게임”이라 함은 슬롯머신(Slot Machine) 및 비디오게임(Video Game)을 말한다.
12. “프리칩스 쿠폰”이라 함은 카지노게임 참여를 통한 입장객 증대와 매출촉진을 목적으로 불특정 외래관광객을 대상으로 직·간접적으로 배포한 쿠폰을 말한다.
13. “프리칩스” 라 함은 프리칩스 쿠폰에 기재된 금액만큼 교환되어지는 칩스를 말한다.
14. “칩스교환대” 라 함은 테이블게임 기기와는 별도로 칩스교환을 하는 부스를 말한다.
15. “셔플기”라 함은 카드를 섞을 때 사용하는 기계를 말한다.
16. “터미널"이라 함은 E-Table게임에서 베팅에 참여하기 위한 전자식 숫자표시장치로서 일반 테이블게임 레이아웃과 같은 모양으로 구성된 디스플레이를 말한다.

제2장 영 업 시 설

제4조(전산시설 설치기준 등) 카지노전산시설 설치기준 및 운영요령은 문화체육관광부장관이 고시하는 카지노전산시설기준에 의한다.

제5조(출납창구의 설치기준) 출납창구는 다음 각호의 기준에 적합하게 설치하여야 한다.
1. 현금, 칩스, 기록문서가 통과할 수 있도록 개봉된 창구를 설치하여야 한다.
2. 출납장면을 녹화할 수 있도록 CCTV를 설치하여야 한다.
3. 출입문 내부에 잠금장치를 설치하여야 한다.
4. 카지노사업자는 고객의 편의증대를 위하여 칩스교환대를 설치 운영할 수 있다.

제6조(환전영업소의 설치기준 등)
① 환전영업소의 설치기준은 제5조의 규정을 준용한다.
② 카지노사업자는 필요한 경우 환전업무와 출납업무를 동일한 장소에서 수행하게 할 수 있다.

제7조(카운트룸 설치기준) 카운트룸은 다음 각호의 기준에 적합하게 설치하여야 한다.
1. 출입문은 1개이어야 한다.
2. 출입문에는 잠금장치를 설치하여야 한다.
3. 바닥까지 보이는 투명한 재질로 제작된 계산대를 갖추어야 한다.
4. 계산장면을 녹화할 수 있도록 CCTV를 설치하여야 한다.
5. 드롭박스를 안전하게 보관할 수 있는 공간을 확보하여야 한다.

제8조(CCTV의 녹화)

① 카지노사업자는 다음 각호에 해당하는 장면을 녹화하여야 한다.

1. 카지노 영업장에 출입장면
2. 환전(재환전) 및 출납장면
3. 테이블에서 행해지는 게임장면
4. 카운트룸에서 행해지는 계산장면
5. 기타 카지노에서 일어나는 행위

② CCTV 녹화물은 촬영장소에 따라 관리번호(월 · 일 · 시간 표기)를 부여하여 다음 각호에서 정한 기간동안 보관하여야 한다.

1. 카운트룸의 계산장면 : 녹화한 날부터 20일 이상
2. 기타 장면 : 녹화한 날부터 6일 이상

③ 카지노사업자는 CCTV설비의 작동상태를 주기적으로 점검하여 [별지 제1호]서식의 CCTV점검기록부에 점검결과를 기록하여야 한다.

제9조(통제구역 설정 및 관리)

① 카지노사업자는 다음 각호의 구역을 통제구역으로 설정하고 출입문에 통제구역 표시를 붙여야 한다.

1. 카운트룸
2. 모니터룸

② 통제구역에 허가받은 자 이외의 자가 출입한 경우에는 [별지 제2호]서식의 통제구역 출입대장에 다음 각호의 사항을 기록하여야 한다.

1. 출입자이름
2. 출입일시
3. 출입사유

③ 제2항의 허가받은 자라 함은 다음 각호의 자를 말한다.

1. 카운트룸 : 계산요원
2. 모니터룸 : CCTV시설 담당부서 직원

제10조(시설관리) 카지노사업자는 이 준칙에서 정한 시설을 성실히 유지 · 관리하여야 한다.

제 3 장 게 임 기 구

제11조(게임기구의 종류 등)

① 카지노 영업장에서 사용하는 게임기구의 종류는 [별표 1]과 같다.

② 카지노사업자는 게임진행의 원활화를 위하여 제1항에서 규정한 게임기구중 일부를 사용하지 않거나 보조게임기구를 사용할 수 있다.

제12조(게임기구의 관리) 카지노사업자는 [별지 제3호]서식의 게임기구현황표를 작성하고 게임기구를 성실히 관리하여야 한다.

제13조(칩스의 규격 및 관리 등)

① 칩스는 정액칩스와 비정액칩스로 구분한다.

② 정액칩스의 액면가는 숫자 또는 색깔로 뚜렷이 구별될 수 있도록 하여야 한다.

③ 비정액칩스의 액면가는 카지노사업자와 게임참가자의 합의에 의하여 정한다.

④ 카지노사업자는 위조칩스의 발생 등 정당한 사유가 있을 때에는 즉시 예비칩스로 교체, 사용할 수 있다.

⑤ 카지노사업자는 칩스관리대장을 비치하고 기록을 유지하여야 하며 게임진행에 지장이 없도록 적정수량을 확보하여야 한다.

⑥ 칩스는 사업장내 안전한 장소에 보관하여야 하며 언제나 확인이 가능하도록 정리되어 있어야 한다.

제14조(테이블의 규격) 게임테이블은 드롭박스를 부착하여야 하며, 레이아웃과 테이블별 적용 베팅금액한도표를 설치해 두어야 한다.

제15조(룰렛휠의 규격)

① 룰렛휠의 규격은 직경 700㎜ 이상이어야 한다.

② 룰렛휠은 싱글제로 휠과 더블제로 휠의 2종을 사용할 수 있으며, 싱글제로 휠은 0과 1에서 36까지 총 37개의 볼 낙착구역이 균등하게 배열되어 있어야 하며, 더블제로 휠은 0, 00과 1에서 36까지 총 38개의 볼 낙착 구역이 균등하게 배열되어 있어야 한다.

제16조(빅휠의 규격)

① 빅휠의 직경은 1,500㎜ 이상이어야 한다.

② 빅휠의 둘레는 균등한 간격으로 구분되어야 하고, 간격의 수는 50개 이상이 되어야 하며, 각 간격사이에 들어갈 그림 혹은 숫자가 선명히 나타나야 한다.

제17조(주사위 흔들개의 규격) 빠이까우 게임시 참가자의 순번을 정하기 위하여 사용되는 주사위흔들개는 카지노사업자가 별도로 정할 수 있다.

제18조(카드의 규격 및 관리)
① 카드는 52장 혹은 조커카드가 있을 경우에는 54장의 카드를 1덱으로 구성한다.
② 카드 1덱은 4종의 문양 즉, 다이아몬드, 스페이드, 크럽 및 하트로 구성되며, 각 문양은 A, K, Q, J, 10, 9, 8, 7, 6, 5, 4, 3, 2로 구성된다.
③ 카지노사업자는 사업장내의 지정된 장소에 카드를 보관하여야 한다.
④ 흠집 등 카드에 이상이 발견되면 즉시 카드를 교체하여야 한다.

제19조(룰렛볼의 규격)
① 룰렛볼의 규격은 직경이 16㎜ 이상이어야 한다.
② 룰렛볼의 재질은 비금속성이어야 한다.

제20조(주사위의 규격)
① 주사위의 규격은 주사위 눈의 식별이 가능한 크기 이어야 한다.
② 주사위 각면의 눈의 숫자는 1과6, 2와5, 3과4가 서로 마주 보고 있어야 한다.
③ 주사위의 면과 면사이는 90°를 이루어야 하며, 각면의 무게가 일정 하여야 한다.

제 4 장 영 업 절 차

제21조(고객출입관리)
① 카지노 영업장에는 내국인(해외이주법 제2조의 규정에 의한 해외이주자를 제외한다) 및 19세미만의 자를 출입시켜서는 아니된다. 다만, 카지노이용객의 편의를 돕기 위한 여행사직원과 방문객은 방문증을 패용케 한 후 출입시킬 수 있으나 게임에 참가할 수 없도록 조치를 취하여야 한다.
② 카지노 출입구에는 "내국인출입금지"라는 표지를 붙여야 한다.
③ 카지노사업자는 모든 카지노입장객에 대해 다음 각호의 신분증명서를 각인별로 직접 확인해야 한다.

1. 여권, PT여권(여행증명서)
2. 외교관 신분증, 미군 ID카드,
3. 영주자격이 확인되는 재외국민국내거소신고증, 외국국적동포거소신고증, 시민권 또는 영주권카드
4. 외국인임이 입증되는 국제운전 면허증, 외국인등록증, 선원수첩(선원증)

다만, 다음 각목의 경우에는 각인별로 직접 확인을 생략할 수 있으나 내국인으로 확인된 경우에는 관광진흥법령에 규정된 제재를 받아야 한다.

가. 동반한 여행사직원이 고객명단을 제출한 단체입장객의 경우

나. [별지 제4호]서식의 고객관리대장 및 고객관리용 전산장치에 등재되어 있는 단골고객의 경우

④ 카지노사업자는 [별지 제5호]서식의 입장객현황을 작성하여야 한다.

⑤ 카지노사업자는 다음 각호의 사람의 입장을 금지시킬 수 있다.

1. 무기소지 등으로 타인에게 위협을 줄 수 있는 자
2. 형사범죄 등의 전력이 있는 사람이나 그렇게 할 우려가 있는 자
3. 카지노에서 불법행위나 소란행위 등으로 영업장운영을 방해한 경력이 있는 자
4. 폭력·만취·고성방가·정신장애·악취 등으로 타인에게 위압 또는 혐오감을 느끼게 하는 자
5. 국내외를 막론하고 불법행위 등으로 카지노업체에 피해를 입힌 경력이 있는 자
6. 카드카운터 등 전문도박인으로 인정되는 자

⑥ 카지노사업자는 제5항 각호에 해당하는 자가 발생한 경우에는 한국카지노업 관광협회에 이를 보고하여야 하며, 한국카지노업관광협회는 매월 카지노사업자에게 이들의 명단을 통보하여야 한다.

⑦ 카지노영업장내에서 영업행위를 방해하거나 방해할 우려가 있는 자는 강제 퇴장시킬 수 있다.

⑧ 제1항 내지 제3항의 규정은 「폐광지역개발지원에 관한 특별법」에 의하여 설립된 카지노에는 적용하지 아니한다.

제22조(환전)

① 카지노 환전영업소에서 환전할 수 있는 외화의 종류 등은 외국환거래법령이 정한 바에 따른다.

② 환전영업소에서의 환율적용 및 행정절차는 외국환거래법령에 따른다.

제23조(게임규칙) 카지노업의 영업종류별 개별규칙은 관광진흥법(이하 “법”이라 한다) 제26조제2항 및 관광진흥법시행규칙(이하 “규칙”이라 한다) 제35조제2항의 규정에 의하여 문화체육관광부장관에게 신고한 카지노업의 영업종류별 영업방법 및 배당금에 관한 규정에 의한다.

제24조(게임의 진행)

① 카지노사업자는 게임참가자가 1명이라도 게임을 진행할 수 있다.

② 모든 게임에서 베팅과 지불은 카지노사업자가 인정하는 칩스(전자칩스를 포함한다)만 사용하여야 한다.
③ 수표로 칩스를 교환코자 하는 게임참가자에게 카지노사업자는 신분증제시를 요구할 수 있다.
④ 카지노사업자는 각 테이블에 베팅가능한 최저·최대 한도금액을 설정하여야 한다.
⑤ 게임참가자는 베팅한도금액을 초과하거나 미달되게 베팅하여서는 아니된다.
⑥ 카지노사업자가 카지노 특성에 맞는 규칙을 정할 경우에는 이를 게시하여야 하며 카지노사업자와 게임참가자는 그 규칙을 준수하여야 한다.
⑦ 게임을 위한 베팅은 반드시 베팅지역에 칩스를 놓아야 한다.

제25조(칩스수불)
① 영업부서와 칩스관리부서에 칩스이동이 발생할 경우에는 [별지 제6호]서식의 칩스전표 2부를 작성하여 부본은 테이블의 드롭박스에 투입하고 원본은 칩스관리부서에서 이를 보관하여야 한다.
② 제1항의 칩스전표에는 다음 각호의 사항을 기재하여야 한다.
1. 칩스전표 발행일시
2. 게임종목 및 테이블번호
3. 액면가별 칩스수량
③ 칩스전표상의 금액과 실제 칩스금액을 확인하기 위하여 영업부서의 딜러와 감독자, 칩스관리직원이 서명하여야 한다.
④ 칩스전표를 잘못 발행한 경우에는 VOID라고 표시하고, 책임자가 서명하여야 한다.
⑤ 전산시스템이 구축되어 전자서명 등으로 칩스 이동의 확인 및 관리가 가능한 경우 이를 전산화일 보관으로 대체 할 수 있다.

제26조(출납과 재환전)
① 칩스는 고객이 요청할 경우 즉시 현금 등으로 교환 하여야 한다.
② 출납에서는 칩스교환요구 고객의 게임참가 및 크레딧제공 여부를 확인할 수 있으며 게임에 참가하지 않았거나 크레딧을 상환하지 않는 고객에 대하여는 현금교환을 지연 또는 거부할 수 있다.
③ 재환전시 행정절차와 장표관리에 관하여는 외국환거래법령에 따른다.

제27조(드롭박스의 기준 등) 드롭박스는 다음 각호의 기준에 적합하여야 한다.
1. 2중의 잠금장치를 하여야 하며, 테이블에 부착시키는 잠금장치는 드롭박스 자체의 잠금장치와 분리되어야 한다.

2. 현금, 수표, 유가증권 및 전표 등을 넣을 수 있어야 한다.
3. 식별이 가능하도록 게임유형별 테이블번호가 선명히 표시되어 있어야 한다.

제28조(드롭박스의 열쇠관리 등)

① 테이블에서 드롭박스를 제거하는 열쇠는 영업부서와 독립된 부서에서 관리하여야 한다.
② 드롭박스 개봉열쇠는 계산요원만이 취급할 수 있다.
③ 드롭박스 제거열쇠와 드롭박스 개봉열쇠를 동일인이 관리하도록 하여서는 아니된다.

제29조(드롭박스의 계산절차)

① 드롭박스 계산은 일정한 시간을 정하여 실시하여야 한다.
② 드롭박스의 계산은 카운트룸에서만 하여야 한다.
③ 계산에는 최소한 3명의 직원이 참여하여야 하며 1명은 화폐 등의 금액을 계산하고 다른 1명은 집계표를 작성하며, 나머지 1명은 이를 감독하는 방법으로 업무를 분장하여야 한다.
④ 드롭박스를 개봉하면 투명한 테이블에 내용물을 쏟아 내용물의 잔류여부를 감독자에게 확인시킨 다음 현금, 수표, 유가증권 등으로 분리하여 계산하여야 한다.
⑤ 각 테이블별로 작성된 드롭액을 집계하여 [별지 제7호]서식의 일일집계표를 작성하고 계산에 참여한 전원이 서명하여야 하며, 계산내용을 수정할 때에도 또한 같다.

제 5 장 머 신 게 임

제30조(머신게임 시설기준)

① 머신게임을 운영하는 카지노사업자는 원활한 영업활동과 효율적인 내부통제를 위하여 다음 각호의 시설을 갖추어야 한다.
  1. 잔돈교환소
  2. 중앙금고
  3. 코인(토큰)카운트(포장)실
  4. CCTV시설
② 제1항의 시설중 제1호의 시설은 출납창구와, 제2호의 시설은 테이블 게임 칩스뱅크(chips bank)와, 제3호의 시설은 테이블게임 카운트룸(count room)과 병행하여 사용할 수 있다.

제31조(잔돈교환소의 설치기준 등)

① 잔돈교환소는 고객의 이용이 편리하고 보안성을 고려하여 다음 각호의 기준에 적합

하게 설치하여야 한다.

1. 윗면이 개봉된 부스형이어야 하고 밀폐된 면의 상단부는 투명한 재질로 설치하여야 한다.
2. 지폐, 코인(토큰), 문서 등이 통과할 수 있도록 개봉된 창구를 설치하여야 한다.
3. 출입문 내부에 잠금장치를 하여야 한다.
4. 지폐, 코인(토큰), 문서 등의 교환장면은 녹화할 수 있도록 CCTV 설치가 가능하여야 한다.

② 카지노사업자는 고객의 편의를 도모하기 위하여 잔돈교환소의 책임하에 이동식 잔돈교환원, 잔돈교환머신 등을 운영할 수 있다.

제32조(CCTV시설) 제30조제1항제4호의 CCTV시설은 다음 각호의 장면을 감시할 수 있어야 한다.

1. 머신게임기구(이하 "머신기구"라 한다) 주도어 개폐장면
2. 코인(토큰)·지폐 등의 드롭 및 호퍼(hopper)에 코인(토큰)을 넣는 장면
3. 기타 머신게임 운영과 관련하여 필요한 장면

제33조(머신기구의 규격 및 기준) 카지노영업장에 설치되는 모든 머신기구는 다음 각호의 규격 및 기준에 적합하여야 한다.

1. 게임방법과 배당금액표는 항상 고객이 볼 수 있도록 머신기구나 머신기구가 부착되어 있는 테이블 등에 명시되어야 한다.
2. 머신기구의 전면에는 항상 다음 각목의 내용을 표시하고 있어야 한다.
   가. 투입된 코인(토큰)수
   나. 고객이 이겼을 때 지불된 코인(토큰)수
   다. 남아있는 코인(토큰)
3. 수학적으로 검증이 되는 이론적 배당률이 반드시 75% 이상이어야 한다.
4. 매 게임의 결과는 무작위 선택방법에 의하여 결정되어야 하고, 실제 운영테스트 등의 방법을 이용하여 시험할 때 95% 이상의 신뢰도를 가져야 한다.
5. 배당률 조작을 위한 배당금액표 자동전환장치가 부착되어서는 아니된다.
6. 고객으로부터 발생되는 정전기, 외부의 자기방해, 전기방해, 무선주파수 등에 대한 내성을 가져야 하고, 전원공급장치는 휴즈나 회로차단기로 보호되어야 한다.
7. 투입, 지불, 드롭(drop)을 기록할 수 있는 미터기를 포함한 최소 3개 이상의 미터기를 장착하여 6자리 이상까지 등록할 수 있어야 한다.
8. 투입미터기는 머신기구에 투입한 코인(토큰) 등을 누적하여 기록하여야 하고, 지불미터기는 머신기구를 통해 고객에게 지불된 코인(토큰) 등을 누적하여 기록하여야

하며, 드롭미터기는 드롭박스에 떨어진 코인(토큰) 등을 누적하여 기록하여야 한다.
9. 미터기는 정전에 대비하여 자체정보를 보유하고 있는 구조이어야 한다.
10. 머신기구에 전원이 켜진 후 진행된 게임수와 주도어를 잠근 후 진행된 게임수를 각각 나타낼 수 있는 최소 3자리 이상의 디지털기록기를 장착하고 있어야 한다.
11. 코인(토큰) 또는 지폐접수기가 내장되어 있어야 하고, 유효한 것만 받아들이도록 되어 있어야 한다.
12. 이피롬(Eprom)은 주요한 회계자료를 보존하여야 하며, 카지노사업자가 최저승률이하로 변경하거나 카지노기구검사기관(이하 "검사기관"이라 한다)의 검사를 받지 아니한 이피롬은 사용하지 못하도록 봉인하여야 한다.
13. 프로그램이 들어있는 회로보드는 이를 보호할 커버가 있어야 하고, 회로보드커버, 주도어 등에 잠금장치가 되어 있어야 한다.
14. 호퍼의 고장, 지불코인(토큰)의 소진, 릴스핀 에러(reel spin error) 등 결함이 있는 경우와 작동불량으로 수리가 필요한 경우 등을 감지할 수 있어야 하고, 머신기구상에 명확하게 그 사실이 표기되어야 한다.
15. 머신기구상단부에 최소 2단계 이상의 경보용 등장치를 장착하고 있어야 하되, 1단계는 주도어가 열렸거나 드롭박스가 열리는 등 보안상의 이유로 경보등이 점멸되어야 하며, 2단계는 고객이 코인(토큰)이 필요하거나 서비스가 필요할 때 점멸되도록 되어 있어야 한다.
16. 생산자의 이름, 생산일련번호, 모델번호 및 생산일자를 표시하여야 한다.

제34조(머신기구의 설치 등)

① 머신기구는 카지노영업장 이외 당해 호텔내의 별도 영업장에 설치할 수 있으나, 별도 영업장에는 머신기구 이외에는 설치할 수 없다.
② 머신게임운영책임자는 영업장에 머신기구 설치 즉시 기구별로 고유번호를 부여하여야 하고, 설치된 머신기구의 배당률 관련 자료가 유출되지 않도록 관리하여야 한다.
③ 카지노사업자는 동일 영업장내 또는 타 카지노영업장과 수대의 머신기구를 연결·설치하여 운영할 수 있다.
④ 제3항의 규정에 의하여 머신기구를 연결·설치한 경우에는 누적식 배당금액표시기를 고객이 볼 수 있도록 설치하여야 한다.
⑤ 제3항의 규정에 의하여 머신기구를 연결·설치한 경우에는 누적식 배당금액지불에 대비하여 공동으로 일정액을 적립하거나, 각 사업자별로 충분한 현금을 보유하여야 한다.
⑥ 1억원 이상의 누적식배당금액에 당첨된 고객에 대하여는 약관에 명기된 경우에 한하여 배당금을 분할지급할 수 있다.

제35조(머신기구의 철거)

① 머신기구를 철거할 때에는 머신게임운영책임자, 근무조책임자 및 안전관리부서요원이 함께 참여하여야 한다.

② 카지노사업자가 영업장내에서 일시 또는 영구적으로 머신기구를 철거할 때에는 각각의 머신기구에 대한 철거당시의 호퍼, 드롭박스 등에 있는 금액과 투입, 지불 및 드롭미터기의 수치를 별도로 기록, 유지하여야 한다.

제36조(이피롬의 관리)

① 카지노사업자가 검사기관에 머신기구 검사를 신청할 때에는 머신기구의 모델별로 각각 1개의 이피롬을 제출하여야 한다.

② 카지노사업자는 검사기관에 등록된 이피롬만 사용하여야 한다.

③ 카지노사업자는 어떠한 경우에도 검사기관의 검사를 받지 아니하고는 사용중인 이피롬을 교체할 수 없다.

제37조(영업일지 기록)

① 모든 머신기구의 내부에는 영업일지를 비치하여야 한다.

② 머신기구의 주도어를 연 때에는 반드시 제1항의 영업일지에 다음 사항을 기록하여야 한다.

1. 일시
2. 사유
3. 조치결과
4. 직원의 성명 및 서명

제38조(배당율 점검) 머신게임운영책임자는 출납부서와 협조하여 주기적으로 기계에 내장된 미터기 등을 판독하여 이론적배당률과 실제배당률의 차이를 점검하고, 그 차이가 5% 이상일 경우에는 검사기관의 장에게 즉시 통보 하여야 하며 이에 따른 검사기관의 조치에 응하여야 한다.

제39조(계산확인절차) 계산확인절차는 계산이 종료된 후 다음 사항을 확인하여야 한다.

1. 잭팟 · 필지불티켓 원본과 사본의 모든 내용과 서명 등이 일치하는지 여부
2. 잭팟 · 필지불티켓의 합계가 드롭보고서와 일치하는지 여부
3. 계산금액에 오기가 없는지 및 화폐금액으로의 환산이 정확한지 여부
4. 미터기에 의해 판독한 금액과 실제 계산한 금액과의 차이 등

제40조(중앙금고의 관리)

① 중앙금고는 금고회계원의 책임하에 운영하여야 한다.

② 모든 거래는 일일금고잔고보고서에 매 교대조별로 요약 기록하여야 한다.

제41조(머신게임의 매출액) 머신게임의 매출액이라 함은 고객이 머신기구에 투입한 총금액에서 머신기구를 통하여 고객에게 지불된 총금액 및 머신기구를 통하지 않고 별도로 지불된 총금액을 공제한 금액을 말한다.

제42조(테이블게임과 함께 운영하는 사업자의 총매출액 산정방법 등)

① 테이블게임과 머신게임을 함께 운영하는 카지노사업자의 관광진흥개발기금(이하 "기금"이라 한다) 부과를 위한 총매출액 산정은 제41조 및 제50조의 규정에 의하여 산출한 매출액을 합한 금액을 말한다.

② 테이블게임과 머신게임을 함께 운영하는 카지노사업자가 제58조의 규정에 의한 매출액을 보고할 때에는 테이블게임 매출액과 머신게임 매출액의 내역을 각각 별도로 작성, [별지 제8호]서식의 매출액 현황에 따라 보고하여야 한다.

제43조(도어개폐 자동감지장치 및 매출액 자동확인시스템 구축 등)

① 머신기구에 도어개폐 자동감지장치 및 매출액 자동확인시스템을 구축한 카지노사업자에 대하여는 제39조의 계산관련 절차의 규정을 적용하지 아니한다.

② 제1항의 도어개폐 자동감지장치에는 도어개폐일시, 이피롬을 내장하고 있는 주회로보드와 같은 주요부분의 개폐 등에 관한 기록을 유지하여야한다.

③ 매출액 자동확인시스템에 의한 매출액 기록은 리세팅이 불가능하고, 전원이 차단된 상태에서도 5년간 기록이 보존되어야 하며, 필요시 일일매출액 및 누적매출액의 출력이 즉시 가능하여야 한다.

④ 제1항의 장치 및 시스템을 구축한 카지노사업자는 머신기구 도어개폐 및 매출액 관련 기록을 매일 출력하여 5년간 보존하여야 한다.

제44조(머신기구 검사기관의 지정기준) 문화체육관광부장관이 법 제25조제2항 및 규칙 제33조제3항의 규정에 의하여 검사기관을 지정하고자 할 때에는 다음 각호의 요건을 갖춘 경우에 한하여 지정할 수 있다.

1. 검사기관의 대표자, 임원, 주주가 법 제7조제1항 각호의 1에 해당되지 않아야 한다.
2. 검사기관은 머신기구의 배당률을 확인할 수 있는 능력을 갖추어야 한다.
3. 제33조의 규정에 의한 머신기구의 규격 및 기준을 심사할 수 있는 인력 및 장비를 갖추어야 한다.

제45조(머신기구의 검사) 카지노영업장에 머신기구를 설치하고자 하는 자는 규칙 제33조제3항 각호에 규정된 서류 이외에 다음 각호의 서류를 첨부하여 문화체육관광부장관이 지정한 검사기관의 검사를 받아야 한다. 규칙 제33조제2항제2호의 규정에 의한 경우에도 또한 같다.

1. 머신기구의 규격 및 기준에 적합함을 증명할 수 있는 서류
2. 기구설치도면
3. 기타 머신기구 검사기관이 요청한 서류

제 6 장 회 계 제 도

제46조(회계년도) 카지노사업자에 대한 기금 부과를 위한 회계년도는 매년 1월 1일에 시작하여 12월 31일에 종료한다.

제47조(회계기준) 카지노사업자는 카지노영업장의 수입 및 비용과 관련된 모든 거래를 기업회계기준에 적합하도록 기록 유지하여야 한다.

제48조(회계기록) 회계기록은 복식부기에 의하여야 하고 다음 각호와 관련된 증빙서류는 5년간 유지 보관하여야 한다.

1. 매출액, 카지노수입금, 카지노손실금에 관한 사항
2. 크레딧 관련 사항
3. 기타 영업 및 회계에 관한 주요사항(단, 전산시스템에 의거 관리되는 경우 바우처, 티켓 등 제반 증빙서류는 전산화일 보관으로 대체할 수 있다)

제49조(외부감사) 카지노사업자는 재무제표를 작성하여 외부감사인에 의한 회계감사를 받아야 한다.

제50조(매출액 산정)

① 총매출액이라 함은 카지노영업과 관련하여 고객으로부터 수입한 총금액에서 고객에게 지불한 총금액을 공제한 금액을 말한다.

② 제1항에서 고객으로부터 수입한 총금액이라 함은 카지노고객에게 현금, 수표, 유가증권 등을 칩으로 교환하여 준 금액과 크레딧으로 제공한 금액을 말한다(단, 프리칩스 쿠폰 및 프리칩스에 해당하는 금액은 고객으로부터 수입한 총금액에 산입하지 않으며, 기업회계기준에 따라 처리한다).

③ 제1항에서 고객에게 지불한 총금액이라 함은 카지노고객에게 칩을 현금으로 교환하여

준 금액과 제51조의 규정에 의하여 대손처리한 금액을 말한다.

④ 매출액은 일일단위로 결산하여 카지노고객으로부터 수입한 총금액이 카지노고객에게 지불한 총금액을 초과한 경우에는 [별지 제9호]서식의 매출액 현황에 이를 카지노수입금으로 표기처리하고, 카지노고객에게 지불한 총금액이 카지노고객으로부터 수입한 총금액을 초과하는 경우에는 이를 카지노손실금으로 표기처리하여야 한다.

⑤ 계약게임과 관련하여 카지노고객 및 전문모집인에게 지불하는 대가는 게임이 종료된 후 영업장내에서 칩스로 지불하여야 하며, 동 대가는 제3항의 카지노고객에게 지불한 총금액에 산입한다(단, 전문모집인이 내국인일 경우 계약게임 대가는 현금으로 지급할 수 있다).

제51조(대손처리) 카지노고객이 제공한 현금, 수표, 유가증권 등이 위조 판명되거나 부도로 인하여 회수 불가능한 경우와 카지노사업자가 크레딧을 제공받은 자로부터 크레딧을 회수할 수 없다고 판단될 경우에는 관계법령이 정하는 바에 따라 이를 대손처리할 수 있다.

제52조(콤프비용의 범위) 카지노사업자가 카지노고객에게 제공할 수 있는 콤프의 범위는 다음 각호와 같다.

1. 고객 운송을 목적으로 지불할 경우
2. 고객 숙박을 목적으로 지불할 경우
3. 고객에게 식음료 및 주류제공을 목적으로 지불할 경우
4. 카지노 고객유치를 목적으로 골프비용, 물품, 기타 서비스 등을 제공 또는 지불할 경우

제53조(콤프비용 증빙서류) 카지노사업자가 카지노고객에게 콤프를 제공할 때에는 다음 각호의 증빙서류를 구비하여야 한다.

1. 콤프승인서
2. 수혜자의 여권사본
3. 항공권 복사본, 숙식영수증 등 콤프비용제공 증명서류

제54조(크레딧 제공 등)

① 카지노사업자(「폐광지역개발지원에 관한 특별법」에 의한 카지노사업자는 제외한다)는 카지노게임 참가자에게 크레딧을 제공할 수 있다. 이 경우 다음 각호의 사항이 기록된 크레딧전표를 발행하여야 하며, 별지 제10호서식의 크레딧내역서에 크레딧 제공 및 상환관련 기록을 유지하여야 한다.

1. 제공일시
2. 금액
3. 제공자의 성명 및 서명
4. 제공받은 자의 성명, 주소 또는 전화번호 및 서명

② 크레딧전표는 원·부본을 작성하여 크레딧 발행부서에 안전하게 보관한다.
③ 크레딧전표는 일련번호를 부여하여 순서대로 발행하며, 잘못 발행된 전표는 'VOID'라고 표시하고 책임자가 서명하여야 한다.

제55조(크레딧 한도) 카지노사업자가 카지노게임 참가자에게 제공하는 크레딧의 한도는 외국환거래법령이 정하는 바에 의한다.

제56조(크레딧 상환) 크레딧이 상환될 때에는 상환 즉시 크레딧장부에 기록하여야 하며, 크레딧전표 원·부본에 "VOID"라고 표시한 후 원본은 크레딧을 제공받은 고객에게 교부하고 부본은 크레딧발행부서에서 보관한다.

제57조(계약게임 등)
① 카지노사업자는 외래관광객 유치 및 외화획득을 위하여 카지노고객 및 전문모집인과의 계약에 의하여 일정한 대가를 지불하는 조건으로 계약게임을 유치할 수 있다.
② 카지노사업자가 카지노고객 및 전문모집인과 계약게임 관계가 성립되면 게임계약서 및 다음 각호의 사항을 기록한 [별지 제11호]서식의 계약게임내역서를 작성하여 보관하여야 한다.

1. 계약일자
2. 전문모집인 성명, 주소 및 전화번호
3. 고객수
4. 고객의 국적
5. 지불금액

제58조(보고) 카지노사업자는 제21조의 입장객현황, 제42조 및 제50조의 매출액현황, 제54조의 크레딧내역서 및 제57조의 계약게임내역서를 익월 10일까지 문화체육관광부장관에게 보고하여야 한다.

제 7 장 카지노 종사원의 준수사항

제59조(게임규칙준수) 카지노종사원은 이 준칙에서 정한 규칙에 어긋나는 게임을 하여서는 아니 된다.

第60조(종사원의 품위유지)

① 카지노종사원은 관광종사자로서의 품위를 유지하여야 한다.

② 카지노종사원은 사업자가 정한 복장을 착용하고 단정한 상태를 유지하여야 하며, 고객에게 불쾌감을 주는 태도와 행동을 하여서는 아니 된다.

③ 카지노종사원은 허가받지 않은 카지노업 영업에 관여하거나 참여할 수 없다.

第61조(종사원의 교육)

① 한국카지노업관광협회 등은 관광진흥법 및 문화체육관광부령이 정하는 바에 따라 카지노종사원에 대한 교육을 실시하여야 한다.

② 카지노사업자는 종사원이 제1항의 규정에 의한 교육을 받도록 협조하여야 한다.

第62조(재검토기한) 「훈령·예규 등의 발령 및 관리에 관한 규정」(대통령훈령 제248호)에 따라 이 고시 발령 후의 법령이나 현실여건의 변화 등을 검토하여 이 고시의 폐지, 개정 등의 조치를 하여야 하는 기한은 2014년 8월 31일까지로 한다.

부　　칙

제1조(시행일) 이 준칙은 고시한 날부터 시행한다.

제2조(카지노 검사기관에 대한 경과규정) 이 준칙 시행 당시 법 제25조제2항, 규칙 제33조제3항 및 종전 카지노업영업세칙(문화관광부 고시 제2002-9호, 2002.7.15) 제46조의 규정에 의하여 카지노검사기관으로 이미 지정을 받은 기관은 이 준칙에 의한 검사기관으로 지정된 것으로 본다.

부　　칙

이 준칙은 고시한 날(2009.9.1)부터 시행한다.

(3) 카지노업 약관

제1조(적용범위)

① 이 약관은 (주)강원랜드와 카지노 이용고객에 적용한다(이하 (주)강원랜드 카지노는 "카지노", 카지노 이용 고객은 "고객"이라 한다).

② 고객은 이 약관을 모른다는 이유로 그 적용을 면할 수 없다.

제2조(약관의 비치) 카지노는 고객이 쉽게 알아볼 수 있도록 약관을 항상 일정장소에 게시 또는 비치하여야 한다.

제3조(게임의 성립) 고객의 게임은 게임테이블상의 지정된 위치에 현금 또는 게임칩스를 베팅하거나 머신게임기기에 동전을 투입하는 행위를 게임진행자(이하 "딜러"라 한다)가 인정한 때에 성립한다.

제4조(베팅행위 등)

① "베팅"이라 함은 고객이 게임참가의 의사표시로 게임칩스를 게임테이블상의 지정된 장소에 걸거나 동전을 기계에 투입함을 말한다.

② 고객은 게임참가를 위한 베팅시 카지노에서 지정한 칩스, 토큰 또는 동전만을 사용하여야 한다.

③ 고객은 해당 딜러가 선언하는 베팅개시 및 종료를 준수하여야 한다.

④ 고객은 해당 게임테이블 또는 머신게임기기에 게시된 최저·최고베팅액을 준수하여야 한다.

⑤ 일단 베팅한 칩스는 지정된 베팅시간 종료 후에는 취소나 정정을 할 수 없다. 다만 베팅한 칩스의 금액이 해당 게임의 베팅한도에 미달하거나 초과한 경우 딜러만이 취소 또는 정정 처리할 수 있다.

제5조(당첨금 지급 등)

① 카지노는 카지노게임 규칙에 의하여 계산된 당첨금을 테이블에서 칩스로 지급하며 머신게임기기의 당첨금은 현금으로 지급한다. 단, 머신게임기기의 당첨금이 1억원을 초과하는 경우 카지노는 그 당첨금을 다음과 같이 분할 지급할 수 있다.

1억원 이상 ~ 5억원 이하 : 당첨시 50%, 90일 후 50%

5억원 이상 ~ : 당첨시 40%, 90일 후 30%, 180일 후 30%

② 다음 각 호에 해당하는 경우 회사는 당첨금의 지급을 거절할 수 있다

1. 고객이 불법(위조, 변조)으로 취득한 칩스 또는 동전을 사용하는 경우
2. 카지노 게임규칙에 위배되는 베팅을 하여 당첨된 경우
3. 제7조에 의해 영업장 출입 및 게임참가가 제한되는 자가 당첨된 경우
4. 머신게임기기의 기계적 고장으로 인하여 당첨된 경우
5. 머신게임기기의 경우 영업시간 종료후 당첨된 경우
6. 게임참가 이외의 목적으로 입장한 방문객이 당첨된 경우

제6조(고객의 준수사항)

① 고객은 카지노의 신분확인 요구에 항시 응하여야 한다.

② 고객은 카지노업영업세칙 및 문화관광부 장관이 승인한 게임방법 및 배당금에 관한 사항을 준수하여야 하며, 이에 관하여 이의를 제기할 수 없다.

③ 고객은 칩스교환시 현금과 칩스를 정확히 확인하여야 하며, 정해진 절차에 의거 처리된 이후에는 고객이 제기한 어떠한 이의도 인정되지 않는다.

④ 고객은 카지노가 관련법령 및 고객출입관리와 관련된 규정 등에 의거 퇴장을 요구하였을 경우에는 즉시 퇴장하여야 한다.

제7조(출입제한 또는 게임참가의 거절)

① 카지노는 폐광지역카지노사업자의 영업준칙(관광진흥법시행규칙 제36조 [별표10]) 제7호 및 카지노업영업준칙 제21조 제5항에 따른 고객출입에 대한 관리를 하여야 한다.

② 카지노는 다음 각 호에 해당하는 경우에는 고객의 입장 또는 게임참가를 거절할 수 있다.

1. 과음 또는 약물중독 등으로 정상적 판단능력이 없다고 인정되는 경우
2. 영업장의 품위를 저하시킬 우려가 있는 복장으로 출입하는 경우
3. 통화, 수표 또는 칩스를 위조하여 사용하다 적발되는 경우
4. 리조트카드를 타인에게 대여하거나 머신게임기에 삽입하고 방치하는 등의 방법으로 카지노에 입장하지 않고 High 1 포인트를 부정하게 적립하는 경우
5. 직원 및 고객에 대한 성희롱 및 성추행, 폭행, 폭언 행위에 대한 가해고객(회사내 타시설에서의 행위 포함) 〈08.08.08 신설〉
6. (주)강원랜드 임직원 및 그 직계가족·배우자, 퇴직일로부터 일정기간이 경과하지 아니한 전(前) 임직원
7. 강원랜드 카지노호텔을 근무처로 하는 용역회사 등의 임직원 및 퇴직일로부터 일정기간이 경과하지 아니한 전(前) 임직원
8. 「폐광지역개발지원에관한특별법」 제3조에 의한 폐광지역진흥지구 중 회사가 별도로 정하는 지역내의 주민
9. 기타 카지노가 공정한 게임진행 등을 위해 필요하다고 판단되는 경우

③ 카지노는 고객의 도박중독예방을 위하여 장기체류고객의 출입을 제한 할 수 있다.

④ 카지노는 제1항, 제2항 및 제3항에 따른 고객출입관리 및 게임참가 거절 등의 세부적인 사항은 별도로 정한다.

제8조(고객의 책임) 신분증 위조 및 위조지폐 또는 수표 유통 등 기타 불법적 방법으로 카지노에 출입함으로써 야기되는 민·형사상 모든 책임은 고객이 진다.

제9조(관할법원) 고객의 게임참가와 관련한 소송은 카지노의 소재지를 관할하는 법원으로 한다. 다만, 카지노와 고객의 합의에 의하여 관할법원을 따로 정할 수 있다.

제10조(준거법) 이 약관에 정하지 아니한 사항은 대한민국 관계법률의 규정을 따른다.

부 칙 〈2008.9.16〉

제1조(시행일) 이 약관은 2008년 9월 16일부터 시행한다.

(4) 카지노 출입관리지침

(제정 2002. 7. 24, 개정 2010. 7. 26)

제1조(목적) 이 지침은 주식회사 강원랜드(이하 '회사'라 함)의 카지노업 약관 제7조(출입관리 또는 게임참가의 거절)에 의거 카지노고객 등의 영업장 출입 및 제한 등 카지노 출입관리에 관한 세부적인 사항을 규정함을 목적으로 한다.

제2조(적용범위) 카지노영업장 출입 등에 관하여 다른 법령에 특별한 규정이 있는 경우를 제외하고는 카지노영업장 출입에 관한 모든 관리는 이 지침이 정하는 바에 따른다.

제3조(정의) 이 지침에서 사용하는 용어의 정의는 다음과 같다.

1. "출입관리"라 함은 회사가 카지노영업장에 출입하고자 하는 자에 대하여 입장여부 및 회사 내 고객의 특정행위에 따른 출입금지, 출입제한, 출입거절 등을 관리하는 것을 말한다. 〈개정 2009.6.1〉
2. "출입금지"라 함은 관련법령 및 본 지침에 의거 카지노영업장을 출입할 수 없는 것을 말한다. 〈개정 2009.6.1〉
3. "출입거절"이라 함은 질서유지 및 고객 보호 차원에서 카지노영업장 출입을 거절하는 것을 말한다. 다만 문제시 되는 해당사유가 소멸되면 출입가능하다. 〈신설 2009.6.1〉
4. "출입제한"이라 함은 이 지침에 의거 일정기간 동안 카지노영업장을 출입할 수 없는 것을 말한다.
5 "직원 등"이라 함은 회사의 임 · 직원(실습생포함) 및 그 가족, 퇴직일로부터 일정기간이 경과하지 아니한 전(前) 임직원을 말한다.
6. "협력업체 직원 등"이라 함은 회사를 근무처로 하는 협력업체 임직원 및 퇴직일로부터 일정기간이 경과하지 아니한 전(前) 임 · 직원을 말한다. 〈개정 2009.6.1〉
7. "가족"이라 함은 직계 존·비속(미성년자 제외) 및 배우자를 말한다.

8. "지역주민"이라 함은 폐광지역개발지원에관한특별법 제3조에 의거 지식경제부장관이 고시한 폐광지역진흥지구 및 그와 인접하여 카지노출입에 따른 폐해가 우려되는 지역 내 주소를 두고 있는 주민을 말한다.(외국인 포함) 다만, 그 출입제한 대상지역의 범위는 회사가 정하며 [별표1]과 같다. 〈개정 2009.10.1〉

[별표 1] 지역주민 출입제한 대상지역

구 분	태백시	삼척시	정선군	영월군
지정지역	전역	도계읍	사북읍, 고한읍 남면, 신동읍	상동읍

9 "담당부서"라 함은 고객의 출입제한을 관장하는 안전관리실을 말한다.
10. "신분증"이라 함은 고객의 사진과, 주민등록번호, 주소지가 명확하게 기재되어야 하며 [별표 6]신분증 세부기준에 따른다. 〈2010. 3. 12〉
11. "카지노영업장"이라 함은 카지노의 일반 및 회원용 영업장을 말한다.
12. "심의위원회"라 함은 카지노출입관리지침 적용에 있어 고객의 이의신청이 있거나 카지노 질서유지를 위해 불가피하다고 판단되어 관련 내용을 재심의·결정하는 기구를 말하며, 위원회 구성 및 주요기능은 [별표 5]와 같다.
13. "자회사의 임·직원"이라 함은 하이원엔터테인먼트, 하이원모터리조트, 하이원스위치백리조트 등 회사와 자본적 관계를 맺어 회사의 지배를 받는 회사의 임·직원을 말한다〈신설 2010.7.26〉

제4조(출입관리)

① 회사는 카지노영업장에 출입하고자 하는 자에 대하여 대상별로 구분하여 기준 및 제한사항 등을 정할 수 있다.
② 제1항과 관련하여 영업장 출입대상자 구분 및 적용 등 세부적인 사항은 [별표2]와 같다.

[별표 2] 출입 대상별 세부사항

출입관리대상	세부 사항		
	적용 대상	처리 기준	제한내용
직원 등 (자회사의 임·직원 등 포함)	現 임직원 및 직계 혈족·배우자	- 업무 외 입장금지 (단, 방문증 패용 후 투어가능)	입장금지
	前 임직원	- 직권면직된 자 - 의원면직된 자 중 - 회사에 피해를 입혔거나 고의·중과실로 인해 징계 받은 자	출입제한 (1년간)

직원 등 (자회사의 임·직원 등 포함)	前 임직원	- 의원면직자 중 퇴직 후 일정기한 내 입장금지 - 계약직원 및 딜러실습생 등 교육생	출입제한 (3월)
협력업체 직원 등	現 임직원	- 업무 외 입장금지	입장금지
	前 임직원	- 퇴직후 일정기한 내 입장금지	출입제한(3월)
지역주민	[별표1] 지역내 주민	- 지역주민 출입의 날 외 입장금지	매월 넷째주 화요일 입장허용
요청 등	가족 요청에 의한 자	- 직계혈족 및 배우자의 요청 시 출입제한	출입금지
	본인 요청에 의한 자	- 본인 요청 시 출입제한	출입금지
	관공서 및 관련부서 요청〈개정 2009.6.1〉	- 출입금지 사유서 또는 협조문 접수 후 담당자 (상황팀장) 판단·보고 후 출입제한 여부 결정	-
	강원랜드중독관리센터 상담원	- 도박중독 치료를 위해 병원비를 지원받은 자	출입금지
카지노 고객	장기 체류고객	- 일반영업장 월별 16회 이상 장기입장 고객 (2009. 2. 1일부 시행)	월 15회 출입초과 일부터 당월 말일까지 출입제한(익월출입허용)

제5조(출입금지)

① 회사는 다음 각 호의 자에 대하여 카지노영업장의 출입을 금하여야 한다.

1. 미성년자(단, 호텔 및 카지노 관련학과 대학생 또는 학원단체의 업장 견학 등 관련부서의 사전 협의 시 입장 허용할 수 있다.)
2. 매춘, 불법사채행위 등 영업장내 위법행위를 목적으로 입장하려는 자 〈개정 2009.6.1〉
3. 폭력행위 등 처벌에 관한 법률 제4조의 규정에 의한 단체 또는 집단을 구성하거나 그 단체 또는 집단에 자금을 제공한 자
4. 국내외를 막론하고 불법행위 등으로 카지노업체에 피해를 입힌 경력이 있는 자
5. 카드 카운터 등 전문 도박인으로 인정 되는 자

6. 지역주민 및 자회사의 임·직원 〈개정 2010.7.26〉
7. 기타 관련 법령 및 규정에 의거 출입을 금하여야 할 타당한 사유가 있는 자

제6조(출입제한)

① 회사는 고객이 회사에서 규정하고 있는 금지행위 내지 퇴장요구사항이 발생된 경우에는 사안에 따라 일정기간 출입을 제한할 수 있다. 다만, 고객의 출입제한 및 퇴장조치 사항에 이의신청이 있는 경우는 심의위원회의 심의를 거쳐 출입제한 기간 등을 조정할 수 있다.

② 카지노 고객 본인 또는 가족 그리고 강원랜드중독관리센터 상담원 등이 출입제한을 요청할 경우 담당부서에서는 출입제한요청을 접수하고 출입 제한자 명단에 등록하여 피 요청자의 영업장 출입을 제한할 수 있다. 단, 담당부서에서는 [별표 4] 소정의 구비서류가 완비되지 않은 경우 신청자에게 보완요청을 하고, 10일이내 요청받은 사항이 보완되지 않을 경우 접수를 거부 할 수 있다. 출입제한 요청은 직접방문 또는 우편으로 할 수 있다. 〈개정 2009.10.1〉

③ 출입제한신청은 회사가 출입제한 대상자에 대한 전산등록된 때부터 효력이 발생한다. 회사는 출입제한 신청을 받은 때에는 특별한 사유가 없는 한 가능한 조속히 출입제한 전산등록하도록 한다. 〈신설 2009.10.1〉

④ 담당부서에서는 출입금지 및 퇴장요구 등의 처분을 함에 있어 행위 당사자의 본인 여부 및 행위내용 입증을 위해 신분증 사본과 사유서 등을 징구할 수 있다.

⑤ 제1항의 금지행위 및 퇴장요구사항 등에 따른 제한사항은 [별표 3]과 같다. 다만, [별표3]의 행위 중 카지노영업장 출입관련 및 카지노영업장내의 행위 이외의 회사 타 시설 내에서의 금지행위에 대하여 담당부서 근무자는 사안에 따라 고객의 카지노영업장 출입을 제한할 수 있다.

⑥ 고객의 금지행위 위반은 [별표 3]의 규정에 따르며 개별적 출입제한의 1회, 2회, 3회라 함은 해당행위로 출입제한 된 후 해제일자를 기준으로 최근 1년간 같은 사안으로 출입제한된 것을 기준으로 하고 위반횟수 초과자는 이전 횟수의 제한규정을 적용한다. 다만, 금지행위 위반횟수 초과자나, 초과하지 아니하더라도 사안에 따라 별도의 심의위원회 심의를 거쳐 제한내용 등을 조정할 수 있다.

[별표 3] 출입 대상별 세부사항

구 분	행 위	적 용			비고
		1회	2회	3회	
출입 절차 관련	신분증(입장권 포함) 위조 및 변조 행위	1년	3년	5년	
	신분증 대여 행위	경고	1월	3월	개정
	타인 신분증 사용행위	3월	6월	1년	
	출입제한자에 신분증 대여 행위	6월	1년	3년	
	신분증에 주소지 이전 사항을 미기록 및 허위기재한 지역주민	1년	3년	5년	
	타인 신분증을 소지하고 부정한 방법으로 입장 시도한 출입제한 자(입장일수 초과자 포함)	1년	3년	5년	
	기타 부정한 방법의 출입관련 위반행위	3월	6월	1년	
	방문증 협조 받아 카지노에 입장하여 게임참여 행위	6월	1년	3년	
전당·사채 행위 관련 (사업장내)	사채업자의 사채 영업행위(계좌 이체 후 수수료 수취 및 요구행위 포함)	출입금지	-	-	
	사채행위 목적으로 한 호객 행위(전단유포 등)	출입금지	-	-	
	사채관련 채권·채무에 따른 폭력 행위	출입금지	-	-	
	사채관련 채권·채무에 따른 영업방해 행위	출입금지	-	-	
	고객간 사채관련 알선행위(금전거래 발생)	출입금지	-	-	
	고객간 사채관련 알선행위(금전거래 미발생)	1월	3년	5년	
	사채 이용고객	1월	3년	5년	
위해 요소 관련	한정치산자, 금치산자 및 정신이상자로 판명된 자	출입금지	-	-	
	약물 복용(향정신성 의약품 관련)	출입금지	-	-	
	당사 시설물 훼손 및 파괴 행위 -비고의성(변상조치)(미변제시는 변제시까지 출입금지)-고의성(변상조치)	당일 6월	3년	5년	
	인화성 물질을 뿌리는 행위(방화시도 행위 등)	출입금지	-	-	
	영업방해 목적의 난동행위(유괴 및 감금 등 범죄행위)	출입금지	-	-	
	Loss금액 반환요구에 따른 협박	1년	3년	5년	
	영업장내의 자해 행위	출입금지	-	-	
	영업장내의 자살 시도자(자살관련으로 유관기관에서 접수된 자 포함)	출입금지	-	-	

구분	행 위	적 용			비고
		1회	2회	3회	
영업장 질서 유지 관련	임직원 협박	1년	3년	출입금지	
	임직원 폭행성 신체 접촉 행위	1년	3년	출입금지	
	임직원 모독·욕설 및 공포분위기 조성 등 업무방해 행위	6월	1년	출입금지	
	임직원 및 고객에 대한 성희롱·성추행 행위	1년	출입금지	–	
	고객 상호 다툼(욕설, 폭행)으로 인한 소란행위	3월	6월	1년	
	허위사실 유포 등 군중심리 유발 행위	1년	3년	5년	
	임직원과 부당한 접촉·회유 및 금품제공 등으로 불법 영업 조장 또는 부정행위의 혐의가 있는 행위	출입금지	–	–	
	영업장내 범죄행위로 형사처벌자	출입금지	–	–	
	영업장내 오·폐물(예 침, 껌 등)을 투기하는 행위	당일	3월	6월	
	고의적으로 직원 및 고객에게 불편을 초래하는 행위 (영업방해 목적의 저액권 반복교환, 공동시설 점유)	3월	6월	1년	
	기타 영업장 질서유지를 위해 일정기간 출입제한이 필요하다고 인정되는 행위를 한 자	1월	3월	6월	
	영업장내 구걸행위	6월	1년	3년	
	습득물 소유행위	당일	3월	6월	
	습득물 사용행위	6월	1년	3년	
	영업장내에서의 절도 행위	3년	5년	–	
	좌석 대리접수(금전거래가 발생되면 좌석매도·매수로 간주)	3월	3년	5년	
	좌석매도	3년	5년	–	
	좌석매수자(협조)	경고	3월	6월	
	좌석매수자(비협조)	3년	5년	–	
	좌석거래 알선(금전거래 발생)	3년	5년	–	
	좌석거래 알선(금전거래 미발생)	6월	1년	3년	
	좌석 거래 호객행위	3월	3년	5년	
	기타 좌석관련 부당이익 취득	1년	3년	5년	
	영업장내에서 물품판매 및 안내문 유포 등 영업행위	3월	6월	1년	
	고의적으로 머신, 테이블에 이물질을 뿌리거나 오염 시키는 행위 등	6월	1년	3년	

구 분		행 위	적 용			비고
			1회	2회	3회	
게임관련	테이블게임	모조 칩스 사용 행위	출입금지	–	–	
		딜러 및 직원과 단합하여 게임하는 행위	출입금지	–	–	
		타고객 베팅칩스 무단 이동 : 비고의	경고	3월	6월	
		〃 : 고의	1년	3년	5년	
		타 고객 당첨금 수령 : 비고의	당일	3월	6월	
		〃 : 고의	1년	3년	5년	
		타 고객 칩스 무단점유 및 사용행위 : 비고의	경고	3월	6월	
		〃 : 고의	1년	3년	5년	
		카드 카운트 및 cheating 행위	출입금지	–	–	
		게임진행 방해 행위(예 딜러의 정상적인 게임 진행을 방해하는 행위 등)	6월	1년	3년	
		베팅금액관련 허위 주장	1월	3월	6월	
		장외게임	6월	1년	3년	
		부정한 방법의 베팅 행위	3월	6월	3년	
		좌석권 남용으로 베팅 및 Pay중계 후 수수료 수여	3월	6월	3년	
		게임 전문가 사칭 고객 유인 후 게임	3월	6월	3년	
	슬롯머신게임관련	위폐·모조 코인 사용 및 기기 임의 조작자	출입금지	–	–	
		기기 파손행위 : 변상조치(비고의적)	당일	–	–	
		미변제시 변제시까지 출입금지 : 변상조치(고의적)	6월	3년	5년	개정
		타 고객의 코인 무단 인출 및 사용행위 : 비고의 (이지페이 포함)	경고	3월	6월	
		〃 : 고의	1년	3년	5년	
		좌석점유 목적의 Credit 방치 고객	경고	1주	2주	
		당첨금 2중 수령 행위	6월	1년	3년	

다중게임	2개이상 테이블 동시베팅, 테이블·머신게임 동시베팅, 머신기기 2개이상 점유 등	경고	1월	3월	개정·통합
기 타	객실내 도박 및 성매매 행위	출입금지	–	–	
	콤프관련 부정행위(예 부정한 방법의 콤프적립 및 사용행위 등)	3월	6월	1년	
	지역콤프 가맹점(깡) 불법 할인 행위	1년	3년	5년	
	지역콤프 가맹점(깡) 불법 할인 행위 브로커	1년	3년	5년	
	사회단체나 언론사 등에 허위사실 유포 및 회사 비방	출입금지	–	–	
	카지노 운영관련 당사와 소송중인 자	출입금지	–	–	
	카지노 운영관련 당사의 임·직원을 상대로 고소 및 고발행위	3년	5년	출입금지	

⑦ 회사는 다음 각 호의 자에 대하여 출입제한의 1회를 적용하지 않고 경고조치 할 수 있다. 다만 해당 책임자의 조치사유를 반드시 명시해야 한다. 〈신설 2009.6.1〉

1. 카지노출입관리 지침에 적용할 수 없다고 판단되거나 발생한 상황에 대한 유사행위 전례가 없으며, 기타 업무에 필요하다고 판단되는 자
2. 최근 1년간 입장기록 10회 미만인 출입절차 위반자(총 출입일수 30회 미만자로 한정)
3. 최근 1년간 입장기록 10회 미만인 게임룰 미숙으로 인한 규정위반 자(총 출입일수 30회 미만자로 한정)

⑧ 제7항 각호에 해당된다고 해도 출입금지 해당자와 [별표 3] 행위 중 사채업자의 행위, 좌석 거래자, 위해요소관련은 동조 6항을 적용 받을 수 없다. 〈신설 2009.6.1〉

⑨ 심의위원회는 같은 사안이 아닌 금지행위가 있는 경우에도 출입제한 기간을 연장할 수 있다.

⑩ 고객의 출입제한 내용은 관련 부서 간에 상호 공유한다

제7조(출입거절)

① 회사는 다음 각 호의 자에 대하여 각 호에서 규정하는 사항 등이 확인되었을 경우에는 카지노영업장의 출입을 거절할 수 있다. 〈개정 2009.6.1〉

1. 타인에게 혐오감을 느끼게 하는 자

- 복장이 타 고객으로 하여금 불쾌감 또는 수치심 등을 느끼게 하는 자
- 모자 및 선그라스 착용 등으로 인상착의 식별이 용이하지 않은 자
- 전염성이 있는 각종 질병이나 지병 등으로 타인에게 피해를 줄 수 있다고 판단되는 자
- 기타 타 고객 보호 및 카지노영업장 질서유지를 위해 출입금지가 불가피하다고 판단되는 자

2. 본인이나 타인의 안전을 위협하거나 또는 그와 같은 우려가 있다고 판단되는 자에 대하여 카지노 출입을 거절할 수 있다. 〈신설 2009.6.1〉
3. 신분확인에 필요한 서류 등의 제시를 거부한 자 〈개정 2009.6.1〉
4. 무기류 소지 등으로 타인에게 위협을 줄 수 있는 자 〈개정 2009.6.1〉
5. 영업장내에서 물품판매 및 안내문 유포 등을 목적으로 입장하려는 자
6. 사전 허가를 득하지 않고 사진 및 동영상 촬영을 목적으로 입장하려는 자
7. 당사 영업장에 비치된 음주감지기 측정 결과가 일정 기준치(노란색불) 이상인 자
8. 카지노에서 불법행위나 소란행위 등으로 영업장운영을 방해한 경력이 있는 자
9. 카지노에서 사행심을 부추길 우려가 있는 전당사업 및 사채업을 경영하거나 동종업에 종사하는 자

② 제5조 제1항 제6호의 지역주민의 경우는 매월 1일에 한해 카지노영업장의 입장을 허용할 수 있다. 다만, 매월 1일은 매월 넷째 주 화요일로 하고, 월 1회의 범위 내에서 변경 시행할 수 있다.

③ 회사는 2개월 연속 15일 출입자에 대하여 하이원리조트카드 의무발급 및 의무상담을 이수하지 않은 경우에는 카지노영업장의 출입을 거절할 수 있다. 〈신설 2010.7.26〉

제8조(퇴장요구 등)

① 회사는 다음 각 호의 자에 대하여 퇴장을 요구하여야 한다. 퇴장요구를 받은 자는 이에 따라야 한다.

1. 가족으로부터 출입제한 요청이 접수된 자 〈개정 2010.7.26〉
2. 카지노영업장의 질서유지 및 카지노 이용자의 안전을 위하여 퇴장이 불가피하다고 인정되는 자
3. 영업장내 부정한 행위로 인하여 출입제한을 통보받은 자 〈신설 2009.6.1〉

② 회사는 카지노영업장에서 영업행위를 방해하거나 방해할 우려가 있는 자는 강제 퇴장시킬 수 있다.

③ 회사는 제5조 각항에서 규정하고 있는 자가 카지노영업장내에서 발견되었을 경우 퇴장을 요구할 수 있다.

제9조(출입제한 해제 등)

① 회사는 출입제한 기간이 만료된 자 및 출입제한 해제 요청자에 대한 출입제한 해제시 타 고객의 보호 및 카지노영업장 질서를 위하여 필요한 경우 심의위원회 심의를 거쳐 출입제한 기간을 일정기간 연장시키거나 해제하지 않을 수 있다.

② 가족 또는 본인의 요청 등에 의해 출입이 제한된 자에 대하여 출입제한 요청자의 해제신청이 있는 경우 관련 구비서류를 갖추어 제출하면 출입제한을 해제 할 수 있다.

③ 가족 및 본인의 출입제한 해제 요청은 처음에는 출입제한일로부터 1년이상, 2회는 3년이상 경과되어야 할 수 있으며, 출입제한이 3회에 이르는 때에는 출입금지로 해제가 불가함.(단, 가족 또는 본인의 출입제한 신청 횟수는 합산하여 계산한다.) 〈개정 2009.10.1〉

④ 회사는 출입제한·해제 요청을 접수할 경우 동조 제3항 단서의 내용을 고객에게 고지하여야 한다.

⑤ 제6조 제2항의 출입제한 요청 및 동조 제2항의 출입제한 해제 요청에 필요한 구비서류 등 세부사항은 [별표 4] 및 [별표 7]~ [별표 14]에 의한다.

⑥ 고객의 출입해제내용은 관련 부서 간에 상호 공유한다.

⑦ 제2항에 따른 가족 신청에 의한 출입제한자와 신청자 간의 가족관계가 해소된 경우(이혼, 사망 등) 출입 제한기간 경과 후, 본인 출입제한해제 요청에 의해 출입제한을 해제할 수 있다. 단, 강원랜드 중독관리센타 상담(6회)을 이수하여야 한다. 〈신설 2010.7.26〉

⑧ 제3항의 본인·가족 신청에 의한 영구출입제한자가 제한해제를 신청하고자 하는 경우는, 출입제한 신청 횟수가 총3회 미만인 경우에 한하여 제한 신청일로부터 3년 이상이 경과한 후 신청이 가능하며, 해당 신청은 심의위원회 심사를 거쳐 출입제한을 해제할 수 있다. 〈신설 2010.7.26〉

제10조(게임참여 등의 금지)

① 카지노종사원은 회사 내 게임에 참여하여서는 아니 되고 고객과 결탁한 부정행위 또는 국내·외의 불법영업에 관여하거나, 기타 관광 종사자로서의 품위에 어긋나는 행위를 하여서는 아니 된다.

② 카지노고객의 편의를 돕기 위한 여행사직원 및 방문객 등은 방문증을 패용한 후 영업장에 출입할 수 있으나 게임에 참여하여서는 아니 된다.

제11조(회사의 의무)

① 회사는 제5조 제1항 제5호에 해당하는 자가 발생한 경우에는 문화체육관광부 및 한국카지노관광협회에 이를 보고할 수 있다.

부　　칙

제1조(시행일) 이 지침은 2010. 7. 26부터 시행한다.

제2조(출입제한 해제신청 관련 경과조치) 가족 및 본인의 출입제한해제 신청 횟수의 합산 규정은 시행일 이전의 경우에도 소급하여 적용한다. 단, 시행일 이전 해제신청 횟수(본인의 출입제한 신청 횟수가 4회 이상인 경우에는 출입제한해제신청 불가)가 합산하여 비로소 3회 이상인 경우에 한하여 2회로 본다. 〈신설 2010.3.12〉

제3조(출입제한 해제기간 관련 경과 조치) 제9조 제3항의 규정은 이 지침 개정일로부터 적용한다. 단, 출입제한신청이 이 지침 개정일 이전에 이루어진 경우에 출입제한해제신청 가능기간은 아래와 같이 적용한다. 〈신설 2010.3.12〉

1. 출입제한해제신청 가능기간이 부칙 1제조의 규정에 따라 이 지침 시행일 이전에 도과된 경우에는 출입해제신청 가능기간은 완성된 것으로 본다. 단, 이 경우에도 해제신청 횟수는 부칙 제2조를 적용한다.
2. 출입제한해제 가능기간이 부칙 제1조의 규정에 의한 이 지침 시행일에 진행 중인 경우

   가. 가족 및 본인의 출입제한신청 횟수가 합산하여 1회인 경우 3월

   나. 가족 및 본인의 출입제한신청 횟수가 합산하여 2회 이상인 경우 6월

[별표 4] 출입제한 및 해제 요청 세부사항

구 분	요청자	구비 서류	비고
출입제한 요청	가족 등	- 출입제한 요청서 - 가족확인 서류(주민등록 등본 또는 가족관계증명서) - 요청자 신분증 사본 〈개정 2009.6.1〉 - 피요청자 사진 1매 - 대리요청시 위임장 및 인감증명	각 1부
	본인	- 출입제한 요청서 - 요청자 본인 신분증 사본 - 본인발급 인감증명서(우편접수시) - 본인 사진(우편접수시)	〃

출입제한 요청	관공서 및 당사직원	- 출입제한 요청 사유서, 협조문	″
	강원랜드중독관리 센터 상담원	- 출입제한 요청·사유서, 협조문	″
출입제한 해제요청	가족 등	- 출입제한 해제 신청서 - 출입제한 해제 요청자 신분증 사본 - 강원랜드중독관리센터 상담 확인증	″
	본인	- 출입제한 해제 신청서 - 강원랜드중독관리센터 상담 확인증	″
	관공서 및 당사직원	- 출입제한 해제 신청서, 협조문 〈개정 2009.6.1〉	″
	강원랜드중독관리 센터 상담원	- 출입제한 해제 신청서, 협조문	″

※ 귀가여비를 지급받을 경우는 제한일로부터 3년 이후에 출입해제요청이 가능하고, 또한, 강원랜드 중독관리센터 상담을 3회이상 받아야 하며, 일반출입제한자이면서 본인 요청자는 출입해제심의를 통하여 출입 여부를 결정한다. 〈개정 2009.10.1〉

※ 일반출입제한자로 지침 적용을 받는 자가, 제한됨과 동시에 본인요청으로 귀가여비를 수령요청 시는 지급할 수 없다. 〈개정 2010.3.12〉

※ 이미 출입이 제한된 대상자에 대하여 본인 또는 가족이 출입제한을 중복 또는 교차로 신청하는 경우, 해당 신청은 기존 제한과는 별개로 유효한 것으로 본다. 또 이에 따른 귀가여비는 지급하지 아니한다. 〈신설 2010.7.26〉

[별표 5] 심 의 위 원 회

제1조(목 적) 본 심의위원회는 회원고객(VIP) 및 일반영업장고객의 출입제한 및 해제와 관련하여 당사자가 부당함을 이유로 재심의를 요청할 경우 이를 재 심의할 심의위원회 구성, 심의 및 처분 전반에 대한 사항을 규정한다. ※당사자 : 일반적으로는 어떤 일에 직접 관련된 사람, 법률상으로는 소를 제기하거나 제기를 당하는 등 어떤 법률행위에 직접 관여하는 사람 〈개정 2009.6.1〉

제2조(위원회 개최) 회사는 다음 각 호의 경우 당사자 또는 관련부서의 요청에 의한 심의위원회 개최를 통해 출입제한 해제 및 출입제한 기간 등을 조정 할 수 있다. 〈개정 2010.7.26〉

1. 고객 또는 관련부서에서 출입제한 · 해제와 관련하여 부당함을 재심의 요청할 경우 (안전상황팀에 서면접수)

2. 행위내용이 제5조 및 제7조 기타 [별표 2, 3]에서 규정하는 출입관리·금지·제한사유에 해당하지 아니하나, 당사의 영업상 출입제한이 필요하다고 판단되는 경우 또는 행위내용이 카지노출입관리지침만으로 판단하기 어려운 상황에 대한 처리(상황처리 책임자 또는 담당자 배석 · 상황설명) 〈개정 2010.7.26〉
3. 출입 제한기간 조정 · 해제 심의위원회 : 요청일로 부터 35일 이내 〈개정 2010.7.26〉

제3조(위원회 구성)

① 본 위원회 위원은 카지노영업 부서(고객지원팀, 테이블영업팀)와 고객 출입관리 부서(안전관리실, 안전상황팀) 과장급 이상 간부 및 강원랜드중독관리센터 상담원으로 한다.

② 본 위원회 소관부서는 안전관리실로 하며 안전관리실장을 위원장으로 한다.

제4조(심의위원회 심의 대상)

1. 카지노 출입관리 지침 제6조 제1항에 따른 출입제한 및 퇴장조치에 이의 신청이 있는 경우
2. 카지노 출입관리 지침 제6조 제5항에 따른 금지행위 위반횟수 초과건중 이의신청이 있거나, 지침에 명시된 제한기간을 적용하기 곤란한 경우 또는 회사에 공적이 있는 자(관련부서 요청, 공적확인서 제출) 〈개정 2010.7.26〉
3. 카지노 출입관리 지침 제9조 제1항에 따른 기간 만료자에 대해 카지노영업장 질서유지를 위하여 별도 심의가 필요한 경우
4. 카지노 출입관리 지침 제9조 제3항에 따른 출입제한일 미경과자 및 2회 이상 요청한 경우 등과 관련하여 이의신청 하는 경우
5. 행위내용이 카지노출입관리지침만으로 카지노 출입제한을 판단하기 어려운 경우 〈신설 2009.6.1〉

제5조(참고인 출석 및 진술) 본 위원회 심의시 사안에 따라 담당 직원 및 해당 고객을 참고인으로 참석시켜 진술기회를 부여 할 수 있다.

제6조(심의 및 결정) 본 위원회 심의결정은 참석위원 2/3이상의 찬성에 의해 결정된다.

① 심의 위원은 아래의 사항을 종합적으로 고려하여 심의한다.

1. 출입제한지침 적용의 적절성
2. 증거 및 정황에 대한 사실관계
3. 출입일자/횟수, 심의신청서에 대한 신빙성, 타당성 등 제반내용을 고려 〈개정 2009.10.1〉

② 심의과정에 대한 회의록 작성은 생략 할 수 있으며, 다만 심의결과에 대해서는 심의

결과를 명시하여 심의결정서를 작성하고 위원장과 출석한 위원이 이에 서명 날인 하여야 한다. 〈개정 2009.6.1〉

③ 위원장은 심의 결정된 사안에 대해 불복하여 또다시 재심의 요청시 심의 결정에 대한 절차상 하자나 결정 과정에서의 고의성이 없을 경우에는 재심요청을 거절할 수 있다.

제7조(심의결정 통보) 본 위원회 심의결과는 익일 중 담당부서(안전상황팀)에 통보하여야 하며, 담당부서는 즉시 고객에게 심의 결과를 통지하여야 한다.

제8조(해제심의 신청 경과기간) 〈개정 2010.7.26〉

1차 심의	제한일로부터 3개월 후
2차 심의	1차심의 부결일 기준 6개월 후
3차 심의	2차심의 부결일 기준 3년 후
4차 이상 심의	전회 부결일 기준 3년 단위

[별표 6] 신분증 세부기준

□ 내국인 신분증의 범위

1) 주민등록증, 주민등록증발급신청확인서(유효기간 내)
2) 국내운전면허증
  가) 적성검사 및 갱신기간(과태료 부과기간 포함)에 한함.
    ① 1종보통 최초 발급 후 7년 6개월(65세이상 5년6개월)
    ② 2종보통 9년 6개월 최초 발급 후
3) 복지카드(장애인)
  가) "지방자치단체" 발행한 것에 한함.
4) 복지(구입)카드와 등 · 초본(일 입장제한 없음)
  가) 카드 유효기간 이내에 한함.
  나) "보건복지부" 발행 한 것에 한함.
  다) 발급 후 3개월 이내의 등·초본
5) 여권, 공무원증과 등 · 초본(일 입장제한 없음)
  가) 여권은 만료기간 전의 것에 인정함.

나) 발급 후 3개월 이내의 등·초본

6) 국가 전문 자격증

가) 성명, 사진, 주민번호, 주소가 기재 되어 있는 경우에 한해서 유효함.

※ 단, 주소가 미기재 되어 있는 경우 3개월 이내 발급된 등·초본 첨부 시 1일 재입장 가능.

7) 리조트카드와 등·초본(재 입장 불가)

가) 발급 후 3개월 이내의 등·초본

나) 리조트카드로 본인 확인 가능하여 본인 확인도장은 생략한다.

※ 단, 등록되어 있는 사진 및 신분증으로 본인 확인이 어려울 경우 카지노 안내데스크에 위치한 무인민원발급기에서 발부된 등 · 초본 첨부시만 입장을 허용된다.

8) 카지노 안내데스크에 위치한 무인민원 발급기에서 출력된 등 · 초본(재입장 불가)

가) 발급 후 3개월 이내의 등 · 초본 소지 시 무인민원발급기를 통해 본인확인 후 등 · 초본을 출력하지 아니하고 소지하고 있는 등 · 초본으로 입장을 허용한다.

□ 외국인 신분증의 범위

1) 여권(P, PR등)

유효기간에 한함 [여권법 제13조(여권의 효력상실) 제1항 여권의 유효기간이 끝난 때]

① 일반복수여권 : PM(multiple passport) (면세 해택 없음)

- 여권유효기간만료일까지 횟수에 제한 없이 외국여행을 할 수 있는 여권

② 일반거주여권 : PR(residence passport)

- 해외이주 및 영주권자에게 발급되는 여권

③ 일반단수여권 : PS(single passport) (면세 해택 없음)

- 1회에 한하여 출입국 할 수 있는 여권

④ 관용여권 : PO(official passport) (면세 해택 없음)

- 공무로 국외 여행하는 공무원에게 발급되는 여권

⑤ 외교관여권 : PD(diplomatic passport)

- 외교관의 신분인 자에게 국외 여행 시 발급되는 여권

⑥ 여행증명서 : PT(temporary passport)

- 국외에 체류 또는 거주 중인 자로서 여권의 발급을 기다릴 시간적 여유가 없어 긴급히 귀국 또는 제3국에 여행할 필요가 있는 자
- 국외에 거주 중인 자로서 일시귀국한 후 여권의 분실 또는 유효기간 만료 등의 사유로 여권의 발급을 기다릴 시간적 여유가 없이 거주지 국으로 출국하여야 할 필요가 있는 자 등에게 발급되는 여권에 갈음되는 증명서

2) 외국인등록증, 재외국민국내거소신고증, 외국국적동포국내거소신고증
  가) 재외국민
    ① 대한민국의 국민으로서 외국의 영주권을 취득한 자 또는 영주할 목적으로 내국에 거주하고 있는 자를 말함(재외동포법 시행령 제2조제1항).
    ② 영주할 목적으로 외국에 거주한 자라 함은 해외이주법 제2조의 규정에 의한 이주자로서 거주국으로부터 영주권을 취득하지 아니한 자를 말함.(재외동포법시행령 제2조제2항)
  나) 외국국적동포
    ① 대한민국의 국적을 보유하였던 자 또는 직계비속으로서 외국국적을 취득한자중 대통령령이 정하는 자를 말함.
    ② 재한민국의 국적을 보유하였던 자로서 외국국적을 취득한 자(재외동포법시행령 제3조제1호)
    ③ 부모의 일방 또는 조부모의 일방이 대한민국의 국적을 보유하였던 자로서 외국국적을 취득한 자(동 시행령 제3조제2호)
3) 미군ID (KATUSA 제외)
4) 국제면허증 (외국국적일 경우 면세해택)
  가) 사진, 생년월일, 국적이 기재된 신분증
  나) 유효기간 이내(유효기간은 발행일부터 1년)
5) 외국발행 시민권, 영주권 카드
  가) 사진, 국적, 생년월일이 기재된 것
  ※ 단, 사진, 국적, 생년월일 확인이 불가한 경우는 인정되지 않는다.
6) 국내발행 운전면허증 (외국인대상)
  가) 외국신분증에 해당되는 신분증이 등록되어 있는 경우 입장이 가능하다.

□ 외국인 단체 입장

인솔자인 가이드에게 고객명단을 받고 가이드에게는 신원보증확인서를 작성 받아 입장권을 발행해 준다. "카지노영업준칙 제4장 21조(고객출입관리) 4항 각인별로 직접 확인을 생략할 수 있으나 내국인으로 확인된 경우에는 관광진흥법령에 규정된 제재를 받아야 한다. 가. 동반한 여행사직원이 고객명단을 제출한 단체입장객의 경우" 신원보증확인서를 작성하게 하여 신분증 미지참 시에도 1회 입장을 허용한다. 재 입장 시도 시 본인 확인 가능한 신분증이 필요하다.

[별표 7] 본인출입제한요청서

☐ **본인 출입제한 요청 ※고객작성**

<table>
<tr><td colspan="2">구 분</td><td colspan="3">내 용</td></tr>
<tr><td rowspan="3">요청자
(본인)</td><td>성 명</td><td></td><td>주민등록번호</td><td>-</td></tr>
<tr><td>주 소</td><td colspan="3"></td></tr>
<tr><td>연락처</td><td colspan="3"></td></tr>
<tr><td colspan="5">◆출입제한 및 해제 관련규정 : 카지노출입관리지침◆</td></tr>
<tr><td colspan="3">제한관련 규정</td><td colspan="2">해제관련 규정</td></tr>
<tr><td colspan="3">〈제9조3항〉 가족 및 본인의 출입제한 해제 요청은 처음에는 출입제한일로부터 1년이상, 2회는 3년이상 경과되어야 할 수 있으며, 출입제한이 3회에 이르는 때에는 출입금지로 해제가 불가(단, 가족 또는 본인의 출입제한 신청 횟수는 합산하여 계산한다)하고 이혼시에도 동일하게 적용한다.</td><td colspan="2">〈별표4〉 본인요청 출입제한자중 귀향여비를 지급받을 경우는 제한일로 부터 3년 이후에 출입해제요청이 가능하고, 또한 00랜드중독관리센터 상담을 3회이상 받아야하며, 일반출입제한자이면서 본인 요청자는 출입해제심의를 통하여 출입여부를 결정한다.
〈00랜드중독관리센터〉 상담완료 必</td></tr>
<tr><td colspan="5">★ 요청자 확인 ★
본인 출입제한을 요청함에 있어 카지노출입관리지침의 관련규정을 확인하였으며, 규정을 준수 하겠습니다. 요청자 : (서명)</td></tr>
<tr><td colspan="5">◆ 귀가여비 수령여부( ) ※ 미 수령 시 공란</td></tr>
</table>

※ 귀가 여비는 장기출입자에 한하여 지급될 수 있습니다.

☐ **요청자(본인) 관련정보 및 직원확인 ※직원작성**

<table>
<tr><td>구분</td><td>입장횟수(출입기록)</td><td colspan="3">출입제한 현황(본인요청)</td></tr>
<tr><td rowspan="4">내용</td><td rowspan="4">20 . . 부터
총 회</td><td>1차</td><td colspan="2"></td></tr>
<tr><td>2차</td><td colspan="2"></td></tr>
<tr><td>3차</td><td colspan="2"></td></tr>
<tr><td>4차</td><td colspan="2"></td></tr>
<tr><td rowspan="2">기타
의견</td><td colspan="2" rowspan="2"></td><td>접수 및 처리일자</td><td>20 년 월 일( )</td></tr>
<tr><td>접 수 자</td><td></td></tr>
</table>

(주)00랜드 안전관리실

[별표 8] 본인출입제한 해제요청서

□ **본인 출입제한 해제 요청 ※고객작성**

<table>
<tr><td colspan="2">구 분</td><td colspan="3">내 용</td></tr>
<tr><td rowspan="3">요청자
(본인)</td><td>성 명</td><td></td><td>주민등록번호</td><td>-</td></tr>
<tr><td>주 소</td><td colspan="3"></td></tr>
<tr><td>연락처</td><td colspan="3"></td></tr>
<tr><td colspan="5">◆출입제한 및 해제 관련규정 : 카지노출입관리지침◆</td></tr>
<tr><td colspan="3">제한관련 규정</td><td colspan="2">해제관련 규정</td></tr>
<tr><td colspan="3">〈제6조2항〉카지노 고객 본인 또는 가족 그리고 00랜드중독관리센터 상담원 등이 출입제한을 요청할 경우 담당부서에서는 출입제한요청을 접수하고 출입제한자 명단에 등록하여 피요청자의 영업장 출입을 제한할 수 있다.</td><td colspan="2">〈제9조3항〉 가족 및 본인의 출입제한 해제 요청은 처음에는 출입제한일로부터 1년이상, 2회는 3년이상 경과되어야 할 수 있으며, 출입제한이 3회에 이르는 때에는 출입금지로 해제가 불가(단, 가족 또는 본인의 출입제한 신청 횟수는 합산하여 계산한다)하고 이혼시에도 동일하게 적용한다. 〈00랜드중독관리센터〉 상담완료 必</td></tr>
<tr><td colspan="5">★ 요청자 확인 ★
본인 출입제한 해제를 요청함에 있어 카지노출입관리지침의 관련규정을 확인하였으며, 규정을 준수 하겠습니다. 요청자 : (서명)</td></tr>
</table>

□ **요청자(본인) 관련정보 및 직원확인 ※직원작성**

<table>
<tr><td colspan="5">출입제한 현황(본인요청)</td></tr>
<tr><td rowspan="4">내용</td><td>1차</td><td colspan="3"></td></tr>
<tr><td>2차</td><td colspan="3"></td></tr>
<tr><td>3차</td><td colspan="3"></td></tr>
<tr><td>4차</td><td colspan="3"></td></tr>
<tr><td rowspan="2">기타
의견</td><td rowspan="2" colspan="2"></td><td>접수 및 처리일자</td><td>20 년 월 일( )</td></tr>
<tr><td>접 수 자</td><td></td></tr>
</table>

(주)00랜드 안전관리실

[별표 9] 가족출입제한요청서

☐ **출입제한 대상자 및 요청자 ※고객작성**

구 분		내 용		
대상자	성 명		주민등록번호	−
	주 소			
	연락처			
요청자	성 명		주민등록번호	−
	주 소			
	연락처			

◆출입제한 및 해제 관련규정 : 카지노출입관리지침◆	
제한관련 규정	해제관련 규정
〈제6조2항〉카지노 고객 본인 또는 가족 그리고 00랜드중독관리센터 상담원 등이 출입제한을 요청할 경우 담당부서에서는 출입제한요청을 접수하고 출입제한자 명단에 등록하여 피요청자의 영업장 출입을 제한할 수 있다.	〈제9조3항〉가족 및 본인의 출입제한 해제 요청은 처음에는 출입제한일로부터 1년이상, 2회는 3년이상 경과되어야 할 수 있으며, 출입제한이 3회에 이르는 때에는 출입금지로 해제가 불가(단, 가족 또는 본인의 출입제한 신청 횟수는 합산하여 계산한다)하고 이혼시에도 동일하게 적용한다. 〈00랜드중독관리센터〉 상담완료 必

★ 요청자 확인 ★
대상자를 출입제한 요청함에 있어 카지노출입관리지침의 관련규정을 확인하였으며, 규정을 준수 하겠습니다. **요청자 :** **(서명)**

☐ **대상자 관련정보 및 직원확인 ※직원작성**

구분	입장횟수(출입기록)	출입제한 현황(가족요청)		
내용		1차		
		2차		
		3차		
		4차		
대상자와 요청자의 관계		대상자( ) 요청자( )	접수 방법	우편 · 방문
기타 의견			접수 및 처리일자	20 년 월 일( )
			접 수 자	

(주)00랜드 안전관리실

[별표 10] 가족출입제한 해제요청서

☐ **출입제한 해제 대상자 및 요청자 ※고객작성**

구 분		내 용		
대상자	성 명		주민등록번호	−
	주 소			
	연락처			
요청자	성 명		주민등록번호	−
	주 소			
	연락처			

◆출입제한 및 해제 관련규정 : 카지노출입관리지침◆

제한관련 규정	해제관련 규정
〈제6조2항〉카지노 고객 본인 또는 가족 그리고 00랜드중독관리센터 상담원 등이 출입제한을 요청할 경우 담당부서에서는 출입제한요청을 접수하고 출입제한자 명단에 등록하여 피요청자의 영업장 출입을 제한할 수 있다.	〈제9조3항〉가족 및 본인의 출입제한 해제 요청은 처음에는 출입제한일로부터 1년이상, 2회는 3년이상 경과되어야 할 수 있으며, 출입제한이 3회에 이르는 때에는 출입금지로 해제가 불가(단, 가족 또는 본인의 출입제한 신청 횟수는 합산하여 계산한다)하고 이혼시에도 동일하게 적용한다. 〈00랜드중독관리센터〉 상담완료 必

★ 요청자 확인 ★

- 출입제한 해제 대상자와 요청자는 ________관계로 대상자의 **가족요청출입제한 해제를 요청합니다.**
- 카지노출입관리지침의 관련규정을 확인하였으며, 규정을 준수 하겠습니다.

요청자 : **(서명)**

☐ **대상자 관련정보 및 직원확인 ※직원작성**

출입제한 현황(가족요청)			
1차			
2차			
3차			
4차			
기타 의견		접수 및 처리일자	20 년 월 일( )
		접 수 자	

(주)00랜드 안전관리실

[별표 11] 일반출입제한확인서

□ 일반 출입제한 대상자

구 분	내 용		
성 명		주민등록번호	−
주 소			
연락처			

□ 출입제한 사유

일 시	20 년 월 일(:)	장 소	
규정위반 내용			
관련규정	카지노출입관리지침 ○○○	출입금지기간	
세부규정 내용			

□ 대상자 관련정보 및 직원확인

입장횟수(출입기록)		20 년 월 일부터 총 회		
출입제한 현황	1차		5차	
	2차		6차	
	3차		7차	
	4차		8차	
기타 의견		접수 및 처리일자	20 년 월 일( )	
		상황처리 담당자		

(주)00랜드 안전관리실

[별표12] 일반출입제한 해제확인서

□ 일반 출입제한 해제 대상자

구 분	내 용		
성 명		주민등록번호	−
주 소			
연락처			

□ 출입제한 사유

□ 출입제한 해제 사유

구분	내 용
관련근거	**카지노출입관리지침**
해제관련 규정	〈제6조1항〉 회사는 고객이 회사에서 규정하고 있는 금지행위 내지 퇴장요구사항이 발생된 경우에는 사안에 따라 일정기간 출입을 제한할 수 있다. 다만, 고객의 출입제한 및 퇴장조치 사항에 이의신청이 있는 경우는 심의위원회의 심의를 거쳐 출입제한 기간 등을 조정할 수 있다. 〈별표5〉 심의 위원회(위원회 개최, 심의위원회 심의대상, 심의 및 결정)
심의일자	20 년 월 일( )

□ 직원확인

기타 의견		처리일자	
		담 당 자	

(주)00랜드 안전관리실

[별표 13]

상 담 확 인 증

내담자 성명		성 별		연 령	
주민등록번호			연 락 처		
주 소					
출입제한유형		출입제한기간			
상 담 이 수					

***상담 세부내용**

구분	상담회차	상담일자	상담내용	상담회차	상담일자	상담내용
내 용	1회		본인해지 상담	4회		
	2회			5회		
	3회			6회		

주〉 본인 · 가족 해지관련 상담내용만 포함 (전화·기타 상담은 제외)

***상담원 의견**

상담원 확인

[별표 14] 출입 해제 심의 신청서

□ **심의신청 요청자** ※**고객작성**

<table>
<tr><td colspan="2">구 분</td><td colspan="3">내 용</td></tr>
<tr><td rowspan="3">신청자</td><td>성 명</td><td></td><td>주민등록번호</td><td>-</td></tr>
<tr><td>주 소</td><td colspan="3"></td></tr>
<tr><td>연락처</td><td colspan="3"></td></tr>
<tr><td colspan="5">◆출입제한기간 및 해제 심의위원회 관련규정 : 카지노출입관리지침(개정2010.7.26)</td></tr>
<tr><td colspan="5">〈별표5〉 주요내용
○ (위원회 개최) 고객 또는 관련부서에서 출입제한·해제와 관련하여 부당함을 재심의 요청할 경우(서면접수) - 요청일로 부터 35일 이내
○ (심의 및 결정) 본 위원회 심의결정은 참석위원 2/3이상의 찬성에 의해 결정된다. 위원장은 심의 결정된 사안에 대해 불복하여 또다시 재심의 요청시 심의 결정에 대한 절차상 하자나 결정 과정에서의 고의성이 없을 경우에는 재심요청을 거절할 수 있다.
○ (심의결정 통보) 심의결과는 익일 중 담당부서(안전상황팀)에 통보하여야 하며, 담당부서는 즉시 고객에게 심의 결과를 통지하여야 한다.
○ (해제 심의신청 경과기간)</td></tr>
</table>

1차 심의	제한일로부터 3개월 후	2차 심의	1차 심의 부결일 기준 6개월 후
3차 심의	2차 심의 부결일 기준 3년 후	4차 이상 심의	전회 부결일 기준 3년 단위

★ 신청자 확인 ★

상기본인은 출입해제 심의신청을 함에 있어 카지노출입관리지침의 관련규정을 확인하였고 이를 준수하겠으며, 귀책사유 발생 시 민·형사상 어떠한 이의도 제기치 않겠습니다. **신청자 :** **(서명)**

※ **붙임 : 심의신청사유(고객작성)**

□ **대상자 관련정보 및 직원확인** ※**직원작성**

<table>
<tr><td colspan="2">입장횟수(출입기록)</td><td colspan="3">20 년 월 일부터 총 회</td></tr>
<tr><td rowspan="4">출입제한 현황</td><td>1차</td><td></td><td>5차</td><td></td></tr>
<tr><td>2차</td><td></td><td>6차</td><td></td></tr>
<tr><td>3차</td><td></td><td>7차</td><td></td></tr>
<tr><td>4차</td><td></td><td>8차</td><td></td></tr>
<tr><td rowspan="2">기타 의견</td><td rowspan="2" colspan="2"></td><td>접수자</td><td></td></tr>
<tr><td>접수일자</td><td>20 년 월 일( )</td></tr>
</table>

※ 출입해제 심의신청사유 :

작성자 : (서명)

(주)00랜드 안전관리실

2) 카지노 시큐리티 운용편람

(1) 시큐리티 운용매뉴얼

가) 목적

이 시큐리티매뉴얼은 그랜드 카지노 안전관리실 업무수행을 위한 기준과 절차를 정하고, 각종 위해 요소로부터 회사의 자산, 고객의 자산, 직원 및 고객의 안전보호를 함으로써 건전한 종합레저문화정착에 기여함을 목적으로 한다.

위 목적상 위해(危害)요소라 함은 다음 각 호의 업무를 말한다.

㈎ 회사자산에 대한 인위적 위해 요소

㈏ 고객자산에 대한 인위적 위해 요소

㈐ 직원 및 고객의 안전에 대한 인위적 위해 요소

㈑ 우발사태에 따른 각종 위해 요소

나) 임무

1. 회사자산의 보호 및 위해 요소 제거
2. 고객자산의 보호 및 위해 요소 제거
3. 직원, 고객 안전보호 및 위해 요소 제거
4. 우발사태 발생에 따른 각종 상황조치
5. 카지노 영업 관련 근무 POST 운영
6. 호텔 & 카지노 사업장내의 각종 분쟁 등 상황처리
7. 보안관련 업무통제
8. 용역업체관리(청원경찰, 청소)

다) 적용범위

1. 카지노출입관리 관련 상황
2. 카지노영업장 관련 상황
3. 카지노 외 영업장 관련 상황
4. 카지노 외곽 관련 상황
5. 기타 그랜드코리아 관련 각종 위해요소

라) 기본방침

1. 안전관리실 업무는 본 매뉴얼에 준하여 임무수행을 한다.
2. 회사자산, 고객자산, 직원 및 고객의 안전보호에 중점을 둔다.
3. 업무처리에 있어 공정성을 유지해야 한다.
4. 안전상황실 운영은 안전상황팀장 통제하에 매뉴얼에 의해 임무를 수행하며, 매뉴얼 이외의 상황에 대한 업무는 부서장의 재가를 득한 후 적용 이행한다.
5. 업무의 종결은 부서장의 결재를 득한 후 종결되며 업무의 완급에 따라 선 조치, 후 보고 할 수 있다.
6. 비상사태 발생시 대응은 인적대응을 원칙으로 하되 긴급상황시 방어장비(3단봉, 전자충격기, 가스총 등)를 사용할 수 있다.
7. 카지노내부 상황 및 출입통제업무와 업무중 그랜드코리아 외곽지역, 위험시설물 등 보안관련업무와 용역(청원경찰, 청소)을 관리한다.
8. 임무 수행중 문제점은 1개월 단위로 분석 조정 후 결재권자의 재가를 득한 다음 적용 시행한다.
9. 기타규정 외 업무수행은 부서장의 재가 후 시행한다.

(2) 안전관리부임무 현황도

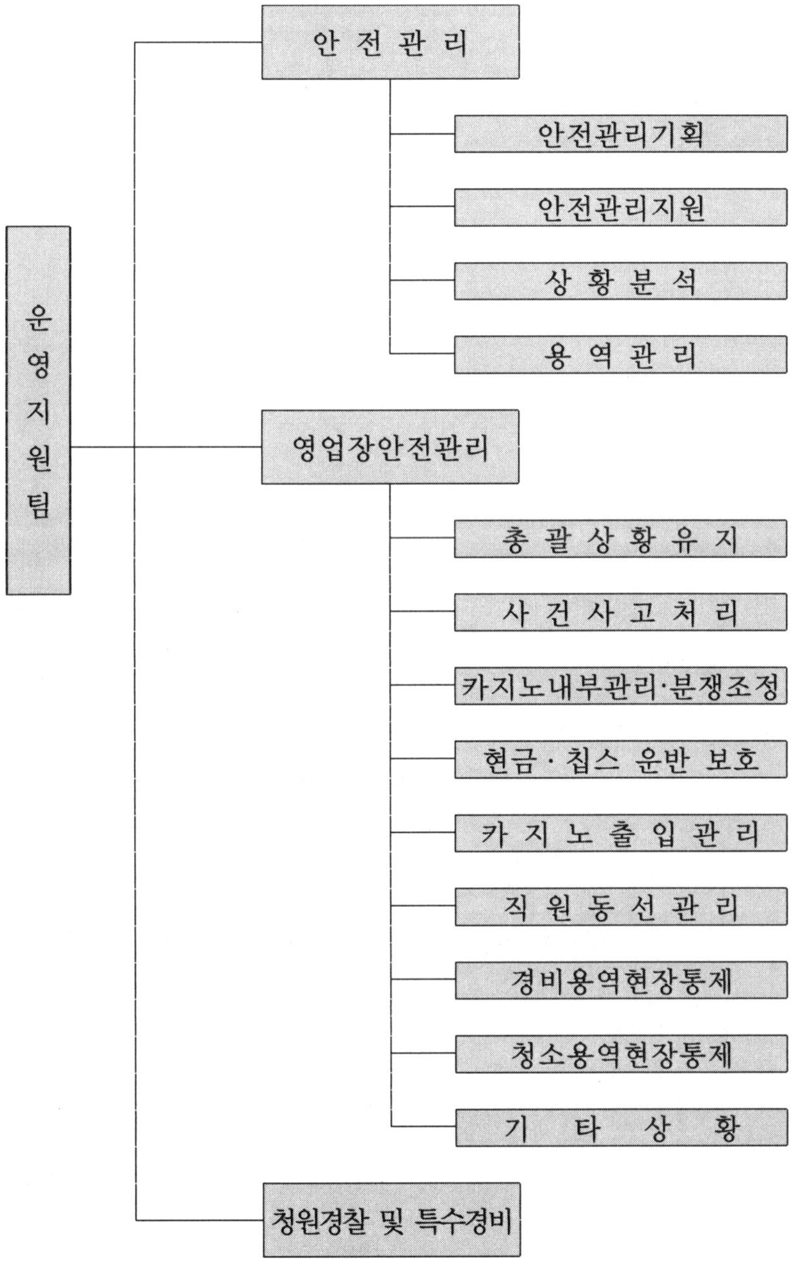

(3) 안전관리 지휘체계도

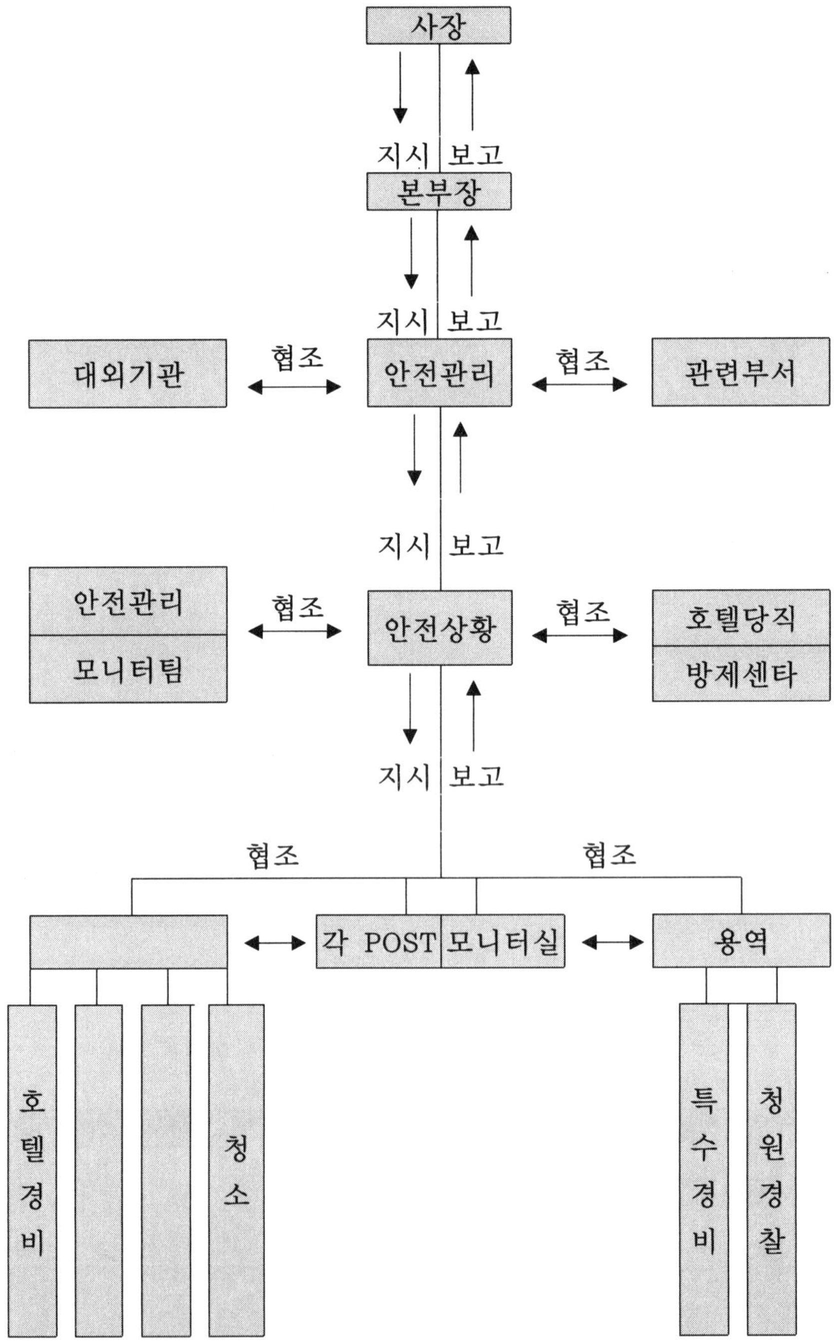
사장
지시
보고
본부장
지시
보고
대외기관
협조
안전관리
협조
관련부서
지시
보고
안전관리
모니터팀
협조
안전상황
협조
호텔당직
방제센타
지시
보고
협조
협조
각 POST
모니터실
용역
호텔경비
청소
특수경비
청원경찰

(4) 상황보고 · 전파체계도

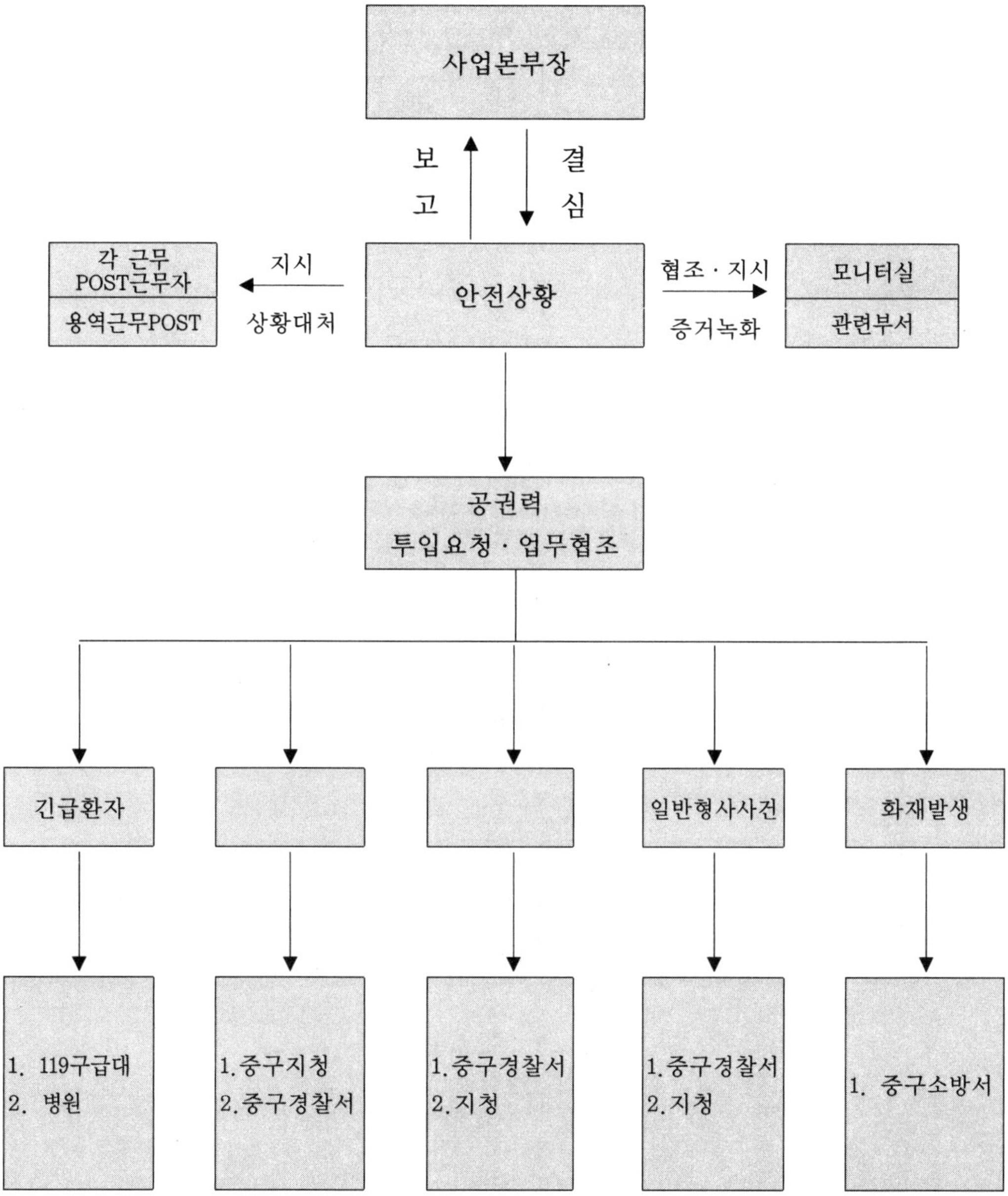
사업본부장
보고
결심
각 근무 POST근무자
용역근무POST
지시
상황대처
안전상황
협조 · 지시
증거녹화
모니터실
관련부서
공권력 투입요청 · 업무협조
긴급환자
일반형사사건
화재발생
1. 119구급대
2. 병원
1.중구지청
2.중구경찰서
1.중구경찰서
2.지청
1.중구경찰서
2.지청
1. 중구소방서

(5) 상황처리 체계

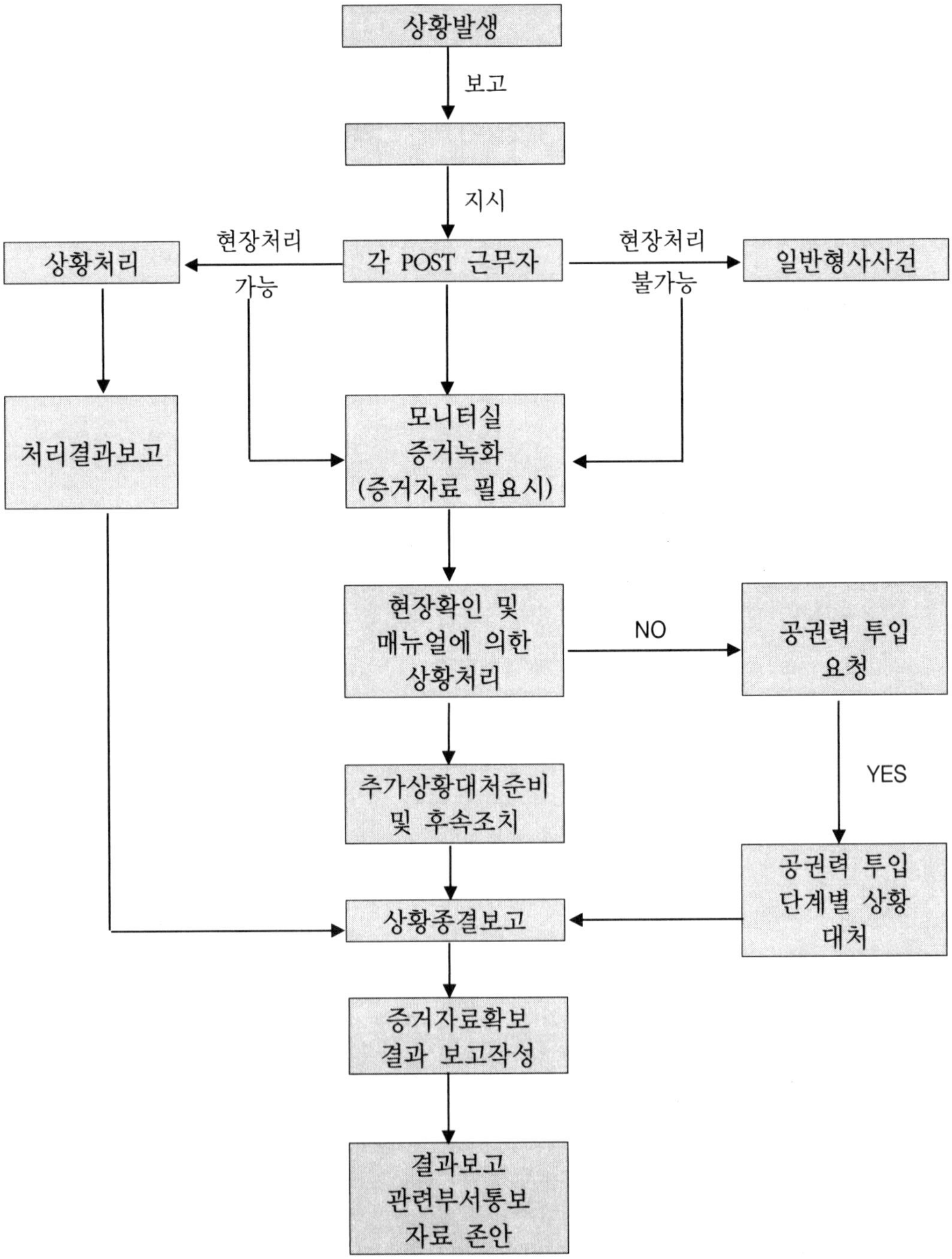
상황발생
보고
지시
현장처리 가능
상황처리
각 POST 근무자
현장처리 불가능
일반형사사건
처리결과보고
모니터실
증거녹화
(증거자료 필요시)
현장확인 및
매뉴얼에 의한
상황처리
NO
공권력 투입
요청
YES
추가상황대처준비
및 후속조치
공권력 투입
단계별 상황
대처
상황종결보고
증거자료확보
결과 보고작성
결과보고
관련부서통보
자료 존안

(6) 업무분장

가) 안전관리부

- 회사 및 고객자산 보호
- 고객 및 직원 안전보호
- 경비, 주차 용역관리
  - 주요시설 경비
  - 주차장 관리
- 청원경찰 업무
- 기타 긴급상황 통제
- 모니터감시 · 분석업무

나) 안전보안관리

- 안전 및 보안관리 계획수립 및 시행
- 보안인력 배치 및 교육관리
- 보안규정 및 운영제도 개선 · 관리
- 안전관리 분석보고

다) 청원경찰 및 특수경비

- 긴급상황 보고체계 운영관리 및 상황통제
- 서비스와 관련된 긴급명령 및 사무조정
- 치안 · 보안관련 유관기관 통신망 구축
- 고객 안전관리 및 영업장 보위업무
- 부적격 입장객 출입통제 업무
- 검색장비 운영업무
- 경비초소 운영관리
- 부대시설에 대한 순찰관리
- 주차관리
- 청원경찰 및 특수경비 업무
- 보안관련 용역업체 관리
- 기타 치안 및 보안업무

라) 모니터팀

- 모니터 운영계획의 수립후 시행
- 감시 분석 보고
- 카지노영업장 관찰 및 녹화 관리
- 관찰관련 녹화편집 및 기록 유지
- 감시 장비 운영 업무
- 팀내 예산관리 및 서무

3) 카지노 출입관리

(1) 카지노영업장 출입제한

카지노 출입관리는 회사가 카지노영업장에 출입하고자 하는 자에 대하여 입장여부 및 회사 내 고객의 특정행위에 따른 출입금지, 출입제한, 출입거절 등을 관리하는 것을 말한다. 「카지노업 약관」 제7조(출입관리 또는 게임참가의 거절)에 의거 카지노고객 등의 영업장 출입 및 제한 등 카지노 출입관리에 관한 세부적인 사항을 규정한 「카지노출입관리지침」에 따라 카지노 출입을 제한하는 것으로서, 출입제한에는 가족요청, 본인요청, 일반(규정위반)으로 나뉜다.[44]

㈎ 가족요청에 의한 출입제한은 가족(배우자 및 직계존비속)을 카지노에 출입할 수 없도록 요청하는 것으로 직계존비속은 조부모, 부모, 자녀(단, 미성년자는 요청할 수 없음)이다.

㈏ 본인요청에 의한 출입제한은 본인 스스로 카지노에 출입할 수 없도록 요청하는 것이다.

㈐ 일반(규정위반)에 의한 출입제한은 규정위반 행위가 사실로 확인되어 출입제한 되는 것으로 예컨대 좌석매매, 베팅규정위반, 소란, 폭행, 사채영업, 직원에게 욕설, 성희롱 행위 등이 이에 해당한다.

44) http://www.high1.com/casino/main.high1

구분		가족요청	본인요청	일반(규정위반)
출입제한	방법	우편, 방문 모두가능 ※배우자 및 직계존비속을 출입제한	우편, 방문 모두가능 ※본인 스스로 출입제한	영업장 내에서의 규정위반 행위가사실로 확인될 경우 ※담당부서에서 CCTV 등 사실 확인 후 출입제한
	구비서류	-출입제한 요청서 1부 -가족관계증명서 1부 -요청자 신분증 사본 1부 -피요청자 사진 1매 -대리요청시 위임장 및 인감증명 ※가족이 준비하여 요청함	-출입제한 요청서 1부 -본인 신분증 사본 1부 -본인발급 인감증명서 (우편접수시) -본인 사진(우편접수시) ※본인이 준비하여 요청함	-출입제한서 1부 -대상자 신분증 사본 1부 -사실 확인자료 CCTV 자료 또는 관련고객 및 직원의 사실확인서 등 ※담당부서에서 준비하여 출입제한 처리함

회사는 고객이 회사에서 규정하고 있는 금지행위 내지 퇴장요구사항이 발생된 경우에는 사안에 따라 일정기간 출입을 제한할 수 있다.

카지노 고객 본인 또는 가족 그리고 00랜드 중독관리 센터 상담원 등이 출입제한을 요청할 경우 담당부서에서는 출입 제한요청을 접수하고 출입 제한자 명단에 등록하여 피요청자의 영업장 출입을 제한할 수 있다. 단, 담당부서에서는 소정의 구비서류가 완비되지 않은 경우 신청자에게 보완요청을 하고, 10일이내 요청받은 사항이 보완되지 않을 경우 접수를 거부할 수 있다. 출입제한 요청은 직접 방문 또는 우편으로 할 수 있다.

고객의 금지행위 위반은 별도의 규정에 따르며 개별적 출입제한의 1회, 2회, 3회라 함은 해당행위로 출입제한 된 후 해제일자를 기준으로 최근 1년간 같은 사안으로 출입제한된 것을 기준으로 하고 위반횟수 초과자는 이전 횟수의 제한규정을 적용한다. 다만, 금지행위 위반횟수 초과자나, 초과하지 아니하더라도 사안에 따라 별도의 심의위원회 심의를 거쳐 제한내용 등을 조정할 수 있다.

(2) 카지노영업장 출입해제

카지노영업장 출입해제란 출입제한 되었던 대상자가 다시 카지노에 출입할 수 있는 것을 말한다. 출입해제는 「카지노출입관리지침」(제정 2002.7.24, 개정 2010.7.26)의 관련규정에 따라 해제기준을 충족할 때 신청할 수 있다.

회사는 출입제한 기간이 만료된 자 및 출입제한 해제 요청자에 대한 출입제한 해제시 다른 고객의 보호 및 카지노영업장 질서를 위하여 필요한 경우 심의위원회 심의를 거쳐 출입제한 기간을 일정기간 연장시키거나 해제하지 않을 수 있다. 가족 또는 본인의 요청 등에 의해 출입이 제한된 자에 대하여 출입제한 요청자의 해제신청이 있는 경우 관련 구비서류를 갖추어 제출하면 출입제한을 해제 할 수 있다.

가족 및 본인의 출입제한 해제 요청은 처음에는 출입제한일로부터 1년이상, 2회는 3년이상 경과되어야 할 수 있으며, 출입제한이 3회에 이르는 때에는 출입금지로 해제를 할 수 없다. 다만, 가족 또는 본인의 출입제한 신청 횟수는 합산하여 계산한다. 이에 따른 가족 신청에 의한 출입제한자와 신청자 간의 가족관계가 해소된 경우(예 이혼, 사망 등) 출입제한기간 경과 후, 본인 출입제한해제 요청에 의해 출입제한을 해제할 수 있다. 단, 00랜드 중독관리센타상담(6회)을 이수하여야 한다.

본인·가족 신청에 의한 영구출입제한자가 제한해제를 신청하고자 하는 경우는, 출입제한 신청 횟수가 총3회 미만인 경우에 한하여 제한 신청일로부터 3년 이상이 경과한 후 신청이 가능하며, 해당 신청은 심의위원회 심사를 거쳐 출입제한을 해제할 수 있다.

고객의 출입제한 및 퇴장조치 사항에 이의신청이 있는 경우는 심의위원회의 심의를 거쳐 출입제한 기간 등을 조정할 수 있다.

심의위원회는 고객이 출입제한 및 해제와 관련하여 부당함을 재심의 요청할 경우(안전관리실에 서면접수) 개최한다[출입해제심의위원회, 재심청구 의뢰일로부터 35일 이내]. 심의결정은 참석위원 3분의2이상의 찬성에 의해 결정된다. 위원장은 심의 결정된 사안에 대해 불복하여 또다시 재심의 요청 시 심의 결정에 대한 절차상 하자나 결정 과정에서의 고의성이 없을 경우에는 재심요청을 거절할 수 있다. 심의 결과는 익일 중 담당부서(안전상황팀)에서 고객에게 심의 결과를 통지하여야 한다.

구분		가족해제	본인해제	일반(규정위반)해제
출입해제	구비서류	관련규정 기준을 충족해야 하며 최초 요청자의 방문으로 가능함. -00랜드중독관리센터 상담 확인증 -최초요청자의 신분증 사본 -출입제한 해제 신청서 (방문 작성)	위 관련규정 기준을 충족해야 하며 본인의 방문으로 가능함. -중독관리센터 상담 확인증 -본인의 신분증 사본 -출입제한해제신청서(방문 작성)	관련규정 기준을 충족해야 하며 재심청구, 위원회개최로 가능함. -일정기간 경과후 출입 해제심의신청 제출규정내용 중 심의신청 경과기간 참조
	접수방법	방법 및 순서(가족, 본인 해제) -상담이수 -KW랜드중독관리센터 - 홈페이지(http://klacc.high1.com) 신분증 지참 방문접수 -KW랜드 안전상황팀		신분증 지참 방문접수를 원칙으로 하고 있다. KW랜드 안전상황팀

(3) 카지노출입관련 직원 준수사항

㈎ KW랜드 근무 직원은(용역포함) 아래사항을 준수해야 된다.

㈏ 아래사항을 준수하지 않은 직원은 위반 경·중에 따라 징계위원회 회부 될 수 있다.

㈐ **준수사항**

㉠ 모든 직원은 업무목적이외에 카지노 영업장 입·출입시 CHIPS 및 현금 등의 회사 자산을 보유할 수 없다.

㉡ 모든 직원은 출·퇴근시, 영업과 관련되어 오해의 소지가 있는 행위 또는 물품의 반입·반출을 하여서는 아니 된다.

㉢ 해당 SHIFT외의 직원은 카지노영업장내에 출입할 수 없다(가족·친지 방문시 사전 보고 후 조치).

㉣ 해당 근무시간 SHIFT 근무직원은 직원전용 E/V외에 다른 통로를 이용 카지노영업장내로 출입을 할 수 없다.

㉤ 카지노영업장 직원 외 타부서직원은 다음 각 호의 경우를 제외 하고는 카지노영업장 내로의 출입을 할 수 없다.

- 업무상 해당 부서장의 허락을 득한 후, 안전상황실의 출입 확인 절차를 받은 자

- 영업본부장의 요청이 있는 자
- 안전관리부서장 허락을 득한 자

ⓑ 모든 직원은 출퇴근 및 카지노영업장내로의 출입시 설치된 CHIPS 검색장비를 통과하여 출입하여야 한다.

ⓢ 모든 직원은 검색장비의 작동 및 기타 안전요원의 검색 요구시 이에 응하여야 한다.

ⓞ 해당 부서내에 비치된 금고는 그 용도 및 수량에 대한 관리가 이루어져야 하며, 공식적이지 아니한 비허가 개인/부서의 금고는 설치할 수 없다.

ⓙ 모든 직원은 다음 각 호에 해당되는 보안사고를 발견 또는 인지하였을 경우에 즉시 육하원칙에 의거하여 안전상황팀으로 통보하여야 한다.

- 영업장내의 소요발생, 직원의 부정, 비밀의 누설, 중요 자산의 손괴, 비허가구역 무단출입

ⓒ 모든 직원은 해당 SHIFT 근무시간에 반드시 회사 뺏지 및 사원증을 패용하여야 한다. 단, 사원증 패용시 업무에 불편한 부서는 명찰을 패용해야 한다.

ⓚ 보안사고를 인지하였음에도 불구하고 소정의 보고조치를 이행하지 아니하였거나 은닉한 직원은 회사 내부규정에 의거 처리할 수 있다.

ⓣ 전 직원은 안전관리부서 및 안전요원의 통제에 적극적으로 협조하여야 한다.

ⓟ 회사에서 정한 제한구역 및 통제구역을 출입하고자 하는 모든 직원은 소속 부서장의 요청하에 안전상황팀과 협의 후 출입하여야 한다.

ⓗ 모든 직원은 카지노내 위치한 사무실내로의 외부인(타 부서 직원 포함)을 초청, 방문예약 등의 행위를 할 수 없으며, 외부인을 출입시켜서는 안된다.

ⓐ 고객에게 게임과 관련된 정보를 제시해서는 안된다.

ⓑ 직원은 고객에게 금전대체 및 대출을 할 수 없다.

ⓒ 전 직원은 카지노게임을 할 수 없다.

ⓓ 각 부서 및 모든 직원은 카지노게임장내의 분쟁으로 인한 안전요원 투입 이후의 모든 억제행위에 대하여 관여할 수 없다.

ⓔ 모든 직원은 안전요원의 업무(각종 검문)에 응하여야 한다.

4) 카지노 안전관리업무

(1) 카지노 상황관련업무

가) 일반수칙

1. 근무자는 해당 SHIFT 근무개시 10분전까지 해당근무지에 위치하고 전·후번 근무자간 업무 인수인계를 해야 한다.
2. 모든 안전요원은 부조리와 타협해서는 안된다.
3. 해당 근무 시간내 근무 POST에서 발생한 각종상황에 대하여 책임과 임무를 다해야 한다.
4. 고객들로부터 CHIPS 및 현금 등을 받아서는 안되며 부득이한 경우 각 POST 팁BOX에 넣어야 한다.
5. CHIPS 및 현금이동시 항시 입회하고 동행 보호해야 한다.
6. 업무처리는 공정하고 신속해야 되며 개인의 사감을 업무에 반영해서는 안된다.
7. 고객과 직원의 중립적인 입장에서 투명성 있게 업무를 처리해야 된다.
8. 안전요원은 모든 사건, 사고를 인지시 즉각 보고하고 현장대처를 해야 한다.

나) 행동수칙

1. 나는 용모 및 복장을 단정히 한다.
2. 나는 고객을 항상 친절하게 맞이한다.
3. 나는 상황발생시 사실대로 즉각 보고한다.
4. 나는 상황발생시 즉각 대처한다.
5. 나는 부조리와 절대 타협하지 않는다.
6. 나는 임무수행에 있어 공정성을 기한다.
7. 나는 임무수행에 있어 항상 회사와 고객을 우선 생각한다.
8. 나는 근무 중 발생된 사건·사고에 대하여 책임을 진다.
9. 나는 허가되지 않는 한 근무지를 이탈하지 않는다.
10. 나는 주어진 임무를 완벽하게 수행한다.

11. 나는 KW카지노 안전요원으로서 사명감을 가지고 안전관리업무의 프로가 되기 위해 최선을 다한다.

다) 안전상황팀 근무수칙

1. 사업장에서 발생하는 모든 상황을 접수 및 조치, 통제 보고한다.
2. 경비 및 주차장 관리 용역사에 대한 현장 업무지시 및 통제를 한다.
3. 사업장에서 청원경찰을 운용하여 필요에 따라 준사법권을 행사한다.
4. 비상사태 발생시 총괄 지휘 통제 본부로서 상황을 통제한다.
5. 상황조치는 안전상황팀장의 지휘 하에 각 SHIFT 상황과장 및 반장에 의해 실시한다. 선임자 부재시는 차 선임자에게 지휘 권한을 자동 승계한다.
6. 상황발생시 관련부서와 유기적인 협조 체제 하에 신속하고 합리적인 최선의 조치를 취한다.
7. 사법처리와 관련된 상황발생시에는 유관기관과 협조하여 처리한다.
8. 유관기관의 업무 협조 요청시 보고 후 승인을 득한 후 조치한다.
9. 외부인의 입·출입관련 업무를 관리한다.
10. 사업장내에서 발생하는 각종 사규 위반 및 범법행위에 대한 진위 여부를 판단하고 출입제한 규정에 의거 출입제한 조치를 취한다. 출입제한기간은 규정에 따라 적용한다.
11. 가족 및 본인요청 출입제한제도에 대한 고객 상담 및 출입제한·해제 조치를 한다.
12. 기타 안전관리 및 보안업무에 관한 현장업무를 총괄 관장한다.

라) 카운트룸 근무수칙

1. 칩스·카드·현금의 운반 및 보호 업무를 수행한다.
2. 영업부서의 FILL/CREDIT 요청에 따라 칩스의 수량을 정확히 확인 후 이를 게임테이블 또는 칩스 관리부서에 위치한다.
3. 환전부서의 RE-FILL 요청에 따라 수량을 정확히 확인하고 칩스 관리부서에 위치한다.
4. 영업부서의 카드 FILL/CREDIT 요청에 따라 카드의 종류 및 수량을 정확히 확인 후 이를 게임테이블 및 칩스 관리부서에 위치시킨다.
5. 칩스 관리부서의 카드 폐기 요청에 따라 폐기 카드의 종류 및 수량을

확인 후 카드 분쇄여부를 입회하여 확인한다.
6. 카지노본부장의 지시에 의거 허가된 인원 이외의 인원에 대해 칩스 관리부서의 출입을 통제한다.
7. 기타 업무상 출입하는 외부 인원은 출입대장에 신원을 기록 후 출입을 제한적으로 허용한다.
8. 전도금 및 드롭박스 이동간 보호임무를 수행한다.
9. 칩스 · 카드 · 현금의 무단 외부 반출을 차단한다.
10. 사유에 의한 칩스 · 카드 · 현금의 입반출시 대장에 내용을 기록 후 조치한다.
11. 비상사태(예 화재, 정전 등) 발생시 자산의 보호를 최우선으로 한다.
12. 허가되지 않은 출입구로의 인원 및 자산의 유동을 통제한다.

마) 출입관리수칙

1. 카지노 객장내 모든 출입자(고객)에 대한 검색을 실시한다.
2. 고객외 직원 출입시 허가된 자 이외의 출입 통제한다.
3. 업무상 출입자에 대한 방문증 패용여부 및 출입허가 여부를 확인한다.
4. 반입금지 품목에 대한 물품 검색 및 반입 통제한다.
5. 신분증 위 · 변조자에 대한 출입을 통제한다.
6. 출입금지자로 분류된 자에 대해 출입을 통제한다.
7. 검색을 함에 있어 고객의 불편을 최소화 한다.
8. 여성고객에 대한 검색은 여성대원이 실시한다.
9. 객장 퇴장시 모든 직원은 CHIPS 검색대를 통과 시켜야 한다.
10. 고객 입 · 퇴장시 질서를 유지하여야 한다.
11. 각종 보안사고 발생시 육하원칙에 의해 신속하게 보고 하여야 한다.
12. 전 근무자는 출입제한자 화상철을 상시 숙지한다.
13. 각 POST별 상호 협조 및 보완하여 임무수행을 하여야 한다.

바) 객장관리수칙

1. 객장내 게임질서를 유지시켜야 한다.
2. 객장내 모든 범법행위를 예방하여야 한다.

3. 객장내 사채행위를 통제하여야 한다.
4. 고객의 애로사항을 친절히 안내 하여야 한다.
5. 상황발생시 신속한 보고 및 초동조치를 하여야 한다.
6. 각종 부조리 행위를 감시하여야 한다.
7. 객장내 환기상태를 유지하여야 한다.
8. 고객 요청시 신변보호를 하여야 한다.
9. 각종상황 발생시 모니터팀과 협조 증거를 확보해야 한다.
10. 방문증 패용자에 대한 게임을 통제하여야 한다.
11. 규칙적 순찰 불규칙적 순찰을 병행한다.
12. 필요시 사복조 운영으로 객장질서를 확립한다.

(2) 카지노 모니터감시업무

가) 모니터룸 운영 현황

(단위 : 대)

<table>
<tr><th colspan="2">구 분</th><th>제1모니터룸</th><th>제2모니터룸</th><th>제3모니터룸</th></tr>
<tr><td colspan="2">감시영역</td><td>카지노 내부
- 게임테이블
- 슬럿머신
- 환전창구
- 카운터 룸
- 환전소 · 칩스뱅크
- 기타 카지노내 직원동선</td><td>호텔 내부
카지노 출입동선</td><td>주차장
외곽지역</td></tr>
<tr><td colspan="2">위 치</td><td>카지노 6층</td><td>카지노 4층</td><td>안전관리동 3층</td></tr>
<tr><td colspan="2">녹화방식</td><td>대용량디지털 저장방식</td><td>개별 DVR 저장방식</td><td>개별 DVR 저장방식</td></tr>
<tr><td rowspan="4">감 시 카메라</td><td>고정형</td><td>263</td><td>144</td><td>24</td></tr>
<tr><td>회전형</td><td>463</td><td>98</td><td>98</td></tr>
<tr><td>합 계</td><td>726</td><td>242</td><td>122</td></tr>
<tr><td>총합계</td><td colspan="3">1090</td></tr>
<tr><td colspan="2">운영부서</td><td>모니터팀</td><td>안전상황팀</td><td>남부주민(주)</td></tr>
</table>

나) 제1모니터룸 근무수칙

회사의 주인은 곧 우리라는 것을 명심하며, 우리들은 회사 최후의 운영자라는 인식을 항상 가지고 있어야 한다.

1. 투철한 주인정신으로 애사심을 발휘한다.
2. 근무시간 중 카지노본부 소속 직원들과의 사적인 만남을 삼가한다.
3. 근무 중에 일어난 모든 사항은 보안유지를 하여야 하며, 절대로 외부로 누설하지 않는다.
4. 회사일, 즉 카지노와 관련된 업무내용을 관계자이외의 사람에게 누설하지 않는다.
5. 비허가자에 대한 모니터룸 내부로의 출입을 금한다.
6. 부서 및 회사의 물품을 도용·훼손하지 않는다.
7. 감시업무의 주목적은 원활한 영업지원 및 안정적인 영업환경 조성을 통한 영업활성화, 고객의 부정행위 감시 및 정직한 직원의 보호에 있다.
8. 고객과 직원에 대한 감시모니터의 비율은 카지노영업장 상황을 고려하여 적절히 배분하여 유지한다.
9. 게임 중 발생될 수 있는 각종 Mistake를 사전에 발견하여 Complain이 발생되지 않도록 관련 부서와의 원활한 협조체제를 유지한다.
10. Bank Roll의 유지상태를 항상 점검하고 기억한다(Chips의 이상유무, 부족분, 불출장소 등).
11. 각 게임테이블에 대한 감시는 이동감시를 기본으로 하며, 게임이 종료된 테이블 및 Shuffle이 시작되는 테이블의 Layout을 관찰하여 Chips의 흐름을 정확히 파악한다.
12. 직무유기 및 방조는 있어서는 안되며, 근무시간에 발생된 일에 대하여 철저한 분석 및 확인 후 각 조 모니터반장을 통해 부서장에게 보고한다.
13. 각 모니터요원은 근무시간 중 여러 각도에서 주의를 집중하여 감시하며, 부주의로 인한 감시공백이 발생하지 않도록 최선을 다한다.
14. 인수인계 철저
    - 각 Shift별 전임 근무자는 인수인계를 철저히 하여 후임 근무자의 업무에 차질이 없도록 한다.
    - 정확한 게임내용 및 VIP 고객의 성향을 파악하여 전달한다(Average Bet,

Table의 win/lose 상황, Name 등).

◦ 근무교대시 모니터의 화면상태, Controller 이상유무, 각 카메라의 위치 확인 및 기기의 이상유무, 프린터 등의 동작상태 등에 대한 이상유무를 반드시 확인한 후 인수인계 한다.

15. 각 테이블 당 배치된 감시카메라의 감시 영역 숙지를 통해 감시효율의 극대화를 기한다.
16. 게임이 없을지라도 Lock이 Open되어 Money Chips가 비치되어 있는 게임 테이블은 24시간 녹화를 원칙으로 한다.
17. Cage에서 현금 및 Chips의 교환 시, 다발로 묶인 화폐를 제외하고는 항상 Spread하여 Pay가 정확하게 이루어지는지 확인한다.
18. VIP 고객(베팅금액이 크거나, Drop에 비해 Cash하는 금액이 많은 고객 등)은 별도로 고객정보(성명, 테이블, 평균 베팅액, 딜러와의 게임진행상황 등)와 함께 관찰한다.
19. 영업과 관련된 변동사항은 즉시 숙지하여 근무에 차질이 없도록 한다.
20. 녹화중인 게임테이블은 20~30분 간격으로 다른 감시카메라를 통해 주위 상황을 감시한다.
21. 게임 진행 중, 감시카메라의 조작을 통해 Chips의 이상유무 및 셔플자와 셔플방법을 확인한다.
22. 감시업무 수행 중 영업환경을 저해할 수 있는 위협요소 또는 이상징후 등을 발견하였을 경우, 사고 확대방지 및 예방을 위하여 즉시 관련 부서로 통보한다.

다) 제2 · 3모니터룸 근무수칙

1. 회사자산보호, 안전관리, 사건, 사고 관련된 감시 업무 및 증거자료를 확보한다.
2. 업무 중 취득한 모든 정보는 보안 유지해야 되며 어떠한 경우라도 누설해서는 안된다.
3. 이상 징후 발견시 추적감시하며 각 근무POST의 안전요원에게 신속한 상황전파로 안전요원의 즉각적인 상황대처가 이루어질 수 있도록 업무 공조를 유지해야 한다.

4. 모든 사건 · 사고 관련 증거자료를 녹화해야 된다.
5. 업무중 취득한 각종 정보는 은닉해서 안되며 보고 절차를 거처 보고 해야 된다.
6. 각종 증거자료의 외부 반출시 반드시 부서장의 허락을 득해야 되며, 반출증 작성 등 절차에 따라 이루어져야 된다.
7. 비인가자의 모니터실 출입을 통제해야 된다.
8. 사건, 사고 관련 증거자료는 별도의 저장장치에 영구 보존해야 된다.
9. 기타 안전관리실 업무와 연관된 모든 감시 업무를 수행한다.

5) 카지노 근무포스트운영

(1) 카지노 근무포스트운영 개요

근무POST 운영은 보안운영계획에 의해 사업장 운영 및 환경에 의한 위험(Risk) 분석으로 호텔 및 카지노, 외곽지역 꼭 필요한 곳에 안전요원을 배치하여 안정적인 사업장 운영을 할 수 있도록 하는 업무 역할을 수행하는 것으로서 기본적인 업무역할은 최초 고객을 대하는 고객 접점으로부터 최종적으로 사업장에 영향을 줄 수 있는 상황처리를 해서 사업장을 정상적으로 운영 할 수 있도록 기여하는 것까지 업무의 영역은 아주 다양하다고 볼 수 있다.

가) 업무영역의 구분

업무영역은 직영운영과 용역관리운영으로 구분이 되며 직영운영은 카지노영업장의 고객 출입과 영업장 내부와 카지노영업장의 직원동선과 FILL 및 CREDIT, 용역운영은 호텔, 외곽주차장 및 테마파크, 골프텔지역을 담당한다.

나) 업무처리 기본수칙

1. POST 운영은 개장시와 폐장시로 구분하여 운영한다.

가. 카지노 영업시간

(1) 평일 : 10:00~익일 06:00

(2) 주말 : 토요일 10:00~월요일 06:00

나. 개장시간 POST 운영은 배치계획에 의한 운영을 한다.
다. 폐장 시간에도 출입관리에 필요한 기본적인 안전요원은 반드시 배치 운영하고 업무에 필요한 사항 및 교육계획에 의한 교육을 실시하도록 한다.

2. POST 기본업무처리

가. 고객접점업무
나. 출입관리업무
다. 영업장 내·외부 관리업무
라. 사건사고 처리업무로 구분이 되며 시간별 고객의 특성을 파악하고 항상 대비하는 것이 중요하다.

3. POST 기본업무처리 내용

가. 고객접점 기본업무
(1) 고객 접점 서비스의 자세(SALES)
(가) S : Self Confidence(자신감)
(나) A : Appearance(용모)
(다) L : Listening(경청)
(라) E : Enthusiasm(열정)
(마) S : Service(봉사)
(2) 대화요령
(가) 알기 쉬운 표현으로 요령 있고 간결하게
(나) 어려운 전문용어나 외래어를 사용하지 말 것
(다) 고객과 보조를 맞추어 대화를 이끌 것
(라) 고객의 반응을 살피고 맞장구를 치면서 이야기 할 것
(3) 3S의 업무화
(가) Smiles : 밝은 얼굴, 단정한 용모, 명랑한 음성, 정중한 태도
(나) Service : 친절응대, 고객의 입장 이해, 정중한 자세와 일처리
(다) Speed : 재빠른 행동, 신속한 처리, 일의 표준화
나. 출입관리 및 영업장 내·외부 관리업무
(1) POST별 기본개념

(2) 주요업무

(3) 안전요원의 근무방법

(4) 긴급상황 발생시 대처요령

(5) POST 주위 점검사항

※ 출입관리 및 영업장 내·외부 관리업무는 기본적으로 위의 5가지 사항이 포함되며 세부내용은 POST별 매뉴얼 참고

다. 사건사고 처리 기본업무

(1) 고객의 불평불만을 풀어주는 방법

(가) 겸허하게 감정을 누그러뜨리고 한발 양보하는 자세로 대처한다.

(나) 정확한 원인을 판단하고 분석한다.

(다) 불평불만사항을 즉시 신속하게 처리한다.

(라) 성의 있게 해결책을 알려준다.

(2) 고객의 불평불만 처리 4단계

(가) 사유를 듣는다.

(나) 원인을 규명한다.

(다) 해결책을 강구한다.

(라) 결과를 알려주고 효과를 검토한다.

(3) 고객의 불평불만 처리시 유의사항

(가) 자신의 잘못인 경우

① 최초의 응대가 중요하다.

② 고객의 입장에서 생각하고 성의 있는 태도를 보인다.

③ 미안하다는 마음을 갖고 말에 따른 행동(言行一致)이 있어야 한다.

(나) 고객에 문제가 있는 경우

① 오해로 인해 불만사항이 발생한 경우로서 그 내용이 사리에 맞지 않는다 해도 우리에겐 잘못이 없다는 식의 고자세로 나가서는 안된다.

② 고객에게 문제가 있는 경우에도 고객의 이야기를 잘 들어준다.

③ 고객의 이야기를 충분히 들어주면 나름대로 결론을 내릴 수 있고 상대에게 좋은 인상도 줄 수 있는 일석이조의 효과가 생긴다.

4. 시간별 고객특성 및 착안사항

시간	고객특성	착안사항
10:00~12:00	▣ 입장순서에 민감 ▣ 좌석확보에 민감 ▣ 맥시멈 테이블 좌석 선점에 민감 ▣ LAND J/P 고액배당금 적립시 좌석 확보 민감	▣ 좌석매매 · 매석 행위 ▣ 대리순서 대리접수
12:00~18:00	▣ M/C게임 좌석 이석 많음 ▣ 단체고객 많음 ▣ 유동고객 많음	▣ M/C Coin 무단인출 행위 ▣ M/C 게임 룰 무지에 따른 각종 분쟁 ▣ 카메라 등 휴대반입 금지품목 검색철저
18:00~22:00	▣ 직장 퇴근 후 지역주민 / 인근 주민 다수입장 ▣ 음주고객 다수 ▣ 방문객 다수입장	▣ 지역주민 등 신원확인 철저 ▣ 음주고객 입장통제 ▣ 방문고객 친절안내
22:00~06:00	▣ CD기 이용 · 취식 등 유동고객 많음 ▣ M/C게임기에서 취침고객 다수 발생 ▣ 게임규칙, 판단력저하 고객 다수	▣ 입장권 확인철저 ▣ 사채행위 통제철저 ▣ 객장순찰 강화 ▣ 절도 · 취팅행위 집중감시 ▣ 폐장 임박시 하우스 Chips 절취행위 집중 감시 ▣ 퇴장고객 분실물 수거철저

(2) 시큐리티요원 시간사용수칙

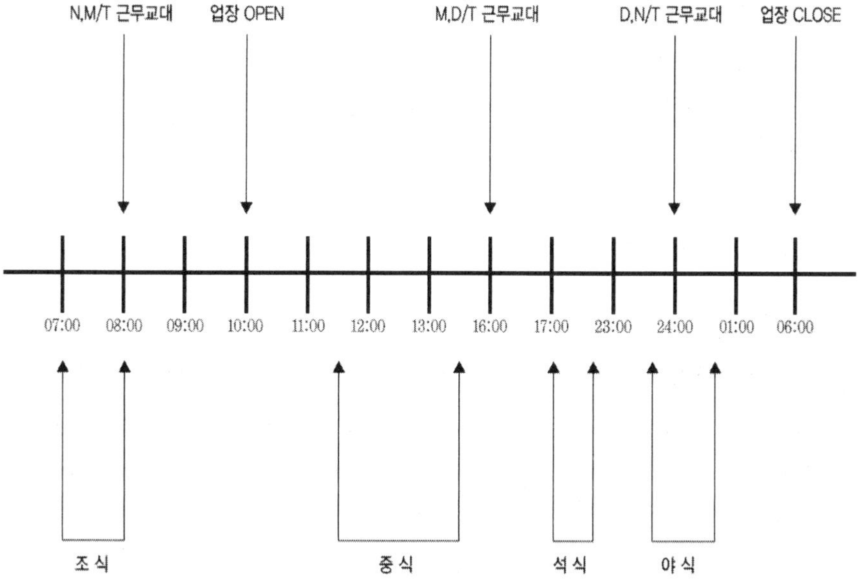

가) M/T 업무중점

가. 입장 순서 확인
나. 좌석매점 · 매석 행위 통제
다. 대기 순서 대리접수 행위 통제
라. 테이블게임 OPEN전 CHIPS확인철저
마. 상황보고 철저
바. 각종장비 점검 철저

나) D/T 업무중점

가. 허위 신원보증, 신분증도용 통제
나. 재 입장 고객 위장한 출입제한자 출입통제
다. M/C 위치 이탈 고객 COIN 무단인출 행위 통제
라. 지역주민 신원확인 철저

다) N/T 업무중점

가. 도박중독에 의한 배팅 허위주장자 통제
나. M/C COIN 무단인출 행위 통제
다. 폐장시간 후 M/C 게임 통제
라. 폐장 후 화장실내 취침 고객 등 순찰강화
마. 고객 분실물 회수 철저

(3) 카지노 포스트 운영

가) 상황실

㈎ **상황실 운영방안 :** 안전관리실 상황실은 카지노 및 호텔 영업장의 종합적인 안전관리 업무를 관장하는 곳으로서 카지노영업장, 호텔, 외곽지역 등 영업장과 관련된 모든 상황처리 및 관련인원(직원, 용역)을 지휘·통제한다.

㈏ **주요업무**

㉠ 안전요원 교육계획 수립 및 교육실시
㉡ 안전요원 근무배치 상태 확인조치
㉢ 각종 사건상황통제 업무처리
㉣ 안전요원 근태관리 일지작성
㉤ 일일 업무 인계인수서 및 업무일지 작성
㉥ 각종 사건사고 보고서 작성보고
㉦ 안전관리실장, 팀장, 대리 부재시 대행업무 수행
㉧ 근무시 최소 2시간 단위 순회점검
㉨ 근무시 특이사항 및 인계인수(후번근무자)보고(팀장)
㉩ 카지노영업장 내부 용역인원 근무배치 및 상태확인 보고
㉪ 유관(공권력)기관과의 업무협조 처리
㉫ 각종 장비관리 상태 확인보고
㉬ 기타 정당한 지시사항 이행

나) 카지노 영업장 출입관리

(가) 출입검색대 주요업무

㈀ 기본개념 : 카지노는 특수한 산업의 현업부분으로서 출입을 제한 받고 있는 지역주민과 만20세 미만자, 음주 만취자, 위화감을 조성시킬 수 있는 복장 착용 및 언행 사용자, 검색요구불응자, 정신이상자, 기존 출입제한자는 객장 출입을 할 수 없는 출입관리 지역으로 분류된다.

㈁ 출입관리는 고객출입, 직원출입, 기타인원 출입관리로 구분한다.

㈂ 출입의 허용

ⓐ 일반고객 : 당일 검색DESK에서 신분증 확인을 받은 후 발행되는 입장권을 구입하고 출입한다. 지역주민(폐광진흥지구의 7개시 · 군 지역주민)의 출입은 매월 둘째주 화요일에만 출입이 가능하다.

ⓑ 직원출입 : 보안운영계획서, 카지노영업장 출입관리규정 및 보안운영 매뉴얼, 카지노출입규정에 기준하여 업무를 수행한다.

ⓒ 기타 인원 : 관공서 · 기자 · 기타 인원은 사전 승인된 자(안전관리실)에 한해 방문증, 공무증 등을 패용하고 출입이 가능하다. 상황실에서 발행한 방문증외에 직출 및 제2하역장, 판촉방문증일 경우 객장 업무외에는 출입을 통제한다.

㈃ 출입불가

ⓐ 일반고객 : 지역주민은 매월 둘째 주 화요일 이외에는 출입이 불가능하다. 만20세 미만자, 음주 만취자, 체육복(츄리닝) 착용자(슬리퍼, 샌들, 반바지), 위화감을 조성시킬 수 있는 언행사용자, 안전요원의 검색요구불응자, 취식물 반입자, 정신이상자, 총기·흉기·카메라소지자, 기존 출입제한조회자(부정행위 적발자)는 출입이 불가능하다.

ⓑ 직원출입 : 보안운영계획서, 카지노영업장 출입관리규정 및 보안운영 매뉴얼, 카지노출입관리에 기준으로 업무를 수행한다.

ⓒ 기타 인원 : 관공서 · 기자 · 기타 인원은 사전 승인되지 아니한 자는 출입할 수 없다.

㈄ 출입방법

가. 고객출입

- 검색 DESK에서 신원을 확인받은 후 고객서비스팀 안내DESK에서 당일 발행되는 입장권을 구매 후 출입

- 검색대 전면의 C.M.S 관리 안전요원에게 신분증 제시 및 입장권 확인 후 출입
- 안전요원 안내에 따라 한사람(一人)씩 입장
- 검색대 통과시 이상 징후가 CHECK되면 검색대 후면의 안전요원의 검색 요구에 응해야 한다. 가방과 같은 물건은 X-RAY 검색대로 통과 유도
- 검색시 총기·흉기·카메라가 적발될 경우 상황실 및 안내DESK로 인계처리
- 검색대 통과시 이상이 없으면 입장조치
- 퇴실시에는 검색대가 없는 곳으로 퇴실

나. 직원출입

① 모든 직원은 4층 직원출입구 통행을 원칙으로 한다(특정업무외 출입불가).

② 검색대를 통해서 출입이 가능하며 반드시 출입증을 패용한 후 입장한다.

③ 퇴실할 경우에는 반드시 직원 검색대를 통과해야한다.

④ 보안운영계획서, 카지노영업장 출입관리규정 및 보안운영 매뉴얼, 카지노출입규정에 기준한다.

다. 기타 인원출입

① 관공서·기자·기타인원은 사전 승인된 자(안전관리실)에 한해서만 검색대를 통해 출입이 가능하다.

② 기타 업무에 필요한 장비를 착용하고 출입을 할 경우 안전관리실의 상황실에 출입내용을 기재서명 후 입장하고 퇴실시에도 동일하게 출입내용을 기재서명 후 퇴실한다.

㈏ **안전요원 근무방법**

(가) 근무위치

① CMS : 조장 1명, 남자 1명

② 입장권 확인 : 남자 1명

③ 검색대 : 여자 1명

④ X-RAY 검색 : 여자 1명

⑤ 주말 및 공휴일 : 검색대 지원

(나) 출입검색대 장비점검

① 점검시간 : 매일 07:00~08:50까지 검색대 작동 이상 유무를 점검한다.

② 점검인원 : 상황반장 및 조장이 확인 후 조치

③ 점검방법

㉮ GAS총을 휴대한 채 통과하고 다음에는 GAS총을 풀고 통과를 하는 방법으로 이상유무 점검을 실시한다.

㉯ 점검 후 이상이 있을 경우 상황반장은 즉각적으로 조치될 수 있도록 한다.

㉰ 10:00(고객 입장전)까지 되지 않을 경우 안전관리실장의 지시에 따른다.

㉱ 검색대의 조치가 늦어져서 객장영업에 문제가 될 경우에는 통제에 따라 스캐너를 사용 검색 후 고객을 입장시키도록 건의한다.

(다) 출입검색 요령

① 시간 : 10:00 ~ 익일 06:00

② 검색대 전면

㉮ 고객이 입장하도록 정중하게 유도하며 밝은 표정으로 약식인사(고개를 15°숙임)를 하면서 "신분증과 입장권을 제시해 주시겠습니까?"라고 얘기한 후 신분증과 입장권 검색을 실시한 후 손으로 안내표시를 하면서 검색대로 안내한다.

㉯ 신원확인은 신분증과 입장권을 제시받아 신속, 정확히 다음 사항을 판단 조치한다.

㉠ 신분증 사진얼굴과 실제 인물을 대조하여 본인여부 판단 후 본인이 아니라고 판단 될 경우는 상황실에 연락, 상황조장이 상황실로 이동시켜 상황반장이 재확인 후, 최종 판단 조치한다.

㉡ 신분증 전면 주소지가 출입제한 지역(태백 전지역, 고한, 사북, 신동, 도계, 영월 상동, 정선 남면)인자는 신분증 뒷면 주소 이전상태를 확인하고, 의심이 가는 자는 상황실연락, 조장 인솔하에 상황실에서 상황반장이 최종 확인 후 조치한다.

㉢ 주민등록번호 앞자리(6자리)와 입장권의 번호가 일치하는지 확인한다. 입장권은 당일 날짜 확인(익일 06:00 까지 유효)

㉣ 신분증이란 주소지와 얼굴을 확인 할 수 있는 것을 말하며 주민등록증, 운전면허증, 여권, (주)00랜드 발행 공무증(영월지청 2매, 정선경찰서 정보과 2매 등)이 유효하다. 단, 거주지가 명확하게 기재되어 있지 않거나 기간이 만료된 신분증일 경우는 상황실로 연락 상황반장의 최종 확인 후, 조치한다.

㉤ 특히, 여권확인은 PM, PR, PS로 구분되며 날짜를 정확히 확인한다.

ⓐ PM : 등본 및 초본을 제시 후, 통과

ⓑ PR : 안내데스크에서 복사 후, 입장(입장권 면제)

ⓒ PS : 등본 및 초본을 제시 후, 통과

㉥ 외국인 운전면허증, 00랜드 규정외 기타 자격증 소지자 상황실 보고 후, 상황반장이 최종 확인 조치한다.

㉦ 고객이 많을(10명 이상) 경우 상황실로 지원 요청하여 상황조장 및 비상대기 근무자가 신속하게 투입하여 유동적으로 임무를 수행한다.

㉰ CMS에서 통과되었을지라도 출입제한자 여부를 육안으로 관찰한 후 출입을 통제(화상을 통한 사전 얼굴 인식된 자)한다.

㉱ 금속 탐지기 통과 고객 수급조절 : 금속탐지기에는 1명씩 입장하도록 하며, 입장고객이 금속탐지기 통과 후에 다음 고객을 입장하려는 고객에게는 근무자가 한발 앞으로 다가서서 자연스럽게 달려오는 속도를 조절시킨 뒤, 절차 확인 후, 입장 유도하고 여러 명(일행)이 동시 입장하려는 경우에도 속도를 탄력 있게 조절시킨다.

㉲ 육안으로 식별되는 불필요 휴대품(카메라, 우산, 기타 위험물)에 대하여 1차적으로 안내데스크 보관토록 유도한다.

㉳ 음주, 질병, 복장불량자등 출입시키기 어렵다고 판단되는 자는 통제시키되 심하게 Complain 제기자는 상황실에 연락 조치를 취하도록 한다. 음주자 출입제한시에는 음주상태가 파악되지 않더라도 번복되지 않도록 한다. 입장 번복되었을 시에는 재제조치를 완강히 할 수 없다.

㉴ 스캐너 검색대 우발사태 감시 및 지원 : 검색대 여직원이 스캐너 검색시 우발 상황이 발생할 경우 대비 관심을 가지며 필요시 연락 및 지원한다(상황조장, 입장권 근무자, 후면검색 근무자).

③ 검색대 후면

㉮ 여자고객은 여자대원이 필히 할 것(성희롱 문제 사전 차단).

㉯ 여자대원 부족시(Off발생) 남자대원이 대치 근무하되 1명은 필히 여자대원이 근무하며 야간 근무시 고객입장을 고려 조장 및 반장 재량으로 1명은 상황실 대기조로 유동적으로 운영한다.

㉰ 고객이 입장해서 검색대를 통과하는 순간을 예의 주시하고, 검색대의 CHECK표시가 1칸 이내일 경우 밝은 표정으로 약식인사(고개를 15°숙임)를 하면서 "어서오세요. 감사합니다."라고 인사말을 건네고 손으로 안내표시를 하며 입장시킨다.

㉱ 고객이 입장하는 순간 검색 CHECK표시가 3칸 이상일 경우에는, 고객에게 "손님 죄송합니다."라고 얘기한 후 정중하게"검색대에 이상현상이 CHECK되어서 재검색을 실시하겠습니다"라고 하고, 고객의 몸에서 10㎝정도 이격시켜 스캐너를 사용 소지품을 검사한 후 통과시킨다.

※ 물품별 센서 수치 참조 : 별첨 1(단, 검색대에 센서가 감지되지 않았더라도 주머니가 의심스러우면 재검색한다.)

㉲ 1회용 카메라는 기준 수치 이상으로 표시가 안 되므로 관심요망(휠체어 장애인을 가장하여 몰래카메라 반입 예상되므로 세부관찰)

㉳ 반입이 금지된 물품(총기, 흉기, 카메라, 음식, 카드 등)이 발견되었을 경우 고객을 상황실 쪽으로 인도하여 인계 처리한다.

※ 반입금지 품목 보관 : 보관물 품명·보관기준 : 첨부 별첨 2

㉴ 반입이 금지된 물품중 범죄와 관련이 될 가능성이 있다고 판단되면 퇴장 조치시키고 불응할 경우 공권력 기관에 협조하여 처리한다.

㉵ 상황실에서는 인수 받은 고객의 신분증명서는 상황실에 보관하고 퇴실할 때 찾아갈 수 있도록 조치한다.

㉶ 직원 이동시 칩스 검색대를 통과하지 않은 직원 발견시 "직원은 칩스 검색대를 통과하게 되어있습니다."라고 한 후 현장에서 통과여부 확인

④ 검색대 출구

㉮ 퇴장하는 고객은 검색대가 없는 쪽으로 안내하여 밝은 표정으로 약식인사(고개를 15°숙임)를 하면서 "안녕히 가십시오. 감사합니다"라고 인사한다.

㉯ 고객 퇴장시 보관물품 지급 : 품명, 이름, 날짜 등 확인 후 지급 요망

㉰ 퇴장하는 직원은 카지노 관련 이외의 직원일 경우 상황실에 퇴실시간 기재 서명한 후 퇴실하라고 권유하면서 반드시 직원 퇴실시 CHIPS 검색대를 통과하도록 한다.

㉱ 직원 퇴실시 CHIPS검색대를 통과 퇴장하면서 CHIP을 가지고 퇴장하다 적발이 되면 상황실로 안내 유도한다.

㉲ 상황실에서는 사고자에 대한 사유서를 받고 신분증명서와 회수된 CHIPS를 복사 보관하고 사고보고서를 작성 팀장·실장에게 보고하고, 지원부서는 직속인 본부장에게 보고 후 관련부서에 통보 규정에 의거 처리한다.

(7) OPEN 전 출입관리 질서유지

(가) 시간 : 06:00~10:00

(나) 투입인원 : 상황조장 포함 6명(조장1, 출입관리조2, 비상대기조2)

(다) 데스크에서 2m 간격으로 질서유지 관리 후 입장이 순조로워지면 원래 POST로 위치한다.

(8) 긴급상황 발생시 대처요령

(가) 출입고객의 질서 문란 행동시

① CMS요원 1명, 입장권확인요원 1명, 로비근무요원 1명이 1차적으로 통제관리한 후 처리가 불가능할 경우에는 즉각 상황반장 및 조장에게 보고 처리한다.

② 상황반장 및 조장이 정확한 상황판단을 해서 추가 필요한 인원을 투입시키는데 우선 순위는 아래와 같다.

㉮ 비상대기조 2명

㉯ 객장순회조 1명

㉰ 용역인원 투입요청

③ 조장·반장은 안전요원을 우선순위에 의거 투입시키면서 상황실에 동시 보고한다. 상황 대처시 마찰을 피하고 진정 시키는 방법을 택하되 주동이 될 만한 고객이 발견되면 즉시 고객들과 분리 대처한다.

④ 상황이 종료되면 상황실에 보고한다.

⑤ 상황이 악화되어서 마찰이 불가피 할 경우 최대한 시간을 지연시키며 공권력 기관과 협조한다.

⑥ 고객의 질서문란 행위는 무조건적인 것보다는 반드시 이유가 있어 불평불만으로 이어져 상황이 발생된다는 점을 이해하고 있어야 한다.

(나) 기타 긴급상황 발생시

천재지변에 해당되는 사항이 아니고서는 24시간 운영이 되어야 하며, 꼭 필요해서 지원이 되어야 한다면 전면의 1명, 후면의 1명은 반드시 POST를 유지하고 필요가능인원의 긴급상황 투입이 가능하다.

(9) 기타 주의 사항

(가) 고객이 당일 판매하는 표를 가지고 입장하는지 확인한다.

(나) 고객 입장시 검색대를 통과하는 순간 검색 CHECK POINT를 놓치지 않도록 예의 주시한다.

(다) 고객이 반입금지 품목(총기, 흉기, 카메라, 취식물)을 가지고 입장하는지 확인한다.

(라) 직원이 입문할 경우 출입증은 패용했는지, 카지노 관련 직원외에 다른 직원이 입문할 경우 사전에 승인이 됐는지, 상황실에 출입관련사항을 기재 서명 후 출입하는지를 확인한다.

(마) 검색할 경우 반드시 여성고객은 여성안전요원이 실시한다.

(10) POST 주위 점검 사항

(가) 투입 전 GAS총 및 무전기 작동여부를 점검한다.

(나) 임무 교대시 투입 전에 반드시 검색장비의 이상 유무를 확인한다.

① 문형탐지기와 문틀구조는 단단한지의 여부 확인

- 만일 흔들흔들 움직이면 탐지기 상부의 가로대(CROSS PIECE)의 스크류틀을 조여 준다.

② 좌우측의 코일이 들어있는 송수신 판넬의 평형 여부 확인

- 탐지기의 윗부분과 아래 부분의 거리 · 넓이가 동일해야 한다.

③ 탐도감지 TEST는 GAS총을 착용하고 통과해서 감지되는지 여부를 확인한다.

2. 5층 회원영업장 출입검색대 주요업무

(1) 기본개념 : 5층 회원영업장을 출입을 할 수 있는 인원은 회원카드 및 고객 서비스팀에서 제공하는 증명서를 발급받은 고객이 출입을 하는 곳으로

서 음주만취자 위화감을 조성시킬 수 있는 복장착용자 · 언행사용자 · 검색요구불응자, 정신이상자, 출입제한자는 출입을 할 수 없는 지역으로서 관리지역으로 분류된다.

(2) 출입관리 구분 : 고객출입과 직원출입 및 기타인원 출입으로 구분한다.

(3) 출입의 허용

(가) 고객(VIP)출입 – 회원CARD 및 고객서비스팀에서 제공한 증명서를 발급받아 소지한 고객의 출입이 가능하다.

(나) 직원출입 – 보안운영계획서 카지노영업장 출입관리규정 및 보안운영매뉴얼 카지노 출입규정에 기준하여 업무를 수행한다.

(다) 기타인원

① 관공서 · 기자 · 기타인원은 사전 승인된 자(안전관리실)에 한해 출입이 가능하다.

(4) 출입불가

(가) 고객출입

① 회원CARD 및 고객서비스팀에서 제공한 증명서를 소지하지 아니한 사람은 어떠한 경우라도 출입이 불가하다.

② 만20세 미만자, 음주만취자, 위화감을 조성시킬 수 있는 복장착용자(슬리퍼, 샌들, 반바지), 위화감을 조성시킬 수 있는 언행사용자, 안전요원의 검색요구불응자, 정신이상자, 기존 출입 제한조치자(부정행위 적발자)는 출입이 불가능하다.

(나) 직원출입

카지노 영업부의 딜러 및 사전 승인되지 아니한 자는 출입이 불가능하다.

(다) 기타인원

관공서 · 기자 · 기타인원 등 사전 승인되지 아니한 자는 출입이 불가능하다.

(5) 출입방법

(가) 고객출입

① 반드시 한사람씩 검색대를 통과해서 회원영업장의 출입을 한다.

② 검색대 통과시 이상 징후가 CHECK되면 안전요원은 스캔으로 다시 점검을 해야 한다.

③ 검색시 총기·흉기·카메라가 적발되면 상황실에 인계 처리한다.

④ 검색대 통과시 이상이 없으면 입장 조치한다.

⑤ 퇴실시에는 검색대가 없는 곳으로 퇴실한다.

(나) 직원출입

① 검색대를 통해서만 출입이 가능하며 반드시 신분이 확인될 수 있는 신분증명서나 출입증을 패용한 후 입장한다.

② 퇴실할 경우에는 반드시 CHIPS검색대를 통과해야한다.

(다) 기타인원

① 관공서·기자·기타인원은 사전 승인된 자(안전관리실)에 한해서만 검색대를 통해 출입이 가능하다.

② 기타업무에 필요한 장비를 착용하고 출입을 할 경우 안전관리실 상황실에 출입내용을 기재서명 후 입장하고, 퇴실시에도 동일하게 출입내용을 기재서명 후 퇴실한다.

(6) 출입검색요령

(가) 고객이 한 사람씩 입장할 수 있도록 유도하며 밝은 표정으로 고객이 검색대를 통과하기 1m 전방에서 약식인사(고개를 15°숙임)를 하면서 "안녕하십니까? 어서오세요"라고 인사한다.

(나) 고객이 입장에서 검색대를 통과하는 순간을 예의 주시하고, 검색대의 CHECK 표시가 3칸 이내일 경우 밝은 표정으로 약식인사(고개를 15° 숙임)를 하면서 통과시킨다.

(다) 고객이 입장하는 순간 검색 CHECK표시가 3칸 이상일 경우에는 고객에게 "손님 죄송합니다. 검색대에 이상현상이 CHECK되어서 재검색을 실시하겠습니다."라고 한다. 이후 고객의 몸에서 10cm정도 이격시켜 스캔을 사용하고 소지품을 검사한 후 이상이 없으면 통과시킨다.

(라) 이때 고객이 남자일 경우에는 남자 안전요원이, 여자일 경우에는 고객서비스팀의 INFORMATION 여직원과 협조하여 검색을 실시한다.

(마) 반입이 금지된 물품(총기, 흉기, 카메라 등)이 발견되었을 경우에는 고객을 상황실로 안내 후 상황실의 지시에 따라 처리한다.

(바) 상황조장은 고객의 신분증명서를 함께 보관하고 퇴실할 때 찾아 갈 수 있도록 조치한다.

(사) 반입이 금지된 물품 중 범죄와 관련이 될 가능성이 있다고 판단되면

퇴장 조치시키고 불응할 경우 공권력 기관과 협조 하에 처리한다.

(아) 반입이 금지된 물품중 음식일 경우에는 회원영업장 INFORMATION에 보관하고 출입시킨다.

(자) 손님이 퇴장할 경우에는 검색대가 없는 쪽으로 안내하며 밝은 표정으로 약식인사(고개를 15°숙임)를 하면서 "안녕히가십시오, 감사합니다."라고 인사한다.

(7) 안전요원의 출입관리 방법

(가) 근무위치

5층 회원영업장 입구 고객서비스팀 INFORMATION 맞은편에 위치한다.

(나) 출입검색대 장비점검

① 점검구간 : 매일 08:00~10:00까지 검색대 작동 이상 유무를 점검한다.

② 점검인원 : 최초 배치되는 안전요원

③ 점검방법 : 가스총을 휴대한 채 통과하고 다음에는 GAS총을 풀고 통과를 해서 이상유무 점검을 실시한다.

④ 점검 후 이상이 있을 경우

㉮ 이상이 있을 경우 1차로 조장, 반장에게 즉각적으로 보고하고, 지시를 받는다.

㉯ 10:00(고객 입장 전)까지 조치가 되지 않을 경우 부서장의 지시에 따라 처리한다.

㉰ 검색대의 조치가 늦어져서 객장 영업에 문제가 될 경우에는 부서장에게 보고 후 고객을 입장시키도록 한다.

(다) 업무처리

① 회원영업장에 최초 근무자가 투입되면 현재 각ROOM에 고객이 얼마나 되는지 대략적으로 인수받는다.

② ROOM별로 고객이 가장 많은 곳과 적은 곳이 어느 ROOM인지 확인하고 상황이 발생되면 어느 ROOM에서 발생할 것인가를 예측하고 대비하는 자세를 가진다.

(라) 대표이사, 임직원 및 안전 1,2호, 상황2호 입장시 "근무중 이상없습니다. 현재 회원영업장 게임인원 약 00명 입니다."라고 약식보고를 한다.

(마) 근무자는 회원고객의 입·출입을 항상 체크해서 "(다)"사항에 보고할 때 참조를 한다.

(8) **긴급상황 발생시 대처요령 - 고객이 항의 목적으로 무단으로 출입하려고 행동하는 경우**

(가) 고객이 항의를 해오는 경우는 반드시 불평불만 요소가 있기 때문에 항의 사태로 이어지기 마련이다.

(나) 불만요소를 파악하여 해결한다.

(다) 상황이 발생하면 상황반(조)장에게 즉각 보고 대처할 수 있도록 조치한다.

(라) 반(조)장은 상황을 신속히 파악하여 추가근무를 투입할 것인지 고객을 상황실로 분리할 것인지를 판단하여 타 고객 피해예방과 회사업무에 방해가 되지 않도록 한다.

(마) 회원고객의 경우 고객서비스팀과 업무연관성이 긴밀하므로 사전에 고객 서비스팀과 협의 후 처리한다.

(9) **무단출입을 강행하는 경우**

(가) 근무자가 출입구를 막음과 동시에 상황반(조)장에게 무선으로 상황발생 보고를 한다.

(나) 상황반(조)장은 정확한 상황판단을 해서 추가 필요한 인원을 투입시키는데 우선순위는 아래와 같다.

① 비상대기조 2명

② 객장순회조 1명

③ 전망대근무자 1명

④ 용역인원 투입요청

(다) 상황반(조)장은 안전요원을 우선순위에 의거 투입시키면서 상황실에 즉시 보고한다.

(라) 상황 발생시 마찰을 피하고 진정시키는 방법을 택하되 주동이 될 만한 고객이 발견되면 즉시 고객들과 분리하여 상황실로 인계한다.

(마) 상황실에서는 항의 고객의 내용을 확인하고 관련부서 관계자를 호출 처리한다.

① 항의 목적 및 사유파악 처리 후 관련부서 통보 00랜드 규정에 의거하여 처리한다.

② 자사의 잘못일 경우에는 자사 관계자가 처리할 수 있도록 하며, 고객

의 잘못일 경우 1차 훈방조치 또는 상황판단에 따라 퇴장 조치시킨다.

③ 고객의 잘못으로 판단이 났는데도 상황이 악화되어 처리가 불가능한 경우에는 공권력 기관과 협조 처리한다.

(10) 기타 주의사항

(가) 고객이 출입시 검색대를 통과하는 순간 검색 Check Point를 놓치지 않도록 예의주시한다.

(나) 고객이 반입금지 품목(예 총기, 흉기, 카메라, 취식물 등)을 가지고 입장하는지 확인한다.

(다) 직원이 출입할 경우 출입증을 패용했는지, 카지노관련 직원외에 다른 직원이 들어갈 경우 사전에 승인이 됐는지 상황실에 출입관련사항을 기재 서명 후 출입하도록 유도한다.

(11) POST주위 점검사항

(가) 투입전 가스총 및 무전기 작동여부를 점검한다.

(나) 임무 교대시 투입 전에 반드시 검색장비의 이상 유무를 확인한다.

① 문형탐지기와 문틀구조는 단단한지의 여부확인 : 만일 흔들흔들 움직이면 탐지기 상부의 가로대(Cross Piece)의 스크류들을 조여 준다.

② 좌우측의 코일이 들어있는 송수신 판넬의 평형 여부 확인 : 탐지기의 윗부분과 아래 부분의 거리·넓이가 동일해야 한다.

③ 탐도감지TEST는 GAS총을 착용하고 통과해서 감지되는지 여부를 확인한다.

3. 4층 직원출입구 주요 업무

(1) 회사 자산유출 방지 및 직원보호

(2) 근무 방법

㉮ 영업장 및 근무지(4층 객장 및 주방)로 가방 및 개인소지품 반입금지

ⓐ 부득이하게 가져가야 할 경우 - 퇴실할 때 가방 검색

ⓑ 모든 출입인원은 칩스검색대 통과를 원칙으로 함.

㉯ 근무시간외에는 직원이라도 입장은 불가하다. 부득이 통과시 전면검색대로 이동을 유도하여 방문증 착용한 후 객장에 입장한다.

㉰ 방문증을 패용한 외부업체 출입시 사전에 허용된 인원에 대해서 외부인

출입대장을 작성한 후 출입을 허용한다.

㉱ 객장에서 들어오는 외부인은 통제한다.

4. 5층 직원출입구 주요 업무

(1) 회사 자산유출 방지 및 직원보호

(2) 근무 방법

㉮ 영업장 및 근무지(4층객장 및 주방)로 가방 및 개인소지품은 반입을 금지한다.

ⓐ 부득이하게 가져가야 할 경우 퇴실할 때 가방을 검색한다.

ⓑ 모든 출입인원은 칩스검색대 통과를 원칙으로 한다.

㉯ 근무시간외에는 직원이라도 입장할 수 없다. 부득이 통과시 전면검색대로 이동을 유도하여 방문증을 착용한 후 객장에 입장한다.

㉰ 방문증을 패용한 외부업체 출입시 사전에 허용된 인원에 대해서 외부인 출입대장을 작성한 후 출입을 허용한다.

㉱ 객장에서 들어오는 외부인을 통제한다.

다) 카지노영업장 내부관리

1. 객장내부 순회순찰 주요업무

(1) 기본개념

(가) 객장내부 순회 순찰조는 객장내부에서 일어나는 전체적인 상황을 감시하는 Post로서 사건사고를 사전에 예방하는 측면이 강하며 사건사고가 발생이 되더라도 조기에 발견 즉각 대처함으로서 피해를 최소화하기 위한 Post이다.

(나) 객장순찰 근무자는 단순한 순회근무 및 현황파악이 중요한 것이 아니라 전반적인 실시간 착안근무, 축적된 노하우와 통계에 의한 근무, 정밀하고 체계적인 감시 및 보호근무가 되어야 한다.

(다) 특히 고객 중 요주의 고객과 Complain제기 빈도가 높은 Table 및 고객에 대해 주기적이고 계속적인 관찰이 필요하며 아울러 Table(좌석매매, 소란, 절도 등)과 M/C(Coin 무단절취 등)에서 발생할 수 있는 부정, 고객간의 폭행, 기계의 파손, 코인 분실 등에 대해서도 세밀한 관찰이 필요하다.

(라) 전반적인 Table 및 M/C고객 관찰 외에도 Cashier등에서의 수표의 교환, Chips교환 등등에서 발생할 수 있는 부정, 고객간의 폭행, 기계의 파손, 코인 분실 등에 대해서도 세밀한 관찰이 필요하다.

(마) 이를 위해 평상시 꾸준한 훈련과 모의 상황조치 연습 및 전반적인 Game 요령 등을 숙지하고 있어야하며 사건사고 예방차원의 순찰업무를 극대화시키기 위해 지속적이고 반복적인 교육훈련이 필요하다.

(2) 순회구역

(가) 일반영업장 : 1차적으로 Table Game 주변을 우선적으로 관찰하고 슬롯머신주변을 확인 관찰 후 기타지역을 관찰한다.

(나) 회원 영업장 : 사건·사고 예방을 위해 조장급 이상 직원이 순찰 실시한다(필요시 상주 순찰).

(3) 임 무

(가) 객장내 고객의 질서유지관리

(나) 사고의 조기 발견과 확대 방지를 위한 긴급대처

(다) 고객 및 직원에 대한 안전 확보와 위해방지를 위한 활동

(라) M/C기계에서 취침행위자, 몰래카메라 촬영 등

(마) 대리게임행위자 관찰·적발

(바) 객장내에서 껌, 가래침, 담배꽁초 투기자 (경고·퇴장조치)

(사) 화장실 수시순찰(위험물 방치, 자살 기도자)

(아) 기타 객장내 안내활동

(자) 순회구역내에서의 도난 및 부정 행위예방

(차) 객장내 상황발생시 즉각적인 보고조치

(카) 취약지역 육안으로 집중관찰

(타) 문제고객 감시 및 신속한 무전파악

(하) 객장환기 처리업무

(4) 안전요원의 근무방법

(가) 근무위치 : 카지노 영업장 내부

(나) 근무방법

① 업무처리

㉮ 근무 투입전 용모와 복장을 사전 점검하고 특이사항 등을 사전 숙지 후 근무에 투입되어야 한다.

㉯ 전번 근무자와 근무 교대시 인수인계를 세부적으로 실시하여 연속적인 근무가 될 수 있도록 해야 한다.

㉰ 객장내 사고를 미연에 방지하기 위해 음주 만취자, 위화감을 조성시킬 수 있는 언행사용자, 반입 금지된 취식물 취식자, 정신이상자, 기타 부정행위자 등을 발견시 지체 없이 상황실에 무전보고하고 지속적 관찰 및 조치를 취해야 한다.

㉱ 사전 통보되지 않는 사진촬영 행위 발생시(사진기, 캠코더 등을 포함한 취재장비의 반입 및 촬영 등) 상황실 무전 확인 후 허가되지 않는 촬영의 경우 홍보부 확인 후 조치한다.

㉲ 순찰근무자는 고객의 질문시 알기 쉬운 표현으로 명랑하고 정중한 답변을 해야 한다.

㉳ 객장환기

㉠ 객장환기 시설은 건물설계당시 1일 출입인원을 0000으로 설계하였으나 1일 평균 그 이상이 입장하고 있어 환기시설이 미흡한 실정이다.

㉡ 따라서 근무자는 수시로 객장내 오염된 공기를 '비상출입문'을 통해 환기할 수 있도록 해야 한다.

㉢ 비상구는 항시 OPEN 준비되어 있는 상태이므로 화재시나 천재지변 및 긴급 대피시 항시 사용할 수 있도록 한다. 평시에는 고객의 출입을 통제한다.

㉣ 비상구 개방시 고객이 비상구를 통해 출입할 수 없도록 근무자가 상주하고 있어야 하며, 특히 동절기의 경우 온도 차이에 의한 고객의 항의가 빈번함으로 사전에 친절히 양해를 구한 후 문을 개방하여야 하며 개방 전·후 상황실에 무전보고를 실시해야 한다.

㉴ 객장내부 점검사항

㉠ 화장실

ⓐ 사채행위 적발, 마약관련 증거물 획득·현장포착, 자해 및 자살행위자발견, 음주 후 변기 취침자, 기타 사건 사고를 미연에 방지하기 위하여 정기적, 비정기적 순찰을 수시로 실시해야 하며 필요시 고객간의 대화를 통해 첩보를 획득해야 한다.

ⓑ 순찰시에는 화장실 외부는 물론 좌변기 내부의 구석진 부분까지 세밀히 관찰하여야 한다.

ⓒ 순찰 후 이상 유무를 상황실에 보고한다.

㉡ 소방관련 소화기 등의 위치를 사전에 숙지하고 그 위치를 확인해야 하며 소화기 등을 개방하여 즉각 사용토록 호스 및 노즐 등이 구비 및 조립되어 있는지 확인해야 하며 필요시 시설관리팀에 통보 조치한다.

㉢ 심야시간의 경우 피로에 의해 M/C 의자에서 수면을 취하는 고객의 경우 친절하게 깨워 타 장소로 안내 또는 주의를 주어야 한다.

㉣ 비상구등의 안전을 수시로 확인해야 한다.

㉤ 고객의 질문에 대비하여 객장 · 호텔 등의 편의시설 현황과 영업시간활용 방법 등을 숙지하고 있어야 한다.

㉵ 객장내에서 고객의 Complain제기·우발사태 발생시에는 「우발사태 발생시 대처요령」매뉴얼에 의해 조치한다.

㉶ 고객과 마찰이 생기지 않도록 고객과 불필요한 대화를 하지 않으며 마찰이 불가피할 경우는 지체 없이 상황실에 보고하고 객장에서 분리시키도록 한다.

㉷ 대표이사, 임원(이사), 기타 지역기관장 등의 중요인물이 객장내 출입시 무전 연락 등의 필요조치를 취하고 이동상황을 수시로 무전 보고하며 근무자 대화 또는 질문시 자신감 있는 태도로 답변하고 대화내용 및 결과를 지체 없이 상황실로 보고한다.

㉸ 순찰 근무중 '잭팟'당첨시 M/C번호와 당첨금 등을 모니터실과 상황실에 무전 보고해야 하며 잭팟 당첨시 주변고객이 몰려와 혼란을 야기할 경우 근무자는 주변을 정리해야 하며, 당첨고객이 신변보호 요청시 사전에 상황실에 무전 보고하여 지침을 받아 고객이 희망하는 장소까지 에스코트를 실시하고 그 결과를 상황실에 재보고해야 한다.

② 근무교대방법

㉮ 교대근무지에서 전번 근무자와 교대(인수인계)를 실시하면서 서로 상호간에 약식인사(고개를 15°숙임)를 하면서 상호간에 "수고하셨습니다."와 "수고하세요."라고 밝은 표정으로 인사한다.

㉯ 근무 교대시 인수인계사항 - 후번 근무자는 전번 근무자로부터 특별한 상황이 있을 경우 육하원칙-ⓐ누가(WHO), ⓑ언제((WHEN),

ⓒ어디서(WHERE), ⓓ무엇을(WHAT), ⓔ어떻게(HOW), ⓕ왜(WHY)에 의해서 인수받으며 어떻게 조치해야 하는지 까지 상세하게 확인한다.

㉰ 근무 교대시 특별한 상황이 없는 경우 객장내 담당 PIT별로 순찰을 한다. 순찰이 전체 끝나면 비정기적인 코스로 순찰을 한다.

㉱ 근무 교대시 특별한 상황이 있는 경우

㉠ 육하원칙-ⓐ누가(WHO), ⓑ언제((WHEN), ⓒ어디서(WHERE), ⓓ무엇을(WHAT), ⓔ어떻게(HOW), ⓕ왜(WHY)에 의해서 어떻게 조치해야 하는지를 인수받고,

㉡ 관찰대상을 예의주시 추적 관찰하면서 필요한 경우에는 객장내의 출입관리 POST와 연계하여 관찰하고, 의심나는 행동을 하거나 하게 되면 시간과 장소, 행동사항을 수첩에 기재하여 주임과 무선연락을 취하면서 상황을 처리한다.

(5) 긴급상황 발생시 대처요령

(가) 각종 예상 가능한 상황

① 매점매석행위

② 고객소란행위

③ 고객이 물건 및 현금분실·습득시(지갑, 핸드폰, 현금 등)

④ 절도 및 절취행위 발견시

⑤ 강탈행위 발견시

⑥ 몰래카메라(기자), 고객에 의한 사진 및 비디오 촬영시

⑦ 환자발생시

⑧ 성희롱 · 성추행 발생시

⑨ 폭력행위 발생시

⑩ 흥분한 고객에 의한 돌발(우발)상황 발생시

⑪ 마약류 발견시

⑫ 소매치기 관련

⑬ 취객소란행위

⑭ 게임불허 고객이 게임 진행시

⑮ 객장내 사기행위시

⑯ 객장내에서 구걸행위자 발견시
⑰ 영업방해 행위자 발견 및 접수시
⑱ 대리게임행위자
⑲ 기타 자산에 대한 파손 파괴 행위

(나) 각종상황 대처요령

① 매점 · 매석행위

㉮ 좌석매매 행위 유형

㉠ 객장 개장시 ARS 당첨 고객 중 일부가 좌석을 양도하여 매매하는 경우
㉡ Game 도중 대가를 받고 좌석을 양도하는 경우
㉢ 친분 있는 사람들이 "팀"을 조직해서 좌석을 양도하는 경우

㉯ 좌석 매매 행위자 적발시 착안사항

㉠ 영업부 협조 Table 명단 확인(신분증 대조)
㉡ 이중 예약자 관찰
㉢ 옷이나 머리형태 나이 등으로 고객 분석
㉣ 좌석 확보 후 이동하는 고객 유심히 관찰(좌석과 손님특징 파악)
㉤ 좌석 착석 후 이동자(전망대 근무 및 순찰자 관찰)
㉥ 본 좌석손님과 틀린자(전망대 근무 및 순찰자 관찰)
㉦ Table 좌석 대리점유 고객 관찰

㉰ 좌석 매매행위 적발시 조치사항

㉠ 매매자와 매수자 확인
㉡ 영업부 명단과 신분증 대조
㉢ 모니터팀 화상확보
㉣ 출입관리규정에 의거 출입금지조치

㉱ 좌석 매매행위 적발시 고객대응요령

㉠ 매매자, 매수자 상황실로 이동유도
㉡ Game룰 설명으로 고객 인정유도
㉢ 출입금지 규정에 의해 처리

② 고객 소란행위

㉮ 객장내에서 큰소리로 영업방해·고객을 선동하는 경우

㉠ 고객소란 · 선동유형
ⓐ All in 고객의 화풀이 및 자포자기식 소란
ⓑ M/C 확률에 대한 불만표출
ⓒ 직원 불친절에 대한 불만
ⓓ 고객간 채권 · 채무 관계로 인한 소란
㉡ 소란행위자 사전 적발시 착안사항
ⓐ Game도중 간헐적으로 큰소리치는 고객
ⓑ 직원에게 불만스러운 질문을 하는 고객
ⓒ 영업부 · 상황실에 손실금 일부 변재요구 고객 등
㉢ 고객 소란행위자 적발시 조치사항
ⓐ 근무자는 상황내용보다 상황발생 사실을 신속히 무전보고
ⓑ 필요시 모니터실 연락 화상확보
ⓒ 필요시 안전요원에 의한 강제유도(상황반장 판단)
- 고객안정 · 진정유도가 1순위임(담배 · 음료수 제공)
- 고객 스스로 진정될 때까지 충분히 이야기를 들어준다.
- 소란이유와 목적파악
- 인적사항 파악
- 고객설득
- 출입제한규정에 의한 조치

ⓓ 상황의 경중에 따라 지휘 계통상 보고(주간 즉각, 야간 판단 후)
ⓔ 상황실 유도시 · 유도후에도 고객 2차 소란대비근무(직원 또는 상호 폭행 등)
㉣ 상황종료 후 후속조치
ⓐ 호텔 · 카지노 외곽 2차 소란 대비
ⓑ 필요시 남부지구대 신고(영업방해 · 폭력행위 등)
③ 고객이 물건 및 현금분실 · 습득시(지갑, 현금, 핸드폰 등)
㉠ 유형
ⓐ M/C 및 Table Game도중 지갑 또는 Chips를 놓고 자리 이탈시
ⓑ 객장내 소매치기 발생시
ⓒ H/K(청소직원) 및 직원에 의한 습득시
ⓓ 고객 · 안전요원에 의한 습득시

ⓛ 조치사항

ⓐ 분실물 · 습득물 현황파악

일시	장소	분실 · 습득물	특이사항	분실자 · 습득자 인적사항

ⓑ 필요시 모니터실 연락 모니터링 실시(시간 및 장소 통보)

ⓒ 분실물이 안내데스크에 보관되어 있을 시에는, 본인 확인 후 인수증을 작성하고 고객에게 인계

ⓓ 완전분실 확인시 최선을 다해 분실물을 찾는 모습을 고객에게 보여주고 고객 연락처 등을 확인 후 추후 지속적 확인 · 연락 실시

ⓔ 모니터링 결과 용의자 퇴장 확인시에는 피해자에 의해 남부지구대 신고 유도

- 고객 화상 확보 · 비디오 편집 후 보관
- 경찰 신고는 분실자가 직접 실시(친절안내 · 편의제공)
- 경찰에게 증거자료(모니터실 테이프 등) 요청시 공문 · 영장 접수 후 인계

④ 절도 및 절취행위 발생시

㉮ 절도 · 절취행위 유형

㉠ 고의적 행위

ⓐ 테이블 게임에서 타 고객 Chips를 이동시키는 행위

ⓑ 테이블 게임에서 타 고객 Chips나 현금을 절취하는 행위

ⓒ M/C에서 타 고객 코인을 무단 인출하는 행위

ⓓ M/C에서 타 고객 코인을 무단 사용하는 행위

㉡ 비고의적 행위

ⓐ 테이블 게임에서 고객 혼란에 의해 자신의 Chips로 착각하고 이동 또는 Pay받는 경우

ⓑ M/C에서 타 고객 코인을 무의식적으로 사용 · 인출하는 경우

㉯ 절도 · 절취행위 인지경위

㉠ 다이사이 및 룰렛게임에서 배팅금액이 없어 졌을 경우

㉡ B/J, B/C Game에서(특히 사이드 배팅자) Win에 대한 Pay시

㉢ M/C Game에서 고객이 게임도중 코인을 남겨놓고 자리이탈 후 복

귀시 코인분실 또는 동전투입구에 꼽아놓은 현금(주로 1,000원) 분실시

㈐ 절도 · 절취행위 발생시 조치사항

㉠ 고객의 고의적인 절도 · 절취행위 적발시 모니터실에 즉각 모니터링 요청 후 화상확보를 실시하여 객장내 순찰을 통한 조기검거에 주력

㉡ 절도 · 절취 용의자 적발시 상황실 안내 · 유도
※ 도주 등 우발상황 대비

㉢ 모니터링에 의한 용의자 객장 퇴장 확인시 고객에게 상황설명 및 지속적인 추적으로 재입장시 상황실 유도 후 조치(분실자 인적사항 확인)

㉣ 객장내에서 절도 · 절취 용의자 신변 확보시 고객 쌍방간 합의 유도하고 필요시 경찰 인계, 분실고객이 형사적 처벌요구 등(신고는 분실자가 직접 하도록 유도)

㉤ 모니터링 확인 후에도 절도 · 절취자가 범행내용을 불인정하고 상황이 명확한 경우 현행범으로 조치(경찰에 증거물 인계시 인수증 조치)

㉥ 모니터링 확인 후 용의자의 비고의성이 인정될 때나 또는 분실 고객이 흔쾌히 용서시 출입관리 규정에 의한 조치실시

ⓐ 절도 · 절취의 경우 비고의성이 희박함으로 모니터링 확인 또는 고객의 표정을 통한 면밀한 확인이 필요하다.

ⓑ 고객 상호간 테이블게임도중 발생한 절도 · 절취행위를 공명정대하게 해결하게 위해서는 상황실요원 및 전 안전요원이 부단한 노력을 통해 Game룰을 숙지해야 한다.

⑤ 강탈행위 발생시

㈎ 유형

㉠ 고객이 현금이나 Chips를 강탈 후 도주하는 경우

㉡ Take, Fill, Credit시 강탈 후 도주하는 경우

㈏ 조치사항

㉠ 고객의 현찰, Chips 또는 회사의 자산이 고객에 의해 강탈 또는 강탈 현장 발견시 무전에 의한 상황전파

㉡ CMS 및 순회순찰 근무자는 범인의 도주로 즉각 차단 실시

㉢ 객장내에서 강탈자와 접촉시 폭행 또는 흉기소지에 대비하여 현행범으로 체포

㉣ 즉각 상황실로 유도 후 경찰 인계

⑥ 몰래카메라(기자), 고객에 의한 사진 및 비디오 촬영시

㉮ 유형

㉠ 방송국 · 언론사에서 취재를 목적으로 촬영하는 경우

㉡ 고객이 호기심으로 객장내를 임의로 촬영하는 경우

㉢ 기타 고객의 부탁으로 촬영하는 경우(예 심부름센터 직원 등)

㉣ 허가되지 않는 몰래 카메라는 악의적인 회사 비방 방송에 이용될 우려가 있으므로 철저히 예방 및 차단해야 된다.

※ 몰래카메라 종류

- 핸드폰형 PC용 소형카메라
- 만년필형 소형 카메라
- 넥타이핀 소형 카메라
- 1회용 카메라(대다수 발생)
- 카메라의 소형화로 순찰 근무자는 면밀한 관찰 필요

㉯ 촬영자 발견시 조치 요령

㉠ 사전 상황 설명 후 상황실 안내

㉡ 상황반(조)장에 의한 객장내 촬영 불가사유 설명

[표 2-9] 카메라 종류별 조치

구분	내용
테이프형 카메라	• 초상권침해 · 보안성 위해부분은 고객설득 후 양해를 구하고 삭제조치
필름형 카메라	• 충분한 설득 · 설명 후 필요시 카메라 또는 필름 상황실 보관
디지털카메라	• 초상권 침해, 보안 저장내용 확인 후 해당파일 삭제

㉰ 후속조치

㉠ 필름형 카메라를 고객 양해 후 상황실 보관시 현상 후 초상권 · 보안 위해 부분 삭제 후 고객 주소지로 카메라와 필름 발송(1회용의 경우 필름만 발송)

※ 사전 홍보부 협조 후 촬영시에도 사전 협조된 부분 외 촬영유의
→ 객장내 촬영시 안전요원 동행

⑦ 환자 발생시

㉮ 정의

구 분	내 용
경상환자	• 혼자서 걸을 수 있거나 자신의 상태를 정확히 설명할 수 있는 환자
중상환자	• 의식불명, 발작 또는 상당기간에 치료가 필요한 환자

㉯ 조치사항

㉠ 경상환자 발생시 : 두통, 치통, 생리통, 빈혈, 가벼운 외상 환자 등

ⓐ 경미한 증상에서 중상으로 발전할 수 있음을 항상 주지

ⓑ 환자의 상태를 상세히 관찰

ⓒ 상황실에 무전 혹은 유선으로 상황보고

ⓓ 환자를 의무실로 부축 또는 인도하여 치료조치

㉡ 중상환자 발생시

ⓐ 당뇨 환자의 졸도 혹은 발작시 증상과 대처

- 당뇨환자는 졸도, 현기증, 머리가 이상하거나 할 수 있고 혈당이 낮다는 것을 환자 자신이 알고 있는 경우가 많다.
- 환자는 혼동되고 방향감각이 없고 술 취한 것 같으며 공격적일 수 있다.
- 심한 땀을 흘리며 피부가 창백해진다.
- 맥박은 빨라지며 호흡은 얕았고 숨이 잦아진다.
- 사지를 떨기 시작
- 환자의 반응성의 정도가 급격히 악화된다.
- 오랫동안 인슐린에 의존했을수록 조기 경고증상은 덜 명백하다.
- 중환자 발생시 간호사의 지시에 따라 들것이나 휠체어를 사용 신속히 상황실 또는 의무실로 이송한다.

• 대처방법

구 분	내 용
의식 있는 환자	• 환자의 병상에 대하여 문의 • 상황실에 보고(의무실 연락) • 환자가 의식이 있고 삼킬 수 있으면 즉각 설탕이나, 단 음료수, 초콜릿 등 다른 단 음식을 주어 혈당을 올리게 한다.
의식 없는 환자	• 환자의 증상만으로 특정한 질환으로 추정해서는 안된다. • 상황실에 보고 • 기도를 유지시키고, 구토에 대비 • 아무런 음식물이나 의약품은 절대 주어서는 안된다. • 가장 편안한 자세를 취해준다. • 다른 근무자는 주위의 동요됨을 방지 • 간호사의 지시에 따라 의무실로 이동조치

ⓑ 간질 환자 발생시

• 소발적 간질

구 분	내 용
정 의	• 완전한 발작증상이 아닌 잠깐 의식이 흐려지는 상태
증 상	• 갑자기 멍하게 앞을 쳐다본다. • 눈꺼풀, 입술, 머리를 가볍게 움찔거린다. 이상한 반복움직임이 있다. 입술을 다시며 씹는다. • 이상한 소리를 낸다. 또는 옷을 만지작거린다.
조 치	• 환자를 상황실로 인도한다. • 주위에서 위험한 것(예 뜨거운 음료수 등)을 없앤다. • 질문을 해서 괴롭히지 말 것 • 완전히 깨어날 때까지 같이 있어준다.

• 대발적 간질

구 분	내 용
증 상	• 환자는 갑자기 의식을 잃는다. 간혹 운다. • 환자는 등을 활처럼 구부리며, 뻣뻣해진다. • 호흡이 멈출 수 있다. 입술이 파래지고, 얼굴과 목이 충혈된다. • 경련이 시작된다. • 턱을 깨물고 호흡이 거칠어진다. 입에서 침이 나오는데 혀나 입술을 깨물 경우에는 피가 묻는 짐이 보인다. • 소변, 대변의 조절이 안 될 수도 있다. • 근육이 이완되면서, 호흡은 정상으로 된다. • 환자는 보통 수분내에 의식을 잃는다. • 환자는 발작 시작을 모르며, 멍한 기분으로 이상하게 행동한다. • 깊은 수면으로 들어갈 수도 있다.
조 치	• 발작동안에 상처를 입지 않도록 보호한다. • 의식이 돌아오면 의무실로 이동 조치한다. • 환자가 쓰러지면, 편히 눕힌다. 환자 주위 사람들이 주변으로 비켜서 공간을 만들어 준다. • 상황실에 상황을 보고(의무실 연락)한다. • 목 주위 옷을 느슨하게 해주고, 머리를 보호한다. • 경련을 멈추면, 회복자세를 취하게 하고 완전히 회복될 때까지 지켜본다. • 만일 환자가 첫 발작 후 계속 발작하거나 10분 이상 의식이 없으면 119로 구급차를 부른다. • 환자가 위험한 상태가 아니면 옮기지 말 것. • 환자의 경련을 강제로 제지하지 말 것, 아무것도 입에 넣지 말 것.

ⓒ 뇌졸중 환자 발생시

구 분	내 용
증 상	• 갑자기 심한 두통 • 술 취한 것처럼 보이는 혼돈 상태 또는 차츰 의식이 없어진다. • 언제나 그런 것은 아니지만 한쪽에만 약하거나 마비증상이 온다.(예를 들면 침을 흘리거나 눈이 처지고 말을 더듬거린다. 한쪽 다리가 말을 듣지 않고 눈동자 크기가 다르고, 대소변을 가리지 못한다.) • 심한 뇌졸중은 치명적이지만, 대부분 사람들은 경한 뇌졸중 후에 아무 탈 없이 회복한다.
조 치	• 의무실 연락 • 숨 쉬는데 방해가 될 수 있는 옷은 느슨하게 해준다. • 머신기계나 테이블에 앉아 있을시, 환자의 의식이 있으면, 머리와 어깨를 약간 올려준 상태로 높인다. • 머리를 한쪽으로 숙이게 하고, 타월이나 옷으로 침 흘리는 것을 치운다. • 환자가 의식을 잃으면 호흡, 맥박, 반응수준을 확인하고, 소생술 처치에 대비한다. 환자를 회복자세로 놓는다. • 의무실에서 간호사가 올 동안 대기한다. • 기도를 유지한다. • 뇌손상을 줄인다. • 급히 병원으로 후송한다.

ⓓ 응급환자 발생시(증상 불명시)

- 위급상황의 응급구조 순서는 3C원칙[Check현장조사 → Call응급의료서비스기관에 연락 → Care응급처치의 실시 및 도움]이 있다.
- 환자 발생을 상황실에 보고하고 응급실에 연락을 취한다.
- 응급환자가 발생하면 먼저 맥박 · 호흡을 확인한다.
- 맥박확인 : 심장정지를 확인하기 위해서는 목의 양측에 있는 동맥(경동맥)을 손으로 만져서 맥박의 유무를 확인하는데, 10초 이내에 확인해야 한다.
- 호흡확인
- 기도를 유지한 상태에서 눈으로 가슴의 움직임으로 관찰

- 귀로 호흡음을 들으며, 뺨의 촉감을 이용하여 호흡유무를 10초 이내에 확인
- 10초 동안 관찰한 후에도 호흡이 없거나 공기의 흐름이 느껴지지 않으면, 2회의 인공호흡을 시행해서 이물질에 의한 기도폐쇄가 있는지 확인한다.
- 심장정지나 호흡이 끊겼을 경우 심폐소생술을 시행한다.

ⓔ 심폐소생술(Cardio Plumonary Resuscitation)

- 기도유지
  - 의식을 잃은 환자는 근육의 이완으로 혀가 기도를 막을 수도 있으므로 환자의 머리를 뒤로 제치고 턱을 들어주어 기도를 유지
- 구조자가 한 사람인 경우
  - 구조자가 한 사람밖에 없는 경우에는 흉부압박을 15회 계속한 후에 인공호흡 2회를 시행한다.
- 구조자가 두 사람인 경우
  - 환자의 양쪽에 1명씩 위치한 다음 마주본다. 1명은 환자의 머리 쪽에 위치하여 인공호흡을 시행하며, 다른 1명은 환자의 가슴 쪽에 위치하여 흉부를 압박한다.
  - 흉부압박은 5회 시행한 후에 인공호흡을 1호 시행하는 5:1의 비율로 반복한다.
  - 흉부압박을 시행하는 사람이 구령과 함께 5회의 흉부압박을 한 후에 다른 사람이 인공호흡을 1회 시행한다.
- 심장 압박위치 찾기
  - 쉽게는 흉골의 가운데를 압박하면 되지만 좌·우의 갈비뼈가 만나는 곳(검상돌기)에서 두 손가락 넓이만큼 위쪽이 정확한 위치이다.
  - 압박지점 : 흉골의 하부 1/2 지점
  - 압박깊이 : 4~5cm
  - 압박속도 : 100회/분(5회/3초)
  - 압박주기 : 압박 : 이완 = 50 : 50

※ 흉부 압박법 : 맥박이 뛰지 않을 때 실시 겹쳐서 깍지를 손가락이 흉벽에 닿지 않도록 한다.

팔꿈치를 곧게 펴고 어깨와 손목이 팔과 일직선을 이루는 형태로서,

흉골 위에 수직으로 구조자의 체중을 실리도록 한 다음 압박을 실시한다.

- 재확인 검사
  - 1분 동안 심폐소생술을 시행한 후에 다시 맥박과 호흡을 확인한다.
  - 회복되지 않았을 경우 의무실에서 도착할 때까지 계속 시행한다.

⑧ 성희롱 · 성추행 발생시

㉮ 성희롱 · 성추행 유형

㉠ 고객과 직원간

ⓐ 게임중 딜러에게 수치심을 느낄 정도의 성적 농담을 하는 경우

ⓑ 딜러가 이동 중 혼잡한 틈을 타 딜러의 일정부위를 추행하는 경우

㉡ 고객과 고객간 - 테이블게임에서 고객이 많은 틈을 타 여성 고객의 은밀한 부위 밀착으로 여자 손님에게 성적수치심을 유발시키는 경우

㉯ 조치사항

㉠ 성희롱(추행)건을 접수한 후 피해고객 또는 직원을 진정시키고 사건에 대해 정확한 정보를 수집한다. 단, 피해자가 수치심을 느낄 정도의 질문을 하여서는 안된다.

㉡ 모니터팀에 연락해서 모니터링 조치 · 증거를 확보한다.

㉢ 성희롱(추행)은 친고죄이므로 피해자의 의사가 중요하며 피해자가 고소를 원할시 피해자가 직접 경찰에 고소토록 유도

㉣ 증거자료(VTR Tape)경찰 인계시 인수증 조치

⑨ 폭력행위 발생시

㉮ 유형

㉠ 고객과 직원

ⓐ 고객이 직원을 폭행한 경우 직원이 고객을 폭행한 경우

㉡ 고객과 고객

ⓐ 남자와 남자간의 폭력행위

ⓑ 남자와 여자간의 폭력행위

ⓒ 여자와 여자간의 폭력행위

㉯ 조치사항

㉠ 객장내에서 폭력행위가 발생되었을 경우, 근무자는 무전으로 반(조)장에게 즉각 보고(장소만)하고 반(조)장이 도착하면 차후 지시를 받는다.

㉡ 반(조)장은 신속히 상황을 판단해서 안전요원을 투입, 폭력 행위자를 분리시키고

㉢ 반(조)장은 사고자를 상황실로 유도(친절히 하되 필요시 강제성부여) 시켜 필요시 공권력 기관에 인계 처리한다.

- 상황실 안내(유도)후 2차 폭력행위를 예방하기위해 고객을 상당한 거리를 두고 분리시킨다.
- 상황실 물건은 언제든지 고객이 흉기로 사용할 수 있음을 주지하고 평상시 흉기로 사용될 수 있는 물건이 있는지 확인하고 조치하여야 한다.
- 폭행고객 상호간 화해를 유도하되 회사영업 및 업무에 방해가 될 정도라고 판단되면 즉각 경찰서에 연락하여 조치를 취하고
- 고객 상호간 흔쾌히 용서할 경우 "출입규정"에 의해 조치한다.
- 특히 직원이 고객을 폭행한 경우가 발생시 2차적인 문제(공권력 개입)가 발생하지 않도록 조치하고 필요시 해당부서 책임자가 사과토록 조치한다.
- 고객이 직원을 폭행할 경우 고객과 직원의 문제로만 보지 말고 그 원인을 철저히 규명 후 해당부서 책임간부의 의견을 종합하여 필요시 경찰에 인계조치 한다.
- 여성이 관련된 폭행의 경우 여성고객은 가능한 한 여성안전요원에 의해 상황실로 안내 · 유도한다.
- 상호폭력행위 고객을 상황실 안내 · 유도시 또는 처리시 상황반(조)장은 타 근무지의 근무 공백이 발생되지 않도록 조치해야한다.

⑩ 흥분한 고객에 의한 돌발(우발)상황 발생시

㉮ 유형

㉠ 고객이 흉기 및 주변기기(가이드 폴, 의자, 소화기, 의자) 등으로 난동 행위를 하는 경우

㉡ 고객이 테이블에서 난동행위를 하는 경우

ⓐ 화장실에서 오물(대, 소변)을 받아 객장내 테이블이나 머신기계 손님들에게 뿌리는 행위

ⓑ 카지노 바에서 제공되는 커피, 쥬스 등을 무차별 뿌리는 행위

ⓒ 소화기를 불시에 불특정 다수에 분사하는 행위

㉯ 조치사항

㉠ 고객이 흉기 및 주변기기(가이드 폴, 소화기, 의자) 등으로 난동 행위를 하는 경우

ⓐ 안전요원은 소요고객에 의해 2차 피해(타 고객 · 직원상해)가 발생치 않도록 신속한 무전보고와 동시에 고객의 흉기 등을 제압해야 한다.

ⓑ 반(조)장은 대기조 등 추가적으로 안전요원을 투입하여 완전한 제압과 동시에 주변 고객을 진정시키는 일을 최우선적으로 조치하여야 한다.

ⓒ 고객의 소요로 상해 환자 발생시 이동 가능한 환자는 의무실로 이송조치하고 이동곤란 환자는 간호사를 호출하여 치료토록 하며, 이때 고객의 혼란을 방지하기 위하여 주변을 정리하고 "119"나 "1339"에 지원을 요청토록 한다.

ⓓ 소요고객은 상황실로 강제 구인하여 경찰에 인계하며 이때 경찰에 사건개요와 모니터링 등의 증거자료를 제공한다.

ⓔ 상해고객인 경우 수시로 병원을 방문하여 관심을 표해야 한다.

ⓕ 또한 언론보도를 방지하기 위하여 홍보부 및 경찰과 협조조치를 해야 하며 발생시부터 즉각 지휘 체계선상에 보고조치가 이루어져야 한다.

㉡ 고객이 테이블위에서 난동행위를 하는 경우

ⓐ 근무자는 고객의 흥분상태를 신속하고 정확하게 판단 후 무전보고 조치한다.

ⓑ 1-2회 테이블에서 내려오도록 권유 및 설득하고, 여의치 않을 경우 테이블위로 올라가 강제로 내려오도록 하며 이때 소요고객이 상해를 입지 않도록 주의해야 한다.

ⓒ 또한 근무자는 고객의 더욱 흥분하지 않도록 위엄 있는 태도와 차분하고 여유 있는 목소리로 대응하며 고객을 진정시키도록 해야 한다.

ⓓ 상황반(조)장은 회사의 영업방해와 주변 고객의 동요를 예방하기 위해 신속하게 소요고객을 상황실로 유도 및 분리시켜야 한다.

ⓔ 상황반(조장)은 고객의 의견을 충분히 들어주고 설득하여 고객을

진정시키도록 하며 출입관리 지침에 의해 조치한다.

㉢ 고객이 영업방해를 목적으로 오물을 투기하는 경우

ⓐ 발생가능성은 적지만 상황발생시 오염에 의해 영업이 곤란한 경우가 있을 수 있으므로 근무자는 항상 가능성을 염두에 두고 근무하여야 한다.

ⓑ 따라서 평소 화장실 순찰을 통한 예방활동에 주력해야 하고,

ⓒ 상황발생시 소요고객을 신속히 분리하여 상황실로 유도하여 "영업방해"행위로 경찰에 인계한다.

ⓓ 객장내에서는 소요고객에 의해 타 고객들의 동요를 예방하기 위해 상황실에 분리하는 조치가 필요하며 오물 살포시 H/K에서 신속히 오염물질을 제거할 수 있도록 협조 조치한다.

⑪ 마약류 발견시

㉮ 유형

㉠ 향정신성 의약품(예 본드 등) 위반

㉡ 주사기 및 캡슐습득(화장실, 호텔 등)

㉢ 기타 마약류 관련 의심건 등

㉯ 발견사례

㉠ 2001.5.29(10:40)경 카지노 객장내 남자 화장실 3호에서 향정신성 의약품(본드)을 흡입하다 안전요원에게 적발되어 범행 자백 후 경찰에 신병인계

㉡ 2001.5.6(08:01)경 H/K직원이 객장 남자화장실 청소 중 주사기 1개(캡슐)를 발견하여 상황실에서 영월지청에 통보

㉰ 조치사항

㉠ 의심물건 습득시

ⓐ 지휘계통 보고

ⓑ 영월지청 담당 수사관 연락

ⓒ 발견현장 모니터링 실시 및 테이프 확보

㉡ 용의자 확보시

ⓐ 흥분 및 발작에 대비하여 조용히 상황실로 안내

ⓑ 발견 장소 모니터링 요청

ⓒ 화장실의 경우 "입구" 호텔 룸의 경우 호텔상황실에 연락하여

입·출입 장면 사진 확보

ⓓ 경찰 또는 영월지청에 신병인계

㉱ 후속조치- 용의자 영구출입제한조치하고 전근무자에게 상황을 전파하여 순찰을 강화토록 하며 특히 입장객의 소지품을 확인하는 검색대 근무자에 대해 재교육을 실시해야 한다.

⑫ 소매치기관련

㉮ 소매치기 제보가 접수 되었을 시

㉠ 소매치기 제보 접수시 목격자나 피해자를 상황실로 안내하여 신원을 확보하고

㉡ 상황반(조)장은 조속한 범인 검거를 위해 모니터링 확인 근무중인 모든 안전요원에게 전파하여 검거토록 해야 한다.

㉢ 모니터링 결과 범인도주 확인시 증거물과 함께 경찰에 인계하도록 하고 차후 입장시 검거 실시

㉯ 소매치기범을 현장에서 목격시

㉠ 순찰 근무중 범행현장을 목격시 범인과 피해자를 육안으로 재확인하고 지체 없이 무선으로 보고 및 전파하고 모니터링을 요청하여

㉡ 현행범으로 체포실시

㉢ 상황실 유도 후 경찰인계

⑬ 취객소란행위

㉮ 음주취기상태에서 기물파손, 폭력, 시위하는 경우

㉠ 안전요원을 현장 확인 즉시 상황반(조)장 및 전 근무자에게 전파

㉡ 상황반(조)장은 1-2회 설득 후 설득 곤란시 안전요원을 투입 지체 없이 상황실로 강제구인 실시

㉢ 만취정도에 따라 설득, 퇴장조치, 보호조치(경찰)실시

㉣ 경찰력을 이용하여 보호조치할 경우 사전에 충분한 설명 실시

㉯ 후속조치

㉠ 퇴장 조치시 추후 소란에 대비하여 되도록 일행 또는 보호자에게 인계하며, 일행이 없을 경우 협력부서에 통보하여 모니터로 계속 추적확인토록 해야 한다.

⑭ 게임불허 고객이 게임진행시

㉮ 유형

㉠ 방문증 패용 후 게임하는 자

㉡ 임·직원 및 직계가족이 게임하는 자

㉢ 임신중인 고객이 게임하는 자

㉣ 신분증 도용으로 객장 입장하여 게임하는 자

㉤ 타 카지노 직원이 게임하는 자

㉯ 조치

㉠ 상황실 반(조)장 보고

㉡ 고객 신원 확인·상황실 이동조치

㉢ 출입제한 기준안에 의거조치

※ 필요에 따라 각 관련 부서 통보

⑮ 객장내 사기행위시

㉮ 유형

㉠ 위조코인을 사용하는 행위

㉡ 위조지폐를 사용하는 행위

㉢ Chips 금액을 모르는 고객에게 기만하여 1만원권을 10만원권으로 속여 교환하는 행위

㉣ M/C기계를 점유하여 타고객의 현금으로 게임하는 행위

㉯ 조치

㉠ 상황실 반(조)장 보고

㉡ 모니터실 녹화Tape확인으로 인한 증거 확보

㉢ 신원확인 및 출입제한기준안에 의거조치

⑯ 영업장내에서 구걸행위자 발견시

㉮ 유형

㉠ 고객으로 하여금 지속적으로 Chips나 현금을 요구하는 행위

㉡ M/C기계 잭팟 당첨시, 팁을 요구하는 행위

㉢ 테이블 및 M/C기계 위로 올라가 난동 부리는 행위

㉯ 조치

㉠ 상황실 반(조)장 보고

㉡ 모니터실 녹화테이프 확인 요청 및 집중 감시

㉢ 증거 확보시 고객 상황실 이동조치
㉣ 출입제한기준안에 의거조치

⑰ 영업방해 행위자 발견·접수시

㉮ 유형

㉠ 영업부 게임룰 위반시
㉡ 고객이 1층에서 게임중인 카드를 만지는 경우
㉢ 금연석에서 흡연하는 행위
㉣ 더블 배팅하는 행위
㉤ 딜러가 셔플하는 중 딜러에게 말을 시키고 디스 카드 트레이를 만지는 행위
㉥ Chips나 현금을 영업장 및 테이블에 뿌리는 행위
㉦ 테이블 및 M/C기계 위로 올라가 난동부리는 행위

㉯ 조치

㉠ 영업방해 행위자는 1차 영업부에서 경고조치
㉡ 모니터실 집중감시 요청
㉢ 2차 적발시 고객신원 확인 · 상황실 이동조치
㉣ 출입제한 기준안에 의거 조치

(다) 위의 상황이 발생되었을 경우 가장 근접해서 육안으로 볼 수 있는 Post를 제외하고는 객장순회 순찰조가 상황을 우선적으로 처리하여야 한다.

(라) 상황을 발견했을 경우 즉각적인 조치가 가장 중요한 부분인데 이때 취해야 될 행동요령은,

① 가장 가까운 Post 근무요원에게 1차 무선 연락하여 그 요원으로 하여금 조치를 취할 수 있도록 한다.

② 상황반장 및 조장에게 즉각 보고해서 상황대처를 하는 부분이 무엇보다 중요하다.

(6) 기타 주의사항

(가) 영업장에 안전요원의 눈이나 발이 닿지 않는 곳이 어딘지 그곳에서 특이한 사항이 발생이 되는지 확인한다.

(나) 요주의 인물이 등장했을 경우 예의주시 관찰하며 즉각 보고한다.

(다) 상황발생시 가장 근접한 Post요원과 연계처리하고 상황반장 및 조장에게 무선연락보고 처리한다.

(7) Post 주위 점검사항

(가) 투입 전 Gas총 및 무전기 작동여부 점검한다.

(나) 위험물이 주변에 있는지 점검한다.

2. 비상대기조 주요업무

(1) 기본개념 : 객장내에서 사건·사고가 사전에 예방되어 사건·사고 Zero화가 되면 가장 이상적인 보안 관리업무가 되는 것이다. 그러나 만약 단 한번의 사건·사고가 발생된다면 그 피해를 가장 최소화해야 한다. 카지노 사업은 외국 사례에서도 알 수 있듯이 사건·사고가 상당히 많이 발생되게 되는데 이러한 사건·사고를 기존 Post에 근무하는 안전요원이 투입하게 되면 근무동선이 무너져 보안업무에 혼선을 불러일으킬 우려가 있다. 따라서 비상대기조의 운영은 사건·사고를 초기에 즉각적으로 대처 할 수 있어 피해를 최소화시켜주는 중요한 Post 중의 하나이다.

(2) 임무 : 비상대기조는 보안실에서 대기하면서 사업장내에서 일어나는 모든 사건·사고에 대처 즉각 투입이 되는 요원으로서, 현장에 투입이 되면 사건·사고 피해범위를 최소화할 수 있도록 대처한다.

(3) 보안요원의 근무방법

(가) 근무위치 : 카지노 보안실에 대기

(나) 긴급상황 발생시 대처요령

① 영업장 내부에서 영업방해 행위 발생시 가장 먼저 영업장에서 고객을 분리시켜 상황실로 유도하는 것이다.

② 고객의 소란행위는 무조건적인 것보다는 반드시 이유가 있어서 불평불만으로 이어져 상황이 발생된다.

③ 불만요소가 있으면 이를 파악하여 해결한다.

④ 그래도 문제해결이 되지 않아 상황이 악화되어서 마찰이 불가피할 경우에는, 최대한 시간을 지연시키면서 공권력 기관과 협조하여 처리한다.

(다) 모든 상황처리는 해당 SHIFT 과장(부재시 반장 · 조장순)의 지시를 받는다.

(4) 기타 주의사항

(가) 투입 전 GAS총 및 무전기 작동여부를 점검한다.

(나) 이상상황이 발생되어 투입될 때 항상 반장의 통제를 받는다.
(다) 사건 · 사고 처리시에는 독단적인 행동을 피하고 조장의 지시에 따른다.

(6) POST 주위 점검사항
(가) 주변에 위험물은 없는지 관찰한다.
(나) 소화기 · 소화기구 설비장비는 이상이 없는지 점검한다.

3. 5층 전망대 주요 업무

(1) 기본개념 : 4층 객장내의 모든 일을 감시 감독 및 회원 영업장 순회 순찰
(2) 근무 방법
㉮ 6PIT 와 7PIT를 중점으로 사채행위, 매점매석, 대리게임 등 객장내에서 벌어 질 수 있는 모든 사건 사고를 주시하여 CP통보 및 순찰자에게 무선으로 통보한다.
㉯ 카지노 뷔페 화장실 쪽 회원영업장으로 이동하는 일반고객은 통제한다.
㉰ 잭팟 확인 후 CP통보
㉱ 회원영업장 이상유무 CP통보

4. 검색대후면 주요임무

- 업장에 입장하는 고객들에 대해 위해 요소 고객에 대해 조치·제압
- 업장에 피해를 줄 수 있는 테러고객 차단 및 제압
- 직원의 칩스 검색대 통과 유무 확인

라) 카지노영업장 외부관리

1. 3층 직원출입구 주요업무

(1) 회사 자산 유출 방지 및 직원보호
(2) 근무방법 - 회사물품 반출 전면 차단과 필요시 의심 가는 직원 가방검색 및 출퇴근 시간 파악, 외부로부터의 직원보호
㉮ 직원가방 검색시 회사물품(예 칩스, 컵, 재떨이, 프린트 잉크, 카트리지, 술 등 모든 것) 반출 적발시에는 CP통보 보고서 작성. 예외로 ⓐ 회사물품 구입한 영수증이 있을 경우 제외, ⓑ 반출증이 있을 경우 제외한다. 모든 직원은 칩스검색대 통과를 원칙으로 한다.

㉯ 출퇴근 시간 파악

ⓐ 근무시간중 외곽으로 이동하는 직원 통제, 부득이한 사정이 있을 경우

ⓑ 외출증, 조퇴증 등이나 부서장의 확인서 이용

ⓒ 00랜드 전부서는 헤드오피스 포함 직원 동선으로 연결되어 있다.

ⓓ 직원 확인이 안 될 경우 각부서의 책임자가 동행하여 이동(출근일 경우)한다.

ⓕ 제2모니터실(500실)은 직원 출구 이외의 출구(4,5층 로비나 3층 명품관 앞 출입구)로 출퇴근하는 인원 적발 및 보고

㉰ 외부로부터의 직원보호

ⓐ 직원이 아닌 외부인 통제

ⓑ 협력업체-명찰패용

ⓒ 외부업체(작업자)-방문증 패용

ⓓ 직원, 협력업체, 외부업체를 제외한 나머지 외부인 전면차단

ⓔ 방문증 불출 절차

- 외부인 출입대장 빠짐없이 기록
- 해당부서에 유선연락(내선) 확인
- 방문증 불출 후 신분증을 받아서 보관
- 주의사항을 알려준다(예 칩스검색대 통과요령, 방문증 상시패용 등)
- 4·5층 객장 작업자의 경우 00번 방문증 객장 작업한다고 CP통보, CP는 해당 근무자에게 무선으로 통보

2. 헤드오피스 주요업무

(1) 회사자산(기밀서류 및 직원 신상정보) 유출 방지 및 직원보호

(2) 근무방법

㉮ 플로피 디스켓이나 서류양식 확인 철저

㉯ 직원 출퇴근 카드 체킹 및 대리 체킹 확인

㉰ 외부인 출입시 해당부서 연락하여 확인 후 신분증을 받고 방문증을 불출하여 항시 패용하게 할 수 있도록 유도한다.

㉱ 물품 반출입시 반출입증을 필히 확인하여 근거를 둬야 한다.

3. 카지노 4층 로비(내부) 주요임무

- 로비내에서 발생 할 수 있는 각종 상황대비 예방 순찰
- 로비외곽 상황발생시 긴급지원
- 고객 불편사항 해결 및 사채업자 단속

4. 카지노 4층 로비(외곽) 주요임무

- 외곽에서 발생 할 수 있는 테러대비 경계 근무
- 차량통제 및 사채업자 단속 및 고객 불편사항 해결
- 외곽지역 각종 상황 발생시 상황실에 첩보제공

5. FILL/CREDIT 근무방법

- 07:40분에 N/T에서 하는 정기 TAKE 교대 2명 전체TAKE 약 06:10 ~08:30 정도에 모두 끝난다. 교대시 무전기, 출입CARD 등을 인수인계한다.
- TAKE 근무는 일종의 호송경호와 비슷한 업무로서 일의 진행을 원활히 하고 외부인을 저지하고 직원(카운터룸, 머신)의 부정을 감시한다.

요일	월요일	화요일	수요일	목요일	금요일	토요일	일요일
동전스탠드	170대	165대	149대	140대	172대	164대	0
테이블TAKE	전체테이블 TAKE						

- 오전 09:00 ~ 09:20분 사이 테이블게임팀에서 카드 필을 CMS상으로 요청하면 칩스관리팀은 카드 필 슬립지에 프린터된 수량을 보고 그 수량만큼(수량단위: 덱) 카드를 불출해서 모니터팀에 유선 통보 후 칩스뱅크 직원과 칩스뱅크 관리자, 보안요원이 각각 프린터 된 슬립지에 수량 확인 후 서명을 한다.
- 카드 필은 칩스뱅크 직원1명과 안전요원1명이 동행하는데 이때 안전요원은 다시 한 번 PIT로 꺼내주는 카드의 수를 재확인 하여야 한다.
- FILL 요청시간은 대략 09:30분경부터 전체테이블에 필 요청이 들어오기 시작한다.
- 칩스 필은 테이블게임팀(T/G)에서 필요한 수량만큼의 칩을 CMS로 입력하면 칩스뱅크(C/B)의 모니터에 나타나면서 필 슬립용지가 자동으로 인쇄되

어 나온다.

- 필 슬립지(흰색, 노랑, 빨강)는 C/B직원이 먼저 확인한 후 C/B의 금고에서 슬립 용지에 적혀있는 수량만큼 꺼내서 칩스 확인 후 제일 윗칸에 서명을 한 후 C/B테이블에 올려놓으면 안전요원은 칩스 개수를 다시 한번 확인을 하고 개수와 금액이 정확히 일치하면 서명란에 서명 후 사인을 한다.
- 사인 후 3장의 슬립지중 맨 뒷장(빨강)을 떼어서 C/B에 주면 C/B직원은 슬립지의 일련번호를 보고 CMS의 일련번호를 모니터에 띄우면 칩스를 운반할 근무자가 카드로 체킹을 한다.
- 카드로 체킹을 하는 것은 현재시간에 C/B에서 T/G로 출발하는 시간이 되고 T/G에서도 필이 나왔다는 것을 확인할 수 있다.
- 오전시간(09:30~10:30)은 칩스 필을 테이블 100대중 평균 80대 정도 나가고 편의를 위해 PIT별로 구분하여 근무자가 PIT별로 이동한다.
- 많은 양의 칩스가 나오기 때문에 칩스는 카트기에 담아 조심하게 다루어서 카트기 안에 들어있는 칩이 쏟아지지 않게 하고 해당PIT와 테이블로 이동을 한다.
- 테이블에 이동해서 슬립지에 나와 있는 테이블의 수량만큼 테이블위에 올려놓으면 딜러는 슬립지를 확인 후 칩을 꺼내어 컷팅을 한 후 금액과 개수가 슬립지와 일치하면 슬립용지의 딜러란에 서명 후 테이블관리자에게 확인요청을 한다.
- 테이블관리자는 다시 한번 금액과 개수를 확인 후 슬립지 해당란에 서명을 한 후 CMS상으로 칩이 도착 했다는 체킹을 한다.
- 그러면 근무자는 두장의 슬립지중에 앞장 원본(흰색)을 해당테이블 딜러에게 주면 딜러는 다시 테이블번호와 슬립지의 테이블번호가 맞는지 확인 후 드롭박스에 넣는다. 나머지 슬립용지 사본(노란색)은 칩스뱅크로 가지고 와서 C/B직원에게 인계를 한다.
- 09:50분경에 환전부스(코인뱅크 1,2,3번)필을 나가며 TAKE의 방법과 같이 근무를 하며 동행한다. 카트기에 지폐와 동전자루를 싣고 이동할 때 떨어지는 것이 있는지 확인해야 한다. 항상 3~4보 뒤에서 따라 가면서 외부로부터의 부정과 떨어지는 현금을 확인해야 한다.
- 09:50경에 환전소에서 코인칩(커미션칩) 교환요청이 오면 칩스 케이스(칩

스 운반도구)를 가지고 환전소로 이동을 하며 코인칩을 인수받는다. 인수를 받을 때 개수, 수량을 정확히 파악해야 한다. 슬립용지가 따로 없다. 인수받은 코인칩을 금액만큼 머니칩스로 교환하여 환전창구로 인계한다.

- 09:50~10:30분경 테이블 게임팀에서 플레이칩과 마킹칩의 모자라는 수량과 남는 수량을 CMS상으로 입력을 하면 칩스관리팀에서 슬립용지가 인쇄되어 나온다. 슬립지(2장으로 된 흰색, 빨강색)를 확인한 칩스관리팀 직원은 수량만큼 해당 칩스를 불출하여 칩스 수량파악을 모니터팀과 칩스뱅크 직원과 근무자가 확인 후 슬립지 두장 모두와 칩스를 정해진 동선을 이용해 해당테이블로 이동하고 슬립지와 칩스를 테이블에 주면 딜러는 슬립지 확인 후 칩을 꺼내 칩스를 확인(컷팅) 후 해당란에 서명을 하고 테이블 관리자에게 확인요청을 하면 테이블관리자는 다시 수량을 확인 후 서명을 하고 두장의 슬립지(흰색, 빨강색)를 모두 가지고 칩스뱅크에 인계한다.
- '크레딧'은 T/G에서 테이블 락에 담겨 있는 칩스가 남을 때나 파손된 칩 또는 백만원짜리 칩을 쓰지 않는 테이블에 백만원짜리 칩이 들어 왔을 때 크레딧을 시킨다. 크레딧은 필요 없는 수량의 칩을 CMS로 입력을 하면 필과 동일하게 C/B에서 확인을 할 수 있다. 근무자는 C/B에서 슬립지 세장(흰색, 노랑, 빨강)을 가지고 카트기나, 칩스 운반 케이스를 가지고 해당 PIT 테이블로 이동을 한다. 이동 후 테이블에 도착을 하면 슬립지 세장을 테이블에 올려놓는다. 딜러는 슬립지에 있는 수량만큼 딜러가 컷팅을 하고 근무자에게 확인 요청을 하고 근무자는 확인 후 맞으면 담아달라고 한다. 칩을 담으면 딜러는 테이블 책임자를 불러 크레딧을 얼마만큼 한다는 확인요청을 하고 테이블관리자의 O.K 사인이 나면 각각 딜러란과 테이블관리자란에 서명을 하고 근무자도 서명을 한 후 슬립지 맨 뒷장(빨강)을 떼어서 테이블에 주면 테이블관리자가 CMS모니터에 크레딧을 했다는 것을 띄워주면 카드로 체킹 후 C/B로 가지고 이동을 한다.

  C/B에서는 칩스의 수량을 다시 한번 확인 후 개수와 금액이 맞으면 슬립지에 사인하고 모니터에 C/B직원이 체킹을 하면 크레딧은 끝난다.
- 10:30~11:30 카드폐기는 전날 사용했던 카드를 모아 모두 폐쇄시키는 것으로 시작하기 전에 모니터팀에 유선 통보 후 카드폐기 개수를 확인한다.

  개수확인은 C/B직원과 책임자 그리고 안전요원이 실시하고 비닐봉투안의 8덱짜리와 6덱짜리를 구분하여 파악하여야 한다. 카드폐기 슬립지는 두장(흰색, 노랑)으로 되어 있고 카드 덱수와 슬립지의 수량이 일치하면 서명을 한다. 카드폐기는 C/B 직원이 폐기하는 기계에 폐기를 하고 안전요원은 오해가 될 만한 요인들을(카드절취) 잘 확인하여야 함.

- 카드폐기가 끝나면 슬립지 앞장은 C/B에서 보관을 하고 뒷장은 안전상황팀에서 관리를 한다.
  카드폐기는 지정된 장소에서 해야 하며 정확히 폐기하는지 주의 관찰 하여야 한다.
- '보이드'는 T/G에서 테이블관리자가 금액이나 개수를 잘못 입력 했을 경우 C/B로 전화를 걸어 잘못시켰으니 보이드 처리를 해달라고 T/G에서 C/B로 유선을 하고 CMS로 보이드 처리를 하면 T/G에서 슬립지가 출력이 되고 C/B에도 출력이 된다. T/G의 출력된 슬립지는 해당테이블에 드롭을 하고 C/B의 슬립지는 보안요원이 T/G로 이동해서 해당테이블관리자 사인을 받고 제일 밑에 사유를 적어 달라 하고 슬립지 전체를 다시 C/B로 가지고 이동한다.
- '카드 크레딧'은 06:30분경에 T/G에서 카운트룸 외부로 유선(5525)이 오면 C/B직원과 안전요원이 함께 이동을 해서(해당PIT)카드의 수량(덱)을 C/B직원이 1차 확인하고 안전요원이 2차 확인을 한 후 슬립지에 사인을 한다. 카드는 분실이 되거나 절취의 가능성이 있고 내부 직원들 간의 카드절취 또한 주의 관찰하여 C/B로 이동해야 한다. 카드 크레딧시 안전요원은 카드를 확인 후 모두 수거하고 테이블 게임팀의 모니터상에 있는 크레딧 완료를 카드로 체크해야 한다.
- 부스 필과 부스마감은 메인뱅크(환전창구)에서 코인뱅크로 현금이 이동하는 것을 말하고 부스마감 코인뱅크에서 메인뱅크로 이동하는 것을 말하는데 객장에서 고객들과 직원들 간의 부정을 예방 및 방지하고 외부로부터의 경호업무를 수행하는 것이다.
- 환전 그레딧은 환전창구에서 CMS상으로 칩스뱅크로 옮겨야 할 금액과 개수를 입력하면 칩스뱅크에서 슬립지가 출력이 된다. 근무자는 출력이 된 슬립지 세장(흰색, 노랑, 빨강)을 가지고 카트기로 환전창구로 이동한다. 환전창구로 이동을 하면 환전직원이 슬립지의 개수만큼 칩스를 옮겨 준다. 이

때 양이 많으므로 수량과 금액을 정확히 카트기에 담은 후 근무자 서명 후 환전창구직원, 환전담당자의 서명후 슬립지 3장중 맨 뒷장(빨강)을 환전창구직원에게 인계한 후 칩스뱅크로 이동하여 두장의 슬립지(흰색, 노랑)와 칩스를 창구에 꺼내어 놓으면 칩스뱅크 직원이 다시 한번 수량 확인 후 금액과 개수가 맞으면 칩스를 금고로 옮긴다.

- 수시TAKE는 정기 TAKE방법과 동일하고 업장개장시간대(10:00~익일 06:00) 머신게임팀에서 카운트룸으로 유선으로 연락이 오면 카운트룸 직원과 동행한다.

6) 카지노 근무시 상황처리

(1) 카지노 상황방생시 대응방안

가) 운영체계 개념

1. 전 안전요원(직영 · 용역) 지휘통제권한은 00랜드 대표이사 및 전무에게 있으며 안전관리실장 · 팀장이 권한을 위임받아 안전요원을 통제한다.
2. 안전관리실장 및 팀장은 안전요원을 통제함에 있어서 긴급상황을 제외하고는 안전상황실 근무자(반장 · 조장) 및 용역관리 담당자를 통해서 통제 및 운영한다.
3. 안전관리실장 및 팀장 부재시 모든 상황발생에 대한 접수 · 통제 · 지시 · 보고는 안전상황실의 상황과장이 1차적인 권한을 위임받아 처리하며, 긴급상황 발생시 선 조치 후 지휘계통에 의거 비상연락망을 통해 후 보고한다.
4. 용역안전요원들의 업무수행과 관련된 1차적 관리감독은 용역관리담당자가 전담하며, 긴급상황을 제외한 일상적인 업무 및 사건사고 발생시의 상황보고 및 사고접수는 카지노 안전상황실로 일원화한다.
5. 안전상황실은 카지노와 관련된 업무(직영관리부분) 이외에, 카지노 · 호텔에서 발생되는 모든 상황에 대한 접수, 처리, 보고 업무를 수행한다.

나) 상황에 대응하는 기본방향

호텔·카지노에서 일어나고 있는 모든 실제상황을 유형별, 등급별로 구분하여 체계적으로 관리함으로서 실제로 상황이 발생되면 신속 정확한 처리를 해서 객장에 미치는 영향을 최소화하고 영업에 지장을 주지 않도록 하기위한 지침이다.

다) 처리절차

1. 각종 유형별 상황은 종합상황처리 FLOW CHART를 기준으로 해서 유형별 FLOW CHART대로 처리한다.
2. 각종 유형별 상황이 발생하였을 경우
   가. Security와 Surveillance Team간 CCTV와 연계처리
   나. 00랜드 안전관리실 자체처리가 가능한 부분은 지휘체계에 의해서 상황종료
   다. 대규모 또는 자체처리가 불가능한 부분은 유관기관과 협조해서 처리
3. 모든 발생 가능한 상황을 유형별·등급별로 분류하여 공권력과의 비상지원체계를 구축, 각종 상황에 신속한 대응처리
4. 사건·사고 발생시 보고기준

구 분	A급	B급	C급	D급
기 준	대표이사	전무		안전관리실장·팀장

5. 사건·사고 발생되어 처리되면 객장에 미치는 영향을 분석 처리한다.
   가. 문제점
   나. 분 석
   다. 대 책
   라. 발전방향
   마. 기대효과

라) 유형별 상황 분류

상 황 구 분		분 류
1	☞ 언론매체기관 취재목적으로 영업장 출입시	A
2	☞ 취팅(Cheating) 용의자 적발시	
3	☞ 화재발생시	
4	☞ 영업장 외부에서 폐기카드 발견시	
5	☞ 폐기카드 밀봉지내 칩스 발견시	
6	☞ 칩스 무단반출 적발시	
7	☞ 카지노 직원 이상행동 발견시	
8	☞ 환전팀·카운트룸 직원 이상행동 발견시	
9	☞ 집단행동으로 인한 소요발생시	
10	☞ 영업장내 사진·캠코더 촬영자 적발시	B
11	☞ 차량사고 발생시	
12	☞ 영업장내 사진·캠코더 촬영자 적발시	
13	☞ 긴급환자 발생시(단, 사망사고는 A급 기준 처리)	
14	☞ 엘리베이터 사고발생시	
15	☞ 슬롯머신 코인 절취사건 발생사고	C
16	☞ 영업방해관련 인물 적발 (사채업자, 매석자)	
17	☞ 호텔내 도난·절도사고 발생시	
18	☞ 고객실종신고 접수시	
19	☞ 집단행동으로 인한 소요발생시	
20	☞ 출입금지조치자의 영업장 출입 적발시	D
21	☞ 카지노 영업장내 소란자 적발시	
22	☞ 영업장내 고객간 분쟁 발생시	
23	☞ 고객의 비정상적인 행위 발생시	
24	☞ 전단 배포자 적발시	
25	☞ 테이블게임팀 고객 사진전사 요청시	
26	☞ 테이블게임팀 녹화테이프 확인 요청시	
27	☞ 고객의 녹화테이프 확인 요청시	

마) 보고 전결 규정

1. 대외기관수사

상황 구분			분 류			
			팀장	실장	본부장	사장
1		☞ 언론매체기관 취재목적으로 영업장 출입시				
2		☞ 취팅(Cheating) 적발시				
3		☞ 화재발생시				
4		☞ 영업장 외부에서 폐기카드 발견시				
5	A	☞ 폐기카드 밀봉지내 칩스 발견시	O	O	O	O
6		☞ 칩스 무단반출 적발시				
7		☞ 카지노 직원 이상행동 발견시				
8		☞ 환전팀·카운트룸 직원 이상행동 발견시				
9		☞ 집단행동으로 인한 소요발생시				
10		☞ 영업장내 사진·캠코더 촬영자 적발시				
11		☞ 차량사고 발생시				
12	B	☞ 영업장내 사진·캠코더 촬영자 적발시	O	O	O	
13		☞ 긴급환자 발생시(단, 사망사고는 A급 기준처리)				
14		☞ 엘리베이터 사고발생시				
15		☞ 슬롯머신 코인 절취사건 발생사고				
16		☞ 영업방해관련 인물 적발 (사채업자, 매석자)				
17	C	☞ 호텔내 도난 · 절도사고 발생시	O	O	O	
18		☞ 고객실종신고 접수시				
19		☞ 집단행동으로 인한 소요발생시				
20		☞ 출입금지조치자의 영업장 출입적발시				
21		☞ 카지노 영업장내 소란자 적발시				
22		☞ 영업장내 고객간 분쟁 발생시				
23	D	☞ 고객의 비정상적인 행위 발생시	O	O		
24		☞ 전단배포자 적발시				
25		☞ 테이블게임팀 고객 사진전시 요청시				
26		☞ 테이블게임팀 녹화테이프 확인 요청시				
27		☞ 고객의 녹화테이프 확인 요청시				

바) 중요상황 처리 절차

1. 보고서 작성대상 기준

구 분	내 용	비 고
형사사건	▣ 살인사건 ▣ 자살사건 ▣ 변사체 발견 ▣ 폭력행위 관련 ▣ 교통사고 관련 ▣ 강 · 절도 사건 ▣ 성폭력 범죄의 처벌 및 피해자 보호 등에 관한 건	• 경찰신고 • 현장보존철저 • 증인확보 • 보안유지
일반사건	▣ 영업방해·항의관련 시위·농성 ▣ 게임관련 딜러 비위 ▣ 회사자산 손실 관련 - 현금 무단 유출 - 칩스 무단 유출 ▣ 고객 통제 관련 - 출입통제지역 출입 ▣ 민원 제기된 사건 ▣ 응급환자 발생건 ▣ 자해행위건 ▣ 기타 부서장의 중요하다고 판단되는 사건	• 보안유지
기 타	▣ 대표이사 및 전무 지시사건	

2. 상황보고서 작성요령

가. 작성책임 : 상황반장(해당 SHIFT 근무자)

나. 구비요건(포함요소)

(1) 건명 : 사건내용을 함축할 수 있는 제목

(2) 개요 : 사건, 사고내용을 최대한 요약하여 기재

(3) 내용 : 6하 원칙에 의해 세부적으로 기재(개조식)

(가) 일시 : 발생시부터 종결시까지 체계적으로 분까지 명시

(나) 장소 : 정확한 위치(게임 관련인 경우 M/C번호, 테이블 배팅 위치, 배팅금액 등) 구체적으로 명시, 필요시 약도 첨부

(다) 대상 : 사고자, 관계자, 피해자, 참고인 등을 구분 명시하고 성명, 성별, 나이, 주민등록번호, 주소, 연락처 등 명시

(라) 내용 : 발생시간대별 · 장소별 · 상황전개 내용을 물 흐르듯이 자연스럽게 개조식으로 간단명료하게 기재

(마) 조치 : 상황 인지후부터 상황 종결시까지 이루어진 제반조치사항(해당부서 협조, 관공서 협조, 신고 등) 부서장 지시사항 및 상급부서 지시사항, 대표이사 지시사항 등 시간대 별도기재, 특히 형사사건의 경우 사법기관 신고기관 등은 사법처리와 관련 매우 중요한 근거자료이므로 통화자 · 수화자 · 통화시간을 반드시 기재하고 필요시 통화 내용을 녹화

(바) 후속조치 : 상황발생배경 및 문제점, 상황처리에 있어서의 문제점 재발 방지대책 등을 분석하여 문제점 시정보완

3. 상황보고서 모델

가. 사망사건

주 요 상 황 보 고

팀 장	실 장

보고자 : 0 0 0

1. 건명 : 자살(변사)사건
2. 개요

2010년 0월 0일(일시) 000(장소)에서 고객000(누가)이 목매어 자살한 것을 (무엇을, 어떻게) 순찰중이든 안전요원이 발견 경찰에 신고한 건임.

3. 내용
  가. 일시 : 2010년 0월 0일 00:00경
  나. 장소 : 000 정확한 위치
  다. 인적사항
    (가) 성명 : 000(성별, 나이)
    (나) 주소 :
    (다) 주민번호 :
    (라) 연락처 :

4. 사건경위
  가. 2010년 0월0일 00:00경 최초 호텔 000호실에 투숙
  나. 0월 0일 00:00경 검색대 통과 00게임
  다. 0월 0일 00:00경 마지막 00게임 후 퇴장
  ※ LOSS 금액 총 000,000,000원(게임실적 첨부)

5. 유서내용(유서가 있을 경우)
  가. 유서내용 요약(자살 및 비관원인 등 기재)

6. 조치내용
  가. 0월 0일 00:00경 안전요원이 순찰도중 발견 상황실 보고
  나. 0월 0일 00:00경 상황반장 000이 팀장 및 부장에게 보고
  다. 0월 0일 00:00경 상황반장 000 고한 파출소 000에게 유선으로 신고 (기타 신고기관 명시)
  라. 0월 0일 00:00경 고한파출소 000외 0명 도착 사건인계
  ※ 상황실 조치내용(회사차원 조치내용)

7. 후속조치
  가. 상황확대 방지 및 사건누설 방지 위한 보안대책 강구
  나. 사건해결을 위한 증거자료 수집
  다. 동일사고 예방 위한 각종대책 강구

8. 문제점 및 대책(분석)
  가. 사고원인 분석
  나. 근무 중 잘못된 점 분석
  다. 사고에 따른 대책 강구
  라. 사건 및 사고처리 과정에서 문제점 보완 및 대비책

나. 고객 난동건

주 요 상 황 보 고

팀 장	실 장

보고자 : 0 0 0

1. 건명 : 고객 난동건
2. 개요
   2010년 0월 0일(일시) 000(장소)에서 고객000(누가)이 Loss금액 환불을 요구하며 본인 차량으로 진입로를 봉쇄, 농성한 건임
3. 내용
   가. 일시 : 2010년 0월 0일 00:00경
   나. 장소 : 000 정확한 위치
   다. 인적사항
      (가) 성명 : 000(성별, 나이)
      (나) 주소 :
      (다) 주민번호 :
      (라) 연락처 :
4. 사건경위
   가. 2010년 0월0일 00:00경 최초 호텔 000호실에 투숙
   나. 0월 0일 00:00경 검색대 통과 00게임
   다. 0월 0일 00:00경 000 이유로 000직원에게 LOSS 금액 환불요구 및 고성난동 〈※ LOSS 금액 총 000,000,000원(게임실적 첨부)〉
   라. 0월 0일 00:00경 안전요원 000외 0명에 의해 상황실로 이동
   마. 0월 0일 00:00경 상황반장 000이 고객설득 및 출입제한조치 처리
   바. 0월 0일 00:00경 고객 퇴장
   사. 0월 0일 00:00경 000고객 000에서 차량시위

아. 0월 0일 00:00경 상황반장 000 현장 도착 고객설득
자. 0월 0일 00:00경 LOSS 금액 환불 및 언론인터뷰 요구 등으로 자체 처리 불가 판단으로 경찰서 신고
차. 0월 0일 00:00경 경찰 도착
카. 0월 0일 00:00경 난동고객 000경찰서 연행
※ 사건 상황전개 순위별로 기록

5. 조치내용
가. 0월 0일 00:00경 상황접수
나. 0월 0일 00:00경 상황반장 현장 도착 고객설득
다. 팀장 및 부장 보고
라. 자체처리 불가 판단 경찰서 신고
※ 상황실에서 자체처리 한 조치내용 위주로 기록

6. 문제점 및 대책
가.

7. 후속조치
가.

다. 교통사고건

주 요 상 황 보 고

팀 장	실 장

보고자 : 0 0 0

1. 건명 : 교통사고건
2. 개요
2010년 0월 0일(일시) 000(장소)에서 고객000(누가)이 카지노 진입로 하

행선 00m 지점에서 노면결빙(사고원인)으로 인한 교통사고로 중상(0명), 경상(0명) 차량이 완(반)파된 사고임.

3. 내용

가. 일시 : 2010년 0월 0일 00:00경

나. 장소 : 000 정확한 위치

다. 인적사항

(가) 성명 : 000(성별, 나이)

(나) 주소 :

(다) 주민번호 :

(라) 연락처 :

4. 사건경위

가. 차량 출발시간, 진행방향, 운전자, 운전차량, 탑승인원

나. 도로노면상태, 사고원인(과속, 음주, 부주의)

다. 피해상황

5. 조치내용

가.

6. 문제점

가.

7. 후속조치

가.

나.

라. 화재사고건

주요상황보고

	실 장
팀 장	

보고자 : 0 0 0

1. 건명 : 화재사고건
2. 개요
   2010년 0월 0일(일시) 000(장소)에서 000(원인)화재로 000(피해현황) 한 건임
3. 내용
   가. 일시 : 2010년 0월 0일 00:00경
   나. 장소 : 000 정확한 위치
   다. 화재원인 및 피해상황
4. 사건경위
   가. 최초 발견자 및 발화지점
   나. 진화현황(119신고 등)
   다. 화재원인
   라. 피해상황
5. 조치내용
   가.
   나.
6. 문제점 및 대책
   가.
7. 후속조치
   가.
   나.

사) 상황별 Flow Chart

[도해 2-11] 종합상황 Flow Chart

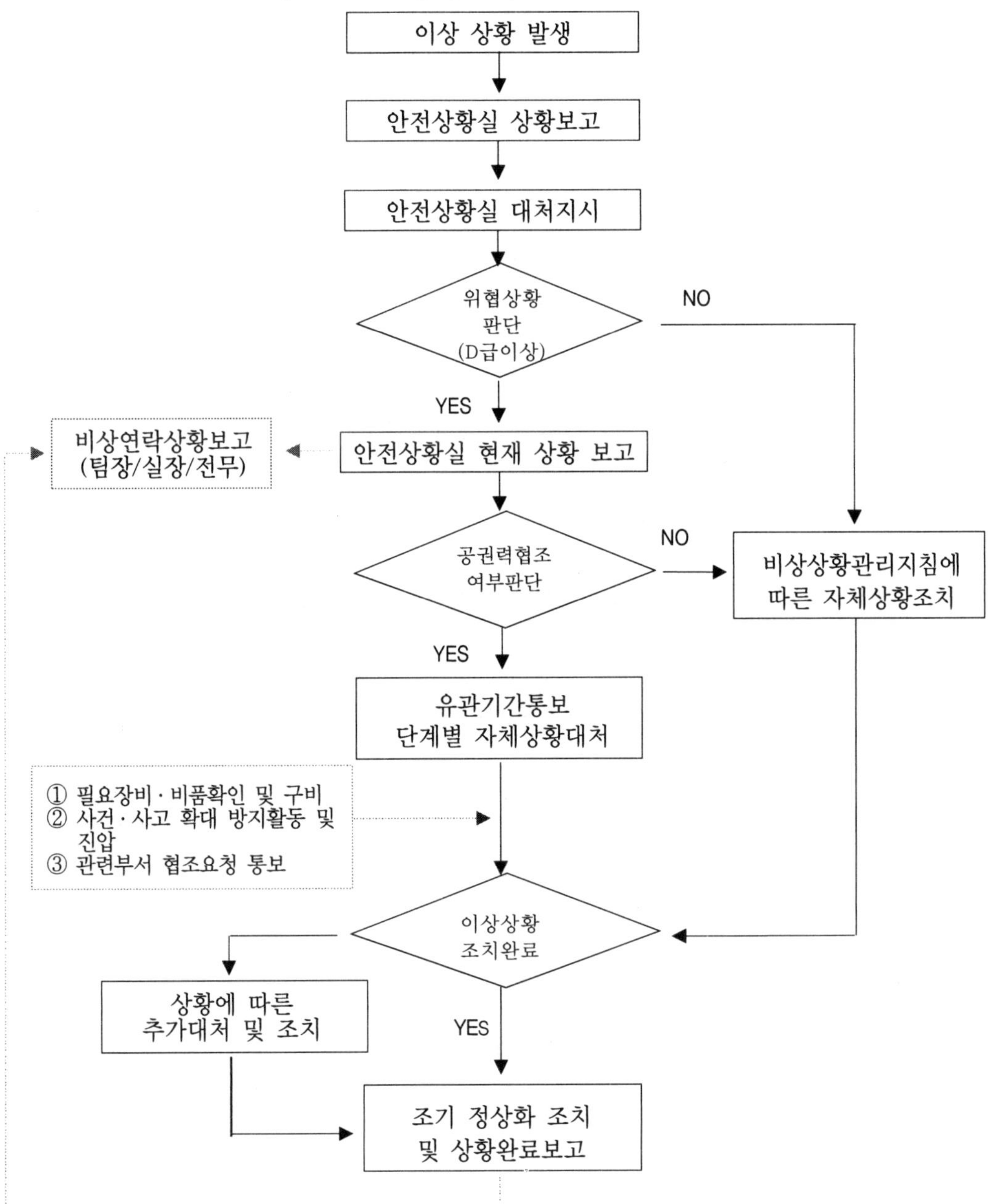

1. 언론매체기관 관계자가 취재 목적으로 입장하려 할 경우(방송국, 신문사, 잡지사 등)

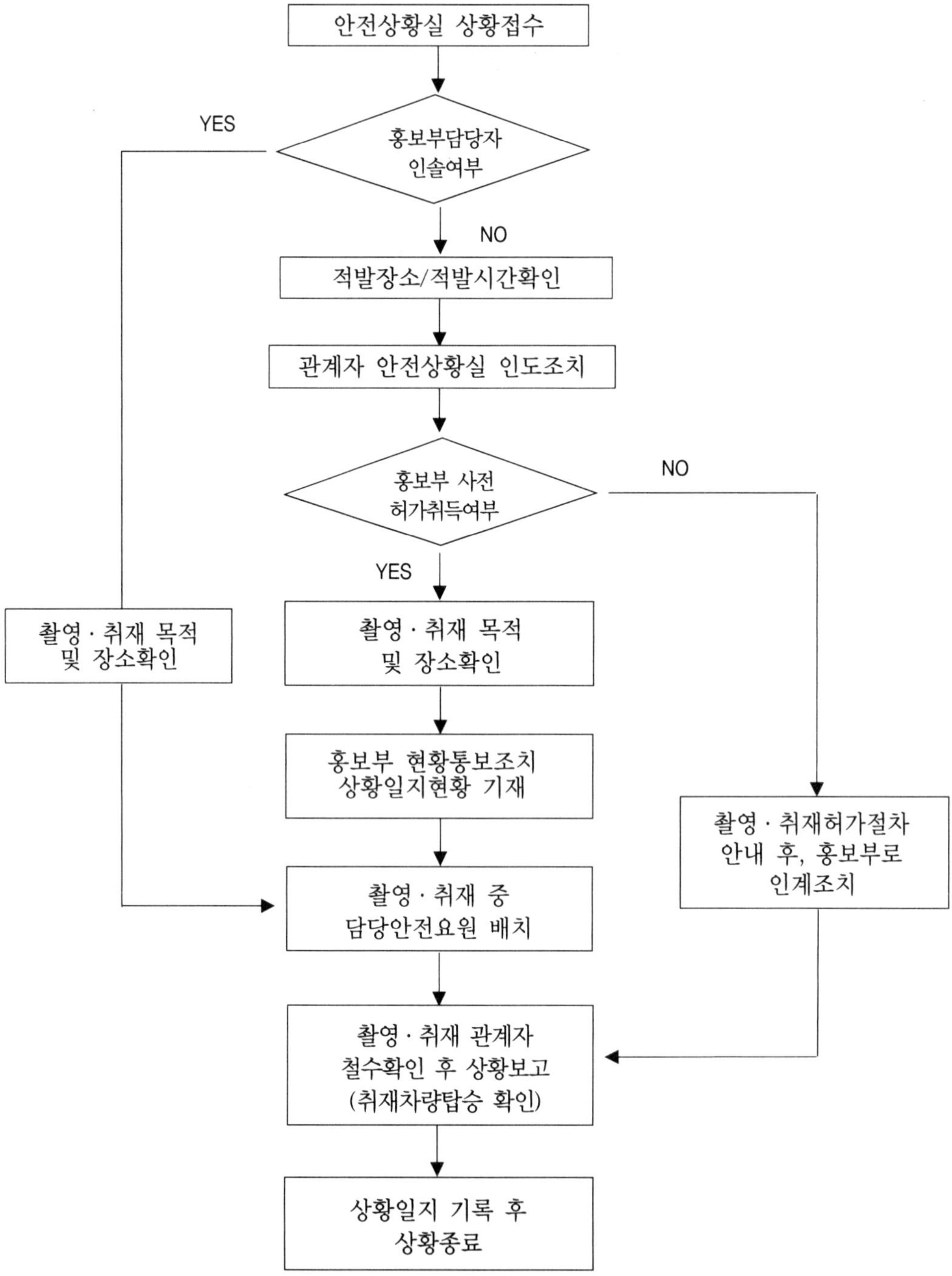

2. 취팅(Cheating) 용의자를 발견하였을 경우

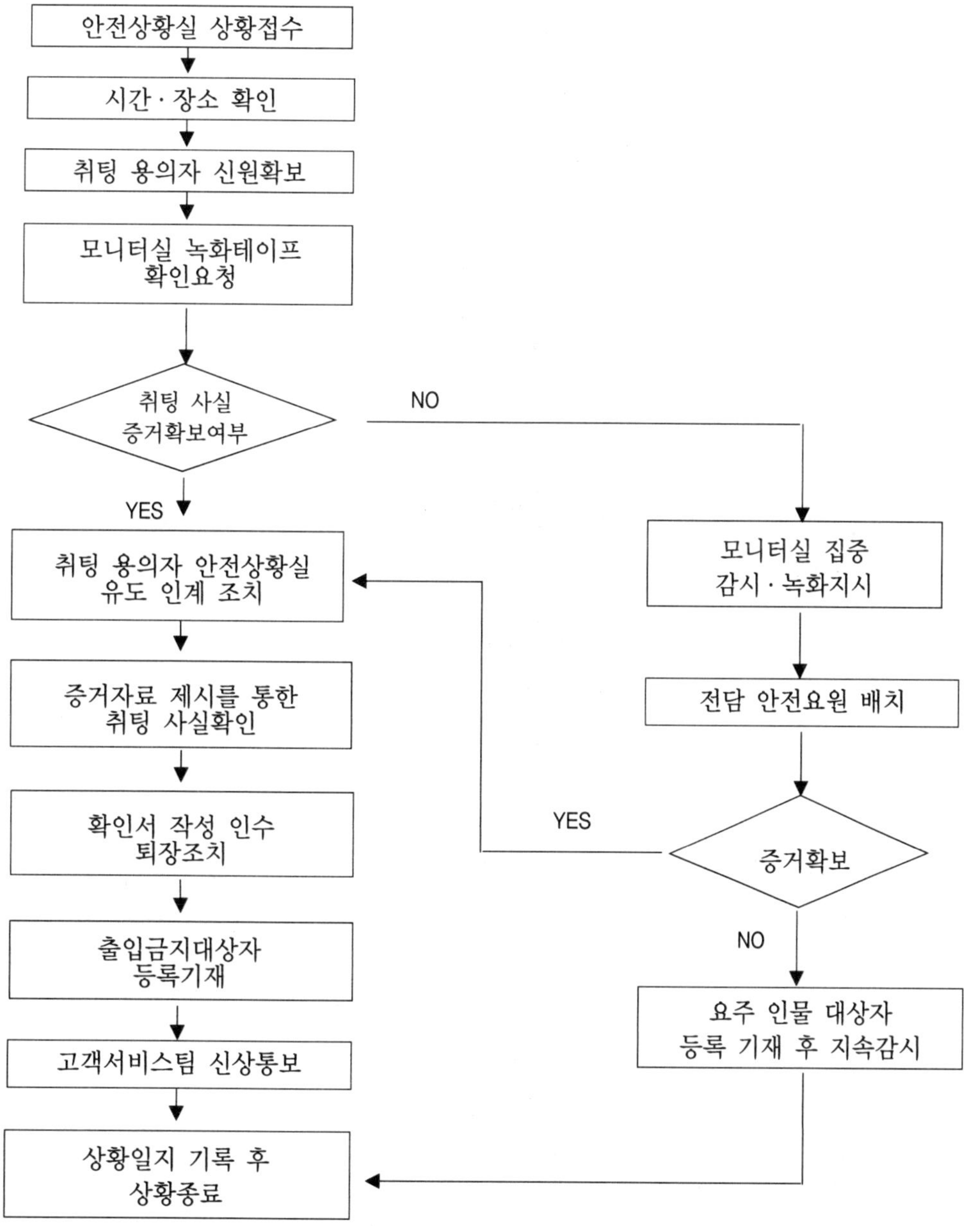

3. 화재발생시

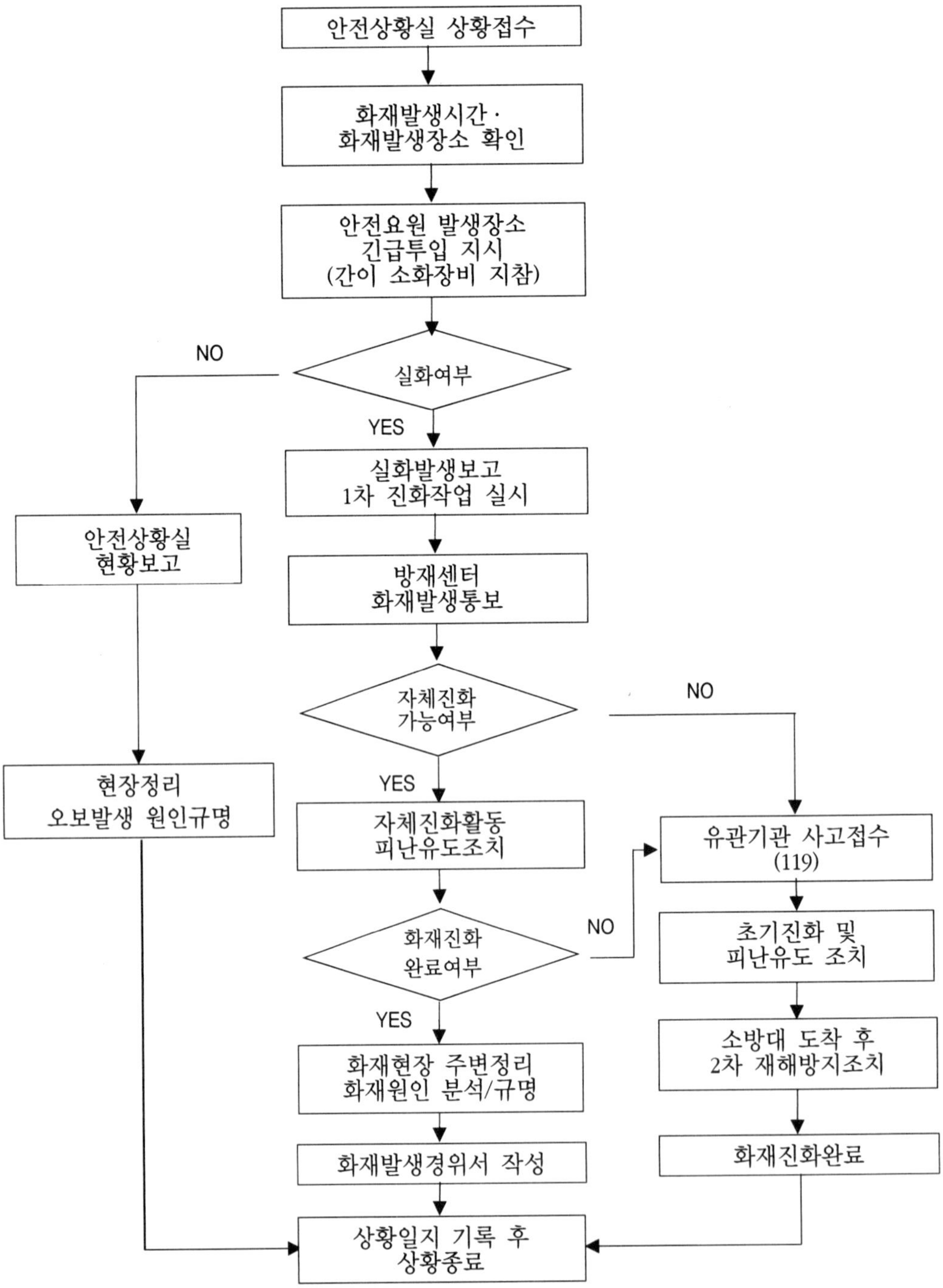
안전상황실 상황접수
화재발생시간 ·
화재발생장소 확인
안전요원 발생장소
긴급투입 지시
(간이 소화장비 지참)
실화여부
NO
YES
실화발생보고
1차 진화작업 실시
안전상황실
현황보고
방재센터
화재발생통보
자체진화
가능여부
NO
YES
현장정리
오보발생 원인규명
자체진화활동
피난유도조치
유관기관 사고접수
(119)
화재진화
완료여부
NO
YES
초기진화 및
피난유도 조치
소방대 도착 후
2차 재해방지조치
화재현장 주변정리
화재원인 분석/규명
화재발생경위서 작성
화재진화완료
상황일지 기록 후
상황종료

4. 영업장 외부에서 폐기카드 발견시

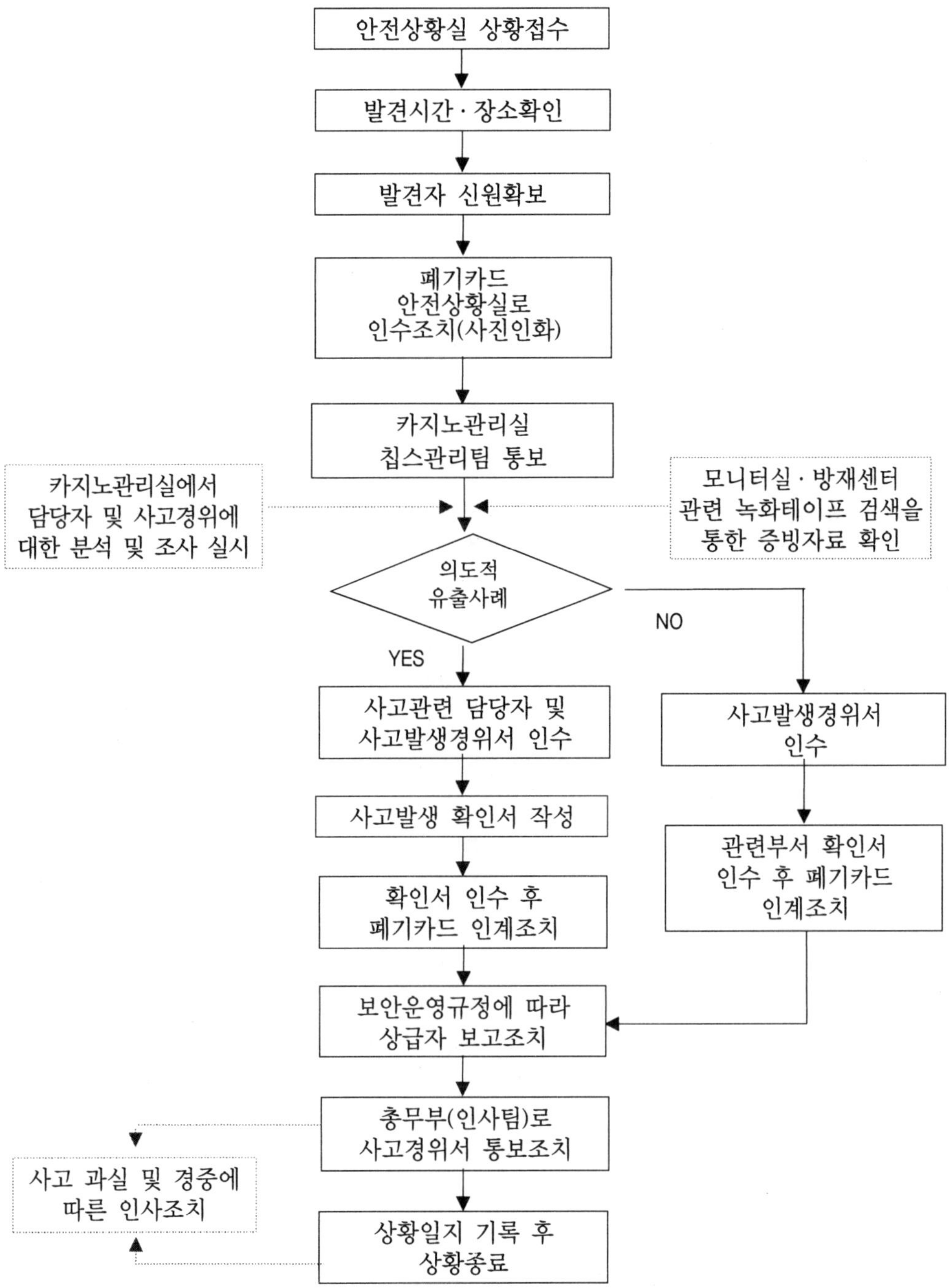

5. 폐기카드 밀봉지내 Chips 발견시

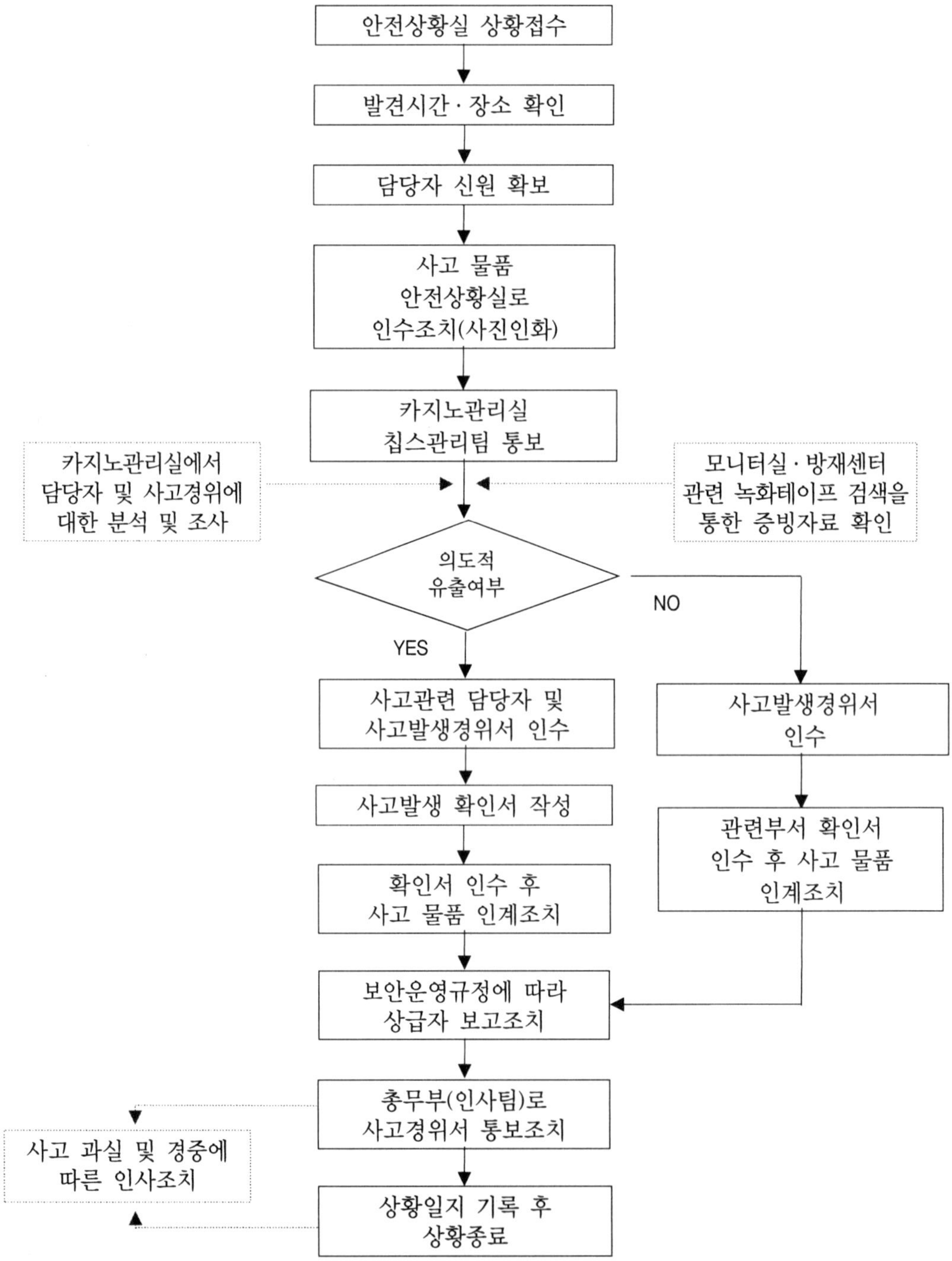

6. Chips 무단반출 적발시

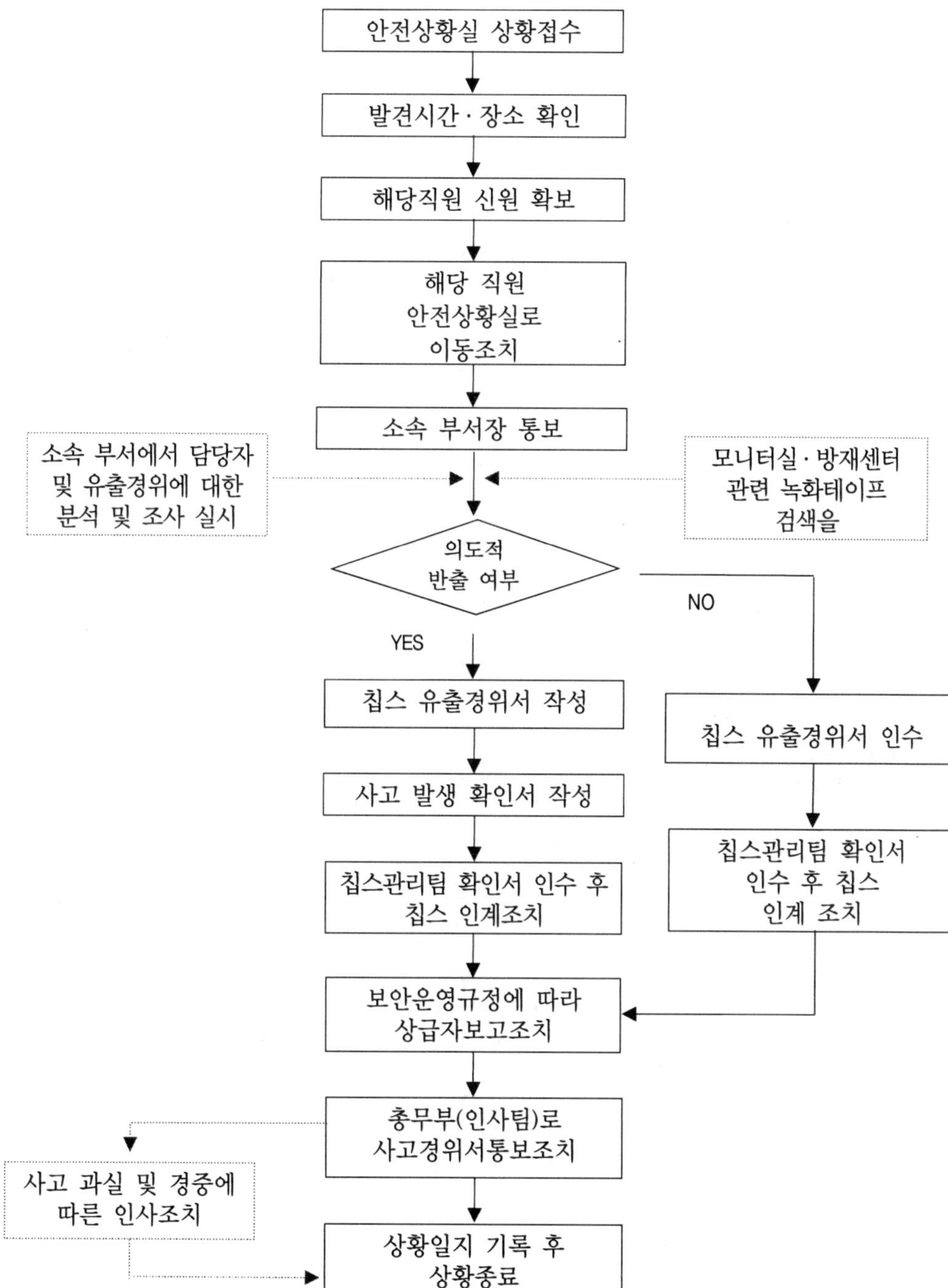

7. 카지노 직원(딜러 · 핏보스 · 플로어퍼슨) 이상 행동 적발시(예 부정, 담합, Mistake 등)

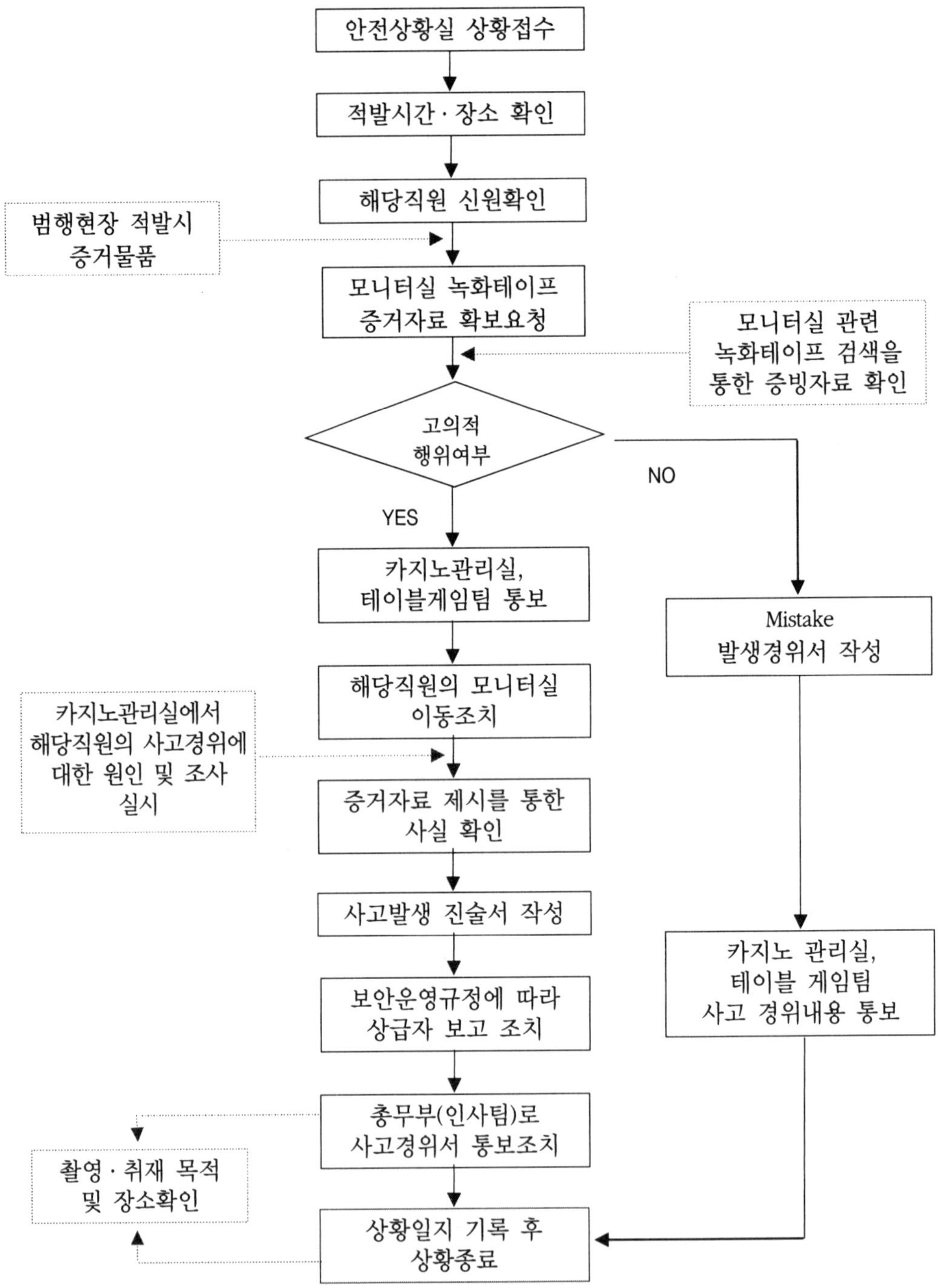

8. 환전팀 · 카운트룸 이상행동 적발시(예 담합, 절도, 계수기 조작, Mistake 등)

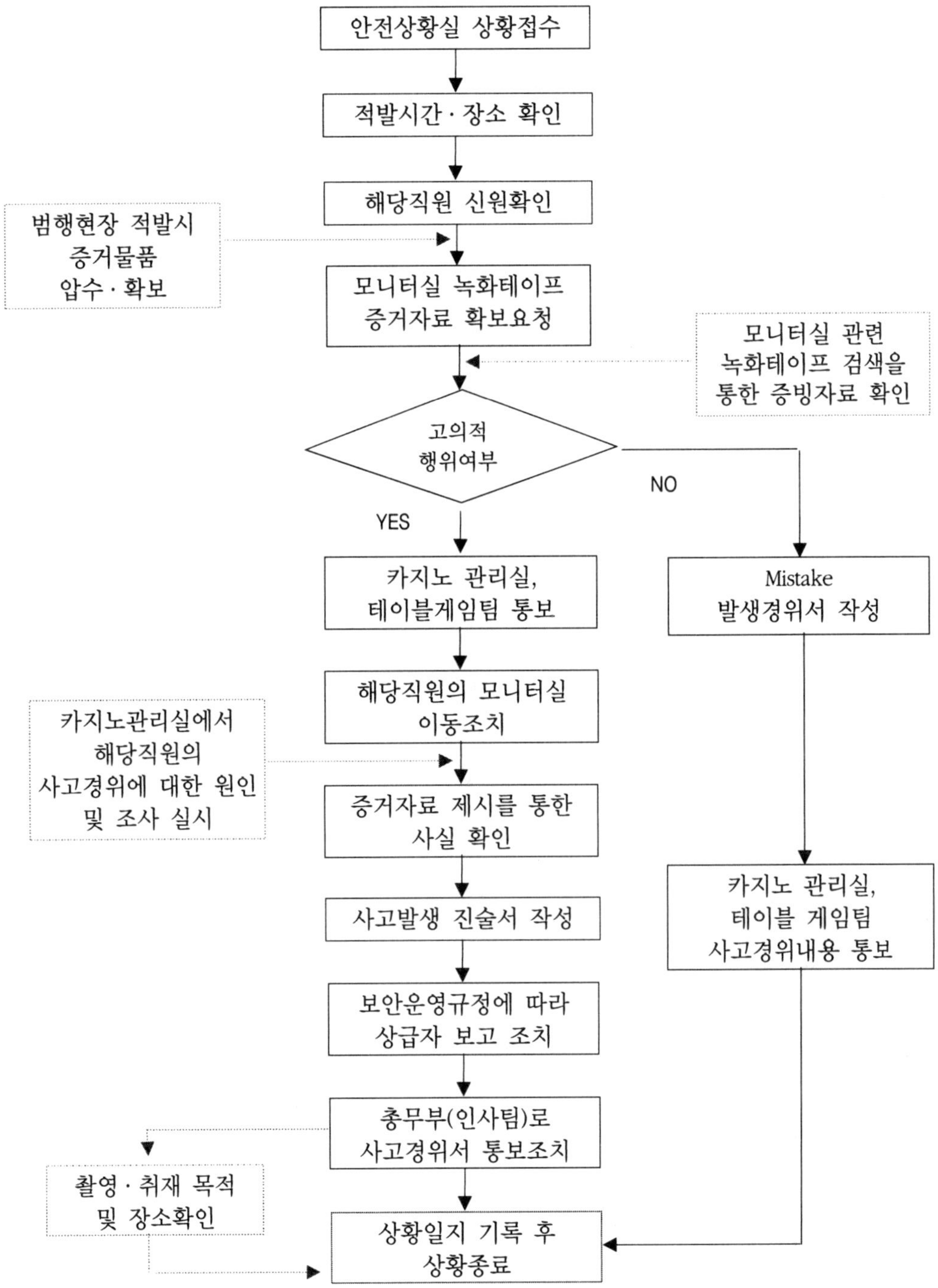

9. 집단행동으로 인한 소요 발생시(예 패싸움, 폭행, 난동 등)

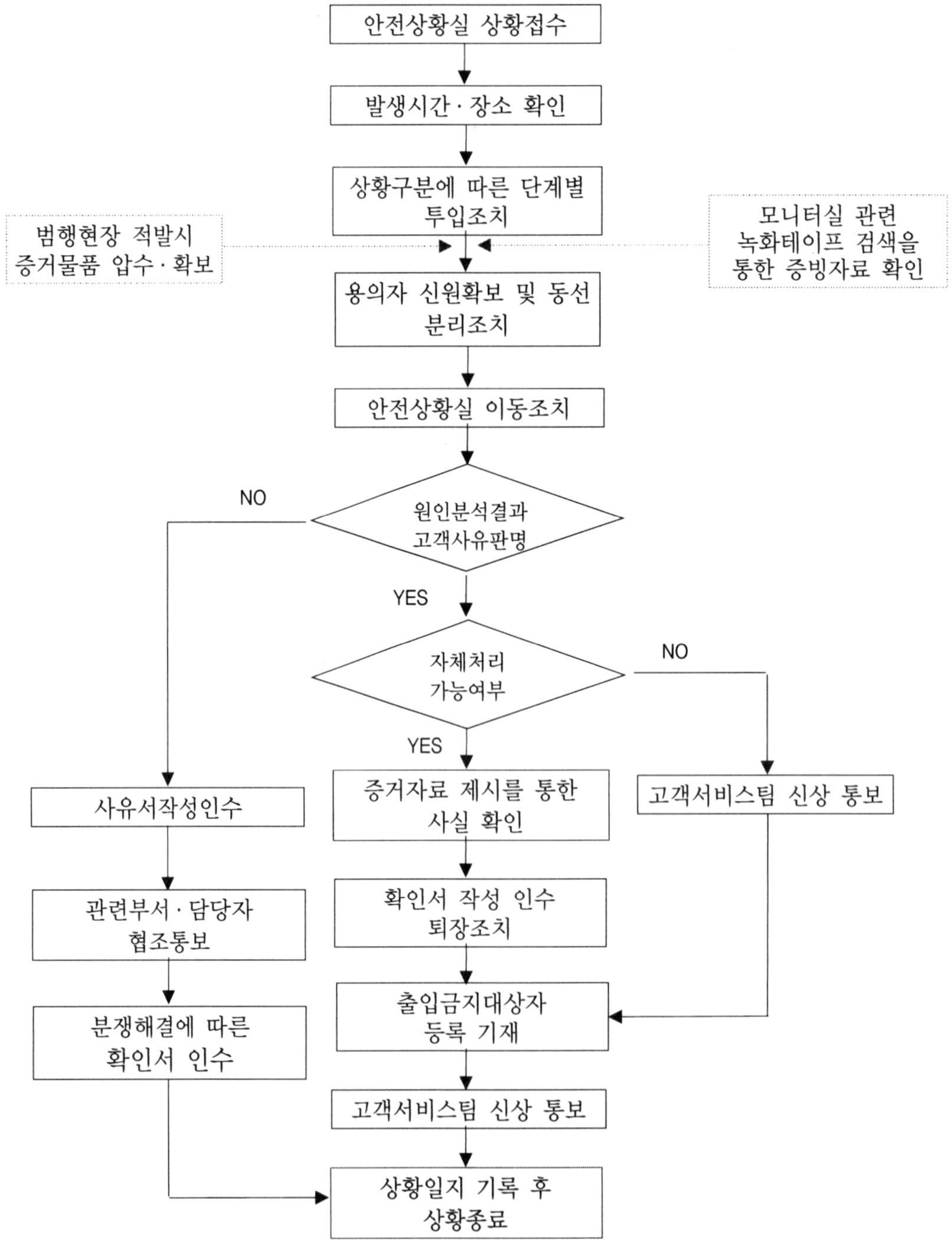

10. 반입금지물품을 소지한 입장고객을 적발했을 경우(예 흉기, 무기, 사진기, 캠코더, 녹음기 등)

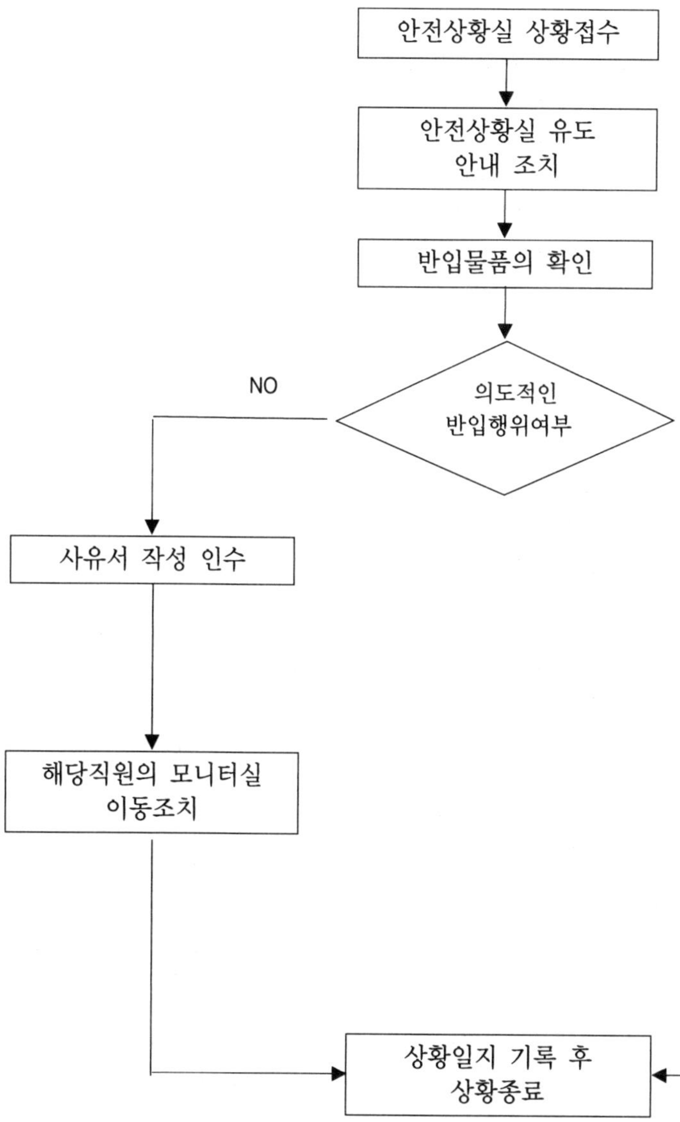

11. 차량 관련 사고 발생시(예 파손, 도난, 사고 등)

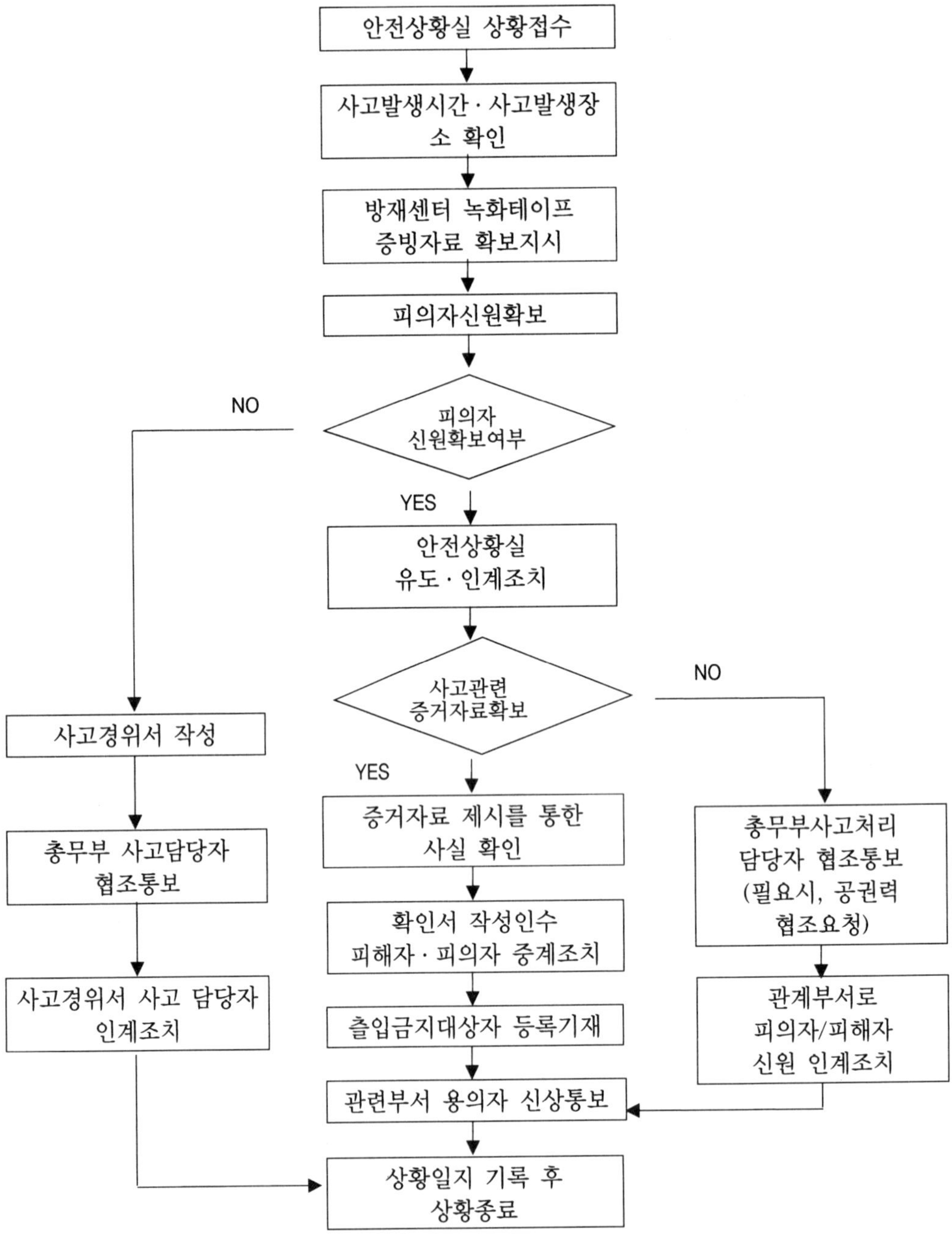

12. 영업장내 사진 또는 캠코더 촬영을 하는 고객을 발견하였을 경우

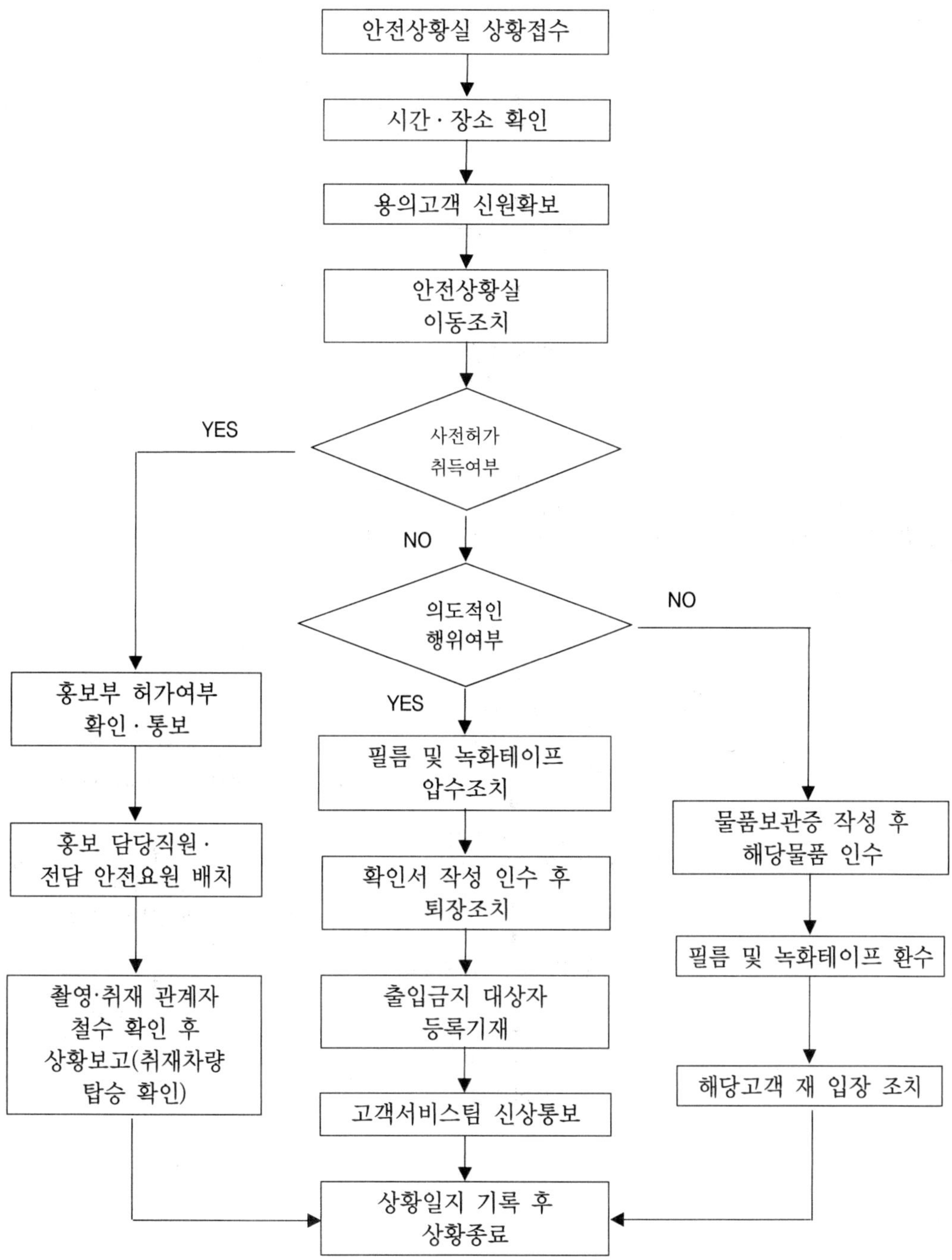

13. 긴급환자 발생시

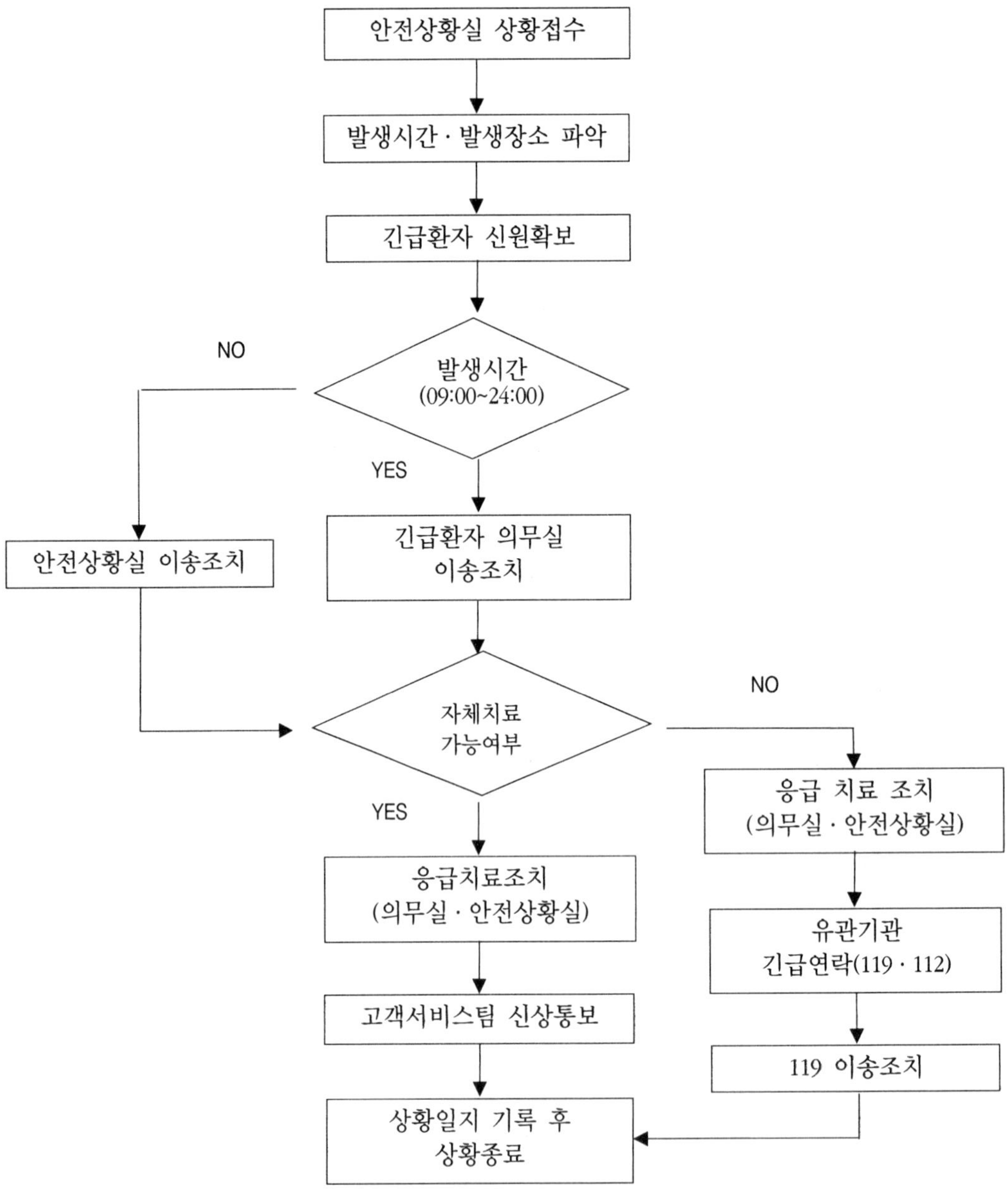
안전상황실 상황접수
발생시간 · 발생장소 파악
긴급환자 신원확보
NO
발생시간 (09:00~24:00)
YES
안전상황실 이송조치
긴급환자 의무실 이송조치
NO
자체치료 가능여부
YES
응급 치료 조치 (의무실 · 안전상황실)
응급치료조치 (의무실 · 안전상황실)
유관기관 긴급연락(119 · 112)
고객서비스팀 신상통보
119 이송조치
상황일지 기록 후 상황종료

14. 엘리베이터 사고 발생시

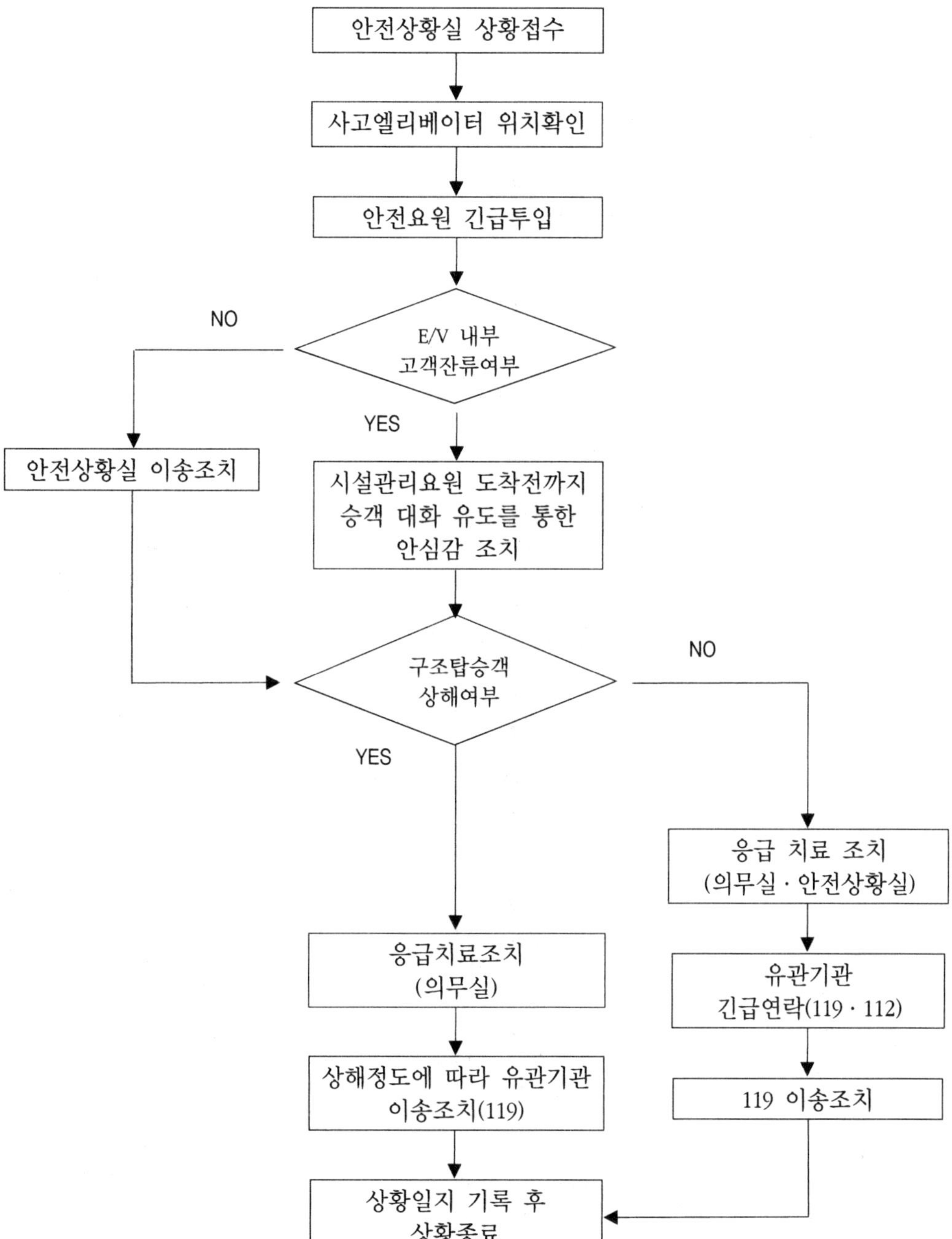

15. 슬롯머신 코인 절취사건 발생시

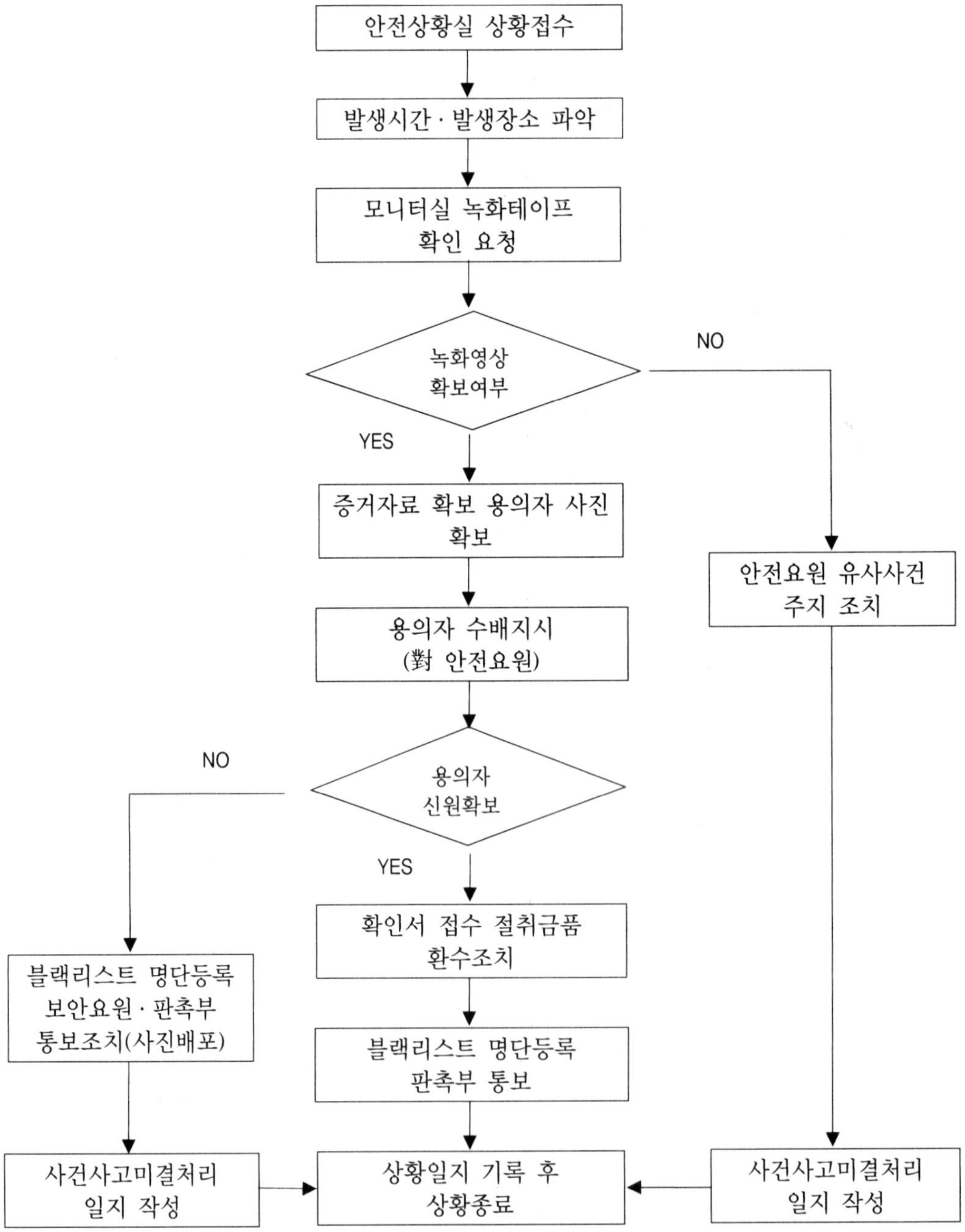

16. 영업에 방해를 주는 관련 인물을 발견하였을 경우(사채업자, 매점 매석자 등)

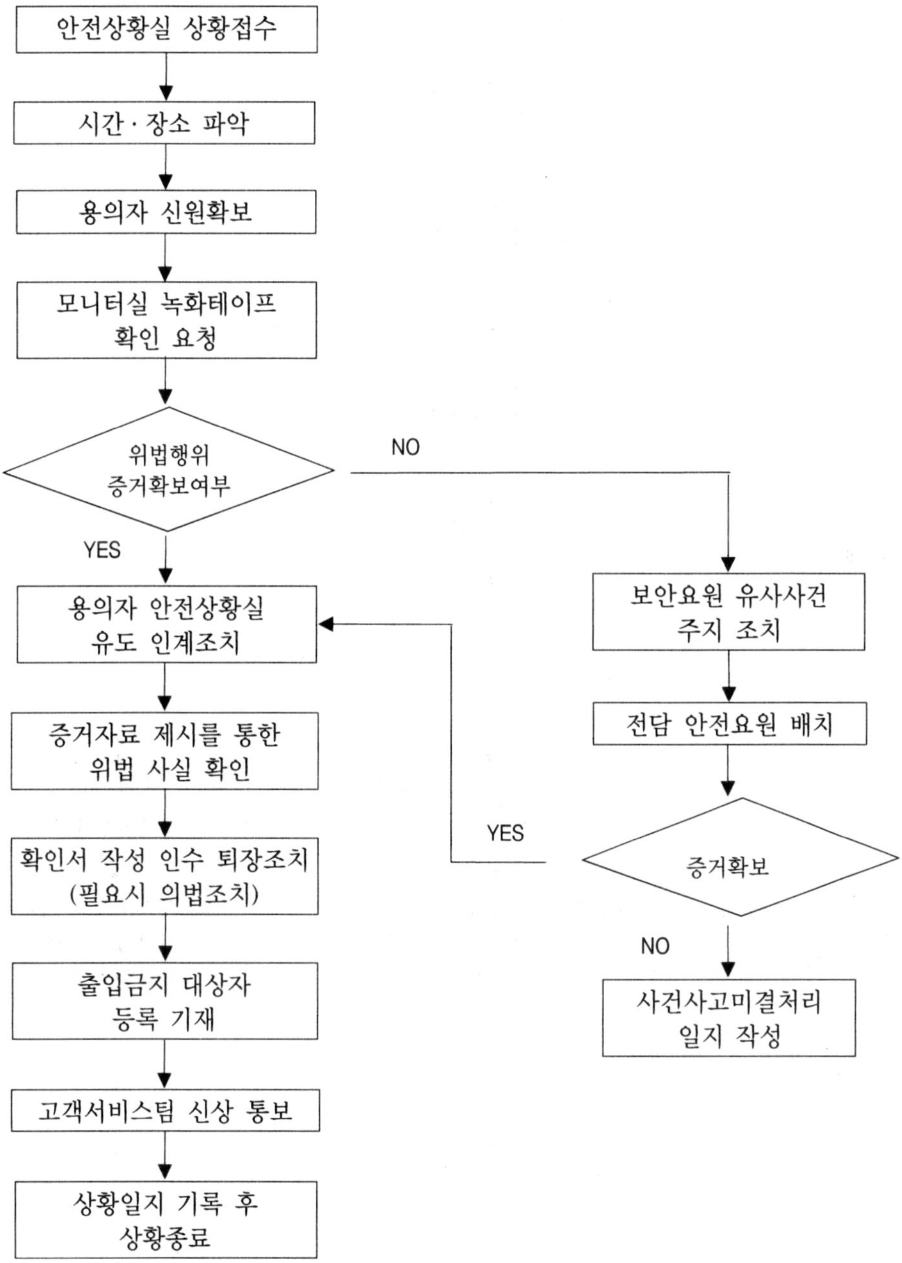

17. 호텔 내 도난 · 절도사고 발생시

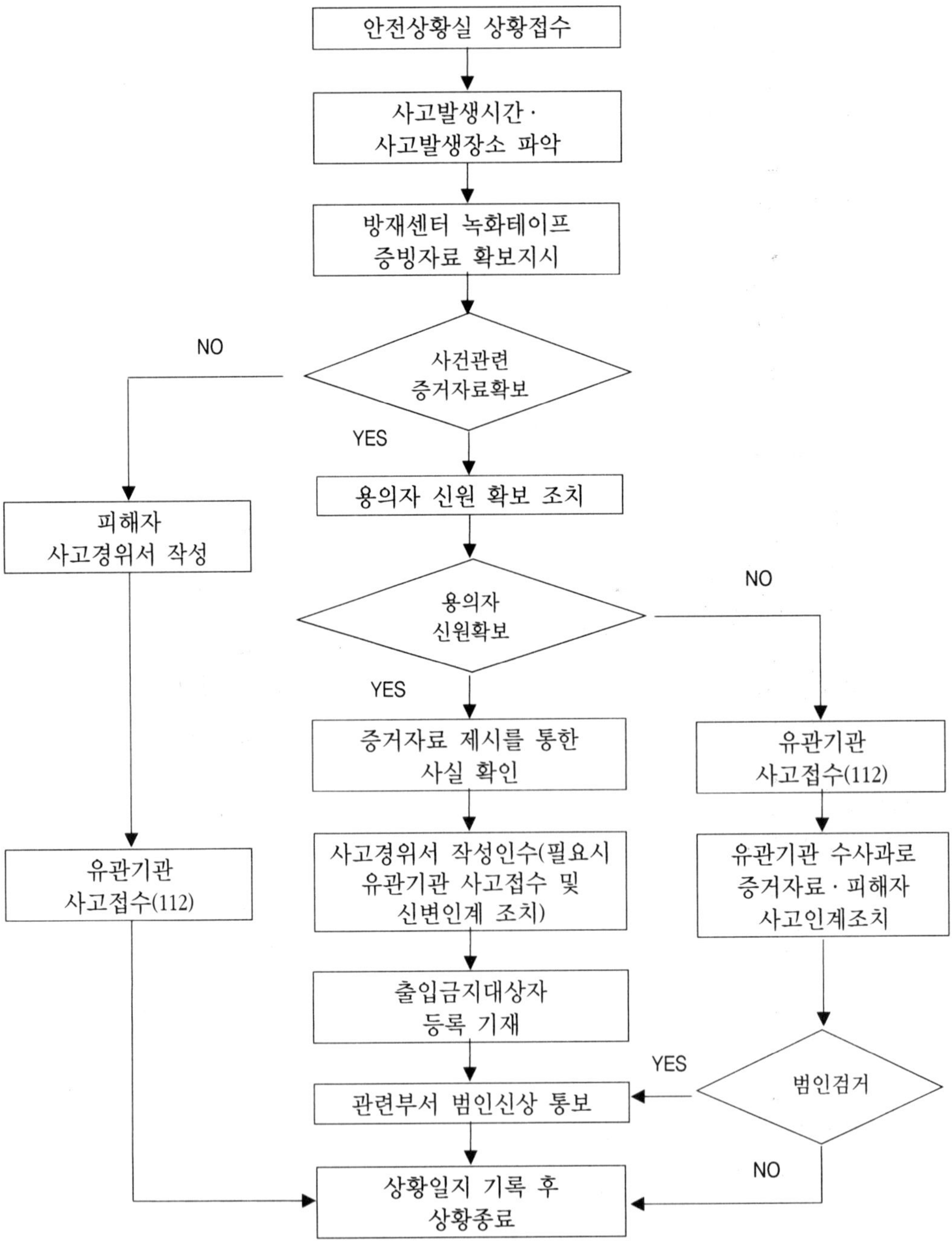

18. 고객 실종신고 접수시

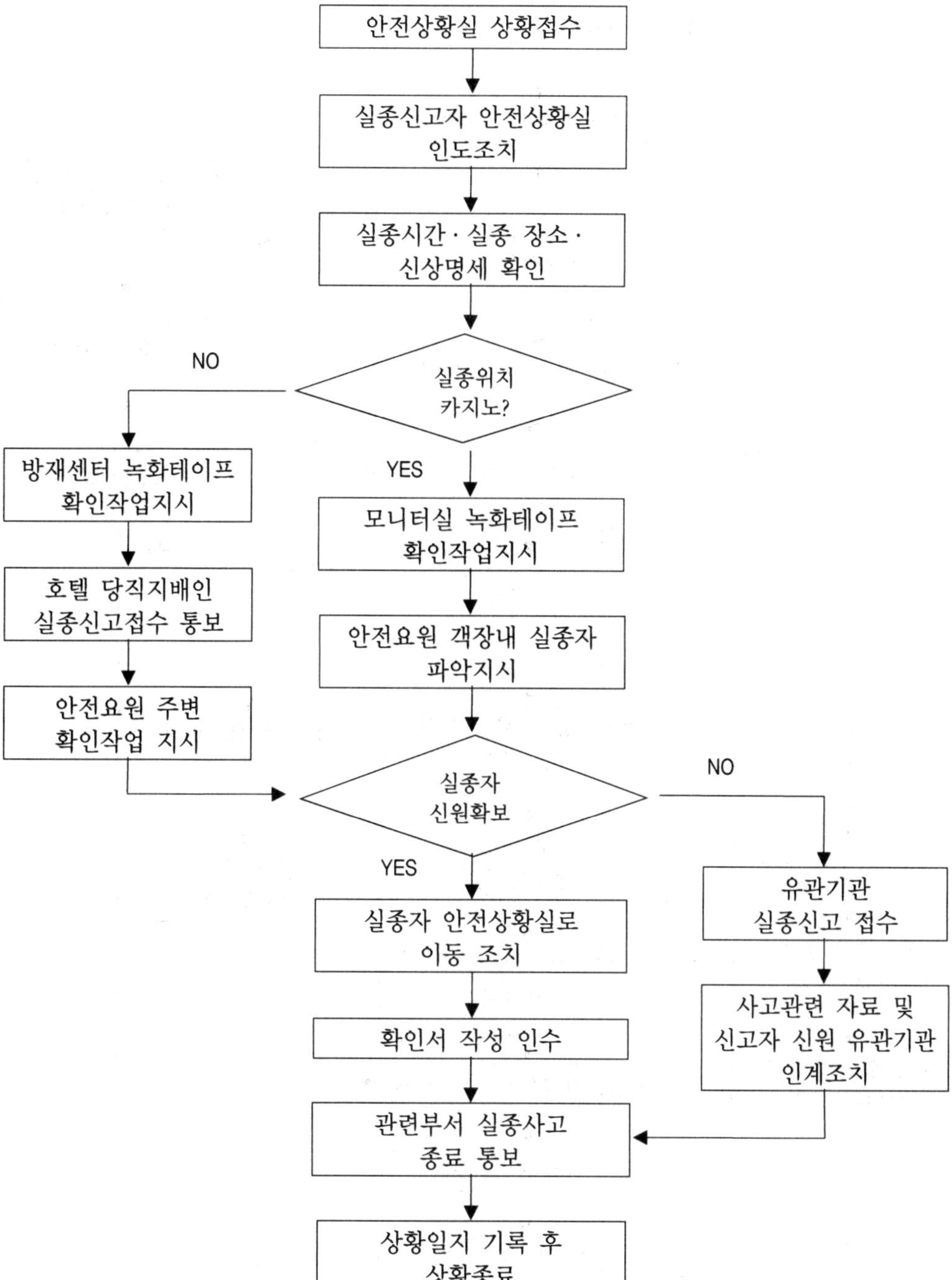

19. 고객의 게임장비 파손 발견시

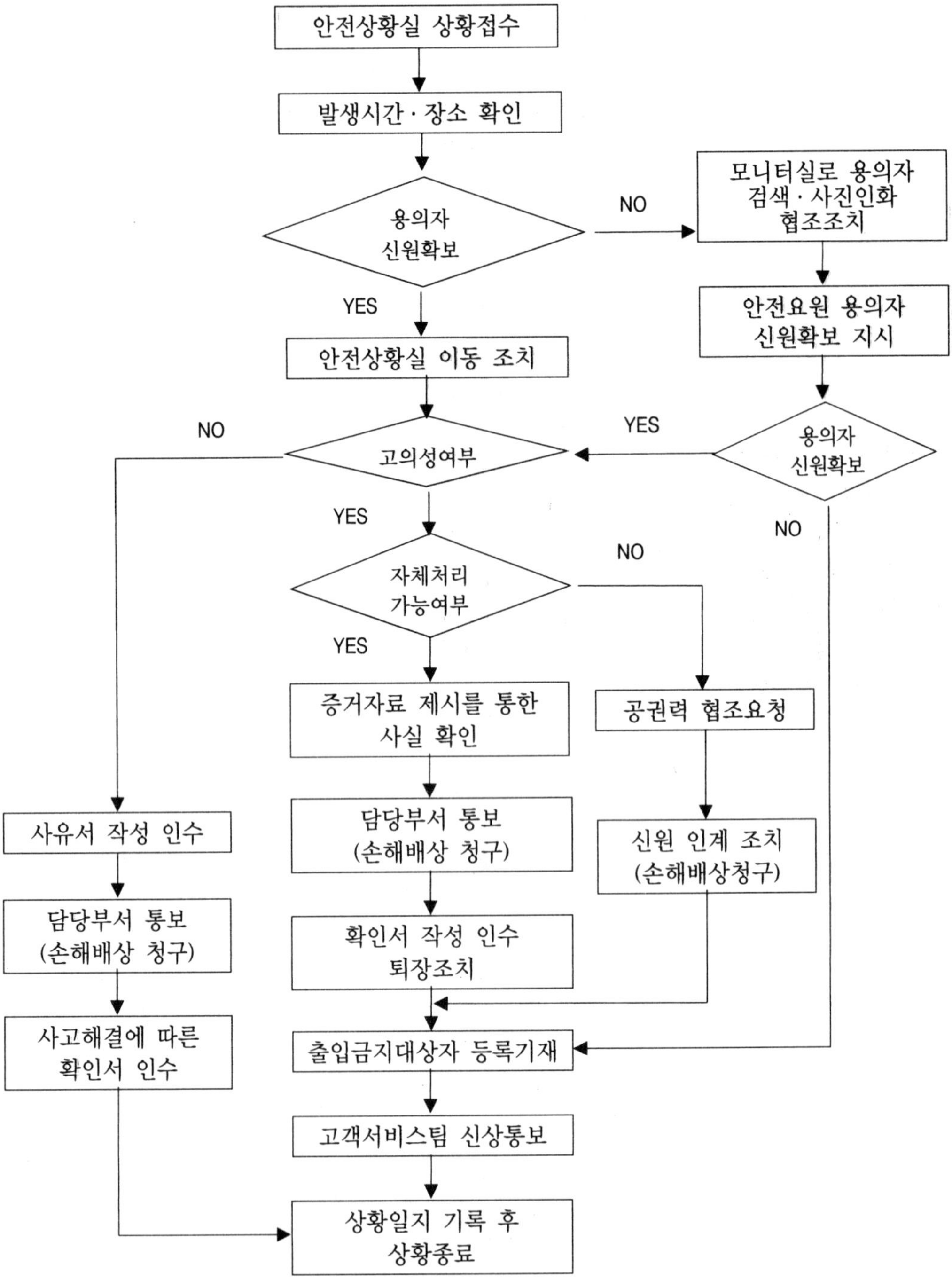

20. 출입금지조치자의 영업장 출입 적발 경우

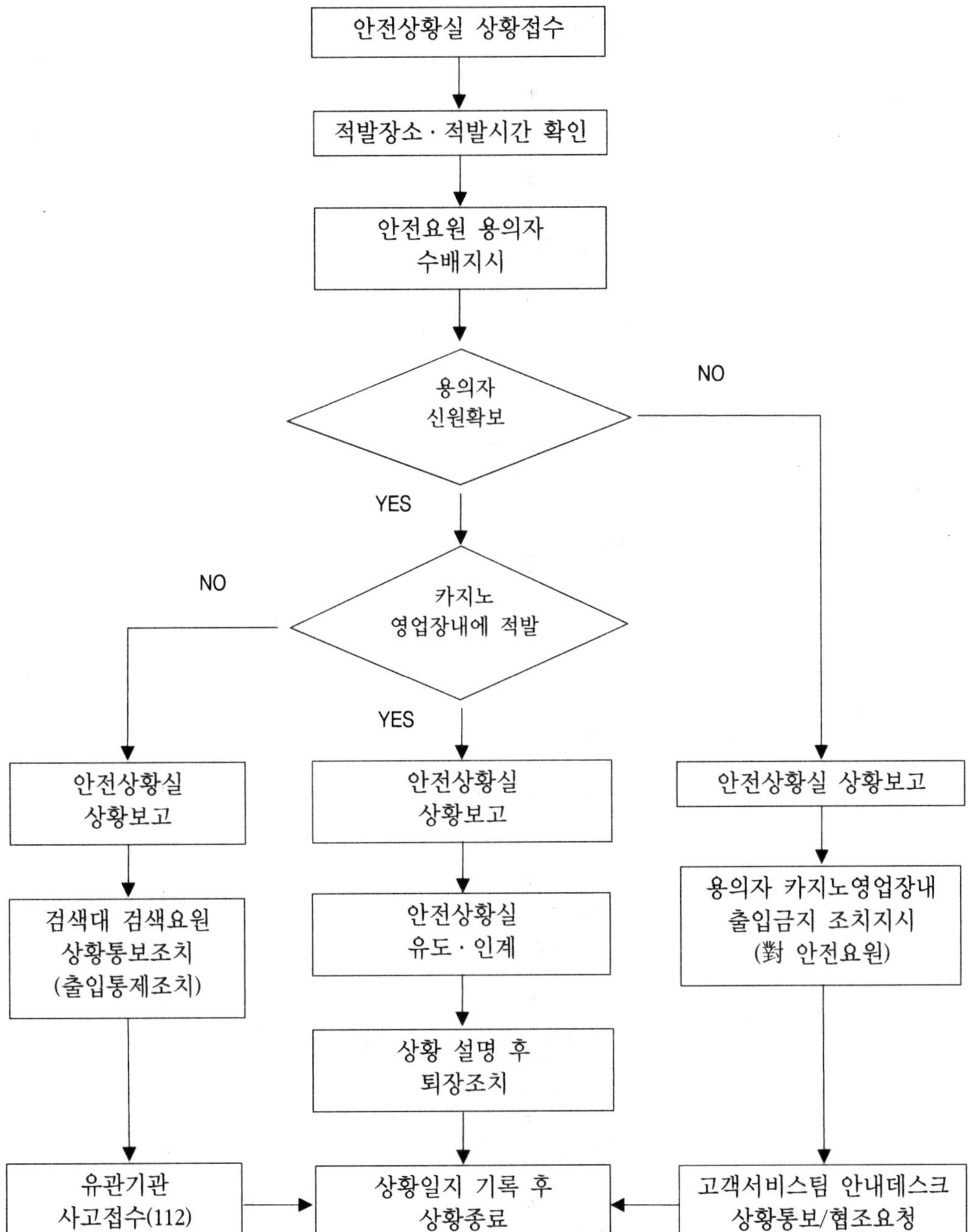

21. 카지노 영업내에서 소란을 피우는 경우(예 난동, 자해행위 등)

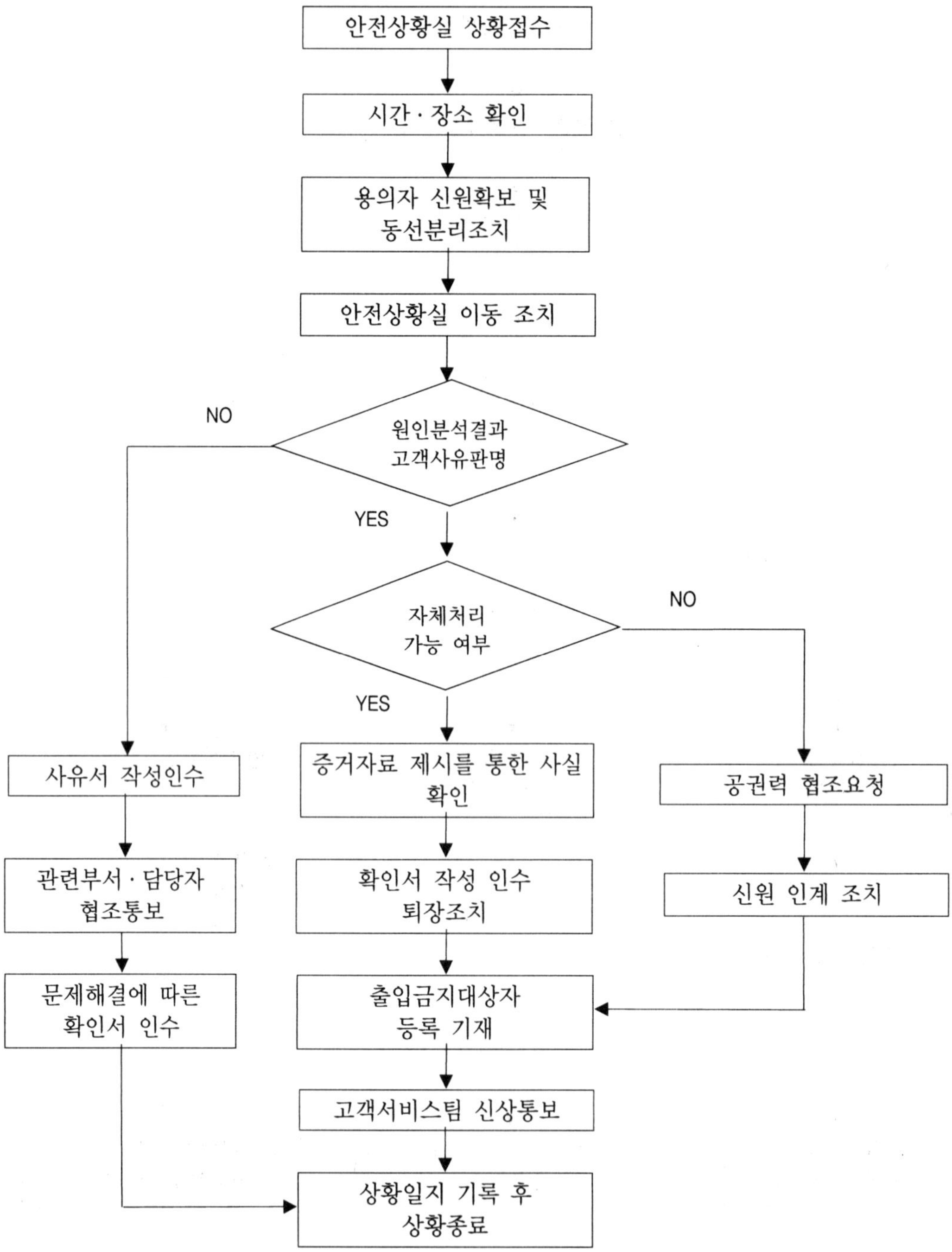

22. 카지노 영업장내 고객간 분쟁이 발생하였을 경우

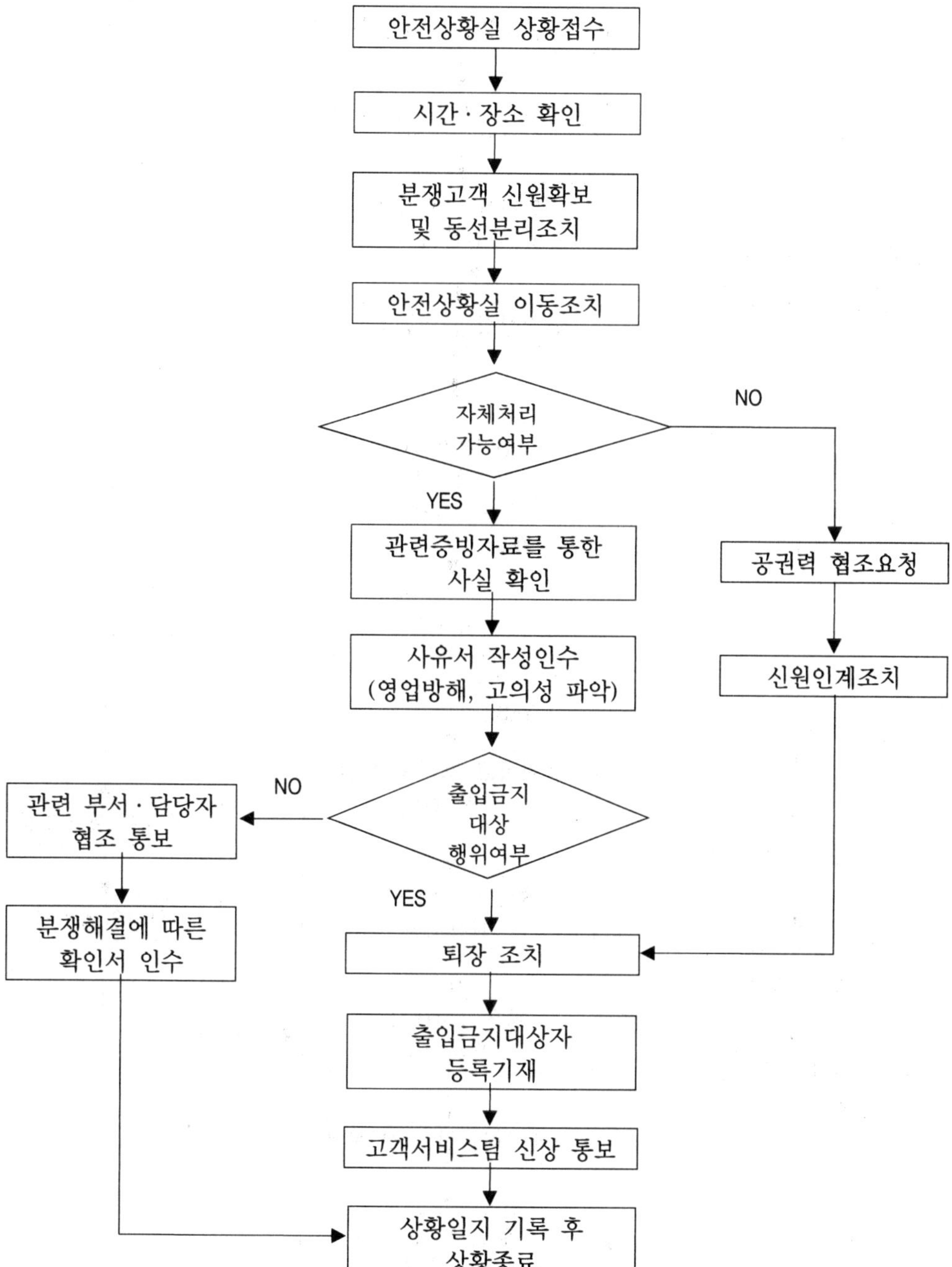

23. 고객의 비정상적인 행동시(예 Chips 뿌림, 딜러 성희롱 등)

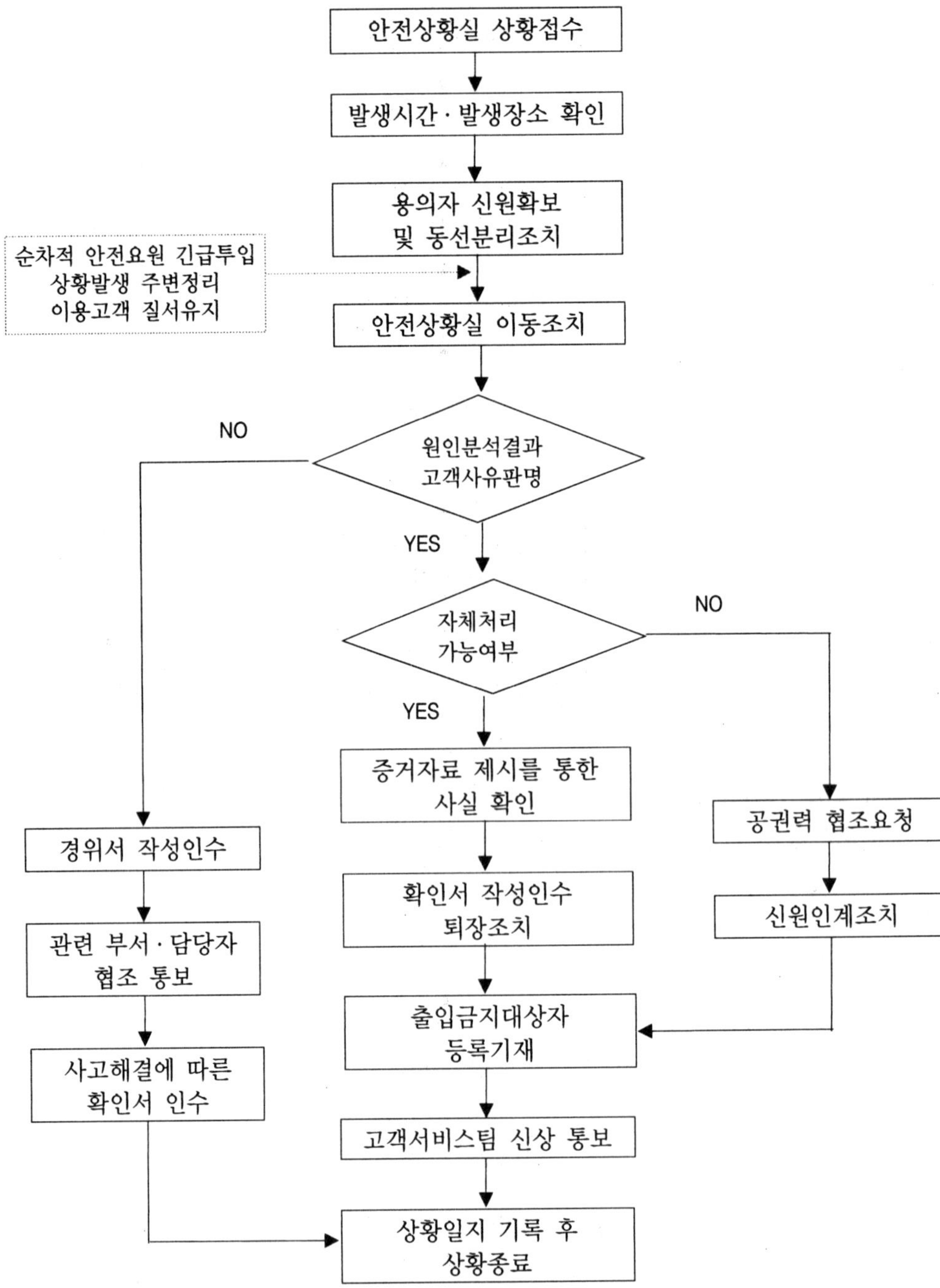

24. 전단 배포자 적발시(예 사채, 출장마사지, 암표 등)

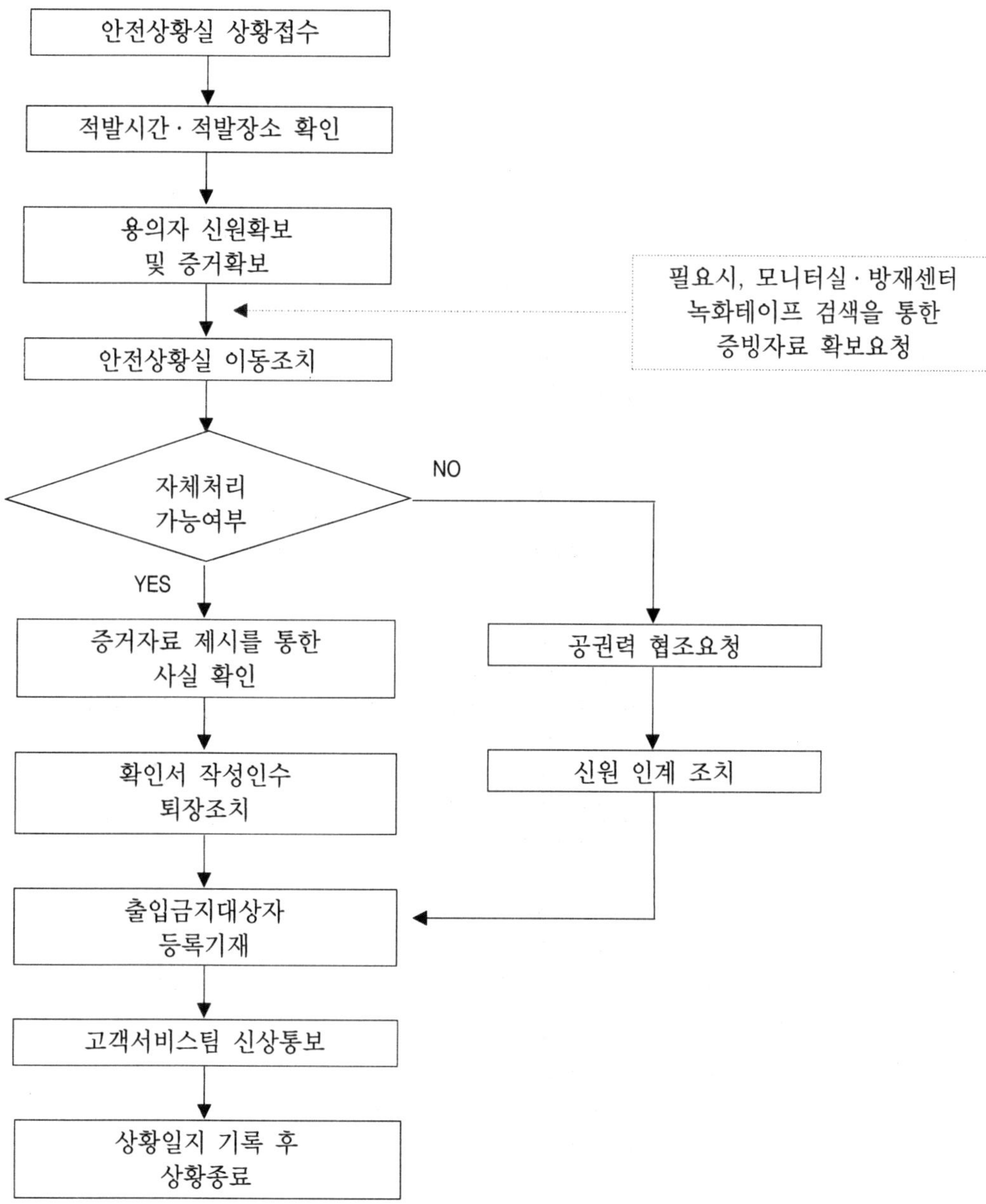

25. 테이블 게임팀에서 고객 사진전사 요청시

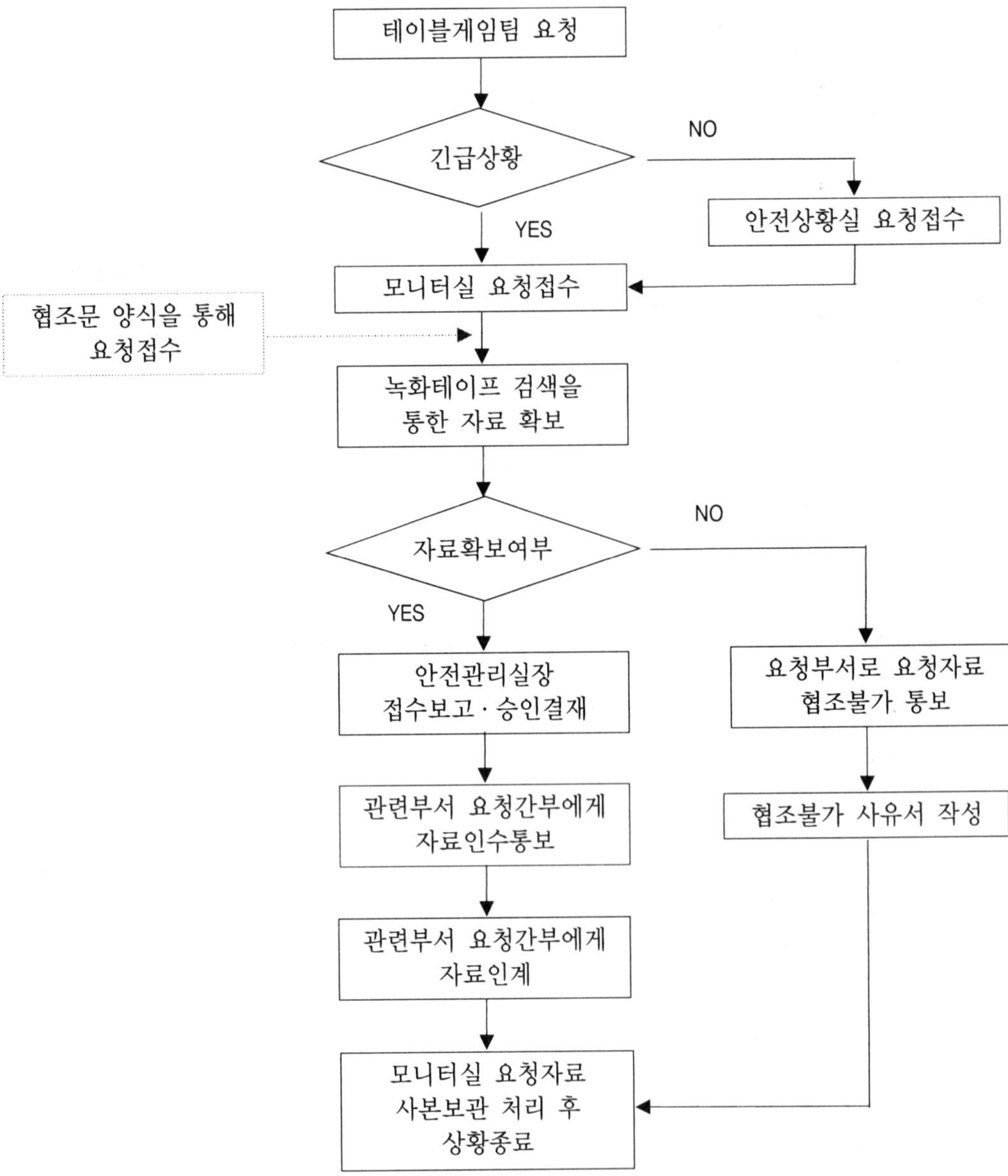

26. 테이블 게임팀에서 녹화테이프 확인 요청시

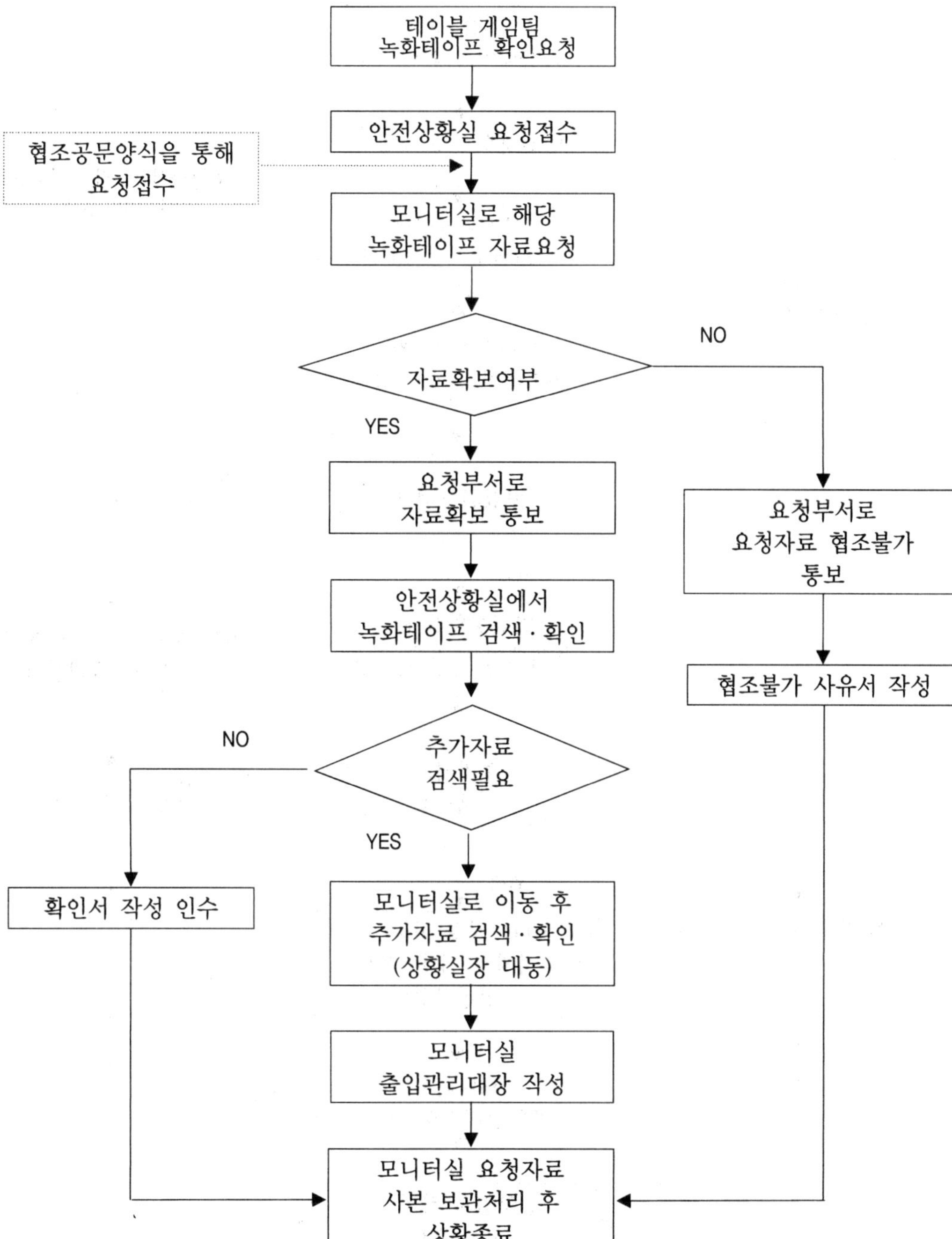

27. 고객의 녹화테이프 확인 요청시

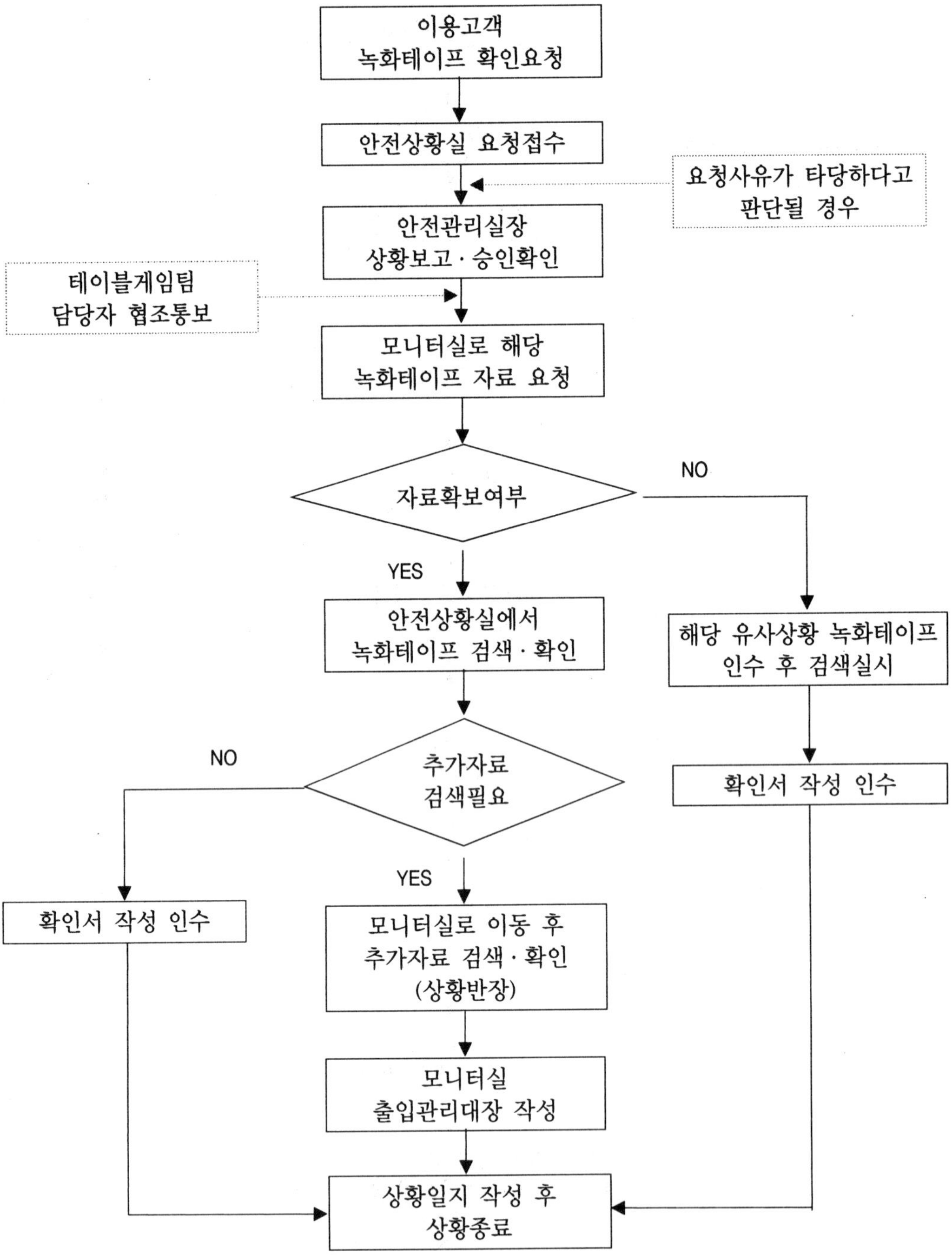

아) 사법처리대상 관련 법규

구분		형법법규	비고
1	살인죄	① 보통 살인죄(제250조 제1항) ② 영아 살인죄(제251조) ③ 촉탁, 승낙 살인죄(제252조) ④ 위계, 위력에 의한 살인죄(제253조)	
2	상해죄	① 상해죄(제257조 제1항)	
3	상해와 폭행의뢰	① 상해죄 및 상해미수(제250조 제1,2,3항) ② 중상해(제258조 제1,2,3항) ③ 상해치사(제259조 제1,2항) ④ 폭행(제260조 제1항) ⑤ 특수폭행(제260조 각 죄명) ⑥ 상습폭행(제257조, 제258조, 제260조, 제261조 각 죄명)	
4	과실치사상의 죄	① 과실치상(제266조) ② 과실치사(제267조) ③ 업무상 과실 치사상(제258조)	
5	체포와 감금의 죄	① 체포, 감금죄(제276조 제1항) ② 중체포 감금죄(제277조) ③ 특수체포 감금죄(제278조) ④ 상습체포 감금죄(제279조)	
6	협박의 죄	① 협박죄(제283조 제1항) ② 특수 협박죄(제284조) ③ 상습 협박죄(제285조)	
7	약취와 유인죄	① 미성년자 약취, 유인죄(제258조) ② 추행, 간음, 영리목적 약취, 유인죄(제288조 제1항)	
8	정조에 관한 죄	① 강간죄(제297조) ② 강제추행죄(제298조) ③ 준강간, 준강제추행죄(제299조)	
9	주거침입의 죄	① 주거 침입죄(제319조) ② 퇴거 불응죄(제319조) ③ 특수 주거침입죄(제320조)	

10	권리행사를 방해하는 죄	① 강요죄(제324조) ② 점유 강취죄(제325조 제1항) ③ 특수 절도죄(제325조 제2항)	
11	절도의 죄	① 절도죄(제392조) ② 야간 주거침입 절도죄(제330조) ③ 특수 절도죄(제331조) ④ 자동화 등 불법 사용죄(제331조 제2항) ⑤ 상습 절도죄(제332조)	
12	강도의 죄	① 강도죄(제333조) ② 특수 강도죄(제334조) ③ 준강도죄(제335조) ④ 강도 상해죄(제337조) ⑤ 강도 살인죄(제338조) ⑥ 강도 강간죄(제339조) ⑦ 상습 강도죄(제341조)	
13	사기의 죄	① 사기죄(제347조) ② 컴퓨터 등사용 사기죄(제347조 제2항) ③ 준 사기죄(제348조) ④ 편의시설 부정 이용죄(제348조 제2항) ⑤ 상습 사기죄(제351조)	
14	공갈죄	① 공갈(제257조 제1항) ② 상습 공갈죄(제351조)	
15	횡령의 죄	① 횡령죄(제355조 제1항) ② 업무상 횡령죄(제356조)	
16	배임의 죄	① 배임죄(제355조 제2항) ② 업무상 배임죄(제356조) ③ 배임 수중죄(제357조)	
17	손괴의 죄	① 재물, 문서 손괴죄(제366조) ② 공익건조물 파괴죄(제367조) ③ 특수 손괴죄(제369조)	

(2) 구급처치

근무 중 생각지도 못한 재해가 일어나 그 현장에서 피해자를 구출해야만 하는 사태에 직면할 경우도 있다. 구급처치(救急處置)란 이와 같은 부상자나 응급환자에 대해 의사에게 인수될 때까지 시간을 허비하지 않고 정확히 행해야 하는 일시적인 수단인 것이다.

가) 구급처치의 터득

(1) 안전요원이 행하는 구급처치는 단순히 붕대를 말거나, 부목을 대거나 하는 처치뿐만 아니라, 환자의 심리적 · 정신적인 것에도 중요하다.

(가) 환자를 북돋우고, 용기를 주는 적절한 단어로 응대한다.

(나) 자신에 찬 태도를 보인다.

(다) 능숙한 수단의 좋은 처치를 한다.
이것은 환자에게 안심을 줌과 동시에 안전요원의 구급처치를 성공시키는 조건이다.

(2) 안전요원의 처치는 환자가 의사에 손에 인계될 때까지이므로 의사가 행하는 의료행위와는 엄격히 구별되지 않으면 안된다.

(3) 우리의 경우 환자의 구조는 물론이지만 사고현장의 정세 전반의 해결에 대해서 전문가로서 관계된다는 것을 잊어서는 안된다.

(가) 구경꾼, 다른 종업원 등을 지휘해서 환자의 구조에 필요한 환경을 준비한다.

(나) 구급차 수배를 지시한다.

(다) 사고현장을 보전해서 사고원인의 조사나 사고보고서의 작성에 필요한 상태를 보존한다.

(라) 상해사건과 같은 경우 부상자가 의식을 잃지 않는 중에 경찰에게 통보해야 할 내용을 물어둔다.

(마) 목격자에게 정확한 상황을 듣는다. 이와 같은 모든 것을 포함한 처치가 안전요원이 현장에서 행하는 구급처치이다.

나) 사고현장의 행동

사고현장에서 우선 필요한 것은 침착, 냉정함, 기민함, 정확함 등이다. 다음으로 필요한 것은 자신을 포함한 많은 사람들이 구급작업에 정신이 없으므로 똑같은 제2의 사고가 그 주위에서 일어나지 않도록 주의하는 것이다. 안전요원이 직접 사고의 현장을 목격하지 않은 경우 반드시 환자 또는 목격자로부터 사고의 상태를 듣고 구급처치를 행한다. 진행방식의 순서와 각 스텝에 있어서 주의사항은 다음과 같다.

(가) 환자를 일으켜 세우지 않는다.

(나) 환자의 상태, 부상의 정도를 조사해 용기를 준다.

(다) 의료기관, 119나 1339번으로 신속히 연락한다.

(라) 환자를 함부로 움직이지 않는다.

(마) 재해, 식중독, 복통 등인 경우에는 주위의 상황이나 증거가 되는 것을 보존한다.

다) 상병자의 관찰

응급처치를 하는데 있어 상병자의 용태는 가능한 정확히 관찰해야 한다.

(1) 관찰의 절차

(가) 우선 출혈, 의식, 호흡, 맥박, 쇼크(shock) 등을 관찰한다.

(나) 다음으로 부상, 출혈, 그 이외의 상태를 관찰한다.

(2) 관찰의 방법

(가) 출혈의 정도

① 동맥성 출혈 : 뿜어 나오는 듯한 출혈 → 신속하게 응급처치를 할 필요가 있다.

② 정맥성 출혈 : 솟는 듯이 나오는 출혈 → 양이 많으면 실혈사 할 우려가 있다.

③ 모세관 출혈 : 스며들 듯이 나오는 출혈

④ 두부에서의 출혈은 처음에 다량이라도 점차 그치는 것이 많으므로 침착히 처치를 한다.

⑤ 몸 내부의 출혈은 외부에서 보는 것만으로는 좀처럼 알 수 없다.

(나) 의식을 보는 방법

의식이 있는지 없는지는 우선 말을 걸어보고, 의식이 있다면 응답이 있으므로 이때는 계속해서 안심하는 말을 걸어준다. 응답이 없으면 의식이 없다고 판단한다.

① 의식의 침해상태는 다음의 정도로 나눌 수 있다.

㉮ 가벼운 상태 : 주위의 움직임에 흥미가 없고, 멍청해져서 부르면 즉시 반응은 없지만 무언가 대답이 나온다.

㉯ 조금 무거운 상태 : 주위에 대해서도 전혀 무관심이며, 힘이 없고 수족이 조금씩 움직이며 무리하게 누르면 심하게 거절한다. 또 헛소리를 하기도 한다(반 혼수상태).

㉰ 무거운 상태 : 수족을 꼬집어도 완전히 반응을 멈추며 눈꺼풀을 찔러도 반사적으로 움직이지 않고, 동공은 수축되며 모르는 사이에 오줌을 싸기도 한다.

② 의식의 침해정도를 보기위해 아픔을 주는 경우도 있다.

③ 응답이 없다고 해서 몸을 함부로 흔들거나 때리거나 해서는 안된다.

(다) 호흡을 보는 방법

가슴이 상하로 움직이고 있는가를 확인하고 확실하지 않을 때는 코나 입으로 손바닥 또는 뺨을 갖다대고 나오는 숨을 느낀다.

① 호흡 없음 : 호흡정지

② 심하게 헐떡임 : 기도폐색, 심부전

③ 호흡시마다 선혈, 혈성기포 : 폐장해

(라) 맥박을 보는 법

맥박은 심기능의 지표이다. 정상인의 맥박수는 성인이 1분간 60~80회, 소아가 80~100회이다. 맥박은 일반적으로 손목으로 측정하지만 목마디의 경동맥에서 맥을 짚어보는 것이 가장 알기 쉽고 확실한 것이다.

① 맥박 없음 : 심장정지

② 빠름, 느림 : 공포, 고혈압

(마) 골절을 보는 방법

외견상으로 변형이나 뼈의 단이 나와 있으면 골절이다. 벗겨진 것이 심하게 나와 있을 때나 움직이거나 닿을 때에 심하게 고통이 있는 것은 골절의심이 있다고 판단해야 한다.

(바) 동공

동공은 심장이나 중추신경계의 상태가 지표가 된다. 좌우 동공의 윤곽이 규칙적이고 같은 크기로 빛이 반응하는 것이 정상이다.

① 산동 : 의식장해
② 축동 : 중추신경장해, 약제사용
③ 부동 : 두부외상, 뇌졸중

라) 쇼크(SHOCK)

쇼크(SHOCK)란 급격히 가해진 가격에 의해 혈액순환이 혼란되고 충분한 혈액이 뇌로 가지 못하기 때문에 일어나는 기능장애이다.

(1) SHOCK에 대한 처리

(가) 몸의 위치

① 부상위치에 따라 영향이 없는 한 베개를 넣지 말고, 머리를 낮게 하여 위를 보게 해서 자게 한다.
② 두부, 포부, 복부에 부상이 없으면 발을 높게 해서 가능한 많은 혈액을 뇌와 심장에 순환시키도록 한다.
③ 환자가 들것이나 긴 의자 위에 자고 있는 경우, 그 발쪽에 10~15cm의 높이의 물건을 넣어주면 전체에 경사가 생긴다.
④ 두부아래에 베개를 넣는다.

(나) 보온

① 환자를 보온하는 것은 체온의 급격한 저하를 막기 위해서이고 따뜻하게 하는 것이 목적은 아니다.
② 따라서 보온은 환자가 자연상태에 체온을 유지하는 정도로 하고 땀이 날정도로 보온해서는 안된다. 그때의 기온, 실내온도에 따라 몸을 모포나 코트로 싼다.
③ 결코 환자를 추운 곳에 방치하거나 바람이 강한 장소에 방치해서는 안된다. 실내이면 방을 따뜻하게 한다. 이 같은 절차 뒤에 환자의 수족이 따뜻해져 오면 우선 안심이다.

(다) 먹는 것

① 가벼운 shock의 경우는 차, 커피 등의 자극성이 있는 음식은 효과가 있다.
② 중상자인 경우 30분 이내에 의사에게 인계되는 것이 확실하다면 목의 갈증을 막을 정도로 하고, 설령 환자가 원한다고 해도 당연히 의사에

게 맡기도록 한다.

③ 다음과 같은 경우에는 절대로 먹을 것을 주면 안된다.

㉮ 의식불명의 사람, 의식이 몽롱해 있는 사람

㉯ 토하고 있는 사람

㉰ 포부, 복부, 두부에 부상이 있다고 생각되는 사람

(라) 그 외의 주의

① 환자에 대해서는 가능한 질문을 적게 해서 필요이상의 말을 하지 않도록 한다.

② 잡음을 적게 해서 정숙하게 한다.

③ 부드럽게 원기를 준다.

마) 출혈

출혈(出血)이란 몸에서의 혈액손실을 의미한다. 인체가 외상을 받으면 크던 작던 출혈이 생긴다. 따라서 외상이 처치와 동시에 지혈의 처치를 생각해야 한다. 사람 몸의 혈액량은 체중의 약1/13로 되어있고, 출혈에 의해 사망하는 것을 실혈사라 하고 실혈사의 최소량을 치사량이라 한다. 다른 치명적인 원인이 없어 전혈액량의 1/3을 단시간에 잃으면 생명은 위험하게 되고 1/2을 잃으면 실혈사가 일어난다고 한다. 출혈이 속도와 양은 외상에 의해 손상된 혈관의 종류에 따라 다르고 그 처치에 대해서는 우선 출혈의 상태에 따라 구분하는 것이 필요하다.

(1) 출혈의 종류

출혈(出血)은 손상된 혈관의 종류에 의해 출혈량, 출혈의 상태, 피의 색이 다르다.

- 동맥출혈(alterial bleeding) : 동맥에서 혈액이 손실되는 것이다. 동맥은 산소가 풍부한 혈액을 심장에서 몸으로 운반하는 혈관이다. 혈액은 심장박동과 함께 쏟아져 나오며 색깔은 밝은 선홍색이다. 동맥출혈은 심각하며 지혈이 어렵고 즉각적인 의학적 치료가 필요하다.
- 정맥출혈(venous bleeding) : 정맥에서 혈액이 손실되는 것으로, 쉴새없이 흘러나오면 심각할 수도 있다. 혈액은 어두운 붉은 색(암적색)으로 거의 적갈색에 가깝다. 정맥출혈은 동맥출혈보다는 지혈이 쉽다.
- 모세혈관출혈(capillary bleeding) : 모세혈관에서 혈액이 손실되는 것으

로, 모세혈관은 가장 가는 혈관이다. 모세혈관출혈은 일반적으로 빠르지는 않지만, 동맥·정맥출혈보다 감염위험이 크다.

(2) 응급지혈의 순서

(가) 우선 직접 압박법에 의해 출혈하고 있는 부위를 압박한다. 사지의 대동맥이 손상된 대출혈의 경우 외는 모두 직접 압박법으로 행한다.

(나) 상처에 가제를 사용하고, 긴급한 경우 가능한 깨끗한 손수건, 타올류를 사용하여 압박하고 그 뒤에 단단한 다른 포류를 포대 한다.

(다) 출혈부를 심장보다 높게 한다.

(라) 포대를 통과해 피가 스며 나오더라도 당황해서 포대를 풀어서는 안된다. 다시 그 위에 포류를 얹어서 직접 상처 바로 위를 묶는다.

(3) 지혈법

(가) 직접압박 지혈법 : 출혈하고 있는 상처 위로 깨끗한 거즈나 손수건 등을 대고 손으로 눌러 출혈을 멈추는 지혈법으로 처치한다. 직접압박 지혈법은 매우 기본적이고 확실한 지혈법이며, 이것으로 대부분의 출혈은 멈춘다. 심장의 박동리듬에 맞추어 솟아나오는 동맥성 출혈인 경우에는 약간 강하게 오랜 시간 압박한다. 지혈 시에는 혈액으로부터의 감염문제에 주의할 필요가 있다. 혈액에 직접 접촉하지 않도록 비닐장갑 등을 사용하는 것이 바람직하지만, 없는 경우에는 나중에 물로 깨끗이 씻어내도록 한다.

- 상처부위에 깨끗한 거즈, 손수건 등을 직접 대고 압박한다.
- 거즈 등 댈 물건이 없으면 손으로 출혈부위를 압박한다. 손과 발일 경우에는 심장보다 높은 위치로 유지해주면 지혈이 쉽다.
- 상처에 대었던 헝겊 위에 붕대를 덧대어도 된다. 너무 강하지 않고, 출혈이 멈출 정도로의 세기로 감는다.

(나) 간접압박 지혈법 : 직접압박 지혈법으로도 출혈이 멈추지 않거나, 손과 발에 상처가 나서 커다란 혈관이 파손되어 직접압박으로는 멈추게 할 수 없는 경우에는 상처부위보다 심장에 가까운 동맥의 맥이 뛰는 곳을 압박하여 출혈을 멈추게 한다. 이 방법을 간접압박 지혈법이라고 하며, 압박하는 장소를 동맥지압부라고 한다. 이 경우 상처부위에는 헝겊 등을 대어 강하게 압박붕대를 감고, 압박하면서 병원으로 이송한다.

- 손가락의 지혈방법 … 손가락의 양쪽을 엄지와 검지로 감싸고, 강하게 압박한다. 손을 높게 하면 더욱 효과적이다.
- 팔의 지혈방법 … 팔에서 손에 걸친 부위의 다량출혈은 겨드랑이 밑에서 힘을 조절할 수 있는 근육의 뿌리 안쪽의 맥을 감싸고 있는 혈관(상완동맥)을 손으로 확실하게 압박한다.
- 대퇴부에서 발 사이의 지혈법 … 허벅지 내측을 지나는 대퇴동맥을 압박한다.

(다) 지혈대를 이용한 지혈법 : 손과 발의 절단 등으로 직·간접압박 지혈법을 사용하여도 지혈이 불가능한 경우에는 출혈 부위의 상부에 지혈대를 대고 단단히 묶어서 지혈한다. 지혈대는 어중간하게 묶으면 오히려 출혈이 더욱 심해질 수 있으므로 충분히 튼튼하게 묶는다. 지혈이 끝나면 즉시 병원으로 운반하여 1시간 이내에 의사의 치료가 행해지도록 한다.

- 출혈부보다 심장쪽으로 3cm 정도 위쪽을 지혈대로 묶는다.
- 지혈대는 폭 5cm 이상의 헝겊, 긴급시에는 넥타이, 허리띠, 스타킹 등을 사용한다.
- 지혈대를 메는 곳에 막대기를 등을 넣어 그것을 돌려 지혈이 될 때까지 조인다. 멈추면 그것 이상 강하게 묶지 않는다.
- 지혈대를 대었으면, 그 시간을 기입한 푯말을 잘 보이도록 설치한다. 또한 지혈대를 댄 곳은 의류 등으로 덮지 않는다.
- 곧바로 병원으로 이송하고 1시간이내에 의사로 하여금 치료할 수 있도록 한다.

바) 기도의 확보

의식을 잃으면 아래턱이 빠져서 아래턱에 붙어있던 혀가 후방의 목쪽으로 말려 들어가 기도를 좁게 해서 호흡이 힘들 뿐만 아니라, 숨을 멈추게 하는 경우도 있다. 의식을 잃고 있을 때는 혀를 목에서 떨어지게 하는 것이 필요하다. 이를 위해 머리를 뒤쪽으로 하는 것이 효과적이다.

(1) 입안의 청결

두부후굴은 선 과정을 통해 행해야 하지만, 그 전에 신속히 상병자의 입안을 깨끗이 할 필요가 있다. 손가락을 이용해서 입속의 이물, 부러진 이, 의치, 모래, 오물 등을 제거한다.

(2) 두부의 후굴

머리를 위로 향하게 한다. 상병자의 머리를 가능한 후방으로 기울이면 목의 앞쪽은 확실히 퍼진다. 필요하다면 둥글게 만 모포를 상병자의 어깨 아래에 넣는다. 이렇게 하면 두부를 후굴한 상태로 유지할 수 있다. 단, 베게, 둥글게만 모포외의 것을 상병자의 머리 아래에 넣어서는 안된다. 이것은 목을 앞쪽으로 하고 한층 기도폐쇄를 강하게 하는 것이므로 두부를 후굴시키는 목적에 위배되기 때문이다. 의식장해 상병자를 위를 향하게 하면, 상병자를 똑바로 유지시키며 두부를 후굴시켜 얼굴을 상방으로 향하게 한다.

사) 인공호흡

호흡곤란은 호흡장애, 유독물질 중독, 가슴 또는 폐의 부상, 익수, 전기충격(감전), 특수한 약물 중독, 화상, 특별한 질환이나 상해, 곤충에 물리거나 쏘인 경우, 충격(shock)과 같은 것을 원인으로 호흡곤란이 발생한다.

드링크의 생존곡선에 의하면 호흡 정지 후 5분을 경과하면 살아날 가능성은 어떤 수단을 쓰더라도 극히 25%밖에 되지 않는다. 따라서 호흡이 정지된 경우에는 구급차가 오는 것을 기다려서는 안된다. 그 사이 3~4분이 생사를 결정하기 때문에 시초를 다투어서 인공호흡을 하여야 한다. 구조호흡(rescue breathing)은 자연호흡이 멈추었거나 스스로 호흡할 수 없을 때 부상자의 폐에 공기를 불어넣는 호흡법이며, 보통 인공호흡으로 알려져 있다.

(1) 구조호흡 실시

- 반응확인(부상자의 반응이 있는가)
  - 부상자를 가볍게 두드리거나 부드럽게 흔들어 보고, 괜찮은지 물어본다.
  - 만일, 반응이 없으면 도움을 요청한다.
- 부상자의 자세
  - 가능하면 부상자의 등을 바닥 쪽으로 가게 한다.
  - 부상자의 엉덩이와 어깨의 중간 지점에서 부상자를 향해 무릎을 꿇고, 부상자의 다리를 펴고, 부상자의 한 팔은 머리 위쪽에 올리고 굴려라.
  - 상체를 부상자 쪽으로 구부리고, 한 손은 부상자의 어깨에, 다른 손은 엉

덩이를 잡고 부상자를 자신 쪽으로 한번 굴린다. 부상자를 굴릴 때에는 손을 부상자의 어깨에서 머리와 목 뒤쪽에 받친 채 움직인다.

- 부상자의 팔은 부상자의 몸과 나란히 놓여야 한다.

- 기도확보
  - 한손을 부상자의 앞이마 위에 얹어 놓고, 다른 손의 두 손가락을 아래턱뼈에 대고, 머리를 뒤로 기울이며 턱을 밀어 올린다.
  - 부상자의 입이 닫히지 않게 하고 턱 아래부분을 누르지 않도록 주의한다.
- 부상자가 숨을 쉬고 있는지 검사한다.
  - 기도를 계속 열어 놓고, 귀를 부상자의 입과 코에 가까이 대고 3~5초 동안 숨을 쉬는지 가슴을 보고, 듣고, 느껴보고, "호흡정지"라고 말한다.
- 두 번의 충분한 호흡을 불어준다.
  - 기도가 열려 있도록 유지하면서 코를 가볍게 잡고 입을 크게 벌려 숨을 들이마신 다음 부상자의 입을 자신의 입으로 덮어 두 번의 충분한 호흡을 불어 넣어준다.
  - 한 번의 호흡은 1~1.5초간 지속되어야 한다.
  - 구조자가 숨을 돌리기 위해서 각 호흡 사이에 잠깐씩 멈추고 가슴이 올라오는지 보고, 공기가 밖으로 나오는지 들어보고 느껴본다.
- 경동맥 검사
  - 한손을 부상자의 앞이마에 얹은 상태에서 머리를 뒤로 기울이고 다른 손의 둘째손가락과 셋째손가락을 후두(Adam's apple)에 대고 구조자쪽 가까이에 있는 목의 홈을 따라 손가락을 미끄러지듯 움직여 5~10초 동안 경동맥을 검사하고 "호흡은 정지되었으나 맥박은 있음"이라고 말한다.
- 응급의료기관에 도움요청
- 구조호흡의 실시
  - 머리를 뒤로 기울이고 턱을 밀어 올려 기도가 열린상태로 코를 잡고, 입을 크게 벌려 심호흡을 한 다음 자신의 입으로 부상자의 입을 덮고 5초마다 한 번의 호흡을 실시한다. 각 호흡은 1~1.5초 내에 불어넣어 주어야 한다.
  - 5초 후에 숨을 돌리고 나서 다시 호흡을 불어 넣어준다. 가슴이 올라오는지, 공기가 나오는지를 보고, 듣고, 느낀다. 1분 동안에 12번의 호흡을 계속하여야 한다.

- 구조호흡의 반복
  - 경동맥검사를 재실행한 후에도 호흡이 정지한 상태이면, 앞서 실행한 구조호흡과 경동맥 검사를 반복 실행한다.
- 그 후에 할 사항
  - 맥박이 없으면 심폐소생(CPR)을 시작하고, 맥박은 뛰지만 부상자가 숨을 쉬지 않으면 구조호흡을 계속한다.
  - 부상자가 호흡을 시작하면 기도가 열린 상태를 유지하며 응급의료기관에서 도착할 때까지 호흡을 관찰한다.

(2) 인공호흡의 실시상의 주의

ⓐ 몸을 묶고 있는 것(넥타이, 벨트, 단추 등)을 풀고 편안하게 한다.

ⓑ 5초 이내에 개시할 수 있도록 숙련하는 것이 필요하다.

ⓒ 기도를 확보하고 환자의 입안을 조사한다. 혀가 기도에 말려 들어가 있거나 이물질이 입안에 막혀있는 경우가 있다. 구조자가 2명인 경우, 다른 한 사람에게 조사시킨다.

ⓓ 중단하지 말고 스스로 호흡을 할 때까지 또는 의사가 죽음을 확인할 때까지 교대하면서 계속한다.

ⓔ 보온한다. 체온의 발산을 방지한다.

ⓕ 환자가 인공호흡에 의해 호흡을 회복하더라도 적어도 8시간에서 24시간은 안정하게 한다.

ⓖ 한번 호흡을 회복해도 인공호흡을 중지한 경우, 다시 호흡이 정지할 경우도 있다. 그때는 다시 즉시 인공호흡을 실시한다. 반드시 의사를 부른다.

ⓗ 호흡정지외의 부수적인 장해가 있을 경우에는 특히 인공호흡법의 선택에 주의한다.

(3) 호흡을 불어 넣는 법

입대입 또는 입대코법(mouth to mouth method) 안면의 외상, 종류불명의 증상 등이나 토물로 입안이 더럽혀져 있을 때는 이 방법을 행하지 않는다.

(가) 한쪽 손으로 몸을 뒤에서 잡아 올리고 반대의 손으로 머리를 뒤쪽으로 한다. 어깨 밑에 무엇인가 받쳐도 좋다.

(나) 이마를 누르고 있던 손의 손가락으로 환자의 코를 막는다. 깊게 숨을 들이쉬고, 입을 크게 열고 환자의 입에 불어넣고 환자의 가슴이 부풀

어 올 때까지 숨을 불어넣는다.

(다) 환자의 코와 입에서 불어넣는 방법도 있다. 환자의 아래턱을 밀어 올려서 입을 닫고 깊게 숨을 들이시고, 코에서 그 숨을 불어넣는다.

(라) 입을 떼면 환자의 입(또는 코)에서 자연히 호흡이 행해진다. 이때, 귀를 환자의 입에 가까운 위치에 대는 것에 의해 환자의 호흡이 확실해지고 가슴의 흉복벽이 가라앉는 것을 볼 수 있다. 만약 호흡을 불어넣은 상태가 나타나지 않을 경우는 기도의 확보가 충분하지 않은 것이 원인이면 한 번 더 확보한다.

ⓐ 환자의 위안에 호흡이 들어가서 위의 부분이 부풀어져 오는 경우가 있다. 위의 팽창이 크게 될 경우는 환자의 얼굴을 옆으로 향하게 하고 한손으로 위의 팽창한 부분을 누르고 숨을 토해 내게 할 필요가 있다.

ⓑ 급격히 숨을 불어넣으면 폐를 손상시킬 수 있으므로 조용히 또 힘있게 불어 넣도록 한다.

ⓒ 불어넣는 회수는 어른의 경우 1분간에 10~12회, 아이의 경우 10~20회, 유아는 10~15회 정도이다.

(3) 현장조사와 현장보존

가) 현장조사

시큐리티업무시에는 신속히 전체 상황을 파악하는 조사를 실시하여야 한다. 이 때, 부상자 뿐만 아니라, 부상자의 주위까지도 살펴야 한다. 그 후에 즉시 실시해야 할 행동이 무엇인가를 결정하고, 다른 조취를 취해야 한다. 조사를 할 때 생각해 볼 사항으로는 다음과 같은 것들이 있다.

(가) 현장은 안전한가

- 상황이 안전한지 여부를 먼저 파악한다.
- 먼저 자신의 능력을 파악해야한다.
- 화재, 유독가스, 연기, 극심한 교통량, 전선, 깊고 빠른 물살 등과 같은 위험 때문에 부상자에게 접근할 수 없으면, 응급의료기관에 전화하여 의료진을 부르는 것 이외에 소방서, 경찰서, 산림보안원, 인명구조원, 전력회사와 같은 다른 기관에 연락할 수 있다.

- 안전하게 부상자에게 접근할 수 있다면, 행동원칙에 따라 부상자를 도와주는 한편 현장의 상황이 안전한지를 판단하여야 한다.
- 안전하지 못하면 즉각 구조요청을 하여야 한다. 그러나, 그럴 필요가 없으면 부상자를 함부로 옮겨서는 안 된다.

(나) 무슨 일이 일어났는가

- 부상자가 의식이 있다면, 어떤 일이 일어났고 부상자의 병이나 부상 정도가 어떠한지 구체적으로 물어본다.
- 만일, 부상자가 의식이 없고 병이나 부상의 원인이 무엇인지 알 수 없다면 원인을 알기 위해서 사고지점 주위를 확인함으로 해답을 얻을 수 있을 것이다.
- 현장 주변의 정보는 매우 중요하며, 만일 부상자가 의식이 없고 무엇이 잘못되었는지 알 수 없을 때는 더욱 그러하다. 신속히 목이나 허리에 의료주의기록표가 있는지를 확인한다.
- 부상자가 말을 할 때, 이 기록표는 무엇이 잘못되었고 부상자를 어떻게 도와주어야 하는지 등의 정보를 제공해 줄 수 있다.
- 머리·목 등의 부상을 일으킬 수 있는 사고 발생 시, 적절하게 치료하지 못하면 영구적인 마비, 심지어 사망에까지 이를 수 있다. 부상자의 머리·목 등에 통증이 있다고 말하거나 사고 후에 의식이 없으면, 부상자가 척추(목 또는 등) 부상을 당한 것으로 간주하여 처리하여야 한다.

(다) 몇 명이나 다쳤는가

- 부상자의 주위를 한 번 더 살펴라. 쓰러진 사람의 옆이나 조금 떨어진 장소에 더 많은 부상자가 있는 경우도 있다.
- 다른 부상자가 있을지도 모른다. 한명의 환자를 응급조치하는 동안 더 심하게 부상을 입었거나 의식이 없는 환자를 발견하지 못하는 경우도 있다.

(라) 도와줄 수 있는 사람이 있는가

- 만일, 도울 수 있는 사람이 있다면, 어떤 일이 일어났는지 알아내기 위해 그들의 도움을 받아야 한다. 비록 도울 수 있는 사람들이 응급처치에 대해 교육받지 않았다 해도 보조자로서 도울 수 있다.
- 누군가가 부상자를 안다면, 부상자에게 의학적인 문제는 없는지 물어보아야 한다. 이 정보는 무엇이 잘못되었는지를 결정하는 데 도움이 된다.

(마) 시큐리티업무 훈련을 받은 사람이라는 것을 밝혀라

- 부상자와 도울 수 있는 사람들에게는 당신이 누구이며 경호보안업무에 관하여 훈련을 받은 사람이라는 것을 말하라. 이것은 부상자들을 안심시키고, 그 상황을 처리하는 데 도움이 될 것이며, 그 때까지 부상자들을 도와준 사람들에게 훈련을 받은 사람이 가까이 있다는 것을 알게 해줄 것이다.
- 부상자가 의식이 있을 때에는 응급처치를 하기 전에 부상자의 동의를 얻는 것이 중요하다.
- 만일, 부상자가 의식이 없고, 말을 할 수 없을 정도로 심하게 다쳤을 때에는 동의를 받지 않은 채 응급처치를 할 수 있다. 상식으로도 이러한 경우에는 동의가 주어진 것으로 간주된다.

나) 현장보존

살인, 상해, 강도 등 많은 범죄는 주로 범죄자가 강제적인 수단, 이상한 정신상태 속에서 행해진다. 따라서 범행의 현장에는 흉기, 의류, 혈흔, 발자국, 지문 등 범죄를 뒷받침하는 증거가 되는 것이 남아있다. 상당히 계획적이고 용의주도한 침입의 경우에도 무엇인가 한개의 흔적을 남기지 않는 범행은 있을 수 없고 현장에서 아무 흔적도 발견할 수 없다는 것은 남아있지 않는 것이 아니라, 현장에서 증거의 보존이 되지 않았다는 것이다. 안전요원이 행하는 현장보존이란 범죄현장을 범행 후 그대로의 상태로 보존해서 증거나 유품의 변질이나 멸실을 방지해서 경찰관의 채증활동 등에 협력하기 위한 활동이다. 현장보존이 되어있지 않으면 경찰 등 수사기관이 행하는 조사활동이 잘 되지 않고 결과적으로 위협을 사회에 방치하는 것이 된다.

(가) 현장보존의 범위

현장보존의 범위는 범죄가 행해진 장소뿐만 아니라 범죄의 형태에 따라 범인의 행동범위라고 생각되는 장소의 모든 곳이 포함된다. 안전요원은 범행이 있었던 지점이나 장소를 중심으로 가능한 넓은 범위에 걸쳐서 보존조치를 취해야 한다. 구체적으로는 ㉠ 범행이 행해진 방, ㉡ 현장에 통하는 실내경로, ㉢ 침입·도주의 경로, ㉣ 현장에 연결되는 옥외·지면 등이다.

사무실의 금고가 파괴되어 다액의 현금이 도난당한 경우를 생각해보자. 이 경우는 파괴된 금고에서 검출되는 지문만이 보존의 대상은 아니다. 마루에는

범인의 발자국이 있을 것이고, 사무실에 침입한 경로에도 몇 개의 귀중한 단서가 남아있을 것이다. 창 아래의 지면에도 발자국이 남아 있을 것이고, 도주에 있어서 흉기나 도구를 떨어뜨리거나 혹은 현장부근에 버리거나 숨기거나 할 수 있다. 이것은 도주 중 경찰관의 직무 질문에 있어 소지품이 의심스러운 것을 피하기 위해 범인이 취한 행동으로 특히 주의할 필요가 있다.

(나) 현장보존에 있어서 유의사항

현장보존에서 유의해야 할 것은 안전요원을 포함한 관계자의 행동으로 관계자의 행동은 현장보존의 맹점이고 수사의 출발점을 혼란시키는 원인도 된다. 수사기관의 채증행동이 시작될 때까지 현장에 출입한 사람들의 행동을 생각하면 ㉮ 우선 현장 발견자인 안전요원 자신의 행동, ㉯ 보고에 의해 현장에 도착한 동료 또는 상사의 행동, ㉰ 통보연락에 의해 현장에 도착한 계약처 담당자의 행동 등을 들 수 있다. 차례로 현장에 나타난 이런 사람들은 각각의 입장에서 사건과 현장에 관심이 있고 현장을 상세히 물색해 행동하는 가능성이 있고, 이 같은 관계자의 행동은 현장보조에서 벗어나기 쉬운 맹점이 있다.

이런 사람들의 무의식적인 행동에 의해 지문이나, 발자국이 사라지거나 사물의 위치가 변경되거나 거꾸로 그들의 발자국이나 지문을 남기거나 해서 수사를 혼란시키는 것도 되기 쉽다.

또, 현장의 상황, 증거품등에 대한 현장보존의 유의점은 다음과 같다.

(1) 현장에서는 반드시 장갑을 낀다.

(2) 자신의 지문을 남기지 않기 위한 목적도 있지만 동시에 장갑으로 여러 가지를 만지는 것에 의해 현장의 지문을 지워버리지 않도록 주의한다.

(3) 현장의 문, 창, 책상서랍 등을 함부로 개폐하지 않는다. 만약 문, 창이 열려 있으면 그 상태 그대로 둔다.

(4) 현장의 전화나 세면장은 사용하지 않는다.

(5) 갑작스럽게 내리는 비 등에 의해 지상의 발자국, 타이어 흔적 등이 씻겨져 나갈 우려가 있을 때 경찰관이 올 때까지 양동이나 대야 등으로 덮어둔다. 만약 혈흔이 씻겨져 나간다고 생각될 때는 손수건, 휴지 등을 버리거나 침을 뱉어서는 안된다. 이런 행동은 범인의 것과 구별되게 하여 수사기관의 채증활동을 혼란시키지 않도록 하기위해서이다.

(다) 현장에 중상자가 있는 경우

현장에 중상자가 있는 경우, 무엇보다도 응급처치가 우선이다. 응급처치를 행함과 동시에 상황실에 보고해 구급차의 수배를 행한다. 현장에 일반인의 협력자가 있는 경우 구급차 수배를 의뢰하고 안전요원은 현장에 남아 부상자의 구조를 행하면서 현장보존에 필요한 처치를 실시해야 한다. 구급차가 경찰관보다도 먼저 도착한 경우 구급대원의 행동에 의해 수사 자료가 황폐하게 될 수 있다는 것에도 주의가 필요하다.

(라) 경찰관서의 인계

경찰관의 도착에 의해 현장이 경찰기관에게 인계될 때에 안전요원의 현장보존업무는 일단 끝나는 것이 된다. 경찰관이 먼저 최초에 행하는 것은 출입당시의 발견해서 경찰관 입장까지의 시간적 경과 등을 포함한 사건과 현장의 상세한 관계에 대해서 정확히 인계를 행하도록 해야 한다. 경찰관서의 인계는 사실을 있는 대로 보고하고 추측이나 억측의 정보를 제공해서는 안된다. 이를 위해서는 메모를 하는 습관을 몸에 익히는 것이 중요하다. 경찰활동에 필요하다고 생각되는 정보는 아무리 미세한 것이라도 적극적으로 제공하고 정보가치의 판단은 전문가인 경찰관이 행하는 것이다. 불필요하게 주지하거나 걱정이 있어서는 안된다.

(4) 관계기관 통보

가) 경찰기관 등에서의 연락통보의 방법

경찰기관, 소방기관등과 적절한 연락체계를 취하고, 사건 · 사고 · 화재 등이 발생에 대해 적절한 통보를 행하는 것은 계약처의 생명 · 신체 · 재산 등의 안전을 지키는 활동을 하는 안전요원에게 있어서는 필요할 뿐만 아니라 이와 같은 활동을 행하는 시큐리티업체로서 사회적 책임의 하나라고도 말할 수 있다.

긴급사태가 발생한 경우 안전요원은 보안실과 종합상황실에 통보해야 하지만 시큐리티업무에 종사하는 안전요원으로서 경찰기관, 소방기관 등에의 통보요령에 대해서 이해하여 두어야 한다.

(가) 경찰기관에의 통보요령

통보에는 모두 '6하 원칙'이란 6개의 요소가 기본으로 요구되고 있다. 이것은 5W1H라고도 말하고 ⓐ언제(WHEN), ⓑ어디서(WHERE), ⓒ누가(WHO),

ⓓ무엇을(WHAT), ⓔ왜(WHY), ⓕ어떻게(HOW) 해서의 6가지인데 긴급통보의 경우에는 특히 ⓐ~ⓓ가 중요하다. 이 '6하 원칙'을 완전히 갖춘 보고를 하려고 하면, 시간을 잃고, 때를 놓쳐 통보가 도움이 되지 않을 우려가 있다. 이 때문에 긴급통보는 모든 사건을 인지한 경우에는 '6하 원칙'중 알아낸 범위내에서 즉시 통보를 행하는 것이 중요하다. 일반적으로 사고 발생시에 112 통보내용은 ㈀ 범죄종류, ㈁ 현재상황, ㈂ 피해자상황, ㈃ 현장소재지, ㈄ 통보자의 이름 등이다. 또 범인이 도주한 것 같은 경우는 ㈅ 범인의 인상착의 특징, 소지품, 도주방향, ㈆ 차량의 색, 형, 번호 등을 통보한다.

(나) 소방기관에의 통보요령

화재 또는 구급발생시의 119번 통보내용은 ⒜ 화재인지, 구급인지, 무엇이 일어났는지, ⒝ 사업소 소재지 및 명칭, ⒞ 부근의 목표(유명한 건물 등), ⒟ 건물의 용도(백화점, 지하음식점 등), ⒠ 연소장소(12층 건물의 7층 부분 등), 연소정도, 연소물건, ⒡ 그 외의 소방 활동상 필요한 사항(위험물, 고압가스 등의 연소위험의 유무)이다.

(다) 긴급통보용 전화의 구조

112번이나 119번, 1339번을 총칭해서 긴급통보용 전화라 하며 전화국의 모든 곳에 설치되어 있으며 다음과 같은 조직으로 되어있다.

㈀ 경찰, 소방소측은 수신전용이다.

㈁ 통상의 자동식 전화는 발신자가 수화기를 놓으면 접속이 끊기지만 112번, 119번에는 수신측(경찰, 소방)에서 끊지 않으면 접속이 끊이지 않는다.

㈂ 통보자가 수화기를 놓고 통화를 종료한 경우에도 접속이 끊이지 않기 때문에 수신측에서 호출신호를 보낼 수 있다.

㈃ 금융기관 등에 설치되어 있는 도난, 화재경보기도 누름버튼을 누르면 자동적으로 112번, 119번을 다이얼하고 호출하는 구조로 되어있다.

4. 외국인 카지노

1) 관련근거

「관광진흥법」에서 카지노업을 "전문 영업장을 갖추고 주사위 · 트럼프 · 슬롯머신 등 특정한 기구 등을 이용하여 우연의 결과에 따라 특정인에게 재산상의 이익을 주고 다른 참가자에게 손실을 주는 행위 등을 하는 업"으로 정의하고 관광사업(觀光事業)의 하나로 허가를 받아 영업을 하도록 하고 있으나 원칙으로 내국인의 입장을 제한하고 있으므로 외국인대상 카지노라고 할 수 있다. 이외에도 외국인 카지노업을 규율하고 있는 법규는 관광진흥법령 이외에도 「카지노영업준칙」(제정 1995.7.13 문화체육부고시 제1995-26호, 2008.7.31 문화체육관광부고시 제2008-23호), 「카지노 전산시설 기준」(제정 1996.5.28 문화체육부고시 제1996-20호, 개정 2009.9.1 문화체육관광부고시 제2009-54호), 「카지노기구검사업무규정」· 「카지노전산시설검사업무규정」(개정 2009.2.27, 문화체육관광부승인 제2009-0호) 등이 있다.

(1) 관광진흥법

「관광진흥법」에 의하면 카지노업을 경영하려는 자는 전용영업장 등 문화체육관광부령으로 정하는 시설과 기구를 갖추어 문화체육관광부장관의 허가를 받아야 하도록 규정(§5①)하고 있다. 이와 같은 허가신청을 하게 되는데, 허가신청을 받으면 문화체육관광부장관은 ㉠ 국제공항이나 국제여객선터미널이 있는 특별시·광역시·도·특별자치도에 있거나 관광특구에 있는 관광숙박업 중 호텔업 시설(관광숙박업의 등급 중 최상 등급을 받은 시설만 해당하며, 시·도에 최상 등급의 시설이 없는 경우에는 그 다음 등급의 시설만 해당한다) 또는 대통령령으로 정하는 국제회의업 시설의 부대시설에서 카지노업을 하려는 경우로서 대통령령으로 정하는 요건에 맞는 경우, ㉡ 우리나라와 외국을 왕래하는 여객선에서 카지노업을 하려는 경우로서 대통령령으로 정하는 요건(「관광진흥법 시행령」 §27)에 맞는 경우의 어느 하나에 해당하는 경우에만 허가할 수 있다(「관광진흥법」 §21①).

그러나 ⓐ 19세 미만인 자, ⓑ 「폭력행위 등 처벌에 관한 법률」 제4조에 따른 단체 또는 집단을 구성하거나 그 단체 또는 집단에 자금을 제공하여 금고 이상의 형을 선고받고 형이 확정된 자, ⓒ 조세를 포탈(逋脫)하거나 「외국환거래법」을 위반하여 금고 이상의 형을 선고받고 형이 확정된 자, ⓓ 금고 이상의 실형을 선고받고 그 집행이 끝나거나 집행을 받지 아니하기로 확정된 후 2년이 지나지 아니한 자, ⓔ 금고 이상의 형의 집행유예를 선고받고 그 유예기간 중에 있는 자, ⓕ 금고 이상의 형의 선고유예를 받고 그 유예기간 중에 있는 자, ⓖ 임원중에 ⓐ부터 ⓕ까지의 규정 중 어느 하나에 해당하는 자가 있는 법인의 어느 하나에 해당하는 자는 카지노업의 허가를 받을 수 없다(「관광진흥법」 §22①).

허가를 받은 카지노사업자(대통령령으로 정하는 종사원을 포함)는 ㉠ 법령에 위반되는 카지노기구를 설치하거나 사용하는 행위, ㉡ 법령을 위반하여 카지노기구 또는 시설을 변조하거나 변조된 카지노기구 또는 시설을 사용하는 행위, ㉢ 허가받은 전용영업장 외에서 영업을 하는 행위, ㉣ 내국인(「해외이주법」제2조에 따른 해외이주자는 제외)을 입장하게 하는 행위, ㉤ 지나친 사행심을 유발하는 등 선량한 풍속을 해칠 우려가 있는 광고나 선전을 하는 행위, ㉥ 「관광진흥법」 제26조제1항에 따른 영업 종류에 해당하지 아니하는 영업을 하거나 영업 방법 및 배당금 등에 관한 신고를 하지 아니하고 영업하는 행위, ㉦ 총매출액을 누락시켜 「관광진흥법」 제30조제1항에 따른 관광진흥개발기금 납부금액을 감소시키는 행위, ㉧ 19세 미만인 자를 입장시키는 행위, ㉨ 정당한 사유 없이 그 연도 안에 60일 이상 휴업하는 행위의 어느 하나에 해당하는 행위를 하여서는 안되며, 카지노업의 건전한 육성·발전을 위하여 필요하다고 인정하여 문화체육관광부령으로 정하는 영업준칙[별표 9·10]을 지켜야 한다(「관광진흥법」 §28). 아울러 카지노영업소에 입장하는 자는 카지노사업자가 외국인(「해외이주법」 제2조에 따른 해외이주자를 포함)임을 확인하기 위하여 신분 확인에 필요한 사항을 묻는 때에는 이에 응하여야 한다.

(2) 카지노 영업 준칙

「관광진흥법」 제25조(카지노기구의 규격 및 기준 등)·제28조(카지노사업자 등의 준수 사항)·제30조(기금 납부), 「관광진흥법 시행령」 제30조(관광진흥개발기금으로의 납부금 등) 및 「관광진흥법 시행규칙」 제33조(카지노기구의 규격·기준 및 검사)·제36조(카지노업의 영업준칙)의 규정에 의하여 카지노사업자와 카지노 종사원 및 카지노 이용객이 카지노업의 영업 및 회계와 관련하여 지켜야 할 사항을 정함으로써 카지노업의 건전한 발전을 도모함을 목적으로 1995년 7월 13일 문화체육부 고시 제1995-26호로 「카지노 영업 준칙」 제정되어 6차례 개정된 바 있다.

2) 여권의 종류와 입장시 필요한 신분증

(1) 여권의 종류

가) 외국여권(시민권)

한국의 국적을 포기하고, 그 나라의 국적을 취득한 사람의 여권(旅券, passport)이다. 외국을 여행하는 국민에게 정부가 발급하는 증명서류로, 여행자의 국적·신분을 증명하고, 해외여행을 허가하며, 외국 관헌의 보호를 부탁하는 문서이다. 그 양식·기재사항·발급권자 등이 국가에 따라 일정하지 않으나, 여행자가 여권 없이 입국할 수 없는 효력면에서는 동일하다.

여권의 종류는 일반여권·관용여권·외교관여권의 3종으로 하되, 이를 각각 1회에 한하여 외국여행을 할 수 있는 단수여권과 유효기간 만료일까지 횟수에 제한 없이 외국여행을 할 수 있는 복수여권으로 구분할 수 있다(여권법 §4①). 여권의 발급권자인 외교통상부장관은 국외 체류 중에 여권을 잃어버린 사람으로서 여권의 발급을 기다릴 시간적 여유가 없는 사람 등 일정한 사람에게 여행목적지가 기재된 여권을 갈음하는 "여행증명서"(유효기간은 1년 이내)를 발급할 수 있다(여권법 §14①).

임시여권은 여권의 분실, 기간만료 등의 이유로 단기간으로 발행된 여권으로, 여권의 '종류type'란에 'PT'(Passport Travel certificate)이라고 표기 되어있다.

정당한 여권 없이 외국에 여행한 자는 「밀항단속법」에 의하여 처벌되며, 여권 신청서류에 허위 기재 등으로 부정 발급을 받은 자, 타인명의 여권의 행사자, 여권의 양도·대여자 및 양도·대여를 받은 자, 효력을 상실한 여권을 행사한 자도 형사 처벌된다.

나) 영주권

영주권(永住權)은 일정한 요건을 갖춘 외국인에게 그 나라에서 영주할 수 있도록 부여하는 권리로 영주거주권이라고도 한다. 대한민국 국적을 가지고 있으나, 타국에서도 체류기간과 관계없이 영주할 수 있는 자격을 취득한 사람이 가질 수 있다.

여권의 '종류(type)'란에 'PR'(Passport Residence, 거주여권)이라고 표기 되었거나, 여권발급지의 지역 옆에 'R'이라는 대문자 표기가 되어 있다.

참고 사례

*** 외국영주권 위조일당 검거.. "외국인카지노서 도박하려고"**

외국인 카지노에서 도박하려는 내국인에게 가짜 에콰도르 영주권을 만들어준 일당이 경찰에 적발됐다. 특히 관련 기관은 위조된 영주권에 속아 거주여권(PR · Passport Residence)을 발급해준 것으로 드러났다.

서울지방경찰청 국제범죄수사대는 2010년 8월 4일 사문서위조 등 혐의로 남모씨(62) 등 알선 브로커와 모집책 7명을 불구속 입건하고 위조책 문모씨(53)를 수배했다고 밝혔다.

경찰은 이들에게 부탁해 위조한 외국 영주권으로 서울시내 외국인 카지노에서 도박판을 벌인 양모씨(36) 등 9명도 상습도박 등 혐의로 불구속 입건했다.

경찰에 따르면 남씨 등 브로커들은 2009년 7월부터 최근까지 의뢰자 양씨 등에게서 1만달러씩을 받고 가짜 에콰도르 영주권과 ID(신분증명서)카드를 만들어준 혐의다.

조사 결과 이들은 에콰도르 현지에서 활동하는 위조책 문씨에게 의뢰자의 여권과 증명사진을 국제우편으로 보내 위조된 영주권을 여권에 붙여준 것으로 밝혀졌다.

양씨 등은 위조된 영주권을 갖고 외교통상부에서 해외이주자나 영주권자에게 발급하는 거주여권까지 발급받아 서울시내 외국인 전용 카지노에 드나든 것으로 조사됐다.

정모씨(45 · 불구속입건)는 00랜드에서 일하며 알게 된 손님들에게 접근해 "영주권을 위조해 거주여권을 받으면 서울시내 외국인 전용 카지노에서 도박할 수 있다"고 꾀어 의뢰자를 모집했고 자신도 같은 방법으로 가짜 여권을 발급받아 외국인 카지노에서 에이전트로 활동했다고 경찰은 전했다.

경찰 관계자는 "에콰도르 영주권의 생김새가 비교적 위조하기 쉽게 만들어져 있다"며 "관련 기관도 영주권과 ID카드의 외형만 보고 거주여권을 발급해준 것으로 드러났다"고 말했다.

(2) 기타 신분증

가) 외국 군속 ID카드

외국군속 ID Card는 미국 군인 및 군인 가족에게 발행 되는 신분증이다. 연두색의 카드로 중앙에 사진과 함께 상세한 신상 설명이 있으며, 아래쪽에 서명이 들어가 있다.

나) 외국인등록증, 외국국적동포거소증

외국인등록증, 외국국적동포 거소증은 시민권·영주권을 취득한 사람에게 대한민국에서 발행되는 주민등록증 크기의 신분증이다.

일반 카드의 크기로 오른쪽 사진 아래쪽에 발급일과 함께 중앙에 국적이 적혀있다. 기간 만료일은 뒷면에 기재되어 있다.

다) 자사 Membership Card

자사 Membership Card는 고객만족팀 및 마케팅팀(vip고객)에 여권을 복사하고 Comp 제공을 위한 정보가 담겨있는 card이다.

3) 외국인카지노업 위반에 따른 처분

외국인전용 카지노는 내국인이 입장할 수 있는 카지노와 달리 외국인 카지노 관련법상 출입제한 등에 의한 규정으로 카지노 회사가 행정 처분을 받을 수 있다.

외국인이 출입 할 경우는 출입금지 위반 등에 따른 법적 제재를 보면, 「관광진흥법 시행령」 제27조 카지노 사업자 등의 준수사항 위반에 따른 법적 제재(시행령 §33①)의 개별기준은 다음과 같다.

위반사항	근거법령	행정처분기준			
		1차	2차	3차	4차
가. 「관광진흥법」 제4조에 따른 변경등록기간 내에 변경등록을 하지 아니하거나 등록한 영업범위를 벗어난 경우 1) 변경등록기간 내에 변경등록을 하지 아니한 경우	「관광진흥법」 제35조 제1항 제1호	시정명령	사업정지 15일	사업정지 1개월	취소
2) 등록한 영업범위를 벗어난 경우		사업정지 1개월	사업정지 2개월	사업정지 3개월	취소

나. 「관광진흥법」 제5조제2항 및 제4항에 따라 문화체육관광부령으로 정하는 시설과 설비를 갖추지 아니하게 되는 경우	「관광진흥법」 제35조 제1항 제1호의2	시정명령	사업정지 10일	사업정지 1개월	취소 (신고업종의 경우에는 사업정지 3개월)
다. 「관광진흥법」 제5조제3항 및 제4항 후단에 따른 변경허가를 받지 아니하거나 변경신고를 하지 아니한 경우 1) 카지노업 가) 문화체육관광부령으로 정하는 중요 사항에 대하여 변경허가를 받지 아니하고 변경한 경우	「관광진흥법」 제35조 제1항 제2호	사업정지 10일	사업정지 1개월	사업정지 3개월	취소
나) 문화체육관광부령으로 정하는 경미한 사항에 대하여 변경신고를 하지 아니하고 변경한 경우		사업정지 5일	사업정지 10일	사업정지 20일	취소
하. 「관광진흥법」 제21조에 따른 카지노업의 허가 요건에 적합하지 아니하게 된 경우	「관광진흥법」 제35조 제1항 제10호	시정명령	사업정지 1개월	사업정지 3개월	취소
거. 「관광진흥법」 제22조에 따른 카지노업의 결격사유에 해당하게 된 경우	「관광진흥법」 제22조 제2항	취소			
너. 「관광진흥법」 제23조 제3항을 위반하여 카지노 시설 및 기구에 관한 유지·관리를 소홀히 한 경우	「관광진흥법」 제35조 제1항 제11호	사업정지 1개월	사업정지 3개월	취소	

더. 「관광진흥법」 제27조에 따른 문화체육관광부장관의 지도와 명령을 이행하지 아니한 경우	「관광진흥법」 제35조 제2항 제2호	시정명령	사업정지 10일	사업정지 20일	사업정지 1개월
러. 「관광진흥법」 제28조제1항 및 제2항에 따른 준수사항을 위반한 경우	「관광진흥법」 제35조 제1항 제12호				
1) 법령에 위반되는 카지노기구를 설치하거나 사용하는 경우		사업정지 1개월	사업정지 3개월	취소	
2) 법령을 위반하여 카지노기구 또는 시설을 변조하거나 변조된 카지노기구 또는 시설을 사용하는 경우		사업정지 1개월	사업정지 3개월	취소	
3) 허가받은 전용영업장 외에서 영업을 하는 경우		사업정지 1개월	사업정지 3개월	취소	
4) 카지노영업소에 내국인(「해외이주법」 제2조에 따른 해외이주자는 제외한다)을 입장하게 하는 경우					
가) 고의로 입장시킨 경우		사업정지 1개월	사업정지 3개월	취소	
나) 과실로 입장시킨 경우		시정명령	사업정지 10일	사업정지 1개월	사업정지 3개월
5) 지나친 사행심을 유발하는 등 선량한 풍속을 해칠 우려가 있는 광고나 선전을 하는 경우		시정명령	사업정지 10일	사업정지 1개월	사업정지 3개월
6) 「관광진흥법」 제26조제1항에 따른 영업 종류에 해당하지 아니하는 영업을 하거나 영업 방법 및 배당금 등에 관한 신고를 하지 아니하고 영업하는 경우		사업정지 1개월	사업정지 3개월	취소	

7) 총매출액을 누락시켜 법 제30조제1항에 따른 관광진흥개발기금 납부금액을 감소시키는 경우		사업정지 1개월	사업정지 3개월	취소	
8) 카지노영업소에 19세 미만인 자를 입장시키는 경우		시정명령	사업정지 10일	사업정지 1개월	사업정지 3개월
9) 정당한 사유 없이 그 연도 안에 60일 이상 휴업하는 경우		사업정지 10일	사업정지 1개월	사업정지 3개월	취소
10) 문화체육관광부령으로 정하는 영업준칙을 지키지 아니하는 경우		시정명령	사업정지 10일	사업정지 1개월	사업정지 3개월
머. 「관광진흥법」 제30조를 위반하여 관광진흥개발기금을 납부하지 아니한 경우 1) 관광진흥개발기금의 납부를 1개월 미만 지연한 경우	「관광진흥법」 제35조 제1항 제13호	시정명령	사업정지 10일	사업정지 1개월	
2) 관광진흥개발기금의 납부를 1개월 이상 지연한 경우		사업정지 10일	사업정지 1개월	사업정지 3개월	
3) 관광진흥개발기금의 납부를 3개월 이상 지연한 경우		사업정지 1개월	사업정지 3개월	취소	
4) 관광진흥개발기금의 납부를 6개월 이상 지연한 경우		사업정지 3개월	취소		
5) 관광진흥개발기금의 납부를 1년 이상 지연한 경우		취소			

4) 외국인카지노 시큐리티

(1) 목적

카지노시큐리티(Casino Security)는 내방하는 고객에 대한 안전과 회사의 인적·물적 자원을 효과적으로 보호하기 위함이다. 사건·사고를 사전에 예방하고 초기 진압을 통하여 영업장 질서를 유지하고, 내국인이나 불량고객의 출입을 차단하고 친절하고 편안한 검색문화를 육성한다. 고객정보의 수집·분석 기능 강화를 통한 영업이익을 증대하고 인력관리 이원화를 통한 업무역량을 강화하고 고객서비스를 제고한다.

(2) 중요성

카지노시큐리티(안전관리)는 고객이 명백히 필요로 하는 긴급상황이 발생되거나 카지노의 손익에 관련 되는 사건이 나타나지 않는 한 이를 담당하고 있는 부서의 업무활동이 다른 팀들처럼 외부에 쉽사리 드러나지 않는다.

시큐리티팀은 내국인 출입통제 및 영업장 질서를 유지하고, 고객 소지품의 도난·분실, 화재 그리고 그 밖의 비상사태 등에 대비해 항상 신속하고 효율적으로 이를 처리하기 위한 만반의 준비태세를 갖추고 있어야 한다.

시큐리티팀(안전관리)은 어떤 일이 발생해야만 활동하는 팀으로 능동적이 아닌 수동적인 팀이라고 간주하기도 한다. 그러나 시큐리티팀은 능동적으로 활동하는 팀으로서 많은 중요한 일을 담당하고 있다.

시큐리티팀의 안전관리요원은 노련하고 경험이 많아야 하는데 이것은 시큐리티팀의 역할이 다만 고객뿐만이 아닌 카지노 직원, 재산 등의 모든 부문과 연결되어 있기 때문이다.

시큐리티팀(안전관리)의 목표는 철저한 계획과 대비를 통해 발생할 수 있는 위급한 상황을 미리 예방하는 것이며, 불가피한 상황이 발생되는 경우에는 미리 신속히 대처하여 원만한 해결을 한다.

카지노 영업장 내의 사건·사고가 빈번히 발생하고 또한 이에 관련되는 법률적인 소송이 자주 일어나기 때문에 시큐리티팀(안전관리)의 역할이 아주 중요하다.

(3) 카지노 시큐리티팀의 조직

가) 조직구성

카지노의 시큐리티팀의 조직구성은 카지노 고객과 직원을 위한 안전한 분위기 조성을 책임지며 그에 관련하는 모든 직무를 관장하는 역할을 담당하고 이를 위해서는 필요한 인력, 기술, 24시간의 원활한 부서 운영 등이 필요로 한다.

시큐리티팀(안전관리)의 팀원은 상황 · 사건 발생시 시큐리티팀장에게 반드시 보고하고 또한 유사시를 대비해 다른 부서 팀장들과도 항상 상호 협조체재를 구축하고 있어야 한다.

이와 같은 조직구성을 갖고 있는 시큐리티팀(안전관리)은 업무의 내용이 카지노 내의 각 부서들의 팀장, 직원, 그리고 고객과 긴밀히 연결되어 있어야 한다.

어떠한 상황이 발생하였을 경우 이를 해결하기 위한 신속하고 효과적인 대응 조치를 계획하고 실천하는 것이 성공적인 업무 수행의 근본이 되는 것이다.

카지노시큐리티팀(안전관리)은 사건과 사고를 사전에 예방할 수 있도록 하고 회사의 재산과 고객과 직원의 안전을 위함이 가장 근본이 될 수 있다.

시큐리티팀(안전관리)은 고객보호 및 영업장 질서유지, 고객의 재산 보호, 비상사태 대비업무를 한다.

시큐리티팀(안전관리)은 카지노 고객과 종업원들을 부상으로부터 보호, 회사 물품의 도난과 고장을 성공적으로 막고, 카지노 영업장 내 · 외부(VIP ROOM)구역을 수시로 순찰을 하면서 모든 것들을 안전하게 보호해야 한다.

시큐리티팀(안전관리)은 카지노 내에서 구역 내의 법 집행기관 협조 하에 법과 질서를 유지할 업무도 있다. 또한 카지노 내 · 외부 공공 출입구역과 그렇지 않은 구역 모두 순찰을 통해 직무 수행 중에 고객이나 카지노 직원이 도움이 필요로 하는 지 관찰을 한다.

시큐리티 팀장과 팀원은 포괄적 정보수집 및 분석을 통한 고급정보를 생산하고 제공함으로써 관련부서와의 긴밀한 협조 및 협력 체제를 유지한다.

철저한 근로감독 · 감시를 통한 영업장의 질서를 유지하고 사고를 예방하기 위하여 수시로 순찰 및 감독을 강화하는 예방적 · 방어적 근무태세를 독려한다. 또한 유관기관과의 긴밀한 업무협조체제를 구축한다.

나) 시큐리티요원의 업무

(가) 출입에 따른 여권 확인 업무(안내 데스크 리셉션)

㉠ 고객 입장시 여권 검사를 통한 신분을 확인하여 내 · 외국인을 구분하여 사전에 내국인을 차단한다.

㉡ 각국 여권 및 외국인 등록증 기타 관련 위조 신분증 등의 확인을 검색하여 철저한 고객관리를 통하여 외국인으로 위장하여 부정 입장을 시도한 사람을 차단한다.

㉢ 카지노 블랙리스트 출입금지자 등 주요 불량 고객(범죄자, 불법행위자, 카드카운터, 전문도박인 등)을 차단한다.

㉣ 고객 입장 시 위험 물품을 사전에 검색하여 테러대비, 폭발물·무기소지자 등을 가리어 사고를 미연에 방지한다.

(나) 영업장내의 안전관리 업무

㉠ 절도 사건, 귀중품 분실 등에 대비하여 도난 및 소매치기 등으로부터 고객들의 안전한 재산을 보호한다.

㉡ 영업장에 손님으로 위장 상주한 카지노 사채업자 선별 그에 따른 적절한 조치(퇴장 및 출입금지 조치)를 취한다.

㉢ 고객의 음주 소란과 난동자 발생 될 경우 신속한 대처 후 분리 조치를 통하여 고객과 직원을 안전하게 보호한다.

㉣ 블랙리스트에 관련하여 서베일런스팀과 공조한 후 불법 행위자, 카드 카운터, 전문 도박인 등을 확인 및 감시하여 발각되면 적절한 조치를 취한다.

(다) 대외적인 업무

㉠ 절도 사건, 위조 신용카드 이용범 등 여러 유형별 외국인 범죄 행위 발생 이에 따른 외사계 수사기관과 공조 대치 – 관할 경찰서, 파출소 등 원활한 협조 체제 조성

㉡ 응급 환자 발생시 응급조치 등 신속히 관련기관 연락 고객의 생명과 신변 보호 - 관할 소방서, 병원 후송 조치

㉢ 유관기관과의 협조를 통한 정보 자료 및 여권 개정법에 관한 정보 숙지 - 내국인 출입 차단의 근거 자료 활용

(4) 업무

외국인 카지노 시큐리티(안전관리)의 업무에는 외부 안전관리와 내부 안전관리로 구분 할 수 있다.

가) 외부(출입구) 안전관리

외부 안전관리는 출입구통제 질서유지 및 위험물 검색과 반입저지, 직원 동선 칩스 검색 관리, 내국 출입통제 및 불량고객 출입차단, 문제발생에 대한 초기 진압, 비상사태 시 고객 대피, 내국인 입장, 무단 침입자, 각종 도난 및 분실사고로부터 카지노의 모든 고객과 직원의 생명과 재산을 보호한다.

㉠ 출입구의 질서유지와 위험물품 사전검색과 반입저지 - 출입구의 금속 및 칩스검색대 관리운영
㉡ 내국인 및 블랙리스트 등의 출입차단 및 동선 추적감시 - 안내데스크 업무에 대한 협조(여권, 외국인등록증 등 신분확인 및 위조신분증 검색 업무 보조)
㉢ 칩스 및 회사자산 등의 외부반출 방지와 철저한 감시
㉣ 고객의 소지품 도난이나 분실을 대비한 불량고객 감시

나) 내부(영업장) 안전관리

내부 안전관리는 고객의 소지품 도난·분실을 대비한 불량고객 감시, 출입금지자 및 영업장 내 내국인·불량고객 색출 관리, 포괄적 정보수집 분석을 통한 고급 정보 생산과 제공, 유관기관과의 긴밀한 업무 협조 체재 구축, 응급환자 발생 시 관련기관 연락, 고객의 생명과 신변보호를 한다.

특히 출입금지자 관리업무에 있어서 ㉠ 고객 불만처리 및 불량 고객, 내국인을 색출하고, ㉡ 영업장내 사고·사건 사전예방과 원활한 질서유지, ㉢ 고객의 안전과 회사의 인적·물적 자원의 보호, ㉣ 영업장 내외 순찰 중 고객 성향 및 게임 동향의 파악, ㉤ 현금 TAKE 이동 시 근무자 근접 보호 감시, ㉥ 문제발생에 대한 초기진압과 비상사태 시의 고객대피, ㉦ 고객의 소지품 도난이나 분실을 대비한 불량고객 감시 등의 업무를 수행한다.

(5) 업무체계 및 상황처리 유형

가) 시큐리티팀[안전관리파트] 업무체계도

㈎ **정보공유** : 영업팀, 서베일런스팀, 마케팅팀은 영업 및 고객정보에 관한 내용들을 수시 교환하여 정보를 공유하도록 한다.

㈏ **관리통제** : 내부근무자, 외부근무자, 고객안내원의 수집된 각종정보는 수시로 직원들끼리의 공유 및 시큐리티팀장에게 보고한다.

㈐ **영업장 질서유지** : "내부 근무요원"은 고객의 안전과, 회사의 자산을 보호하며, 사건·사고 발생 시에는 초기진압을 한다.

㈑ **접점고객 정보수집** : "고객안내원"은 고객맞이를 통해서 수집된 정보를 안전

관리팀으로 보고하며, "외부 근무원"과의 협력하여 출입구의 질서와 검색서비스를 수행한다.

(마) **출입통제 :** "외부 근무요원"은 "고객안내원"과 협력하여 출입구내의 질서유지와 내국인 · 문제고객의 출입을 차단한다.

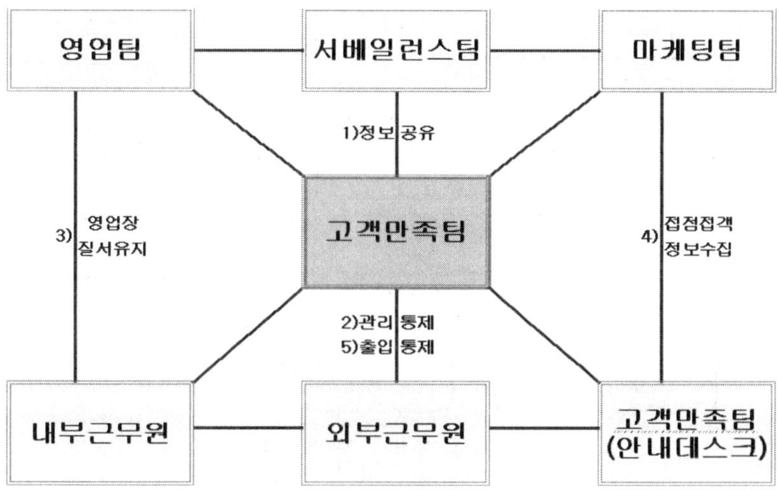

나) 시큐리티팀[안전관리파트] 상황 처리 유형도- 교포

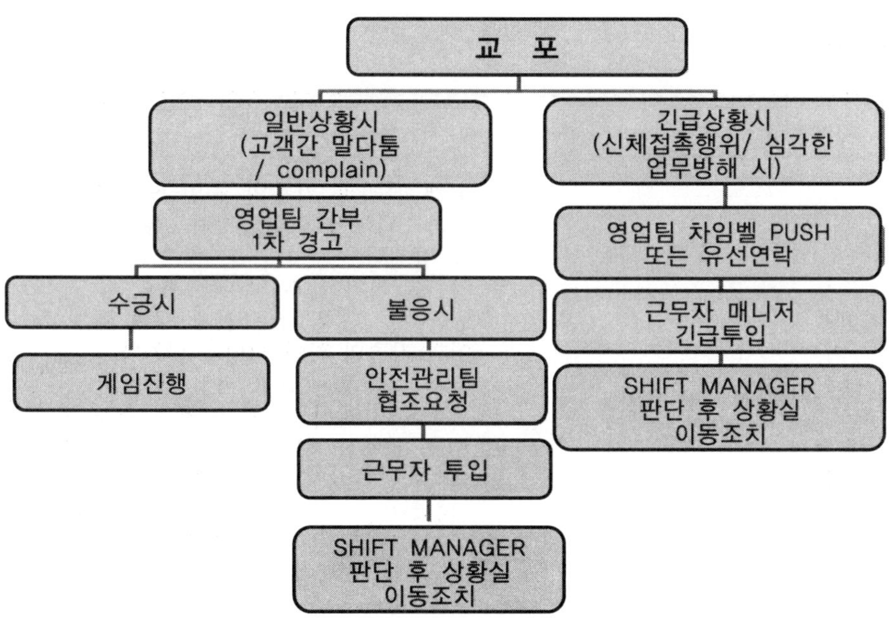

다) 시큐리티팀[안전관리파트] 상황 처리 유형도- 외국인

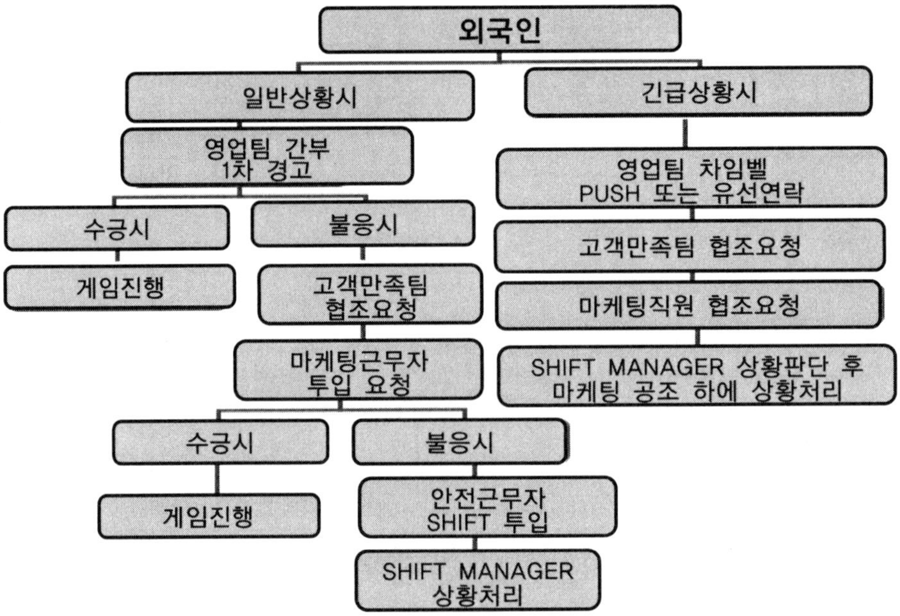

(6) 고객 유형에 따른 표준 대처 요령

가) 정문

고객 유형			유형별 표준 대처 요령	
직원	고객 행동		표 준	금기사항
정문 출입 금지 요청 과 출입 금지자	고객 의 출입 금지 요청 시	- 가족이나 친지의 출입금지 요청 - 본인의 출입금지 요청	- 고객 본인과 가족의 출입금지 합의가 되어야 출입금지가 유효함을 알린다. - 여권을 복사한 후 날짜를 적고, 출입금지를 신청 하는 것에 대해 본인과 가족의 확인 서명을 받는다. - 문서를 작성한 날로 바로 실행. - 가족이 고객의 사진, 여권을 소지하고 신청을 하더라도 본인의 동의가 있어야만 출입금지 신청이 가능하다. - 여권 복사본에 시효날짜와 사유를 적고 확인 서명을 받고 출입금지를 시행한다.	책임자에게 보고를 않고 혼자서 결정한다.

정문 출입 금지 요청과 출입 금지자	출입금지자의 입장시도	- 상습 사고자, 사고 발생자가 입장을 하려한다. - 출입금지 요청을 했었던 사람이 입장하려 할 경우	- 전에 문제가 되었던 사건과 날짜를 알려주며 출입이 금지 되었던 것을 인지시키고, 퇴장조치. - 기록해 두었던 자필 신청서를 보여주고, 출입금지 사실을 통보 후 퇴장 조치한다. 고객이 원할 해지를 원할 시에는 시큐리티팀장 및 shift 매니저 회의를 거쳐 결정하도록 한다.	설명 없이 강제로 퇴장시킨다.
입장이 곤란한 고객		- 술에 취해 휘청대며 입장하려 한다. - 술에 취해 휘청대는 VIP 고객의 경우	- Game 진행에 방해를 주어 주위 사람에게 피해가 될 수 있으므로 고객이 잠시라도 휴식을 취하고 올 수 있도록 설득한다. - 담당 마케터에게 연결하여 협의한다.	

나) 영업장

고객 유형			유형별 표준 대처 요령	
직원	고객 행동		표 준	금기사항
영업장	영업장 내에서의 사고 방지	- 고객의 지갑이 눈에 띄게 놓여있을 경우 - 영업장 테이블을 겉돌며 수상한 행동을 하는 고객 - 고객이 영업장내에서 사진촬영을 할 경우 - 가이드가 입장하여 게임을 할 경우 - 이미 술에 취한 고객이 술을 계속 주문할 경우	- 분실이 될 우려가 있음을 알리고 Check-room에 맡길 것을 권유한다. - 계속 주시하여 동태 파악을 하고, 미심쩍은 행동을 할 경우 서베일런스실에 연락하여 VTR 녹화 협조를 얻는다. - 사진촬영이 다른 고객에게 피해를 줄 수 있어 금지 되어있음을 알리고, 카메라를 Check-room에 맡길 것을 안내한다. - 외국인전용 카지노에서는 내국인의 게임이 불가능하다는 것을 알리고, 국내 마케팅팀과 협조 하에 경고조치를 한다. - Pit Boss나 Bar직원에게 통보하여 협조를 구한다.	영업장 순찰 없이 한 곳에서만 상주 한다.

<table>
<tr><td>영업장</td><td>영업장 직원과의 근무협조</td><td>- 영업팀에서 환전 등의 업무를 위해 고객의 여권 확인 요청 시</td><td>- 고객의 이름과 생년월일에 대해서 물어 본인인지를 확인한다. 여권이 없을 경우에는 없다고 분명히 말하고 있을 경우에는 복사본이 필요한지 확인해 출력 한다.</td><td></td></tr>
<tr><td colspan="2">요주의 인물이 게임을 할 경우</td><td>- 야쿠자나 상습 음주자 등이 게임을 할 경우
- Main Bacara에서 게임이 진행될 경우</td><td>- 게임 테이블근처에 상주 하여 요주의 고객 동태를 주의 깊게 살핀다.
- 영업장 근무자 1인을 배치하여 수시로 게임동태를 파악하여 사고를 미연에 방지하고, 사소한 문제가 발생하여도 바로 보고한다.</td><td>고객에 대한 근무 인수인계를 안 한다.</td></tr>
</table>

(7) 영업소 소집회의 구성

가) 관련근거

「카지노 관리 출입관리지침」에 의거하여 소집 관련 팀을 구성한다.

나) 소집업무

출입제한 · 해제에 관하여 특별한 사항이 발생 될 경우에 회의를 소집하여 결정한다.

㉠ VIP 고객의 출입정지 · 해지 회의

㉡ 일반 고객의 출입정지 · 해지 회의

㉢ 출입대상자의 출입제한 기간

다) 소집회의 구성

구분	소집 구성 위원	비 고
출입제한 관련 팀	영업팀장 마케팅팀장 시큐리티팀장 서베일런스팀장	필요 시 상황담당자 배석 (경위설명)

라) 출입제한 관련 소집

관련 소집회의는 시큐리티팀장이 VIP 고객 또는 출입 제한자가 발생했을 경우에 영업소장에 보고하고 시큐리티팀장 주관 하에 소집회의를 개최한다.

(8) 카지노 출입관리 기준

가) 출입통제 관련 조치

<table>
<tr><td rowspan="7">가족 요청시</td><td>적용범위</td><td colspan="2">출입을 통제하고자 하는 자의 배우자 및 직계가족</td></tr>
<tr><td>기 간</td><td colspan="2">배우자 및 직계가족이 출입기간 해제 요청할 때까지</td></tr>
<tr><td>방 법</td><td colspan="2">출입금지 요청자가 직접방문</td></tr>
<tr><td rowspan="3">구비서류</td><td colspan="2">출입금지 요청서 1부 - 요청자가 직접 작성(서명 날인)</td></tr>
<tr><td rowspan="2">직계확인 가능
서류 1부</td><td>대상자, 요청자 주소지 같은 경우 - 가능</td></tr>
<tr><td>대상자, 요청자 주소지 다를 경우 - 불가능</td></tr>
<tr><td>처리절차</td><td colspan="2">방문접수 → 출입통제자 명단 등록 → 관련 팀 통보</td></tr>
<tr><td rowspan="5">본인 요청시</td><td>적용범위</td><td colspan="2">본인 요청시</td></tr>
<tr><td>기 간</td><td colspan="2">영구출입금지
※ 추후 본인인 출입의사를 밝힐 때 시큐리티팀장과 협의 후 허용[vip 고객은 해당 마케팅팀과 협의 후 허용]</td></tr>
<tr><td>방 법</td><td colspan="2">본인 자필에 의한 요청(직접방문)</td></tr>
<tr><td rowspan="2">구비서류</td><td colspan="2">출입금지 요청서 1부 - 자필작성(서명, 날인)</td></tr>
<tr><td colspan="2">요청자 본인 여권 및 신분증</td></tr>
<tr><td rowspan="3">기 타
[출입금지
요청]</td><td>적용범위</td><td colspan="2">영업팀장, 담당 마케팅팀장, 관련 직원요청시</td></tr>
<tr><td>방 법</td><td colspan="2">출입금지 요청 사유서 작성(요청자)</td></tr>
<tr><td>구비서류</td><td colspan="2">출입금지자 여권 복사본 또는 신분증명서 1부
※ 출입금지 기간은 시큐리티팀장 판단, 영업점장 보고 후 시행</td></tr>
</table>

나) 출입통제해지 관련 조치

가족요청	기 간	- 배우자 및 직계가족이 출입기간 해제 요청할 때까지 ※ 단, 요청자의 요청 시 당사 규정에 의한 각서 수리 및 시큐리티팀과 상담 결과 후 해제 가능
	대 상	출입통제 신청자
	구비서류	출입금지 해체 요청서 1부 - 요청자가 자필작성
		출입해체 신청자 여권 또는 신분증
기 타	기 간	출입통제 기간 만료 시 ※ 각서 수리 및 시큐리티팀 상담 결과 후 해제가능
	대 상	출입통제 기간 만료자 전원
	구비서류	출입통제 해제 신청서 1부 - 요청자 자필작성
		출입해제 신청자 여권 또는 신분증

다) 위해요소 관련 조치

내 용	비 고
무기 · 흉기 소지자	
음주 만취자 · 각 종 질병환자	
약물 복용자 (향정신성 의약품 관련)	
입장에 따른 신분확인 요구 불응자	
한정 치산자 · 금치산자 및 정신 이상 자로 판명된 자	
당사 사업장에 대한 방화 행위자 및 관련자	
당사 시설물 훼손 및 파괴 행위 - 비고의성 (변상조치)	
당사 시설물 훼손 및 파괴 행위 - 고의성 (변상조치)	
영업장 내에서의 절도 행위	
유괴 및 감금 행위 · 직원 폭행 · 협박행위	

<table>
<tr><td colspan="2">인화성 물질, 폭발물 등으로 위협하는 행위</td><td></td></tr>
<tr><td rowspan="3">영업장내에서 자해 및 자살 소동 행위</td><td>Loss 금액 환불에 따른 위해 목적의 협박</td><td></td></tr>
<tr><td>영업장내 고객에게 금품요구자</td><td></td></tr>
<tr><td>영업장내 자살 기도 행위</td><td></td></tr>
<tr><td colspan="2">습득물 소유 및 사용 행위 (점유 이탈물 횡령)</td><td></td></tr>
<tr><td rowspan="3">기타 위해 요소 관련 징후가 보이는 행위</td><td>1회</td><td></td></tr>
<tr><td>2회</td><td></td></tr>
<tr><td>3회</td><td></td></tr>
</table>

사건의 경·중 또는 가중치에 따라 입장불허, 경고조치, 당일 퇴장조치, 1개월 출입금지, 3개월 출입금지, 6개월 출입금지, 출입금지 조치(해제시 위원회 소집) 할 수 있다.

라) 카지노 출입구 관련 조치

<table>
<tr><th colspan="2">내 용</th><th>비 고</th></tr>
<tr><td colspan="2">임산부</td><td rowspan="4"></td></tr>
<tr><td colspan="2">검색대를 통과 않고 불응 하는 자</td></tr>
<tr><td colspan="2">사진 촬영을 목적으로 하는 자
※ 단, 홍보팀과 사전 협조된 단체에 한해 담당부서와 협의 후 출입허용</td></tr>
<tr><td colspan="2">이권 목적의 아쿠자 또는 국내외 폭력단체</td></tr>
<tr><td colspan="2">여권, 외국인 등록증 위조, 변조 행위</td><td></td></tr>
<tr><td rowspan="3">여권, 신분증 수여자, 대여자</td><td>1회</td><td></td></tr>
<tr><td>2회</td><td></td></tr>
<tr><td>3회</td><td></td></tr>
<tr><td rowspan="3">기타 부정한 방법의 출입관련 위반행위</td><td>1회</td><td></td></tr>
<tr><td>2회</td><td></td></tr>
<tr><td>3회</td><td></td></tr>
</table>

- 사건의 경·중 또는 가중치에 따라 입장불허, 경고조치, 당일 퇴장조치, 1개월 출입금지, 3개월 출입금지, 6개월 출입금지, 출입금지 조치(해제시 위원회 소집) 할 수 있다.
- 여권 위조, 외국인등록증 등 신분증 변조행위자는 공문서 위조 등을 규율한 형법에 의해 대응하는 내국인은 관계사법기관에 연락하여 법적 조치로 강력히 조치한다.

마) 머신게임 관련 조치

내 용		비 고
위폐·모조 코인·칩스의 사용 및 머신기기 임의 조작자		
머신기기 파손행위 : 변상조치		
타 고객의 코인 무단 사용(머신)	1회	
	2회	
	3회	
타 고객의 잭팟 유도 후 당첨 시 권리 주장하는 행위		
당첨금 이중 수령 행위		
타 고객 카드 명의를 도용, 콤프를 사용하는 행위	1회	
	2회	
	3회	
영업장내에서 무선 취식 및 구걸 행위	1회	
	2회	
	3회	
점유 이탈물 횡령 행위	비고의성	
	고의성	

- 사건의 경·중 또는 가중치에 따라 입장불허, 경고조치, 당일 퇴장조치, 1개월 출입금지, 3개월 출입금지, 6개월 출입금지, 출입금지 조치(해제시 위원회 소집) 할 수 있다.

바) 테이블 게임 관련 조치

내 용		비 고
모조 칩스 고의적 사용 행위		
딜러 및 직원과 담합하여 게임하는 행위		
칩스 절취 행위(환불조치)	1회	
	2회	
게임 진행 방해 행위	1회	
	2회	
	3회	
부정한 방법의 베팅 행위	1회(비고의성)	
	2회(고의성)	
	3회(고의성)	
카드 카운트 행위		
게임 전문가 사칭 고객 유인 후 대리 게임 행위		
타 고객 칩스 무단 사용 행위	1회 (변상후)	
	2회 (변상후)	
	3회 (변상후)	
기타 고객 상호간의 소란 행위의 원인제공 행위	1회	
	2회	

– 사건의 경·중 또는 가중치에 따라 입장불허, 경고조치, 당일 퇴장조치, 1개월 출입금지, 3개월 출입금지, 6개월 출입금지, 출입금지 조치(해제시 위원회 소집) 할 수 있다.

사) 영업장 질서 관련 조치

내 용		비 고
근무자 폭행		
근무자 협박·폭행성 신체 접촉	1회	
	2회	
	3회	
근무자 모독·욕설 및 업무방해 행위	1회	
	2회	
	3회	
근무자의 업무수행 방해 행위	1회	
	2회	
고객 상호간 다툼(욕설, 폭행)으로 인한 소란 행위	1회	
	2회	
	3회	
회사 비방 및 군중심리 유발 행위	1회	
	2회	
	3회	
회사 경영관 관련하여 행정기관, 언론, 사회단체 등에 허위 사실을 제기하여 회사의 명예를 훼손하는 행위		
타 고객에게 불쾌감을 줄 수 있는 복장 불량자		
영업장 내 범죄행위로 형사 처벌자 및 이에 준하는 행동으로 회사이미지 실추 및 영업방해자		
기타 영업장 질서 유지에 반하는 행위	1회	
	2회	
	3회	

– 사건의 경, 중 또는 가중치에 따라 입장불허, 경고조치, 당일 퇴장조치, 1개월 출입금지, 3개월 출입금지, 6개월 출입금지, 출입금지 조치(해제시 위원회 소집)를 할 수 있다.

(9) 동선 이용 수칙

가) 출퇴근 관련 수칙

모든 직원은 출·퇴근시 직원 출입구를 이용하여야 한다.

나) 카지노 출입구 관련 수칙

「카지노사업자 영업 준칙」(관광진흥법 시행규칙), 「카지노업 약관」, 「그랜드코리아 규정」, 「카지노출입관리지침」 등을 준수하여야 한다.

구 분	내 용	비고
상시 출입 가능 대상	* 신원이 확인된 외국인 * 당사 임원 및 각 팀 간부 * 유관기관 직원 중 당사 발급 신분증 패용 자 * 시큐리티팀 직원 * 고객 안내 목적의 마케팅 팀 직원 * 대관업무관련 안내목적의 근무 직원 * 일반정비직원(청소용역) 및 업무점검을 목적으로 하는 해당근무 SHIFT * 시설 영선 직원 * 시설 관리 팀 시설점검 업무를 수행하는 해당SHIFT 근무자 * 현금자동지급기 관련 외부보안업체 근무자(입장 전 시큐리티팀 사전 협조) * 기타 시큐리티팀과 사전 협의된 임무수행자	
출입 불가 대상	* 내국인 및 외국인으로 신분이 확인되지 않은 자. * 상기 상시 출입가능 대상을 제외한 당사 전 직원 및 용역종사자 * 당사 출입관리 규정에 의해 출입이 제한된 자 * 사채를 목적으로 고객을 위장한 출입자 * 사법기관의 출입금지 요청자 * 물건판매 목적의 잡상인 * 해당근무 SHIFT외의 영업장 내부 근무자 * 유니폼 및 사원증, 회사 뺏지 등 신분을 확인할 수 없는 직원	

출입 관련 특이 사항	* 투어 목적의 단체고객은 시큐리티팀과 사전협의 및 방문증 패용 후 안내 직원의 안내에 따라 입장 * 환전, 은행 업무 등을 목적으로 입장하는 직원은 반드시 출입 관리대장에 관련 부서 소속, 성명, 사번, 출입목적, 출입시간을 기록 후 출입 * 영업장내에 출입하는 전 직원은 뺏지, 명찰 또는 사원증 반드시 패용 * 영업장 입장 시 모든 직원은 반드시 CHIPS 검색대를 통과 후 입·퇴장 * 업무상 환전 이외의 전 직원은 영업장 출입 시 CHIPS를 소지할 수 없음 * 전 직원은 직원 동선으로 입장	

5. 카지노 시설경비 안전대책 방안

1) 경비대상시설물이 카지노의 시큐리티진단 실시

카지노 경비진단(警備診斷)이라 함은 경비 업무를 수행함에 있어 현재의 위해요소 및 위험요인을 판단 · 분석하여 구체화는 일련의 활동을 말한다. 보다 넓은 의미에서의 경비진단이라 함은 과거에 위협요인으로 작용했던 인적 · 물적 · 지리적 위해 요소와 범죄 자료 등을 참고로 하여, 현재의 위험요소를 판단 · 분석하고 그에 기초한 자료를 바탕으로 앞으로의 사전예방활동 및 안전대책을 수립하는 제반활동까지도 포함한다고 할 수 있다.

카지노시큐리티에서는 경비 진단 후 세워진 대책을 운영계획서 혹은 제안서로 작성하여 경비 의뢰자 또는 시설주에게 제출하게 된다. 운영계획서는 기초경비계획서라 할 수 있다.

카지노의 인적 또는 물적 경비대상에 대한 효과적인 경비프로그램을 실행하기 위해서는 해당 영역에 대한 폭넓은 분석과 조사가 선행되어야 한다.

카지노시큐리티의 위해요소는 경비대상의 안전성에 위험을 끼치는 제반요소를 의미한다. 즉 범죄, 도발적인 사고, 자연재해, 전반적인 위험잠재력 등을 말한다.

다시 말하면 카지노 시큐리티 위해요소라는 것은 경비대상의 안전성에 위험을 끼치는 제반 요소를 의미한다. 시큐리티 위해요소에 대한 접근은 단순히 시큐리티업무 자체를 포함해서 조직 내외 환경에 보다 포괄적으로 통합적인 대응이 요구된다.

시큐리티요원이 개인이나 기업 등의 안전을 확보하기 위하여 대응해야 할 경비 위해요소는 일반적으로 자연적 위해와 인위적 위해로 구분할 수 있다.

카지노시설의 자연적 위해는 화재, 폭풍, 홍수, 지진 그리고 기타 건물붕괴, 안전사고 등을 들 수 있는데, 화재나 안전사고는 고의적이든 과실이든 간에 많은 부분이 인위적이라는 사실에 유의해야 한다.

카지노시설의 인위적 위해는 신체를 위협하는 범죄, 절도, 좀도둑, 사기, 횡령, 간첩행위, 태업, 시민폭동, 폭탄위협, 화재, 안전사고 그리고 기타 특정 상황 하에서 공공연하게 발생하는 폭력 등이 여기에 해당된다.

일반적으로 위해에 노출되는 정도는 시설물 및 처한 상황에 따라 다양하게 나타난다. 예컨대, 화재나 폭발의 위험은 화학공장에서 더욱 클 것이며, 강도나 절도에 의한 잠재적인 손실은 소매점 등에서 더욱 크게 나타날 것이다. 따라서 민간경비의 업무 수행은 모든 영역에서 발생 가능한 잠재적 위해(손실, 손해, 손상 등)를 제거하거나 감소시키기 위한 다양한 활동을 의미한다.

카지노시큐리티업무에 있어서의 위해요소는 시설물 자체의 안전사고는 물론 시설물 내 물품에 대한 절취 행위 및 도난 사고, 불법 점거 및 집회 · 시위, 엘리베이터 · 에스컬레이터 · 무빙워커 등의 안전사고, 침수 · 누수, 방화 · 화재, 불법 주차, 노숙자 · 부랑아의 출입, 조직폭력배의 협박 및 난동, 가스사고, 기업의 정보유출, 폭발물의 폭발, 음주자의 난동, 각종 테러 등 여러 가지 형태가 될 수 있다.

효율적이고 효과적인 카지노시큐리티업무 운영을 위해서는 정확하게 분석된 시큐리티진단을 해야만 한다. 시큐리티진단을 함에 있어 주요 착안 사항은 다음과 같다.

㉠ 사업장의 규모, 중요 물품 및 재산, 근무자의 수, 근무 시간, 업태 등 그 사업장의 모든 일반 현황 및 정보를 파악한다.

㉡ 사업장의 인적 · 물적 · 지리적 취약요소를 구분하여 파악한다.

㉢ 손실이 예상되는 물품 및 지역을 순위별로 파악한다.

㉣ 손실이 발생했던 현황을 시간대별, 날짜별, 요일별, 계절별로 파악한다. 다시 말해 사고의 빈도와 잠재성에 대해 파악한다.
㉤ 출입구의 수, 취약지역 및 주요 사고 발생의 유무와 지역을 파악한다.
㉥ 사업장 근무자들의 사원복지와 노사관계에 대해서 파악한다.
㉦ 시큐리티현황 및 운영체제 및 운영제도 등 현재의 시큐리티실태를 파악하고 부족했던 점을 파악한다.
㉧ 현재의 사업장이 직영체제의 경비로 운영되고 있다면, 도급 및 아웃소싱 시큐리티로의 전환시 임직원 및 근무자들의 태도에 미칠 영향을 파악한다.
㉨ 도급 및 아웃소싱 시큐리티로 전환될 경우 잔류근무 지역 및 잔류근무자들을 파악한다.
㉩ 위에서 파악된 현황들을 토대로 요구되는 시큐리티 정도를 측정한다.
㉪ 시큐리티의 정도를 측정한 후 시큐리티활동의 전반에 대한 객관적인 종합분석을 한다.
㉫ 이상에서 제기된 현황과 실태를 기본으로 하여 종합적인 시큐리티프로그램을 수립한다.

정확하게 판단 및 분석된 위해요소를 바탕으로 그에 대응할 수 있는 경비진단서를 작성하여 운영계획서에 충분히 반영시켜야 한다.

카지노시큐리티진단의 방법으로는 먼저 시큐리티진단을 위해서 시설물의 이력에 대한 시설물이력서를 작성하고, 당해 시설물의 위해요소를 판단·분석하여 그에 대응할 수 있는 시큐리티요원의 배치 초소(哨所, POST)를 구성한다. 그리고 각 배치 초소별로 주요 임무들을 부여하고, 그에 대한 인원구성 및 근무형태를 구성한다.

2) 카지노와 호텔의 연계된 안전대책의 수립

카지노와 호텔의 안전에 관련한 모든 수단들은 호텔시설에 관련된 모든 것의 안녕을 보장하고 생명 및 재산의 보호와 인위적 또는 자연적인 재해나 범죄의 위험성을 최소화할 것을 요구한다. 이러한 재난들은 다른 것들과 함께 홍수, 지진, 태풍, 전염병, 소요, 폭발, 파업, 절도, 사기, 테러 등을 포함한 재난을 고려할 때 안전관리요원은 각 관리 요소별로 그 재난의 결과가 미칠 영향을 고려해야 한다. 즉 건물자체나 그 주변 또는 호텔에 부속된 건물들의 설비나 부속품들, 고객 및 종업원의 생명과 재산 등이 포함된다.

(1) 시큐리티 사무실(Security Office)

시큐리티부서의 사무실 업무는 일반 기업에서의 사무실 업무와는 다른 성격을 지닌다. 시큐리티 사무실의 기본적인 몇 가지 업무에 대하여 살펴보면 다음과 같다. 우선 호텔은 고객과 직원의 구분이 확실한 것이 또 하나의 특성으로 이는 고객 중심의 서비스를 지향하고 있기 때문이기도 한데, 이로 인해 호텔 직원들은 업무와 관련한 일이 아니라면 절대 고객이 들어오고 나가는 로비의 현관으로 출입하거나 기타 고객이 이용할 수 있도록 한 모든 시설을 이용할 수 없다. 따라서 호텔은 직원(방문자, 작업자 등을 포함)의 출·퇴근 및 출입을 위한 직원전용 출입구를 운영한다. 이러한 출입 동선을 제한함으로 인해 보다 체계적이고 세부적인 출입관리가 이루어진다. 이로 인해 경비부서 역시 직원 및 고객 이외의 기타 출입인원의 통제와 관리를 위해 직원 주출입구에 위치하고 있다.

시큐리티부서 사무실의 위치적 특성과 업무 특성상 안전관리 부서의 근무자는 다음의 업무를 수행하는 임무를 지닌다.

첫째, 직원을 비롯한 방문자, 작업자 등의 출입통제와 더불어 외부인의 출입통제 업무를 수행한다. 호텔의 직원인 경우에는 출·퇴근이나 기타 출입과 관련하여 반드시 호텔에서 지급한 ID Card를 소지했는지의 여부를 확인해야 하며, 외부 출입인원에 대해서는 방문자, 작업자 등으로 구분하여 반드시 출입인원의 신분확보와 해당 명찰의 발급을 통하여 고객과의 구분이 이루어질 수 있도록 해야 한다.

둘째, 회사 물품 및 기물의 반출·입 여부를 확인하고 직원 및 기타 인원에 의한 행위를 통제 및 적발하는 업무를 수행한다. 일반 기업뿐만 아니라 호텔 내에서도 호텔 기물은 공적 재산에 해당하므로 업무이외의 개인적인 목적을 위하여 임의대로 반입, 반출하는 행위는 금지되어 있다. 따라서 부당한 방법으로 회사 기물을 반출하는 행위를 사전에 예방하기 위하여 경비부서의 사무실 근무자는 출퇴근 직원에 대한 가방조사를 실시할 수 있는 권한을 가지고 있으며, 이에 전 직원은 조사와 관련한 협조를 해야 할 의무를 지닌다. 이러한 경비부서의 업무에 대하여 비협조하거나 기물의 밀반출을 시도하다가 적발이 되면 회사규정에 따라 경고, 정직, 해고 등의 벌칙 규정이 적용된다. 따라서 양식의 문서를 통하여 회사 기물의 반출, 반입 행위가 이루어 져야 한다.

셋째, 시큐리티부서는 각 업장 및 사무실, 객실 등의 키를 관리함에 따라 안전관리 부서에 내에는 수 백 여개에 이르는 각 종 키를 보관하는 보관함(Key Box)이 있다. 사무실 근무자는 이러한 키의 사용에 관한 책임이 있으며, 키사용에 따른 키관리 기록대장의 기록업무를 수행한다.

호텔 내에는 객실 문을 비롯한 각 사무실 및 창고 등 수없이 많은 문들로 이루어진 문의 집합체라고 할 만큼 문에 해당하는 키의 수량도 그 수를 헤아리기가 힘들다. 안전관리 사무실의 근무자는 이러한 키의 관리가 매우 중요하며 특히 그룹별로 사용할 수 있는 통합 Master Key의 관리는 더욱 중요하다. 따라서 필요시 키의 수불에 있어 반드시 기록을 작성해야 하며 키 사용자에 대한 신원확인과 사용근거 및 이유를 명시해야 한다. 또한 키 사용과 관련하여 키와 관련한 부서의 호텔직원이 아닌 다른 그 어떤 인원에게도 키를 인계하여서는 안 됨을 안전관리 근무자는 항상 인지하고 있어야 한다.

넷째, 시큐리티사무실 근무자는 호텔내의 각 업장 및 객실 등 기타구역에서 발생하는 각종 사고와 상황을 접수하여 각 지역별 근무자 혹은 해당 근무자에게 신속히 보고 및 통보해야 하며, 그 밖에 경비업무와 관련한 각 정보의 수집과 정리를 통하여 안전관리 전 근무자에게 공유시킬 수 있도록 해야 한다.

다섯째, 응급상황의 발생이나 각종 사건, 사고, 재난 등이 발생되면 유관기관과의 신속한 연락체계를 구축하여야 하며, 평상시 지속적인 업무연락과 모의훈련을 통하여 유, 무선 연락체계의 이상 유무를 파악해야 하는 업무를 지닌다.

그리고 시큐리티업무와 관련한 각종 문서 및 정보의 관리는 경비사무실 근무자가 해야 할 중요한 업무 중의 하나이며, 각 근무자의 위치 파악과 업무현황의 파악은 항시 체크해야 할 사무실 근무자의 업무 중의 하나이다. 그 밖에 사무실의 모든 장비 및 기계를 포함한 기물을 항시 최상의 상태로 관리하여야 하며, 호텔 내 모든 상황을 접수하는 근무자이므로 상황 처리에 최선을 다하여 전체 업무에 착오가 없도록 해야 한다. 또한 로비(Lobby) 근무자가 고객을 상대하는 경비부서의 얼굴이라면 사무실 근무자는 직원 및 기타 출입인원에 대한 경비부서의 얼굴이므로 항시 청결하고 깨끗한 복장으로 근무에 임해야하며, 단정하고 바른 자세로 근무에 임해야 한다.

(2) 객실순찰(Patrol)

호텔에 있어서 경비부서의 순찰요원이란 일정 시간에 일정 구역을 돌아보는 직무를 가진 사람을 말한다. 순찰 근무자는 순찰시계를 이용하여 각 정해진 구역에 사전에 설치되어 있는 순찰키로 순찰 순서에 따라 정해진 코스로 순찰하며 각 번호별 순찰키를 체크한다.

객실 순찰 근무자는 순찰 중, 객실의 문이 열려 있는지를 점검하며, 객실 층에 외부인 또는 거동이 수상한자가 있는지에 대한 여부를 확인해야 한다.

객실 문이 열려져 있다는 것은 그만큼 객실 내 투숙객이 강도 및 강간 등의 사고로부터의 위험에 노출될 가능성이 높아지는 것을 의미하며, 그 외에 객실 내 투숙객이 없다고 할지라도 투숙객의 물품 도난이나 호텔 물품 등의 도난이 발생할 수 있는 가능성을 열어 놓고 있는 것이라고 간주할 수 있다. 이는 빈번히 발생하는 사고가 아닐지라도 한번 발생이 되면 호텔의 운영 면에 있어 큰 타격을 입힐 수 있는 사고 중의 하나로 반드시 경비부서의 순찰 근무자는 단 한차례라도 일어날지 모르는 사고를 미연에 방지하기 위해서 위에서 언급한 내용을 절대 간과해서는 안 된다.

그밖에 순찰 근무자의 업무 중 반드시 시행해야 할 업무는 화재예방과 관련한 소화시설 및 방재시설의 점검이다. 호텔 각 지역에 소화기의 정위치 상태를 체크하는 것은 물론이며 화재 발생 시 사용하여 할 소화전 및 기타 방재기구 주변에 적재물품은 없는지, 비상계단 및 비상구의 주변에 적재물품은 없는지를 반드시 점검하여야 한다.

순찰 근무자는 단순히 정해진 시간에 정해진 구역의 점검만을 실시하는 근무자가 아니며, 호텔 전체의 점검 및 주기적인 순찰업무를 통한 화재예방 및 범죄예방의 중요한 요소라는 사실을 명심해야 한다.

마지막으로 순찰 근무 중 직접 분실물을 습득하거나 호텔을 이용 중인 고객 혹은 호텔 직원으로부터 습득물을 건네받으면 반드시 해당 습득물과 관련한 보고서를 작성하여 보관토록 해야 한다. 보관과 관련한 주관 부서는 대부분의 호텔에서 House Keeping 부서가 담당하고 있지만 그 외에 시큐리티(Security)부서 혹은 프런트데스크(Front Desk)부서에서도 담당하는 경우가 있다.

습득된 분실물은 별도의 보관함에 안전하게 보관토록 해야 하며 습득된 물품이 고가의 물품이라면 반드시 별도의 처리절차를 거쳐 따로 보관토록 해야 한다. 이는 습득된 물품이 또 다시 분실되는 불미스러운 일이 발생되지 않도록 예방차원에서 실시되어야 하며, 관리상에 있어서도 경비부서의 관리자나 기타 부서의 관리자가 직접 관리토록 하는 방안을 강구해야 한다. 또한 습득된 물품은 일정기간 동안 보관토록 하며 일정기간이 지난 후에는 호텔 규정에 따라 처리토록 한다.

(3) 카지노의 현관 및 로비(Lobby)

카지노와 호텔에 있어 현관 및 로비는 매우 중요한 의미를 지닌다. 호텔에 있어 호텔의 얼굴이란 호텔의 현관과 로비라고 말할 수 있을 만큼 그 상징적이고 업무적인 측면에서 매우 중요하다. 호텔의 업무라고 로비의 업무로 말할 수 있을 만큼 중요한 호텔 로비는 호텔을 방문한 투숙객이나 업장 이용객들이 주로 상주하여 쉴 수 있는 공간으로서 잠자는 시간 이외의 모든 시간을 소비하는 공간으로 볼 수 있다. 이는 로비를 중심으로 형성된 각 부대시설 및 현관과 바로 연결되는 곳으로서 외부 출입 시 반드시 머무르게 되는 곳이 바로 로비이기 때문이다.

또한 현관을 통하여 들어오는 모든 인원이 확인되는 곳이며, 그날의 Check In/Out을 할 수 있는 Reception Desk가 위치하고 있어 들어오는 인원에 대해 투숙객과 업장이용고객 기타 방문자 등으로 구분할 수 있는 장소이기도 하다. 따라서 현관 및 로비에 위치한 안전관리 부서의 근무자는 호텔의 안전관리를 책임지는 호텔의 얼굴로 다음과 같은 몇 가지 임무를 수행해야 한다.

로비 근무자는 고객이 Check In/Out 시 고객의 물품이나 귀중품이 잘 보호되고 있는지를 확인해야 하며, VIP의 출입 시 신변경호 및 의전업무를 수행하여 예우해야한다. 또한 영업장 및 로비에서 취객이나 무전취식, 고성방가 혹은 조직폭력배 등의 출입은 없는지 확인한다. 복장이 이상하거나 거동이 수상한자가 로비를 배회하지는 않는지 확인하며, 잡상인, 걸인 또는 무용자들의 출입은 잘 통제되고 있는지 확인해야 한다. 이러한 호텔 이용 및 출입에 부적합한 인원의 통제와 색출은 로비근무의 기본적인 업무라 할 수 있을 만큼 빈번히 발생하는 일이기도 하며 부적합 인원의 통제를 통하여 호텔에 정당한 요금을 지불하고 이용하는 고객에게 편의와 안전을 제공하는 것은 당연한 일이라 할 수 있다. 그러나 정당한 요금을 지불하고 호텔을 이용중인 고객이라 할지라도 로비에서 흐트러진 자세로 음료나 술을 마시며 크게 떠드는 등 다른 손님에게 피해를 주는 일로 호텔 품위를 해치는 자는 로비근무자로부터 제재 대상에 포함된다. 그밖에 호텔은 각종 행사와 연회가 많은 곳으로 그날 그날의 행사 내용을 숙지하여 로비로 행사와 관련한 인원의 출입 시 다른 고객과의 구분을 위하여 안내 업무를 담당하기도 해야 하며, 시설과 관련하여서는 호텔 기물의 상태가 정상적인가를 파악하고 올바르게 작동하는가를 확인해야 한다. 또한 고객을 위한 시설물을 직원 또는 작업자가 사용하는지에 대한 여부도 확인하고 점검해야 할 부분 중에 하나이다.

로비는 호텔의 얼굴이라 할 수 있다. 따라서 경비부서의 로비근무자는 안전관리부서의 얼굴이라고도 할 수 있다. 항상 청결하고 깨끗한 복장과 고객응대 시 항상 친절하며, 단정한 예의를 갖추어 안전관리 업무가 고객에게 최고의 서비스가 될 수 있도록 신경 써야 한다.

3) 건물안전관리센터의 운영

시큐리티부서의 주요 업무 중 한 가지 업무를 더 들자면 건물안전관리센터의 근무라 할 수 있다. 세부 명칭에 있어서는 호텔이나 각 업체별 마다 각기 상이한 명칭을 사용하고 있지만 호텔의 각 감지기의 작동 확인 및 전기, 전자 시설의 제어와 보안상에 필요한 CCTV의 모니터가 설치된 장소로서 위에서 언급한 건물안전관리센터라 할 수 있다.

시큐리티계획에서 근본적인 요구는 경비업무의 수행 범위와 근접통제라 할 수 있다. 만약 시큐리티요원이 호텔내의 모든 영역에 상주해 있을 수 있고 호텔의 모든 객실, 창고, 직원의 주위, 출입구 등에 적절한 안전관리요원을 언제나 성공적인 안전관리를 위해 배치될 수 있다면 호텔에서 도난사건은 일어나지 않을 것이다. 그러나 시큐리티요원이 모든 장소를 점검하고 모든 곳을 관찰하고 예정없이 자주 불특정한 부서를 순찰하며 끊임없이 업무활동을 하기는 곤란하다. 그러므로 이와 같은 곤란성을 극복하기 위하여 건물안전관리센터의 업무를 수행한다. 건물안전관리센터의 업무를 통해 폐쇄회로의 모니터로 직접 움직이지 않아도 유동인원을 파악할 수 있으며, 각 시설의 상태를 한눈에 확인하고 방재시설의 작동여부를 파악하여 화재 및 기타 사고에 신속히 대처할 수 있다. 따라서 이러한 건물안전관리센터 근무를 통해 안전관리 부서의 건물안전관리센터 근무자는 다음의 중요한 업무를 수행한다.

우선 각 지역에 설치된 폐쇄회로 카메라를 통해 보여지는 유동인원의 신원을 파악하며, 지하층의 주차장이나 외곽의 주차장을 통해 호텔로 들어오는 인원을 감시한다.

또한 각 방재시설 및 감지기의 작동여부를 파악하여 신속한 처리를 하여야 하며, 폐쇄회로 화면상의 특이사항을 발견하면 즉시 순찰근무자와의 연락을 통하여 순찰근무자를 이동 배치시킬 수 있어야 한다.

또한 전자식 도어(Card Reader Door)의 개폐 시 출입인원의 파악과 부적절한 인원의 출입을 제한해야 한다.

4) 카지노 시설 비상대응체제의 구축

(1) 비상지원체계의 기본방향의 설정

비상사태가 발생시 매뉴얼에 의한 정위치 근무 및 순회·순찰을 통한 사전 예방을 우선적으로 강화하고, 각종 유형별 상황이 발생하였을 경우 카지노 자체 Security & Surveillance팀에서 CCTV감시체계와 연계하여 1차 신속히 대응하고, 자체적으로 처리 가능한 부분은 상황실의 지시에 상황 종료하도록 한다. 그러나 대규모 또는 자체적으로 처리가 불가능한 긴급상황 발생시 등급별(A,B,C)분류기준에 의해 공경비(경찰력) 및 지역 자율방범대와의 비상 지원체계를 구축하여 각종 상황에 신속히 대응해야 한다.

[도해 2-12] 비상지원체제의 체계도

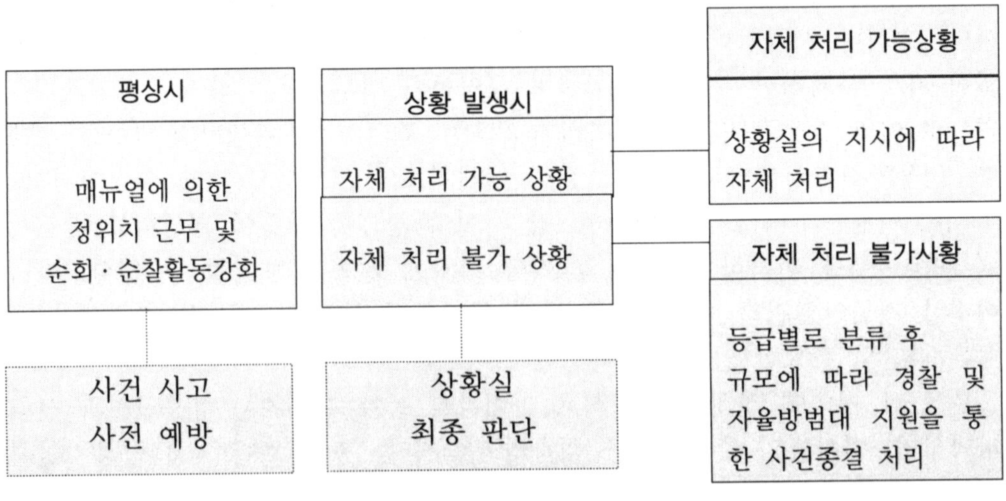

(2) 부작용 사례의 파악 및 업무반영

카지노(Casino)산업으로 인한 사회적 부작용 현상은 카지노시큐리티(Casino Security)의 위협요인으로 시큐리티(Security)업무 수행에 있어서 반드시 숙지하여야 하는 기본적인 절차로서, 이로 인한 발생 가능한 위협요인을 사전에 파악하여 시큐리티계획 설계에 반영하고, 시큐리티인력에 대한 지속적인 교육과정을 통한 카지노(Casino)환경에 맞는 마인드 제고 및 대응능력을 배양해야 한다.

[도해 2-13] 부작용 사례를 통한 시큐리티(Security)업무 반영

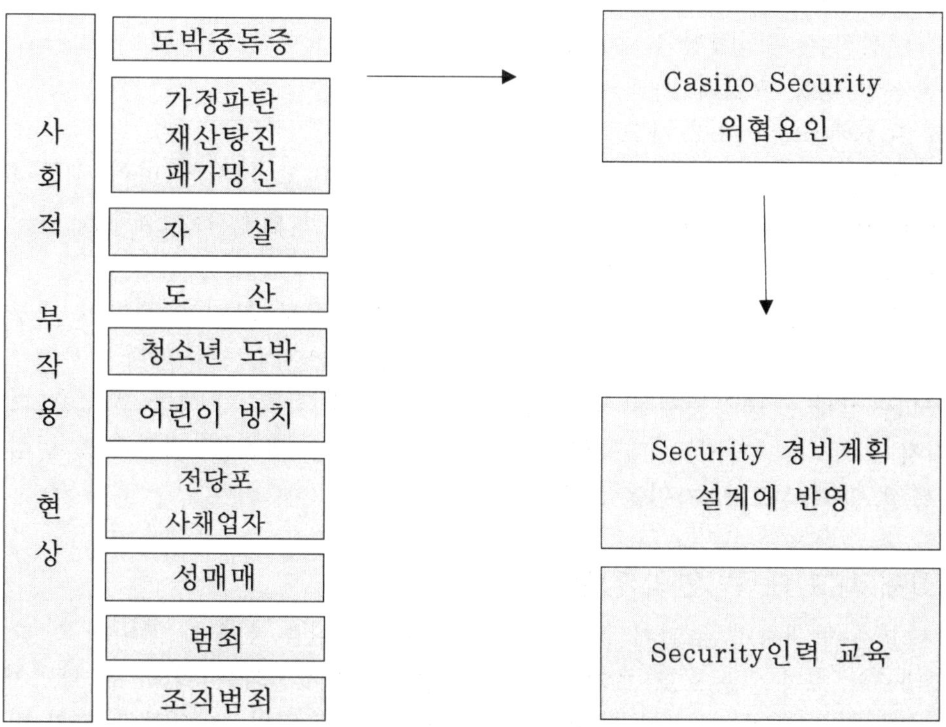

(3) 카지노 사건과 사고 상황별 대처요령의 강구

카지노시큐리티요원은 경비대상시설의 안전을 위해 시큐리티업무 지침서에 의한 정위치 근무 및 순회·순찰을 통해 범죄의 사전 예방을 도모하여야 한다. 그

리고 각종 유형별로 비상상황이 발생하였을 경우 1차적인 신속 대응을 하고, 자체적으로 처리 가능한 상황일 경우에는 중앙통제실 및 보안실의 지시에 따라 상황을 수습하여야 한다.

그러나 자체적으로 처리가 불가능한 대규모 긴급 상황 발생시에는 등급별 분류기준에 의하여 공경비 및 자체 경비요원과 연계하여 비상 상황에 신속히 대응할 수 있어야 한다.

그러기 위해서는 평시에 근무에 충실해야 함은 물론 사전에 예상되는 비상상황의 사안별 · 등급별로 A급, B급, C급, D급 등으로 구분하여 비상상황대책방안을 구축해 두어야 한다.

그리고 예상되는 비상상황을 유형별로 구분하여 조치요령을 습득해 두어야 하는데 기본적인 행동 요령은 아래와 같다.

가) 인적 요소에 의한 사건·사고 대응방안의 강구

먼저, 상황을 신속하게 중앙통제실 및 보안실로 보고하고 지시에 따라 행동하고, 지원인력이 도착할 때까지 행동의 은닉을 유지하면서 범죄자의 동태를 감시하고 독단적으로 판단한 무리한 행동은 자제한다.

그리고 범인을 자극하는 언동과 행동은 삼가고, 범인으로 보이는 괴한이 내부 진입을 하지 않고 도주시에는 추적하지 말고 담당구역을 지키도록 한다.

또한 모든 상황은 중앙통제실 및 보안실과 통신하여 지휘 · 통제를 받도록 하고, 침입자가 무기를 가지고 대항할 경우에는 적극적인 대응을 제한하고 인접 초소에 통신 및 함성으로 지원을 요청한다.

나) 화재 사고 대응방안의 강구

화재 사고가 발생하면 무전기 또는 육성으로 화재사실을 신속히 전파하고, 소화기, 옥내 · 외 소화전 등으로 초기진화를 실시한다. 초기진화는 발화 후 3분 이내에 실시할 수 있으며, 그러기 위해서는 평상시 소화기 위치, 소화전의 위치 파악, 사용요령 등이 필요하므로 비상훈련시 반영하여야 한다. 초기 진화가 가능할 경우 인근 종업원이나 사람에게 화재를 전파하고, 주변에 비치된 소화기로 진화작업을 실시한다.

초기 진화가 불가능하다고 판단되면 신속히 중앙통제실 및 경비실에 보고를 해야 하고, 화재 전파 및 소방차 출동을 요청한다. 내부 시큐리티요원들은 입주자 및 사람들이 화재에 동요하지 않도록 질서유지 업무를 지원하고, 주변지역에서는 현장 교통정리를 하여 소방차의 진입을 원활하게 할 수 있도록 지원한다.

피난 유도의 방법은 화재발생 층과 화재발생 위층의 피난을 최우선으로 하고, 피난 기구는 다른 피난의 방법이 없을 때 사용한다. 그리고 다수인이 피난을 할 경우 피난자에게 화재의 상황을 알려서 혼잡의 방지에 힘쓴다. 상황을 알릴 때에는 확성기 등을 충분히 사용한다.

그리고 연기 속에서의 피난은 가능한 자세를 낮추도록 유도하고, 물로 적신 타월이나 손수건 등으로 입, 코를 막는다. 출구를 알 수 없을 경우에는 손으로 더듬어서 출구를 찾도록 한다.

다) 천재지변 발생 시 대응방안의 강구

천재지변의 발생시 시큐리티요원은 위험요소 부근의 인원을 통제하고, 침수, 축대붕괴, 매몰 예상지역의 순회·순찰을 강화한다. 그리고 비상연락망에 의해 비상소집을 하고 장비를 파악하고 구비하여 만일의 사태에 대비해야 한다.

장마 전에 대비할 사항으로서 상습침수지역에서는 해당 시설이 수해상습지구, 고립지구, 하천범람 우려지구 등 어떤 지구에 속하는지 미리 알아두고, 대피로, 지정된 학교 등 대피장소, 헬기장을 반드시 알아 두고 전화, 확성기 등 통신수단을 확보하여 둔다.

각종 공사장에서는 배수시설 및 양수기 등 응급대책에 필요한 수방물자를 비축토록 하고 취약요인에 대한 일제점검 및 정비를 실시토록 하여 안전사고를 미리 막도록 한다.

호우 및 태풍이 발생하면 라디오, TV 등의 매스컴을 통해 기상상황을 계속 청취하고 축대나 담장이 무너질 염려가 없는지 바람에 날아갈 물건은 없는지 다시 한번 확인한다.

또한 긴급 사태 발생 시 대피할 수 있도록 준비하고 관계기관 연락망을 수시로 확인하도록 한다. 각종 공사장에서는 작업을 중지시키고 떠내려가거나 파손될 우려가 있는 기자재들은 안전한 곳으로 옮기도록 한다. 굴착한 웅덩이에 물이 들어가는지 무너질 우려가 없는지 확인하여 보강 시설 등 안전대책을 강구한다.

또한 하천을 횡단하는 공사장에서는 상류지역의 강우량을 지속적으로 파악 수위상승에 대비 차량통제 등 필요한 조치를 취하여 귀중한 생명을 잃지 않도록 한다.

차량운행은 물에 잠긴 도로나 잠수교를 피하여 평소 아는 길로 저단기어로 운

행토록하고 하천변 주차차량은 신속히 안전한 곳으로 이동한다.[45)]

라) 소요 사태 및 집단사태 발생시 대응방안의 강구

집회 및 시위, 농성, 점거 등 물리적인 시위가 발생되면 계약상의 주 의무인 도난방지, 시설보호, 질서유지, 화재예방 등의 업무에 중점을 두고 근무에 임한다. 카지노시설 내부로 화염병 등을 소지하고 들어오는 자에 대해서는 출입을 통제하거나 공경비 기관에 신고하도록 한다.

특히 근래에 들어 노사분규가 발생하는 사례가 빈번히 발생하고 있다. 노사분규 발생시 시큐리티요원은 다음과 같은 사항에 주의하며 임무를 수행해야 한다.

소요 사태가 발생되어 난동자들이 카지노시설로 진입하려 하면 출입구를 폐쇄하고 즉시 공경비 기관에 연락하여 협력 체제를 구축한다. 그리고 시위자들은 경비대상시설에 출입을 통제한다. 또 과격한 행위가 발생될 수 있으므로 방호장비들을 확보한다.

마) 카지노 구급환자 발생 시 대응체제의 구축

카지노 위급상황에서의 응급처치 및 구조 활동은 부상자나 환자에게 필요한 일을 신속하고 적절하게 실시하는 것이다. 불필요한 일이란 예컨대, 나중에 할 일 또는 전문 응급의료서비스 요원이 할 일 등을 하여 일의 적당한 때를 놓쳐서는 안 된다는 것이다.

위급상황의 현장에서는 응급구조 활동의 원칙을 꼭 기억하고 지켜 처치원과 부상자 · 환자의 안전을 도모하고 부상자 · 환자의 생존에 위협이 되는 모든 것을 처치해야 한다.

현장조사의 단계에서는 현장의 안전성, 발생 상황, 부상자 · 환자의 규모, 도움을 줄 수 있는 사람을 파악해야 한다.

응급의료서비스 기관에 연락하는 단계는 현장조사에서 알게 된 부상자 · 환자의 상태에 대한 정보를 응급의료서비스 기관(EMS : Emergency Medical Services System)에 알려 전문적 구조를 요청해야 한다.

그리고 응급 · 환자의 생명에 위급한 상태인지 아닌지를 조사하여 적절한 응급처치를 해야 한다.

---

45) 인터넷 사이트(http://www.mogaha.go.kr/ndch/start.htm), 중앙재해대책본부, 「재해관련정보·재해대비 주민행동 요령」, 2002.11. 참조.

5) 카지노 시설의 기계경비 시스템 설치 및 운영

CCTV[46]의 설치는 카지노의 안전관리 업무 및 보안상에 있어 인력경비 부분만큼이나 중요한 부분으로 카지노 시설 내 각 지역의 CCTV의 설치는 20명의 안전관리 직원이 필요한 업무를 단 1명으로 줄이는 효과를 주기 때문이다.

이러한 CCTV는 객실 층의 복도를 비롯한 지하 주차장, 기타 비상구 등의 감시지역 등 소홀한 곳뿐만 아니라 고객의 주 출입구인 현관입구와 로비, 각 업장의 입구 등에도 설치하여 카지노 내에서 일어나는 모든 상황을 기록할 수 있어야 한다.

CCTV의 관찰 및 감시 업무는 BCC(Building Control Center)에서 이루어지며 안전관리 부서의 BCC 근무자는 필요에 의해 회전식 카메라(Camera)를 조정하여 특정 지역의 화면을 확대 및 별도의 기록을 저장할 수 있어야 한다.

카지노 내에는 무수히 많은 비상구와 문들로 이루어져 있다. 각 업장을 포함한 부대시설 및 회의실, 사무실, 각 비상구의 출입구 등을 고려해 볼 때 그 수를 짐작할 수 있을 것이다. 따라서 부대시설과 각 업장의 출입구를 제외한 나머지 출입구의 통제는 안전관리 부서의 직원이 각 문마다 경비업무를 서지 않는 이상 통제하기가 어렵다. 따라서 카지노에서는 출입통제시스템을 갖추고 이에 따라 각 비상구 및 주요 출입구의 출입 통제를 원격으로 제어하고 있다.

각 직원에게 발급한 ID Card를 각 출입구에 설치된 Card Reader기에 입력함으로서 출입인원에 대한 신원파악이 이루어지며 프로그램 설정에 의한 원격통제시스템으로 출입과 관련한 인가와 비인가 인원의 구분을 통하여 특정 구역의 출입을 통제할 수도 있다. 또한 고객 및 직원 이외의 외부인원이 로비의 현관을 제외한 기타 출입구를 통한 카지노시설 내부로의 접근을 차단할 수 있는 기능을 갖추고 있다. 따라서 수많은 인원의 출입과 항시 상주하는 인원이 많은 호텔의 경우에는 이처럼 출입통제시스템을 구축하여 안전관리 및 보안 업무상의 허점을 보완토록 해야 한다.

---

46) CCTV는 Closed Circuit Television의 약어이며 직역을 하면 폐쇄회로 텔레비젼이다. 이는 특정 수신자를 대상으로 화상을 전송하는 텔레비전 방식이다. 광의 개념상에는 일반 유·무선방송을 개회로 텔레비젼시스템이라 하고, 이와 대비하여 특정한 화면 수상자에게 화상정보를 전송하는 것을 폐회로 텔레비젼시스템 즉, CCTV라고 부른다. 화상의 송·수신을 유선 또는 무선으로 연결하며(대개 유선이 보편적인 형태이다. 무선의 경우 전파송출법 등 관계기관의 규제를 받는다) 수신대상 이외는 임의로 수신할 수 없도록 되어 있다.

제5절 보안시스템 시큐리티 운영론

1. 기계경비시스템의 이해

최근 들어서는 경비근무에 기계를 사용하는 비율이 점차 증가하고 있다. 이러한 기계는 잘 사용한다면 근무에 상당한 도움을 줄 수 있으나 기계를 믿고 근무를 태만히 한다면 인력으로 근무하는 것 보다 더욱 못한 결과를 초래할 수도 있다. 따라서 기계에 대한 정확한 이해가 필요하다.

인력경비에 대응되는 기계경비는 첨단보안시스템장비를 이용하여 경비대상시설을 각종 위해로부터 보호하는 시큐리티시스템을 말하는데, 이는 대체로 외부인의 침입을 알리는 경보기와 이 경보를 수신하는 수신기, 이 신호를 근무자가 볼 수 있도록 해주는 모니터 등 영상장비로 구분된다.

외부 침입자나 방해자로부터 재산·인명·정보를 물리적 대응으로 지키고, 보호하는 수단의 시큐리티로 크게 기계경비시스템, CCTV시스템, 액세스 컨트롤시스템, 상품도난방지시스템, 보안검색시스템 및 순찰관리시스템 등이 있다. 물리적 보안의 대표적인 기계경비시스템은 기계장치에 의해 경비하는 시스템으로, 불법침입 여부를 감시하는 감지장치와 감지기의 감지신호를 받아 원격지의 관제센터로 신호를 송신하는 주장치, 그리고 신호를 수신처리하고 지령하는 관제센터 및 이에 대처하는 출동요원으로 구성된다.

경보시스템의 주요기능은 침입자의 존재를 알리는 것이다. 경보장치는 외부의 침입자를 감지하여 지령실, 관제실, 지휘본부 등 상황센터나 경찰, 소방기관 등 관계기관에 알리는 역할을 한다. 경비나 순찰을 할 수 없는 구역에도 이 경보장치를 설치함으로써 취약부분을 보완할 수 있다.

이러한 시스템은 시큐리티요원들이 정확, 신속히 정보를 파악하여 적절한 조치를 할 수 있도록 해준다. 경보기기는 인간의 직무를 대신하는 것이 아니라 시큐리티요원의 직무를 잘 할 수 있도록 도와주는 역할을 할 뿐이다.

경보시스템에서 나타나는 문제점은 첫째, 침입사건이 발생했지만 장비가 제기능을 발휘하지 못하는 기능상의 문제와 둘째, 경보신호를 받고도 운용자가 적절한 조치를 취하지 못해서 발생하는 운용상의 문제로 대별할 수 있다. 경보시스템의 성공적 운영은 장비의 적절한 설치와 유지, 적절한 시스템의 사용에 달려 있다고 볼 수 있다.

2. 기계경비시스템

1) 기계경비의 개요

기계경비 업무라고 하는 것은 경비업무용 기계장치(경비업무 대상시설에 설치하는 기계에 의해 감지한 도난 등의 사고의 발생에 관한 정보를 당해 경비업무의 대상시설 이외의 시설에 설치하는 기기에 송신하고 또 수신하기 위한 장치)를 사용하고 행하는 경비업무를 말한다.

[도해 2-14] 기계경비시스템의 구성과 운영 절차

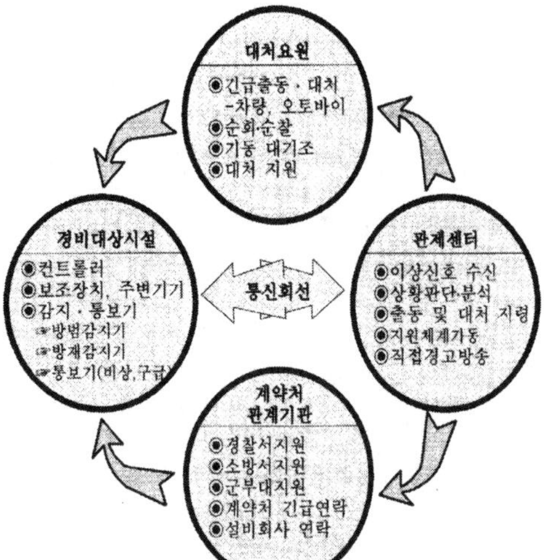

2) 기계경비 업무의 기능

(1) 목적

기계경비는 단순한 인력경비보다 더욱 완벽한 경비업무제공을 전제로 하며 사용자가 위탁한 대상물의 출입할 수 있는 경로(창문, 출입문, 공간, 금고) 등에 적용 기준에 맞는 각종 감지기를 설치하여 회사가 컴퓨터(computer system)로 경비업무를 제공함으로써 사용자의 인명과 재산을 보호함을 하고 특히 기업의 대폭적인 원가 절감 효과를 추구함이 그 목적으로 한다.

(2) SYSTEM 구성

사용자의 대상물에 감지기 및 신호 수신기를 설치하여 용역경비 회사 상황 본부와 온라인으로 시스템을 구축하고 관제센타에서 24시간 이상 정보를 감시하며 이상정보가 발생될 경우 회사의 긴급·출동 요원을 대상물에 급파하고 필요시 전화112(방범), 119(화재)에 통보하여 대상물의 사고 확대를 방지하도록 시스템을 구축하는 것이다.

(3) 보안시스템요원의 업무

가) 대처요원의 업무

㉮ 방범 : 대상물의 도난 및 기타 불량 행위 예방 혹은 조기 발견 및 확대 방지를 위한 업무

㉯ 화재통보 : 화재 이상의 감시 업무 및 화재 이상을 수신했을 때 119에 통보와 긴급 대처의 업무

㉰ 비상통보 : 비상사태 발생시 기기를 조작하는 것에 의해 송신되는 이상통보의 감시 업무와 112번 통보와 동시 긴급 대처 업무

㉱ 기타 긴급구호 등 : 긴급 사태 발생시 출동요원이 비상 출동하여 처리

나) 대처요원의 업무수행 절차

단계	업무 내용
대기	▪ 대기소에서 출동 대기 또는 순회
상황접수	▪ 관제요원이 상황을 송신 ▪ 시간, 상황내용을 복명복창
출동준비	▪ 대처 장구·장비 착용 확인 ▪ 경비대상시설 및 최단거리 확인 ▪ 경비대상시설 KEY 확인 ▪ 주행거리 버튼 조작 및 메모 ▪ 출동 보고 후 출동(도착예상시간 포함)
출동	▪ 교통법규 준수하며 운행 ▪ 거동 수상자 및 뒤따르는 차량 확인 ▪ 현위치와 예상소요시간 수시 보고
현장 접근 및 도착	▪ 경비대상시설로부터 이격한 지점에 정지 ▪ 장구·장비, KEY확인 ▪ 현장 도착 보고 후 하차 보고
외주점검	▪ 주변상황 파악 ▪ 좌회전의 원칙 준수
※ 이상 무 ↓ / ※ 이상 발생 →	▪ 경찰이 도착할 때까지 감시
내부점검	▪ 우회전의 원칙 준수 ▪ 내부 정밀 점검, 현장대처, 시스템 복구 ▪ 대처점검보고서작성 ▪ 재세트 후 시건 ▪ 결과 보고
복귀	▪ 복귀 보고 후 대기소로 복귀

자료: 김태민, "기계경비 대처요원의 임무수행 실태 및 발전방안", 제10회 한국경호경비학회 학술세미나 발표 논문집, 2003, p.82.

(4) 기계경비와 인력 경비 장단점 비교

구분	기계경비	인력경비	비고
장점	㉠경비소요비용의 절감 ㉡감시구역 전체를 동시에 제압 가능 ㉢첨단컴퓨터 전자기기의 정밀성으로 정확성, 신속성, 계속성의 내재 ㉣출동체제 완비로 긴급동원이 가능하며 사고예방 및 확대방지 ㉤부가 비용 불필요 ㉥화재 위험성 배제 ㉦최첨단 기계경비시스템으로 신뢰성 제공 ㉧강력범 출현시 인명피해 방지 가능	㉠경비 업무외 다른 업무 수행이 가능 ㉡현장에서 신속한 대처가 가능	
단점	㉮방범 관련 업무만 가능 ㉯현장자체 신속한 대처가 불가능(긴급 출동차량 출동 전까지)	ⓐ경비제공 비용 과다 소요 ⓑ인명피해 우려 상존 ⓒ비상시 상황 연락을 통신수단을 이용해 통보해야 한다.	

(5) 기계경비의 대상

- 관공서 및 중요시설
- 학교(초 · 중 · 고는 의무화, 대학은 자율)
- 금융 기관은 의무화, 제2금융은 자율
- 기업체, 사무실 및 공장
- 일반 상가 및 점포
- 빌딩
- 주택 및 아파트
- 주요 부대 시설
- 기타

3) 기계경비 업무의 특질

기계경비업무의 특질로서는 다음과 같은 것을 들 수 있다.

㉮ 상시 시큐리티요원을 경비 업무 대상시설에 배치할 필요가 없기 때문에, 소수의 시큐리티요원으로 다수의 경비 업무 대상시설을 경비할 수가 있고, 비용에 비해 효과가 뛰어나다.

㉯ 사람이 직접 감시하는 경우에는 보지 못하고 빠뜨리기 쉬운 정보를 감지할 수가 있다.

㉰ 기기를 이용해서 감시를 하기 때문에, 사람이 직접 감시할 경우와 같은 적절한 상황판단을 할 수 없을 때가 많다.

㉱ 정보의 내용이 기기의 성능 등에 크게 좌우된다.

㉲ 정보를 수신한 후에 적절한 조치가 취해지지 않으면, 경비 효과를 기대할 수 없다.

기계경비업자, 기계경비지도사 등은, ㉰~㉲와 같은 소극적인 특질을 극복하고, ㉮, ㉯의 장점을 넓히기 위해 노력할 필요가 있다.

그러기 위한 방책으로서는

㉳ 기기의 개량

㉴ 기기 유지 관리의 철저

㉵ 현장에 적합한 시큐리티요원에 대한 지령체제의 충실

㉶ 경찰기관과의 협조 체제 개선

㉷ 시큐리티요원, 대기실 등 즉응체제의 충실

㉸ 현장에 대한 사실 확인 등의 조치 등이 고려되고 있다.

4) 하드(Hard)와 소프트(Soft)의 결합

일반적으로 기계경비업무는, 경비업무용 기계장치와 이하 4개의 인적인 요소가 유기적으로 결합해서 성립한다.

㈎ 기기 설치 업무

㈏ 지령 업무

㈐ 대처 업무

㈑ 보수 업무

기계경비 업무에 있어서는 사람과 기기의 쌍방이 충실하고, 게다가 그것들이 유기적으로 결합하지 않으면 충분한 효과를 기대할 수 없다.

예를 들면, 평소의 보수가 나쁜 센서가 정상적으로 작동하지 않기도 하고, 상황본부에서 신호를 수신해서 상황본부 근무요원이 시큐리티요원에게 현장으로 급히 갈 것을 지시해도, 시큐리티요원의 현장 도착이 늦어지고 혹은 현장에 급행한 시큐리티요원이 필요한 조치를 취하지 않는 경우에는 기계경비 업무의 가치는 없는 것과 같다고 볼 수 있다.

5) 대응체제의 구축

기계경비 업무는 계약에 의한 경비를 행하는 이상, 안이하게 경찰기관 등에 의존하지 않고, 자기들이 필요한 조치를 강구할 수 있도록 해두는 것은 당연한 것이고, 대응체제의 정비는, 기계경비업자에 있어서 가장 기본적인 업무라고 할 수 있다. 대응체제의 구축에 있어서는,

㈎ 대기실에서 시큐리티 대상시설까지에 요하는 시간이 가장 기본적인 사항이지만, 통상의 상황발생하에서 시큐리티요원, 차량 등이 부족한 등의 일이 있어서는 안 될 것이다.

㈏ 경비업무 대상시설의 수

㈐ 경비업무 대상시설의 규모, 종류

㈑ 범죄 등의 발생 상황 등도 고려해서 필요한 수의 시큐리티요원, 차량 등을 배치하지 않으면 안된다.

대응체제의 정비는 무엇보다도 스스로의 노력에 의해 자발적으로 개선해 나가는 것이, 기계경비업에 대한 사회적 신뢰를 높이기 위해서도, 강하게 요구되고 있다.

기계경비업무중 하나인 감시기능을 수행하는 관제업무는 관제요원이 감시하고 필요한 경우 대처요원에게 지시하여 경비대상 시설로 대처요원이 현장으로 출동·순회하여 이상 상태를 확인하고 사건·사고의 방지나 확대를 방지하는 대처업무를 수행한다.

대처요원 및 순찰차량을 확보하지 않은 채 기계경비업을 영위하는 불법업체나 형식적인 허가조건만을 충족한 채 유효한 즉응체제를 구축하지 않은 부적격 업체가 횡행하므로, 의뢰자의 생명, 신체, 재산의 보호를 위하여 기계경비업자로

하여금 이상정보 수신시 신속히 출동하여 오작동 유무, 범인침입 유무 등 사실 확인하고 경찰기관에 통보하거나 범인을 제압하는 등 필요한 대응조치를 취하도록 하고 있다. 즉, 기계경비업자는 경비대상시설에 관한 경보를 수신한 때에는 신속하게 그 사실을 확인하는 등 필요한 대응조치를 취하여야 하며, 관제시설 등에서 경보를 수신한 때에는 경보를 수신한 때부터 늦어도 25분 이내에는 도착시킬 수 있는 대응체제를 갖추어야 한다(경비업법 §8, 동법 시행령 §7). 이는 평소에 늦어도 25분이내에 출동시킬 수 있도록 경비원을 배치하고 장비를 보강하라는 대응역량 기준으로 해석한다.

또 기계경비업자는 이와 같은 대응조치를 위하여 적정한 경비인력 및 출동차량을 확보하여야 한다. 이처럼 기계경비업자의 대처업무(alarm response or beat service)는 관제요원의 대처지시에 의하여 긴급출동하는 외에 순회지시에 따라 행하는 순회업무 및 일정에 따라 행하거나 관제요원의 지시에 따라 행하는 보수점검업무와 차량관리업무 등이 수반된다.

참고 사례

*** 1분만에 당한 도난, 경비회사는 책임없다**

최근 첨단 경비시스템을 뚫고 1분만에 3,000여만원어치의 물품을 훔쳐 달아난 도둑에 대해 법원이 경비회사나 보험사의 책임이 없다는 판결을 내렸다. 피해자는 골프용품 판매점포를 운영하는 추모씨. 그는 2001년 12월 A경비업체와 배상한도 7억원의 경비서비스 계약을 체결했다. A경비업체는 추씨의 점포 내부에 자석감지기 2대와 음향감지기 3대, 열선감지기 4대를 설치하고 강화유리벽으로 된 상품진열장에는 열선감지기를 추가 설치했다.

탐지거리 8m의 음향감지기는 강화유리벽에서 4m 떨어진 곳에 설치됐으며 열선감지기는 고양이 크기 이상의 물체가 움직일 경우 계속해서 이상신호를 내도록 설계돼 있다. A경비업체는 사고 당시 최고 3억2,000만원을 받을 수 있는 보험에도 따로 가입했다.

그러나 2002년 6월5일 새벽, 철통같은 보안을 자랑하는 점포에 도둑이 들었다. 오전 3시38분31초에 열선감지기가 1차 이상신호를 내자 점포에서 3㎞ 떨어진 곳에서 순찰 중이던 경비업체 직원에게 출동지시가 내려졌고, 다시 3시39분2초에 2차 이상신호가 나오자 경찰 112상황실에 신고됐다. 6분 내에 경찰이, 8분 내에 경비업체 직원이 도착했지만 이미 도둑은 진열대에 있던 고급 골프채 35자루(구입가 3,150만원)를 훔쳐 달아난 상태였고, 강화유리벽은 도려낸 것처럼 뻥 뚫려 있었다. 경비업체가 최종확인한 도둑의 철수시각은 오전 3시39분 32초. 도둑은 1분1초 만에 모든 '작업'을 완료하고 떠난 것이다.

주인 추씨는 경비업체와 보험회사를 상대로 5,700여만원의 손해배상 청구소송을 냈지만 법원은 경비업체의 '불가항력'을 인정했다. 서울지방법원 민사82단독 송영천판사는 2003.7.9. "이상신호 감지 후 6분 내에 경찰을, 8분 내에 경비직원을 도착시킨 피고 회사의 긴급대응조치는 모두 적절했다"며 "피고 회사가 1차 이상신호 감지 때 바로 경찰에 신고했더라도 1분1초만에 철수한 도둑이 잡혔으리라는 보장이 없다"고 밝혔다.

3. 보안시스템서비스업무

1) 경보시스템

(1) 침입경보시스템

경보시스템이 설치된 지역에 불법적인 침입이 발생했을 때에 경보센서가 작동하여 침입사실을 알려준다. 침입경보장치의 목적은 범죄예방으로 볼 수 있지만, 최종적으로는 침입행위에 적절히 대응하기 위한 것이다.

침입경보장치는 목적별로 ㉮ 공장부지의 외주(外周)를 경계하는 장치, ㉯ 건축물의 내부공간을 경계하는 장치, ㉰ 금고, 라커 등 부분을 경계하는 장치 등과 같이 나눌 수 있다.

기구의 작동원리는 다음과 같이 구분할 수 있다.

- ㈎ 적외선식(외주〈外周〉경계용)
- ㈏ 가시광선식(외주 경계용)
- ㈐ 초음파식(공간 경계용)
- ㈑ 마이크로 전자파식(공간 경계용)
- ㈒ 진동 · 가속도 · 압력 · 변위 등에 의한 방식(부분 경계용)

(2) 화재경보시스템

화재의 위험성이 높은 곳에 설치되어 화재의 발생을 알려주는데, 경우에 따라서는 경보시스템과 소화장치가 연결되어 있어서 화재발생 즉시 소화장치가 작동하도록 하는 방법도 있다.

(3) 특수경보시스템

침입이나 화재 이외에 별도의 다른 용도로 활용되는 경보장치로 실내온도가 너무 낮거나 높을 경우 경보가 울리는 장치가 있는가하면, 기계가 너무 빨리 작동한다거나 고장이 감지되는 경우 이를 알리는 장치도 있다.

2) 출입관리 시스템

장비의 사용은 대부분의 시큐리티요원의 일상 업무이지만, 기본적인 원리와 실무지식에 대해 바르게 이해하고 대응하는 방법을 알고 있어야 한다.

(1) 일반건물에 출입 허가자만 출입 허용
(2) 출입 제한 구역에 인가자만 출입허용
(3) 공장, 빌딩 등의 지정구역내에 출입이 허가만 출입허용

3) 도난경보시스템

도난 경보 시스템에는 여러 가지가 사용되지만 중요한 몇 가지를 제시해 본다.

(1) 자동방범경보시스템

가) 초음파시스템

초음파에 의한 공간경계방식은 최고의 방범경보 시스템이라고 할 수 있다. 초음파로 채워진 실내에서 사람의 움직임은 민감하게 감지되고 창문은 물론, 천정, 벽, 마루 등을 부수고 침입시에도, 시스템이 즉각 감지하여 경보를 발령한다.

나) 근접감시 시스템

근접감시시스템은 금속성 금고, 파일캐비넷, 락카 등을 경계하고, 침입자의 접근, 접촉을 자동 감지한다.

(2) 적외선 망원경

야간의 침입자 감시용으로 50m 정도 떨어진 곳에서도 식별이 가능하다. 그 구

성을 보면, 상대방이 모르도록 조사하는 적외선 필터부 광원체, 적외선 반사를 포착해 영상으로 변환하는 대물렌즈, 영상변환관 등으로 되어있다.

(3) 카메라 자동감시시스템

현장의 증거사진을 자동적으로 연속 촬영하는 시스템이다. 침입자가 감지된 경우 센서의 신호를 받아 침입자의 사진을 연속적으로 촬영한다. 사전에 사진의 시간적 간격조정이 가능하며 적외선이 방출되는 곳이나 어두운 곳에서는 적외선 전용 필름을 사용하여 원활한 촬영이 가능하다. 필름의 선명도가 높은 장점이 있다.

4) 센서(감지기)

경보시스템의 감지장치는 침입자를 탐지하는데 사용되는데, 다음은 침입자의 침입을 알리는 센서의 구비조건과 센서의 종류 및 기능에 대한 설명이다.

(1) 센서의 의의

센서란 온도, 습도, 충격 등을 감지하여 전자신호로 변화시킴으로서 인간이 확인 가능하도록 하는 기기로서 인간의 감각을 대신하고 그 이상의 자료를 확보하기 위한 기기이다.

이것은 주변 상황을 느끼고 이 느낌을 치수화하여 인간이 알 수 있도록 하는 기계로 나아가 이 느낌을 다른 분야에 응용 가능하도록 하는 것이다.

(2) 센서의 구비조건

어떤 시설에 경비 · 경보기기를 설치하는 경우에 우선적으로 센서의 조건을 확인하여야 한다. 각종 센서의 구비 조건으로는 다음과 같은 것들이 있다.

가) 신뢰성이 보장되어야 한다.

설치된 장소에서 감지하고자 하는 조건 발생시 감지가 되어야 하고, 어떠한 기상조건이나 환경조건에도 좌우되지 말아야 한다.

나) 취급이 간편해야 한다.

조작이 복잡하지 않아야 하고 누구라도 다룰 수 있는 장치이어야 한다.

다) 가능한 한 눈에 띄지 않아야 한다.

센서는 경비에 사용하는 것이기 때문에 사람들의 눈에 띄게되면 센서 자체가 범죄의 대상이 되기 쉽고 미관상도 좋지 않다. 방범카메라처럼 의도적으로 다른 사람의 눈에 띄게 하여 범죄 예방효과를 기대할 수 있는 경우는 예외로 한다.

라) 내구성이 있어야 한다.

센서 설치후 수명이 다할 때까지 최초의 설계시의 성능을 유지할 수 있어야 한다.

마) 너무 비싸지 않아야 한다.

비용에 비하여 가격이 높지 않아야 한다.

(3) 센서의 작용방법

침입을 감지하기 위해 사용하고 있는 센서에는 여러 종류가 있기 때문에 상황에 적합한 센서를 사용할 필요가 있다. 센서의 작용방법을 알아보기로 한다.

첫째, 간단하면서 널리 사용되는 센서로 스위치 센서가 있다. 이것은 침입자의 물리적인 행동에 의해 회로에 변화가 발생하면 경보장치가 작동한다. 보통 문이나 창문, 캐비넷 커버가 열리고 닫힐 때 작동한다.

이러한 스위치 센서의 원리를 이용하면서 작용형태를 달리해서 사용하는 방법으로, 마그네틱 스위치를 이용하여 문이나 창문이 열리면 자성이 제거되어 회로를 작동시키는 것이 그 예이다.

둘째, 보호되는 지역에 마이크로폰을 설치하여 침입시 발생되는 소리를 감지하여 증폭기에 의해 경보장치를 작동하는 방법이 있다.

셋째, 경비지역내에 침입자가 안테나 가까이 접근할 때 형성된 전기용량의 변화를 감지하는 방법이 있다.

넷째, 마이크로 웨이브 에너지의 방향성을 이용하여 수신되는 에너지를 송신된 에너지와 비교하여 침입자에 의한 주파수 변화로 경보장치를 작동시키는 방법이 있다.

다섯째, 범인의 움직임으로 인하여 발생하는 진동을 감지하는 방법이 있다.

여섯째, 초음파 에너지를 송신하는 변조기를 이용하여 경비구역 내에서 범인의 움직임에 의해 안정되어 있던 초음파가 불안정해지는 현상을 감지하는 방법이 있다.

일곱째, 송신기와 수신기로 구성되어 있어 그 사이의 광전빔이 차단될 때 경보신호를 발생시키는 방법이 있다.

여덟번째, 여러 개의 적외선 센서를 이용하여 경비구역에 적외선을 방사하여, 침입자가 침입시 발생하는 열에너지의 변화를 감지하여 경보장치를 작동하는 방법이 있다.

(4) 센서의 종류

가) 자석(마그네틱)스위치

자석(마그네틱)스위치는 문이나 창이 열린 것을 감지하는 스위치이다. 자석스위치에는 주로 리드스위치가 사용된다. 이 리드스위치는 자석과 조합해서 사용한다.

이것은 창과 문의 개폐를 감지하는 센서로서 창과 문의 가동부분에는 자석을 설치하고 창틀과 같은 고정 부분에는 리드스위치를 설치한다. 창과 문이 닫혀진 상태에서는 리드스위치가 자석에 접근하고 접점을 닫는다. 반대로, 창과 문이 열려있는 경우에는 자석이 리드스위치로 부터 멀어지게 되고 접점이 열려있는 구조로 되어있다.

자석스위치에는 여러 번 개폐하더라도 접점이 거의 열화하지 않고 창문처럼 다소 기계적 수치에 차이가 나더라도 확실히 동작하는 리드스위치가 적합하다. 이것은 가격도 싸고 방범센서로서 가장 많이 사용되고 있다. 리드스위치의 동작원리는 2개의 자석의 다른 극(N극과 S극)이 서로 잡아당기는 현상과 같다.

나) 유리파괴(충격) 센서

유리파괴 센서는 유리가 깨지는 것을 알리는 도난방지 센서의 한 종류이며 여기에 사용되는 것이 충격센서이다.

이것은 유리의 파괴를 감지하는 센서인데 창과 쇼윈도 등의 유리에 직접 설치하는 것과 유리의 부근에 설치하는 것 등이 있다. 유리에 설치하는 것은 유리파괴시의 고유진동을 압전소자(壓電素子)에 의해 감지하는 것이고 부근에 설치하는 것은 유리 고유의 파괴음을 감지하도록 되어있다. 충격센서라고 하면 어려운 것 같지만 크리스탈 마이크로폰과 같은 압전현상을 이용한 것이다. 즉, 진동이 있으면 전압변화를 일으키는 물질(압전물질)이 사용되고 있다.

다) 진동센서

진동센서는 어떤 좌표계에 관한 양의 크기가 그 평균값 또는 기준 값보다 큰 상태와 작은 상태를 교대로 반복하는 것을 검출하는 장치이다. 이것은 진동, 충격시 접점이 열리는 센서로서 벽, 천장 등의 파괴, 검출에 사용된다. 지진, 차량 등의 진동에 의해서도 작동하는 경우가 있으므로 설치장소 선정시 유의해야 한다.

진동센서는 일반적으로 바닥부위에 많이 설치하는데, 외부에서 침입자가 접근하면 바닥에 부착되어 있는 진동감지 센서가 작동되어 외부침입자의 움직임을 포착하게 된다. 이러한 진동센서를 응용한 것이 금고 감지기와 벽 감지기이다.

금고 감지기는 금고를 감시하는 감지기로 금고문의 파괴진동을 감지할 수 있는 것이다.

벽감지기는 금융기관내 금고실의 6면벽(바닥, 천정, 사방벽면)을 해머나 착암기 등으로 외부에서 파괴, 굴삭시 생기는 진동을 감지하여 파괴나 이상을 통보하는 것이다. 콘크리트벽의 경우 벽 감지기 설치위치에서 벽면경로로 15m 범위내에 있는 벽면에 적용된다.

라) 열선(적외선 수동적) 센서

침입자의 체표면으로부터 방사되고 있는 원적외선 에너지를 검출하는 센서이다.

이 센서는 사전에 경계영역의 벽 등으로부터 표면온도를 감지해 두어 경계영역내에 침입자 발생시 감지영역내의 온도 변화를 감지하는 것이다. 따라서 급격한 온도 변화를 일으키는 창문 등이 감지영역내에 들어오지 않도록 해야 한다.

마) 초음파센서

송수신장치를 설치하여 양기계간 진동파를 주고받는 과정에서 파동의 변화를 감지하는 장치로 민감하게 반응할 수 있다. 송파부에서 초음파를 방사해서 그

반사파가 침입자에 의해 변화하는 것을 감지하는 것으로 도플러형과 펄스에코형의 2가지 방식이 있다.

이 두 방식도 공기진동으로서의 음파를 이용한 것이고 공기의 움직임(바람 등)의 영향을 받기 때문에 설치장소 선정에 유의해야 한다.

도플러형은 감지영역 내에 이동 물체의 존재를 반사파의 주파수 변화에 의해 감지하는 것이다.

펄스에코형은 반사파의 패턴의 변화에 의해 침입자를 감지하는 방식이다. 이것은 감지영역내의 책상, 의자 등 정지 물체로부터 일정의 반사파 패턴을 기억해 두었다가 침입자 발생시 반사파의 패턴 혼란을 감지하도록 되어있다.

이러한 센서의 조건으로는 ㉠ 구조가 간단하고, ㉡ 흐름을 방해하지 않고 측정이 가능해야 하고, ㉢ 정밀도가 좋고 안정성이 높아야 하며, ㉣ 넓은 범위에서 측정대상으로 사용가능하고, ㉤ 보수 · 점검이 쉬워야 한다.

바) 적외선 센서

광(光)이란 전자파의 일종이다. 빛에는 가시광선보다 짧은 파장의 자외선과 긴 파장의 적외선 등이 있다.

이들은 파장의 길이 뿐만 아니라 그 성질도 매우 다르며, 그들의 성질에 따라 여러 가지 사용방법이 있다.

(가) 반사형

투광부와 수광부가 일체가 된 구조로서, 적외선을 투광부에서 대향하고 있는 반사경으로 발사하여 다시 수광부에서 감지하는 구조로 되어 있다. 현관, 낭하 등의 실내의 통로에 설치하고 센서와 반사경 사이에 사람이 침입했을 때 적외선광이 차단되는 것을 감지한다. 이외에 셔터가 열려져 있는 것을 감지하는 것도 있다.

(나) 대향형

투광부와 수광부가 분리되어 있는 것으로 투광부와 수광부와의 사이에 침입자가 들어왔을 때에 적외선광이 차단되는 것을 감지하도록 되어 있다. 옥외에서 사용시 작은 동물과 초목 등에 의해 오작동되지 않도록 하여야 하며, 태양광이 수광부에 들어오지 않도록 하고 안개 등 기상의 변화에 의한 영향도 고려해야 한다.

사) 전자파 센서

전자파를 이용, 초음파와 같은 작동원리로 침입자를 감지하는 것이다. 송신부에서 전자파를 발사하고 수신부에서 이것을 받아 원통형의 감지영역을 만들고 이 영역내에 침입자 등이 있는 경우 수신 레벨과 주파수 변화로 침입자를 감지한다.

초음파센서와 달리 전자파를 이용하므로 바람 등의 영향을 받지 않으며 유리와 목재문 등을 투과하는 것이기 때문에 이들이 차단에 방해 받지 않는다. 이것은 감지영역을 설정할 수 있는 반면 이것의 투과성이 오보의 원인이 되기 쉽다.

아) 음향센서

음향센서는 원래 군사적 목적으로 이용되어 왔지만, 점차 상업분야 등에 사용되고 있다. 음향센서는 외부에서 들려오는 소리와 같은 이상음향을 감지하여 이를 알리는 장치이다. 내부에 아무도 없는 고요한 상황에서 이상한 소리를 감지하는 것이다.

이것은 고가이기 때문에 아무 장소나 설치할 수 없고 박물관, 미술품전시실 등에서 많이 사용하고 있다.

자) 전계(電界)센서

펜스로 둘러싸인 전선에 고주파의 전류를 흘려보내 침입자가 접근, 접촉시 전계의 변화를 검지용(檢知用) 전선이 감지하는 것이다.

차) 단선(斷線)센서

펜스로 둘러싸인 전선에 전류를 흐르게 하고 침입자가 전선 단절시 전류의 단전을 감지하는 것이다.

카) 루프코일

땅속에 매설된 루프코일에 전류를 흐르게 하고 차량 등 금속물체 접근시 전계의 영향을 루프코일의 변화에 의해 감지하는 것이다.

(5) 화재탐지센서와 기타센서

자동화재탐지설비는 건축물내에 화재발생시 초기단계에서 발생하는 열, 전기, 또는 불꽃 등을 측정하여 건물내의 관계자에게 벨, 사이렌 등의 음향으로 화재 발생을 알리는 설비로서, 열 · 연기 · 불꽃을 감지하는 감지기, 발생장소를 나타내는 수신기 · 발신기, 화재발생을 관계자에게 알리는 벨, 싸이렌 및 중계기, 전원, 배선 등으로 구성되어 있다.

가) 열 감지기(온도센서)

열감지기는 실내나 목욕물의 온도 이상을 감지하는 온도 스위치이다. 일정 온도가 되면 경보가 울리거나 스프링쿨러가 작동하도록 되어있다. 여기에는 급격한 온도변화를 감지하는 차동식과 일정 온도 이상이 되는 것을 감지하는 정온식이 있다.

나) 연기 감지기

연기감지기는 "이온화식"과 "광전식"의 두종류로 나누어져 있다. 이온화식이란 감지부에 연기가 들어가면 이온전류가 변화하는 것을 이용하여 화재를 감지하는 방식이다. 광전식이란 감지부에 연기가 들어가면 광전소자에 비추는 광선의 양이 변화하는 것을 이용하여 화재를 감지하는 방식이다.

다) 가스 누출 감지기

반도체 표면에 가스분자가 흡착하기도 하고, 가열한 백금선에서 가스가 연소한 경우에 반도체와 백금의 전기저항이 변화하는 것을 이용해서 가스가 새는 것을 감지하는 것이다.

도시가스나 프로판가스 등 연료로 사용하는 가스를 감지하는 센서와 일산화탄소(Co)나 연기와 같은 배기가스를 감지하는 센서가 있는데, 어느 것이든 이러한 가스의 존재는 위험하므로 확실히 동작할 것이 필요하다. 가스센서는 가스의 종류에 따라 감지방식이 다르다.

(6) 오경보 방지 및 기기관리와 설명

침입자 방지에 있어 경보장치의 효과성이 인정되고 있음에도 불구하고 사용시 많은 문제점들이 지적되고 있다.

이 오경보는 경보장치의 중대한 문제점 중의 하나이다. 오경보의 원인으로는 첫째, 사용자의 실수, 둘째, 경보회사의 설치불량과 사용자의 오작동 셋째, 센서 자체의 결함 등을 들 수 있다.

기계경비업자는 경비계약을 체결하는 때에 오경보를 막기 위하여 계약상대방에게 기기사용요령 및 기계경비운영체계 등에 관하여 설명하여야 하며, 각종 기기가 잘못 작동되지 아니하도록 관리하여야 하는 의무(경비업법 §9, 시행령 §8)가 있다. 경보(警報, alarm)란 감지기가 감지하여 관제실로 송신한 모든 신호를 말하며, 기계경비업자는 경비계약을 체결하는 때에는 오경보를 막기 위하여 계약상대방에게 기기사용요령 및 기계경비운영체계 등에 관하여 설명하여야 하며, 각종 기기가 오작동되지 아니하도록 관리하여야 한다(경비업법 §9①). 오경보(false alarm)란 감지로부터 송신된 이상신호를 확인한 결과 사람의 실제침입이나 침입흔적이 없고 다른 원인에 의한 것(동물, 자연현상, 가입자 실수 등)으로서 잘못 감지된 경보를 말한다.

오경보 방지를 위해서 가입자가 기계작동법을 숙지하여 가입자 실수로 발생하지 않도록 하고 기계노후 등으로 발생하는 오경보를 방지하기 위하여 기계경비업자에게 기기관리의무를 부여하고 있다.

오경보의 가장 큰 원인인 이용자 실수를 줄이기 위하여 기계경비업자로 하여금 계약상대방에게 기기사용요령, 오경보 원인 등을 상세히 설명하여야 한다. 즉, 기계경비업자는 경비계약을 체결하는 때에는 오경보를 막기 위여 상대방에게 기기사용요령 및 기계경비운영체계 등에 관하여 설명하여야 하며, 각종 기기가 오작동되지 아니하도록 관리하여야 한다.

기계경비업자가 계약상대방에게 하여야 하는 설명은 다음 사항을 기재한 서면 또는 전자문서(계약상대방이 원하는 경우에 한함)를 교부하는 방법에 의한다(경비업법 시행령 §8①).

1. 당해 기계경비업무와 관련된 관제시설 및 출장소의 명칭 · 소재지
2. 기계경비업자가 경비대상시설에서 발생한 경보를 수신한 경우에 취하는 조치

3. 기계경비업무용 기기의 설치장소 및 종류와 그 밖의 기계장치의 개요
4. 오경보의 발생원인과 송신기기의 유지 · 관리방법

그리고 기계경비업자는 이러한 서면 또는 전자문서와 함께 손해배상의 범위와 손해배상액에 관한 사항을 기재한 서면 등을 상대방에게 교부하여야 한다.

기계경비업자는 대응조치 등 업무의 원활한 운영과 개선을 위하여 출장소별로 ㈎ 경비대상시설의 명칭 · 소재지 및 경비계약기간, ㈏ 기계경비지도사의 명단 · 배치일자 · 배치장소와 출동차량의 대수, ㈐ 경보의 수신 및 현장도착 일시와 조치의 결과, ㈑ 오경보인 경우 오경보가 발생한 경비대상시설 및 그 오경보에 대한 조치의 결과 등의 사항을 기재한 서류를 작성 · 비치하여야 한다(경비업법 시행령 §9).

기계경비업 분야의 발전은 그 인프라를 이루는 각종 부문, CCTV, 관제장비 등 기술적인 발달에 달려 있기 때문에 미국 플로리다 주법이 경비관련장비 제조 · 설비 · 판매업을 경비업무의 하나로 자리매김하고 있는 것도 그 때문이다. 최근 오경보의 심각성이 제기되고 있으나, 이 문제는 각종 장비의 첨단화와 적정한 설비 등에 의해 상당히 감소될 수 있을 것으로 예상된다. 또한 기계경비업체 중에는 독자적인 연구개발을 통해 우리 환경에 적합한 경비장비를 개발 · 생산하여 직접 시공하는 등 경비업무의 질적 향상과 첨단화를 위해 노력하고 있는 곳도 적지 않다.

5) CCTV(폐쇄회로 텔레비전)시스템

(1) 텔레비젼시스템

텔레비전 시스템은 폐회로 시스템과 개회로 시스템의 2가지로 분류된다. 전자는 특정인만 볼 수 있도록 설치하는 경우이며, 후자는 여러 사람이 볼 수 있도록 방송하는 것으로서 KBS, MBC 등 TV방송이다.

감시카메라는 인간의 눈을 대신하여 원격지의 상황을 영상으로 감시하는 장치이다. 감시카메라는 영상정보를 특정 대상에 특정 목적으로 전달하는 폐쇄회로 텔레비젼으로 보통 CCTV(Closed Circuit Television)라고 부른다. CCTV는 한사람에 의해 여러 곳을 감시할 수 있기 때문에 비용절감 효과를 가져다 주는 장점이 있다.

(2) CCTV의 구성과 특징

CCTV의 기본구성은 촬영부와 전송부, 수상부로 구성되며, 선택적으로 부수장치를 사용한다. 품목은 카메라, 렌즈, 핀홀렌즈, 모니터, 녹화기, 영상제어기, 콘트롤러, 전동회전대, 하우징, 랙 등으로 구성되어져 있다.

CCTV는 인간의 시각 확장으로 볼 수 있는데, 다음과 같은 특징을 가지고 있다.

- 원거리를 관찰할 수 있다.
- 인간의 눈으로 보이지 않는 영역까지 관찰이 가능하다.
- 인체의 근접이 불가능한 환경까지도 관찰한다.
- 다수인에 의한 동시 관찰이 가능하다.
- 집중적인 감시를 할 수 있다.

(3) CCTV설치 및 관리시 착안사항

가) 설치시

문제점	착안사항
1) 카메라로 너무 넓은 지역을 감시함. 즉 인물이 작게 잡힘. 근본적으로 카메라의 설치대수가 너무 적음	카메라의 설치대수를 늘려 1대의 카메라가 피사체의 좌우범위가 3m를 넘지 않게 설치함
2) 카메라를 너무 높게 설치하여 피사체의 머리만 보이는 경우가 있음	카메라의 위치는 가능한 한 피사체의 정면에 설치함. 단 수평으로 설치하면 역광이 심하므로 피함
3) 카메라가 역광으로 설치되어 피사체가 하얗게 번지거나 검게 보이는 경우가 있음	카메라를 역광이 최소화하도록 설치하며 설치장소에도 차양막, 커튼 등의 역광차단 장치의 설치가 필요함.
4) 피사체를 넓게 보기 위하여 옆에 설치함으로써 초점이 균일하게 맞지 않는 경우가 있음	렌즈의 초점은 피사체의 한점에서 맞으므로 가능한 정면에 설치하여야 함
5) 저가, 저급 카메라를 사용하여 화질이 떨어져서 대상물의 확인이 어려운 경우가 있음	카메라는 가능한 한 고급제품(해상도, 화소수가 높은 것)을 사용하여 고화질을 확보함
6) 화질도 나쁘며 기타 정보도 없어(색정보 등) 대상물 확인이 어려운 경우가 있음	영상정보도 흑백보다는 칼라를 사용할 필요가 있음

나) 사용시

문제점	착안사항
1) 테이프를 계속 반복 사용함으로써 녹화 화질이 현저하게 떨어짐	녹화시는 테이프의 종류에 따라 차이는 있으나, 일반용도의 테이프인 경우 5회 이상 반복녹화는 피하고 컴퓨터에 직접 영상을 저장할 수 있는 프로그램 등 도입
2) 사용법을 숙지하지 않아 잦은 시스템의 고장발생으로 제품의 안정성이 저하됨	사용자의 사용법 숙지로 안정된 상태에서 시스템이 가동될 수 있게 함.

다) 유지보수

문제점	착안사항
1) 정기적인 청소 및 먼지제거를 하지 않아 시스템에 이물질이 붙고, 렌즈에 얼룩이 생기는 경우가 있음	정기적인 청소로 시스템이 깨끗한 상태에서 작동이 되어야 선명한 화질을 유지할 수 있음
2) 시스템의 이상유무를 수시로 점검하여 성능이 저하된 제품은 교체하여야 하나 교체하지 않아 전체 시스템 성능이 떨어지는 결과를 초래	각 기기별로 적정한 내구 기간내에 교체하여 최적의 성능을 항시 유지하도록 함

참고문헌

- 강길훈 : "민간경비의 환경과 이론적 배경 고찰", 『경호경비연구』(한국경호경비학회) 제2호, 1999.
- 강만호 · 육풍림 : 『카지노게이밍실무론』, 서울: 백산출판사, 2010.
- 강민완 : 『심리적 연습이 경호무술에 미치는 효과 연구』, 박사학위논문(경기대학교 대학원), 1997.
- 강민완 : 『경호안전관리론』, 서울: 정담출판사, 2000.
- 경찰청 : 『환경설계를 통한 범죄예방(CPTED)방안』, 2005.
- 국회예산청책처 : 『공공건설사업 낙찰제도 및 운용현황 평가』, 2009.
- 김명곤 : 『보안검색과 경호장비』, 인천: 백산출판사, 2010.
- 김성언 : 『민간경비의 성장과 함의: 치안활동의 신자유주의적 재편과 계약적 통치의 등장』, 박사학위논문(서울대학교 대학원), 2004.
- 대한상공회의소 : 「공공기관 입찰의 이해 및 신용등급 관리방안」, 2010.
- 박대환 : 『호텔객실관리와 시설관리』, 서울: 백산출판사, 2008.
- 박응격 : 『행정학 강의』, 서울: 박영사, 1993.
- 배용수 : "지방자치단체 기능의 민영화방안", 「한국행정연구」(한국행정연구원), 제7권 제1호, 1998.
- 송상욱 · 김진환 · 이민형 : 『시큐리티운용론』, 서울: 백산출판, 2006.
- 송재운 : "첨단 우주센터의 통합보안 시스템 구축방안", 시큐리티월드, 2002.
- 안성조 : 『경비업법』, 인천: 진영사, 2009.
- 안창훈 : 「시설경비의 효율성에 관한 연구」, 박사학위논문(동국대학교 대학원), 1999.
- 안창훈외 : 『시큐리티 시스템 개론』, 서울: (주)인포더, 2005.
- 안황권 : 『민간경비학』, 인천: 진영사, 2009.
- 염장호 : 『세계경호학 개론』, 서울: 오성출판사, 1995.
- 오석균외 : 『보안장비활용』, 인천: 진영사, 2010.
- 이상철 : "카지노 시설경비 안전대책방안", 「경호경비연구」(한국경호경비학회), 2005.

- 이상철외 : 『경호경비기획론』, 인천: 진영사, 2008.
- 이윤근 : 『민간경비원론』, 서울: (주)엑스퍼트월드, 2003.
- 이윤근 : 「한국사경비 발전방안에 관한 연구」, 박사학위논문(동국대학교 대학원), 1989.
- 이창무 : "민간보안 성장분석을 위한 경찰역량 증대연구", 한국경찰발전연구회, 2002.
- 전원배 : 『호텔경영안전관리』, 서울: 백산출판사, 2003.
- 정윤길 : 「지방공공서비스의 위탁계약 관리과정에 관한 연구」, 박사학위논문(동국대학교 대학원), 1998.
- 정지운 : 경비지도사 「범죄학」, 한국고시회, 1999.
- 정태황 : "경호업무의 경비영역과 기계경비의 적용방안", 「경호경비연구」(한국경호경비학회)제4호, 2001.
- 정형근 : 「국제테러의 법적 규제에 관한 연구」, 서울 : 고려원, 1992.
- 조달청 : 「전자조달백서」, 2008.
- 주철현 : 「지역경찰과 민간경비의 상호협력이 민간경비원의 직무만족에 미치는 영향」, 박사학위논문(경기대학교 대학원), 2008.
- 중앙재해대책본부 : 「재해관련정보·재해대비 주민행동 요령」, 2002.11.
- 최선우 : 『민간경비론』, 인천: 진영사, 2008.
- 최선우 : 『치안서비스 공동생산론』, 서울: 대왕사, 2002.
- 최선태 : 『21세기 산업보안론』, 인천: 진영사, 2009.
- 치안정책연구소 : "방범환경 설계의 도입을 통한 효율적인 범죄예방에 관한 연구", 「치안논총」(치안정책연구소)제19호, 2003.
- 함주일 : 「사설경호업체 종사자의 직무스트레스와 직무만족관계」, 석사학위논문(한국체육대학교 대학원), 2004.

- 「관광진흥법」, 「관광진흥법 시행령」, 「관광진흥법 시행규칙」
- 「경비업법」, 「경비업법 시행령」, 「경비업법 시행규칙」
- 「대통령 등의 경호에 관한 법률」
- 「방위사업법」, 「방위사업법 시행령」
- 「보안업무규정 시행 세부규칙」

- 「G20 정상회의 경호안전을 위한 특별법」
- 「청원경찰법」, 「청원경찰법 시행령」, 「청원경찰법 시행규칙」
- 「통합방위법」, 「통합방위법 시행령」

- 00랜드 하이원리조트, http://www.high1.com/casino/main.high1
- 대한민간조사연합회, http://cpi.or.kr
- 생활법령정보 http://oneclick.law.go.kr
- 에스케이안전공사, http://skgun.co.kr
- 입찰정보사 BNIS, http://www.bnis.co.kr
- 조달철 나라장터, http://www.g2b.go.kr
- 통계분류 http://kostat.go.kr/kssc/main/MainAction.do?method=sub&catgrp=kssc&catid1=kssc02
- 통계청 http://kostat.go.kr
- 한국건설정보 홈페이지, http://edu.kbid.co.kr
- 한국인터넷입찰정보시스템, http://www.kbid.co.kr
- 한국카지노관광협회, http://www.koreacasino.or.kr
- 한국COS협회, http://www.csokorea.org

- Allen, Louis A., ***Management and Organization***, New York: McGraw-Hill, 1958.
- Arscott, Robert D., Marc P. Lambert, and Sharon W. Revis. : "Choosing and Using Contract Security." ***Security Management,*** June 1991.
- Astor, Saul D., ***Loss Prevention : Controls and Concepts***, Boston: Butter-worth Publishers, 1978.
- ATA, Inc. Guard Contract Kit : ***A Guide to Cost-Effective Security Guard Contract Negotiations***, Fredericktown, Ohio: ATA, Inc., 1993.
- Barefoot, J. Kirk, and David A. Maxwell : ***Corporate Security Administration and Management***, Boston: Butter-worth Publishers, 1987.
- Beaudette, John : "Hiring : Caveat Employer", ***Security Management***, April 1992.

- Byrne, Brendan T. : Chairman, National Advisory Committee on Criminal Justice Standards and Goals. Private Security : ***Report of the task Force on Private Security***. Washington, D. C.: Government Printing Office, 1976.
- Caine, Bruce : "Role Making and, the Assumption of Lesdership." In A Study of Organizational Leadership, ed. United States Military Academy Office of Military Leadership, Harrisburg, Pa.: Stackpole Books, 1976.
- Carlyon, Scott M. : "A Class Act." ***Security Management***, May 1991.
- Chernicoff, Joseph L. : "Contract Guards Coping with Technology." ***Access Control***, September 1991.
- Chernicoff, Joseph L. : "Roles, Demands Change for Contract Guards." *Access Control*, March 1991.
- Cunningham, William C. and Todd H. Taylor : ***The Hallcrest Report : Private Security and Police in America***. Portland, Oreg.: Chancellor Press, 1985.
- Dale, Ernest and Lyndall Urwick : ***Staff in Organization***. New York: McGraw-Hill, 1960.
- Dalton, Dennis R. : ***Managing Contract Security Services : A Business Approach***. Fremont, Calif.: Mill Creek Publishing, 1991.
- ______. "Industry Needs Quality Standards for Guards." *Access Control*, May 1992.
- Denhardt, Robert B. : ***Public Administration***, California: Books/Cole Publishing Company, 1991.
- Digemans, D. J. : ***Defensible Space Design in the California Town House***, California: Geographer, 1978.
- Domberger, Simon & Paul Jensen, "Contracting out by the Public Sector : Theory, Evidence, Prospects", ***Oxpord Review of Economic Policy***, Vol. 13, No. 4, 1997.
- Drucker, Peter F. : ***Management : Tasks, Responsibilities, Practices***. New York: Harper & Row, 1974.

- Elig, Gene P. : "Florida Takes Unprecedented Action", ***Security Concepts***, November 1993.
- Feliton, John R. and David B. Owen : "Guarding Against Liability", ***Security Management***, September 1994.
- Gallery, Shari Mendelson : Security Training : Readings from "Security Management", ***Magazine***. Boston: Butter-worth Publishers, 1990.
- Green, Gion : ***Introduction to Security***, Boston: Butterworth, 1981.
- Greene, Mark R. : ***Insurance and Risk Management for Small Business***. Washington, D. C.: United States Small Business Administration, 1981.
- Gulick, Luther : "Nate on the Theory of Organization", in L. Gulick and Lyndall Urwick(eds.), ***Papers on the Science of Administration***, New York: Institute of Public Administration, 1937.
- Guy, Edward T., John J. Merrigan, Jr. and John A. Wanat : ***Forms for Safety and Security Management***. Boston: Butter-worth Publishers, 1981.
- Hamit, Francis : "Perpetuating the Rent-a-Cop Myth", ***Security Management***, June 1991.
- Healy, Richard J. and Timothy J. Walsh : ***Principles of Security Management***. Long Beach, Calif. : Professional Publications, 1983.
- Ingber, Clifford J. : "A Duty to Protect", *Security Management*, December 1993.
- Jeffery, C. Ray : ***Crime Prevention through Environmental Design***, Beverly Hills, California: Sage Publications Inc., 1977.
- Jenkins, C. Gordon : "How to Fin 1/10th of an Employee", ***Security Management***, August 1987.
- Jones, John W. : "Trends and Issues : Integrity Tests." *Security*, October 1991.
- Kakalik, James S., Sorrel Wildhorn : ***The Private Police : The Context of Growth***, Crane: Russak and Company Inc, 1972.
- Keeling, B. Lewis, Norman F. Kallaus and John J. W. NEuner :

Administrative Office Management. Cincinnati, Ohio: South-Western Publishing Co., 1978.

- King, Carl E. and Dain Dunston : "The Proof's on the Paper." ***Security Management***, January 1992.
- Kolderie, Ted : "The Different Concept of Privatization", ***PAR***, Vol. 46, 1986.
- Lang, William G. : "Should Training Be Performance Based?", ***Security Management***, November 1994.
- Ledvinka, J. and V. G. Scarpello : ***Federal Regulation of Personnel and Human Resource Management***. Boston: PWS-Kent, 1991.
- Levinson, Jay C. : *Guerrilla Marketing : Secrets for Making Big Profits from Your Small Business*. Boston: Houghton Miffin Company, 1984.
- Lucien G. Canton : ***Guard Force Management***, Butter-worth Heinemann, 1996.
- Mancebo, Marty : "Selecting a Test to Get the Best." ***Security Management***, January 1992.
- MarKV. Lonsdale : *Body-Guarding : A Guide to VIP Protection*, 1995.
- Marquis, Lisa : "Times-They Are A-changing : Private Security Patrols Cut Crime in Times Square." *Security*, August 1994.
- Minion, Ronald R. : "Bootstrap Training Builds Quality." ***Security***, December 1990.
- Molz R. and T. Hafis : "Evaluation and Assessment of Privatization Outcoms : A Conceptual Model and Empirical Evidence", ***Environment and Planning : Government and Policy***, Vol. 15, 1997.
- More, Ronald C. : "Exploring the Limits of Privaization", ***Public Administration Review***, Vol. 47, Nov. /Dec., 1987.
- Muntz, Alan M. : "Contracting for the Right Relationship." ***Security Management***, June 1991.
- Office of the Deputy Prime Minister & Home Office, ***Safer Places - The Planning system and Crime Prevention***, UK, 2004.

- Private Security Report of the Task Force on Private Security. Washington, D. C.: U. S. Government Printing Office, 1976.
- Pederson, Dwight S. : "Computerizing Contract Security." ***Security Management***, December 1993.
- Peters, Thomas J. and Robert H. Waterman, Jr : ***In Search of Excellence : Lessons form America's Best-Run Companies***. New York: Harper & Row, 1982.
- Poulin, K.C, & Nemeth, Charles P. : ***Private Security and Public Safety***, New Jersey: Pearson Education, Inc, 2005.
- Ramsey, Jackson E., and Inez L. Ramsey : ***Budgeting Basics : How to Survive the Budgeting Process***. New York: Franklin Watts, 1985.
- Rockwell, Robert R. : ***Business Management Practices for the Contract Security Guard Operator***. Walnut Creek, Calif.: Robert R. Rockwell Consulting Service. 1987.
- Rosen, Mark B. : "Trust But Verity : A Good Contract Security Agreement Protects Both Vendor and Client." ***Security Management***, November 1992.
- Roughton, James E. : "Deciphering the Fine Print : Guidelines for Selecting Quality Contract Security." ***Security Management***, November 1992.
- Russell, Rebecca D. : "Office Training : Identify Your Options." ***Security***, May 1990.
- Schnabolk, Charles : ***Physical Security : Practices and Technology***. Boston: Butter-worth Publishers, 1983.
- Scott, Thomas M. and Marlys McPherson, "The Development of the Private Sector of the Criminal Justice System", ***Law and Society Review***, Vol. 6, No. 2.
- Sennewald, Charles A. : *Effective Security Management*. Boston: Butter-worth Publishers, 1978.
- Snodgrass, Tod : *Office Purchasing Guide*. Torrance, Calif.: Lowen Publishing, 1986.

- Starr, Paul : "The Meaning of Privatization", Sheila B. Kamerman and Alfred J. Kahn : ***Privatization and the Welfare State***, Princeton: Princeton Univ. Press, 1989.
- Shapiro, Carl and Robert D. Wiling : "Economic Relation for Scope of Privatization", Ezra N. Suleiman and John Waterbury, ***The Political Economy of Public Sector Reform and Privatization***, Boulder: Westview Press, 1990.
- Sullivan, Craig A. : "Tactical Sleeping." *Police*, June 1991.
- Sweet, Donald H. A. : ***Manager's Guide to Conducting Terminations***. Lexington, Mass. : Lexington Books, 1989.
- Taylor, Frederick W. : ***Scientific Management***. New York: Harper & Brothers, 1947.
- Tyska, Louis A. and Lawrence J. : ***Fennelly and Associates. Security in the Year 2000 and Beyond***, New York: ETC, 1987.
- Vassel, William C., Edward A. Ramsdell and David O. Tharp : "Bringing Contract Services On-Line." ***Security Management***, December 1993.
- Villarreal, Carlos : "A Triumphant Tale of Training." ***Security Management***, November 1994.
- Virga, Patricia H., ed. : ***The NMA Handbook for Managers***. Englewood Cliffs, N. J.: Prentice Hall, Inc., 1987.
- Walsh, Timothy J. and Richard J. Healy : ***Protection of Assets Manual***. Santa Monica, Calif.: The Merrit Company, 1987.
- Wathen, Thomas W. : "Increasing Threats Change Role of Guard." ***Access Control***, May 1993.
- Yarrow, George : "Privatization in theory and practice", ***Economic policy***, 1986.
- Zalud, Bill : "Better Scheduling-Save Time, Money", ***Security***, March 1988.

저자소개

전 용 태

- 한양대학교 체육학과 졸업
- 한양대학교 교육대학원 레져스포츠 교육학과 졸업
- 경기대학교 대학원 경호안전학 박사
- The University of Texas Pan American Visiting Scholar
- 성동구청 유도선수단
- (주)강원랜드 안전상황실 팀원
- 그랜드코리아레저(주) 세븐럭 외국인전용 카지노 안전관리 매니저
- 한국경호경비학회 이사
- 한국안전교육학회 홍보이사
- 한국경비협회 경기지방협회 강사
- 단국대학교 생활체육학과 강사
- 이화여자대학교 체육과학부 강사
- 경기대학교 경호보안학과 강사